论语中道观

胡不群 编著

学苑出版社

图书在版编目（CIP）数据

论语中道观/胡不群编著. —北京：学苑出版社，2019.12
ISBN 978 – 7 – 5077 – 5394 – 3

Ⅰ. ①论… Ⅱ. ①胡… Ⅲ. ①儒家 ②《论语》- 研究 Ⅳ. ①B222.05

中国版本图书馆 CIP 数据核字（2019）第 252940 号

责任编辑：黄小龙
出版发行：学苑出版社
社　　址：北京市丰台区南方庄 2 号院 1 号楼
邮政编码：100079
网　　址：www.book001.com
电子邮箱：xueyuanpress@163.com
销售电话：010 – 67601101（销售部）、010 – 67603091（总编室）
印　刷　厂：天津联城印刷有限公司
开本尺寸：710mm × 1000mm　1/16
印　　张：34
字　　数：557 千字
版　　次：2019 年 12 月第 1 版
印　　次：2019 年 12 月第 1 次印刷
定　　价：198.00 元

自　序

1966年"文化大革命"开始时我入学读书，1974年就辍学了。记忆中，有时候什么课都不上，只是游行、开会。有时候虽上课，但学的只有"老三篇"（《为人民服务》《纪念白求恩》《愚公移山》）和《毛主席诗词选》。后来虽然复课了，但没有教材，由教师随便讲点什么。有时候也有教材，但学期快结束了，课本才发下来，至今我连拼音都不懂，更别说什么英语之类的外语了。说我是个没有读过书的文盲，我还是会认账的。

1974年，家父病逝，我辍学随叔父胡海敖先生学习中医。叔父为我选的教材是古籍，如《三指禅》《内经知要》《本草备要》《伤寒论》《金匮要略》等，我除了背诵外，完全无法理解其义。

刚刚学习了十个月，就被生产队以停发全家口粮为挟，被迫终止学业，回家务农。

回家后，一边参加农业劳动，一边利用休息时间在田间地头学习，但因基本的文化素养缺乏，事倍功半，进步维艰。

1977年，高考全面恢复。自1978年起，一些出版社应教学急需，出版了一批1966年前的文科教材。我得以买了点相关的入门书，如王力1962年编，1964年修订的《古代汉语》、任继愈1963年编的《中国哲学史》、翦伯赞1961年编的《中国史纲要》等著作来学习，打下中国传统文化的根基，目的是希望对理解中医的经典理论有所帮助。

就是这样肤浅的文化素养，来解读古代思想文化的元典，实在是可笑得很，也可以说是完全的自不量力。

之所以还是有了这本《论语中道观》，这得感谢一些特别的因缘。正是因为有了一些这样的因缘，才成就了这本小书。

在众多的因缘中，第一要感恩的是我的父母、我的叔父。我的父亲、叔叔都是儒而道而医者，都有包容心，从不排斥其他的思想文化经典。父亲、叔叔虽修道炼内丹，但也时常诵读佛家的经典《金刚经》。母亲除了读儒释道三家的经典外，还读过《圣经》。正是这样的家庭文化环境，我自幼时就对道、儒、释三教生起了敬畏的心。因母亲的缘故，我对西方文化也有亲切感。尤其是母亲，她常常跟我讲"君子忧道不忧贫"的故事，使我在改革开放、以经济建设为中心的大环境中，能安贫乐道，不为财富动心。

第二，要感恩弥陀的大愿业力和我的一场大病"肉瘤"。2000年初，陕西省肿瘤医院的专家告诉我，肉瘤的治疗，手术加化疗的远期疗效等于零，要我去看看中医，碰碰运气。那时，我身无分文，中药再便宜，我也吃不起。2000年底，我的体重就降到了38kg，已经卧床不起了，行动只能靠爬。"肉瘤"送给我两个字"绝望"，属于有机体的生命即将失去，基于有机体生命的各种欲望也就淡化了下来。阿弥陀佛的四十八愿，则成了我心灵的全部依靠。四十八愿中的第十八愿谓："设我得佛，十方众生，至心信乐，欲生我国，乃至十念，若不生者，不取正觉。"意谓：只要深信并称念弥陀的名号，愿生弥陀的极乐国土，弥陀的愿力就一定会引领我的神魂往生到弥陀的极乐净土，因而生死大苦就能获得终极解脱，生命就能迈向圆满，生命的终极目标就可以达成，我的小我意识就能与大我意识（宇宙大意识）融为一体，成为永恒，证道成佛。

既然圆满生命，圆成佛道，只要有弥陀的愿力就行了，那么剩下的日子就可以放下身心世界，随缘称念弥陀的名号，随缘度日了。

这样一来，我的这个"自我"（或者说"私我"）就处于一种无用之地，"自我"无用则我执自然淡泊，我见自然轻微，私我与非我的界线自然薄弱。我们之所以看不到天地人生的真相、看不到我与天地自然本然无分，本然一体的真实相状者，皆因欲望与我执我见纠结而障蔽、私我与非我界线鸿沟而深障故也。我执我见一轻微，私我与非我的界线就薄弱，看一切事物与现象就自然真实，自然亲切。

2001年上半年，我躺在病床上几不能动。一日，突然想看《论语》。请人找来清代刘宝楠父子所著的《论语正义》。当我看到刘宝楠引《说文解字》解释"学而时习之"的"学"字为"觉悟"时，刹那间《论语》鲜活的生命就在我的心眼间凸显了起来。

"觉而时习之"觉了个什么呢？通观《论语》二十篇，结合"四书"，顿然领悟到"觉"其实只是一个明白，一个对"对天地人生、宇宙万物的无我见、我执的中道实相"的洞然明白;一个对"天地人本然无分本来一体"的洞然明白。所以《论语》中有"己欲立而立人,己欲达而达人""君子不器""毋意,毋必,毋固,毋我""用中于民"等的经典条文。当领悟到这一点时,真是欣喜若狂。当时就伏在床上,奋笔疾书,边读边写,边写边读,《论语》的《学而》《为政》两篇才读完,就写下了近十万字的读书札记。

我向来疏懒又贪玩。2001年下半年,通过默诵弥陀名号,病有了明显的好转,又能离开床褥了。于是,除了诵持弥陀名号外,就是到处去玩,《论语》也就没有再往下读,往下写了。

2003年上半年,我的身体已经恢复到可以坐下来帮人看看病了。人活着,最起码得养活自己。在师兄湖南省中医药研究院刘光宪研究员的推介下,每周在当时还属研究院的解放路门诊部看半天门诊,又开始了我的谋食谋衣之旅。至今我还清楚地记得,上班后的第一个月,发给我的工资是405元钱。病人渐渐多了起来,人也康复了一些。两年后,一周又增加了半天门诊,又过了三年后又增加半天,直至今日,每周竟要看五个半天的门诊。边读《论语》边写札记的事,也就彻底地放下了。

第三,要感恩中国孔子学会副会长郭齐家先生。2005年,北京师范大学的教育学博士沈立先生带我到郭老的家里去拜见郭老。会谈之间,我第一次与人谈起了那次在病中读《论语》的感悟。郭先生听完我的感悟后,当即肯定这种感悟的独特性,且认为感悟的意义重大,要我尽早完成全经的解读,他要推荐出版。还是因为我的疏懒,回家后没有按照郭老的要求执行,以后也就不敢再去见郭老,实在有负老先生的提携与鼓励。现在回想起来,仍觉十分愧疚。

第四,要感恩长沙的艺术家、传统文化传播者喻当先生,艺术家、杭州西泠印社会员张建民先生,长沙古开福寺方丈能净法师、大知客维谨法师,开福寺国学班常年坚持听讲座的几十位朋友。2006年,喻当因呕吐,上我家看病。喝茶闲聊时,聊到我2001年上半年病中读《论语》时的感悟。他断然地说:你这个感悟不能带到黄土里去,你不能这么自私,不能一个人独享这份感悟后的快乐,你应该把它公之于世,至少要在朋友间传播。他说到做到,一个月后,就来跟我商量,在他家里开讲。由一些搞艺术的朋友来听听,并定下每周日下午讲一次的规矩,张建民先生开车接送。我被他们的热情感动,不好意思再推辞,就这样斗胆讲起了《论语》。

2007年下半年，喻当先生因故去北京有事，他住的出租屋要退租。我的讲座可以无疾而终，顿时感觉一身轻快。喻先生锲而不舍，走之前到开福寺跟维谨法师商量，将此讲座搬到她们寺院的讲堂去。要在佛教的寺院讲儒家经典，寺院的方丈没有足够的心量，真的难以想象，但，能净法师与维谨法师还是答应了。不仅答应了，还以此为基础，成立了一个"开福寺国学班"，任由我们儒释道三家的元典。还有就是那常年坚持听讲的几十位朋友，没有他们风雨无阻的坚持，我的《论语》是不可能讲完的。

第五要感恩的是时任岳麓出版社总编室主任的刘果博士。她不仅带《湖南大学学报》主编蓝甲云教授、中南大学谭忠诚副教授等到古开福寺去听过我讲《论语》，还在2008年下半年我刚讲完《论语》时，就找我要出版这个粗糙的讲稿。是我虑及思想需要沉淀，冷冻几年，再修改一下，可能会少一些错误，况这个稿子，前两篇是札记，后十八篇则又是教案形式，前后体例不统一，不敢贸然面世，才没有将讲课用的教案交给她。事虽未成，但她对此书稿内容的肯定，以及为之付出的精力与热情，还有就是来试听我讲座的几位教授对我所讲内容的肯定，这些都是我必须要感恩的。

第六，要感恩中南大学国学研究中心主任刘立夫教授、副主任谭忠诚教授，是他们邀我参与中南大学国学研究中心的创建工作，并聘我做副主任。我虽然只是个挂名的，但既已挂名，就得做点事，所以我下定决心将此部书稿拿出来面世，将其出版事宜放在议事日程上。并从旧文件夹中将此书稿翻出来，交给我的儿子，正在武汉大学文学院攻读古典文学博士学位的胡玉尺和湖南师范大学文字学硕士周银老师，做最后的文字整理和前后体例的统一工作，其间周银贡献精力尤多，在此一并表示感谢。

最后，还要感恩的是学苑出版社的黄小龙先生，今年1月份，我与他在海南偶遇，谈及我打算将《论语中道观》拿出来面世时，他立即表示愿意推介出版。事后，我却又忘记了这件事，还是他催我，才在今年的6月份把这部书的初稿交给他。从交书稿给他到现在才两个月，书稿就进入了排版的程序。他的热情、见识与工作效率，实在令我感动，在此表示由衷的感谢。

这部书稿从写《学而》《为政》两篇的札记算起，至今已整整17个年头了。人生有几个17年，经得起我这样子的浪费？

不管怎么说，这位丑媳妇终究是要见公婆了。按照惯例，书稿出版前，总得要写个序或后记什么的，既是对这部书的一个交代，也是对读者朋友的一个交代。就这样拉拉扯扯地写了这么些不成其为序的文字，算是对这部书稿的发生、形成过程及其成就的因缘的介绍吧。

胡不群
2019 年春

目　录

学而第一 …………………………………………………… (1)
为政第二 …………………………………………………… (53)
八佾第三 …………………………………………………… (92)
里仁第四 …………………………………………………… (124)
公冶长第五 ………………………………………………… (146)
雍也第六 …………………………………………………… (182)
述而第七 …………………………………………………… (219)
泰伯第八 …………………………………………………… (252)
子罕第九 …………………………………………………… (274)
乡党第十 …………………………………………………… (299)
先进第十一 ………………………………………………… (316)
颜渊第十二 ………………………………………………… (339)
子路第十三 ………………………………………………… (368)
宪问第十四 ………………………………………………… (391)
卫灵公第十五 ……………………………………………… (425)
季氏第十六 ………………………………………………… (456)
阳货第十七 ………………………………………………… (469)
微子第十八 ………………………………………………… (495)
子张第十九 ………………………………………………… (507)
尧曰第二十 ………………………………………………… (525)

学而第一

第一章

1.1 子曰:"学而时习之,不亦说乎?有朋自远方来,不亦乐乎?人不知而不愠,不亦君子乎?"

【译】

孔子说:"觉悟了,并将这觉悟之道,随时随地落实在自己的行为实践中,不是会由衷地喜悦吗!有人从很远的地方来,向你求教你所觉到的道,不是一件很快乐的事吗!尽管你千方百计地点拨,不厌其烦地指引,却仍然有人不能领悟你所觉悟的道,而你的内心却没有因此而产生不愉悦的情绪,这不是一个觉悟了的人,觉行圆满的表现吗!"

【释】

学 许慎:"学,觉悟也。"(西汉·许慎《说文解字》,以下简称《说文》)

班固:"学之为言,觉也,以觉悟所未知也。"(西汉·班固《白虎通·辟雍篇》)

荀子:"君子博学而日参省乎己,则知明而行无过矣。故不登高山,不知天之高也;不临深溪,不知地之厚也;不闻先王之遗言,不知学问之大也。"(战国·荀子《荀子·劝学》)

因此,"学而时习之"的"学"字,当以"觉悟"为释。从荀子《劝学》篇,"学(觉)"的方法为"日参省乎己","学(觉)"的目的是使"知明"。从"知明"这个层面来看"观过可以知仁"和"吾日三省吾身",其义就不难理解了。

时 许慎:"时,四时也。"(《说文》)

皇侃:"凡学有三时:一是就人身中为时……二就年中为时……三就日中为时。前身中、年中二时,而所学并日日修习,不暂废也。今云'学而时习之'者,'时'是日中之'时'。"(梁·皇侃《论语义疏》,以下简

称《义疏》）

结合"时是日中之时",则"时"可理解为"随时、无论何时"。从时空一体的角度来剖析,言"时"的时候,"空"即在其中。因此,这里的"时"可以理解为"时"与"地",即"随时随地、无论何时、无论何地"。

习 许慎:"习,鸟数飞也。"(《说文》)

高诱:"习,学也。"(东汉·高诱《吕氏春秋·审己注》)

"鸟数飞",是指雏鸟从母鸟那里知道了扇动两翅就能飞行,但仍飞不起来,飞不高,飞不远,还需要不断地练习。从知道如何飞行到能够自由自在地飞行,还要有一个不断练习的过程,这个过程就是"习"。可见"习"是指"练习""熟习"的过程。再结合"习,学也"来看,这句"学而时习之"的"习"字,是指从觉悟的时候开始,自觉地将觉悟的观念、方法贯彻到行为实践中,使自己的行为时时处处都符合其觉悟,从生疏到熟习的练习过程,亦即从自主的、有意的主观行为到自觉的、自由自在的即无我之境的全过程。

说 皇侃在其《义疏》中写作"悦"。《说文》有"说"无"悦",可见"说""悦"相通,只不过"悦"是后起字,是俗字而已。"说",悦也,乐也,是发自内心的喜悦,从内至外,通体喜悦。

朋 包咸:"同门曰朋。"(三国·何晏《论语集解》,以下简称《集解》)

宋翔凤:"《史记·世家》'定公五年,鲁自大夫以下,皆僭离于正道,故孔子不仕,退而修《诗》《书》《礼》《乐》,弟子弥众,至自远方,莫不受业焉。'弟子至自远方,即'有朋自远方来'也。'朋'即指弟子,故《白虎通义·辟雍》篇云:师弟子之道有三,《论语》曰'有朋自远方来',朋友之道也。又《孟子》子濯孺子曰:'其取友必端矣!'亦指'友'为弟子。"(清·宋翔凤《朴学斋札记》)

刘宝楠:"按:宋说是也……《学记》言:'学至大成,足以化民易俗,近者说服,而远者怀之,此大学之道。'然则朋来,正是学成之验。"(清·刘宝楠《论语正义》,以下简称《正义》)

这里的"朋",不是现代意义之朋友,而是来求学的弟子,"有朋自远方来"者,正是觉悟了并能将这觉悟的思想观念、方法贯彻到自己的行为实践中,并达到知行合一、圣贤人格的人。这种人("朋"),化民易俗,影响广远，使四面八方的人、很远很远的人都来向他求教觉悟的思想观念与方法。

方　刘安："方者，地也。"（西汉·刘安《淮南子·兵略训》）

毛亨："方，四方也。"（西汉·毛亨《毛诗正义》）

知　皇侃："君子易事，不求备于一人，故为教诲之道，若人有钝根不能知解者，君子恕之而不愠怒之也。""'人有所不知'则是人自不知，非不知己也。"（《义疏》）

刘宝楠："《礼·中庸》记：子曰：'正己而不求于人，则无怨。上不怨天，下不尤人。'又《论语》下篇：'子曰：莫我知也夫！不怨天，不尤人，下学而上达。知我者其天乎！'正谓己之为学，上达于天，为天所知，则非人所能知，故无所怨尤也。夫子一生进德修业之大，咸括于此章。是故学而不厌，时习也，知也；诲人不倦，朋来也，仁也，遁世不见，知而不悔，不知不愠也，唯圣者能之也。"（《正义》）

不知　"不知"有二义：一是指不了解自己；二是指不能领会所传授的"道"。结合全句，以第二义为长。

愠　"愠"，恚也。即从内心的深处生出的一种不愉悦的情绪。

本章"学而时习之，不亦说乎？有朋自远方来，不亦乐乎？人不知而不愠，不亦君子乎？"，三句连读，用"说""朋来""不愠"等具体的心态与事例，白描出一个具体的个体生命，从对认识生命真相的思想观念与方法的觉悟开始，到觉悟了生命的真相，再到觉行圆满的全过程。这既是孔子一生追求真理并终于获得真理的真实写照，也是人类生命当共同追求的终极目标。推而广之，这又何尝不是一切生命当追求的终极目标呢？

但是，我们中华民族这位最伟大的先觉者——孔子，他是人，是人类的觉者，所以他首先关怀的是人，是人类的生命。这就是中华民族的先圣孔子与印度的先觉者——释迦牟尼佛的区别，也是儒家与佛家的区别。但是他们对生命本质的关怀是相同的，关怀的目的也是相同的；所不同的只不过是他们对生命类别的关怀，有广狭的差别而已。正如释迦牟尼佛在《金刚般若波罗蜜经》所说的一样："一切贤圣，皆以无为法而有差别。"既然儒家、佛家对生命本质的关怀相同、关怀的目的也相同，那么所觉悟的人生真理，也就没有什么本质的差别了。

事实上，几千年来，儒家、佛家、道家，在对生命的终极关怀上，一直就是互相关联、互相融摄，没有什么本质的差别。所以禅宗的古大德们常说：在一个大彻大悟的智者眼中，儒、释、道三家圆融无碍，并没有什么本质的差别，只是在那些小根小慧的人眼中，儒、释、道三家才会有差别、有挂碍。

《论语》的编纂，基本上没有什么严格的体例，这差不多是古今研读《论语》所达成的共识。因为孔子的语录，泛说的多，实指的少，因此语意非常宽泛，可以从不同的角度去分析、去领悟。这也是近两千年来，对《论语》的研究，以及对孔子思想的认识与理解，形成较大差别甚至是根本差异的原因所在。

尽管如此，《论语》的编纂者们就会因此而无的放矢，杂编乱纂吗？孔门弟子对孔子的敬仰无以复加，难道会如此不负责任地胡编乱纂吗？这是无论如何也说不过去的。所以我认为基本的编纂原则还是有的，说他们依据自己的理解，"以类相从、次第排列"总不为过吧！这样的认识总该是既符合一般的编纂原则，又也在情理之中吧！

所以，我认为《论语》的篇章次序之间，自有其逻辑结构。这种逻辑结构是反映孔子思想不可忽视的一种客观存在，至少是反映《论语》编纂者心目中孔子思想的逻辑结构。

我的这种理解如果成立的话，那么作为《论语》第一篇的第一章，就有了不同凡响的意义，至少可以认为是《论语》的总纲，孔子一生的总追求。可以说孔子思想的全部，浓缩了就是首章的这一句话；展开来就是一整部的《论语》。换句话说，整部《论语》都是为了说明这一句话，是对这一句话做进一步说明的展开，是从不同的角度、不同的事项、不同的层面来说明这一句话。如果真正明白了这个道理，就知道这一句话就是整部《论语》、整个孔子、整个生命。生命的过去、生命的现在、生命的未来都只不过是这一句话在不同的时期、不同的地点、不同的环境、不同的人身上的具体体现而已。一句话就是一切，一切也只不过就是这一句话。

实际上，凡是执着追求真理的人，从他有所成就或者说有所觉悟的时候开始，逐渐达到觉行合一、智慧增长、功德圆满的时候，就会实至名归。自自然然，有人追随他，向他请教。近者悦之，远者怀之，渐浸渐远，四面八方蜂至蝶来，讲学、传教、布道就自自然然地开始了。在传播真理的初期，师者多会为新的思想、观念、方法难有适当的言辞表达、恰当的方法传授而烦恼，为费尽九牛二虎之力，千方百计地传授、指导、讲解，而求学者仍然懵懵懂懂，甚至会为难以明白而烦恼。但随着自己悟境的纯熟,"觉"与"行"的更加统一,直至"觉""行"一如。当师者深深明白真理之难信、难以接受、难行的这种现象,是自自然然的客观存在,于是只有随缘教化,任其自然而已,绝不会为受教者不能接受自己所觉悟的真理而烦恼。到了这个时候,就已经是炉火纯青的火候了,就已经是人格完全成就的人了。"学而时习之,不亦说乎?有朋自远方来,不亦乐乎?人不知而不愠,不亦君子乎?"真乃传神之笔。

然则,"学,觉悟也",觉了个什么呢?对此,儒、佛、道三家各有各的表达方法。他们既相通又不尽合,不能强求一律,这里只说儒家,说孔子。那么孔子到底觉悟了个什么呢?我们先从孔子的高足曾子所著的《大学》来看:"大学之道,在明明德,在亲民,在止于至善。""学,觉也。""觉"与"迷"相对,要明白"觉",可先从认识"迷"开始。"迷"是"迷惑""迷糊""不清楚"。反过来,"觉"就是"不迷"、是"清楚"、是"明白"。说到底,"觉",只是一个明白。人生的终极目的无非一觉,所以人生的终极目的,亦无非求得一个明白。

那么到底要明白什么呢?"学而时习之",明白了,时时处处事事都明白,怎么样呢?"不亦乐乎",不是很高兴、很喜悦、很自由、很自在吗?因此,明代高僧智旭大师说,觉了个人我同然、本无人我、本无物累、本无不"说"的喜悦相。人之所以会觉,是因为人人本来有个灵觉之性,人之所以不"说",是因为被"人欲"迷住了那个本有的灵觉之性。(参见明·蕅益大师《蕅益大师全集·论语点睛补注上》)据此,我们可以这样说,生命原本就"说",原本就乐,何怨尤之有、何烦恼之有、何痛苦之有哉?所谓烦恼痛苦者,完全是人自己找的,是自己被自己的"欲"迷住了真相,以假为真,空自痛苦。正所谓:"世间本无事,庸人自扰之。"

智旭大师所说的"生命的喜悦相",曾子称为"明德",王阳明称为"良知",究其实就是人性中本来具有的性德,这个"明德"、这个"良知",耀古辉今,人人本有,个个现成,"在凡不减,在圣不增"(南宋·朱熹《论语集注》,以下简称《集注》),不一不异,无二无别,彻内彻外,无始无终,遍一切处,充一切时。从这个角度说,"明德"实际上就是生命的本体。犹如佛家所说的"实相""真如""佛性"之类,虽然佛家讲的层面可能更深一些、更广一些,但所讲的都是生命的本体,因此是不会有什么本质的区别的。在"本体"这个层面上说,"明德"即"真如"、即"真心"、即"实相"、即"自性"、即"佛性",这是没有什么问题的。因此，宋明儒家将生命的本体称之为"心""性""自性""心性""良知"之类，就不言自明了。

"明德"即"本体"，是从即用即体、用即是体、体用不分、体用一如这个维度说的。若细而言之，"明德"并不是本体。"明德"只不过是本体的作用，即生命中的那个能"明的"德能作用，这也是要首先明白的。

再者，所谓"喜悦相"，也不是我们常常感受到的"高兴""快乐""愉悦"等等，那些感受只是我们的情绪，不是我们的本体。真正的"喜悦相"是无喜无忧的清净相。佛家为了区别于快乐、愉悦之类的情绪，特地将此"喜悦相"称之为"大乐"或"极乐"，这也是我们应该要明白的。

明乎此，我们就知道，若能完全彻底地明白这个"明德"，并能运用这个"明德"于一切时、一切处，与生活打成一片，使我们的一切行都是"明德"之行，皆是"明德"的具体体现，则人生之能事毕矣，王阳明谓人生之头等大事在学做圣贤，做圣贤之全部功夫在"致其良知"，良有以也。

如果明白了这个"明德"，整部《论语》就鲜活起来了，活活泼泼，生机无限，乃至每一句话都是一条鲜活的生命。整部《论语》有头有脑，有手有脚，肢体健全，灵动自在，是一个有机的整体。它不再是条条框框，不再是形式，不再是教条，不再是死板的行为规范，不再是苛刻的道德律令。有的只是师徒弟子之间的随机点化、即兴言谈，有的只是人生终极意义的追问，有的只是一个觉者自在、快乐、幽默、超然、淡泊的人生经历的白描，有的只是一些有血有肉、有情有义、有灵有性的强力生命的鲜活人生的全景式的片段记录而已。从这个层面来说，完全可以把《论语》看成一部追求人生真理的电视轻喜剧。

那么"明德"究竟如何体认呢？

我们先从体以明"明德"。

"明德"既是生命中的那个能"明的"德能作用，那就是用而不是体。但是，用只能是体的用，体也只能是用的体，离用则无体可求，离体则无用可说。实际上，言用则体在其中，言体则用在其中。即体即用、即用即体、体即是用、用即是体，体用是一体不可分割的整体。强分"体"与"用"，对于求"学（觉）"的人来说，是有害的。正是："离之则两伤，合观则并美。"这是绝不能忽视的重要观念之一。

但如果过分强调"体用一如、体用不分",导致体用概念模糊,使用混乱,也是必须引起注意的。如这个"明德",本来是用以表述本体的那个能明的德能作用的,是说用的。但从用即是体这一观念出发,又可以用来表述体,如朱熹释"明德":"明德者,人之所得乎天,而虚灵不昧,以具众理而应万事者也。"其即将"明德"作为本体来讲的。

其实,儒家用来表述本体的名词是"中"和"大中"。"中"既是生命的本体,也是万事万物的本体。所谓本体,简单地讲,就是那个"本然如是"之理,即事物的本来面目。

关于"中",《书经》上讲"允执厥中";《孟子》讲"舜执两端,用中于民";孔子在《论语》中讲"君子中庸,小人反中庸。"而子思在《中庸》讲的"中庸",则是《汉书》"建大中以承天心"的"大中"。

如何理解"中"呢?在佛家对一切事物和现象作"法尔如是"的真如实相"观"时,译经家将这种"观法"译为"中观",将契入真如实相的"法"、讲第一义谛的"道",译为"中道"。汉梵对译,这个"中",所对应的不就是佛家的那个"法尔如是"、那个"真如实相"、那个"第一义谛"吗?

禅宗对"本来面目"的这个"中"的直指,更是直截了当。恰如春天,万卉争妍,杂然纷呈,琳琅满目,美不胜收。这种直指可以说是即时即景、灵机一动的巧妙点拨。其中,我最欣赏南岳怀让禅师的说法,那就是"说似一物即不中"。老子说"视之不见""听之不闻""搏之不得",佛家说"言语道断,心行处灭"者,此也。

首先,"明德"是生命的"本体",有"体"必有"相"。

"体"幽深玄远,微妙难知,离文字相,离言语相。所以禅宗祖师认为在"体"上直接入手,以明白本体的方法是行不通的,所谓"言语道断,心行路绝"即是指此。因此,明"明德",只能意会,即用参悟的方法,来领悟,来把握。后世禅宗参公案、参话头之风盛行,原因就在于此。

其次,从"相"以明"明德"。

相是体的外在表现形式,自然千差万别,个个不同。例如金属,在经过工匠们的巧手或经过工具加工,就可以变成各式各样的器物,如锅、盆、碗、盏、钱币、首饰,乃至圣贤、伟人们的纪念像,以及佛、菩萨像等等。就这些器物而言,金属即是这些所有物件的体,而个个不同的物件，即是其相。在这里，相虽千差万别，但体却是相同的，因为它们都是金属做成的。所以，其体虽同为金属，而相却千差万别，或佛像、菩萨像，或锅、盆、碗、盏，或钱币、首饰……就生命而言，"明德"是生命的体，各个千差万别的生命即是其相；就孔子而言，"中"是人生命的本体，而各个独立的人的生命，即是其相。

你能从相明体吗？各个个体，虽有贵、贱，智、愚的不同，也有高、矮、胖、瘦的区别，以及伟岸、俊逸、猥琐、丑陋的差异，但他们都是人，都有人性。就性分而言，他们个个具足，圆满无缺。所以，就各个独立的个体而言，尽管千差万别；但就大写的这个"人"而言，性体则是完全相同的。

在这个层面上说，作为人而言，其性体是原本具足、本来具足的。也就是说自自然然，圆圆满满，既是当然，也是必然。所以朱熹说："所受于天。"朱熹在这里所说的天，我们要有正确的理解。这里的天，既不是有意志的天，也不是苍苍莽莽的自然之天，而是"本来"之天，"当然"之天，"法尔自然"之天，"法尔如是"之天。我们如果用佛家的术语说，就是那个"不生不灭，不垢不净，不增不减"。（见《般若波罗蜜多心经》）所以就"性体"而言，就必然是"在凡不减，在圣不增"了。这就说明，作为单个的人，相虽千差万别而性体则完全相同。

即使习惯于分析、区别、比较的西方文化，也能喊出"上帝面前人人平等"的口号。这个口号自然转化为人格面前平等，但这只是认识的深度与广度问题，实质则殊途同归。西方哲学家们不断地分析、区别、区别、分析，分到最后，分到分无可分，就自然会明白，就自然会认识到就生命的本质而言，这种"本然无分，当然一体"的实际存在。到那时，也就没有什么东西方文化的差异了，有的只是鲜活的、既千差万别又圆融无碍的生命活动而已。到那时，就是大同理念的实现，人间佛国的形成，每一个鲜活的生命，都是圣、是贤，是佛、是菩萨了。

所以，孔子一生致力于"学"的教化，践行于"有教无类"的平等观，孟子更是提出了"人人皆可以为尧舜"的伟大究竟平等的理念。后世称孔子为"至圣先师"，实在是当之无愧！

释迦牟尼佛更是明确指出了：一切众生，皆有佛性，皆可成佛，皆是已成佛，皆与佛陀无二无别。佛经中的"一切众生皆是已成佛"（《妙法莲华经》）就是指每个人究竟平等、究竟圆满的生命真实相。

据此，我们可以得出这样的结论：究竟平等观是生命的真实相，是第一性的。

既然究竟平等观是生命的真实相，是第一性的，那么，不平等的分别差异观也就是后起的不真实的虚妄相，则是生命的第二性了。

分别差异观是随着人类的私有观念的产生而形成的，是属于第二性的，是人类求生存的历史积淀，是人类生命进化历程的必然，是一种文化现象。

这种属于文化现象的分别差异观既然是属于第二性的、后起的，它当然就是居于生命的浅表、外层，而究竟无差别的平等观——生命的第一性，生命的真实相，就自然被埋在了生命的里层、深层。从这个层面看，分别差异观也成为我们明白生命真相的障碍。

因此，如果想明白生命的真实相，契入生命的真实，就必须放下那些属于分别的差异观念，即不要执着于人类的文化现象。你的分别观念越淡、对文化现象的执着越少，就越容易契入生命的真实，进而把握生命的当下，得大自在、大解脱。

分别观念越强，对文化现象越执着，契入生命真实的障碍就越大，离真实生命的距离就越远。不仅不能把握生命，而且还将遭受生命进化过程中所形成的第二性的力量的挤压、弹击，进而烦恼、不自在。

这就是不明白生命的人，生命对他来说，是一种惩罚的原因所在。

再从用以明"明德"。

"用"，就是作用，如一把刀，以金属为体，就具体的刀，如大刀、小刀、菜刀、水果刀、砍刀、直刀、弯刀等不同的刀而言，不同的形状是刀的"相"，而它们所具备的割、切、削等功能作用则是它们的"用"，即刀的作用。

由此可知，任何事物，都有体、有相、有用，都可以从体、相、用三个层面去了解它、认识它。

因此，我们认识人的生命，也就可以从用的角度来认识，从用的角度来领悟，直至把握。

请闭上眼睛，观察一下生命的作用，你会发现什么？

只要你不带主观成见、不假思索、不加分别地对令人眼花缭乱的生命作用现象进行观照审察，你就会发现生命的作用无非只有一个"知觉性"而已。

如我们冷时知冷，热时知热，饥时知饥，饱时知饱，困时知困，醒时知醒，痛时知痛，苦时知苦，乐时知乐，烦恼时知烦恼，等等，如我此刻正在讲，你们正在听；而且我知我在讲，你们知你们在听。对某些事物和现象，由于在我们的"法尘"里，没有那些概念，没有那些事物，我们就会不认识，不知道。这不知道的那些个"知"，都是"知觉性"。对于有情众生来说，这个知觉性，都是本然具足的呀，即使小如虫蚁，也是具足这一知觉性的啊。是不是？大家观察看看。佛教讲众生平等，难道不是吗？一切众生都有知觉性啊，一切众生之知觉性无不都是圆满具足的啊！

孔子说："知之为知之，不知为不知，是知也"。这句话里，最后的一个"知"字，我认为应该读本字（zhī），不破读为智（zhì）。这最后的一个"知"字，讲的就是知觉性，而知觉性的知，当然是合"知之为知之，不知为不知"的。如果只有知道的"知"，没有不知道的"知"，那么这个"知"就必须要有法尘的参与，否则是不可能知的。既要法尘参与，显然就已落入了属于第二性的文化境界，释迦牟尼说："犹为法尘分别影事"（《首楞严经》）者，指的就是这个知道的"知"，所以这个知道的"知"，根本就不是生命的本体。事实上只有合知与不知，才是"知"的本来面貌，才是"知"的全体。这样的"知"，才是生命的知觉性，才是第一性的知，才是真知。

只有这样去认识生命的知觉性，才能真正地认识到"知"的本来面目，才能认识到真知。否则，就容易与刚才所讲的因法尘境而知的后起的属于第二性的知相混淆。

这一念知觉性，人人本有，个个具足。由于一切众生，都具有这一念知觉性，所以就知觉性这个用的层面说，一切众生，彻底平等，完全平等，究竟平等。也就是：一切众生，平等无二。

前面说过，孔子关怀的对象是人，是人类的生命。由于人人都具有知觉性，所以，人人都有认识世界、改造世界、认识真理、掌握真理的能力。前面讲过，这一德能作用，曾子称之为"明德"。人类由低级走向高级、由愚昧走向文明、由黑暗走向光明，人类认识生命、认识自身、认识社会、认识自然、发现真知，都是靠这个明德的不断作用，靠这个知觉性的不断作用。

由此可见，这个令人眼花缭乱、日新月异的人类文化现象，都是这个知觉性不断作用的结果，都是这个"明德"的德能作用的结晶。

至于这文化是善也好，恶也好；是好也好，坏也好；是文明也好，进步也好；是逆文明也好，阻碍进步也好……无一不是这知觉性不断作用的结果，无一不是这"明德"的德能作用的具体体现。

大千世界的万千物象：真善美慧乐，假恶丑愚苦，这一切的一切，站在知觉性的这个高度，站在明德的这个顶点来审视，又哪里有差别呢？这一切的一切，不就是这个知觉性、这个明德的嫡子嫡孙，曾孙玄孙，乃至孙孙无尽吗？

由此足见，这气象万千，形形色色，差异乃至对立的现象，原本就是无差别无对立的，原本就是平等无二、圆融无碍的。所以孔子说"无友不如己者"，说"泛爱众"。因为没有人不具足这个知觉性，没有人不具足这个明德，所以就自自然然是"无友不如己者"了。又由于一切人都是平等无二的，皆我同胞，岂能不爱，所以就自自然然是"泛爱众"了。

孔子在这里，不是道德说教，而只是一个不断学习之人，所见的事实真相的实话实说罢了。佛教将最究竟圆满的法门，称为不二法门。不二，就是究竟平等，就是绝对圆融，就是广大无碍。不二，真是说得太妙了。南无释迦牟尼佛，我不禁由衷地赞叹！但是，对于不二，也不能执。一执就又不是不二了。当然，切实而论，又无所谓"二与不二"。法尔如是，哪来"二与不二"？当然一有"二与不二"的对立，早已就不是不二了。

从前面的解读，我们已经知道人类的一切文明进步与文化成果，即一切的有利于人类的，被我们称之为善性的文化。而那些不利于乃至于有害于人类的，被我们称之为恶性的文化，都是人们的知觉性、人们的明德不断作用的结果。人类利用人人本具的知觉性和明德创造了文化，其创造文化的初衷，是要安抚人类，给人类带来便利。所以说文化的进步，是人性的胜利。

因此，我们应积极进取，充分利用这个知觉性、这个明德，再创人类的辉煌，化娑婆为极乐，实现人类的终极理想——大同世界。不仅人与人之间，共享文明、共享自然、和谐圆融、幸福快乐，过着无忧无虑、自由自在、宁静安详、行动自由、心灵自由的生活，而且人类要与整个生命界的一切生命和谐共处，共享自然。这不是梦，不只是理想的乌托邦，假以时日，随着人类文明的不断发展，这个伟大理想是一定能够实现的！

就今日的手机、电脑、卫星、航天飞行器等现代文明成果而言，是古代人能够想象得出来的吗？人类利用人的知觉性与明德，创造了人类的文化。这文化所结出的硕果——文明，原本是供人享受的，是为人类服务的。当然，在文明进步的历史阶段，目前这些还不能满足或完全满足人的所有需求。而优越的文明条件，作为一种强大的外缘，又在不断地刺激着人们的心，使人们的心不断地滋长着要占有它们的欲望。贪心膨胀的结果，自然会给人类文明的进步带来不利的影响，会影响人类充分享受生命带来的满足，乃至妨碍人类的生存。这是人类文明发展进程中的负面影响，是难以避免的。

针对这种情况，我们只有积极地利用人类文明进步的成果，再创文明的辉煌。随着文明的不断进步，人们的各种要求，在不同程度地得到了满足的时候，人类文明发展进程中的负面影响，就会不断减少，乃至逐渐消失。

人类生命凭借知觉性与明德，创造了文化，使文化现象，尤其是物质文明日新月异，"苟日新又日新"。人是文化的创造者，为主；文化为人所用，是被创造者，为客。所以，我们一定要搞清楚：人是主，文化是客，人才是文化的主宰者与把握者。人类应充分利用文化，让文化为我所用，充分享受文化的成果，享受文明为我们带来的便利。

文化是人创造的，是人为了更好地享受生命而创造的。所以，充分地享受文化的成果——文明，就是享受生命。享受生命，安住于喜悦与安详之中，才是正理，才是生命进化的本来目的。那些不敢享受生命，不敢安住于喜悦与安详之中，硬要折磨自己的肉体与心灵的人，是逆生命进化的罪人，是对生命不负责任的行为，是不尊重生命、不珍惜生命的具体表现。所以，佛家有"毁损身体为犯菩萨戒"的戒律，儒家有"身体发肤，受之父母，不敢毁伤"的训导。孔子在《易传》中说的话，最能说明这个问题：孔子既说"生生之谓德"，又说"天地之大德曰生"，这就是说能使一切生命更好地"生"，让一切生命能充分地享受生命的，就叫作大德。所以，我们文化的传统对于新生命的出生，必然庆贺，如新生儿喜庆之类的"三朝""十朝""满月""百日""周岁"，以及以后的生日等庆祝活动，就是其例。又两性结合，既能使人更好地享受生命的情爱之乐，又能使生命生生不息，也必然要庆贺。而对于死者，各地有形式不同的厚葬习俗，这些无一不可视为对生命尊重的具体体现。

至此，我们已经明白了：文化是人类利用人的知觉性、利用人的明德所创造的，即人是文化的主人，是文化的主宰者。所以，人与文化的关系是人为主，文化为客；人是主宰者，文化是被主宰者；人是主动的，文化是被动的。对于这一点，我们必须清清楚楚、明明白白，将主动权牢牢地控制在自己的手中。只有这样，我们才能够主动地、自由地支配文化，从而积极地享受文化的成果——文明。

但是，又有多少人能真正明白这一点呢？在越来越多的文化门类面前，在纷繁复杂、五花八门的文化积淀中，面对这日趋繁复的、令人眼花缭乱的文化现象，不是痴迷癫狂，就是被沉重的文化现象积压得喘不过气来。他们不是迷惑痴狂、纸醉金迷，就是大喊活得好累。不是消极失望、裹足不前，就是为名为利、为权为势、为图一时之快乐、为逞一时之勇猛，而丧心病狂。从而，令那些只看表面现象的道学先生们得出"文明越进步，道德就越沉沦"的结论。

这还只不过是挂一漏万的举例而已，若细数起来，则横说竖说，尽未来际说，也说不尽。这种种现象的产生，无一不是被文化奴役的结果。

人类创造了文化，却又被文化奴役，成了文化的奴隶，成了文化的仆人，被文化残酷地摧残着、奴役着、压迫着、控制着、捆绑着，不能动弹，甚至被压抑得几乎窒息。在人们快要窒息的时候，就会有人积蓄认识生命真相的力量，奋臂一呼，挣断几条绳索，给人以稍稍喘息的机会，让人们苟延残喘。这奋臂一呼的不是别人，正是人类文化演进的历史长河中的那些为人类解放运动的先驱，也就是人性论的圣哲。孔子正是中国历史上奋臂一呼的圣人，他既是人类解放运动中最伟大的先驱，又是最伟大的人性论者。所以，孔子会说"学而时习之，不亦说乎？有朋自远方来，不亦乐乎？人不知而不愠，不亦君子乎？""无友不如己者""过则勿惮改""泛爱众""我未见好仁者恶不仁者"。

一切的文化现象，都是人类自己创造的，是人的知觉性与明德所不断作用的结果。它们是人创造的，是属于第二性的，创造它的目的是为人所用，怎么会成为人的桎梏呢？怎么会成为残害人、奴役人的工具呢？

文化是人创造的，文化现象是人为的规定，是人类的约定俗成。虽然文化一旦被创造了出来，就具有了自己的生命力和运行规律。我们应当遵循它，不遵循它，当然会受到它的力量的打击。但是，我们千万不要忘了，文化是我们创造的，我们既有能力将文化创造出来，我们就绝对有能力将落后于社会发展、不利于社会的文化改造好，令文化永远为人类服务、为人类所用。

当一种善性的文化现象被转化为禁锢人们思想、妨碍文化发展与文明进步时，就已经是恶性的文化了。此时，我们应该改造它，使它成为一种积极的、能推动社会和谐地向上向前发展的善性文化。比如"礼"。孔子说"殷因于夏礼，所损益可知也；周因于夏礼，所损益可知也，其或继周者，虽百世可知也"。这就是将文化中不利于人类发展的恶性方面"损"去，而"益"之以有利于人类发展的善性方面的典型例证。

人是文化的主人，我们必须牢牢地记住这一点。所以，我们一定要做文化的主人，不要做文化的奴隶。我们对于人类的文化现象，一定不能执着。那些死守陈规、执着教条而不能变通的人，必将受到文化力量的压迫，进而成为文化的奴隶而不得自在。文化是人创造的，属于第二性，所以，我们一定要超越文化，超越这后起的属于第二性的东西，回归生命的第一性。只有超越了人类利用人的知觉性所创造的属于第二性的文化，才有可能回归生命的第一性、回归生命的真实，从而达到把握生命，役使生命，享受生命，令世间与出世间的一切，都能为人类所用。

生命的本体，其作用就是一个知觉性。简言之，就是一个知。运用这个知，就能使我们认识世界、改造世界、认识生命现象、认识生命自身，从而使生命为我所用，达到享受生命，进而超越生命的大自在，大解脱的境界。所以释迦牟尼在《圆觉经》中说："知是空花，即无轮转，亦无身心受彼生死，非作故无，本性无故。"所以唐代的禅宗六祖惠能大师在《六祖法宝坛经》中，对他所有的弟子中，最深地领悟了他的禅法的神会大师说"知之一字，众妙之门"，这是信而有征的。

知是生命的作用，而非生命的本体。但知是生命本体所显现的唯一作用。所以，我们可以通过对知这个作用的认识，来认识本体，即通常所说的从用达体。

每个独立的个体人的生命，在知觉性这个作用层面上，是完全相同的，究竟一如，若符合契，没有丝毫的差别。由此，我们就可以知道人与人之间，绝对是同体的，既同用又同体，唯一的差别仅相而已，如男、女、老、少、高、矮、胖、瘦……相虽有别，但相又是在不断地变化着的，因而是不可固执的。因此，人们对于相的执着，就显得有些愚不可及了。

况且，相的差别，也是无量因缘聚会的结果。按照因果的规律或法则，相的差别，也是以前世的造作为因，今生的所想所行为缘，因与缘相会而形成的。所以，我们应当多用善心，多行善事，久而久之，自然成就相好庄严的福德相。"相随心转"，说的就是这桩子事。因这不是本题所讨论的范围，在这里就不细说了。

就生命本体的作用——知觉性而言，则是人人平等，究竟一如。但就作用的结果而言，则是千差万别。智、愚、善、恶，贡献社会、危害社会，造福人类，发展文化、毁灭文化，创造文明、破坏文明，慈悲、残酷，仁爱、暴虐等，种种，是否就可以执着了呢？

既然人的知觉性是相同的，那么为什么会有如此的千差万别呢？难道真的是人性本来如此吗？难道真的是不可避免的吗？答案是否定的。这不是人性的本来面目，这不是不可避免的。

人的知觉性虽然同一，但所遇的缘不同，其作用的结果也就自然不同，"性相近也，习相远也"，这里所说的"习"，就是指在不同的因缘作用下的逐渐熏染。孟子说的"民之性，若水之性，决诸东方则东流，决诸西方则西流"。正是指的性（"水之性"）虽同一，但所遇的因缘不同——"决诸东方""决诸西方"，所以，其结果就必然不同——"东流"或"西流"。

因此，我们不要执着于善恶的观念。世间人，绝对没有纯然一善，也没有纯然一恶，也没有决然无善，有的只是善多恶多、善少恶少罢了，除非他已成就了圣贤人格。

有谁又愿意为恶呢？或初涉恶缘，不觉不知，待其已知，则为时已晚；或陷于恶缘，无力自拔；或面对恶缘，无力抗拒；或为恶缘所转；等等。总之，其为恶者，因缘而已，非本性自恶也。其恶也，非永恒不变，缘改变其行亦将改变，谁又不愿为正人君子而自愿为卑鄙小人而落下千古骂名呢？所以，为恶者最可怜。

因此，对待恶人，我们一定要生出怜悯之心，要有"惩前毖后，治病救人"之心。我们要千方百计地挽救他，而不是求全责备，一棍子打死。他要是没有遇到恶缘而是所遇皆善缘呢？其不善才怪呢！我们在痛恨恶人的时候，可曾想过，假如我们自己所遇的缘跟他一样，我们会怎样呢？设身处地为他们想过吗？扪心自问过吗？所以，我们千万不要嫌弃恶人，而是要同情恶人、关心恶人。一句话：对恶人要仁爱，要为恶人创造善缘，令其改过自新，成就善业，完善人格。俗语说得好："人谁无过，过而能改，善莫大焉。"（《左传·宣公二年》）让我们多一点仁爱之心，少一点疾恶如仇之见吧,这样,人类文明的进步会更快一些,对自己人格的提升也会更有利一些!

就生命本体的作用——知觉性而言,本来是无善亦无恶的,其善恶之心,是与法尘境相配合而成者,而法尘境又是由其所遇之缘而成者。"用"的本来面目,既是无善亦无恶,那么,"体"当然亦是无所谓有善有恶了。克实而论,就生命的本体而言,即善恶之名亦无,又何善恶之实哉!善恶如是,得失如是,是非亦复如是……总之,欲识生命真面目者,一定要放下得失,放下善恶,放下是非等知见,要放下放下再放下。要知,"知见立,知既无明本,知见无,见斯即涅槃"(《首楞严经》),放下你的个人知见,即可契入生命的真实,又何乐而不为呢?

况且,作用是本体的作用,虽然,从行为的结果来看,从本体到作用之间,已经递进了不知有多少个层次。但不管怎么说,它只能是本体的作用。所以,善也好,恶也好,正其造作的当下,无不是那生命的本体,不是吗?参参看!所以,宋代的普济禅师才会说:"放下屠刀,立地成佛。"既如此,又何必执着之有哉!况且,生命的作用,本来无非一个知觉性、一个明德而已,哪里又找得到你的那些执着、那些知见呢?

我们已经谈到,离体无用,离用无体,体是用的体,用是体的用,用之与体,原本就是一体不分的。事实的真相本来就自然而然地显现为:体即是用,用即是体,体不离用,用不离体,二者是分而不分,纯然一体的。由此足见,只有放下属于第二性,乃至第三、第四……的文化观念,一切的一切,全部放下,"为道日损,损之又损,以至于无"(老子《道德经》)你就是"学(觉)"了,就是"学(觉)而"之人了。随时随地,随所遇缘,不断如是用心,你就是"时习之"了,"战战兢兢,如临深渊,如履薄冰""日三省吾身",久而久之,功夫自然成片,习气自然消除,到那时,则无需作意,自然不为情所牵,不被境所转,大定大用,自然现前。

当孔子被人误认为是鲁国季氏家的叛臣阳虎,而被困陈国与蔡国之间,绝粮七日之时尚能悠然弦歌,方寸不乱,这不正是"学而"之人的风骨吗?若非超越是非、毁誉、得失、成败等,被误认为残毒犯上的乱臣贼子,岂能不乱?若非超越生死,绝粮七日,岂能悠然抚琴,方寸不乱?这不正是大定大用的自在境界吗?

孔子一生,致力于"学(觉)"的教育,"诲人不倦",颠沛流离,历尽坎坷，这不是一般的意志力所能达到的。在孔子这一生里，没有外来的力量，不是皇天上帝的加持，不是神仙超人的帮助，他有的只是"学（觉）"的力量，甚至大"学（觉）"的力量，这正是"学而"之人的全体大用。他可以"四十不惑"，觉了当然不惑；七十可以"从心所欲"又"不逾矩"，则正是他志于"学（觉）"而终于"学（觉）"了的现前利益和他现前受用。自利利他，终身实践，历尽艰辛终不悔，只有"学（觉）而"之人才能够做得到。

一部《论语》，正是孔子一生及其追随者们从追求"学（觉）而"，到"学（觉）而时习之"，再到"人不知而不愠"的自利利他的人生之旅的真实写照！

第二章

1.2 有子曰："其为人也孝弟，而好犯上者，鲜矣；不好犯上，而好作乱者，未之有也。君子务本，本立而道生。孝弟也者，其为仁之本与！"

【译】

有子说："作为一个人，有孝顺父母、恭敬兄长的心，而且同时又会侵凌德、位、权、势、名等比自己高或大的人是很少的；没有侵凌德、位、权、势、名等比自己高或大的人的心，而有破坏社会秩序乃至颠覆政权之心的人，是没有的。一个追求'学（觉）'悟生命真相的人，自然是会在根本上（心）着手寻求的，'学（觉）'悟了本心，而且对所'学（觉）'确信不移，'修身、齐家、治国、平天下'的原理原则、方式方法就自然地懂得了。孝敬父母、恭顺兄长，这种心行，该是一个觉悟了本心的人，最起始、最基本的心行吧！"

【释】

好 皇侃："好，谓心欲也"（《义疏》）

心欲是指一种内心深处的愿欲希求，是一种心理行为。可见这个"好"字，是从心地上着眼的。

佛家将人的行为归纳为三种：身体的造作行为，佛家称为身业；用口发出的语言也是一种行为，佛家称之为口业；内心的一切思一切想，即心里的一切活动，佛家称之为意业。按照这样的分类法，"好犯上""好作乱"的这种行为，实际上是指的意业行为。即在意识上有一种"犯上"的冲动、欲望。拿今天的话来说，就是指那些有犯罪倾向、犯罪冲动的危险人物。事实上，确实有一些人，喜欢和领导、老师，以及有名望、有地位、有学养、有修为的人顶撞。而这些人，在他们的意识层面，根本就没有什么法律意识、德行操守意识和行为规范意识。从犯罪心理学的角度看，法律意识、德行操守意识、行为规范意识淡薄的人，他们属于高危人群。这种客观存在的高危犯罪现象，正好作为"好，谓心欲也"的注脚。

务 许慎："务，趣也。"（《说文》）

高诱："务，犹求也。"（《吕氏春秋·孝行览注》）

"趣"，是从意识与志向层面上说的，用现代的语言讲，勉强可以称之为"志趣"。

"求"，是从具体的行为层面上说的，用现代的语言讲，可以称之为"寻"或"找"，如求同存异的"求"。

所以，对于这个务字的理解，就具有了双向性：既可以从意识与志向层面上理解，也可以从具体行为方面理解。

本 许慎："木下曰本，从木，一在下。"（《说文》）

何晏："本，基也。"（《集解》）

显然，本字的原初义，是指树的根。因此，本字包含根本与生发等义在内是不言而喻的。

凡事皆有本，凡物皆有本。本，既可以是指本体论的本，也可以是指具体事物之本末始终之本；既可泛指或虚指，也可具指或实指。

这里"君子务本"之"本"，既可以看成具指，也可以理解为泛指。说具指是因为"本"字前面有界定，是具体的存在，实有的事物，即此"本"是君子之所务；说泛指是因为此"本"既为君子——"学而"之人所务，则所务当为大本，即生命的真实相。首章，我们说"学而"之人，所觉悟的无非是生命的实相，或者说人生的真理。而生命的实相、人生的真理，亦无非是人人具有的那个光明的德性——明德。明德是究竟平等，无二无别，个个圆满，人人具足，无欠无缺的，用现代的术语来解释，就是即体即用的生命之本体。

生命的本体，既是人生命的根本，也是人生发出一切认识的根本。究其实，这个"根本"指的就是人心，人的真心。而生发出一切认识的，则正是这个本体的作用——人心的作用。这个作用，从"即体即用，即用即体"的角度来看，我们将之称为明德。直接从用的角度讲，即生命的知觉性。这个知觉性，正是真心的作用。所以，作为君子——立志求觉的人，一生所追求的就在于认识真心，并且认识真心的作用。只有认识了真心、认识了真心的作用的人，才能真正认识自我、认识人生、认识生命。只有一个认识了自我、认识了人生、认识了生命的人，才能达到把握人生、享受生命、迈向生命的圆满的人生终极目的；才能算得上是一个被儒家称之为"贤"的人，道家称之为"真人"的人，佛家称之为"菩萨"的人；才能算得上是一个真正的生命的主宰者——"我命在我不在天"（晋·葛洪《抱朴子·内篇》）；才能真正配得上称之为大写的这个"人"字的人！

在佛家典籍中，记载过一个这样的故事：有一个九十岁的老人，他遇到了佛陀。在佛陀的教化下，他认识了自我、认识了人生、认识了生命的实相，从而法喜充满。到他九十四岁的时候，有人问他多大年纪了时，他说四岁。问的人非常奇怪，明明是一个白发苍苍的老者，怎么他说自己只有四岁？这位老者，看到提问的人满脸茫然的疑惑神情，知道他有疑惑，所以连忙向提问的人解释说，我在未遇到佛陀前，不认识自己、不认识生命，活了等于没有活一样，一点意义与价值都没有。直到我四年前有机缘遇到了佛陀后，才认识了人生、认识了生命、认识了自己。从这以后，我才能算是拥有了真正的人生和生命。所以到现在为止，我只能算四岁的生命。

这个故事，正是上述认识的注脚，"君子务本"正是指的这个本——生命的本来面目，生命的根本。

立 李贤："立，犹定也。"（唐·李贤《后汉书·朗颢传注》）

据此，"本立"，就是本定，就是对真心的认识，确信不移。

道 董仲舒："道者，所繇通于治之路也。"（西汉·班固《汉书·董仲舒传》）

仁 郑玄："'为仁'作'为人'。"（清·宋翔凤《论语郑注》）

刘宝楠："郑就所见本'人'字解之'为人之本'，与上文'其为人也'句相应，义亦通也。"（《正义》）

《论语》一书，在躲过秦始皇焚书坑儒的劫难后，流传下来的文本中，有《齐论语》《古论语》和《鲁论语》等不同的抄本，在这不同的抄本中，有用"仁"字的，也有用"人"字的。我以为用"人"字义长。结合全句，我们可以这样理解：孝敬父母，恭顺师长，这种心行，应该是作为一个确认了本心的人最开始、最起码、最基本的心行吧！

由此解读的精神，我们再回过头来看，"其为人也孝弟"的"孝弟"

精神，也是以有没有孝敬父母、恭顺兄长的心之心行而展开讨论的。正如《为政》篇"子游问孝，子曰：'今之孝者，是谓能养，至于犬马，皆能有养。不敬，何以别乎？'"同一养也，孝与不孝，直从敬与不敬处断之。敬与不敬，虽然要通过具体行为才能体现出来，但主要是就有没有敬心而说是可以肯定的。相传古人有一副对联，上联"百善孝为先，原心不原迹，原迹家贫无孝子"，正是这一精神的具体体现。

本章从最为普遍的、最容易观察的人情事理入手，以有孝敬心、恭顺心的人，很少会生出"犯上"的心，没有"犯上"之心的人，是不会生出"作乱"之心的客观事例为证据，将一个要求认识自我、认识人生、认识生命从而把握人生、享受生命的人，迅速引入下文的关键处，即欲认识自我、认识人生、认识生命，以及把握人生、享受生命，就必须从人的心地上下功夫。

新儒家将此功夫称为学问，称为真学问。甚至有直以心学称之者。佛家则将这种求觉悟人生实相，或者说认识真心的真实功夫，称之为心地法门。

紧接着指出："君子务本"，务本就是追求认识真心。直言之，就是求人人都具有的这颗真心，简称"明心"。只有明了心的人，才能真正认识自我、认识人生、认识生命，才有能力谈改变命运、改造自然、重塑人生，才能真正把握生命、享受生命，从而迈向生命的圆满。这就是"君子务本，本立而道生"的真实含义。

孔子生活的时代，姑且不论是奴隶制还是已经进入了封建制，那只是古代史的分期问题，与本题无关。但有一点可以肯定的是，当时社会存在的基本单位是氏族家庭制。在这个大家庭中，与祖父母、父母、伯叔等长辈们及兄长们的关系，是时时发生的，也是每一个人常常都要面对的。这是人与人之间最起码、最基本的关系。而一个明白了真心的人，是要落实在具体的行为实践中的。如果不能落实在具体的行为实践中的话，那他的那个明白，就不是真明白，也就不是真知。修无法师说"能说不能行，不是真智慧"（倓虚法师《影尘回忆录》），正是就此而言。

日常的生活行为是人生最基本的行为。所以禅宗有"道在平常日用中"的说法。在有子看来，最起码、最基本的日常生活行为，首推孝敬父母、恭顺兄长这种身心行为。有子的这种认识是客观的，在他那个时代也是必定不移的。所以，这种身心行为就理所当然地成为"学而"之人——

明白了真心的人，"时习之"——落实在行为实践中的最佳事例。

因此，我们完全有理由认为，这一段话，是有子向孔子汇报他自己"学而时习之"的切身体验。尤其最后一句话："孝弟也者，其为人之本与？""与"是不定语气词，可见是一种求教、垂询、求证的口吻。当然，这种不定语气，并不是说有子真的不明白、真的不确定、真的有疑问。从上文可以确切地证明，有子是没有疑问的。他的这种不定语气，正好为我们提供了有子是一个明白了真心的人，是一个真正的"学而"之人的证据。因为一个真正的"学而"之人，必然是谦和、不执着己见的，何况是向老师汇报！所以，一个真正明白了真心的人、一个真正的"学而"之人，是不需要他自己开口说自己是一个明白了真心的人的。因为他的一言一行都是证据，都在放射着一个明白了真心的人的慧光。此中的深意，只可意会得来。对于一个不明白者而言，你怎么说，他都不明白；而对于一个明白者而言，你怎么说，他都会明白。

第三章

1.3 子曰："巧言令色，鲜矣仁！"

【译】

孔子说："顺着别人的意思，一味说着美好的言语，眉眼之间，堆着微笑，一副和蔼可亲的样子的人，是很少有仁心的啊！"

【释】

巧　"巧，犹善也。"（《诗·雨无正·笺》）

"巧，谓顺而说也。"（《礼·表记·注》）

令　"令，善也。"（《尔雅·释诂》）

包咸："巧言，好其言语；令色，善其颜色。皆欲令人说之，少能有仁也。"（《集解》）

司马迁在《史记》中将"巧言令色"作"巧言善色"。

据此可知，"巧言"就是善言、美好的言辞。而美好的言辞，就无所谓有仁心无仁心了。但这"美言"，是"顺而说也"，即顺着别人的意思说话，专就别人喜欢听的说，当然是别有用心了。这又哪里会有什么仁心呢？何况老子早就说过"善言不美"。

这种人，善于察言观色与见风使舵，看什么人说什么话。这种人，姑且不论其心行的善恶，仅就其言辞闪烁不定而言，就可以证明他是一个举心不定的人，一个没有定见的人。举心不定、没有定见，说明其念念迁流，时时改变。可见他用的是虚妄心，不是真心，因为真心不变。所以，可以认定这种人，是一个没有明白真心的人，是一个没有"明明德"的人。

从本体的作用面，就作用中的生发义来说，按照"本立而道生"的原则，是能够生发出为人处世、"修身、齐家、治国、平天下"的道来的，是能够生发出善心、爱心，成就善行、成就人生、圆满生命的道来的。本体的这种生发作用，孔子称之为"仁"，可见仁是明德、是知觉性中善性作用的专指。

其实，仁只是本体的作用，是被我们称之为善性的作用的专指，属知觉性的范畴。这可以从中医对人的身体失去知觉的病症，称之为不仁，得到反证。因此，仁指的就是知觉性。

一个没有明白真心的人，没有"明明德"的人，实际上就是一个没有立"本"的人，一个连"本"都没有找到的人，又怎么会运用本体中本自具有的以生善为用的仁心呢？所以，巧言之人，必定是一个极少能够运用仁心的人。

"令色"，就是"善其颜色"。之所以"善其颜色"，是"欲令人说（悦）之"。

"善其颜色"这句话本无可厚非。因为生命本来就没有什么善不善、恶不恶的，也没有什么仁不仁的，只要本然如此就好，就是真心的流露。即如子思所说"素富贵行乎富贵，素贫贱行乎贫贱"，那当然是很好的。换言之，心里高兴就是高兴的样子，不高兴就是不高兴的样子，"直心是道场"（《维摩诘经》），正是真心的流露，更何况是善其颜色呢？

但这里的"善其颜色"，是"欲令人悦之"，即为了讨好别人而装出来的，装出一副善良、仁慈、平和的样子。可见，这里的"令色"，用的是伪心，是虚妄的心。这种虚妄的用心，必将随着境缘的改变而改变，即今天我们所说的"变色龙"之类的人物。

我们所说的"真心不变"，即从真心的作用的某一个层面分化出来的具有生发善心善行的仁心，当然是不变的。所以，"令色"之人，必定是一个极少能够生发出仁心的人。

因此，我们有理由认为"巧言令色，鲜矣仁"，是就用心这个层面而言的。假如不是就用心这个层面说，就不会是"顺而说"，就不会是"皆欲令人说（悦）之"而"说"而"令"了。更何况"巧言"本为赞美之辞呢？如刘宝楠"《礼·表记》：子曰：'情欲信，辞欲巧。'《诗·雨无正》：'巧言如流，俾躬处休。'《左传》载师旷善谏，叔向引'巧言如流'以美之。又《烝民》诗：'令仪令色。'彼文言'巧''令'，皆是美辞"（《正义》）。正因为是从用心的层面说的，所以刘宝楠接着说："此云'鲜矣仁'者，以巧令多由伪作。"（《正义》）

若用的是真心，则"巧言"是美言、是爱语、是软语、是方便语，"令色"是仁爱、是慈悲。若用的是伪心，则"巧言令色"就是"鲜矣仁"了。

因此，欲求觉悟天地人生的真相，契入天地人生之大道，进而把握人生、享受人生，圆满生命，就必须从心地上下功夫。

第四章

1.4 曾子曰："吾日三省吾身：为人谋而不忠乎？与朋友交而不信乎？传不习乎？"

【译】

曾子说："我每天多次观照自己的用心：如帮助别人咨决疑难是不是诚心诚意？在和同学和志同道合的人的交往中，说的话是不是诚实的？传授的知识，是不是自己曾经行过而有效的真知实行？"

【释】

三 有从虚指解读，意为多次，如今人杨伯峻；也有从实指领解，意为后面所说的三件事，如宋人朱熹。我以为虚指义长，实指于理虽亦有据，但从文意看，似不相应。当然，虚指也好，实指也好，无关宏旨，故存而不论。

省 许慎："省，视也。"（《说文》）

郑玄："思察己之所行也。"（《论语郑注》）

身 "身，我也。"（《尔雅·释诂》）

省，视也，看也；而身之义又为我。足见"省吾身"是本章的重点，画龙点睛，将曾子"学而时习之"的切实行持，活脱脱全盘托了出来。不是从真实的行持中，对"学而时习之"有真切而深入的体验，是说不出这种震古烁今之"巧言"的。

结合下面的举例，"省吾身"我们完全可以认为这是曾子讲他自己

"学而时习之"的体验，即随时随地观察自己在一切行为中的用心。"三省"是常常观察，直言之，"三省吾身"就是常常观察自己的用心。

我们芸芸众生，最习惯的是：以高的标准来衡量他人、审视他人，一天到晚，常"省他身"。所以是"常见他人过，不见自己非"。而曾子则反是，常"省"自己过，不见他人非。净土宗十三代祖师印光法师自称"常惭愧僧"，可谓与古贤曾子，一脉相承。禅宗六祖惠能大师则说"是真修行人，不见世间过"，这些都是圣贤相。

而世间众生相则反是，常见世人相聚，每好议论人物，不是张家短，就是李家长；不是某某如何，就是某某又如何。我常开玩笑说："这个世间很好啊，反正好人多，坏人少呀，有三分之二的人都是好人哟！"君不见世人谈话，说"我"的时候，常常是"我这一生是没有做过什么坏事，我的心是如何如何的善良……"有修养一点的人，则似乎很谦逊："我这一生总算没有什么大过。"一句话，"我"是好人。说"你"的时候，又常常是"你真是好人呀！人也好，心也好，某某事做得是如何的好，某某事又做得是如何的好，你多么的有良心，有慈悲心……"一句话，"你"也是好人。而当说到"他"（指不在场者）的时候，则又常常是"你看某某，如何如何（指做得不好或做得很不好，甚至是坏、是罪恶之类）……"一句话，"他"是坏人。这就是世间众生相。

这种现象在当代的人群中，那些标榜修行的人，尤为突出。因为他们的人生经历，忧苦多、喜悦少，烦恼多、安详少。他们为了摆脱烦恼、消除忧苦，追求解脱自在，而自觉或不自觉地走入了"修身"的行列中。由于向外攀缘的惯性作用，加以在游移圣贤的经典时，学了一些圣贤的语录，虽是一知半解，却常自以为是，自高其高，自贤其贤。他们常以自己的一知半解乃至错解的圣贤言语，来观照他人，衡量他人。于是乎，人人都有罪错，人人都是地狱种子。他们杞人忧天，自作多情，天天活在他人的烦恼中、罪错中。本欲追求天地人生真相、追求自我解脱，却因为用错了心，只知不断地向外追求，不知反观照察自己的用心，反而陷入更大的烦恼中，更深的迷惘中。

今天的人心如是，想必古人的用心，亦有可能也是陷入不断地向外追求的错误用心中而不能自拔。人同此心，心同此理！

曾子的伟大就在于能在孔子的点拨下，很快地就将习惯于向外追寻、向外攀缘的心收回来，而反观自己的用心。所以，我认为"日常三省吾身",是曾子"学而时习之"的有得之言。这也可以证明:曾子是一个真正的明了明德的人,是一个认识了自我、认识了真心的人,"日三省吾身",既是"修身"求"学(觉)"的入门功夫,也是"学而"之人"时习之"的存养煅炼功夫。结合下面的举例来看,这也是曾子"时习之"的真切体验,是其从切实的行持中得来的。这种用心的功夫,禅家称为"保任"。

所以,一个志于"修身"求"学(觉)"之人,志于认识自己、认识天地人生真相的人,切莫用错了心,快把那向外追寻的心收回来吧,好好地、时时照察自己的用心——"日三省吾身"。只要你肯老实地向曾子这样如实地用心,切实地行去,只问用心真不真,莫问收获得不得,久而久之,自有契入本心的一天,自有认识自己、认识生命、认识天地人生真相的一天!

孟子曾经开过一个玩笑,他说:你们看我们养的鸡鸭,它们早上跑出去觅食,到了晚上它们还晓得自己跑回来呢!可是,我们人,却连一只鸡鸭都不如!每天只知道将自己的心放出去,却不知道将自己的心收回来。这个玩笑开得很好,这个玩笑很形象、很生动地点出了一个求"学(觉)"的人,而不能"学(觉)"的原因所在。因此,孟子说"学问之道无他,求其放心而已矣"。曾子"日三省吾身",正是孟子"求其放心"的认识源泉。

佛家经典,三藏十二部,广说、略说、炽燃说、尘刹说,说来说去,无非教人们认识天地人生的真相。其认识的方法,虽然根据我们芸芸众生的根机,说了被称为"八万四千法门"之多的方法,但归纳起来,无非一部《般若波罗蜜多心经》,一部《金刚般若波罗蜜多心经》;又无非一个"观自在菩萨"的"观"字、一个"照见五蕴皆空"的"照"字而已。佛家三藏十二部横说竖说,无非说此"观"、说此"照"。由此可见,"观"与"照"是佛家认识宇宙人生实相的总持法门。曾子"日三省吾身",与佛家"观"与"照"何其相似。

为　　"为,助也。"(《战国策·魏策·注》)
谋　　"咨难为谋。"(《左传·襄公四年·传》)
"咨事为谋。"(《国语·鲁语》)
毛享:"咨事之难易为谋。"(汉·毛享《毛诗·皇皇者华·传》)
忠　刘宝楠:"《周语》:'忠者,文之实也';杨倞《荀子·礼论·

注》：'忠，诚也'。'诚''实'义同，诚心以为人谋谓之忠，故友。"（《正义》）

据此，"为人谋而不忠乎？"指的是帮助别人咨决疑难是不是诚心诚意？

观察自己在帮助他人咨决疑难时，是不是诚心诚意？不正是"时习之"的具体体现吗？

朋 郑玄："同门曰朋。"（《论语郑注》）

友 郑玄："同志曰友。"（《论语郑注》）

刘宝楠："同志者，谓两人不共学而所志同也。"（《正义》）

综而观之，则"朋"指同门师兄弟，即今日称之为同学者，详"有朋自远方来"的句释。"友"指不是同门师兄弟却又志向相同的人。成语"志同道合"正是指此而言。

交 刘宝楠："朋友与己两人相会合，亦得称交，引申之义也。"（《正义》）

信 许慎："信，诚也，从人从言。"（《说文》）

此外，《义疏》本，与"朋友交"下有一个"言"字，即"与朋友交，言而不信乎"。结合本篇第七章"与朋友交，言而有信"看，《义疏》本是信而有征的。况且，"言而不信乎"这种句式，与"谋而不忠乎""传（而）不习乎"句式相应，当从《义疏》本。

这样，全句的意思就是：在与同学和志同道合的人相会时，所讲的话是不是诚实的。

反观自己在与同学和志同道合的人相会时，说的话是不是诚实的，这难道不也是"时习之"的具体体现吗？

传 刘宝楠："谓师有所传于己也。"（《正义》）

郭翼雪："曾子三省，皆指施于人者言。传亦我传于人。传而不习，则是以未常躬试之事而误为学，其害尤甚于不忠不信也。"（清·郭翼雪《履斋笔记》）

今之译《论语》者，或采前说，如杨伯俊《论语译注》；或采后说，如古棣等《论语译说》，皆有所据，于理亦皆通。即主前说之刘宝楠，亦将主后说收于其《正义》中，则刘氏亦以后说于理有可通有可参考者。所以，采前说与采后说，只是对《论语》的理解不同，并无对错之分。

两说于理皆通，皆有其鲜活的生命，皆有其非常宝贵的价值，难分伯仲。但两相比较，后说更符原意，今从之。

习 刘宝楠："习，兼知行，故《论语》只言习也。"(《正义》)

综观全句，这不还是从用心的角度，反观照察自己的用心吗？即你传授给别人的知识究竟是自己行过，而且是有效果的真知实行，还是道听途说，无以行之或行之无效的虚知妄行？

智者所注重的不在行为的本身，而在导致发生这种行为的原初心行。简言之，即用心。拿我们现在的话讲，有点近似于行为的动机。说近似，是因为行为的动机是包含着行为的目的在内的。而这里所说的用心，是只就其用心的原始动因而言，是不包括行为所产生的结果的。所以，反观照察的是：我帮人决疑是不是诚心诚意？与人相会时说的话是不是诚实的？传授给别人的是不是行之有效的真知实行？换言之，从行为的动因与结果来看，反观时看行为的动因，而非行为的结果。也就是说，反观照察的是行为的动因，即为人谋时，用的是不是真心？而不是决断的对不对，即行为的结果；反观的是说话时的动因，说话时用的是不是真心，而不是说的话所产生的后果，即行为的结果；反观的是"传"的动因，"传"授时的用心，即用的是不是真心（如为自己的名闻利养而"传"即是用的假心），而不是别人能不能接受，即行为的结果。

这种就自己的用心处，反观照察的方法，对于一个"志于学（觉）"，以及已"觉"但知行尚不能打成一片的"时习"之人，从方法的这个层面上说，是具有普遍意义的。

一个"志于学（觉）"的人，他所要觉的无非是天地人生的真相，而要觉悟天地人生的真相，首先就必须觉悟自己的心的真妄。心为君主，连心君的真妄都不能觉悟，又哪里能觉悟天地人生的真相呢？所以一个"志于学（觉）"的人，是必定要从心地上下功夫的。

因此，圣贤垂教，无非教人反观照察自己的用心而已。

第五章

1.5 子曰："道千乘之国：敬事而信，节用而爱人，使民以时。"
【译】
治理教化一个有千辆兵车的诸侯国，对待国家的各种政治事务，要有严肃谨慎的态度，做事要有诚实守信的心，要节约费用、爱护民众，让他们都能安居乐业；役使或教化百姓时，要根据农时的闲忙做决定，才不会伤害农业、骚扰民众。

【释】

道 马融:"道,谓之为政教"。(《集解》)

包咸:"道,治也。"(《集解》)

刘宝楠:"《说文》'政,正也。从支从正。正亦声。'教,上所施,下所效也,'政教',即'敬''信'诸端。注言此者,明'敬事'云云,即所以道国也。'道'本道路之名,人所循行。此政教,亦是示人以必行。故得曰'道'。包云'治者',谓治之以政教。义与马不异也。"(《正义》)

综合马融、包咸、刘宝楠三家的注疏,则"道千乘之国"的"道"字,可以理解为:通过有目的的教育手段,来净化人们的思想,协调统治者与被统治者之间的关系,以达到长治久安、国富民强。

此外,这个"道"字,在《义疏》本中,写作"导",若从引导的义项来理解,亦与我们上述的理解相通。

敬 许慎:"敬,肃也。"(《说文》)

包咸:"为国者,举事必敬慎。"(《集解》)

"敬,警也。恒自肃警也。"(《释名·释言语》)

刘宝楠:"慎,亦肃敬意也。"(《正义》)

事 刘宝楠:"事,谓政事。"(《正义》)

信 包咸:"与民必诚信。"(《集解》)

从以上古注看,"敬""肃""警""慎",都是就态度方面说的,而"诚信"则是就用心方面说的。

节用而爱民 包咸:"节用不奢侈,国以民为本,故爱养之。"(《集解》)

刘宝楠:"人君不知节用,必致伤财,且害民也。"(《正义》)

管仲:"国侈则用费,用费则民贫,民贫则奸智生,奸智生则邪巧作。"(春秋·管仲《管子·八观》)

刘宝楠:"爱……本字作㤅,惠也……'国以民为本'者,注以'爱人',人指民言。避下句'民'字,故言'人'耳。《穀梁·桓公十四年传》:'民者,君之本也。'君主乎国,故国以民为本。'爱养'者,养谓制民之产,有以养民,乃为爱也。"(《正义》)

刘向:"武王问于太公曰:'治国之道若何?'太公对曰:'治国之道,爱民而已。'曰:'爱民若何?'曰:'利之而勿害,成之勿败,生之勿杀,与之勿夺,乐之勿苦,喜之勿怒,此治国之道,使民之谊也。民失其所务，则害之也。农失其时，则败之也，有罪者，重其罚，则杀之也。重赋敛者，则夺之也。多徭役以疲民力，则苦之也。劳而扰之，则怒之也。'"（西汉·刘向《说苑·政理》）

据此可知节约费用，就是爱养民众。因为如果统治者节约了费用，就可以减轻赋税、减少徭役，从而使被统治者有休养生息的机会，这就是所谓的"爱民"。

"节用"是手段，不是目的；目的是"爱人"，是希望邦国的民众人人得到实惠，个个能够安居乐业。

使民以时 刘宝楠："使者，令也，教也。'民'者，《说文》：'民，众氓也。'……《书·多士序》郑注：'民，无知之称。'《吕刑·注》及《诗·灵台序·注》并云：'民者，冥也。'冥亦无知之义。"（《正义》）

这就是说，使用民力，即使是国事的需要，也要避开农忙时。

"志于学（觉）"的目的是什么？换句话说，立志要觉悟天地人生的真相，其目的是什么？仅仅是为了个人的人生享受吗？

这一章，正是对"志于学（觉）"的目的回答。

从孔子周游列国、积极谋求参政治国来看，从曾子"大学之道，在明明德，在亲民，在止于至善。知止而后有定，定而后能静，静而后能安，安而后能虑，虑而后能得。物有本末，事有终始，知所先后，则近道矣。古之欲明明德于天下者，先治其国；欲治其国者，先齐其家；欲齐其家者，先修其身；欲修其身者，先正其心；欲正其心者，先诚其意；欲诚其意者，先致其知；致知在格物。物格而后知致，知致而后意诚，意诚而后心正，心正而后身修，身修而后家齐，家齐而后国治，国治而后天下平。自天子以至于庶人，壹是皆以修身为本"来看，"志于学（觉）"的目的，不仅仅是为了个人对人生的享受，更重要的是为了普天下的人都能过上真、善、美、慧、乐的自由幸福，能够自在安详地生活，即让普天下的人更加充分地享受生命。

孔子举了一个例子，比如你已经"学（觉）"了，觉悟了人生、觉悟了生命的真相、觉悟了人与天地本然一体无分的实相，从体起用，就自然会生起让一切人都能觉悟人生、享受生命，都能过上真、善、美、慧的幸福快乐安详的生活，而不是独自去享受人生与生命的喜悦。

孔子说："己欲立而立人，己欲达而达人。""己立""己达"是自觉、自利，"立人""达人"是觉他、利他。佛家大乘菩萨道的精神是：自觉、觉人,自利、利人。这种精神正好与孔子的精神相契合。西天禅宗第二十八祖,中国禅宗初祖的菩提达摩大师初到中国就说过这样一句震古烁今的话:"吾观此土有大乘气象。"这里所说的大乘气象,正是指以孔子为代表的"己欲立而立人,己欲达而达人"的儒家精神。

正因为如此,所以"道千乘之国",就是打个比方,说一个"学(觉)而"之人,不去独自享受因"学(觉)而时习之"所带来的那份生命的喜悦,而是要与大家共同分享。如何分享呢?这是每一个"学(觉)而"之人所要面对的问题。孔子的主张是积极入世,快用心、多用心,把你那耀古辉今的、原本就具足一切作用的心,把握好、用好。如:去帮助君主治理好一个国家,就能让那个国家的广大民众安居乐业,过上幸福、快乐、宁静的自在生活,让广大的民众更好地享受人生,享受那生命中本自具足的喜悦。至于"敬事而信,节用而爱人,使民以时",这些具体的事项我们是不能死执的,因为这只是孔子从具体的事例中,示人如何用心而已。假如,有侵略者侵犯了我们的国土,领导者还能因是农忙而不"使民",坐等国破家亡吗?

所以,我常说,一部《论语》最主要的内容无非是示人如何"学(觉)",如何"时习之",如何"立人",如何"达人"而已。要言之,就是示人如何用心。本着这样的认识,去读《论语》,去读孔子,一部《论语》就生机盎然、活活泼泼。这样一部《论语》就会变为一个独立而鲜活的生命,此时一个活生生的孔子就会朝我们走来。这样读《论语》,自然是越读越有味,越读越亲切。所以我们要活读,不能死执。死执,即使将《论语》的每一个字词句都考证清楚了,又有什么用呢?无非是一些陈旧的知识、僵化的辞章、死板的教条。这有什么现实意义呢?

我们的确要"温故",但"温故"只是手段,不是目的。我们的目的是"知新"。这也是孔子指点我们如何"温故"的。所以,我们要赋予《论语》生命,赋予《论语》新意。这样,才具有现实意义,这种"温故"才是有价值的。说"赋予",这只是为了解读的方便。因为大凡真实的东西一般都是具有永恒的生命。更何况孔子是一个"学而时习之""人不知而不愠"的人呢?孔子的话,都是真心的流露。真心无古今,所以孔子的话,也是无古今的。无古今,就是万古常今。所以,切实而论,《论语》本具生命,本具新意,本具现实意义。关键是在你如何用心去领悟,去接受。你硬要以分别心、执心去解读,又怎么能认识真生命呢?真生命是要用真心去体认的。而真心无分别，所以你若带了哪怕一点儿成见去读，都是不可能真正读懂《论语》的。因为任何观念、知见都是分别心，一用你自己的观念、知见去读，你就用了分别心。心有分别，就不是真心；不是真心，又怎么能读懂真心、读懂真生命呢？

第六章

1.6 子曰："弟子入则孝，出则弟，谨而信，泛爱众而亲仁。行有余力，则以学文。"

【译】

孔子说："青少年在父母眼前，要心怀孝敬；到外面与人交往时，要有谦恭和乐的态度。做事谨慎，讲话诚实，平等地爱一切人，离'仁'也就不远了。做完了该做的事，还有多余的精力，就用来学习古代的文化。"

【释】

弟子 刘宝楠："'弟子'者，对兄父之称，谓人幼少为弟为子时也。"（《正义》）

"弟子，后生也。"（《仪礼·特牲馈食礼·注》）

"弟子，其少者也。"（《仪礼·大射仪·注》）

据此，弟子当属虚指，即一切青少年。

入 刘宝楠："《礼·内则》云：'异为孺子室于宫中。'是父子异宫，则入谓由所居宫至父母所也。"（《正义》）

古之时，晨昏定省，做子女的，早晚都要入内室向父母请安。我们讲过，孔子教人求"学（觉）"，是从心地上入手。所以，孔子注重的是"用心"。因此，在每日表示孝行例行请安时，不能敷衍了事，要诚心诚意，真实用心。不是问一下安即可，而是要在问安的时候，有谦恭顺承的心，有孝顺的心。

弟 刘宝楠："弟者，言事诸兄、师长皆弟顺也。"（《正义》）

"弟，易也。"（《尔雅·释诂》）

高亨："'岂弟君子'岂弟，即恺悌，和易近人。"（高亨《诗经·大雅·旱麓·注》）

杜预："恺，乐也，悌，易也。"（杜预《左传·注》）

此"弟"与"贤贤易色"之"易"义近。据此，则"弟"又有和颜悦色、平易近人的意思。"出"与"入"相反，是离开寝宫、离开家。

"出则弟",指到外面与人(含兄、长)打交道时,要有一种谦恭("弟顺")和悦(易也)的态度。

谨 "谨,犹慎也。"(《诗·民劳·笺》)

刘宝楠:"谨于事见,信于言见也。"《正义》

谨,做事谨慎;信,讲话诚实。

泛 "泛,博也。"(《广雅·释言》)

众 "众,多也。"(《尔雅·释诂》)

这里的"多",不是具指,不是指大多数人,而是泛指,即指一切人。因为前面有一个"泛"字,所以这个"众"字就被虚化了。就不是指多数而是指一切了。既然要普遍地爱一切人,当然就只能用平等不二的心去爱了,若非用平等不二的真心,又如何能去泛爱!

亲 "亲,近也。"(《广雅·释诂》)

"亲"即接近。"仁",指有仁心的人。而有仁心的人,即是"学(觉)而之人"。因此,"亲仁"就是接近"学(觉)而之人"。

文 郑玄:"文,道艺也。"(《论语郑注》)

"养国子以道,乃教之六艺:一曰五礼;二曰六乐;三曰五射;四曰五驭;五曰六书;六曰九数。"(《周官·保氏》)

"学文",正是能力的培养。

事实上,你如果能够平等地、不假分别地爱一切人,那么你即使还没有"学(觉)",离"学(觉)"也不会很远了。你"学(觉)"了,你就认识了自己、认识了人生的真相。佛家将此种觉悟称为获得了根本智。但你的学问、你的能力仍需要学习,通过培养才能获得这种能力,佛家称此种因觉悟以后不断学习培养而获得的智慧与能力称为后得智。因此千万不要迷信,不要把觉悟神秘化。不要以为一悟就万事已毕,就不用起心动念、努力学习各种文化,不断培养自己的能力了。要不然,释迦牟尼佛当年就不会要求弟子精通五明了。内明可以靠觉,工巧明也能一觉就会吗?

你不能去"道"千乘之国、万乘之国,但是你也不能撒手不管他人的苦乐。"学(觉)"了,可以不受那份"无明"之苦,可以去享受那份生命本具的喜悦。但还有人没有"学(觉)",你为什么不发起帮助他人"学(觉)"的心,让他人也觉,与他人同享"学(觉)而"之乐呢?你现在虽然还没有那种能力,但可以学习啊。你可以利用一切可以利用的时间,努力学习呀,培养后得智呀。所以要"行有余力,则以学文"。

前章"道千乘之国"是"学（觉）而"之人能力的展现，本章"行有余力，则以学文"是"学（觉）而"之人能力的培养。前章是"学（觉）而"之人实现利他目的而展现能力的自觉行动，本章是"学（觉）而"之人为实现利他目的而自利的自觉行动。可见，欲达到普觉一切人，与其共享生命之喜悦的目的，即所谓"独乐乐不如众乐乐"，就必然要先完善自我。佛家说的"自觉觉人、自利利人"，与此精神相通。

第七章

1.7 子夏曰："贤贤易色；事父母，能竭其力；事君，能致其身；与朋友交，言而有信。虽曰未学，吾必谓之学矣。"

【译】

子夏说："尊重有贤德的人，就像喜爱美色一样，愉悦真切；侍奉父母，能尽最大的能力；侍奉君王，在必要时能献出自己的生命；和同学与志同道合的人交往，讲话时有诚实的心。（这种人）即使有人说他没有觉悟，我也必定认为他已经觉悟了。"

【释】

贤 郑玄："贤，有善行也。"（《周官·太宰·郑注》）

刘宝楠："'贤贤'者，谓于人之贤者，贤之，犹言亲亲、长长也。"（《正义》）

易 "易，如也。"（《广雅·释言》）

王念孙："《论语》'贤贤易色'，'易'者，如也。犹言好德如好色也。"（《广雅·疏证》）

尊重贤者与爱好美色不属同类事项，不具可比性。这两类事项中，是没有什么"如"不"如"的。然则，"易，如也，"既见于《广雅》中，当属古义可知。此处，"易色"之"易"字，亦当是"如"。因此，我认为，"贤贤，易色"是从心地上立论的。讲的是尊重贤德的心要"如"爱好美色的心一样。好色之心，人皆有之，只要不假造作，即是真切、自然、平实的一种正常表现

举此为例，是因为一般人看见美色的时候，心就"好"了。因为看到美色时，不会先去立一个"爱美之心人皆有之"，不会先去立一个应该去爱、去"好"的心，然后再去爱、去"好"。通常，一见美色，心自爱之，心自"好"之，这是一个自然、是不假造作的反应。此处以"贤贤"如好

色，人人都能理解的例证，说明一切行为造作，关键在如何用心。

事 顾野王："事，奉也。"（南朝·顾野王《玉篇》）

竭 许慎："竭，负举也。"（《说文》）

致 许慎："致，送诣也。"（《说文》）

贤贤之心，能够像好色之心一样自然真切；与朋友交往时讲的话，诚实可信；侍奉父母时竭尽全力，侍奉君主时能够像把自己的生命送给了他一样，在必要时可以牺牲。这与儒家"杀身成仁""舍生取义"的一贯精神是一致的。

本章有三个重点。第一，"贤贤易色"，是举例说明一个"学（觉）而"之人，在"时习之"的过程中"时习"的功夫已经打成了一片，达到了"知行合一"的境界。

第二，"与朋友交"，也是举例，借此说明与人交往时，所讲的话都诚实可信，结合曾子"与朋友交，（言）而不信乎？"来理解，此句是肯定语气，彼句是不定语气。彼句的意思我们已经讲过，注重的是讲话时用的是不是诚实的心，即用的是不是真心，所以说注重的是用心，而不是所说的话所产生的后果。此句讲的意思是：所讲的话，诚实可信。肯定了讲话时用的是真心。因为讲话时用的是真心，所以就自然而然"言而有信"。"贤贤易色"，讲的是知行一如；"言而有信"讲的是言行一致。

第三，"事父母能竭其力，事君能致其身。""竭其力""致其身"，如果没有觉悟人生、认识生命、看透死亡的真相、超越生死的人，是不可能做到的。

一切众生无不贪生怕死，俗话说"蝼蚁尚且偷生"，况于人乎？众所周知，求生是一切有情生命的本能，人为最高级的有情生命，是以几乎没有不爱惜自己生命的人。所以要"竭其力""致其身"，就不是一般的人所能够做到，除非看破死亡。

死亡，是一切有情生命所必须面临的问题。何况为万物之灵的人呢？人们对死亡问题深入思考和体验的不同结果，就形成了不同的哲学理论和宗教观。

死亡，对每一个有情生命来说都是平等的、确定的。但对单个的生命来说，死亡的时间又是不确定的。

死亡，对于有情生命的威胁无时不在、无处不在、可以说死亡伴随着生命的始终。

人，是一切有情生命最完美的实现。

人，有自觉的能力，能认识生命、认识生命的存在。

人，能自觉地意识到死亡的存在，意识到死亡对生命的威胁。恐惧死亡的同时，又无法逃避死亡，正是人类最大的悲哀，最大的无奈。烦恼最根本的原因莫过于此。

佛家讲："无明是有情生命最根本的烦恼。"一般而言，佛家所讲的无明，是指对因缘果报的不明白。但就我个人对佛法的理解，最根本的无明，还是指对死亡的无明。

正因为如此，认识死亡乃至超越死亡，就成了人类生命所追求的终极目的。生命无尽，追求无穷，超越死亡的追求就成了人类永恒的主题。

超越死亡，必先认识死亡。死亡的恐惧迫使人类想要逃避它。在追求逃避死亡的过程中逐步认识了死亡，直至对死亡的超越。也就是说，对死亡的超越是从对死亡的逃避开始的。

超越死亡，必先认识死亡。认识死，必先认识生、认识生命，也就是你得明白何谓不死。"认得不死人，方才人不死。"（明·尹真人《性命圭旨》）

人的生命可分为两大部分：第一部分是由血肉之躯组成的肉体生命，简称为身；第二部分是由思维意识等组成的精神生命，简称为心。

就肉体生命而言，有生必有死，这是谁也逃避不了的客观存在。尽管道教的修行人在追求逃避死亡的过程中发明了很多长寿的方法，但终究还是只能延长肉体生命存在的时间，不能从根本上解决问题。

因此，逃避死亡乃至超越死亡，就非心莫属了。

对死亡的超越是一种境界，是一种对死的觉醒、生的真知、生命真相彻底明了后的自在境界。

肉体生命十分脆弱，是终归要死亡的。肉体生命死亡的时间又是不能确定的——无常。释迦牟尼佛形容肉体生命的脆弱性与无常性最为形象生动。他问弟子，生命的存在状况如何？有的弟子回答说生命在旦夕间，即今天还活得好好的，说不定明天就死了；也有的弟子说生命在饭食间，即说不定在吃饭前还活得好好的，一餐饭还没有吃完，就有可能突然死了；还有的弟子回答说，生命在呼吸间，即呼气的时候还活着，吸气的时候气却吸不进来了。释迦牟尼佛赞叹这位说"生命在呼吸间"的弟子最明白肉体生命的真相。（参见《佛说四十二章经》）。俗语说"一口气不来就死了",这就是肉体生命的真相。

那么肉体生命在这世间存在的长短,相对于生命的意义来说,就没有什么特别重要的地位与价值。既然肉体生命必然会死,而且死亡的时间又是无常,那么我们就没有理由也没有必要在意肉体生命存在的时间了。当然,由于心的活动是通过身来实现的。心依身存,身为心使。所以我们还是要好好地珍惜肉体生命、保护肉体生命,不要故意去伤害肉体生命。心离身则无以为用,身离心则形同槁木,是以"离之则两伤,合之则并美"。

精神的超越就十分简单了。只要你看破了生死,就能够超越生死,达到解脱自在的境界。

只要你放下对肉体生命的执着,认识你的精神生命——"心",然后运用你的真心,你就可以超越死亡、解脱自在了。

我们的心,又是什么相状呢?

我们的"心"也是无常的,所谓无常指的是心的念念迁流、时时变化,今是昨非、昨是今非。想保持一念不再变动,绝无可能。无念则无所谓变与不变,以其无变与不变而强名之曰"真心不变"。

真心不变;即"在圣不增,在凡不减",也就是无古无今、无自无他、无是无非、无善无恶、无有无无。一法不立,恒自清净。所以时时变动、念念迁流的心,自然就不是本然真心了。非真即假,一个虚假的心怎么靠得住呢?怎么可以信赖呢?释迦牟尼佛说:"不可信汝意,汝意不可信"(《佛说四十二章经》)。所以凡属于我们心念的东西,诸如我们的主观思想、我们的主观认识、我们的主观意见之类,都是不可信赖、靠不住的。

进一步观照,凡念所生,变则非真。对死亡的恐惧,也属于心念,因而也是虚幻不实的。一个虚幻不实、根本就不存在的东西,有什么可怕的呢?明白了这个道理,也就会自自然然地超越死亡的恐惧,就能以平常的心、自在的心面对肉体生命的死亡了。心,念念迁流,时时变化,而念念生灭、时时生灭。灭即死,所以心之死无所谓超越不超越。

禅宗六祖惠能大师说,无念就是于一切境缘心不染。心不染就是于一切境缘不取不舍。于生,不取生,不舍生,这就是不被生染、不被生缚,这就是无念,就是真心,就是超越,就是解脱,就是自在。于死,不取死,不舍死,这就是不被死染、不被死缚,这就是无念,就是真心,就是超越,就是解脱,就是自在。

进而言之,于善,不取善,不舍善;于恶,不取恶,不舍恶;于是,不取是，不舍是；于非，不取非，不舍非；于有，不取有，不舍有；于无，不取无，不舍无；于智慧，不取智慧，不舍智慧；于神通，不取神通，不舍神通……这都是无念，都是真心，都是超越，都是解脱自在。

只有彻悟真心，才能究竟解脱。所以孔子说："朝闻道，夕死可矣。"只有"学（觉）而"之人，或者说只有认识了真心的人，才能拥有真正的生命，才能真正地把握生命、享受生命。不取生，不取死，不舍生，不舍死，不被生死染，不被生死缚，就是对生死的解脱，在生死里得自在，即生死而超越生死。

只有超越了生死的人，才能"竭其力""致其身"，才能"杀身成仁""舍生取义"。达到这种境界，即使有人说这种人还没有达到"学（觉）"的境界，子夏也决定认为他是达到了"学（觉）"的境界了。

第八章

1.8 子曰："君子不重，则不威；学则不固。主忠信。无友不如己者。过，则勿惮改。"

【译】

孔子说："学（觉）而"之人对事物没有慎重的心，就不会有好的威仪；觉悟了，就不会昏暗不明。达到了一切言行都不欺己心的境界，就不会有人不如己的心；有了过失，就不会怕难以改正。

【释】

不重 刘宝楠："'不重'者，《法言·修身篇》：'或问何如斯谓之人？曰：取四重，去四轻。曰：何谓四重？曰：重言，重行，重貌，重好。言重则有法，行重则有德，貌重则有威，好重则有观。'是言君子贵重也。《礼·玉藻》云：'足容重，手容恭，目容端，口容止，声容静，头容直，气容肃，立容德，色容庄。'并言人当重慎之事。则不威者，言无威仪也。"（《正义》）

据此，"重"指态度，十分明显。与前"敬事而信"同义而宽。说同义是因为两者都是就态度方面说，都是从心地立论；说宽是因为"敬事而信"只指政事，"不重"则是指一切事，包括对人的态度等。

威 "威"，是行持，即我们常说的"礼仪八百，威仪三千"的威仪。佛家最重戒律。戒，是禁止的意思；律，是当行的意思，也就是通常所说的律仪。《佛说八万四千细行经》说的都是威仪。

没有慎重认真的态度，就不会有威仪。

既然君子指的是"学（觉）而"之人，为什么还会有"不重""不威"呢？因为"学（觉）"有真觉，也有假觉。所谓假觉，就是指那些道听途说之人，拾了些先觉之人的牙慧，听说世间的一切无不是变化的、无常的、不可执着；人的生命、人的心，无不是变化的、无常的、不可执着之类，没有经过反观照察，即"三省吾身"的修身体验，就自以为是起来。既然一切都不必执着，于是就狂放不羁、放纵身心、为所欲为。如宋代以后的狂禅之流，明代以后心学的狂妄之徒，就是一些"不重""不威"而又自以为是的伪觉者。

"不威"由于"不重"，"不重"由于"不觉"。没有觉，当然不是真正的君子。心为行主，威仪则是行为。没有威仪当然是对己对人、对事对物没有慎重的心所致。君子"不重则不威"，是对伪觉者的顶门之针。

学 释龙树："民之初载，其朦未知，譬如宝在于玄室，有所求而不见，白日照焉，则群物斯辨矣。学者，心之白日也。"（印度·龙树《中论·治学》）

觉悟，为心中的太阳，此喻最为形象。"学（觉）"，就是明白，就是黑暗的心中有了太阳，明白了，就不再昏暗迷惑。

固 孔安国："固，蔽也。"（《集解》）

郑玄："固，谓不达于理也。"（《曲礼·郑注》）

孔子自己也说："好仁不好学，其蔽也愚；好知不好学，其蔽也荡；好信不好学，其蔽也贼；好直不好学，其蔽也绞；好勇不好学，其蔽也乱；好刚不好学，其蔽也狂。"觉悟了就不会被无明遮蔽心性。

主忠信 主，"灯中火主也。"（《说文》）

忠，"敬也，从心。"（《说文》）

"直也。"（《玉篇》）

"谓言出于心，皆有忠实也。"（《周礼·大司徒·疏》）

"竭诚也。"（《六书精蕴》）

"又不二也。"（《书·伊训·传》）

"无私也。"（《广韵》）

信，"诚也。"（《说文》）

"不疑也，不差爽也。"（《正韵》）

由此观之，这里所说的"主忠信"，说的就是一切言行皆从己心出，一切言行皆不欺己心,要之一切主行皆不二。

如 "如,均也。"(《广雅·释言》)

均就是平等。"无友不如己者",就是指没有人不和自己一样,平等无别。佛家讲:"心佛众生,三无差别。"更是圆满无碍的平等观。

过 "过,无本意也。"(《周官·调人注》)

不是有意的言行错误,称为过。

惮 许慎:"惮,忌难也。"(《说文》)

"过则勿惮改",是说有了过失,就不会怕难以改正。

这说明,觉悟了以后,在觉行还没有达到圆满以前,还有可能会有过失。因为习气未尽,过错常有。但同样是错,觉悟了的人会及时发现错误,并勇于改正错误。他们知错就改,绝不会有畏难的情绪,更不会怕改正错误,甚至文过饰非。

"主忠信。无友不如己者。过,则勿惮改。"是真心的自然流露,本然如是的真实展现;而不是以之作为行为的准则、必须遵守的教条,而去刻意为之的。若是刻意为之,早就不是"主忠信"了,这是应该明白的。

第九章

1.9 曾子曰:"慎终,追远。民德归厚矣。"

【译】

曾子说:"谨慎对待父母的老死,丧事依礼依俗尽心办理,按时祭祀祖先,追念祖先的美德。上行下效,民众淳朴自然的天性就会回归,民风就会淳朴厚重。"

【释】

慎 许慎:"慎,谨也。"(《说文》)

"慎,诚也。"(《尔雅·释诂》)

一心一意就是诚。

终 郑玄:"老死曰终。"(《周官·疾医·郑注》)

孔安国:"慎终者,丧尽其哀。"(《集解》)

追 许慎:"追,逐也。"(《说文》)

远 "远,犹久也。"(《诗·鸳鸯·笺》)

孔安国:"追远者,祭尽其敬。"(《集解》)

"慎终"是讲对待父母及其长辈们老死的态度。

"是故孝子之事亲也,有三道焉:生则养,没则丧,丧毕则祭。养则观其顺也,丧则观其哀也,祭则观其敬而时也。尽此三道者,孝子之行也。"(《礼记·祭统》)

由此可见,慎终指的是对待丧事;追远指的是对待祭祀。

因此,刘宝楠说:"追远是'父祖已殁,虽久远,当时追祭之也。'"(《正义》)如过年、忌日、清明节、七月半之类。

德　"德者,性之端也。"(《乐记》)

刘安:"得其天性谓之德。"(《淮南子·齐俗训》)

归　"归者,归其所也。"(《穀梁传》)

厚　墨子:"厚,有所大也。"(《墨子·经上》)

对待父母的老死,关键看你如何用心。只要你有"慎"的态度,尽心、尽力、尽哀,这就是孝,就是大孝。现在办丧事,说来真是惭愧,"孝子"大口吃肉、大杯喝酒,甚则打牌赌博,唱歌跳舞。孝家成了赌场、歌厅、舞厅。缠绵悱恻的爱情歌曲、狂野动感的摇滚乐,充满了孝家。灵堂上高悬着"祭如在",灵堂正中大书着"祭之以礼"。这真是莫大的讽刺。不知孝子与主丧的司仪,读到这符合孔子精神的曾子语录,做何感想。

"德者,得也。"获得了生命中天然本来具有的东西,就是德。生命中自然本具的东西,切实而论,只有一真心而已。

"孝道"是孔子精神的灵魂,既是人道的开始,也是人道的终结,贯彻人生的始终,为人道的根本。"孝弟也者,其为人之本与。"正是指此而言。"入则孝,出则弟"是孝道的开始,"慎终追远"是孝道的终结。远祖无始,近祖无终。"追远"也就无始无终。人生无穷无尽,孝道的精神弥古常新。孔子的孝弟精神诚可谓是人类进德修业的永恒主题,是人类精神升华的璀璨明珠,是人类迈向生命圆满,与天地意识融为一体的行为之宗。

"慎终追远"不是手段,不是欲"民德归厚"而刻意为之。

"慎终追远"是"学(觉)而"之人的真情流露,是本然如此的自然行为,不带任何功利目的的。"民德归厚"是"慎终追远"必然的结果。若是带着功利的目的、怀着希望"民德归厚"的欲望,而去"慎终追远",这样的"慎终追远"属于虚假行为,是对民众的欺骗。上行下效的结果是"慎终追远,民德日离矣"这是必须明白的。

第十章

1.10 子禽问于子贡曰:"夫子至于是邦也,必闻其政,求之与?抑与之与?"子贡曰:"夫子温、良、恭、俭、让以得之。夫子之求之也,其诸异乎人之求之与?"

【译】

子禽问子贡:"先生到达哪个邦国就一定知道那个邦国的政事。是自己想办法得到的呢,还是邦国的君主自愿告诉他的呢?"子贡回答说:"先生以温和的态度、善良的心肠、谨慎的行为、俭朴的生活、谦逊的品格获得的。老师得到政事的方法,大概与别人得到的方法不同吧?"

【释】

闻　许慎:"闻,知闻也。"(《说文》)

高诱:"闻,知也。"(高诱《战国策·齐策·注》)

温　"温温,柔也。"(《尔雅·释训》)

"温,谓颜色和也。"(《诗·燕燕·笺》)

良　刘宝楠:"良,谓心之善也。"(《正义》)

恭　许慎:"恭,肃也。"(《说文》)

"敬也。"(《尔雅·释诂》)

俭　许慎:"俭,约也。"(《说文》)

让　左丘明:"让者,礼之主也。"(《左传·襄公十三年》)

据此,"闻"译为知道。"温、良、恭、俭、让"译为温和的态度、善良的心肠、谨慎的行为、俭朴的生活、谦逊的品格。这是随文解义而已。

切实而论。温是"昷"的借字。"昷,仁也。"(《说文》)仁,有生发之义。生命的本体——真心,从体起用,可以认识人生、认识世界、创造出有益于人生存的文化。"闻"与"仁"的生发义相似。故将心的这一作用称为仁。内有仁性的启动,心性自然善良(不损害人而利益人),面貌自然温和,对事对人自然敬慎,对己自然克俭,对人自然谦逊。这一切的一切,都是真心的本然作用,仁心的自然开启,而不是刻意为之。

第十一章

1.11 子曰:"父在,观其志;父没,观其行;三年无改于父之道,可谓孝矣。"

【译】

孔子说:"父亲在世的时候,观察儿子的志向;父亲不在世了,观察儿子的行事;永远不改变其父求'大学(觉)'的人生之道,可以称得上是孝了。"

【释】

三年 "三年",多数注家认为是实指,是具体的三年。虽与三年丧礼相吻合,但假如父亲是一个绝对的利己主义者,即使拔一毛就能利天下,却也不肯拔;甚至只要能利己就不惜损人,难道也要守三年不改吗?且不说人生这样的大道,即如大禹治水,不是即改父之道吗?这是不合情理的,是以不取。汪中说:"三年者,言其久矣。何以不改也?为其为道也。若其非道,虽朝死而夕改可也。"(清·汪中《述学·释三九》)

曾子说:"'君子之所谓孝者,先意承志,谕父母于道。'此父在而改于其子者也。是非以不改为孝也。然则何以不改也?为其为道也。'三年'云者,虽终其身可也。"(见《正义》)此说合情合理,因而从之。

父亲在世的时候,儿子在父亲的指导下求"学(觉)"求"大学(觉)",儿子的行为都是父亲的指导,所以"行"无从"观";能"观"者,志而已。即儿子是否像父亲一样,有"志于学(觉)"的志向。父亲死后,儿子的一切行为都是自己的主张。所以就可以从行为上观察儿子是否继承父亲"志于学(觉)"的人生志向了。

第十二章

1.12 有子曰:"礼之用,和为贵。先王之道斯为美,小大由之。有所不行,知和而和,不以礼节之,亦不可行矣!"

【译】

有子说:"周礼的运用,以'和'的精神最为宝贵。古代圣明君王制定的礼,是这个'和'的精神最为完美。人人都无条件地依礼而行,会有行不通的时候;知道礼的精神是'和'而刻意去求'和',不用礼来约束它,也会行不通啊!"

【释】

用 许慎:"用,可施行也。"(《说文》)

"用,行也。"(《方言》)

由此可见,这个"用"字,是运用的用,而不是作用的用。

和 许慎："和，相应也。"（《说文》）。

老子："万物负阴而抱阳，冲气以为和。"（《道德经》）。

贾谊："刚柔得道谓之和，反和为乖。"（《贾子·道术》）

和，本指声音调和适中的乐音，古人常以琴弦为喻。弦过松，则音不出；弦过紧，则弦易断。松紧有度，则能发出柔和悦耳的乐音。所以"和"又有"中"的意义。

老子"万物负阴而抱阳，冲气以为和"，说的是一切事物和现象，都是由阴阳二气组成。因阴阳二气的互含、互摄、互推、互荡（冲气），而产生出具有生发作用的气——"和气"及其气的作用。春天万物复苏，万物萌芽、生长，一片生机，欣欣向荣。所以春天的气称为和气，春天的风称为和风。"和"，不属阴，不属阳，既含阴又具阳，具阴阳之性，在阴阳之中——因此，也可以称为"中"。

根据老子的思想，宇宙的本体是道。从道体起用，出现了阴与阳这样既相反又相成、既相翕又相辟的两种能量或作用。经过阴阳二气相推相荡、互摄互冲、相翕相辟的运动产生出具有生发作用的第三种能量或作用——"和"。经过"和"的不断运动，万物也就生发出来了。

"道生一，一生二，二生三，三生万物。"这就是老子宇宙生命的生成模式图。从这个模式中，我们不难看出，"和"的重要地位与作用。

"和"即"中"也。

"刚柔得道，谓之和。"这个"道"字与"弛张有道"的"道"字意义相同，指的也是"中"。可见"礼之用，和为贵"讲的是贵"中"的精神在周礼中的体现这一客观现象。

所以，刘宝楠说："有子此章之旨，所以发明夫子中庸之义也。《说文》：'庸，用也。'凡事所可常用，故'庸'又训'常'。郑君《中庸·目录》云：'名曰中庸者，以其记中和之为用也。'注'君子中庸'云：'庸，常也。用中为常道也。'两义自为引申。尧咨舜、舜咨禹云：'允执其中。'孟子言'汤执中'，'执中'即用中也。'舜执两端，用其中于民'，'用中'即'中庸'之倒文。《周官·大司乐》言六德：'中、和、祗、庸、孝、友'，言'中和'，又言'庸'，夫子本之，故言中庸之德。子思本之，乃作《中庸》。而有子于此章已明言之。"（《正义》）祖述儒家贵中精神，最为有得。

先 王充："死亡之谓先。"（西汉·王充《论衡·四讳》）

王 "王，君也。"（《尔雅·释诂》）

"先王"指已故去的古代圣王，这里实指尧、舜、禹、汤、文王、周公。

道 制礼的总原则，或者说根本精神。

斯 "斯，此也。"（《诗·殷其雷·传》）承上句，代指周礼施行的根本精神，即"和"也。

美 孟子："充实之。"（《孟子·尽心》）

小大 刘宝楠："'小大'，指人言。下篇'君子无小大'，《诗·泮水》'无小无大，从公于迈'，皆以'小大'指人之证。"（《正义》）

由 "由，自也。"（《尔雅·释诂》）与依从的意义相同。

所以"小大由之"，实指无论什么人、什么场合，都要依从礼。也有人认为"小大"指事而言，即大事、小事，也都要依礼而行，亦通。

之 多数认为"小大由之"属上句，则"之"当是代指"和"。我以为当属下句，即"小大由之，有所不行；知和而和，不以礼节之，亦不行也。"（遵汉《石经》'亦不行也'，'不'下无'可'字。）据此，"之"字则是代指"礼"。

刘宝楠说："'有所不行'者，谓人但循礼，不知用和，故不可行，所谓'礼胜则离'者也。"（《正义》）这是很有见地的。

皇侃说："人若知礼用和，而每事从和，不复用礼为节者，则与事亦不得行也。所以言亦者，沈居士云：'上纯用礼不行，今皆用和，亦不可行也。'"（《义疏》）沈居士之说，深得有子本章之旨。

周礼的根本精神是"和"。"和"是"生""成"万物的根本。礼之所以能够使人生发善恶良知、成就圣贤人格、成就太平盛世，是因为礼之所用，是"和"。和即中也。用和即是用中，用中即是中庸。所以，子思说："致中和，天地位焉，万物育焉。"

"中和"即是道家的那个"三"，那个生天生地、生人生物、生社会、生人生，一句话，生万物的那个"三"。

中庸的作用是广大、精微的。人生、社会、天地、万物无一非"中庸"的显现。切不可以认为"和"即今之"调和""和谐"，那就离孔子所说的"和""中庸"太远了。

"和"指的就是"中庸"。不偏叫作中，不变叫作庸。既然礼贯穿着"和"的精神，礼是"和"的具体体现，那么无论什么人、什么事，也无论什么场合，一切都依礼而行，不就达到了"和"，达到了"中庸"的境界了吗？于是就会有人死执礼的条文，无视具体情况，一切依礼而行。殊不知，礼虽是"和"的精神的体现，但一旦形成具体的条文，它就僵化了，就死了。而"和"生机活泼，是活的，是有生命的。所以用礼的人，一定要赋予礼以"和"的精神，才能起死回生，礼才又是活的了。生命常新，才是"中和"，才是"中庸"。

死执礼的人，是不明白中庸的人。礼之于事，礼是一端，事又是一端。死执礼，无视事，是偏于礼；只管事，无视礼，是偏于事。无论是偏于礼这一边，还是偏于事这一边，总之都是边，都不是中，所以都是偏离了"和"的精神，都不是"中庸"，所以都会行不通。

如果我们将礼视作原则性，将事视作灵活性，那么"中庸"就是原则性与灵活性的统一了。"殷因于夏礼，所损益可知也；周因于殷礼，所损益可知也。其或继周者，虽百世可知也。"这里的"因于"就是其原则性，"损益"就是视时代与社会的不同要求而改变的灵活性。所以有子认为周礼就是原则性与灵活性的高度统一，就是"中庸"的作用体现。

有的人知道用礼的总原则是"和"，于是就一味地求"和"，而不知用礼来约束。其实这也是一种偏离"和"的表现，也不是"中庸"。因为礼之于和，也是两端，只知用"和"，不知用礼来约束，是偏于"和"的一端，也不是中，不是中庸，所以也有行不通的时候。这是很微妙的道理。

其实所谓"中庸"，只是不得已而安立的名相，并不是在两者中间存在一个"中"，在里面并不是如数字"三"那样，有第一和第三的两端、两边，还有一个第二的"中"。中不应如此理解。切实而论，中只是本当如此、自然如此之理而已。对于事，只是本当如是行的"本当"。相似于我们今天讲的实事求是的是与必然之类。

中国禅宗讲的"本来面目"，可以说是儒家"中"的最佳注脚。"中亦不立"，方才是"中"。

"中"是指"本来、本当、本然、自然、必然、实际、是、真如"。离开了事物的本来、本当，那么，这个"离开"，就是偏了，如果把本来、本当称为"中"的话，那相对于本来本当来说，"偏离"就可以称之为边、端了。明白了这个道理，"中"就不难理解了。

识"中"，就是"学（觉）"，识中之人，就是"学（觉）而"之人。只有"学（觉）而"之人，才有希望达到中庸的境界。

能识"中",才能用"中"、行"中",才是中庸的境界。

"识中""用中""行中",谈何容易!尤其是尚未"识中"的人。即使已经"识中",要"用中","行中"也并非易事。礼是用和的,用和即是用中。遵礼而行,即是用中、行中,即是中庸。因此,孔子说:"一日克己复礼,天下归仁焉。"礼之为用大矣哉!所以荀子说:"君子始于读经,终于行礼。"

第十三章

1.13 有子曰:"信近于义,言可复也。恭近于礼,远耻辱也。因不失其亲,亦可宗也。"

【译】

有子说:"信守的诺言,接近于本当要守,诺言就可以去践行。恭敬接近于礼,恭敬就能远离耻辱。所亲近的是本当要亲近的,也可以说是根本的原则。"

【释】

义 "义者,宜也。"(《礼·中庸》)。宜,就是应该如此的意思。所谓宜不宜,就是当不当,该不该。

"信近于义",就是说你信守的事与本当如此、应该如此、必然如此的理,吻不吻合,其中"近"字是说即使不是完全符合,也应该是非常接近的、差不多的。这个"义"既然是本当如此,那么这个"义"就是与中庸的中相契相入的理了。所以孟子说:"大人者,言不必信,行不必果,唯义所在。"(《孟子·离娄》)

在古老的印度一直流传着这样的一个故事:有一个大富长者,长年在外做大生意。有年回家,发现自己几个儿子都得了失心疯,神志错乱。这位大富长者不仅擅长做生意,而且是一个特别优秀的医生,所以一到家就赶紧为几个儿子配制了治疗失心疯的药丸给他们吃。其中患病轻的儿子依言吃了药,病也就好了。唯有那病重的儿子不肯吃药。长者没有办法,只好又到国外去做生意。过不了多久,他就要别人带信回来,说他已经死了。(其实他没有死,说他死了是"言不信"。)那病重的儿子听到这个消息,想起自己的病,而会医病的父亲又死了,所以很是悲痛。但是又想到父亲曾经留了药丸给我,不妨一试,抱着这唯一的希望吃了父亲的药丸,病很快就好了。这正是"言不必信,唯义所在"的最好诠释。(参见《妙

法莲华经》)

复 田大方："犹履也。"(《韩非子集释》引)

朱熹："复践言也。"(《集注》)

也就是说，你信守的诺言，只要差不多与"中庸"之理相接近，你就可以去践履。

恭 你的行为恭敬，其恭敬程度只要差不多达符合礼，接近中庸，你就可以远离耻辱了。

因 孔安国："因，亲也。言所亲不失其亲，亦可宗敬"

亲，亲近。"不失其亲"是指不会失去本该亲近的人。结合前面讲的"谨而信，泛爱众而亲仁"来理解，可以认为是亲近有"仁心、仁德"的人。为什么不明白指出来呢？因为在这里，有子是说"中庸"，即：你在"亲近"时，没有失去你该亲近的。换句话说，就是当你所亲近的是你应当亲近的，这样的话，你就是"中庸"；反之，就不是"中庸"了。如果这里是具体指为该亲近有仁心、仁德的人，虽然是对的，但已失去了"中庸"的灵魂，而不是"中庸"了。

宗 "宗，本也。"(《广雅·释诂》)

宗，就是根本。如亲近时，不失去当失去的，也就是说，亲所当亲。当然，这只是信手拈来的例子。此处还可以举例，如行所当行、为所当为、想所当想、乐所当乐、苦所当苦等。"宗"的关键在于这个"不失其"，在这个"当"。"当"非刻意为之，而能做到"不失其"，做到"当"，就是"中庸"境界。

第十四章

1.14 子曰："君子食无求饱，居无求安，敏于事而慎于言，就有道而正焉，可谓好学也已。"

【译】

孔子说："君子饮食没有追求满足的心，居处没有追求安逸的心。对事，当做的就迅速做好；而说话则很谨慎。亲近明白了人生真谛的人，请教所觉是否正确。这可以称得上是一心追求'学（觉）而'之人的所为了。"

【释】

"求饱""求安"，所重在肉体生命。心被这个有形的肉体所奴役，做了身体的奴仆，为身体服务不暇，哪里还有心力来求"学（觉）"，求认识心性、认识社会、认识天地人生的真谛呢？所以这就不是一个志于"学（觉）"的人所为了。

不过，我们应当明白，"无求饱，无求安"是指那不能饱、不能安的贫者要安贫，不要有非分之想、浪费心力；而不是那些富者也不要饱，不要安了。子思"素富贵行乎富贵，素贫贱行乎贫贱"可谓深得此中三昧。

"就有道而正焉"的"有道"，一般以为是有道德者，即品德高尚之人，诚然也通。但"正焉"的"正"是"问其是非"（孔安国注）。有道德修养的人，不一定是有智慧学问的人，更不一定是明白了人生真谛的人。所以"有道"者指的是那些明白了人生真谛的"学（觉）"者，也就是明白了人生真谛的"学而"之人。事实上也是：只有那些明白了人生真谛的人，才能为一个"志于明白人生真谛"的人正定是非。

"可谓好学也已。""好，心欲也。"因此，"好学"就是"一心希望学（觉）"，正因为"一心希望学（觉）"，才能做得到"食无求饱，居无求安"。这并不是他不愿饱、不愿安，实在是他的心志只在"学（觉）"，而不在饱和安。这样理解，才能将饮食、居处与"好学"贯通起来。

事实上，一个一心求"学（觉）"的人，是不会在意"饱"、在意"安"的。一个连"饱"、连"安"都不在意的人，那就更不会在意饮食的精粗与环境的静闹了。一些"修身"的人，虽能不求"饱"，不在意饮食的精粗，但却常常抱怨环境，不是嫌人事环境过于复杂，就是嫌居住环境过于吵闹，他们的抱怨说明了什么呢？相信诸位心里都已经十分清楚了。但是，如果你看到孔子说，一个一心求"学（觉）"的人，必定是一个不求"饱"、不求"安"的人，就故意风餐露宿，饮食粗劣，居住闹境，这是不是一个一心求"学（觉）"的人呢？这就需要我们有一双慧眼了。这种人，是最难识别的。事实上，一个人发了真心，其真实的生活是遇饱则安于饱，遇饥则安于饥，遇闹则安于闹，遇静则安于静，遇饮食精美则安于精美，遇粗劣则安于粗劣，不加选择，随遇而安。这才是一个发了一心求"学（觉）"之真心的人的真实行践处。我们应该深思啊！

第十五章

1.15 子贡曰："贫而无谄，富而无骄，何如？"子曰："可也；未若贫而乐，富而好礼者也。"子贡曰："《诗》云：'如切如磋，如琢如磨。'

其斯谓与？"子曰："赐也，始可与言《诗》已矣，告诸往而知来者。"

【译】

子贡问道："贫穷的人，却不用巴结、逢迎等不正当的方法来求富裕；富裕的人，却不以为自己了不起而怠慢他人。这种人，怎么样？"孔子回答说："这种为人处世的方法是可以肯定的。但不如那即使贫穷却仍能享受生命的快乐（贫贱不移），即使富贵却不骄慢而且还愿意用礼的精神约束自己（富贵不骄），从而达到中庸境界的人更好。"

子贡说："《诗经》上讲，君子的修养就如同切治骨器、磋刻象牙、雕琢玉器、磨治石器，即要精心细作，慢慢成就一样，说的就是这个意思吧。"孔子说："赐啊，（凭你现在的悟性）可以和你讨论《诗经》的奥义了。因为告诉你已知的，你就可以推知未知的了。"

【释】

谄 范宁："不以正道求人为谄也。"（《义疏》）

谄，谄媚、阿谀逢迎。"无谄"，就是没有谄媚、阿谀逢迎，就是安分守己、安守本分。

骄 皇侃："富厚者既得人所求，好生陵慢，是为骄也。"（《义疏》）

富厚，或承自家业，或遇好的因缘力求而得。满人所求，与人方便，即是与己方便，本无可骄。"无骄"，也只不过是安守本分，与"贫而无谄"同。

安守本分的人生态度是值得肯定的。人人安守本分，社会自然太平。这虽与孔子追求的大同社会尚有距离，但也可以说是太平盛世了。所以孔子给予了充分的肯定。

一个安分的人，有可能只是一个深信命运的人，甚至有可能是个命定论者。"天作孽犹可违，自作孽不可活"（《易传》），"犹可违"，就是还可以改变。这说明命运是可以改变的。况且一个觉悟了生命真相、认识了人生真谛的人，怎么能只是一个安分守己的人呢，其人生观怎么会如此消极呢？

一个觉悟了的人，除了安守本分外，会更加积极地利用因缘，甚至是创造因缘（行有余力，则以学文）去改变命运，建立事功，创造更加美好而辉煌的人生，即为天下苍生谋福祉。

生命本来就喜悦，本来就自在。其不喜悦、不自在，乃至烦恼、痛苦，都是自找的。所谓"天下本无事，庸人自扰之"。说的正是这一档子事。

"喜悦"既是生命的本来相，那么同物质的贫乏与富足，与环境的安宁与吵闹就没有什么关系了。

因此，只有一个真正觉悟的人，才能做到"贫而乐"。"礼之用，和为贵。"从这个角度来说，"礼"也可以说是"中庸"精神的外在表现形式。"一日克己复礼，天下归仁焉！"从这个角度来看，礼也可以说是生命的生生之意的外在流露，而"中庸"，又可以说是生命本来面目的代称，"仁"，其实又是生命中那生善成善的德能作用。因此，只有真正觉悟了的人，才能做到"富而好礼"。"好礼"，就是希望达到中庸的境界，希望发露仁心。

因此，"贫而乐，富而好礼"是"学（觉）而"之人本然如是的真情流露，是本然如是的真心展现，是真实自在的中庸境界。

"学（觉）"，是孔子一生追求的目的所在。求"学（觉）"，是孔子的生命理想。只有"学（觉）"，只有人人都"学（觉）"，才能实现孔子的社会理想——大同世界。

孔子此答，意在说明人生的修养是逐步开启、逐步圆满的。人生的修养没有止境，人们不应该满足于现状，故步自封，而是应该不断地提升自己的境界。如"贫而无谄，富而无骄"只是安命的境界，虽然不错，但不能满足于此，而应进一步提升，直至"贫而乐，富而好礼"的觉者境界，直至觉行圆满，成圣成贤的圣者境界。这才是孔子所说"贫而无谄，富而无骄"未若"贫而乐，富而好礼"的奥义所在。

但我们还应该明白，这也只是孔子随机教化、点拨弟子而已，切不可死于句下，执为教条。

"骨谓之切，象谓之磋，玉谓之琢，石谓之磨。"（《尔雅·释器》）"如切如磋，如琢如磨"是比喻人生的修养，需要像切治骨器、磋刻象牙、雕琢玉器、磨治石器等精美珍贵的器具一样，经过反复的雕、琢、打磨、抛光，从原材料到初步成型，到精美光洁，才能逐步完成。

这是《诗经·淇澳》篇的精神所在。子贡领会了孔子教化的上述精神，故举此例以与孔子前句的精神互相发生。子贡一点就通，孔子举其一，而子贡能三隅反。所以孔子高度地赞扬了子贡："告诸往而知来者""始可与言诗矣。"

"可与言诗"，只是随话答话，是对子贡领悟了《淇澳》诗的奥义的赞叹，并不是一定要达到了"告诸往而知来者"的境界才"可与言诗"。

第十六章

1.16 子曰:"不患人之不己知,患不知人也。"

【译】

孔子说:"不担心别人不了解自己的境界,担心的是不清楚了知别人(的境界)。"

【释】

患 许慎:"患,忧也。"(《说文》)

患,即担忧、忧虑。说白了,就是担心。

"己知"即知己。这句话"人"与"己"对立,"人"显然指别人,"己"当然指自己。

"学(觉)而"之人,觉悟了生命的真相,即生命本来就平等,本来就自在,本来就清净,本来就喜悦的真相。其分别执着、烦恼痛苦,皆因其为假象所迷惑,不能觉悟真相的缘故。进而从体起用,发起仁爱之心,自觉觉人,欲令一切人,同觉生命的真相,同享生命的喜悦、清净、自在。因而其会去从事点拨别人"学(觉)"的事业。

由于迷惑来自对世间万象的分别与执着,因而有深浅与种类的不同,即所谓根基的差别。因此,只有善于识别根基的差异,因基施教、随机点拨,才能使人容易觉悟。因此,对于一个希望觉人的觉者来说,识人知人,就是十分重要而关键的问题了。

觉者很少,尤其是像孔子这样的先觉,更是少之又少。对于一个未觉者来说,又怎么会了解这样伟大的觉者呢?因此作为一位觉者来说,对于"知不知己"实在是不存在"患"与"不患"的问题。当然,对于一位初觉者来说,他首先考虑的将是这觉悟的真理惊世骇俗、太过高深,人们能不能理解、接受的问题。别人不明白你觉悟的真理,对于你所"布的道"又怎么会"信受奉行"呢?释迦牟尼佛初觉时不是也发出过"我法妙难思"的感叹而准备涅槃吗?

《论语》是孔子殁后,弟子及其再传弟子们整理的。其所保留的语录,当是孔子大觉成熟后的言教。当时的孔子,当然已经知道了这种担心实在是根本就不存在的问题。基于此,我们可以认为"不患人之不己知",是孔子为初觉者决疑;"患不知人也"是为初觉者点出欲觉人时所应关注的关键问题所在。

如禅宗六祖惠能唤门人法海、志诚、法达、神会、智常、智通、志彻、志道、法珍、法如等，对他们说："汝等不同余人，吾灭度后，各为一方师。吾今教汝说法，不失本宗。先须举三科法门，动用三十六对，出没即离两边，说一切法莫离自性！忽有人问汝法，出语尽双，皆取对法，来去相因。究竟二法尽除，更无去处。

三科法门者，阴界入也。阴是五阴，色受想行识是也。入是十二入，外六尘，色声香味触法；内六门，眼耳鼻舌身意是也。界是十八界，六尘六门六识是也。自性能含万法，名含藏识。若起思量，即是转识。生六识，出六门，见六尘，如是一十八界，皆从自性起用。自性若邪，起十八邪；自性若正，起十八正。若恶用即众生用，善用即佛用。用由何等，由自性有。

对法外境，无情五对：天与地对，日与月对，明与暗对，阴与阳对，水与火对，此是五对也。法相语言十二对：语与法对，有与无对，有色与无色对，有相与无相对，有漏与无漏对，色与空对，动与静对，清与浊对，凡与圣对，僧与俗对，老与少对，大与小对，此是十二对也。自性起用十九对：长与短对，邪与正对，痴与慧对，愚与智对，乱与定对，慈与毒对，戒与非对，直与曲对，实与虚对，险与平对，烦恼与菩提对，常与无常对，悲与害对，喜与嗔对，舍与悭对，进与退对，生与灭对，法身与色身对，化身与报身对，此上十九对也。"（《六祖法宝坛经》）

这种生命有限而教化无穷的悲心，是人同此心、心同此理，圣圣相通、圣圣相传的。六祖临入灭了，还不忘教导弟子教化的方法与手段。说直承孔子心法，也未尝不可啊！

为政第二

第一章

2.1　子曰："为政以德，譬如北辰，居其所而众星共之。"

【译】

孔子说："以实事求是的精神作为治理国家的手段，好比北极，处在自己的位置，其他的星星就可以错落有致地环绕在那里。"

【释】

北辰　一作北极星解。

董仲舒："星莫大于北辰。"（西汉·董仲舒《春秋繁露·奉本》）

何休："迷惑不知东西者，须视北辰，以别心、伐。"（《公羊传·注》）

班固："北极五星，第五纽星为天之枢。"（《汉书·天文志》）

刘宝楠："以纽星为天枢，即谓北辰也。"（《正义》）

取"北极星"义，以喻"为政以德"，不符合孔子"政者，正也"的经典定义。

二作无星处解。

郑玄："北极谓之北辰。"（《论语郑注》）

李巡："北极，天心，居北方，正四时，谓之北辰。"（《尔雅古义》）

郭璞："北极，天之中，以正四时，天中即天心。天体圆，此为最高处，名赤道极。"

陈懋龄："古人指星所在处为天所在处，其实北辰是无星处。"又云："凡天之无星处曰辰。天有十二辰，自子毕亥，为日月所聚会之次舍。如十一月冬至，日月毕会于丑，必有所当之星宿。汉初不知岁差，以牵牛为冬至常星。若以岁差之理言之，今时在箕一度。冬至子中，未尝板定星度，北辰如何认定极星？但以之为标准耳。"（清·陈懋龄《经书算学天文考》）

刘宝楠："陈说甚是。然北辰是无星处，《朱子语类》已言之。……不能执定一星以求北辰之所在矣。"（《正义》）

据此，则北辰不是星的名称，而是天体区域的名称犹可知了。

北辰是无星处，则包咸说"德者无为"，犹北辰之不移，而众星拱之，这是非常准确的了。

孔子说："政者，正也。"正就是不偏，不偏就是中。可见，孔子的政治理念就是"中庸"的普遍施行。"舜执两端，用中于民。"用中于民，正是孔子梦寐以求的政治理念的实现。

但是，"中庸"高深玄远，不是已经完全彻底明白了"中庸"的人，不仅难以施行"中庸"，而且常常是违反中庸的。所以孔子说"君子中庸，小人反中庸。"

如前所说"礼"所施行的是"中庸"的思想。"礼"使高深玄远、不是"学（觉）而之人"不能把握的"中庸"，具有了可操作性。即使是没有学（觉）的普通百姓，在"礼"的规范下，也可以做到"中庸"。这是"礼"的殊胜微妙的作用。孔子深深知道希望人人都学（觉）实在是太难太难，但要人人遵礼而行，还是有可能做得到的。所以，孔子的一生都在执着地追求克己复礼。他说："一日克己复礼，天下归仁焉！"这是多么的深刻啊！

刘安说："德者，得也，得其天性谓之也。"（《淮南子·齐俗训》）天性，就是天然之性，自然之性，本来的样子。落实到人，就是真如、真心，就是明德。天性，本然具有，无所谓得与不得。只在一个明白，一个觉悟。认识了这个真理，就是明自本性，见自本性，就能够慢慢地用自本性，就称为"得其天性"。这就是德。既然是本然如是的自性，因此，就没有什么得与不得了。

本然如是的天真自然之性，道家称之为"无"，又称之为"道"；佛家称之为"空"；儒家称之为"中"。后世三家有均以"道"名之者。其实这些称谓，都只不过是为了教化的方便，巧言安立的名词罢了。实际上既是本然如是，则宇宙自有其所以为宇宙的本然如是，万物自有其所以为万物的本然如是，生命自有其所以为生命的本然如是。人自有其所以为人的本然如是，是不可以名之的。

既是本然如是，就不可用语言文字强为诠释。语言文字自有它的局限性。庄子对此体会是很深刻的。既是本然如是，也就不可能设立一个标准来诠释一切物、一切命的本然如是了。况且物物有物物的本然如是，命命有命命的本然如是；物物又有之所以为物物的相同的本然如是，命命又有其之所以为命命的相同的本然如是；一切物、一切命，又有其一切物、一切命的本然如是。由此足见。"德"这个东西是没有一个具体的规定性，但它又具足一切的规定性。

其实，我们每个人都在自己的学习与实践中形成看法、观念、思想之类的东西，我们称之为"知见"。然后用这个"知见"来庄严自己，包裹自己。我把这个包裹自己的"知见"，称为笼子。每个人都戴着一个"知见"的笼子，而且似乎都必须戴着个笼子。如果一旦失去了这个笼子，他们就会觉得恐慌。诚如佛家的《金刚经》中所说的：如果福德资粮不够，就会生"惊、怖、畏"，就会"狐疑不信"。

正因为每个人都戴了个笼子。那么这个戴了笼子的人也就只可能有一个笼子了。虽然在一定的时节因缘下，他可以去换一个笼子。但绝不可能失去这个笼子，更有甚者，直将这个笼子视为自我。失去这个笼子，就如同失去了自己的生命一样。假如他能够丢掉这个笼子，当他没有了这个笼子的障碍时，他就可以进入一切人的笼子了。所以当你没有这个笼子时，此时的你就是"中"，就是"空"，就是"无"了。这就是道家之所以讲"无为而无所不为"、佛家之所以讲"无一切法而又能具足一切法"的原因所在了。

明白了这个道理，也就明白了孔子"为政以德"的道理。也就能深入包咸所说的"德者无为"之个中三昧了。

这就与后面的譬喻相通了。北辰是无星处，正因为是无星处，所以才能安立众星，而成为"众星拱之"的局面。北辰是北极星，则北辰是有方所，有位置的，北极星就是北辰，那其他的星星如何安立呢？如何能够"拱之"呢？怎不能星上安星吧！

"为政以德"，就是要在为政时，不要把自己的主观观念带进去，不要先入为主，要全面、客观、公正、实事求是，这样才能达到"无为而无不为"。孟子说"民心即天心"，从这个意义上看，说的也是指为政者，不要把自己的主观观念带进去，不要唯个人主义，不要唯意志主义。要"顺民心，体天意"。顺了民心，就是体了天意。民心即天心吗？在这个层面上说，"民心即天心"，它可以认为是"为政以德"的具化。

第二章

2.2　子曰："《诗》三百，一言以蔽之，曰：'思无邪'。"

【译】

孔子说："《诗经》用一个字形容它最为得当，那就是'无'。"

【释】

言　"言"有二义，一是句义，一言就是一句。董仲舒说："介以一言曰：王者必改制。"亦一证。(《春秋繁露·楚庄王》)。

二是字义，一言就是一个字。老子《道德经》即五千言。

本章的言字，有字义，即一个字。

蔽　包咸："蔽，犹当也。"(《集解》)

今译《论语》者，译为"概括"者多，我依包说译为得当。

思　"思无邪"之"思"，助词。用于句首，起调整音节的作用。王引之说："思，发词语也。"(清·王引之《经传释词》)

邪　陆德明："邪，也弗殊。"(唐·陆德明《经典释文》)

孙怡让："也，邪古通。"(民国·孙怡让《墨子闲话》)可见邪为句尾语气词，用在这里表示判断，相当于"也"。

《诗经》是儒家重要的经典之一，收诗三百零五首，内容丰富，美刺兼陈。每篇都是至情至性的流露，发自心底的声音，尽善尽美的艺术珍品。司马迁认为是孔子编辑删定的。《论语》一书，多处以诗发论。司马迁的观点，于古当是有据的。本章可以视为是孔子对《诗经》特色的总观点，对《诗经》特色的高度概括和说明。

本篇前章说为政，紧接着就是本章。本章说"诗"，似乎与为政风马牛不相及，所以古代注家多以为《论语》只是一些语录的杂合，篇章次序之间，没有内在的联系。我以为这是大有问题的。如本章，就是紧接着"为政以德"之后，举《诗经》的只有用"无"为删定诗的原则，才能做到广收博采、美刺兼收，才不至于将发自内心的至情至性、尽善尽美的艺术珍品遗弃这样的实例，来补充说明"为政以德(无为)"的殊胜作用。

假如整理《诗经》，立了一个原则，比如只收录纯正无邪之类，那么那些反映男女爱情的被称为"淫诗"的诗，那些责骂、讽刺国君王侯的诗，那些怨天尤人的诗之类，就不可能被收入《诗经》，而将当作糟粕被遗弃了。后世腐儒有不知《诗经》以"无"为特点者，无不对这些诗苦心煞费，巧为辩饰，将孔子强行纳入自制的圣人"笼子"中，就是实例。为政也是一样，如果戴着主观成见的笼子，对于那些不同的政见而又有利于国计民生的好策略好方针，就会被排斥而不能采用了。

所以本章，表面上看是讲诗，实际上还是讲为政，与首章是一脉相承的。

第三章

2.3 子曰："道之以政，齐之以刑，民免而无耻；道之以德，齐之以礼，有耻且格。"

【译】

孔子说"用政策法令教化民众作为治国的方针，用刑罚作为辅助的手段，民众就会不听教戒，钻法律的空子，作奸犯科而又想逃脱刑罚，没有羞耻心。用德教化民众作为治国方针，用礼作为辅助行为的规范，民众就会有羞耻心而不会犯错误，即使犯了错误，也会自己改正。"

【释】

道　"道，音导。"（《经典释文》）皇侃本两"道"字均作"导"。

导　许慎："导，导引也。"（《说文》）

刘宝楠："'道'如'道国'之'道'，谓教之也。《礼·缁衣》云：'教之以德，教之以政。'文与此同。"（《正义》）

据此，"道之以政""道之以德"的"道"字，作引导解，是持之有故的。此两"道"字是说以教化的方法来引导民众。

政　孔安国："政谓法教。"（《集解》）

"法教"可理解为用政策、法令、法规、法律的东西教化民众。古之时，这一类的东西被视为国家的重器，藏之深秘，不可以示人，不可以让普通的老百姓知道。先于孔子的子产铸《刑书》，将这一类的文字铸在鼎上，并且将这铸成的《刑书》，立在通衢大道的十字路口上，让天下的老百姓都能知道国家的刑律。这种将国之重器以示人的创举，当时引起了极大的震撼。但至孔子时，"道之以政"已经是一种最主要的，也是最时尚的治国方略了，就像今世"民主政治"一样时尚。

齐　同"济"。"济，益也。"（《尔雅·释诂》）

"齐"，作辅助解。

刑　马融："刑罚。"（《集解》）

免　"免，脱也。"（《广雅·释诂》）

刘宝楠："谓民思脱，避于罪也。"（《正义》）

格　吴善述："正不正者，曰格。"（清·吴善述《〈说文〉广义校订》）

通俗地说，"格"就是格除不正的东西。

《礼·缁衣》："夫民教之以德，齐之以礼，则民有格心；教之以政，齐之以刑，则民有耻心。"据此，我们可以认为"免""耻""格"均是从心地上说的，讲的都是老百姓的行为动机。

孔子的施政纲领是"以德"。"德者，得也"，得其天性之谓也。天性就是之性，就是本性，在某种意义上就是客观规律，自然而又自然的"天性"。社会有社会的"天性"，物有物的"天性"，命有命的"天性"，为政有为政的"天性"，处理人事有处理人事的"天性"。总之，一切事物和现象都有它自己的"天性"。为政治者，只有遵循天性，一切都按客观规律办事，依天性而行，上行下效，才会使人人都能够明白本性，见自本性，使人与人之间能更好地和谐生存。更值得一提的是，这不仅能使人与人之间做到圆融和谐，即使人与其他生命之间、人与自然之间都将能圆融和谐。因此，人们才能够同享生命本具的"真、善、美、慧、乐"的真实自在的生活。这就是"民德归厚"，这就是"天下归仁"，这就是孔子的大同理念的实现。

但在孔子的时代，"道之以政"被认为是一种很先进的治国方略，是一种时尚。时尚，当然就含有巨大的魅力，为政者，自然将受其影响。而这种治国方略与孔子的施政纲领相违背。所以孔子拿出来与"道之以德"进行比较。正如俗语所谓"不怕不识货，就怕货比货"。一比，也就不讲自明了。

"道之以政"是将政策、法令、法规、法律之类的东西通过教育或铸之于铁或刻之于竹简，公布天下，使人人都因畏惧刑律而遵循国家政策法令法规，从而达到天下太平的法治社会。但是，人们不能"得其天性"，比如儒家认为人们天性中最易察觉的羞耻心都没有了。有的只是因畏惧刑律的残酷而思逃脱的心，这使人心变得狡猾，人性变得扭曲，不良影响多多。即使是法制思想发展到今天，法律条款细致严密到了社会存在的各个方面，而钻法律的空子，张狂犯罪，危害社会的情形，仍然大有市场。孔子在当时即能有见于此，不得不说是深刻而又深远的了，也不得不说是既有其合理的成分，又有一定的现实意义了。

"道之以德"，果能成功的话，则人人都能回归本性，自然纯朴天真。人人都有羞耻心而耻于为恶，即使不小心犯了过错，也因有"格"心而勇于改正。大同的政治理念，也就实现了。

对于当代社会的治理问题，若过分地强调德治，排斥法治，亦非孔子的中庸之道。只有既德治又法制，亦德治亦法治，德法相辅，"道之以德，齐之以法"，才是救治今日社会的良方和促进社会和平发展的进程的灵药。正所谓"离之则两伤，合之则并美也"。

为什么要"齐之以法"呢？即从现在国家颁布的各项属法的范畴的精神与具体内容来看，完全可以说是"礼"的精神在当代的具体体现。虽然还不能说是尽善尽美，但已经是在不断损益、不断完善了。"齐之以法"已为时代的共识，而"道之以德"也已经引起了有识者的重视。若能将"道之以德"放在国民素质教育的首位；"齐之以法"放在国家行政的首位，一种"德法"相辅的真正意义上的小康社会，也就指日可待了。

第四章

2.4 子曰："吾十有五而志于学，三十而立，四十而不惑，五十而知天命，六十而耳顺，七十而从心所欲，不逾矩。"

【译】

孔子说："我约十五岁时对学（觉）悟生命就有了一种强烈的愿望；约三十岁时，对人生的真相就有所学（觉）悟了；约四十岁时，对所学（悟）的真理已经没有疑惑；约五十岁时，就懂得人生的一切（如境缘成败之类）只不过是生命本然如是的因缘运动而已；约六十岁时，就已经融入大生命流而达到了无人我是非的平等智慧的境界，即使是逆耳恶言也能够顺受；约七十岁时证得大圆智，所以能够随心所欲处理一切事物而又不会违背中和的精神。

【释】

志 毛享："志者，心之所之也。"（《毛诗·序》）"心之所之"，是指心中的希望、欲求、愿望之类。

本篇说为政，接着插入孔子的人生总结，似与为政无关，但为政的目的是什么？尤其是一个"学（觉）而"之人，为什么要去从政，难道是为了个人的名闻利养？果真如此的话，那还称得上是"学（觉）而"之人吗？事实上像孔子这样的大觉者，他们为政的目的，纯粹是为了拯救人类，即把人们从烦恼痛苦的迷惑中解放出来，让人人过上真、善、美、慧、乐的自在生活，从而充分享受生命的喜悦。在利他的过程中，增长自己的差别智，圆满自己的平等智；累积事功，以圆满自己的德行，成就自己的大圆智，入贤入圣，圆满实现人生的终极目的。所以我常说，最大的无私，就是最大的自私。因为只有毫不利己专门利人，才是最大的利人。只有这种最大的利人，才能达到真正的利己，即达到生命的圆满，与天地融为一体，进入天地大意识，证道成佛、成圣、成贤、成仙、成为完人、成为真人。

本章的编辑是用孔子人生经验的实例，来说明为政的目的。用实例说理，亲切生动。孟子所说的"穷则独善其身，达则兼济天下"，也可以说是一个觉悟了生命的人随缘尽分、安享生命的人生概括。

"兼济天下"，"为政"为最。所以古人常说："公门之中好积德，公门之中好修行。"当然，世间的任何事，可以说基本上都是双刃剑，百利而无一害的事是没有的。

在我们这些普通人的知识范畴中，人被认为是唯一思考生命存在的动物。生命是一个奇迹，生命存在对人类的诱惑可以说是一个永恒的主题。

有一个小孩，在他两岁半的时候，曾经问我："第一个人是怎么来的，第一个生命是怎么来的，天地是怎么来的？"如今这个小孩已经十八九岁了，我仍然不能回答他的这些问题。约在他十岁的时候，我反过来问过他，他说："人是猴子变的，生命是宇宙演化的结果，宇宙只是一种时空的名词。"一个充满了活力的"生命哲学家"就这样被所谓的常识杀死了。

但孔子的时代，没有这样的常识，也没有这样的"科学一层论，理智一元论"。孔子受不到这种污染，只会随着年龄的增长而增长其对生命的好奇心。在好奇心的驱使下，就会有搞清它的愿望和冲动。年龄，本是一年一年逐渐变化的。但从人生的经验来看，的确存在着某些突变的年龄段，好似分水岭一样。俗语说："人到三十无后生。"对此，我有明显的体验。三十岁以前，为了弄清某一个问题搞几个通宵，是常有的事，过后睡一觉就好了，基本上没有什么疲乏、不舒服之类的现象出现。但三十岁以后，就明显精力不济，渐至不敢开夜车了。

孔子说他"十有五而志于学"，十五岁就定下了志向。古之时，有八岁入"小学"、十五岁入"大学"（亦说十六岁）的"礼"之制定。这些从人生实际体验而来的，可谓于古有证。若以今日之分析心理学的原理言，按荣格的研究，人到十五六岁，人格的发展才基本结束。"十有五而志于学"这也是于今有验的。

立 何晏："立，有所成也。"（《集解》）

既然是志于"觉"，那么"成"也就是"有所觉"了。希望弄明白，终于有所明白了，当然是有所得。此处若不依"有所成"解，前后就很难贯通。假如用"立于礼""不学礼，无以立"的"立"作解，也与孔子遵礼的精神相合，从自觉的"立于礼"到自在（从心所欲）的"立于礼"（不逾矩）的境界也通，但与"不惑""知天命""耳顺"等从人生境界上来说，则不能很好地相贯通，故不取此说。皇侃解为"所学经业成立"则也是与从境界上立说相违的。

天命 "天命"之"天"，多从人格意志之天，如上帝（乃中国文化玄穹高上帝之上帝，非基督教之上帝也）之类作解。但从"天命之谓性"来看，当是指法尔自然之天，法尔如是之天，本来就这样子的意思。所以，我认为这个"天"字，既不是苍苍莽莽的自然界，也不是超自然力量的人格神。命者，运也，因此说，"天命"就是指生命的本然如是的因缘运动。

耳顺 郑玄："可闻其言，而知其微旨。"（《论语郑注》）

王弼："耳顺，言心识在闻前也。"（《义疏》）

朱熹："声入心通，无所违逆，知之至，不思而得也。"（《集注》）

焦循："学者自是其学，闻他人之言多违于耳。圣人之道一以贯之，故耳顺也。"（《论语补疏》）

毛泽东："耳顺者，好话坏话都听之谓也。"（《报刊文摘》1996-3-11）郑、王、朱虽也是从境界上讲，但这只是指语言境界，是指对语言的圆熟，相当于佛家讲的语言"般若"，与人生境界似不全合。

焦氏全从境界立论，与本章精神相吻。毛主席与焦氏的说法一脉相承，而又通俗易懂，最为可取。

顺，就是不逆。耳顺，只是举例，真正要讲的是心，是人生的境界。耳顺，就是心顺，就是毁誉不动于心的平和心态。

有一个故事，是讲大学士苏东坡的。有一天苏东坡可能是得了一点境界，就飘飘然起来，提笔写了一首诗，打发书童坐船过河送给他的好友佛印禅师。其中有"八风吹不动，端坐紫金台"之句。"八风"是佛教的专用名词，指的是"利、衰、毁、誉、称、讥、苦、乐"八种能煽动人的内心的事物。"紫金台"则是比喻人心。"八风吹不动，端坐紫金台"是一种境界，是一种无分别的大平等境界，无人无我，无是无非，无善无恶，无美无丑，无毁无誉，无称无讥，无苦无乐。这与孔子的"耳顺"可以说是同一层面、同一境界的不同说法。据说佛印禅师是证了道的人，当然一眼就能识破苏东坡并没有达到"八风吹不动"的境界。因为"八风"是依"人我"而立的。依佛教义理，一有则一切有，一无则一切无。你既然已经"八风吹不动"了，则当然是既无"八风"，也无"人我"了。既无"八风"，又无"人我"，那"八风吹不动"中"八风"从何而来，所吹又是何物？"端坐紫金台"中，是谁在那里"端坐"？"紫金台"又为何物？"八风吹不动"，八风吹"我"，可以说是物我景然，人我景然，无我的大平等境界的影子，连梦都还没有梦见啊，哪里就敢口出狂言？！

　　正如《金刚经》中，佛问须菩提，你得到了阿罗汉的果位没有？须菩提说我没有得到。佛问须菩提为什么这样子说呢？须菩提答，阿罗汉是一种无我的大寂灭境界，如果我认为我得到了阿罗汉果，则说明我还有我见，有阿罗汉果位的法见，人我见、法我见森然并存。佛啊，您怎么还会说我是一个安享寂灭的行者呢？

　　佛印禅师一眼识破苏东坡，拿起笔来，大书"放屁"二字，令书童带回去给苏东坡看。果然不出佛印禅师所料，苏东坡真的不明白这个道理。他想："八风吹不动，端坐紫金台"是多么优美的诗句，多么高迈的人生境界啊，怎么会是"放屁"呢？忙过河去找老友佛印禅师理论。岂料，佛印禅师早已在江边守候了，他乐呵呵地说：你不是"'八风吹不动'吗？怎么一个屁就打过江来了呢？"

　　"耳顺"谈何容易啊。圣如孔子，"三十"就已"立"了的孔子，经过三十年的"时习之"的锻炼，方才达到圆融一切、究竟一如的平等境界。只有真正达到了一切境缘都能圆融贯通、圆融无碍的境界，才能从必然的、应该在主观上去依礼而行的中庸境界，走向自由自在的、无须刻意去依礼而行的、本然如是的中庸境界。

　　"从心所欲"，就是自由自在的行，就是无须刻意地依礼而行。"从心所欲，不逾矩"，就是虽无应该依礼而行之心，虽不是应该按礼而行的行，虽只是自然如是的自在行，但其一切行又都在礼中。佛家讲的"无戒之戒""无修之修""无证之证"，可以说与"从心所欲，不逾矩"属同一个意义层面的。"从心所欲，不逾矩"可以说是"无礼之礼"的大礼，是孔子一生追求的终极目标，是孔子认为的人生的最高境界。

第五章

2.5 孟懿子问孝。子曰："无违。"樊迟御，子告之曰："孟孙问孝于我，我对曰'无违'。"樊迟曰："何谓也？"子曰："生，事之以礼；死，葬之以礼，祭之以礼。"

【译】

孟懿子向孔子问怎样尽孝道，孔子说："不要背离中和。"樊迟替孔子赶车，孔子告诉樊迟说："孟孙向我问孝，我回答说不要背离中和。"樊迟问："这是什么意思？"孔子回答说："父母活着的时候，按礼的精神侍奉他们。死了以后，按照礼来安葬他们。死后，按照'礼'祭祀他们。"

【释】

无 汉石经作"毋违"，王充的《论衡·问孔》篇亦作"毋违"。"毋"，禁止之辞。

违 "违，离也。"（《说文》）

违是背弃、背离的意思。不要背离什么呢？结合孔子告诉樊迟"无违"的理由看，可知主要指的是不要背离"礼"，而不是专指父母的意愿。王充说"毋违者，礼也"，凌鸣喈说"生事葬祭，不违乎礼，即顺乎亲矣"，可谓深合孔子原意。

至于其不要背离礼的具体所指，当是指礼的原则精神，即"和为贵"的"和""中"精神。正如《礼记》中讲祭的精神，《礼记》说："是故贤者之祭也，致其诚信，与其忠敬，参之以时，明荐之而已矣。不求其为，此孝子之心也。"这正是从原则、精神上立论，而不是死于句下的教条主义者。"不求其为"就是不管外在的表现形式，"参之以时"就是说在形式上要考虑时代与民俗，而不能死执教条。而"致其诚信，与其忠敬"则是原则。原则性与灵活性（"参之以时"）的统一就是"中"，就是"和"。"礼之用，和为贵""无违"就是不要背离这个"中"、这个"和"。

本章以下各章讲的都是孝道，本条放在最前面，因此我们有理由认为"无违"是孝道的总纲领、总原则。以下各章则是针对具体情况的随机点拨。

本篇是讲为政的，为什么又突然讲起孝道来，而且是大讲特讲呢？对此，当代国学大师南怀瑾先生说："为政的人以孝子之心来为政，也就是我们所讲公务员是人民公仆的道理一样的，所以后来发展下来，唐宋以后的论调：'求忠臣必于孝子之门。'一个人真能爱父母、爱家庭、爱社会，也一定是忠臣。因为忠臣是一种情爱的发挥。假使没有基本的爱心，你说他还会对国家民族尽忠吗？这大有问题。关于忠字有一点，是古人讲的：'慷慨捐身易，从容就义难。'慷慨赴死是比较容易的，等于西门町太保打架，打起来，不是你死就是我死，脾气来了，真是勇敢，视死如归；假如给他五分钟时间去想想看该不该死，这就要考虑了，'从容'——慢慢地来，看他愿不愿意死，这就很难说了。所以说忠臣必出于孝子之门，要有真感情，真认识的人，才能够尽忠。

"因此，孔子答复孟懿子的话不同。孟懿子是从政的人，孔子相当尊敬他，答话就比较含蓄，只说：'不要违背'，不要违背什么呢？不违背天下人的意思，必须大孝于天下，就是这个道理。他知道这样的答复孟懿子也不一定懂，这种说法，土话名之为'歇后语''隐语'，像'外甥打灯笼——照旧（舅）''瞎子吃汤团——肚里有数'都是'歇后语'。讲了半天，后面的意思要人猜的。他为什么这样答复？意思是说，你孟懿子的身份不同，既然是从政的人，对天下人要负公道的责任，视天下人如父母，那才是真孝，这是大臣的风度。所以'无违'，就是不可违反人心。

"他也知道孟懿子未必懂，所以与樊迟的一段师生对白是'打丫头骂小姐'的用意，知道樊迟也一定不懂，不懂让他不懂，慢慢去传话，作间接的教育，所以等学生驾车时有这段对白。这种间接的教育，比直接的教育更有效。个人的孝道，能做到对樊迟所讲的，是了不起的孝子；对国家大事，能够做到'无违'就是了不起的大臣。

"但是他对孟武伯这位世家公子的问孝，答复就大不同了，他说孝道很简单，你只要想到当你病的时候，你的父母那种着急的程度，你就懂得孝了。以个人而言——所谓孝是对父母爱心的回报，你只要记得自己出了事情，父母那么着急，而以同样的心情对父母，就是孝；换句话说，你孟武伯是世家公子，将来一定会当政的。我们读历史晓得一句话，就是最怕世家公子当政'不知民间之疾苦'。所以为政的道理，要知道民间疾苦，晓得中、下层社会老百姓的苦痛在那里。所以爱天下人，就要知道天下人的疾苦，如父母了解子女一样，你将来从政，必须记住这个道理。这两段穿插在《为政》篇中，用得很妙。"（南怀瑾《论语别裁》）这些议论，很有道理，录此以供参考。

第六章

2.6 孟武伯问孝。子曰："父母唯其疾之忧。"

【译】

孟武伯向孔子请教孝道。孔子说："父母只担心子女身体的好坏。"

【释】

父母唯其疾之忧 马融："言孝子不妄为非，唯疾病然后使父母忧。"（《集注》）

皇侃："言人子欲常敬慎自居，不为非法，横使父母忧也。若己身有疾，此一条非人所及、可测，尊者忧耳，唯其疾之忧也。"（《义疏》）

高诱："《论语》曰'父母唯其疾之忧'，故曰忧之者子。"（高诱《淮南子·说林训·注》）

王充："武伯善忧父母，故曰'其疾之忧'。"（《论衡·部孔》）

马、皇从父母忧子孙疾病为说。高、王从子忧父母疾病为说。子忧父母疾病为说，符合《礼记·曲礼》及《孝经》的精神。

前面讲过，孔子教人觉悟生命，无非教人如何用心。

本章也不例外，前章讲"孝"的原则、"孝"的精神，本章接着讲"孝"的方法，也就是说为"孝"，要从心地上着眼，细细地用心，好好地去领会。

怎样才能做好父母的子女呢？孔子认为首要的是不要使父母担忧。

细细地体会，尤其是已有子女的人，更容易体会：父母最担忧子女的身体。所以为人子女者，应经常想到父母在担忧自己的身体，而"常敬慎自居，不为非法"，爱惜身体，"不敢毁伤"。

让父母担心的事很多很多，而身体则是明显而又容易想到的事情，所以孔子就以身体为例，示人如何用心。

推而广之，凡会使父母忧心的事，均不可做。再者，大凡德行或者说人格、工作、生活、学习等不能尽心尽力做好，也会使父母不满意，令父母为之忧。

所以，为人子女者，德行上要尽心尽力地加强修养，谦虚谨慎，诚实守信，提升人品人格，圆满德行。

生活上要上不惭于天，下不愧于地，中不瞒于心，即对得起自己的良心，活得心安理得，活得活泼健康。

工作上要加强业务学习，提高业务能力，尽心尽力地做好自己的本职工作，出色地完成属于自己分内的各项任务，要有责任心。

学习上要心无旁骛，抓紧时间，刻苦钻研，好好学习，尽心尽力地完成各项学业。

据此，"父母唯其疾之忧"，当以父母忧子女，更为切实有意义，更为符合情理。

民国时期，在佛教界被誉为有清以来三百余年第一高僧的释印光大师说："一弟子罗济同，四川人，年四十六岁，业船商于上海。其性情颇忠厚，深信佛法，与关䌹之等合办净业社。民国十二、三年，常欲来山皈依，以事羁未果。十四年病臌胀数月，势极危险，中西医均无效。至八月十四，清理药账，为数甚巨，遂生气曰，我从此纵死，亦不再吃药矣。其妾乃于佛前恳祷，愿终身吃素念佛，以祈夫愈。即日下午病转机，大泻瘀水，不药而愈。光于八月底来申，寓太平寺，九月初二，往净业社会关䌹之，济同在焉，虽身体尚未大健，而气色淳净光华，无与等者。见光喜曰，师父来矣，当在申皈依，不须上山也。择于初八，与其妾至太平寺，同受三皈五戒。又请程雪楼、关䌹之、丁桂樵、欧阳石芝、余峙莲、任心白等诸居士，陪光吃饭。初十又请光至其家吃饭，且曰，师父即弟子等之父母，弟子等即师父之儿女也。光曰，父母唯其疾之忧，汝病虽好，尚未复原，当慎重，惜未明言所慎重者，谓房事也。至月尽日，于功德林开监狱感化会。彼亦在会，众已散，有十余人留以吃饭，彼始来，与司账者交代数语而去，其面貌直同死人，光知其犯房事所致，切悔当时只说父母唯其疾之忧，未曾说其所以然，以致复滨于危也。欲修书切戒，以冗繁未果。十月初六至山，即寄一信，极陈利害，然已无可救药，不数日即死。死时关䌹之邀诸居士皆来念佛，其得往生西方与否，未可知，当不至堕落耳。夫以数月大病，由三宝加被不药而愈，十余日间，气色光华，远胜常人，由不知慎重，误犯房事而死，不但自戕其生，其辜负三宝之慈恩也甚矣。"（《印光法师文钞·续编上·复湘阴黄颂平居士书》）

病由身生，身由业生，当痛加忏悔，以消宿业。又须力戒房事，以免复增。无论何病，不戒房事，决难即愈。孔子所谓：父母唯其疾之忧者，以房事为一切病之根本故也。（《印光法师文钞·续编上·复湘阴复念佛居士书》）

现在后生，已知人事，即当为彼说葆精保身之道。若知好歹，自不至以手淫为乐，以致或送性命，或成残废，并永贻弱种等诸祸。未省人事不可说，已省人事，若不说，则十有九犯此病，可怕之至。孟武伯问孝，子曰："父母唯其疾之忧。"他疾，均无甚关系，冶游，手淫，贪房事，实最关紧要之事，故孔子以此告之。而注者不肯说明其大厉害处，致孔子之话，亦无实效，可叹也。（《印光法师文钞·三编·卷二·复真净居士书》）

后世人业重，情窦早开。十一二岁，便有欲念。欲念既起，无法制止。又不知保身之义，遂用手淫。如草木方生芽，而即去其甲，必致干枯。聪明子弟，由此送命者，不知凡几。即不至死，而身体孱弱，无所成立。及长而娶妻，父母师长绝不与说保身节欲之道。故多半病死，皆是由手淫及贪房事所致。故孔子答孟武伯问孝曰，父母唯其疾之忧，乃令戒房事。不戒房事，则百病丛生。能戒房事，则病少多矣。孟子曰，养心者，（以善养身者，必由制心不起欲念，故云养心。）莫善于寡欲。其为人也寡欲，虽有不存焉者寡矣。其为人也多欲，虽有存焉者寡矣。古人重民生。礼月令，仲春先雷三日，遒人以木铎巡于道路曰，雷将发声。其有不戒其容止者，（即房事）生子不备，必有凶灾（或肢体不全，或生怪物。其夫妇或死亡，或得恶疾，故曰必有凶灾）。此国家政令也。今则父母师长，绝不与儿女谈及此事。及至得病，医生亦不令戒房事。盖不以人命为重，而冀病日重，而屡为医疗也。医如是用心，其罪浮于截道劫财之强盗矣。（《印光法师文钞·三编·卷二·复真净居士书》）

这是佛门中对"父母唯其疾之忧"的确诂。

若从现代语法上讲："父母唯其疾之忧"，省略了"孝子"二字，补上省略，完整的句子是："孝子，父母唯其疾之忧。""其"，代词，代"孝子"，相当于"他"，句意明了。也就是说，对于孝子来说，父母只对他的身体担心。（古棣等《孔子批判·下·论语译说》）

再者，既是孝子，当然能谦敬诚信，戒慎恐惧，各个方面都能注意及之，不会令父母忧的。只是人吃五谷杂粮，难免患病，生存在世，难免横灾，这是人力难以防止的，也是人力难以预测的，所以，对于孝子来说，做父母的也就自然只剩下他的身体需要担忧了。刚才引皇侃"若己身有疾，此一条非人所及、可测，尊者忧耳，唯其疾之忧也"，正是指此而言。

今人杨伯峻氏说上面两种说法都通，也未尝不可。但从严格意义上来说，当以父母忧子女的说法更为符合情理，更加符合《论语》的精神。

此一章，孔子不仅教人如何用心，而且教人学会如何站在对方的立场去用心，用生活中，人人都能理解，人人都能学会的事例，进行教育，真是不仅能很好地喻人以规矩，而且还能奇妙地喻人以巧！

第七章

2.7 子游问孝。子曰："今之孝者，是谓能养。至于犬马，皆能有养，不敬，何以别乎？"

【译】

子游向孔子请教尽孝道的精神。孔子回答说："现在所讲的尽'孝'，讲的只是养活父母。即使家里狗马之类的畜生，也能好好地饲养，在奉养父母时，若没有恭敬的心，那与饲养狗马之类，又有什么区别呢？"

【释】

是 王引之："是与只同义。"（《经传释词》）

至于 "至于犬马"之"至于"，张相认为当解作"即使""就是"。（张相《诗词曲语辞汇释》）

杨伯峻则根据《孟子·告子上》的"唯耳亦然。至于声，天下期于师旷，是天下之耳相似也。唯目亦然，至于子都，天下莫不知其姣也"的用法，解为"谈到""讲到"，亦通。

犬马 包咸："犬以守御，马以代劳，皆养人者。一曰：人之所养，乃至于犬马，不敬无以别。孟子曰：食而不爱，豕交之；爱而不敬，兽畜之。"（《集解》）

据此，我们知道此处"犬马"的指代，在汉代就已有两种认知了：一则认为"犬马"所指为"不孝之子女"，一则认为"犬马"所指为"不孝之子女"所对待之"父母"。

皆能有养 "能"，"工也"。（《玉篇》）

能，即好好地、很好地、精致地。

"有"，古棣等认为是"句中语气词，无实义"。（《孔子批判·下·论语译说》）

本章的真精神，全在一个"敬"字，敬与不敬，这两种行为，表现出来的虽然只是一种态度，但实际上所反映出来的却是一种真实的心态。这一个"敬"字，掷地金声，直将孔子教人的真精神和盘托出，真可谓"千里来龙在此结穴"。读到此，孔子教人全从心地上着手，可谓昭然若揭了。

如本章所说，同样是奉养父母，事同，但用心不同——敬与不敬，人格就会有高下，有天壤之别，其结果也会大不相同。这是最明显的例证。

孔子教人觉悟，多在具体的事上点化，教人如何用心，令人在具体的生活实践中去领悟，而不是高谈阔论，谈玄说妙。这从孔子的弟子评说孔子时说的"子罕言天道及性"，也可以得到证明。

第八章

2.8 子夏问孝。子曰："色难。有事，弟子服其劳；有酒食，先生馔，曾是以为孝乎？"

【译】

子夏向孔子请教孝道。孔子回答说："从父母的表情知道父母的需要，而侍奉之，最为难得。（如果只是像学生侍奉先生一样，）有事情要做，学生就去做，有酒肉吃的时候，请老师先吃，难道只是这样做，就可以称之为孝了吗？"

【释】

色难 关于色难的色字，古代有以下两种说法：

一者："孝子之有爱深者，必有和气；有和气者，必有愉色；有愉色者，必有婉容。"（《礼记·祭义》）这里的颜色是指孝子。

二者：包咸："色难者，谓承望父母颜色乃为难。"（《集解》）这里的颜色是指父母。

这两种说法，于理都通，于情都合，可以并存。

但是，如果从孔子的教授法这个层面来看，仍以"承望父母颜色"，更能符合孔子点化人求"学（觉）"，教人从心地上下功夫的原则。因为孔子教人无非随机点化，令人学会如何用心而已。如本章，弟子问如何尽孝道，孔子就利用这个机会，指点弟子如何用心，以察知父母的需要，心之所动，必现于眉眼之间（颜），故教导弟子从父母眉眼之间的表情变化，以察知父母的需要。

所以，孔子接着说，如果只是像弟子侍奉先生那样，有事情，弟子就去做，有酒肉吃的时候，就请老师先吃，这难道也算是孝吗？

关于此处的"弟子""先生"究竟作何解？自古以来，多以弟子是指年幼的儿子，先生则是指年长的儿子或父兄。如马融、皇侃、邢昺、朱熹、刘宝楠等。但清代刘沅说："称父母为先生，人子于父母前称弟子，自古无此理！"（《四书恒解》）这种说法是很有道理的。清代瞿灏说："服劳、奉养，弟子于先生有然……若人之事亲，当更有进此者矣。"（《四书考异》）清代郑浩说："以'先生'训'父兄'，家庭父子兄弟改称先生弟子，虽曰本于马融注，而他处绝不经见，向甚疑之，及读《四书考异》云云，遂为恍然。事师事亲，同一左右就养，虽为《内则》所载，然师者，道之所在，严肃之意较多，事父母当更柔色以温之。夫子言此，乃弟子事先生之礼不足为孝也。"（《论语集注述要》）

这里将弟子做学生、徒弟解，先生作老师、师傅解，还经典以平凡朴实的本来面目，可谓先得我心者也。只是"事父母当更柔色以温之"的理解，与我之理解不同罢了。

相传古时候关于孝道，有一副流传很广的对联："百善孝为先，原心不原迹，原迹家贫无孝子；万恶淫为首，论迹不论心，论心世上无好人。"这副对联讲的孝道不就是尽心之道吗？换句话说，孔子点化弟子孝道，无非教弟子们就自己最切身、最容易体会的地方，学会如何用心的方法，以心识心，从而达到认识自心、觉悟生命的目的。

第九章

2.9 子曰："吾与回言终日，不违如愚。退而省其私，亦足以发。回也不愚。"

【译】

孔子说："我和颜回讲'道'，他整天都没有一个问题要问，像个愚痴的人。他听完讲授，离开我后，我就观察他独处时的言行，确也是很能使人受到启发。颜回不愚蠢啊！"

【释】

本章第一句，有在"言"字下断句的，如皇侃《义疏》本，有在"日"字下断句的，如朱熹《集注》本。

古棣："'吾与回言'句，优于'吾与回言终日'为句。照前者，'终日'乃虚指，'终日不违'，即一直或从来不提相反意见，也明确可见。'终日不违'者，乃是颜回；'终日'乃实指，整整谈论一天，与情理不合；颜回之'终日不违'，也绝不只是一天听讲时的表现，而且'不违'者为准，从语法分析，亦不明了。"（《孔子批判·下·论语译说》）

退 "退，去也。"（《礼·檀弓·注》）

去离开。所以,"退"是指颜回听完孔子讲道以后,离开孔子,回到自己的住处这一过程,所以退字单独成句。

而 "而"字承前,省略了主语"我",即孔子本人。"而",王引之:"而,犹则也。"(《经传释词》)

省 许慎:"省,察也。"(《说文》)观察、考察之义。

发 刘熙:"发,拨也,拨,使开也。"(《释名·释言语》)

朱熹:"退而省其私,则见其日用动静语默之间,皆足以发明夫子之道,坦然由之而无疑,然后知其不愚也。"(《集注》)

在这里,"日用动静语默之间",是颜回的个人行为,"发明夫子之道",是说在颜回的身上、在颜回的一言一行中,都是对孔子求"学而"之道方法的传递,是孔门师徒弟子之间"学而"生活的展现,能够使人从他的身上,得到启发,明了孔子"学而"之道的端倪。

古之学者为己,今之学者为人。本章可谓古之学者的典范。颜回从学孔子,获得"学而"之道,时时习之,自得其乐,"日用动静语默之间",都是颜回时习的时间处所事情,示人求"学"之目的,在为己所用,非为人也。

进而言之,示人求"学",不在意解,不以慧解为重,其所重者,在行持,更非徒逗口舌之辩也。为师者,对自己的学生能常常省其私,说明为师者的教育理念为:知必落实在行为、实践中始为真知。

本章收录在《为政》篇,说明编辑《论语》的孔门弟子们认为:"孔子的为政思想重在身教。"在以"学而"之人对生命的享受不违礼而又自在快乐为教。久而久之,风移俗易,人人都求"学",人人都能认识生命、认识真理,从而都过上真、善、美、慧、乐的真实生活。

第十章

2.10 子曰:"视其所以,观其所由,察其所安,人焉廋哉?人焉廋哉?"

【译】

孔子说:"看看他所做的事,仔细观察他之所以做这事的原因,反复审察他之所以做这事的安心之处,这样,他又哪里能隐藏他行为的动机呢?他又哪里能够隐藏他行为的真实用心呢?"

【释】

视 许慎："视，瞻也。"（《说文》）

瞻，就是看。

观 许慎："观，谛视也。"（《说文》）

"谛，审也。"（《说文》）

谛视，就是仔细地看，认真地审察、分析、推理。

察 "察，审也。"（《尔雅·释诂》）

许慎："察，覆审也。"（《说文》）

察，反复谛视。

"视""观""察"，层层推进，层层深入，所以刘宝楠说："视、观、察，以深浅次第为义"（《正义》），是很有见地的。

以 顾野王："以，为也。"（《玉篇》）

刘宝楠："以，用也。言视其所行用。"（《正义》）

行用，还是为，这里指所做的事。

由 "由，因也。"（《集韵》）

这里指所作所为的因由，即原因。

安 朱师辙："安，乐也。"（朱师辙《商君书·解诂》）

朱熹："安，所乐也，所由虽善而心所乐者，不在于是，则亦伪耳，岂能久而不变哉？"（《集注》）

刘宝楠："'安'者，意之所止也。"（《正义》）

乐是一种情绪，结合"心所乐者""意之所止也"来看，当是指心安在哪里，或者说安的是什么心。心安之处，即是其真实动机所在之处，是其庐山真面目。

廋 顾野王："廋，隐匿也。"（《玉篇》）

孔安国："廋，匿也。言观人终始，安所匿其情？"（《集解》）

"人焉廋哉"就是说人哪里还有什么真面目、真动机可以隐藏呢？

"得人才者，得天下"，此古今不易之理也。故为政者，首在得人，得天下贤才而用之，则无事不成，无政不通，何愁天下不能平？

欲得人者，必先识人。不识人则贤愚不辨，忠奸不分，鱼龙混杂，政何以为？国何以治？是以为政必先识人。

本章可谓孔子识人经验的高度概括，从"迹"（具体的行为）"达本"（行为的动机、目的之类）直彻心源。

从人的具体行为"以"、具体行为的表面原因或理由"由"、具体行为背后的动机与目的即真正的用心"安",来识人,真千古而后犹不可改易之定论也。

此说虽是识人察人的学问,其实又何尝不是认识自己、观察自己、反省自己的真功夫呢?

察人察己,无非察其如何用心,孔子教人处处指点我们如何从心地上入手,谁谓不然!

第十一章

2.11 子曰:"温故而知新,可以为师矣。"

【译】

孔子说:"对过去已然的沉思,而知现今的必然,就可以成为人们效法的榜样而为百姓之长了。"

【释】

温 刘宝楠:"《礼·中庸》云:'温故而知新。'郑注:'温读如'燖温'之温,谓故学之熟矣,后时习之谓之温。''燖'或省作'寻'。案:'寻'正字当作'燅'。"(《正义》)"燅","于汤中瀹肉也"。(《说文》)

依此说,我们可以认为这里的"温"字与现代汉语的"煲"相通。如煲汤,用小小的火,慢慢煨的方法。需久久的时间,将生肉煨烂,把肉中的原汁煨出来,将生肉与水转化为鲜美的羹汤,这一过程就是"温"。

故 刘逢禄:"故,古也。六经皆述古,昔称先王者也。"(清·刘逢禄《论语述何》)

故,就是已经发生的事件,就是历史、故事,就是已然。"温故"就是将这些过去的人、事、物和现象纳于心中,对之沉思。孔子用煲肉汤这种具体的事情来描述沉思,将那慢慢的、久久的、反复的沉思现象,准确地传达了出来,其用字之精练、传神,实匪夷所思。

知新 新与故对,指现今的、正在发生的,或必然将要发生的事物和现象。"温故知新"是孔子的一贯主张,是孔子的历史文化思想之一。如"殷因于夏礼,所损益可知也;周因于殷礼,所损益可知也;其或继周者,虽百世可知也"。在这里,殷礼、夏礼、周礼都是已然之事,因此,通过对这一"故"的沉思,也就是"温","其或继周者,"是"新","虽百世可知也",是"知新"。这个"新"的"知"是通过对"殷因于夏""周因于殷"的"温"而形成的。这种历史文化思想，后来成为中国的文化传统："观今宜鉴古，无古不成今。"这已成为中华民族的共识。中国人注重传统、注重历史，几千年历史从未断过，就是最有力的证明。

师 "师者，亦使人法效之者也。"（《礼·王制》）

"师也者，教之以事而喻诸德者也。"（《礼记·文王世子》）

观此，则知此处这个"师"字，虽可引申出现今所谓之"老师"的义项来，但"师"之一字非单指老师也是可知的。

从"使人法效"来看，当是指贤者、德高者，他们的言语、他们的行为，都将是人们的榜样。

再从"教之以事而喻诸德"来看，"教之以事"是手段，"喻诸德"则是目的。结合本篇第一章"为政以德"来看，此处的"师"，有可能指的是"为政"者。

在先秦时代，"当时的政治领袖，也就是道德领袖"，所以，为政者的言行都是可以"使人法效"的。墨翟说："夫明乎天下之所以乱者，生于无政长，是故选天下之贤可者，立以为天子。天子立，以其力为未足，又选天下之贤可者，置立之以为三公。天子三公既以立，以天下为博大，远国异土之民，是非利害之辨（别），不可一二而明知。故画（划）分万国，立诸侯国君。诸侯国君既已立，以其力为未足，又选择其国之贤可者，置立之以为正长。正长既以具，天子发政于天下之百姓，言曰：'闻善而（与）不善，皆以告其上；上之所是，必皆是之；所非，必皆非之；上有过则规谏之，下有善则傍（访）荐之；上同而不下比者，此上之所赏，而下之所誉也。意若闻善而不善，不以告其上；上之所是弗能是，上之所非弗能非；上有过弗规谏，下有善弗傍荐；下比不能上同者，此上之所罚，而百姓所毁也。'上以此为赏罚，甚明察以审信。是故里长者，里之仁人也。里长发政里之百姓，言曰：'闻善而不善，必告之以乡长。乡长之所是，必皆是之；乡长之所非，必皆非之。'去若不善言，学乡长之善言；去若不善行，学乡长之善行，则乡何（悦）以乱哉？察乡之所治者，何也，乡长唯能壹同乡之义。"（《墨子·尚同》）

这段文章，也可以说明"为政者"，不仅是政治领袖，而且也是道德领袖，是"使人法效之者"，是"教之以事而喻诸德者"。

所以，我认为："温故而知新，可以为师矣"是孔子就"为政者"的素质而说的，即"为政者"必须是一个德才兼备的人；是一个对社会、对人生有真切体验的人；是一个身体力行、一言一行都可以为百姓之榜样的人；是一个具有哲学头脑的人。希腊著名哲学家柏拉图在《理想国》中所讲的"哲学王"，可以说是对孔子"温故而知新，可以为师矣"之最为生动的注脚。

第十二章

2.12 子曰："君子不器。"

【译】

孔子说："一个为政的人，不能像具体的器具一样，有局限性（成见）。"

【释】

君子 指觉行圆满的人，承前篇，亦可认为是国王或西哲柏拉图所谓之"哲学王"之类的政治领袖。

器 指具体的器具，具体的东西。具体的器具，就必然有具体的用途，受到具体的限制。如：刀以切割为用，杯以容纳为用等。但既是具体的器具，就必然受到作为器具那自身的特性所规定，所制约所局限。就只能发挥其自身所具有的作用，也就是说此器只能作此器用，彼器只能作彼器用，此器不能作彼器用，彼器不能作此器用。如刀只能切割不能容纳，杯只能容纳不能切割，他们有各自的局限。

"君子不器"，是借喻，喻指君子与具体的器具不一样，其用是没有局限的。由于是借喻，所以对其用，可以从多方面进行理解。

"君子"又指才能者，如"君子就才能言，说君子不要像器具那样，只有一种用处，而应该是全才通才。"（《孔子批判・下・论语译说》）

又以器量兼才能为识者，如钱穆承古说而总结说："器，俗器量，器量大则可以多受，识见高则可以远视，其用不限于一材一艺。近代科学日兴，分工愈细，专家之用益显，而通才之需亦固以益亟。通瞻全局，领导群伦，尤以不器之君子为贵。"（《论语新解》）

这种解读，诚然可通，尤以钱说似更切合为政主题。但我以为既是借喻，则只取其意就可以了。既以得鱼，何必仍执筌？既以过河，何必仍执筏！上说皆得鱼不肯忘筌，过河不肯弃筏者也。若只就得鱼、过河而言，则"君子不器"，当指见地、知见。结合本篇，则应是对为政者的行政要求，所以用"不器"二字来借喻。即为政者在行政时，不要带成见（器），而是要具体情况具体分析，达到上合天意（此天非意志之天，义理之天，苍苍莽莽之天，而是法尔如是之天、本来如此之天、自然如此之天、当然必然之天等），下顺民心，毋违天和，百姓安居乐业，人与人，人与社会，人与自然和谐统一的目的。与首章"为政以德"互参，其理自明。

觉与迷对，明与暗对。君子既是指"学而"之为政者，则当然是一个觉悟者、明白者，而没有"无明"。

释迦牟尼佛说："知见立，知即无明本。"（《首楞严经》）知见一立，这所立之知见，就是"成见"、就是"器"，就是"无明"的开始，就是不觉，就不是"君子"了，与此也通。

沈善增释"尧让天下于许由"句，说许由不肯接受尧的禅让是因为："许由根本反对尧的认为天下需要通过治达到统一、和谐的观念，同时反对尧以仁义为手段来治理天下的具体措施。这里说到'人治'，对待的概念不是什么'法治'，而是'天和'，也就是'无为'"。（沈善增《还吾庄子》）包咸注"为政以德"之"德"为"无为"，与此也是相通的。其实，尧治天下是"允执厥中"，舜治天下是"用中于民"，孔子治天下的理念是"为政以德"，是一脉相承的。所以方孝孺说："圣人之道，中而已矣，尧、舜、禹三圣人为万世法，一'允执厥中'也。"至于以仁义为旗帜来治理天下的施政纲领，虽然是对的，尧、舜、禹、周、孔的思想中，也确实包括了对仁义的肯定，但却绝非尧、舜、禹、周、孔的为政思想，这也是可以肯定的。尽管从庄子时代起，还流行着这样的看法，况汉唐以至于今，也一直如是说，几乎以成定论，不可动摇。但我可以肯定地说，是这种以仁义治天下的政治理念，绝非尧、舜、禹、周、孔的政治理念，相信读者读完本书对此会有一些基本的了解。因非本章范畴，故此从略。

第十三章

2.13 子贡问君子。子曰："先行其言而后从之。"

【译】

子贡问孔子，怎样才能知道那个为政者，是一个"学而"之人。孔子回答说："先看看他的行为实践，再看他言论是否与行为实践相符合。"

【释】

先行其言而后从之 断句有两说。

一从"先行"下断，"先行，其言而后从之。"沈括："《论语》'先

行'当为句,'其言'自当后也。"(宋·沈括《梦溪笔谈》)

一从"先行其言"下断,"先行其言,而后从之"。皇侃:"君子先行其言,而后必行,行以副所言,是行从言也。若言而不行则为辞费,君子所耻也。"(《义疏》)

邢昺:"君子先行其言,而后以行从之,言行相副是君子也。"(《注疏》)

这两种断句法,都持之有故,言之成理,是都可以成立的,但我以为第一种断法义长。

句意亦有两说。一说君子"言行相副",如前引邢昺之言。一说君子之言即是法则准绳。皇侃:"又一通云:'君子之言,必为物楷。故凡有言,皆令后人从而法之也。'故王朗曰:鄙意以为……明君子之道,言必可则,令后世准而从之。故曰:'而后从之'。"(《义疏》)

以上诸说,入情入理,无可厚非,故古今诸注,均以此为标。然则,若以此为规则、准绳,不知变通,则使本来活泼泼的、随机点拨弟子觉悟的教授法,徒然失去了生机,变成了死教条、无味语。《论语》的生命就是这样被后世慢慢阉割的。

殊不知"子贡问君子",是子贡向孔子请教有哪些方法或从哪些方面入手,去认识那觉悟了的君子。而孔子却答以"先行,其言而后行之"。这个回答,从子贡问,省略了君子二字。君子在《学而》篇是指觉者,在本篇则是指觉悟了的为政者。据此我认为孔子其实是说:"你问怎样就能知道他是一个觉悟了的君子呢,这没有什么好难的啊。你只要先看看他的行,再看看他讲的话,是否能够合得一。"

为什么要先看看他的行,再看看他的言,看这两者是否合得一呢?这是因为一个觉悟了的人,其言其行,无不是觉悟之言之行。然则,觉悟之言,可以通过学习而获得。但觉悟了的人的行持是模仿不来的。因为觉悟之人,即使只是一举手、一投足却无不是觉悟了的人的行为,这些都是内在觉悟的外在表现,哪能模仿得来?觉悟了的人,气质已经转换,气质也能模仿吗?所以,考察一个人是否觉悟,首先应该考察他的行。但是,有些独特的行,如沉默,是极容易模仿的,这时就要配合言来综合考察了。

唐代的一位禅师,他是金华山的俱胝和尚。有一天,他要出来参学。夜里,虚空中一个声音告诉他:你不要出去,有肉身菩萨亲自来给你说法。肉身菩萨就是活着的人,虽然他有像我们普通人一样的肉身,可是他是菩萨再来身。第二天,天龙和尚来看他,他就问天龙什么是佛法?天龙和尚是大禅师，手一指，俱胝就大彻大悟了。所以俱胝和尚悟道一点都不吃力，他得的是一指禅。以后他说什么是佛法时，手指便一指，你懂得也是这个，不懂得也是这个，什么话也不说。很多人因他这么一指也悟道了。

　　因此，他有一个绰号，叫作一指禅。竖一个手指，实在是太容易模仿了，所以跟他好多年的侍者小沙弥，看到人家跟师父磕头啊，顶礼啊，求佛法啊，师父总是手一指，说："这个。"这一天师父出门了，有人来找师父问佛法，小沙弥说："我师父那个佛法，我也知道。"那个居士就跪下来说："小师父，那请你告诉我。"小沙弥也手一指，说："这个！"那个人也悟道了。小沙弥很高兴，原来师父的佛法就是这个样子。等到俱胝和尚回来，小和尚向他报告："今天来了个居士，我接引他悟道了。"就如此这般地说了经过。师父"哦"了一声进房间去了。师父知道小沙弥还没有开悟，也知道接引其的因缘已经成熟了。俱胝和尚拿了把刀就又出来了，对小沙弥说："你再说一遍怎么接引人？"那小沙弥就把手指一竖，说"这个"。谁知师父早有准备，等他指头一伸出来，就咔嚓一刀，他的手指头断了，鲜血直流。师父再问，小沙弥虽然疼痛难忍，却还是去竖手指，这才发现没有手指可竖了，急痛之下，加之被师父一逼，于是恍然大悟。

　　这个公案就说明有些时候，光看行，还不行，还必须看言；要看言是否能跟行合一。

　　孔子是一个觉悟了的圣者，当然明白这个道理，所以他回答子贡问君子的问题时，"先行其言而后从之"。这种回答，活脱脱的，生机无限，时至今日，仍然具有强大的生命力，意义之重大，是不言而喻的。

　　这是识别君子的方法问题，是孔子从方法的角度点拨子贡的。

第十四章

2.14 子曰："君子周而不比，小人比而不周。"

【译】

　　孔子说："觉悟了的为政者，会普遍地平等待人，而不会结党营私；没有觉悟的为政者，会结党营私，而不能平等待人。"

【释】

　　君子　"君"是"尹"的演化字，"尹"的甲骨文写作"🪶"；金文写作"🪶"，像以手持杖之形，表示握有权杖、管理民众的职责。"尹，治也"（《说文》）。"君"即是此义，君字是尹字下加个口字，表示不仅手握权杖，有管理的职能，而且还有发号施令的职能。最高的统治者，称为"君""君主""国君"，就是此义。

"子"本意指初生的婴儿，后来引申为对有道德、有学问的人的尊称，如孔子、老子、孟子、庄子、墨子等。明乎此，则"君子"之义自明。

杨润根将君字的本义，解释为"是人们用自己的双手环抱（尹）世界的整体（口）"（《发现论语》），也是很有见地的。

我们说君子是认识并体验或觉悟了宇宙人生的真相，因而能够超越人自身的认识局限性（二元对立、二元分离之类），进而把握宇宙人生的真理而成为一个绝对自由的人（从心所欲而不逾矩）。

周、比 孔安国："忠信为周，阿党为比。"（《集解》）

刘宝楠："《鲁语》'忠信为周'，《毛诗·皇华·都人士传》'用之忠信，则能亲爱人'，故'周'又训为亲，为亲密，为合……《齐语》'谓之下比'，韦注'比，阿党也'。《吕览·达郁》注'阿，曲媚也'。"（《正义》）

朱熹："周，普遍也；比，偏党也。皆与人亲厚之意，但周公而比私耳。"（《集注》）

小人 小人与君子相对，旧注多谓微贱之人或无德之人。马列主义学者们则认为是指广大劳苦大众。我认为还是指没有觉悟的普通人更为贴切。

杨润根将"小人"解释为"那种片面有限的，为自己感官的有限感知能力所孤立的，因而看不到自己存在的普遍无限的宇宙本质的人"，近似。（《发现论语》）

综合来说，本章仍是承前章，仍是孔子答子贡问君子的话。在前章中，孔子告诉我们：识别君子，当从"行"与"言"两个方面能否合一来考察。在本章，孔子则告诉我们用比较的方法来考察。

君子既是觉悟了的人，当然明白，人有其自身的局限性，应不被自己的局限性所拘而超越之。也就是说，君子既不会被内心的私欲所左右，也不会被外部的环境所转化。孟子说："贫贱不能移，富贵不能淫，威武不能屈。"此之谓也。这样的人，自然能普遍地、平等地对待一切人和事，自然能"主忠信"，自然能"用中于民"，自然能"周"，自然不会"比"。

一个没有觉悟的人，他当然没有能力超越其自身的局限性，当然会被内心的私欲所左右，会被外部的环境所转化。一己之私欲障目，事物之真相难明，结党营私，自然难免，所以小人自然会"比而不周"。

"君子周而不比，小人比而不周"，这只是自然而然之事，虽关德行，但终究不是就德行立论，这是必须明白的。至于与高贵与卑贱之类的所谓社会地位，则更是风马牛不相及的。

第十五章

2.15 子曰："学而不思则罔，思而不学则殆。"

【译】

孔子说："觉悟了，却不思求取事功，就会一无所成；只思谋取事功，而不求觉悟，就会有危殆的恶果出现。"

【释】

本章古今注家，均以"学习文化知识与独立思考相结合"为说，其理固通。然则，何以"学而不思"就会出现"罔"的后果，"思而不学"就会出现"殆"的后果呢？

为了自圆其说，古今注家无不都在这"罔""殆"二字上做文章。

如包咸说："学不寻思其义，则罔然无所得。"（《集解》）

这里的"罔"是"亡"的假借字，古时"亡""无"通用，故有此说。

何晏说："不学而思，终卒不得，徒使人精神疲殆。"（《集解》）

据此说，则"殆"又是"怠"的假借字了。怠，疲倦，故有此说。

皇侃除肯定包咸之说外，又释罔为巫罔之"罔"。（《义疏》）

朱熹释殆为"危"。（《集注》）

王引之释殆为"疑"。（王引之《经义述闻》）

钱穆释罔为"迷惘"。（《论语新解》）

杨伯峻释罔为"受欺骗"。（《论语译注》）

实际上，此处的"学"指觉悟，据心之官则思，那么"思"就可以解读为：用心去谋求。因为觉悟了的人，必然知天命，知道宇宙人生之种种事物与现象无不是法尔如是的自然呈现：一切存在自有其存在的因缘，也就无可用心，于是也就自然而然地无所事事。在一定程度上，先世的老子，佛教小乘的阿罗汉、大乘的七地菩萨，后世的所谓乐天派，陶渊明之类的自然主义，以及魏晋玄学兴起后的颓废之风等，皆是"学而不思"的例证。对个人而言，当然是一无所得了；对社会而言，又何尝不是人才的浪费呢？个人才智的浪费倒无所谓，但这里是讲为政，为政者岂可无所事事地不求事功，不谋造福于社会人生？

当然，如果为政者只知谋求事功、谋求政绩、谋求造福社会人生，而不求觉悟的话，则不能知天命；不能知天命，则自然看不破成败，放不下得失；不觉悟则不能超越自身的局限性，内为私欲所左右，外被环境所牵引，自会与贪心结盟，因而会不择手段、用尽心机地去求名求利。在贪心的驱使下，求名求利则必然会招致败德危身，乃至危害社会的不良后果。所以孔子在这里慎重地告诫为政者：如果"思而不学"，就必然会出现危殆。

第十六章

2.16 子曰："攻乎异端，斯害也已！"

【译】

孔子说："（偏离中道）专走极端，那就有危害了。"

【释】

攻乎异端 何晏："攻，治也，善道有统，故殊途而同归。异端不同归也。"（《集解》）

朱熹："范氏曰：'攻，专治也'，故治木、石、金、玉之工，曰攻。异端，非圣人之道，而别为一端，如杨、墨是也。"（《集注》）

此释"攻"为治，释"异端"为"非善道""非圣人之道"，后世从之。

然亦有释"攻"为"攻击"者，如近人程树德："《论语》中，凡用'攻'字作'攻伐'解，如'小子鸣鼓而攻之''攻其恶，不攻人之善'，不应此处训为'治'，则何晏朱子之说非也。"（《集释》），今人杨伯峻从之。

其实，释"攻"为"治""专治"是正确的。今人钱穆释"攻"为"专治"，"谓专于一事一端用力"（《论语新解》），其义更明。

异端 钱穆："一事必两头，如线必有两端，由此达彼。若专就此端言，则彼端成为异端，从彼端释此端亦然。墨翟兼爱，杨朱为我，何尝不各得一端，而相视如水火。旧说谓反圣人之道者为异端，因举杨、墨、佛、老以解此章。然则孔子时，尚未有杨、墨，可见本章'异端'，乃指教人为学，不当专向一偏，戒人勿专在对反之两端，坚执其一。所谓异途而同归，学问当求通其全体，否则道术将为天下裂，而歧途亡羊，为害无穷归矣。一说，异端犹言岐枝小道。小人有才，小道可观，用之皆吾资，攻之皆吾敌，吾非斯人之徒与而谁与。后世以'攻异端'为正学。今按：由此观之，本章正解，尤当警惕。"

"孔子平日言学，常兼举两端，如言仁常兼言礼，或兼言知。又如言质与文、学与思，此皆兼举两端，即《中庸》中所谓'执其两端'。执其两端，则自见有一中道，中道在全体中见。仅治一端，则偏而不中矣。故《中庸》曰：'执其两端，用中于民。'"（《论语新解》）

异端，就是相对立的任何一端，如果专攻相对反的任何一端，那危害就有可能随时出现。

任何试图以手段或方法去消灭另一种政体的想法都将是徒劳的，都将是有极大危害的，即如今日之美国，用武力消灭伊拉克政府，造成伊拉克人道主义的灾难等极大的危害，姑且不说。这种无视其他民族、无视国家主权，而一味地去推行自己认可的所谓民主政体，在世界范围内引起的不良后果，将是极其重大的。美国的这种行为将有可能是导致未来世界大战的始因。退一步，仅站在美国的立场、美国的利益考虑，也是得不偿失的。因为美国此举，等于是与全世界穆斯林为敌，必将面临全世界穆斯林对他们的仇视，必将培养出千千万万个拉登。美国人如果仍不觉悟，不用中庸思想化解仇恨，走出异端的话，积之以三十年、五十年甚至一百年，美国将因此而走向衰落，走向衰亡，最终只能是自食其果。"攻乎异端，斯害也已"，发人深思！

第十七章

2.17 子曰："由！诲女知之乎？知之为知之，不知为不知，是知也。"

【译】

孔子说："仲由啊！告诉你，你要记住啊！知道了解是知道了解的一面，不知道不了解是不知道不了解的一面，这才是全部的'知'。"

【释】

由　仲由，子路名。

女　通假字，通汝。

第一个知字 俞樾据《荀子·子道篇》及《韩诗外传》所述此文，并言"志之"，谓"知"与"志"通，即记住的意思。刘宝楠同意此说

最后一个"知"字 旧注有读如本字者，有破读为"智"字者。如陆德铭说："知也，如字，又音智。"（唐·陆德铭《经典释文》）近现代各注释本均主张读"智"。

我以为此二"知"字，均当读如本字。孔子在这里是要以对"知"性的全面理解为题，指点子路，让子路明白：为学之道，必须把握全体，只有通过整体的把握，才有可能觉悟中道。即以知性而言，知性中固然有"知"的一面；但一味强调知之，而不知道"不知"也是知性中的一个层面的话，就会形成偏执而出现前章"攻乎异端"的局面。这不仅不能觉悟中道，而且是十分有害的。

知如是，其他一切事物和现象概莫能外。一切事物和现象，无不包含着正反两个方面，只有通过整体把握，即所谓的执其两端，才不会被假象所迷，才不会形成偏执，才有可能觉悟中道，才能够达到用中于民的目的。尤其是为政者，更应该觉悟中道。只有觉悟了中道的为政者，才能符合"执其两端，用中于民"的为政要求。

第十八章

2.18 子张学干禄。子曰："多闻阙疑，慎言其余，则寡尤；多见阙殆，慎行其余，则寡悔。言寡尤，行寡悔，禄在其中矣。"

【译】

子张向孔子求问获得福禄的方法。孔子回答说："多多接触，把有疑问的事项悬置起来，不乱讲。讲没有疑问的事项，也要恭谨、慎重，就会少过失。多考察，对是否有利国家、人民的事情有疑，就暂时把它搁置起来，不要做；对没有疑问的事情，就谨慎认真地把它做好。言论少过失，行为少后悔，福禄就在其中了。"

【释】

学干禄 据《史记·仲尼弟子列传》作问干禄，今从之，改学为问。

干 "干，求也。"（《尔雅·释言》）

干，即求取、营求、谋求。

禄 "禄，福也。"（《尔雅·释诂》，《说文》同）。

禄就是福。杨润根说："'禄'的本意是一个努力追求上帝的善，并为

上帝所接纳，从上帝那里所获得的赐福，这种赐福是作为上帝对于他的一生的善行的报酬。或者更简单地说，'禄'的本意是指'为实现上帝之于人类的普遍的善，而为上帝工作，并从上帝那里获得报酬'；后来转指'为实现国家之于全体人民的善，而为国家工作，从国家那里所获得报酬'。不难理解，这种报酬的多少又是衡量人们所做工作的实际成绩与实际价值的尺度。请注意，'示'作为'禄'的重要的构成，它的本意是'天启的'，而'天'乃是指上天的意志的化身——上帝。《说文》：'示，天垂象见吉凶所以示人也。从二，三垂日月星也。观乎天文，以察时变。示，神事也。'"（《发现论语》）所以，"禄"，又有官员的薪俸之意，现在释《论语》者，一些即将禄通释为薪俸。无论是释为福还是释为薪俸，都是言之成理持之有故的，并存可也。

但释"禄"为"福"，我认为其义更长。

阙 高树藩："悬置"。（高树藩《中文形音义综合大字典》）

阙疑，使动用法，使疑阙，就是把疑问悬置起来。

尤 包咸："尤，过也。疑则阙之，其余不疑，犹慎言之，则少过。"（《集解》）

殆 包咸："殆，危也。所见危者，阙而不行，则少悔。"（《集解》）

王引之："殆，犹疑也。谓所见之事者可疑，则阙而不敢行也。"（《经义述闻》）

两释于理皆通，但两相比较，王注义长。

这里是子张向孔子请教求福的方法，用今天的话讲，就是谋求富贵的方法。孔子就事论事指点子张在具体的事情上觉悟中道。所以孔子说："多闻阙疑，慎言其余。""闻"除了作听闻解释外，并可作闻知解释，即多接触、多了解、多听听别人的说法，对有疑问的地方，就把它悬置起来不要说；对没有疑问的地方，说起来时也要恭谨慎重，是即说是，非即说非，大即说大，小即说小。换句话说，就是既不要言过其实，也不要言不及实。这样，就很少会有过失。

"多见阙殆，慎行其余。"见，看也，即考察分析的意思，谓多作实地考察，对既有利家国人民又至后世无害处的事，就谨慎认真地把它做好；对是否有利于家国人民乃至后世有疑问的事情，就暂时把它悬置起来，不要做。这样就很少会有做了又后悔的事情发生。

言论很少有过失，行为很少有后悔，自然平安吉利；人生平安吉利；

当然就算是有福了，这是其一。中国民间至今仍视"平安为福"，即本于此。其实，你既能够"谨于事而慎于言"，又能够多见多闻，还能实事求是地行，自然福禄随之！

第十九章

2.19 哀公问曰："何为则民服？"孔子对曰："举直错诸枉，则民服；举枉错诸直，则民不服。"

【译】

鲁哀公问孔子说："该行使什么样的大政方针，民众才会服从？"孔子恭敬地回答说："推举有正知正见、正情正行的人，把他们安置在知见行为都邪曲的人之上，民众就会服从；推举知见行为邪曲的人，并把他们安置在正见正行的人之上，民众就不会服从。"

【释】

举 举荐、推举、举用。

直 正，正直。《左传》："正曲为直。"（《左传·襄公七年传》）

许慎："直，正见也。"（《说文解字》）

韩康伯："直，刚正也。"（晋·韩康伯《易·系辞·注》）

"正见"指的是正确的思想观念，用今天的话讲，正确的世界观、人生观，即正知正见。

"刚正"指的是人的个性特征，可以称之为正情。

正见是从观念这个层面说的，正情是从性情这个层面说的。结合《论语》，正见是指体会、证悟了中庸（宋儒称之为道）的人；正情则是指对这种道的体证已融入了个体的生命，转化了个体生命的性情、气质的人，一句话，是将道转化成了个体生命的人。

正因如此，这样的个体生命，才能做得出"舍生取义""杀身成仁""不为斗米折腰"的壮举。

错 包咸："错，置也。举正直之人用之，废置邪枉之人，则民服其上。"（《集解》）

刘宝楠："《释文》：'错'郑本作措。汉费凤碑：'举直措枉'，与郑本合。《说文》云：'措，置也。''措'正字，'错'假借字。"（《正义》）

由此可见"错"就是"措"，即措置的意思。

枉 许慎："枉，邪曲也。"（《说文》）

枉与直对，一个没有中庸正见的人，"攻乎异端"乃必然之事。"攻乎异端"，则偏见自生；偏见在私欲的驱使下，必然私我膨胀，弑君篡位，掠夺争战，礼坏乐崩，乖伦乱常，摧纲裂纪，也就自然民苦百端了。

春秋时代，社会情势正是如此。鲁哀公此问，孔子此答，是有其深刻的社会根源的

一般学者都以为孔子的境界是道德境界，果如是，则孔子在这里当对之以"举仁错诸不仁"，或者"举有德错诸无德""举善错诸恶"。但孔子的回答却是"举直错诸枉"。我们已经知道，"直"，就是正，就是正知正见、正情正行、正言正思，就是不枉、不邪曲。"枉"，就是邪曲，就是异端。"正"是没有异端的，所以正其实就是"中"，因为只有中，才没有异端。如果我们以"中"为体的话，那么"正"就是"中"的相，是"中"的外在表现形式。"直"也是"中"的相，也是"中"的外在表现形式。正因如此，后世佛教徒在翻译佛经的般若中观思想——不二法门时，才会用"直心是道场"的言辞。

所以在"正""直"的境界里，"善"仍是异端，仍是邪曲，仍是"枉"。因为善是与恶相对反的另一端，仁与不仁，德与不德均与此同。

所以说，孔子说的不是道德境界，而是"中"的境界，中庸的境界，换言之，即道的境界。

第二十章

2.20 季康子问："使民敬、忠以劝，如之何？"子曰："临之以庄则敬；孝慈则忠；举善而教不能则劝。"

【译】

季康子请教："使民众具有恭敬、中正、勤勉之心，怎样做才能达到呢？"孔子答道："接待民众时，态度要庄严恭谨，民众就会产生恭敬心；孝及他人的长辈，慈及他人的幼辈，民众就会生出中正之心；表彰做得好的、做得成功的，教导那些做得不好的、做得不成功的，民众就会产生勤勉的心。"

【释】

敬　警也，慎也。是一种严肃、恭谨、认真的情感之心。

忠　诚也。是一种不偏不倚的中正之心，是一种实事求是的如如之心。

劝　勉也。是一种不甘沉沦的上进之心，是一种不甘庸俗的奋勉之心。

庄　庄严，庄敬，肃穆，是个人的某种气质的外在表现，是一种道德修养的自然流露。内有敬心，外自庄严。

孝　子女是对父母及长辈的恭谨之心、承顺之心。

慈　父母或上级是对子女及下属的呵护之心。

这里所讲的孝慈，即后来孟子所指的"老吾老以及人之老，幼吾幼以及人之幼"的推己及人的慈爱之心。这种推己及人的慈爱之心，只有那具有不偏不倚的中正之心的人，才可能具有。内有忠心，外自孝慈。这是不言而喻的。

举善　表彰做得好的、已经获得成功的人。

教不能　指导那些做得不好的如何去做好，没有成功的如何去获得成功。

恭敬之心、中正之心、劝勉之心，虽然都是内在的心理行为，但可以通过外在的行为渐浸渐染，如"临之以庄""以孝慈""举善而教不能"等外在行为，使之影响内在的心行，使心灵得到净化与转化，乃至达到具备觉悟体证中道的基本要求。

这一章仍是讲为政，只不过是通过讲中庸、讲中庸之用，从"用"以达"体"，从"用"以明"体"，以明明德。明德明，则教化之能事毕矣，为政之能事毕矣！

第二十一章

2.21　或谓孔子曰："子奚不为政？"子曰："《书》云：'孝乎唯孝，友于弟兄，施于有政。'是亦为政，奚其为为政？"

【译】

有的人对孔子说："您为什么不去直接从政？"孔子说："《书经》上讲：'孝啊，只有孝！友爱到兄弟，影响到从政的人'，这也是从政啊！为什么我一定要去做官，才是从政呢？"

【释】

在一般人的眼中，只有在政府的职能部门担任官职、从事具体管理工作的人，才是"为政"。所以才会有人问孔子，您为什么不到政府部门去担任官职，参与政治呢？

孔子一听，知道问的人没有觉悟中道，因而答之：在家里尽好自己的义务与责任，也就是"为政"。为什么一定要到政府的职能部门中担任官职，一定要直接参与制定行政方针与策略，或者一定要直接参与管理才叫作"为政"呢？

孔子这种针锋相对的回答，正是觉悟了中庸之道，并能将中庸之道自由运用的具体体现。你不是以为只有在政府部门做官才是为政吗？我却告诉你在家里尽义务也是为政。禅宗六祖惠能大师在寂灭前嘱咐弟子接引学人时说"问有将无对，问无将有对，问凡以圣对，问圣以凡对，二道相因，生中道义"，这种教授法，与孔子在本章主张的精神一脉相承。

切实而论，以中庸之道的立场观"为政"，则无论是谁，无论在什么地方、什么岗位，也无论在做什么，无一不都是"为政"。即以为政的总纲领——"为政以德"衡之，则对父母的孝、对幼辈的慈，天性也；对兄长的友、兄弟的爱，天性也；即食色，亦天性也，则行孝弟忠信之道，为衣食住行之谋，只要不伤及他人，又何尝不是为政呢？此即"孝乎唯孝，友于弟兄，施于有政，是亦为政"之精义所在。

第二十二章

2.22　子曰："人而无信，不知其可也。大车无輗，小车无軏，其何以行之哉？"

【译】

孔子说："人如果没有了真实的让人信实的言论，那还有什么值得肯定的呢？就像大牛车没有辕端横木、小马车没有曲钩衡木一样，那又凭什么能够运行呢？"

【释】

而　杨树达："而，假设连词，用同'如'。"（杨树达《词诠》）

信　许慎："信，诚也。"（《说文》）

穀梁赤："《春秋》贵义而不贵惠，信道而不信邪。"（战国·穀梁赤《穀梁传·隐公元年》）

李格非："信仰，信奉。如：信教；信佛。《文心雕龙·正纬》'至于光武之世，笃信斯术'。"（李格非《汉语大字典》）

輗、軏　包咸："大车，牛车。'輗'者，辕端横木以缚轭；小车，驷

马车,'轫'者,辕端上曲钩衡。"(《集解》)

其、可 古棣:"'其',代词,指代无信之人,'可',肯定。《说文》'可,肯也'。"(《孔子批判·下·论语译说》)

本章的关键在"信"之一字,盖信者,人之本也。

"人而无信,不知其可也",说明人之所以为人,全在人有信,全在人有一颗真实的心,以及让人信实的言论。人如果没有了真实的心,没有了让人信实的言论,也就不成其为人了。所以,有一天子贡请教孔子,问治理好一个国家,需要具备什么样的条件。孔子说人们要有"信",要有丰足的粮食,要有足够强大的军队(足食足兵民信足矣)。子贡说如果只能具足两个条件呢?孔子说那就放弃军队吧。子贡又请教,如果连这两个条件也不能满足呢?孔子说应该放弃粮食。粮食,养命之本啊,怎么能放弃呢。子贡满脸的疑惑。孔子一看就知道子贡被弄懵了,赶紧补充说:"民无信不立。""信",多么重要的修学!我们不得不多多拷问自己,我是一个诚实可信的人吗?我的言论是信实的吗?

第二十三章

2.23 子张问:"十世可知也?"子曰:"殷因于夏礼,所损益,可知也;周因于殷礼,所损益,可知也;其或继周者,虽百世可知也。"

【译】

子张向老师请教说:"十代那么久远的未来,可以预知吗?"孔子回答说:"殷礼是根据夏礼增减而来的,其所增或所减,都是可以知道的;周礼是根据殷礼增减而来的,其所增或所减,都是可以知道的;将来也许会有继承周代的,即便是过了一百代,也是可以知道的。"

【释】

十世可知也 陆德明:"'可知也',一本作'可知乎',郑本作'可知'。"(唐·陆德明《经典释文》)从语境来看,当以"可知乎"较为切合。

世 许慎:"三十年为一世。"(《说文》)

因 根据,或者说沿袭。

损 许慎:"损,减也。"(《说文》)

益 "益,加也。"(《广雅·释诂》)

益 "益,增也。"(《广韵》)

其 时间副词,表将来。

或 或许。

本章是孔子的文化发展观。孔子在这里其实是要告诉人们，要想展望未来，就必须立足现在，把握过去。因为未来都是在过去的基础上发展变化而来的。观今宜鉴古，无古不成今。中国人重视历史，与孔子的文化发展观，不无密切的关系。

第二十四章

2.24 子曰："非其鬼而祭之，谄也。见义不为，无勇也。"

【译】

孔子说："不是自家的先灵，却去祭祀他们，是一种献媚的虚假行为。碰上应该出手相助的事，却不挺身而出，是畏死惜身、缺乏勇决之心的人。"

【释】

非其鬼而祭之 "人死曰鬼。"（《祭法》）

"众生必死，死必归土，此之谓鬼。"（《祭义》）

"鬼之为言归也。"（《尔雅》）

"非其所祀而祀之，名曰淫祀。淫祀无福。"（《曲礼》）

郑玄："人神曰鬼，非其祖考而祭之，是谄求福。"（《集解》）

从全句句意来看，这里的所谓鬼，其实指的是自己祖先的亡灵。"非其鬼而祭之"，不是自己祖先的亡灵而去祭祀他（她）。

无勇 "临事而屡断，勇也。"（《礼记·乐记》）

墨子："勇，志之所以敢也。"（《墨子·经上》）

郑玄："见君亲有危难之事，不能（致其）身命，是畏死，勇决不足也。"（《论语郑注》）

儒家的成就者，被认为当具有仁、智、勇三种品质，否则不能谈成就。

"非其鬼而祭之。"不是自己的祖先而去祭祀，是一种献媚的行为，必然是有求于人。巴结逢迎、讨好他人，这种人用心虚假，是没有获得仁心的表现，这种人不能成为哲学王，成为一个优秀的为政者。

君子之为，只问其义之所当为或不当为，如果是义之所当为，则万劫不能复生，也决意为之，不惜身命。联系前章，孔子讲一个做到了"贤贤易色、事父母能竭其力、事君能致其身、与朋友交，言而有信"的人，即使人们都认为他还没有觉悟，孔子也一定认为这个人觉悟了。如果见义不为，或者是怕有损自己的名节，或者是怕耗费自己的资财，或者是怕有可能牺牲自己的生命。总之是我执未破，则是一个无智无勇的人。这些人，都是没有觉悟的人。因此，我认为本章是真觉、假觉的试金石。

八佾第三

第一章

3.1 孔子谓季氏："八佾舞于庭，是可忍也，孰不可忍也？"

【译】

孔子评论季氏说："纵横八列六十四人的舞蹈在季氏的庭堂里表演，如果这是可以容忍的话，那还有什么事是不可以容忍的呢？"

【释】

谓 "谓，说也。"（《广雅·释诂》）《说文》同。

皇侃："谓者，评论之辞也。"（《义疏》）

谓，评说、评论、评价。

季氏 鲁国家臣，季平子。

刘宝楠："《汉书·刘向传》'季氏八佾舞于庭云云，卒逐昭公'，是季氏，指平子。……然，此言于孔子未仕时可也……"（《正义》）

古棣说："《春秋公羊传》昭公二十五年，昭公要杀季平子，'告子家驹曰：季氏为无道，僭于公室久矣，吾欲杀之如何？'子家驹劝告，昭公不听，轻率地讨伐季氏，结果季平子与孟孙氏、叔孙氏联合起来，把昭公赶出国去，昭公流浪国外七年，几次企图复国未能成功，死在国外。……季氏'八佾舞于庭'当在鲁昭公二十五年之前，孔子评论季氏'八佾舞于庭'或在昭公二十五年之后。昭公二十五年，孔子三十五岁。此时孔子还在教书，没有从政。"（《孔子批判·下·论语译说》）

八佾舞于庭 马融："佾，列也。天子八佾，诸侯六，卿大夫四，士二。八人为列，八八六十四人。鲁以周公故受王者礼乐，有八佾之舞，季桓子僭于其家庙舞之，故孔子讥之。"（《集解》）

刘向："歌者在堂上，舞者在堂下何？歌者象德，舞者象功，君子上德而下功。"（《白虎通·礼乐》）

舞 左丘明："夫舞所以节八音而行八风也。"（《左传隐公五年传》）

庭 王逸："堂下谓之庭。"（东汉·王逸《楚辞章句·思古注》）

是可忍也，孰不可忍也 有两种说法。其一，这样的人都能容忍，还有什么人不可以容忍。如邢昺说："人之僭礼皆当罪责，不可容忍，季氏以陪臣而僭天子，最难容忍，故曰：'若是可容忍，他人更谁不可忍也？'"（《注疏》）

其二，这种事都能忍心去干，还有什么事干不出来。如朱熹说："季氏以大夫而僭用天子之乐，孔子言其此事尚忍为之则何事不可忍为。……谢氏曰：'君子于其所不当为不敢须臾处，不忍故也。而季氏忍此矣，则虽弑父与君，亦何所惮而不为乎？'"（《集注》）

这两种说法，都合情合理，可以并存。

管同说："当其万也，臧孙曰：'是之谓不能庸先君之庙。'大夫遂怨平子，君臣谋之，而乾侯之难作矣。夫昭公欲逐意如，诚可谓轻举而得祸，而其臣臧后等之劝以逐者，皆私意也。然而季氏之恶，岂复可忍乎？谓昭公制之不得其道则可，谓季氏之恶可忍而不诛，则乱臣贼子无一而可忍之人矣。而观左氏及公羊，则当时之人率以意如为可忍，故孔子特发此言，宽弱主，罪逆臣，而深警当时之僭窃者。"（清·管同《四书纪闻》）

季氏当时权倾朝野，专横暴戾，无人敢批评他，追随昭公的人都不敢回鲁国，鲁昭公也流浪在外，死于国外。而孔子却敢于口诛季氏，一则当然是出于维护周礼的地位，维护礼法的威权性。因为礼法是维护天下稳定的基石，是不可以乱的。礼法一乱，则天下大乱而民无宁日。二则君子只问义之所当为与不当为。季氏八佾舞于庭，是义之所不当为，应当诛伐。此孔子不得不诛者也。依礼而诛季氏，义之所当为，故孔子诛之。孔子能抛开自己的得失利害，依礼而诛季氏，足证孔子是一个真觉悟者。孔子宽弱主，罪逆臣，仁也；季氏八佾舞于庭，知其当诛，智也；不畏季氏淫威，当诛而诛，见义而为，勇也。孔子仁、智、勇三德具足，表里如一，言行如一，非真觉而何？

第二章

3.2 三家以《雍》彻。子曰："'相维辟公，天子穆穆'，奚取于三家之堂？"

【译】

孟孙、叔孙、季孙三家在祭祀祖先的时候，唱《雍》诗以撤除祭品。孔子说："'助祭的是诸侯王公，天子严肃地主祭'（才唱《雍》诗），三家在家庙里祭祖唱《雍》诗以撤祭，是取它的哪一点呢？"

【释】

三家 马融："三家者，谓仲孙、叔孙、季孙也。"(《集解》)

皇侃："三孙同是鲁桓公之后，桓公嫡子庄公为君，而庶子：公子庆父、公子叔牙、公子季友也。仲孙是庆父之后，叔孙是叔牙之后，季孙是季友之后。后子孙皆以其先仲叔季为氏。三氏并是桓公子孙，故俱称孙也。"(《义疏》)

雍 马融："雍，《周颂·臣工》篇名也，天子祭于宗庙，歌之以彻祭。"(《集解》)

彻 许慎："彻，通也。"(《说文》)

罗振玉："此从鬲从又，象手鬲之形，盖食毕而撤去之，卒食之撤，乃本义，训通者，借义也。"(罗振玉《增订殷虚书契考释》)

程树德："旧文'彻'为'撤'，《五经文字》曰：'撤，去也'，见《论语》……'彻'，借字，'撤'，俗字。见《说文·段注》。"(《集释》)

堂 何焯："庙制：室外为堂，堂外为庭。"(清·何焯《义门读书记》)

朱熹说："天子宗庙之祭，则歌《雍》以彻。是时三家僭而用之，相助也。辟公，诸侯也。穆穆，深远之意，天子之容也。此《雍》诗之词，孔子引之，言三家之堂，非有此事，亦何取于此义而歌之乎？讥其无知妄作以取僭窃之罪。"(《集注》)

《雍》诗是天子祭于宗庙以撤祭品时所唱的诗，季氏等三家祭其宗庙时，也唱《雍》诗，这与八佾舞于庭，同一僭也。所以孔子明知故问："你们这是取它的哪一点呢？"绵里藏针，诛伐季氏。

这种诛伐，是智的表现。要不然，就会像毛奇龄所说的一样："盖鲁为宗国，以周公为武王母弟，得称别子，为文王之宗。《礼》别子立宗，当祀别子所自出。因立文王庙于鲁，为周公之所自出。夫祭文王而可以不用天子礼乐乎？其用天子礼乐者，以出王故。其祭出王者，以宗子故也。若三桓为鲁桓公子，季友以适子而为宗卿，亦得寸进尺，祭所自出，而立桓公一庙，汉儒不解，有谓公庙设于私家者，此正三桓所自出之庙，以三桓并桓出，故称三家堂。以季氏为大宗，故又独称季氏。其所以用天子礼乐者，以桓公故，而桓公得用之者，以文王用之而群公以下皆相沿用之故，然皆僭也。"(清·毛奇龄《四书剩言》)

唱《雍》诗以撤祭，是天子之祭。天子之祭，祭祀时，助祭的都是诸侯，主祭的只能是天子，祭的时候，气氛庄严肃穆，祭完撤祭时，乐工们唱着名为《雍》的诗。天子之祭却出现于三家之堂，僭逆之甚也，故孔子责之。

第三章

3.3 子曰："人而不仁，如礼何？人而不仁，如乐何？"

【译】

孔子说："一个人，如果仁心还没有发露出来，又如何能正确地对待礼呢？一个人，如果仁心还没有发露出来，又如何能正确地对待配合礼的乐呢？"

【释】

人而不仁 "君子曰：'甘受和，白受采，忠信之人可以学礼，苟无忠信之人，则礼不虚道，是以得其人之为贵也。'"（《礼记·礼器》）

"言而履之，礼也，行而乐之，乐也。君子力此二者，以南面立，夫是以天下太平也。"（《仲尼燕居》）

张载："由太虚，有天之名；由气化，有道之名。合虚与气，有性之名；合性与知觉，有心之名。"（《张载集·正蒙·太和篇》）

这是孔子将礼乐内化为本体的又一确证，仁为本体之用，故曰"人而不仁，如礼何？"

本章的意思是说：礼乐是本体即大中之作用——仁心的外在表现形式。如果内在的仁心被私欲蒙蔽了，外在的礼乐就如同空壳，只是徒具形式而已，没有实际的意义。孔子不断地感叹礼坏乐崩，究其实是感叹仁心为私欲所蔽而不能成善成德。内有仁心的作用，外自敬重礼乐。

第四章

3.4 林放问礼之本。子曰："大哉问！礼，与其奢也，宁俭；丧，与其易也，宁戚。"

【译】

林放向孔子请教《礼》的根本精神。孔子说："你问的这个问题很重大很重要啊。《礼》的核心精神是：与其铺张浪费，宁可朴素俭约；就丧葬礼仪来说，与其依礼依仪，面面俱到，文而无质，不如哀戚伤悲。"

【释】

林放 郑玄:"林放,鲁人。"(《集解》)

朱彝尊:"林放,字子丘,或曰孔子门人。"(朱彝尊《经义考·阙里文献考》)

奢 许慎:"奢,张也。"(《说文》)

奢:铺张、奢侈、繁文缛节,哗众取宠。

易 包咸:"易,和易也。言礼之本意失于奢,不如俭;丧失于和易,不如哀戚。"(《集解》)

邢昺:"奢,汰侈也。俭,约省也。易,和易也。戚,哀戚也。与,犹等也。奢与俭、易与戚等,俱不合礼,但礼不欲失于奢,宁失于俭;丧不欲失于易,宁失于戚。言礼之本意,礼失于奢不如俭,丧失于和易不如哀戚。"(《注疏》)当然,易,也可以理解为变易,用现在的话讲,叫作花样翻新。

林放向孔子请教礼的根本精神,孔子从奢、俭、易、戚都不合礼:奢,文胜于质;俭,质胜于文;易,面面俱到,流于形式;戚,哀戚,有质无文。这些皆非中道,皆不是礼的根本精神。所以,朱熹说:"礼贵得中,奢易则过于文,俭戚则不及而质,二者皆未合礼。然凡物之理,必先有质而后有文,则质乃礼之本也。范氏曰:'夫祭与其敬不足而礼有余也,不若礼不足而敬有余也,丧与其哀不足而礼有余也,不若礼不足哀有余也。礼失之奢,丧失之易,皆不能反本,而随其末故也。礼奢而备,不若俭而不备之愈也;丧易而文,不若戚而不文之愈也。俭者物之质,戚者心之诚,故为礼之本。'"

综观礼之全部内容,我们不难看出,礼是普遍一致的社会性行为模式。所以杨润根说礼是"人类理性要求人们的全部合理的、正义的、正当的、合适的生活与行为经长期的实践而固定下来的具有普遍一致的社会性生活与行为模式。在其中,礼仪总是作为一种人们必须履行的社会责任而存在,人们通过它所要表达的是一个社会乃至一种文化中对于那些与人类关系重大的事物的热爱、珍重与尊崇。它以理性为基础,是基于人类共同价值的认识基础之上的共同信念的表达,因此它是人类内在精神之皈依的外在的可见表征,这种表达采取了一种为全社会普遍接受的行为模式。在这种行为中,人们摆脱了个人私心和主观热情的操纵,也摆脱了金钱、权力、地位等世俗东西的影响。因此,在这种人人必须服从的行为模式之中，它展示的是人类每一个个体的存在与价值的真正平等。在这里，任何高人一等的表现，任何势利的观念，都将被认为是不明智、不适当的，并且都将被认为是对全社会的共同价值、共同信念的冒犯"。(《发现论语》)

由此可知，礼究其实，它只不过是生命本质的外在表现形式。只不过是符合道、通于道的路而已。它的内在根据是道，是中，是大中，是班固等所说的"建大中以承天心"的"大中"。因为礼只不过是真心（仁）或者说本体的外在表现形式。如果从用即是体的层面说，则礼亦只不过是仁的外在表现形式。这也是孔子为什么终其一生，都在致力于复礼的根本原因。孔子所追求的复礼，不是复辟，不是守旧。复礼只是手段，不是目的，目的是为了发露仁心，从而走向觉悟之道。

第五章

3.5 子曰："夷狄之有君，不如诸夏之亡也。"

【译】

孔子感叹道："夷狄那些未开化的野蛮民族都有君道的存在，有上下尊卑的区分，不像我们华夏各诸侯国，实在是已无君道，蔑视甚至抛弃君命，已经是无有上下尊卑之分了啊！"

【释】

包咸："诸夏，中国。亡，无也。"（《集解》）

程子："夷狄且有君长，不如诸夏之僭乱，反无上下之分也。"（引自《集注》）

尹氏："孔子伤时之乱而叹之也。亡，非实亡也，虽有之，不能尽其道尔。"（引自《集注》）

释惠林："有君无礼，不如有礼无君。刺时季氏有君无礼也。"（引自程树德《集释》）

陈天祥："盖谓夷狄尊君奉命，而有上下之分，是为有其君矣。诸夏蔑弃君命，而无上下之分，是为亡其君矣。此夫子伤时乱而叹之也。又'如'字作'似'字说，尤为易见。"（《四书辨疑》）

有的人将此章译为："夷夏那些文化落后的国家的有君主，还不如中国的没有君主。"（古棣等《孔子批判·下·论语译说》）

这种译读，符合现代语法，但不符情理，不符孔子胸襟情怀。因此，这一章，无疑也就没有必要收录在《论语》里了。

东夷西戎南蛮北狄，常常被我华夏民族称为野蛮民族，而倍受歧视。但作为觉者的孔子，是没有这种因分别而来的歧视情愫的。所以孔子在这里感叹："夷狄之有君，不如诸夏之亡也。"其实是叹华夏礼坏乐崩，文明尽失而不若夷狄之有君道，有上下尊卑！这样理解也可以从孔子每遇不遂即欲到那些未开化的少数民族去得到证明。

第六章

3.6 季氏旅于泰山。子谓冉有曰："女弗能救与？"对曰："不能。"子曰："呜呼！曾谓泰山不如林放乎？"

【译】

季氏要去祭祀泰山。孔子对冉有说："你不能阻止季氏祭祀泰山吗？"冉有回答说："我不能。"孔子感叹道："哎！难道泰山之神还会不如林放知礼，接受季氏的祭祀以庇佑季氏吗？"

【释】

旅 包咸："旅，祭名也。礼，诸侯祭山川在其封内者。今陪臣祭泰山，非礼也。"（《集解》）

《说文》解"旅"为"军之五百人为旅。"所以有人认为把旅解释为祭，但这并没有字源学上的依据。如杨润根说："'旅'的本意是站在旗帜下并随之前进的行列，因此，'旅'应是指一种军事组织与军事行动。人们把这里的'旅'理解为一种祭祀仪式或祭祀活动是没有字源学的根据的。"据此杨润根把"季氏旅于泰山"这句话译为了"为了逃避起义者的追杀，季氏带着他的私人卫队逃到了泰山之上"。（《发现论语》）

但是《周礼·太宗伯职》中说："国有大故，明旅上帝及四望。"则旅显然是指祭祀活动。我们再结合郑玄的注"故，谓凶。旅，陈也，陈其祭事以祈焉，礼不如祀之备也"来理解的话，则旅在古代作祭字用是可以肯定的。

救 马咸："救，犹止也。"（《集解》）

朱熹："救，谓救其陷于僭窃之罪。"（《集注》）

包咸："神不享非礼，林放尚知问礼，泰山之神反不如林放耶？欲诬而祭之。"（《集解》）

冉有，据说他性格软弱，在生活中，甚至会屈服于现实而放弃道德原则。他集现实主义与道德悲观主义于一身，因此在确定他在现实中所能达到的目标和所能占有的地位时，他会表现得冷静而沉着，所以他在官场上，能够应付裕如。

孔子知道冉有不能阻止季氏"旅于泰山"。但作为老师的他，当然希望自己的学生能够尽早契入觉悟之道。你想不想是一回事，行不行又是一回事，只有学会尽心尽力，学会当下用心，才有可能契入道悟之门。放下你的计度之心吧，机心息则道心显啊！

第七章

3.7 子曰："君子无所争。必也射乎！揖让而升，下而饮。其争也君子。"

【译】

一个觉悟了的人，是没有争强好胜之心的。如果要有所争的话，那就如同射箭，双方互相作揖，然后登堂，射完箭走下堂来，互相喝酒。这种彬彬有礼的、以尽心尽力为争胜的原则之争，虽同样是争，但这种争却是一个觉悟了的人之争啊。

【释】

争 刘宝楠："'争'者，竞胜之意，民有血气，皆有争心，'君子'者，将以礼治人，而恭敬、撙节、退让以明之，故无所争也。"（《正义》）

"君子无所争"之"争"，是争强好胜之争，争名夺利之争，意气用事之争，私利私欲之争。一句话，无不是无明之争。若果真识心达本源，明因识果报，则自然不争。况且，这些争，无不是社会动乱的根本原因，所以，君子无所争。

"其争也君子"之"争"，是奋发之争，尽心之争，尽分之争，生生之机也。

人不能执着，当有所争，亦当有所不争。如佛家的戒律，不当为而为之是犯戒，当为而不为也是犯戒。

孔子之"见义不为，无勇也"不也是说的当为不为吗？

然则，即使当争，如射箭比赛，也一定要尽心尽分，如礼如仪。

所谓"揖让而升，下而饮"，就是如礼如仪，诚如邢昺所说："'揖让而升，下而饮'者，射礼于堂，将射升堂，及射毕而下，胜饮不胜，其耦皆以礼相揖让也。"（《注疏》）

邢昺说："《仪礼·大射》云：'耦进，上射在左并行，当阶北面揖，及阶揖，升堂揖，皆当其物，北面揖，及物揖。射毕，北面揖，揖如升射。'是射时升降揖让也。《大射》又云：'饮射爵之时，胜者皆袒，决遂，执张弓，不胜者皆袭，说决拾，郤左手，右加弛弓于其上，遂以执附，揖如始升射。及阶，胜者先升，升堂少右，不胜者进北面坐，取丰上之觯，立，卒觯，坐奠于丰下。兴揖，不胜者先降。'是饮射爵之时揖让升降也。"（《注疏》）

觉悟之人，有所争，有所不争，争与不争，所凭者义。既非沉空滞寂，消积厌世，一切无争者所能比，亦非市井之徒，逞意气、满私欲、泄私愤之争者所能比也。如射箭，"射者，争中正鹄而已"。争而不争，不争而争，两边不滞，逼入中道！孔子的这种教授法，与释迦牟尼佛的《金刚经》不着有、不滞空，逼入中道有何区别？

第八章

3.8　子夏问曰："'巧笑倩兮，美目盼兮，素以为绚兮。'何谓也？"子曰："绘事后素。"曰："礼后乎？"子曰："起予者商也！始可与言《诗》已矣。"

【译】

子夏读诗，读到"美好的笑容，脸颊上透射着朝霞般的片片红晕，水汪汪的大眼睛忽闪忽闪，似碧玉般晶莹闪亮的秋波，本真天然的好颜色，正好把它作为绚丽多彩的美画图"时，不能理解诗中所表达的意境，请教老师："这几句诗究竟要表达什么意思呢？"

孔子答道："绘画的美，只能在以自然为标尺的审度之后，才能得出结论。"

子夏又问："礼也是前人对人类本然天真的应然之行观察研究之后，才逐渐制定吧？"

孔子说："启发我思考的是你卜商啊，可以跟你一起讨论诗中的喻义了。"

【释】

巧笑　美好的笑。

倩　许慎："东方色也。"（《说文》）

邢昺："好口辅也。"（《注疏》）

东方色，就是太阳初升时东方天边的那种鲜红那种鲜艳；口辅，就是颧骨至口角处的肉。综合起来，就是指那红红的脸蛋：那种红润，那种鲜艳，就像初升太阳时东方天边的云彩。

盼　邢昺："目黑白分也。"（《注疏》）

马融："盼，动目貌。"（《集解》）

王筠："目，白黑分也。"（清·王筠《说文句读》）

"盼"这个字在这里指的是黑白分明的、水汪汪的、明亮的大眼睛在不断地流转着。

素　毛亨："素，白也。"（《毛诗传》）

李格非："本色的生帛。"（李格非《汉语大字典》）

高诱："素，性也"，又说："素，朴也。"（《淮南子·注》）

素，就是本色的、天然的、原始的、朴素的，没有经过人为雕饰的。

这一章，通过师生问答，从诗悟礼，将礼的本质特征活脱脱地和盘托出。

我们先放下理性思考，放下紧张的学习气氛，一起来看一段轻松的电视剧。

一个有艺术天赋的学生，正在读《诗经》。他读的是情诗。这首情诗说一个青年男子，正在用诗的语言，赞美一位他心仪的美丽动人的姑娘。那诗句说，美丽的姑娘啊，你长得多美丽呀，笑得多好看啊，脸颊红红润润，透着明润的光泽，就像那早上红艳艳的朝霞；你那明亮的大眼睛，黑白分明，水汪汪的，忽闪忽闪，就像那晶莹剔透碧玉般的秋水泛起的微波；你那是天生的丽质，是自然的美啊。赞美着这个天生的佳丽时，突然心中一动：原来一切的美，都是以天生的、自然的为最啊。美丽的姑娘呀，你的美质是天生的、自然的、不假雕琢，最是绚丽多姿，美极妙极！

这个学生，读着这样美丽动人的诗句，心中美滋滋的，畅美极了。这心中一动，似有所思，若有所悟，但拿捏不定，他缓缓地抬起了头，眼神有点迷离，慢条斯理地向先生请教："先生，这几句诗，好深啊，好像不仅仅是赞美他眼前的那个美丽的姑娘那么简单？"

先生接过学生递来的书，看了看，略一沉吟，高兴地说："美丽的画卷，都是艺术家们对他准备要画的图画，经过心中与天生自然之类的这个本真的标杆，度量之后的结果。"

学生似乎一下子就明白了。赶紧说："先生，难道礼所制定的这些方方面面的行为规范，也是人类本然天真的应然之行吗？"

先生高兴得几乎跳了起来，快乐地说："能够启发我的人，就是你啊，卜商！我们可以一起探索《诗经》中的喻义了。"

先生与学生同时将椅子向对方移了移，坐得更近了，叽里咕噜，说个不停。

第九章

3.9 子曰："夏礼，吾能言之，杞不足征也；殷礼，吾能言之，宋不足征也。文献不足故也。足，吾则能征之矣。"

【译】

孔子说："夏朝的礼，我能够说明白，但是夏朝的子孙杞人，不能为我所说的夏礼做出证明；殷朝的礼，我能够说明白，但是殷朝的子孙宋人，不能为我所说的殷礼做出证明。这是因为杞国和宋国保留下来的历史文献资料和能表里如一地依礼而行的贤者都太少了的缘故。如果历史文献资料充足能表里如一地依礼而行的贤者多，我就能充分地说明夏礼殷礼之所以然了。"

【释】

杞、宋 "武王克殷，下车而封夏后氏之后于杞，封殷之后于宋"。(《乐记》) 杞，故址在今河南杞县。宋，故址在今河南商丘。

征 "征，证也。"(《广韵》)

包咸："征，成也。"(《集解》)

文 邢昺："文，典籍也。"(《注疏》)

献 郑玄："献，犹贤也。"(《集解》)

邢昺："献，贤也。"(《注疏》)

这一章，征之现代中国，就容易理解。比如说，我们常讲，中国为礼仪之邦。但是，我们现在还看得到礼仪的影子吗？2006年下半年，我在北京师范大学与一位老教授谈及礼的事。他老人家告诉我，前几年我们孔子学会在山东祭祀孔子时，连祭孔的礼仪都不知道了，没办法，只得派专人去韩国学习。这与孔子当年说"夏礼，吾能言之，杞不足征也；殷礼，吾能言之，宋不足征也，文献不足故也。足，吾则能征之矣"的情形何其相似。我们虽是礼仪之邦，哪里还有遵礼行礼的贤者啊，哪里还有遵礼行礼的人来为我们证明我们是礼仪之邦啊！古今一脉，读之不禁为之忧心。

第十章

3.10 子曰:"禘自既灌而往者,吾不欲观之矣。"

【译】

孔子说:"鲁国的禘礼,自献上香甜的美食,用圭瓒酌香草酿的鬯酒,灌于太祖之后,我就不想再观他们的禘礼了。"

【释】

禘 "禘,大祭也。"(《尔雅·释天》)

赵伯循:"禘,王者之大祭也。王者既立始祖之庙,又推始祖所自出之帝,祀之于始祖之庙,而以始祖配之也。成王以周公有大勋劳,赐鲁重祭。故得禘于周公之庙,以文王为所出之帝,而周公配之,然非礼矣。"(《集注》)

这是鲁国有禘礼的缘由。

既 杨润根:"本意是指芳香四溢的小食品。……,《说文》:'既,即食也。'……这里作为名词,意指向上帝敬献的芳香食品。"(《发现论语》)

灌 郑玄:"灌,谓以圭瓒酌鬯,始献神也。"(《论语郑注》)

孔安国:"灌者,酌郁鬯灌于太祖,以降神也。"(《集解》)

皇侃:"灌者,献也。酌郁鬯酒,献尸,灌地,以求神也。"(《义疏》)

往 皇侃:"往,犹后也。"(《义疏》)

不欲观 孔安国:"既灌之后,列尊卑,序昭穆。而鲁逆祀,跻僖公,乱昭穆,故不欲观之。"(《集解》)

鲁僖公与鲁闵公都是鲁庄公的儿子,僖公庶出而年长,闵公虽嫡出却年幼。庄公逝后,立闵公为君,僖公佐之。不料闵公寿促,僖公又继立为君。僖公逝后,鲁又立僖公的儿子为文公。在宗庙陈列神主位置的时候,鲁国的宗人夏父弗忌,巧言令色说动了文公,将僖公的神主之位列在了闵公神位之上,这就是孔安国所说的逆祀的由来。(参见《义疏》《注疏》)

刘宝楠说求之《礼经》,参以诸儒之说,认为有两种可能性:

其一,鲁国因周公旦的伟大功勋,周成王特赐鲁国可在周公庙举行禘礼,但后来将禘礼用到了其他鲁公的家庙,所以孔子不欲观。

其二,因为禘礼自荐血腥开始,而灌却是在荐血腥的前面,因此可以

说既、灌的时候还不是正式的禘礼，所以孔子自既、灌而往不欲观。（参《正义》）

庄述祖说："宗庙有灌，天子诸侯之礼同也。明堂位季夏六月，以禘礼祀周公于太庙，郁尊用黄目，灌用玉瓒大圭，《效特牲》曰：'黄目，郁气之上尊也，'郑注：黄目，黄彝也，周所造于诸侯为上也。"（清·庄述祖《论语别记》）

灌用黄彝，是诸侯所用之礼，合于礼也，尚有可观。自"既、灌"之后，至迎牲、朝践再献之时，则如周天子兼用四代之礼，是违于礼，是僭越，所以孔子不想看下去了。

第十一章

3.11 或问禘之说。子曰："不知也，知其说者之于天下也，其如示诸斯乎！"指其掌。

【译】

有人（认为孔子这么重视禘礼，必有其深刻的原因在，所以）向孔子请教关于禘祀的深奥之理。孔子说："我不知道。如果知道明白了关于禘祀的深奥之理的人，那他对于天下的事，就没有不像看这里一样的清楚明白啊！"孔子一边说着，还一边用自己的手指着另一只手的手掌心。

【释】

说　杨润根："说法，学说，观点，理论。"（《发现论语》）

这个"说法"当为"讨个说法"的"说法"，如电影《秋菊打官司》中的秋菊，一定要讨个说法。那秋菊所谓的讨个说法，不就是要求个说服她的理由吗？不就是要讨个能将她说得口服心服的道理来吗？所以，这里的这个"说"字，其实就是要孔子讲出他老人家那么样尊重禘礼的原因，或者说为什么那么样的尊重禘礼？既然是孔子重视禘礼的根本原因，那不就是禘礼的内在根据吗？

不知　孔安国："答以不知者，为鲁讳。"（《集解》）

皇侃："臣为国讳恶，则是礼也。"（《义疏》）

刘宝楠："孔子讳，即逆祀之事。"（《正义》）

孔子之不知，我们不能仅仅把它理解为"为鲁讳"。从孔子的回答可以看出知禘礼之说者，对于天下之理、天下之事的了解，就如同看自己的手掌一样简单容易。从这里还可以看出孔子的境界，若不是一个明明德之人，怎么能达到这种知呢？所以我们完全有理由认为这种知是一种明心达本之知，是一种大彻大悟之知，是一种见不见之知，是一种识得本来面目之知，是一种归无所得之知。有人"问禘"之说，如果你答曰知，则早已不是归无所得之"得"、见不见之"见"、知无所"知"之知了。所以真正的知者，就一定不会答曰"知"。这个不知的回答非常重要，是识别真知假知的试金石。像现在有的人，开口就说，我不起心，我不动念，我不分别，我不执着。这是证道者的境界，是明了明德的人的境界，是真知者的境界。这等于是向世人宣布我是真知者，我是圣者，我是贤者。这种人与孔子相比，谁真谁假？不是一目了然吗？

指其掌 包咸："孔子谓或人言知禘礼之说者，于天下之事，如指示掌中之物，言其易了。"（《集解》）

朱熹："先王报本追远之意，莫深于禘。非仁孝诚敬之至，不足以与此，非或人之所及也。而不王不禘之法，又鲁之所当讳者，故以不知答之。示，与视同。指其掌，弟子记夫子言此而自指其掌，言其明且易也。盖知禘之说，则理无不明，诚无不格，而治天下不难矣。圣人于此，岂真有所不知也哉？"（《集注》）

关于"或问禘礼之说"的说，从《集解》《义疏》到《正义》来看，是指禘礼之事。直言之，就是关于禘礼的具体程序行为准则之类。既然"禘礼之说"是指禘礼具体的程序行为准则之类，那为什么会有知其说者之于天下也，如示诸掌呢？

显然，"或问禘礼之说"的"说"，不是指禘礼的具体程序行为准则之类的规定性事项，而是禘礼背后那深奥的理体，也就是通过禘礼远追先祖的礼仪形式，使人们在参与禘礼的过程中，进入一种极端的仁孝诚敬的意识状态，从而让人们在那样的意识状态中"格物至知"，从而达到"物无不格知无不至"的目的。所以，不合禘礼仪则的禘礼，孔子不欲观。

孔子很少讲天道与性命的事。司马迁说："是以孔子论六经，纪异而说不书。至天道命，不传；传其人，不待告；告非其人，虽言不著。"（《史记·天官书》）

张守节著《史记正义》，对《天官书》解释说："待，须也。言天道性命，忽有志事，可传授之则传，其大指微妙，自在天性，不须深告语也。"（唐·张守节《史记正义》）

从这里我们可以看出孔子不是不去讲天道与性命，而是其"大旨微妙",非其人,讲亦无益;是其人,则不讲亦能从喻义中领悟。况此微妙之大旨,它离言说相,离文字相,离心行相,孔子又怎么能讲,孔门弟子又怎么能得而闻呢?但是孔子不是没有传,而是传了,就是在上章至后面几章传的,而且传得惟妙惟肖,将其皮肉血脉骨髓都和盘托出来了!

第十二章

3.12　祭如在,祭神如神在。子曰:"吾不与祭,如不祭。"

【译】

孔子在祭祀的时候,就等于他所祭祀的对象真实存在一样,如临深渊,如履薄冰,战战兢兢,诚惶诚恐,竭诚至敬!比如说祭祀天地间的神灵时,就等于所祭祀的神灵是一种真实的存在,如临深渊,如履薄冰,战战兢兢,诚惶诚恐,至诚至敬!所以,孔子说:"如果我不能够亲自参与祭祀而请人代替我参与祭祀的话,则与我没有去祭祀没有两样。"

【释】

祭如在　孔安国:"言事死如事生。"(《集解》)

皇侃:"祭如在,祭人鬼也。人子奉亲,事死如事生,是如在也。"(《义疏》)

邢昺:"'祭如在'者,谓祭宗庙必致其敬,如其亲存。"(《注疏》)

朱熹引程子说:"祭,祭先祖也。"(《集注》)

祭神如神在

在　孔安国"谓祭百神。"(《集解》)

邢昺:"百神谓宗庙之外皆是。言百神,举成数。"(《注疏》)

朱熹引程子:"祭神,祭外神也。"(《集注》)

"祭如在,祭神如神在",古今解读相同,都认为是祭祖先和宗庙之外的所有神灵,包括天地山川、日月星辰。这种解读当然是对的。因为就祭祀之事而言,无非宗庙之内的先灵与宗庙之外的神祇。但我们从另外一个角度来看,也可以做另外的理解,也就是说,"祭如在"是虚指,是专就祭祀这件事而言,而第二句却是实指,是举实例来说明第一句。

吾不与祭,如不祭

与　《旧唐书·司马周传》引文"与"字作"预"。(《集释》)

包咸:"孔子或出或病,而不自亲祭,使摄者为之,不致肃敬于心,与不祭同。"(《集解》)

朱熹："言己当祭之时，或有故不得与，而使他人摄之，则不得致其如在之诚。故虽已祭，而此心缺然，如未尝祭也。范氏曰：'君子之祭，七日戒，三日斋，必见所祭者，诚之至也。是故郊则天神格，庙则人鬼享，皆由己以致之也。有其诚则有其神，无其诚则无其神，可不谨乎？吾不与祭如不祭，诚为实，礼为虚也。'"（《集注》）

董仲舒："祭之为言际也与？祭然后能见不见，见不见之见者，然后知天命鬼神。……故圣人于鬼神也，畏之而不敢欺也，信之而不独任，事之而不专恃。"（《春秋繁露·祭义第七十六》）

孔子的宗教思想全部体现在孔子对祭祀的重视，对礼乐的重视。如本篇，"祭如在，祭神如神在"，你正在祭的对象，在不在你的心里，如果在，你就是在祭，如果不在，你哪里又祭了啊。如果说你祭的是某一尊神，那么你祭的这一尊神在你的心里吗？如果在，你所祭的神正在受享，如果不在，你所祭的神，又怎么能接受到你的祭祀呢？"吾不与祭，如不祭"，所以，如果自己有事，不能参与祭祀，那么就不祭吧，何必又请人代替你去祭呢！这是能代得了的吗？

这就是孔子的宗教情怀，盖天道性命，大旨微妙，不能靠言说来传授。所以，子贡说"夫子之言性与天道，不可得而闻也。""不可得而闻"，就是说天不能从言说而得闻知。那么孔子又是如何将此微妙的大旨传下去的呢？那就是礼，就是祭礼。所以孔子重祭，让人们在祭中获知天道与性命或天命。在参与祭祀时，如何才能获得这微妙大旨呢？这是一个十分重要的问题，这个问题搞清楚了，孔子布道的任务就完成了。我们读《论语》的大用也就会现前了。

第十三章

3.13 王孙贾问曰："'与其媚于奥，宁媚于灶。'何谓也？"子曰："不然。获罪于天，无所祷也。"

【译】

卫国的大臣王孙贾问孔子道："'与其巴结取悦家神，还不如巴结取悦灶神。'这句话讲的是什么意思啊？"孔子说："这句俚语说的道理不对，埋没天理良心，犯下了罪恶，是没有什么神可以成为他祈祷求福的神。"

【释】

王孙贾 卫灵公的执政大臣。

孔安国："王孙贾，卫大夫。奥，内也。以喻近臣。灶，以喻执政。贾，执政者，欲使孔子求昵之，微以世俗之言感动之也。"（《集解》）

媚 张自烈："媚，诏媚。又亲顺也。"（明·张自烈《正字通》）

奥 堂屋神，主堂室居处之事，实为一家之主神。为一家之尊，居西南屋。（《礼记·祭法》）

灶 灶神，主饮食之事，为厨房之主神。（《礼记·祭法》）

天 朱熹："天，即理也。"（《集注》）

孔安国："天，以喻君。孔子拒之曰：如获罪于天，无所祷于众神。"（《集解》）

朱熹说："天，即理也；其尊无对，非奥、灶之可比也。逆理，则获罪于天矣，岂媚于奥、灶所能祷而免乎？言但当顺理，非特不当媚灶，亦不可媚于奥也。谢氏曰：'圣人之言，逊而不迫。使王孙贾而知此意，不为无益；使其不知，亦非所以取祸。'"（《集注》）

孔子尊重当时流行的祖先崇拜，尊重天道信仰。但孔子的尊重与后世的迷信完全不同，与后世的宗教信仰也不相同，与后来的舶来品——洋教，更不相同。所以我说孔子是一个觉者，一个大觉者，是人性解放论的先驱。仔细品味"获罪于天，无所祷也"，可知我此言不虚。

祈祷先灵，其目的何在？祈祷诸神，其目的又何在？不是为了求得先灵的庇佑、求得诸神的庇佑吗？

但是孔子说："获罪于天，无所祷也。"也就是说，你如果违背了自然而然、本然如是、天性自然（客观存在、客观事实）之类的这个东西，你违背了天性自然，你就是犯了罪，你就没有什么可祷求的了，谁也庇佑不了你。无论是你的先灵还是你所祷求的神，都不能庇佑你。所以，孔子在《易传》里说："自作孽，不可违。"所以我们要多行善事，自求多福。当然这里的多行善事的善，是指天性自然之事，也不是要去多行善事，只要你有一个为了自求多福而去多行善事的心，你的所作所为，就已经不是天性自然之善了，就已经获罪于天了。当然这是就天道层面所说，若就事论事，则也无所谓获罪不获罪了。

当代学者董子竹写过一部《论语正裁》。他对这一章的解释，我们可以参考。他说："什么是天，天本无天，显象于心，便有了天。'天'就是我'在'。我无心讨好谁,你非教我违心去做,便是'媚',便是自欺。凡'媚',凡自欺,必'获罪于天'。任何祈祷都无用。

"'天'便是你的'好好色''恶恶臭',是你的'良知'。天便是'在'。

"岳飞明知撤兵会使灭金的北伐大业功亏一篑,却非要为一个'忠'字,返回杭州去满足皇帝和宰相的无理要求,天便不饶他,非杀他不可。岳飞你获罪于天,无所祷也。

"'天'太虚无缥缈了。不,天很具体,那就是实事求是,就是'在'。"(董子竹《论语正裁》)

第十四章

3.14 子曰:"周监于二代,郁郁乎文哉!吾从周。"

【译】

孔子说:"周礼是在夏、商两代的礼仪制度的基础上增减而形成的,无论是外在的形式还是内在的本质,都是十分完备的。所以,我遵从周礼。"

【释】

周 周代。

监 孔安国:"监,视也。"(《集解》)

"视也",引申义,本义为盛水的盆,盆中盛水,所以能照视。如"古人有言曰:'人无于水监,当于民监。'"(《尚书·无逸》)"监"这一义项,后写作"鉴",并引申为借鉴的意思。

二代 夏、商两代。

郁郁 "文盛貌。"(《康熙字典》)

郁,通"馥郁"的郁。指芳草浓烈的香气。屈原:"纷郁郁其远蒸兮,满内而外扬。"(《楚辞·九章·思美人》)

这一章,是孔子赞周礼之完备。

班固:"王者必因前王之礼,顺时施宜,有所损益……周监于二代,礼文尤具,事为之制,典为之防。故称'礼仪三百,威仪三千'。孔子美之曰:'郁郁乎文哉,吾从周。'"(《汉书·礼乐志》)

李炳南说:"三代礼文既以周礼最为完备,则'郁郁'二字,自然包含礼的本质与条文,两者兼备,而相平衡。也就是文质彬彬之意。文与质平衡，无过，亦无不及，就是恰到好处的中庸之道。所以孔子赞美周礼之后，即说：'吾从周。'《礼记·中庸》亦记孔子的话说：'吾学周礼，今用之，吾从周。'孔子的意思，就是说：'我办政治，即从周礼，依中道而行。'"（《论语讲要》）

第十五章

3.15 子入太庙，每事问。或曰："孰谓鄹人之子知礼乎？入太庙。每事问。"子闻之，曰："是礼也。"

【译】

孔子到鲁国的祖庙，常常有问题要问祖庙精通祭礼的工作人员。所以鲁国就有人说："谁说陬邑叔梁纥的儿子精通礼啊？他到了祖庙，还常常有问题要问。"这句话传到了孔子的耳朵里，孔子说："这种不懂就问的问，正是礼的要求。"

【释】

太庙 包咸："太庙，周公庙。"（《集解》）

每事 一般理解为每件事。孔子勤于学礼、习礼，他进入太庙，每件事都要问，未必符合实际。所以这个"事"字，不能作名词而应作动词。如侍奉、奉行、从事之类。以侍奉而言，如"事父母，能竭其力；事君能致其身"（《学而》）。以奉行、从事而言，则如"回虽不敏，请事斯语矣"（《颜渊》），又如"今管仲不务遵主明法，而事增宠益爵"（《韩非子·难一》）。因此，事，可以理解为行，为从事，为正在进行。"每事问"就是每每遇有不懂的地方就向精通祭礼的太庙管理人员询问。

鄹人 孔安国："鄹，孔子父叔梁纥所治邑。"（《集解》）

此处称孔子为鄹人，有轻蔑意。

是 代词，代"每事问"。

这一章，从孔子"入太庙每事问"入题，说明孔子对礼的重视及其对知的态度。

就对礼的重视而言，如刘宝楠说："鲁祭太庙，用四代礼乐，多不经见，故夫子每事问之，以示审慎。"（《正义》）

董仲舒说："孔子入太庙，每事问，慎之至也。"（《春秋繁露·效事对》）

由此可见孔子对礼的谨慎对礼的审慎。试设想，若不是对礼的特别尊重，特别慎重，特别重视，又怎么能够做得到"入太庙，每事问"呢？

就对知的态度而言，我们在前面说孔子是一个学而之人、悟道之人，是一个明了明德的人，是一个明了心、见了性的人。在一般的人的眼里，认为一个悟了道的人，必然全智全能，不学而知，不练而成。而实际的情况是：所谓悟道，所谓明心见性，所谓大彻大悟，只不过是开启了根本智而已。对世间的一切事理的真知，是决定要通过学习而知，通过锻炼而获得。所以孔门的弟子们特意将孔子入太庙每事问的这种好学敏求的实例，收录在这里。意在让人明白，对于世间的知识学问能力，必须通过努力学习，不断锤炼。而不是一悟便休，一悟便得。即使圣如孔子，也不是不学而知，就像祭礼这类常见常用之礼，孔子都要经过"入太庙，每事问"的学习锤炼才能获得，才能娴熟掌握。何况是我们这些智力平常的普通人呢！

第十六章

3.16 子曰："射不主皮，为力不同科，古之道也。"

【译】

孔子说："射礼的重心不是放在你是否射穿皮革为鹄的的靶心这种技巧与体能上，（而是在乎你是否一心一意地对待射这件事的本身），因为练习射击技巧与射击的体能力量不尽相同。这是古代射礼的核心精神。"

【释】

射 射礼。邢昺："古者射礼，张布为侯，而栖熊虎豹之皮于中而射之。射有五善焉，不但以中皮为善，亦兼取礼乐容节也。周衰礼废，射者无复礼容，但以主皮为善，故孔子抑之云：'古之射者不主皮也。'"（《注疏》）

皮 靶的中心，用虎皮、豹皮、熊皮、麋皮制成。大约王举行的大射礼，则用熊侯、虎侯、豹侯三种靶，设其鹄（正中间一小块方正的皮）。诸侯举行大射礼，则共熊侯、豹侯二种靶，卿大夫则共麋侯一种靶，皆设其鹄。（出自《周礼·天官》）

"主皮"，就是说重点放在射穿皮革这件事上。

为力 杨润根："运用身体的力量，以一定的方法与技巧使身体的力量发挥出来。"（《发现论语》）

科 皇侃："科，品也。"（《义疏》）

朱熹："科，等也。"（《集注》）

射，是一种礼，一种普遍施行的礼。王有王者的射礼，诸侯有诸侯的射礼，卿大夫有卿大夫的射礼，乡下普通老百姓有普通老百姓的射礼。箭，既是古人的生产工具，也是古人的战争武器。所以射箭就成了人们的必修课。

作为生产劳动的射，我们一定是尚力的，一定是主皮的。作为战争的射，那更是要尚力，要主皮的。那么古之射道，为什么不主皮呢？

我们先回到刚才讲过的祭礼上来。我们说祭礼的重点是让人们通过祭礼，进入天人合一、天人一体、神人一体的境界。那么射礼呢？

马融说："射有五善焉：一曰和志，体和。二曰和容，有容仪。三曰主皮，能中质。四曰和颂，合《雅》《颂》。五曰兴武，与舞同。天子三侯，以熊虎豹皮为之，言射者不但以中皮为善，亦兼取和容也。"（《集解》）

我们先不说射有五善，但说"射者不但以中皮为善，亦兼取和容也"。在这里，马融的解读显然不符合古礼原条文的精神。古礼原条文明明说"不主皮"，而这里则解读为主皮兼主和容，与"不主皮"相冲突，所以我们不取。

再看射有五善，"一曰和志"，和志者，用志不分，用心专一。"二曰和容"，身体调和，容仪整肃。"三曰主皮"，身体调和，心志专注，身能发力无穷而贯革。"四曰和颂，合《雅》《颂》。五曰兴武，与舞同"，说明人们通过射礼本身的要求，达到了身心调和、形神统一的无我无人境界。所以身能随着《雅》《颂》等天籁之音，翩翩起舞。

所以"射不主皮"而"主身心调和，形神统一"，或者说，"射主无我"。

第十七章

3.17 子贡欲去告朔之饩羊。子曰："赐也！尔爱其羊，我爱其礼。"

【译】

子贡想要减去每月初一举行"告朔"之礼时要杀一只活羊为牺牲的仪规。孔子说："子贡呀，你心疼的是作为牺牲的那只羊，我关注的是'告朔'之礼的本身。"

【释】

告朔 朔，每月的第一天，每个月的初一。郑玄："天子颁朔于诸侯，诸侯藏之祖庙，至朔朝于庙，告而受行之。"（《集解》）

何休："礼，诸侯受十二月朔政于天子，藏于太祖庙，每月朔，朝庙，使大夫南面奉天子，君北面而受之。"（汉·何休《公羊传注》）

周天子在每年的十二月，将来年的历书，颁给诸侯王，诸侯王接受历书以后，将之藏在太庙里。自来年新正的初一起，每月的初一，都要在太庙里，供一只活羊，然后祭告于太庙，然后上朝奉行，同时也是让百姓知所遵行。古时候的历书，是按照来年的二十四节气。在每个节气要做的政事、家事与农事都详细地记载在书中，这称之为朔政，又叫月令书，意思是这些事情都是上天的命令。

饩羊 郑玄："牲生曰饩。"（《集解》）

牲生，就是活的牺牲。

邢昺："云'牲生曰饩'者，僖三十三年《左传》曰：'饩牵竭矣。'饩与牵相对，牵是牲，可牵行，则饩是已杀，杀又非熟，故解者以为腥曰饩，谓生肉未煮者也。其实饩亦是生。哀二十四年《左传》云：'晋师乃还。饩臧石牛。'是以生牛赐之也。此及《聘礼》注皆云牲生曰饩，由不与牵相对，故为生也。"（《注疏》）

这一章事出有因，《春秋》记载：鲁文公六年，闰月不告朔，文公十六年，又因为病了，有四次没有视朔。文公之后，鲁君告朔之礼，逐渐荒废。告朔之礼虽废，但由有司所送的用于告饩的羊还是按时送达。所以才有孔子师生的这一番议论。

我们要想弄明白孔子爱其礼，就必须先明白告朔之礼的地位与作用。杜预说："人君者，设官分职以为民极，远细事以全委任之责，纵诸下以尽知力之用，成败以效能否，执八柄以明诛赏，故自非机事，皆委任焉。诚信足以相感，事实尽而不拥，故受位居职者思效忠善，日夜自进而无所顾忌也。天下之细事无数，一日二日万端，人君之明有所不照，人君之力有所不堪，则不得不借问近习，有时而用之。如此，则六乡六遂之长，虽躬履此事，躬造此官，当皆移听于内官，回心于左右。政之秕乱，常必由此。圣人知其不可，故简其节，敬其事，因月朔朝庙，迁坐正位，会群吏而听大政。考其所行而决其烦疑，非徒议将然也。乃所以考已然，又恶其审听之乱公也，故显众以断之，是以上下交泰，官人以理，万民以察，天下以治也。每月之朔，必朝于庙，因听政事。事敬而礼成，以故告饩羊。然则朝庙、朝正、告朔、视朔皆同日之事，所从言异耳。"（三国·杜预《春秋释例》）

告朔之礼既然如此重要，当然不可以废。所以孔子爱其礼，这叫两害相权取其轻，此其一。再者，朔政，来自天命，受之天子，月月而行，心存天命，心存天子，则敬畏之心常存，诚信之道不灭，天人合一，君臣一心，则民命常新矣。此亲民之大道，何以能废之，此孔子爱其告朔之礼之由也，又不可不知。

第十八章

3.18 子曰："事君尽礼，人以为谄也。"

【译】

孔子说："按照侍奉君主的礼节，尽心尽力地侍奉君主，一般的人却认为是谄媚。"

【释】

孔安国："时事君者多无礼，故以有礼者为谄。"（《集解》）

朱熹引黄氏："孔子于事君之礼，非有所加也，如是而后尽尔。时人不能，反以为谄。故孔子言之，以明礼之当然也。"又引程子说："圣人事君尽礼，当时以为谄。若他人言之，必曰我事君尽礼，小人以为谄，而孔子之言止于如此。圣人道大德宏，此亦可见。"（《集注》）

圣人举事，只问义之所当为；只问是否尽了心尽了力，是否对得起自己的责任心，而不去问也不去管世人的看法世人的说法。比如说臣下侍奉君主，只要按照臣下侍奉君主的礼节，尽心尽力地去侍奉君主，对得起自己的良心、自己的责任心就好了。至于别人说我谄媚，还是说我知礼行礼，这都不重要。究其实，他人对我的毁誉都与我无关系，这就是圣人，这就是定心，就是定力，就是不为境迁、不被境转，就是一切事究竟坚固，就是大定大用现前啊！

第十九章

3.19 定公问："君使臣，臣事君，如之何？"孔子对曰："君使臣以礼，臣事君以忠。"

【译】

鲁国的君王定公向孔子问道:"国君任命臣下的行政职务,担任行政职务的臣下,应当对君王的委任负责。这样的为政制度可以吗?"孔子恭敬地回答说:"(这样的行政制度当然可行,不过我以为)君王任命臣下的行政职务,必以德才是否能胜任为原则,臣下履行其职责时,一定要忠于自己的职权而实事求是地践履职责。"

【释】

定公 鲁国国君,在位十五年(公元前509—前495),鲁昭公的弟弟,继昭公的王位。

君 国王。

使 杨润根:"它的本意是公正地、不偏不倚地行使职权并主持正义的人及其活动。《说文》:'使,伶也。'因此把官职('吏')任命给人(亻),或让人(亻)来担任官职('吏')这应是'使'的应有之义。当然,'使'仍然显示了我们古代那个理性与理想主义的文化特征,因为'吏'指的是始终如一、不偏不倚的持中者,或始终如一的按照不偏不倚的公平正义的原则行事的人。"(《发现论语》)

臣 在国家政治舞台上的各级管理人员。

礼 这里指符合客观实际的中道精神。

事 杨润根:"作为动词就是指从事职业并对之尽职尽责。如果它有服从的意义的话,那也是服从自己的职责而已。"(《发现论语》)

这一章,说明君臣之道即执中之道、用中之道,"君使臣以礼"以中和之道也;"臣事君以忠",亦以中和之道也。

第二十章

3.20 子曰:"《关雎》,乐而不淫,哀而不伤。"

【译】

孔子说:"《诗经》中的《关雎》这一首诗,它所表达的爱情观是:愉悦快乐而不淫乱放荡,哀悯而不苦痛。"

【释】

《关雎》 《诗经》第一篇:关关雎鸠,在河之洲。窈窕淑女,君子好逑。参差荇菜,左右流之。窈窕淑女,寤寐求之。求之不得,寤寐思服。悠哉悠哉,辗转反侧。参差荇菜,左右采之。窈窕淑女,琴瑟友之。

参差荇菜，左右芼之。窈窕淑女，钟鼓乐之。

淫 许慎："久雨为淫。"（《说文》）意为太过，这里指放荡、淫乱。

哀 许慎："哀，闵也。"（《说文》）通悯。

这一章，紧接上一章，是打比喻，用爱情来做比喻，也就是说即使你获得了美好的爱情，愉悦快乐，但是也要适可而止啊，不要乐之太过，否则乐极生悲。如果得不到甜美的爱情呢，那当然是一件令人不愉快的事情，但是，即使是令人不愉快的事情。也不要哀伤过度。因为过度的哀伤，会毁了自己的。像对待爱情这样的问题，都要用中道思想以御之，否则将会出现身心伤害的不良后果。这就是礼，就是中道。

第二十一章

3.21 哀公问社于宰我。宰我对曰："夏后氏以松，殷人以柏，周人以栗。"曰："使民战栗。"子闻之，曰："成事不说，遂事不谏，既往不咎。"

【译】

鲁国国君哀公向孔子的学生宰我请教作为国家象征的树的问题。宰我回答说："夏朝选择了长青的松树作为国家的象征，商朝选择了长青的柏树作为国家的象征，而周则选择了栗树作为国家的象征。接着说这意味着周武王是想让周朝的人民像栗树上的栗子一样，在被风吹的时候，战栗不已。"

孔子听说了这件事，就对身边的学生说："已经完成的事，就不要去评议了，大势已成；将无法改变的事，就不要再出言谏阻了；已经过去了的事，就不要再去追究责任了。"

【释】

哀公 鲁国国君，鲁定公之子，在位二十八年。

问社 许慎："社，地主也。"（《说文》）

杨润根："社是由'示'和'土'构成，意为主人在上面作了特殊标记（'示'）的土地（'土'）。"（《发现论语》）

《周礼》上说"二十五家为社，各树其土所宜之木。""其土所宜之木，即社的象征或代表。"问社"，就是问社的象征或代表的社树。

栗 栗树，落叶乔木。也指栗子，即栗子树上结的坚果。

子闻之 钱穆："或说哀公四年亳社灾，哀公之问或在此年。时孔子

犹在陈,故下曰'子闻之'。"(《论语新解》)

谏 许慎:"谏,分别简之也。从束从八,八,分别也。"(《说文》)

"谏",只是分别选择装束,引申为批评、劝阻,如《谏逐客书》。

遂事 朱熹:"遂事,谓事虽未成,而势不能已者。"(《集注》)

孔子为什么认为宰我认为的"周人用栗树作为国家的象征,是崇尚武力,目的是'使民战栗'就错了呢?"究竟错在哪里呢?这是我们不得不思考的问题。

其实,栗子果仁大而纯而坚,且果实繁茂,应该象征周之仁政和仁政的普遍推行。

假如有人要问孔子:"'成事不说,遂事不谏,既往不咎。'何谓也?"相信孔子将答:"是礼也,是'说''谏''咎'之礼也。"我的意思是:"说""谏""咎"是当时的事件,针对当时的事件去进行"说""谏""咎"的时候,首先要考虑的是:还起不起作用,还有没有意义。如果还有作用,还有意义就进行,否则就没有必要,但这绝不是指历史事件。针对历史事件,我们还是要进行"说""谏""咎",我们还是要从历史事件中,获得经验、获得教训、受到启示。

第二十二章

3.22 子曰:"管仲之器小哉!"或曰:"管仲知俭乎?"曰:"管氏有三归,官事不摄,焉得俭?""然则管仲知礼乎?"曰:"邦君树塞门,管氏亦树塞门;邦君为两君之好,有反坫,管氏亦有反坫。管氏而知礼,孰不知礼?"

【译】

(因为管仲成就了齐国的霸主地位,所以有人认为管仲的胸襟气度不凡。)针对这样的社会公论,孔子评论说:"管仲的器量小啊!"有人问道:"管仲知道俭约之道吗?"孔子回答说:"管氏有三处住宅,他的家臣从不兼职,怎么能算得上明白俭约之道呢?""那么管仲明白礼的精神吗?"孔子说:"邦国国君的家宅建有影壁,管仲的家宅也建有影壁,国君为了与其他诸侯国搞好外交关系,在宴会厅按周礼设有放置酒杯之类的高台,管仲的宴会厅也设有放置酒杯之类的高台。如果管仲是懂得礼的精神的话,那还有谁会不懂得礼的精神呢?"

【释】

管仲 管仲夷吾者，颍上人也。少时常与鲍叔牙游，鲍叔牙知其贤。管仲贫困，常欺鲍叔，鲍叔终善遇之，不以为言。后来鲍叔牙事公子小白，管仲事公子纠。及小白立为桓公，公子纠死，管仲囚焉。鲍叔牙遂进管仲。

管仲既用，任政于齐，齐桓公以霸，九合诸侯，一匡天下，管仲之谋也。（《史记·管晏列传》）

器小 器量小。许慎："器，皿也，像器之口，犬所以守之。"（《说文》）犬所守与关心的是什么呢，当然是生存所需。换句话说，孔子认为在管仲的心胸中，只有物质层面的事功，而没有精神层面的表征——礼。心胸中只有物（事功），没有理（礼），所以为器量小。

知俭 杨润根："繁体字为'儉'，由'亻''合'（省）二'口'二'人'构成，其本意是指人们使自己的行为符合人人所赞同和人人所遵从的共同的行为准则。这种人人赞同，人人遵从的共同行为准则，是把每一个单个的人联系在一起并使之构成为一个统一的相互依赖、相互合作的社会的纽带。《说文》：'儉，约也。'不难理解，'约'既具有约定的意义，又具有纽带的意义。'儉'，作为一种人人赞同，人人遵从的行为准则，是把人们联系在一起并使之成为一个和谐的社会的纽带，而且也是人们达到或实现自己幸福的捷径（人们的精力与劳动将不会耗费在相互冲突与纷争之中）。显然'儉'作为人们的一种自觉活动，就是规范自己的行为，节制个人的欲望，使自己的行为符合社会普遍的行为准则，使自己的欲望符合社会普遍的利益与目的。'儉'所要求的是一个有理性的人在社会生活中的充分自制，而这种充分的自制在个人生活方面的表现也就是节制自己过分的享乐与欲望。"（《发现论语》）

三归 包咸："三归，娶三姓女。妇人谓嫁曰归。"（《集解》）

邢昺："礼，大夫虽有妾媵，嫡妻唯娶一姓。今管仲娶三姓之女，故曰有三归。"（《注疏》）

摄 包咸："摄，犹兼也。礼，国君事大，官各有人，大夫兼并。"（《集解》）

邢昺："礼，国君事大，官各有人，大夫虽得有家臣，不得每事立官，当使一官兼摄余事。今管仲家臣备职，奢豪若此，安得为俭也？"（《注疏》）

塞门 在院门之内，房屋大门的正前方，用土或砖石垒成的一道比门宽一点高一点的壁垒，称照壁或影壁。后来大家的大宅院都有影壁之设。

邢昺："邦君，诸侯也。屏，谓之树。人君别内外于门，树屏以蔽塞之。大夫当以帘蔽其位耳。今管仲亦如人君，树屏以塞门也。"（《注疏》）

反坫 郑玄："反坫，反爵之坫，在两楹之间。人君别内外于门，树屏以蔽之。若与邻国为好会，其献酢之礼更酌，酌毕则各反爵于坫上。今管仲皆僭为之，如是，是不知礼。"（转引自《注疏》）

孔子赞赏管仲的事功，如"管仲相桓公，霸诸侯，一匡天下，民到于今受其赐。微管仲，吾其被发左衽矣！岂若匹夫匹妇之为谅也？自经于沟渎而莫之知也！"赞叹管仲的贤智，如"桓公九合诸侯，不以兵车，管仲之力也。如其仁，如其仁！"但却批评管仲不知礼。

从这里，我们可以得到一些启示，那就是：圣人处事，实事求是，一是一，二是二，绝不文过饰非。如管仲，以其智能，不用武力，令天下安定数百年，当赞则赞，所以孔子有两次盛赞管仲安定天下的功德。个人生活，因其功大而不能自牧，行有违礼，当责即责，如本章之责管仲。

第二十三章

3.23 子语鲁大师乐。曰："乐其可知也：始作，翕如也；从之，纯如也，皦如也，绎如也，以成。"

【译】

孔子告诉鲁国的乐官太师，说："古乐是可以知晓的。当乐章刚开始的时候，旋律弛张有度，恰到好处。五音之间，步调一致，协调统一。放开音律，让音律自然奔泻，乐音与天地自然合而为一，纯粹而祥和，乐律清晰而明白，并顺着这清晰明快的乐音。乐音中所要表达的意蕴，自然而然地清楚明白，最后乐音是渐渐地停止了，但其余音仍在慢慢环绕，不绝于耳。"

【释】

语 朱熹："语，告也。"（《集注》）

大师 何晏："大师，乐官名。"（《集解》）

邢昺："大师，乐官名，犹《周礼》之大司乐也。于时鲁国礼乐崩坏，故孔子以正乐之法语之，使知也。"（《注疏》）

纯如 何晏："纯如，和谐也。"（《集解》）

翕如 古之解《论语》者，多谓之盛貌，从音乐的操作实践来看，故然是通的。但《说文》载："翕，起也"。段玉裁说："翕从合者，鸟将起必敛翼也。"（《说文解字注》）

从鸟将起敛翅之敛翅行为必须和谐而又引出"一至、协调"的概念来，如司马迁说："天下翕然，大安殷富。"（《史记·太史公自序》）

从之 何晏："从读曰纵，言五音既发，放纵尽其音声。"（《集解》）这里是说按音律的自然，任其自由而完全地展开。

皦如 何晏："皦如也者，言其音节分明也。"（《集解》）这里是分明、清晰明白的意思。

绎如 许慎："抽丝也。"（《说文》）

朱熹："绎，寻绎也。"（朱熹《诗集传》）

据此，"绎"引出头绪，寻求分析的。因此又可引申出如朱熹："相续不绝。"（《集注》）

"绎如"，乐音渐渐停止，余音相续不绝。

美好的乐音，必然是旋律弛张有度，恰到好处，自然奔放，与天地浑然为一。也就是说好的乐音，必然是不违本真，是符合中和之道的乐音。

释迦牟尼佛久修不能悟道，后得天人指点：弹琴时琴弦需弛张有度，恰到好处，方能发出美妙的乐音而调整身心，终悟大道。

孔子此说，值得深思。

第二十四章

3.24 仪封人请见。曰："君子之至于斯也，吾未尝不得见也。"从者见之。出曰："二三子何患于丧乎？天下之无道也久矣，天将以夫子为木铎。"

【译】

孔子一行人来到了卫国仪邑这个地方，卫国仪邑的行政长官，请求孔子的随从弟子替他们转达他们想要拜见孔子的愿望，并对孔子的随从弟子们说："大德长者经过我们这里，我们还没有不去拜见的。"

孔子的随从弟子向孔子通报，经同意后，引邻卫国仪邑的行政长官拜会孔子。

他们拜会孔子出来后对孔子的弟子们说："你们何必忧患大道会在你们这一代人手里丧亡呢？普天之下，失去'导之以德，济之以礼'的王道政治已经很久了啊。难道民心不是都在希望、在渴盼你们的老师孔老夫子出来重振礼教,行化天下!"

【释】

校 皇本"斯"下"也"字作"者"字。(《义疏》)

"无道"下无"者"字。(《义疏》)

仪封人 郑玄:"仪,盖卫邑。封人,官名。"(《注疏》)

邢昺:"卫国仪邑典封疆之人。"(《注疏》)

典,执掌,主持之义。仪,卫国封地,仪邑。封人,执掌仪邑的行政长官。

请见 请求通报,允许接见。

木铎 孔安国:"木铎,施政教时所振也。言天将命孔子制作法度,以号令于天下。"(《集解》)

邢昺:"礼有金铎、木铎。铎是铃也,其体以金为之,明舌有金、木之异,知木铎,是木舌也。《周礼》教鼓人'以金铎通鼓'。《大司马》:'教振旅,两司马执铎。'《明堂位》云:'振木铎于朝。'是武事振金铎,文事振木铎。此云'木铎,施政教时所振'者,所以振文教是也。"(《注疏》)

本章体现了儒家的天命思想。何谓天?何谓天意?《尚书·皋陶谟》中说:"天聪明,自我民聪明;天明威,自我民明威。"《尚书·泰誓》中说:"天视自我民视,天听自我民听。""民之所欲,天必从之。"很明显,这里的所谓"天",其实就是民;所谓天意,其实就是民意。

管子说:"政之所兴,在顺民心;政之所废,在逆民心。"(《管子·牧民》)孟子说:"桀纣之失天下者,失其民也;失其民者,失其心也。得天下有道:得其民,斯得天下矣。得其民有道:得其心,斯得民矣。"(《孟子·离娄》)这些无一不是说"民心即天心"。

据此,我们认为"天将以夫子为木铎",其实就是天下百姓希望或者说渴盼孔子能重振礼教,使人们过上夜不闭户、路不拾遗、长治久安、安定而悠闲的生活。

第二十五章

3.25 子谓《韶》,"尽美矣,又尽善也"。谓《武》,"尽美矣,未尽善也"。

【译】

孔子在评论舜帝时代所制定的《韶》乐时说,《韶》不仅音律完美到了极致,而所表达的境界也与天地自然浑然一体;评论周武王时代所制定的《武》乐时说,《武》的音律虽然也完美到了极致,但所表达的境界却还不能与天地自然完美地合而为一。

【释】

韶 "《韶》,继也。"(《乐记》)

郑玄:"韶之为言绍也,言舜能继绍尧之德。"(《礼记正义》)

孔安国:"《韶》,舜乐名,谓以圣德受禅,故尽善。"(《集解》)

邢昺:"韶,绍也,德能绍尧,故乐名《韶》。言《韶》乐其声及舞极尽其美,揖让受禅,其圣德又尽善也。"(《注疏》)

武 孔安国:"《武》,武王乐也。以征伐取天下,故未尽善。"(《集解》)

邢昺:"《武》,周武王乐,以武得民心,故名乐曰《武》。言《武》乐音曲及舞容则尽极美矣,然以征伐取天下,不若揖让而得,故其德未尽善也。"(《注疏》)

美 朱熹:"美者,声容之盛。"(《集注》)

善 朱熹:"善者,美之实也。"(《集注》)

孔子的礼乐思想,建立在中道、中和的思想之上。其论乐如前面第二十三章:翕如,纯如,皦如,绎如。当乐章刚开始的时候,旋律弛张有度,恰到好处。五音之间,步调一致,协调统一。放开音律,让音律自然奔泻,乐音与天地自然合而为一,纯粹而祥和,乐律清晰而明白,并顺着这清晰明快的乐音。乐音中所要表达的意蕴,自然而然地清楚明白,最后乐音是渐渐地停止了,但其余音仍在慢慢环绕,不绝于耳。

在这里,"旋律弛张有度,恰到好处……乐音与天地自然合而为一,纯粹而祥和,乐律清晰而明白"。这就是孔子讲的"美";"乐音中所要表达的意蕴"这就是孔子所讲的"善"。舜得天下,由禅让而来,完全符合以中和为体的礼乐精神,所以舜所制定的《韶乐》也是中正祥和,人天一脉。而武王是以武力征伐得到的天下,虽然说是顺民心,从大势,替天行道,救民于水火,但其所制定的《武乐》,终究有点杀伐之气,有杀伐则有死亡,终归有违"天地之大德曰生""生生之谓易"的天地自然之道,有违人与天地本然一体圆融的天人一体之道。所以孔子谓之为"未尽善",

尽善尽美，大道圆成。

第二十六章

3.26 子曰："居上不宽，为礼不敬，临丧不哀，吾何以观之哉？"

【译】

孔子说："地位高的人，如果没有大度宽宏的胸量；举行礼仪的人，如果没有庄敬肃穆的虔诚心态；到了正在举行丧祭的家里去悼念亡者，如果没有哀戚之色，我用什么样的心态去观看这些人和事呢？"

【释】

居上 刘宝楠："'居上'者，言有位者居民上，礼乐所自出也。'为礼''临丧'，并指居上者言之。"（《正义》）

宽 郑玄："度量宽宏。"（《书·皋陶谟·郑玄注》）

董仲舒："为礼不敬则伤行，而民弗尊；居上不宽则伤厚，而民弗亲。"（《春秋繁露·仁义微》）

邢昺说："此章总言礼意。居上位者宽则得众，不宽则失于苛刻；凡为礼事在于庄敬，不敬则失于傲惰。亲临死丧当致其哀，不哀则失于和易。凡此三失，皆非礼意。人或若此不足可观，故曰："吾何以观之哉！"（《注疏》）

"居上不宽"，缺乏的是柔软心，其行必严苛，其心当刻薄。"为礼不敬"，缺乏的是恭敬心，其行必敷衍，其心当因循。"临丧不哀"，缺乏的是同情心，其行必刻板，其心当冷酷。

"居上不宽"的人，其性必刚，难调难伏；"为礼不敬"的人，其性必懒散而难行难行之事；"临丧不哀"的人，其性必枯朽。像这样的人，何时才能有机会契入生命的本真呢？所以孔子狠狠地说："这样的人，我以什么样的理由去观察他们呢？"要知道，孔子是因材施教的祖师爷啊！孔子一生志在"克己复礼"，目的何在？从这一章，我们是不是可以看出些端倪呢？

里仁第四

第一章

4.1 子曰："里仁为美。择不处仁，焉得知？"

【译】

孔子说："居住在仁者所住的高雅之处，是明智的。选择住处而不选仁者所居之地，哪里是有智慧呢？"

【释】

里 许慎："里，居也。"（《说文》）

"里，邑也。"（《尔雅·释诂》）

李贤："里、宅，皆居也。"（唐·李贤《后汉书·张衡传·注》）

"里仁"，就是居住在仁者所居的地方。

郑玄："里者，民之所居也。居于仁者之里，是为善也。"（《义疏》）

择 惠栋："《释名》曰：'宅，择也。择吉处而营之。'是宅有择义。或古文作'宅'训为'择'，亦通。"（清·惠栋《九经古义》）

冯登府："'署宅归仁里'，亦作'宅'字。"（清·冯登府《论语异文考证》）

郑玄："里者，民之所居。居于仁者之里，是为美。求居而不处仁者之里，不得为有知。"（《论语郑注》）

朱熹："里有仁厚之俗为美。择里而不居于是焉，则失其是非之本心，而不得为知矣。"（《集注》）

这一章的要义是什么呢？在未进入主题前，我们先讲一个中国人耳熟能详的故事，那就是孟母三迁的故事。昔孟子少时，父早丧，母仇氏守节。居住之所近于墓，孟子学为丧葬，躄踊痛哭之事。母曰："此非所以居子也。"乃去，舍市，近于屠，孟子学为买卖屠杀之事。母又曰："亦非所以居子也。"继而迁于学宫之旁。每月朔望，官员入文庙，行礼跪拜，揖让进退。孟子见了，一一习记。孟母曰："此真可以居子也。"遂居于此。

为什么孟母要选择仁者所居之地居住呢？这是因为居住环境对人思想行为的形成具有十分重大的影响。早在两千多年前的古代，我们的先圣孔子就已经十分清楚地认识到社会环境与教育的关系。良好的人文环境对人类的成长和生活有着十分重要的意义。个人空间、居住地域、社交圈等环境造就人才，也淹没人才，因为社会环境与一个人，特别是青少年的成长有直接的关系，所以孔子说"里仁为美"，这不能不令我们仰视！

第二章

4.2　子曰："不仁者不可以久处约，不可以长处乐。仁者安仁，知者利仁。"

【译】

孔子说："一个还没有发露仁心的人，是不可能长久地处在贫困的环境里的，也不可能长久地处在快乐的环境里。只有发露了仁心的人，才能安住在真实的境界里；只有具有真实智慧的人，才能合理地运用真实的心，帮助人开发仁心，使人人都能以他人、社会，以及自然为其行为的出发点和目的，从而为人和社会自然带来真实的利益。"

【释】

以　古棣："'以'字当'能'字讲，如《孟子·滕文公》：'大则以王，小则以霸。'"（《孔子批判·下·论语译说》）

约　朱熹："约，穷困也。"（《集注》）

洪兴祖："约，穷也。"（宋·洪兴祖《楚辞补注》）

利　杨润根："本意是锋利的快速有效的耕作工具为人类幸福的安居乐业的生活所创造的全部美好的重要条件。《说文》：'利……从刀从和省。《易》曰：'利者'义之和也。'因此，在'利'的引申义之中，它具有利用一切正确合理的途径、方式以便为公共社会创造最大的利益、最大的善、最高的幸福与和谐的意思。"（《发现论语》）

不仁者不可以久处约，不可以长处乐　孔安国："'不可以久处约，'久困则为非也；'不可以长处乐'，必骄佚也。"（《集解》）

一个仁心还没有发露的人，是不可能长久地处在困穷中的。因为他们不明白长久的困穷是自己的业力所至，是自己的努力不够，没有对社会或他人做出过应有的贡献；是自己的洞察力不够，没有抓住机会；是自己没有真实地从心地上下功夫，改过迁善；是自己没有真实地从心地上以他人为自己的行为为出发点和目的。而是认为社会对他不公，人们对他不公，上天对他不公，于是怨天尤人，甚至铤而走险，巧取豪夺。正所谓："饥寒起盗心者也。"

一个仁心还没有发露的人，也不可以长久地处在幸福快乐的环境中。因为他们不明白，他这种幸福与快乐，不是自己从心地上以他人和社会为自己行为的出发点和目的，是通过为他人、为社会贡献所获得的应有的享受和自己行为的良好回报。或是前世的善行善缘所引起的果报，而它可能是来自祖业的继承。因而自大起来，我慢起来，自以为是起来，以为自己能力超天，要风即风、要雨即雨，不禁飘飘然起来。这时地心引力对他也不再起作用了。一旦福报享尽，逆境一来，就再也活不下去了，不是跳楼自杀，就是一蹶不振，从此再也站不起来了。

只有一个仁心发露出来了的人，才能够真正地安住在这种真实的境界里，不仅"乐"可以久处，"约"也可以久处。因为他们深知"乐"自有乐的因缘，"约"也自有约的因缘。因而，即便在"乐"中久处，也不会我慢自大，飘飘然不识东西；在"约"中久处，也不会怨天尤人，铤而走险，巧取豪夺。他们会随遇而安，遇"乐"则安乐，遇"约"则安约，正所谓"穷则独善其身，达则兼济天下"。

一个知识渊博，识见高迈，智慧超群的仁心已经发露了的人，才能够明白，只有使所有的人都将自己的仁心发露了出来，才能使人人都以他人、社会，以及自然为自己行为的出发点和目的，从而一个人人为人人、人人为社会、人人为自然的天人和谐的大同社会，才有可能实现，才能使人类的整体获得解脱，让人人都能享受生命的喜悦，获得生命的自由、生命的自在。

第三章

4.3　子曰："唯仁者能好人，能恶人。"

【译】

孔子说："只有仁心发露了的人，才能够做到公正无私地喜好人，公正无私地厌恶人。"

【释】

好、恶　皇侃："夫仁人不佞，故能言人之好恶，是能好人能恶人

也。"(《义疏》)

邢昺:"唯有仁德者无私于物,故能审人之好恶也。"(《疏证》)

朱熹:"好、恶,皆去声。唯之为言独也。盖无私心,然后好恶当于理,程子所谓'得其公正'是也。游氏曰:'好善而恶恶,天下之同情,然人每失其正者,心有所系而不能自克也。唯仁者无私心,所以能好恶也。'"(《集注》)

在一般人的眼中,一个发露了仁心的人,知道一切生命平等,无有高下、善恶、智愚、贤与不肖等差别,因而能也应该平等地对待一切人,所以作为一个仁者,就理所当然地对人没有好恶之分了。其实,对于一个真正发露了仁心的人来说,他是既能平等地对待一切人,甚至是一切生命,又能清楚明白地区分"好""恶",这种清楚明白地区分"好""恶",叫作分别不碍圆融,差别不碍平等,而对于一个还没有发露仁心的人来说,他即使通过学习,知道了一个发露了仁心的人,一个证入了平等性智的人,是一个无分别的人,因而对一切人一切事都不假分别地一味平等地对待,但他的这种不分别行为,在一个发露了仁心的人眼中,却正是分别啊!所以孔子说"唯仁者能好人、能恶人",此中有真意,需要认真地体会。

第四章

4.4 子曰:"苟志于仁矣,无恶也。"

【译】

孔子说:"一心一意地志在于一定要开启仁心的人啊,是见不到他人的恶行而厌恶他人的。"

【释】

苟 孔安国:"苟,诚也。"(《集解》)

诚,主一无适之谓也,主一无适,就是一心一意。苟,训为诚,于字典上查不到,所以杨伯峻译为"假如"。(杨伯峻《论语译注》)

据林光义考证:金文"苟"与"敬"为同字(高树藩《中文形音义综合大字典》),因"敬"字有"诚"义,所以孔安国解"苟"为"诚"于古是有征的。

志 朱熹:"志者,心之所之也。"(《集注》)

恶 有两种读音,一读入声,作善恶之恶讲;一读为去声,作好恶之

恶讲。（唐·陆德明《经典释文》）

但有的人不同意将恶字读去声，如古棣说："如刘说就是不厌恶、不憎恶任何人、任何事，显然与上章'唯仁者能好人、能恶人'，《阳货》第十三章'乡愿，德之贼也'直接相反；于本章也讲不通。诚心诚意地实行仁，当然不可能不厌恶、不憎恶不仁之人，不仁之事。'无恶也'的'恶'字读作è，解作'不会做坏事'，则顺理成章。"（《孔子批判·下·论语译说》）但我认为仍当读去声，理由如下：

唐代高僧，中国禅宗的实际创始人六祖惠能大师"是真修行人，不见世间过，若见世间过，与道便相左"（《六祖法宝坛经》），与本章可以互相发明。盖六祖所谓"真修行人"即孔子所谓"苟志于仁"者，"不见世间过"即"无恶也"，世间之过尚且见不到，又怎么会有厌恶、憎恶的情感生起呢？

第五章

4.5 子曰："富与贵是人之所欲也，不以其道得之，不处也；贫与贱是人之所恶也，不以其道得之，不去也。君子去仁，恶乎成名？君子无终食之间违仁，造次必于是，颠沛必于是。"

【译】

孔子说："富和贵，是人们所渴望得到的。如果不是用正当的方式获得，就不处在富或贵中；贫和贱，是人们所厌恶的，不是用正当的方式离开贫或贱的话，就宁可不离开贫或贱。作为一个君子，如果离开了仁心的充养，他怎么还能是一个真正的君子呢？君子无论何时都不会违背仁心，就算是在吃一顿饭那么短的时间内也是如此。君子无论是仓促急难之事，还是颠沛流离之时，都是如此。"

【释】

恶乎成名 孔安国："恶乎成名者，不得成名为君子。"（《集解》）

造次 邢昺："造次，急遽也。"（《注疏》）

郑玄："仓卒也。"（《论语郑注》）

朱熹："造次，急遽苟且之时。"（《集注》）

颠沛 朱熹："颠沛，倾覆流离之际。"（《集注》）

这一章说明一个"学而"之人，他一定是大定大用、现前的人，如人人所欲的富贵，如果不是用正当的手段或方式得到它的话，就诚心诚意地守着贫贱而不去攀求富贵；反之如人人皆不喜欢的贫贱，如果不是用正当的手段或方式脱离它而求得富贵的话，就宁可不离开贫贱而甘心情愿地守着贫贱，此其一。

其二，对于一个"学而时习之"的人来说，他只会时时保持心灵的灵敏性，时时能准确地感知身边的一切事物和现象，因而才能够成为一个真正的君。他们即使是在吃一顿饭那么短的时间内，心中的那份知觉性、那份灵敏性也是时时存在的，不可能有一刻的顽愚、麻木、心不在焉的现象间杂其间。无论是仓促急难之事，还是颠沛流离之时，都是如此。

这就是一个"学而"之人的那份自在，那份安详，那份静定，那份随遇而安的生活态度与生活作风。

第六章

4.6 子曰："我未见好仁者，恶不仁者。好仁者，无以尚之；恶不仁者，其为仁矣，不使不仁者加乎其身。有能一日用其力于仁矣乎？我未见力不足者。盖有之矣，我未之见也。"

【译】

孔子说："我没有见过一个诚心志愿追求开启仁心的人，会嫌弃、憎恶那些仁心还没有开启的自私、虚伪之类的小人。一个发了大心、立了大志愿欲追求开启仁心的人，是没有什么事还会比开启仁心更重要而需要分心的；一个憎恶仁心还没有开启的人，他用心于仁心的开启的目的，只不过是想让仁心还没有开启的人影响到自己而已。有能够在一天之内一心一意用心于仁心的开启而不分心的人吗？我没有见过一个志在仁心的开启而心力不足的人。有这样的人吗？我没有见过这样的人。"

【释】

矣 皇侃《义疏》本作"乎"，今从之。

好 读入声，意为喜爱、乐意、欲求。因此，可以转出志愿、欲求之类的意思。

仁 刘宝楠："夫仁，人心也。"（《正义》）

尚 邢昺："尚，上也。"（《注疏》）

加 梅膺祚："加，施也。"（明·梅膺祚《字汇》）

盖 刘宝楠："盖是语词，不是疑词。"（《正义》）

本章说明：一个志在仁心开启的人，他的精力心思全部放在了观察自己的内心与自己的行为上了，也就是曾子所说的"省吾身"，哪里还有心思精力顾得上他人的善恶是非而去厌恶"不仁者"呢？

对于人生来说，没有什么事比明明白白地生、明明白白地死、明明白白地知道"生从何处来、死向何处去"更大的事了。因此明白这些事情，实际上也就自然而然地成为人生之终极的目标，而欲达此人生之终极目标，又无不以仁心之开启为始。所以，仁心之开启也就自然而然地成为人生之首要任务，或者说人生之最重大、最重要、最为第一的大事了。因此，也就没有什么事会比仁心的开启更重要，更直接，更在其上的了。

在孔子的境界里，对于一个真正发了大心、真心的人，仁心是不可能不被开启出来的。"我欲仁，斯仁至矣"，这不就是最确切的证明吗？只要你一心一意用志不分地用心于仁心的开启，仁心就一定能够开启出来，哪怕只有一天的时间，也一定能够达到，"一日克己复礼，天下归仁焉"。不就是说的这一档子事吗？发心与证果同时，非大彻大悟之人，非觉行圆满之人，何足以语此！

第七章

4.7　子曰："人之过也，各于其党。观过，斯知仁矣。"

【译】

孔子说："人的过错罪恶呀，各自的过错都是在一定的人事社会环境下发生的，都是植根于内心的黑暗无明。观照自己的内心，审察过错发生或出现的原因，就能见到自己的仁心了。"

【释】

过　过，繁体写作"過"，本意是由于过度的加热，使锅里的汤和食物满溢了出来，引申为过分、过当、过错、不恰当；再引申为罪错。

党　杨润根："党，繁体字为'黨'，这个字本来由'尚'和'黑'构成（上下结构），意为以愚昧无知（心不明、眼不亮）为基础的盲目的崇尚、盲目的信仰与盲目的追求（这也许正是党派活动为古代和现代一些人所非议的原因），这里指盲目崇尚、盲目信仰和盲目追求的原因——愚昧无知。"（《发现论语》）

观过知仁，是一种重要的仁心开启的方法。我们一定要学会观过，观自己的过，自观自过。当然也可以观他人的过，但是我们在观他人的过的时候，一定要端正自己的目的，我们对他人过的观照审察，目的不是要去见人过以厌恶之，不是要去说三道四，即乱七八糟地横说是非曲直；而是要见他人过的同时来警醒自己，以为借鉴。"静坐常思己过，闲谈不论人非"，这正是观过知仁的简要法门。

第八章

4.8 子曰："朝闻道，夕死可矣。"

【译】

孔子说："早上才真切地彻悟了心性，真实地契入了中庸的境界，晚上就死了，对于人生来说也就没有什么遗憾了。"

【释】

闻 不能作听闻讲，硬要解释的话，勉强可以作这样的解释：通过向内心深处的反观照察，而闻知领悟到了自性中本具的知觉性。我们将生命中的这个知觉性称之为仁心，或者说是明白了那个"在圣不增在凡不减"的"明德"。正如佛经《首楞严经》里的"反闻闻自性"之"闻"字。也就是用自己的知觉性，反转过来以观照自性，以能闻之性，时起观照，从而达到大彻大悟的目的。这种"大彻大悟"，儒家称之为"彻悟心性"或"明心见性"。

道 朱熹："道者，事物当然之理。苟得闻之，则生顺死安，无复遗恨矣。"（《集注》）

"事物当然之理"，其实就是"中庸"，用佛教的话语体系则称之为"中道"或"不二"，这理所当然的是"道"。但仁心没有开启，又如何能体证或者说契入事物当然之理，从而进入"中庸"之境呢？所以，这里的"闻道"之"道"其实还是指彻悟心性。

"朝闻道，夕死可矣。"说明"闻道"是人生之唯一目的。与第六章参看，当能更好地领悟这两章所要表达的意义。

第九章

4.9 子曰："士志于道，而耻恶衣恶食者，未足与议也。"

【译】

孔子说："一个博学多能、通达古今的人，他立志要开启仁心，契证中庸之道，却又以穿破衣烂衫、吃粗茶淡饭为耻辱，就没有必要与他讨论修身进道的事了。"

【释】

士　会意。从一，从十。善于做事情，从一开始，到十结束。"士，事也。"(《说文》)

班固："通古今，辩然不，谓之士。"(《白虎通义》)

范晔："以才智用者谓之士。"(《后汉书·王充王符仲长统列传》)

"学以居位曰士。"(《汉书·食货志》)即有一定社会地位的学者。

"士，事也"，指的是专心致志于某一事业，"以才智用者""通古今辩然不"，指的是知识分子，"学以居位"者则指的是已经入仕了的知识分子。通观全句，当取"士，事也"之义。

"士志于道，而耻恶衣恶食"，为什么"不足与议"呢？邢昺说："衣服饮食好其华美，耻其粗恶者，则是志道不笃，故未足与言议于道也。"(《疏证》)这是就求道、证道之心不坚固、不迫切方面来说的。程子说："志于道而心役乎外，何足与议也？"(《集注》)这是就求道入道的用心方面来说的。二说都十分精辟，值得立志修身的人参考。尤其是程老夫子的解读，可谓入木三分。

对于一个志于道的人来说，他的心思应全部花在如何契入道上，如何开启仁心上。因此，应不论何时何地，都不忘反观照察自己的内心，将心思全部放在自己的用心上。孟子说："仁，人心也；义，人路也。舍其路而弗由，放其心而不知求，哀哉！人有鸡犬放，则知求之；有放心，而不知求。学问之道无他，求其放心而已矣。"(《孟子·告子》)"放心"，就是被丢失了的本心，就是被充斥在我们的生活中的各种诱惑、牵引、玷污、蒙蔽了的"仁心"。"耻恶衣恶食"，正是将心放在外在的诱惑上，对于一个不去"求其放心"的人，又怎么会是一个真正的"志于道"的人呢？

话向知音说，诗向会人吟！

第十章

4.10　子曰："君子之于天下也，无适也，无莫也，义之与比。"

【译】

孔子说："君子对于天下的人，没有一定的标准要亲厚什么样的人，没有一定的标准要疏远什么样的人，适宜亲厚的就顺从亲厚，该疏远的就顺从疏远。"

【释】

适 邢昺:"适,厚也。"(《疏证》)

颜师古:"适,主也。"(《汉书注》)

莫 "莫,定也。"(《尔雅》)

邢昺:"莫,薄也。"(《疏证》)

义 义,宜也。即公正合宜的意思。

比 邢昺:"比,亲也。"(《疏证》)

朱熹:"比,从也。"(《集注》)

本章李炳南说:"清儒俞曲园,在他的《春在堂随笔》里,引日本物茂卿所著《论语征》,考证'适莫'二字即是'亲疏'的意义。意为君子对于天下人,无亲无疏,唯义之所在,与相亲比而已。"(《论语讲要》)

朱子引谢氏说:"适,可也。莫,不可也。无可无不可,苟无道以主之,不几于猖狂自恣乎?此佛老之学,所以自谓心无所住而能应变,而卒得罪于圣人也。圣人之学不然,于无可无不可之间,有义存焉。然则君子之心,果有所倚乎?"(《集注》)

作为一个觉悟了的君子来说,心中坦坦荡荡,没有半点成见,对于人来说,他没有设定一个什么标准,只要是适宜亲厚的就亲厚他,应该要疏远的就疏远他,真正是无亲无疏,即亲即疏;对于事来说,他也是没有什么一定要做的事,也没有什么不要做的事,只看事情该不该做,当不当为,适宜做,就坚决地做,不适宜做,就坚决地不做。对人如此,对事如此,对其他一切的一切,无不如此。本章与"君子不器"章合参,其理明益。

第十一章

4.11 子曰:君子怀德,小人怀土;君子怀刑,小人怀惠。

【译】

孔子说:"君子安心于天性自然的德性,小人安心于田土地利之利益;君子安心在守法守戒,小人安心在金钱财物。"

【释】

怀 孔安国:"怀,安也。"(《集解》)

德 刘安:"德者,得也,得其天性谓之德。"(《淮南子·齐俗训》)

土 "土,田也。"(《尔雅·释言》)

刑 孔安国："安于法。"（《集解》）

惠 孟子："分人以财物谓之惠。"（《孟子·滕文公》）

包咸："惠，恩惠。"（《集解》）

这一章，怀德与怀刑，怀土与怀惠，直将君子以意义为价值标准，小人以利益为价值标准和盘托了出来。君子与小人的识别，在安心于何处上观察，真是简洁明快。

第十二章

4.12 子曰："放于利而行，多怨。"

【译】

孔子说："在利益中追逐行事，是招致很多怨恨的原因。"

【释】

放 许慎："放，逐也。"（《说文》）

孔安国："放，依也。每事依利而行。"（《集解》）

刘宝楠："师古《注》（指颜师古《汉书注》）：'放，纵也'，谓纵心于利也。"（《正义》）

怨 孔安国："取怨之道。"（《集解》）

"放于利而行"，凡事都要依利而行；"放于利"，则上下交征利，人人逐利，利字旁边一把刀，在利益的面前，以自私的心为主导，以满足自己的私利为前提，自然就不会顾及他人的利益，势必会伤害到他人的利益。而他人也是以同样的心对待利，势必引起争斗。况且贫富的差距也会越来越大，此社会动乱之由也。诚如荀子所说："故义胜利者为治世，利胜义者为乱世。上重义，则义克利；上重利，则利克义。故天下不言多少，诸侯不言利害，大夫不言得丧，士不通货财，有国之君不息（繁育也）牛羊，错（置也）质（赘也）之臣不息鸡豚，冢卿（上卿）不修币（不修财币贩息也），大夫不为场园（治稼曰场树蔬曰园）。从士以上皆羞利而不与民争产业，乐分施，而耻积藏。然故，（是故也）民不困财，贫窭者有所窜（容也，犹措其手）其手。"（《荀子·大略》）

由是而观之，多怨，不仅是指个人招致很多的怨恨，公司会招来员工的怨恨，国家会招来民众的怨恨，社会共怨，天下大怨。所以，放于利而行，对己也好，对人也好，对家、对集团、对国家，乃至于对社会、对天下，都是不适宜的，应当引起我们的重视。况且，作为一个求觉悟的人来说，就是要令自己同时也令天下人都能够获得烦恼消除，身心康泰，宁静祥和，自在安乐的人生，而放心于利以行事，则多怨而自他都多烦恼，岂不与觉悟背道而驰，是以告诫之。

第十三章

4.13 子曰："能以礼让为国乎？何有？不能以礼让为国，如礼何？"

【译】

孔子说："能以礼让来治理国家吗？以礼让来治理国家有什么困难呢？不能够以礼让来治理国家，对礼的作用又是如何认识的呢？"

【释】

何有 黄氏："'何有'为惯用语。'何有'，'不难'辞。全经通例，经中所有'何有'，皆'不难'之辞。"（《黄氏公案》，转引自《孔子批判·下·论语译说》）

古棣等："'何有'之前省'礼让为国'，这是古人的省句例，见杨树达《古书疑义举例续补》卷二。他举了若干例句，这里举其一。《管子·立政九败解》云：'人君唯毋听寝兵，则群臣宾客莫敢言兵。'杨氏说'上下二句，文义不贯'，当是'人君唯毋听寝兵'下省'若听寝兵'。据此译文在'何有'之前补'以礼让为国'。"（《孔子批判·下·论语译说》）

这一章说明以礼治国是为国之通途大道，参"为政以德""礼之用，和为贵"二章，这是很有道理的。所以孔子一生都在孜孜以求以礼为治的清明政治的普遍施行。

第十四章

4.14 子曰："不患无位，患所以立；不患莫己知，求为可知也。"

【译】

孔子说："不担心没有地位，倒是要担心有没有能够确立一定地位的品德与才能；不担心别人是否知道自己的价值，要担心是否努力修德进业，有可以让人知的德行与才能。"

【释】

立 刘宝楠："'立'者，立乎其位也。"（《正义》）

荀子："君子能为可贵（王先谦：谓道德也），不能使人必贵己；能为可信，不能使人必信己；能为可用（王先谦：谓才能也），不能使人必用己；故君子耻不修，不耻见污（王先谦：为人所污秽也）；耻不信，不耻不见信；耻不能，不耻不见用。是以不诱于誉，不恐于诽（王先谦：虚誉不能诱，毁谤不能动），率道而行，端然正己，不为物倾侧，夫是之谓诚（王先谦：实也，谓无虚伪也）君子。"（《荀子·非十二子》）

这一章，举例说明：一个"学而"之人，其用心之处，全在己心。如"位"与"名"，这种人人都追求的东西，都担心是否能够得到的东西，而孔子却认为不值得担心，而真正要担心的是自己的学修是否到位。孔子教导我们要将全部的心思花在自己如何用心上，自观自心，只管自己修德进业是否已经尽了心尽了力，而不管是否能够获得相应的社会地位，不管是否被社会所认知、所接受。释迦牟尼佛说"宁静来自内心，莫向外求"，这与孔子修德进业的用心方法，何其相似。

第十五章

4.15 子曰："参乎，吾道一以贯之。"曾子曰："唯。"子出，门人问曰："何谓也。"曾子曰："夫子之道，忠恕而已矣。"

【译】

孔子说："曾参啊，我的学说，可以用一个核心理念统摄它。"曾子回答说："是！"孔子出去后，其他的学生问曾子："先生说的核心理念是什么呢？"曾子说："先生说的核心理念，就是'忠恕'啊！"

【释】

贯 邢昺："贯，统也。孔子语曾子言，我所行之道，唯用一理以统天下万事之理也。"（《注疏》）

唯 朱熹："贯，通也。唯者，应之速而无疑者也。圣人之心，浑然一理，而泛应曲当，用各不同。曾子于其用处，盖已随事精察而力行之，但未知其体之一尔。夫子知其真积力久，将有所得，是以呼而告之。曾子果能默契其指，即应之速而无疑也。"（《集注》）

忠恕 朱熹："尽己之谓忠，推己之谓恕。而已矣者，竭尽而无余之辞也。夫子之一理浑然而泛应曲当，譬则天地之至诚无息，而万物各得其所也。自此之外，固无余法，而亦无待于推矣。曾子有见于此而难言之，故借学者尽己、推己之目以着明之，欲人之易晓也。盖至诚无息者，道之体也，万殊之所以一本也；万物各得其所者，道之用也，一本之所以万殊也。以此观之，一以贯之之实可见矣。或曰：'中心为忠，如心为恕。'于义亦通。程子曰：'以己及物，仁也；推己及物，恕也，违道不远是也。忠恕一以贯之：忠者天道，恕者人道；忠者无妄，恕者所以行乎忠也；忠者体，恕者用，大本达道也。此与违道不远异者，动以天尔。'又曰：'维天之命，于穆不已，忠也；干道变化，各正性命，恕也。'又曰：'圣人教人各因其才，吾道一以贯之，唯曾子为能达此，孔子所以告之也。曾子告门人曰：夫子之道，忠恕而已矣，亦犹夫子之告曾子也。《中庸》所谓忠恕违道不远，斯乃下学上达之义。'"（《集注》）

这一章，除了要明白"忠恕"这个显而易见的孔子思想的核心理念外，更要体会孔子的教育手段。让求学者，自己体察，不到一定的火候，不要轻易点拨。这不是吝法，是因为求学者未达到一定的程度就为之讲解，对求学者而言，不仅起不到真实的作用，反而使他难以亲切体证。只有火候到了，轻轻一拨，才能让他自己有亲切的感受，让他自己悟入这种境界。后世禅宗的参禅，其教育手段与此如出一辙。天下书同文，车同轨，圣圣相同，良有以也。

现在教学，不用自己参究，不用自己体察。只是老师一味地讲解，一味地灌输。结果是学问全变成知识，对自己一点作用都没有！如当代有所谓的新儒家国学大师，专攻史学的国学大师等对自己的学术主张反复无常，就是最明显的例证。

第十六章

4.16 子曰："君子喻于义，小人喻于利。"

【译】

孔子说："对君子只要告知他义之所当为则为的原则就可以了，对于凡夫俗子则要晓以利害。"

【释】

义　"义者，宜也。"（《礼记·中庸》）

喻　孔安国："喻，犹晓也。"（《集解》）

邢昺说："此章明君子小人所晓不同也。喻，晓也。君子则晓于仁义，小人则晓于财利。"（《注疏》）

朱熹说："义者，天理之所宜。利者，人情之所欲。"并引杨氏所说："君子有舍生而取义者，以利言之，则人之所欲无甚于生，所恶无甚于死，孰肯舍生而取义哉？其所喻者义而已，不知利之为利故也，小人反是。"

(《集注》)

李炳南说："君子但知公义，小人但知私利。小人所知之利，不只在钱财，一切有利于己者，皆必为之。君子小人，一言难辨，此以公义私利说其总则而已。"(《论语讲要》)

后圣孟子义利之辨，最为明白昭彰，深入理解本章，则可与《孟子》合参。

第十七章

4.17 子曰："见贤思齐焉，见不贤而内自省也。"

【译】

孔子说："当我们看到了贤德的人，我们就要思考如何修养才能达到向他们一样的德行高深；看到了没有贤德的人，我们就要观察自己的身心行为，看看自己有没有和他们同样的缺点和错误。"

【释】

思齐 包咸："思与贤者等。"(《集解》)

邢昺："此章勉人为高行也。见彼贤则思与之齐等，见彼不贤则内自省察得无如彼人乎！"(《注疏》)

朱熹："思齐者，冀己亦有是善；内自省者，恐己亦有是恶。胡氏曰：'见人之善恶不同，而无不反诸身者，则不徒羡人而甘自弃，不徒责人而忘自责矣。'"(《集注》)

"见贤思齐"，则能激起奋发之志，愿欲成圣成贤，此成始之道也；"见不贤而内自省"，此随缘之大行，亦修身之法要也。"不贤"者反而时时可见，见则"内自省"而得时时省察自己的内心。诚能时时省察内心，又何愁德业不修，道业不成！"见贤思齐，见不贤而内自省"诚修身之指要，求觉之顶针也。

第十八章

4.18 子曰："事父母几谏。见志不从，又敬不违，劳而不怨。"

【译】

孔子说："侍奉父母，如果父母有错误的观念或行为的过失时，做子女的应当以和顺的心态、柔软的声音、和悦的容颜进行劝改或劝止，看到父母有不肯听从的意思时，要恭恭敬敬，不要违背父母的意思，忧心父母错误的观念或行为的过失如何劝改或劝止，不埋怨父母不能明辨是非善恶。"

【释】

几 包咸："几者，微也。当微谏，纳善言于父母。"(《集解》)

"父母有过，下气怡色，柔声以谏。"(《礼记·内则》) 即所谓"微谏也"，这里指的是谏时的行为规范：即态度和顺，容颜悦泽，声音柔软。

微，许慎："隐行也。"(《说文》) 据此，可以这样认为：谏阻父母的行为是在没有外人的前提条件下进行的。

"几者，动之微，吉凶之先见者也。"(《易·系辞》)

"几谏"，可以理解为在父母不符中道之观念稍露而尚未见之于事的时候，进行规劝，令其端正观念，建立正见。

谏 刘宝楠："《说文》云'谏，证也'，谓以言正之也"(《正义》) 谏，就是用语言，劝改错误的观念或阻止错误的言行。

"父有诤子，则身不陷于不义。"(《孝经》)

刘向："谏者，闲也，更也，是非相间，革更其行也。"(《白虎通义·谏诤》)

据此，我们可以这样认为在孔子的孝道思想里，父母有过，为人子者，是可以规劝而使其改正的，并不是后世之所谓一味顺从。

见志不从 包咸："见志，见父母志有不从己谏之色，则又当恭敬，不敢违父母意而遂己之谏。"(《集解》)

劳 高诱："劳，忧也。"(《淮南子·精神训·注》)

王引之："劳，忧也，凡《诗》言'实劳我心''劳心忉忉''劳心博博''劳心草草'之类，皆谓忧也。"(《经义述闻》)

"谏若不入，起敬起孝。悦则复谏，不说，与其得罪于乡党州闾，宁孰谏。父母怒，不说，而挞之流血，不敢疾怨，起敬起孝。"(《礼记·内则》) 据此，则"劳"又是指"起敬起孝。悦则复谏"之劳，"怨"则是指"父母怒，不说，而挞之流血，不敢疾怨"也。

这一章，我们要学习的东西很多。首先，孝，不是一味地顺从，孝，也要符合中道。其次，忠言也可以不逆耳，只要注意用心，注意进忠言时的态度容颜语气等。

第十九章

4.19 子曰："父母在，不远游。游必有方。"

【译】

孔子说:"父母在世的时候,不外出远行。如果实在需要远行,一定要有具体的地方。"

【释】

游　高诱:"游,行也。"(《淮南子·览冥训·注》)

方　"方,所也。"(《广雅·释言》)

孔颖达:"方是处所之名。"(孔颖达《周易正义》)这是我理解"游必有方"之所本。

此一章,以具体事例说"义"。一般而言,父母在世,子女远游,不宜。但特殊情况,则又宜;有特殊情况远游,宜,但不告之以"方",则又不宜。再者,恒定宜与不宜,皆用心之所也。朱子引范氏曰:"子能以父母之心为心则孝矣。"(《集注》)父母忧子女,纯出天性自然,时时存子女于心际脑海之间,未曾有须臾离也。为人子女者,对父母亦当如是用心深体。扩而充之,则于一切事,亦当随时用心深体。诚能如是用心,虽不能"学",离"学"之道亦当不远矣。

第二十章

4.20　子曰:"三年无改于父之道,可谓孝矣。"

【译】

孔子说:"永远不改变其父求'大学(觉)'的人生之道,可以称得上是孝了。"

【释】

本章刘宝楠说:"《论语》中重出者数章,自缘圣人屡言及此,故记者随文记之。在《春秋繁露·祭义》中,孔子曰:'书之重,辞之复,呜呼,不可不察也,其中必有美者焉。'"据此,则本章,虽是重出,却有要义存焉,不可轻而忽之。详解见《学而》篇。

第二十一章

4.21　子曰:"父母之年,不可不知也。一则以喜,一则以惧。"

【译】

孔子说:"父母的年纪不可以不记忆啊,一方面为父母行仁高寿而欢喜,另一方面为父母老迈而有可能大病痛苦或弃绝尘世而畏惧。"

【释】

知 朱熹:"知,犹记忆也。"(《集注》)

喜 朱熹:"喜其寿。"(《集注》)

惧 朱熹:"惧其衰。"(《集注》)

李炳南:"人生七十古来稀,子女成人自立,父母逐渐衰老,尽孝时日无多,是以父母之年不可不知。知而喜者,亲得寿考,子能承欢也。知而惧者,父母之年愈高,在世之日愈少,深惧子欲养而亲不在,事之愈当谨也。"(《论语讲要》)诸家解读,不出此范围。

另有一种解读,大意是:"到了能为父为母的年纪不可以不知道啊!一则是成年了,可以为人父为人母了,可以为人类的繁衍尽自己的一分力量了,高兴啊;一则是既为人父母,当知为人父母的责任和义务,面对自己那重大的责任和义务,畏惧啊!"这样的解读,情理也通,并存可也。

这一章,仍是说义,喜其仁行寿高,义也,畏其衰残多病或畏其死,亦义也。有喜无畏,非其宜也,有畏无喜亦非宜也。有喜有畏,方称其义,亦中道之义也。

第二十二章

4.22 子曰:"古者言之不出,耻躬之不逮也。"

校 "古者言之不出。"皇本作"古之者,言之不妄出也。"

【译】

孔子说:"古时候的人,讲说(或话)不轻易出口,古人认为自己讲说的道理(或出去的话)而自己又做不到(或不能践诺)是耻辱啊!"

【释】

言 包咸:"古人之言,不妄出口,为身行之将不及也。"(《集解》)

皇侃:"躬,身也。逮,及也。古人不轻出言者,耻身行之不能及也,故子路不宿诺也。"(《义疏》)

综合包、皇两家之解,"言"指诺言。

王夫之:"冯氏以讲说释言字,可补集注之疏。有讲说,则必有流传,故纵千百年后,而知其言之不出。若日用之间,有所酬答,措施之际有所晓譬,则古人言之烦简,夫子亦从何而知之?孟子说见知闻知皆传道之古人也,太公望、散宜生既无传书,伊尹、莱朱所作训诰亦皆因事而作,不似老庄管吕特地作出一篇文字。叔孙豹曰'其次有立言',至春秋时习尚已然。而古人不尔。耻躬之不逮者，不逮其所撰述之理，非不践其所告之事，本文自明。"（明·王夫之《读四书大全说》）此言则指讲说或著述也。

言轻出，既害人又害己。以害人而言，你的轻言，使他人信了，你的轻诺使他作指望了，结果你言不符行，你不践诺。从客观上讲，他人已经被你害了，他人本可以想别的办法的。以害己而言，则是既损毁了你自己的形象，也害得你内心不宁。你还会被认为是一个虚伪的人，一个言而无信的人，一个好吹牛的人，从而失去你的信任度；就你的内心而言，因你不能践诺，不能办成你愿办好的事情而内疚。又因为你本不是一个说谎的人，不是一个虚伪的人，因被误解而烦恼而痛苦。

我有一个亲戚，在一个工厂当医生。一个受他尊敬的表兄病了，病得很重，病得快要死了，无钱进医院。他看在眼里，痛在心里。他急切地想帮他的表兄。当时就在众多的亲戚面前不假思索地说："表哥，不要紧，我明天回单位拿一张现金转账支票来，送你到省城去住院。"但他只是一个普通医生，既不是厂里的领导，也不是医疗所的领导，他哪里能开出一张非单位职工的现金转账支票来！后面的情况不说大家当然也知道了，当然是他的表兄没去省城医院而病死在家里了。他因开不出现金转账支票，无脸见人，就不敢再去见他的表哥，直至表哥去世，才去参加追悼会。这件事，对他的影响很大。在那一边，他的亲戚们除极少数外，无不认为他是伪君子。多年后，还有人跟我说他如此这般等等。我是了解他的，他其实是一个诚实的人。只因言轻出，导致了他落得一个不好的名声。而他又十分看重自己的名声，给他造成的烦恼可知。

话语轻出，害己害人，甚则害社会害后世。证据多多，恕不多说，相信大家都能理解。

第二十三章

4.23　子曰："以约失之者鲜矣。"

【译】

孔子说："凭借发愿约束自己身心行为的这种愿心的力量而还有过失或错误的情况发生的话，那将是少之又少啊！"

【释】

孔安国说："俱不得中也。奢则骄溢招祸，俭约则无忧患也。"（《集解》）

"子曰：夫恭近礼，俭近仁，信近情，敬让以行，此虽有过，其不甚矣。"（《礼记·表记》）是为孔说张本。

朱熹引尹氏说："凡事约则鲜失，非止谓俭约也。"（《集注》）

刘宝楠说："《曲礼》曰：'敖不可长，欲不可纵，志不可满，乐不可极。'皆言约之道也。"（《正义》）此就身心诸方面说"约"，此约道多途之证也。

汪烜说："约者束也，内束其心，外束其身。"（《集释》）身心诸"束"，"约"之道大矣哉！

"约"虽不是中道，但欲约束身心，必时时用心。能时时着意于自己的心地，则心将更灵敏而私欲更少，而更易于进道矣。若不约束身心，则骄奢淫逸，私欲纵横，离中道越来越远，造下无穷罪业，毁亲亡身，祸莫大焉。改革开放初期，那些最早富起来的人，如今身在何方？据有关资料显示，他们大多或死或牢，或贫困难以自存。他们何以得如此之结果者？无他，不懂俭约之道故也。

第二十四章

4.24 子曰："君子欲讷于言而敏于行。"

【译】

孔子说："学而之人，说话时要用心思考，自然而然慢慢表达；做事时要专心专意，自然而然行为敏捷。"

【释】

欲 要也，如"心欲小，志欲大。"（《文子·微明》）

刘勰："泛论君子，则云情欲信，辞欲巧。"（《文心雕龙·徵圣》）

讷 杨润根："这个字由'言'和'内'构成。'内'的本意是人的身体——它犹如一栋房屋，一个门户——内部的东西，也即内心，心灵。因此'讷'的本意应是心灵的言语、内心的言语。由于人们的内心世界往往是难于表达的，因此'讷'又具有'难以言表'之意（后来人们把这层意义变成了不善于言谈）。《说文》：'讷，难也。'《说文》所说的'难'意即'难言'。"（《发现论语》）

敏 杨润根："面对每一件事情（'每'）都应对它作认真而严肃的思考（'攵'）。而当人们一旦养成了这样的遇事便思考的习惯，人们的思想就会变得敏捷，人们的观察力就会变得敏锐。"（《发现论语》）

"学而"之道，在于学会随时用心。这一章，孔子提点弟子及后世的我们，无论是言或行，都要用心。盖人生之行，身口意也，能专心专意用心于"言""行"，则用意亦专矣。此与上一章"以约失之者鲜矣"互相发明。

第二十五章

4.25 子曰："德不孤，必有邻。"

【译】

孔子说："一个回归了本根、恢复了天性自然的人（德），能与天地精神相往来（不孤），一定可以与万物相亲相敬而为朋（必有邻）。"

【释】

德不孤 刘宝楠："不孤者，言非一德也。"（《正义》）此解与"君子不器"义同。

何晏："方以类聚，同志相求。故必有邻，是以不孤。"（《集解》）

邢昺："云'同志相求'者，《周易·乾卦·文言》也。言志同者相求为朋友也。'故必有邻，是以不孤'者，按《坤卦·文言》曰：'君子敬以直内，义以方外，敬义立而德不孤。'言身有敬义以接于人，则人亦敬义以应之，是亦德不孤也。"（《注疏》）

张栻："德立于己，则天下之善斯归之，盖德不孤也。如善言之集，良朋之来，皆所谓'有邻'也。至于天下归仁，是亦'不孤'而已矣。"（《论语解》）

邻 皇侃："邻，报也。言德行不孤矣，必为人所报也。"（《义疏》）

程树德："《说苑·复恩》篇孔子曰：'德不孤，必有邻。'夫施德者贵不德，受恩者尚必报。是以邻为报，亦汉人旧义也。"（《集释》）

朱熹："邻，犹亲也。"（《集注》）

这一章，言简义深，须认真体味。一个回归了本根、恢复了天性自然的人，自然能与天地精神相往来，与万物为朋类。如当代高僧——广钦老和尚，他早年曾在福建清源山山洞里闭关修行。清源山后山多猴，亦有老虎出没。他居山日久，人兽和平相处，彼此了无畏惧。后来遂有猿猴献果、猛虎皈依的传说。泉州人皆知"伏虎师"其人。这是"德不孤，必有邻"的实例。

第二十六章

4.26 子游曰："事君数，斯辱矣；朋友数，斯疏矣。"

【译】

子游说:"侍奉君主,进谏太繁,自己有可能会受到侮辱;对待朋友,规劝太多,有可能会被朋友疏远。"

【释】

数 何晏:"数,谓速数之数。"(《集解》)

数,屡屡、频繁之意。

疏 高诱:"疏,远也。"(《吕氏春秋·慎行》)

朱熹引胡氏:"事君谏不行,则当去;导友善不纳,则当止。至于烦渎,则言者轻,听者厌矣,是以求荣而反辱,求亲而反疏也。"(《集注》)

这一章宜与上一章参读,上章言"德不孤,必有邻",此章言德虽不孤,行之不当(行不称义),则亦无邻。有邻无邻,不在德之孤不孤,而在行之称不称义。果行能称义,则德孤亦有邻;若行不称义,则德不孤亦无邻矣。当然,果行能称义,则德自不孤。

试想一个"事君数"的人,其德能孤吗?然则,行之不当(不称义),亦可以至辱无邻。"义"之为义大矣哉。

此章与上章联系紧密。上章讲一个回归了本根与天性自然的人,自然能与天地精神相往来,与万物为朋类。此章从另一角度——行为——补充说明德不孤者也有可能无邻。我们从心理学的角度来看心理与行为的关系。人的心理和行为相互影响,行为能反映出一个人的心理状态、个性特征,作用于心理。若一个人"事君数""朋友数",说明这个人的行为不当,他未能破我执,未能真正明白天地人生的真相,未能真正觉悟。试想,一个这样的人,又怎么可能真正达到与天地精神相往来,与万物为朋类呢?庄子在《德充符》里说:"自其异者视之,肝胆楚越也;自其同者视之,万物皆一也。夫若然者,且不知耳目之所宜,而游心乎德之和;物视其所一而不见其所丧,视丧其足犹遗土也。"一个频繁进谏君主,屡次规劝朋友的人,极有可能是从"异者"的角度出发,是一个分别执着很重的人。这样的人,怎会真正领悟天地人生的真义,怎会真正进入中庸之境?一个真正的觉者,一定明了因缘,当谏则谏,不当谏则退,当规劝则规劝,不当规劝时就不规劝,又怎么会"事君数""朋友数"呢!如孔子在教诲弟子时都是随因缘而教,一般所说的因材施教,"不愤不启,不悱不发"即是此意。

公冶长第五

第一章

5.1 子谓公冶长，"可妻也。虽在缧绁之中，非其罪也。"以其子妻之。

【译】

孔子说："公冶长这个人是可以嫁女儿给他做妻子的。他即使还在坐牢，但那不是他的罪恶所致。（他只是一个蒙受了不白之冤的人。）"于是把自己的女儿嫁给了他。

【释】

谓 "谓，说也。"（《广雅·释估》）

妻 许慎："妻，妇与夫齐者。"（《说文》）

妻，这里作动词，嫁的意思。"妻，妇与夫齐"，可以说即使晚在汉代，妻子的地位仍是与丈夫平等的。后世的夫权思想，是儒家思想被统治者改造后的东西，与原始儒家无关。

缧绁 邢昺："缧，黑索；绁，挛也。古狱以黑索拘执罪人。"（《注疏》）这里代指监狱。

公冶长 相传公冶长懂鸟语，据《论释》载："公冶长从卫还鲁，行至二堺上，闻鸟相呼往清溪食死人肉。须臾，见一老妪当道而哭。冶长问之。妪曰：'儿前日出行，于今不反，当是已死亡，不知所在？'冶长曰：'向闻鸟相呼往清溪食肉，恐是妪儿也。'妪往看，即得其儿也，已死。即妪告村司。村司问妪从何得知之妪曰：'见冶长，道如此。'村官曰：'冶长不杀人，何缘知之？'因录冶长付狱。主问冶长何以杀人，冶长曰：'解鸟语，不杀人。'主曰：'当试之，若必解鸟语，便相放也。若不解，当令偿死。'驻冶长在狱六十日。卒日，有雀子缘狱栅上，相呼嘖嘖喳喳。冶长含笑，吏启主：冶长笑雀语，是似解鸟语。主教问冶长：'雀何所道而笑之？'冶长曰：'雀鸣嘖嘖喳喳，白莲水边有车翻，覆黍粟，牡牛折角。收

敛不尽，相呼往啄。'狱主未信，遣人往看，果如其言。复又解猪及燕语，屡验，于是得放。"（引自《义疏》）

另一说："《绎史·卷九十五》引《留青日札》曰：公冶长贫而闲居，无以给食，其雀飞鸣其舍，呼之曰：'公冶长，公冶长！南山有个虎驮羊，尔食肉，我食肠，当急取之，勿徨。'子长如其言，往取食之。及亡羊者迹之，得其角，乃以为偷，讼之鲁君。鲁君不信鸟语，逮系之狱。孔子素知之，为之白于鲁君，亦不解也。于是叹曰：'虽在缧绁之中，非其罪也。'未几，子长在狱舍，雀复飞鸣其上，呼之曰：'公冶长！公冶长！齐人出师侵我疆。沂水上，峄山旁，当亟御之，勿徨。'子长介狱吏白之鲁君，鲁君亦勿信也。姑如其言往迹之，则齐师果将及矣。急发兵应敌，遂获大胜。因释公冶长而厚赐之，欲爵为大夫，辞不受，盖耻因禽语以得禄也。后世遂废其学。"（《疏证》）

公冶氏解鸟语，先儒多以不经，往往避而不言。刘宝楠，尤其是程树德根据《周礼》有掌鸟言、掌兽言的官员设置，又举了一些经传的注疏，证明古时候多有通鸟兽语的人，而认定公冶长通鸟语当属事实。我亦同意此说，古实有解鸟语者，动物亦实有其自己的语言，唯人不解耳。

孔子将自己的女儿嫁给了一个还有牢狱之罪未洗清的"能忍耻"的学生（《孔子家语·弟子》篇云："公冶长，鲁人，字子长。为人能忍耻，孔子以女妻之。"），这说明孔子是一个真正明白了天地人生真相的人，是一个完全不被虚名假誉所左右的人，是一个实事求是、完全唯真理是尚的自由自在的解脱者。他能够真正做到：对于自己的为人处世，只要心安理得，对得起自己的良心；只要言行能够称义，就断然为之，别人的说法看法，是完全可以不管的。因为按照一般人的观念，一个人只要进过监狱，不管是否冤枉，大家都会另眼相看，怎么可能将自己的女儿嫁给他，而孔子却把自己的女儿嫁给了他。这种只问内心，不向外求的为人处世方法，难道还不算是一个解脱者的风骨吗？我们如果参照禅宗六祖惠能大师的说法："佛向性中作，莫向身外求。自性迷即是众生，自性觉即是佛。"那么孔子的这种所作所为算不算佛教所谓的菩萨慧行呢？孔子算不算一个大菩萨呢？大家莫用宗教偏见，不假分别，请平心静气地细细想一想！

圣人处事，不仅只求真实，唯真理是尚，不为世俗观念所左右，不被世间名闻利养所束缚，而且还要虑及将来。直言之，就是要虑及对后世的影响。诚如范宁所说："公冶长行正获罪，罪非其罪，孔子以女妻之，将

以大明衰世用刑之枉滥,劝将来诚实守正之人也。"(《义疏》)

再者,在明白了天地人生真相的人看来,有罪无罪,全在其心。正如朱熹所说:"夫有罪无罪,在我而已,岂以自外至者为荣辱哉?"(《集注》)这就是心为主宰、心为身主的具体事例。后世"心外无物"说,当从此等处悟出。

第二章

5.2 子谓南容,"邦有道,不废;邦无道,免于刑戮"。以其兄之子妻之。

【译】

孔子评论南容说:"国家有道的时候,他能受到重用;国家无道的时候,他能够免于遭受刑罚。"于是把自己哥哥的女儿嫁给了他。

【释】

谓 皇侃:"谓,评论之辞也。"(《义疏》)

不废 王肃:"不废,言见用。"(《集解》)"见用",被任用。

朱熹:"不废,言必见用也。以其谨于言行,故能见用于治朝,免祸于乱世也。"(《集注》)

刘宝楠:"卷舒随世,乃为有智。"(《正义》)

朱熹引程子:"此以己之私心窥圣人也。凡人避嫌者,皆内不足也,圣人自至公,何避嫌之有?况嫁女必量其才而求配,尤不当有所避也。若孔子之事,则其年之长幼、时之先后皆不可知,唯以为避嫌则大不可。避嫌之事,贤者且不为,况圣人乎?"(《集注》)

合参上章,我们首先从中可以看到,圣人是如何为其女儿择夫婿的:择公冶长重的是德行,是内心世界;择南宫适重的是智行,是谨慎的言行,灵敏的洞察力。用今天的话讲就是德才兼备。

其次,我们还可以从这两章,看到孔子的境界,那就是在为女儿、侄女择夫婿时的用心。即完全地只考虑她们的所依,而其所依又完全以品行为主。换句话说,只要能诚实守正,只要能"随缘度日",智敏心灵,拿得起,放得下就行。

再次,圣人对忍德的重视。公冶长"在缧绁之中",还能够到孔子那里去求学,这是难忍能忍也。南宫适住乱世却能够"免于刑戮",乱世隐忍不言,或谓谨言慎行,靠的是忍的功夫,所以孔子选为女婿与侄女婿。

孔子的重忍与释迦牟尼佛在《金刚经》中所说的"得成于忍",不是同出一辙吗?难怪儒门十分重视《张公百忍》,怕是与孔子重视忍德也有不可分割的关系!

再则,一个受过牢狱之灾的人,尤其是后来,鲁国国君因公冶长识鸟语而提前做好了应敌的准备而打败了齐国的进攻后,要请他出来做官,他都拒绝了。这样的人,稳重可靠,生在乱世,一定不会惹祸。南宫适则特别善于审时度势。这样的人,生逢乱世,一定能善于躲祸。所以孔子将自己的女儿与侄女嫁给了他们。这还说明,孔子是一个非常实在的人。所以在为自己的女儿与侄女安排未来的人生时,优先考虑的是可靠与稳定。

这与那些理学先生们,相去是很远的,如《红楼梦》中的贾政嫁女儿就是一个非常普遍的典型。

第三章

5.3 子谓子贱,"君子哉若人!鲁无君子者,斯焉取斯?"

【译】

孔子对他的学生子贱说:"觉悟了天地人生真相的人呀,就是像你这样的人啊!鲁国如果是一个没有觉悟了人的地方,子贱那种不治而治的觉者行为,又是从哪里获得的呢?!"

【释】

谓 杨润根:"关于本章的'谓'字,我注意到许多注释者对象不在场时的评论或评价,其理由是孔子不太可能公开地当着一个人的面赞美一个人。不过,我倒想指出的是,公开地赞美人并公开地向人表示自己的好感,以及公开地谴责人并公开地向人表示自己的憎恶,这正是只有古人才具有的直率的美德。"(《发现论语》)

子贱 吕不韦:"宓子贱治单父,弹鸣琴,身不下堂而单父治。巫马期以星出,以星入,日夜不居,以身亲之,而单父亦治。巫马期问其故于宓子。宓子曰:'我之谓任人,子之谓任力。任力者故劳,任人者故逸。'宓子则君子矣,逸四肢,全耳目,平心气,而百官以治义矣,任其数而已矣。巫马期则不然,弊生事精,劳手足,烦教诏,虽治犹未至也。"(《吕氏春秋·开春论·察贤》)这应是孔子赞美子贱的事实根据。

关于宓子贱之为单父的地方长官,在《说苑·政理》篇中有记载:"孔子弟子有孔蔑者,与宓子贱皆仕。孔子往过孔蔑,闻之曰:'自子之仕者，何得？何亡？'孔蔑曰：'自吾仕者，未有所得而有所亡者三；曰：王事若袭，学焉得习？以是学不得明也。所亡者一也。俸禄少，粥不足及亲戚，亲戚益疏矣。所亡者二也。公事多急，不得吊死视病，是以朋友益疏矣。所亡者三也。'孔子不说，而复往见子贱，曰：'自子之仕，何得？何亡？'子贱曰：'自吾之仕，未有所亡，而所得者三；始诵之文，今履而行之，是学日益明也。所得者一也。俸禄虽少，粥得及亲戚，是以亲戚益亲也。所得者二也。公事虽急，夜勤吊死视病，是以朋友益亲也。所得者三也。'孔子谓子贱曰：'君子哉若人！君子哉若人！鲁无君子者，斯焉取斯？'"

在《新序·杂事》篇中也有记载："鲁君使宓子贱为单父宰，子贱辞去，因请借善书二人，使书宪书教品，鲁君与之。至单父，使书，子贱从旁引其肘。书丑则怒之；欲好书，则又引之。书者患之，请辞而去。归，以告鲁君。鲁君曰：'子贱苦吾扰之，使不得施其善政也。'乃命有司无得擅征发单父，单父之化大治。故孔子曰：'君子哉子贱！鲁无君子者，斯安取斯？'当为信史。"

子贱之治单父，不正是按照孔子"为政以德"的政治理念的一次成功的实践吗？再者，这种"为政以德"的政治理念与道家始祖老子"无为而治"的政治理念又有什么差别呢？

子贱，孔子的学生，其君子之行，至秦仍在被政治家们赞美，当是孔子直接教导的结果。但孔子功成而不居，谦逊地说是效法鲁国的先觉者而获得的修养源泉。老子在《道德经》中说"功成而弗居"，这与孔子谓子贱"君子哉若人！鲁无君子者，斯焉取斯"是同是异？

第四章

5.4 子贡问曰："赐也何如？"子曰："女，器也。"曰："何器也？"曰："瑚琏也。"

【译】

子贡向孔子问道："我是一个什么样的人啊？"孔子说："你呀，好像一件器物。"子贡又问道："像什么器物呢？"孔子说："像祭祀用的瑚琏。"

【释】

瑚琏 包咸："瑚琏，黍稷器也。夏曰瑚，殷曰琏……宗庙之器贵者。"（《集解》）

"器""瑚琏"，都只是比喻，"器"，是一般的器物，只要是器物，就会对人有一定的作用。"瑚琏"是一种非常珍贵的器，有非常重要的作用。但是，不管你多么的贵重，有多么重要的作用，但终究只是一种作用，终究要受到作为"器"自身的局限。这说明，子贡在孔子的心目中，虽然是很重要的人物，但却还没有觉悟，还没有通达孔子所指点的有关"天道与性命"之天地人生的至理，还没有达到"不器"之"君子"的境界。

我们知道，子贡是孔子学生中重要的一位，也是非常有才能，有本事的一个人。他既会做生意，是大商人；又能办外交，是著名的外交家。况且，在孔子周游列国的时候，在孔子的晚年的时候，子贡对孔子的帮助是孔子学生中无人能比的。但孔子却只许他是"器"，而不认可他是已觉悟的"君子"，可见，孔子对"君子"之认可是多么的难。孔子死后，子贡守墓三年，大概除了报答孔子的师恩外，恐怕也和释迦牟尼佛的"多闻第一"的弟子阿难一样，被逼在七页岩窟外，专心求觉悟去了。

第五章

5.5 或曰："雍也仁而不佞。"子曰："焉用佞？御人以口给，屡憎于人。不知其仁。焉用佞？"

【译】

有人说："冉雍有仁德，却没有巧言善辩的口才。"孔子说："哪里用得着巧言善辩的口才呢？应答人家时，口才敏捷的人，常常会被人憎恶，我不知道冉雍是不是开启了仁心，但哪里用得着巧言善辩的口才呢？"

【释】

或　"或，有也。"（《广雅·释诂》）"或曰"，就是有的人说。

佞　许慎："佞，巧谄高材也。"（《说文》）

"佞，巧也。"（《广雅》）

"巧，犹善也。"（《诗·雨无正·笺》）

"口才曰佞。"（《曲礼·释文》）

可见"佞"，就是巧言善辩。综合以上诸说，再结合谦辞"不佞"来看，在古代，"佞"是作为褒义词来使用的。

御　"御，应也，当也。"（《广韵》）

皇侃："御，当也，犹应答也。"（《义疏》）

给　王先谦："给，谓应之速，如供给者也。"（王先谦《荀子集解》）

屡　孔安国："屡，数也。佞人口辞捷给，数为人所憎恶。"（《集解》）

刘宝楠："仲弓德行中人，行必先人，言必后人，或者以为仁而不佞者。当时尚佞，见雍不佞，故深惜之。"（《正义》）

李炳南："春秋时人以佞为贤，故或人有此议论。然以佞为贤，不免于滥，圣人防其流弊，故以口给之义释之，使仁与佞不混一谈也。"（《论语讲要》）

冉雍行先言后，据"子贡问君子。子曰：'先行，其言而后从之。'"，当许为"君子"，即证明是一个开启了仁心的"学而"之人。而孔子却只说"不知其仁"，与子贡同一属"器"也，可见孔子对认证"学而"之"君子"是何等的谨慎。我有两个朋友，一个被其师轻易认证，结果精神分裂了。而另一位修证的情况也差不多，但其师不予认证，结果，修养越来越高。圣贤处事，绝不徇私。

第六章

5.6 子使漆雕开仕。对曰："吾斯之未能信。"子说。

【译】

孔子让漆雕启去做官。漆雕启恭敬地回答道："我对以先生的'为政'之道去管理政事，还没有建立足够的信心。"孔子听了很高兴。

【释】

校　宋翔凤："《汉书·人表》作'漆雕启'，当是其名'启'。古字作'启'，'吾斯之未能信'，'吾'字疑'启'字之讹"。（清·宋翔凤《过庭录》）

程树德："宋说是也。《论语》答师称吾，仅见此文，其为讹字无疑。"（《集释》）

仕　为仕省，去做官。

信　孔安国："仕进之道未能信者，未能习。"（《集解》）

朱熹："谓真知其如此，而无毫发之疑也。"（《集注》）

子说（悦）　郑玄："善其志道深。"（《论语郑注》）

皇侃引范宁："孔子悦其志道之深，不汲汲于荣禄也。"（《义疏》）

邢昺："开意志于学道，不欲仕进，故对曰：吾于斯仕进之道未能信。言未能究习也。'子说'者，孔子见其不汲汲于荣禄，知其志道深，故喜说也。"（《注疏》）

本章孔子要漆雕启入仕，当时是孔子为鲁国大司寇时。漆雕启对为官不能自信，故未去为官而孔子悦之。孔子何以悦之，上引古说，均从漆雕启志在于道，而不耻于为官，所以孔子悦之。此既不符孔子的一贯主张，也是对孔子在做大司寇的不敬，从情理上来说，是说不通的。

孔子的一贯主张是"学而"之人应该积极入世，将"学而"的理念带给当道，教化百姓，让普天下的人，都能明白天地人生的真相，都能享有"学而"教育，都能不被一己之私欲障住眼睛，都能够享受生命本具的真、善、美、慧、乐。所以孔子一生都在积极地谋求从政，寄希望于"为政"，以实现其"克己（克除私欲）复礼（回归中道）"的人生目标，从而达成"天下归仁"的人生大愿。

所以，我认为漆雕启"启斯之未能信"，说的是我漆雕启对夫子您的"为政以德"的执政理念，未能深信，究其实，还停留在字面的理解上，还没有契悟。其为政，则还是会有所为的，至少会以仁德执政的理念，还不能像子贱那样，在单父那地方，把孔子"为政以德"的理念，实践得那样好。所以，漆雕启就向孔子坦诚直言。

子悦之，悦的正是漆雕启之坦诚，漆雕启的"知之为知之，不知为不知"的严谨作风与诚实的修身态度；悦的是漆雕启能克除自己的名欲，且能符合"知之为知之，不知为不知"的中道神韵，而不是漆雕启"志道之深，不汲汲于荣禄"的品行。

前章子贱治单父，无为而治，大有政绩，孔子赞叹道："君子哉，若人！"本章"启斯之未能信"，子亦悦之。足见圣人对事，只论其是否用心真实，是否符合"礼"的中道精神，而非以成败论之也。

第七章

5.7 子曰："道不行，乘桴浮于海。从我者其由与？"子路闻之喜。子曰："由也好勇过我，无所取材。"

【译】

孔子说："如果仁道不能普遍推行的话，我就架一只小木筏到海外去，跟随我去的一定是仲由吧！"（孔子的话传到）子路的耳朵里了，子路听后很高兴。孔子说："仲由啊，他崇尚勇气，他的勇气超过了我，尽管如此，他还是没什么可以值得肯定的啊！（因为'好勇'还是偏，还是偏离了中道呀！）"

【释】

桴 马融:"桴,编竹木,大者曰筏,小者曰桴。"(《集解》)

关于"无所取材",从我们所掌握的材料来看,早在东汉时期,就已经有了两种不同的认识,如郑玄认为:"无所取于桴材。以子路不解微言,故戏之耳。"但他同时又说:"一曰:'子路闻孔子欲浮海便喜,不复顾望,故孔子叹其勇曰过我。'无所取哉',言唯取于己。古字材、哉同。'"可见解读经典,只要你言之成理,持之有故,都是可以的。

朱熹在《集注》中引程子说:"浮海之叹,伤天下之无贤君也。子路勇于义,故谓其能从己,皆假设之言耳。子路以为实然,而喜夫子之与己,故夫子美其勇,而讥其不能裁度事理,以适于义也。"(《集注》)

程子这样的解释显然是有问题的,如:"子路勇于义",勇,可以是勇气、勇敢,但不一定就是义。我们已经讨论过"义者,宜也",勇不一定就是宜,勇的行为必须在智的制约下,才能够合于义。如"好勇不好学,其蔽也乱",又如"好勇疾贫,乱也",则都是属于好勇而又缺乏智慧规范的不符合义的范例。

"美其勇,而讥其不能裁度事理,以适于义也。"也说不通,既"勇于义",就不会是"不能裁度事理,以适于义"。如果把程子的"勇于义"理解为后世的"江湖义气"则全句始能自相贯通。然则,义之作为"义气"来讲,在《论语》的话语体系里,是找不到证据的。

本章与漆雕启章合参,更容易领悟其要义。漆雕启知其没有领悟孔子"为政"之道,是以不仕。本章仲由不知其未入中道,是以孔子抑之,而说"无所取材",逼其契入中道。同是令弟子入"学而"之道,然则因学生的个性不同,学养不同,而指导有异。此因材施教之方,最宜注意。

第八章

5.8 孟武伯问:"子路仁乎?"子曰:"不知也。"又问。子曰:"由也,千乘之国,可使治其赋也,不知其仁也。""求也何如?"子曰:"求也,千室之邑,百乘之家,可使为之宰也;不知其仁也。""赤也何如?"子曰:"赤也,束带立于朝,可使与宾客言也,不知其仁也。"

【译】

孟武伯向孔子请问:"子路契入了仁心没有?"孔子说:"不清楚。"孟武伯再一次请问。孔子说:"仲由这个人,有一千辆兵车的国家,可以让他管理军事。不知道他是不是契入了仁心。"孟武伯又问:"冉求这个人如何?"孔子说:"冉求这个人,一千户人家大小的村镇,可以让他做行政长官,一百辆兵车的大家族,可以让他做家总管。不知道他是不是契入了仁心。"孟武伯又再请问公西华。孔子说:"公西赤这个人,可以让他穿上礼服,在朝廷里做官,可以让他接待外宾。不知道他是不是契入了仁心。"

【释】

千乘之国 指有一千辆兵车的诸侯国。

千室之邑 孔安国:"千室之邑,卿大夫之邑。"(《集解》)

朱熹:"千室,大邑。"(《集注》)邑,是古代居民的聚居点,与我们现在的城镇相当。在古代,有一千户人家的邑,按朱熹的说法,已经是大邑了。

百乘之家 孔安国:"大夫百乘。"(《集解》)

朱熹:"百乘,卿大夫之家。"(《集注》)

宰 孔安国:"宰,家臣。"(《集解》)

朱熹:"宰,邑长、家臣之通号。"(《集注》)

赋 孔安国:"赋,兵赋。"(《集解》)

邢昺引《服虔》云:"赋,兵也。以田赋出兵,故谓之兵赋。"(《注疏》)

赋,就字面意思来理解,那就是国家武装力量所需要的开支,如战车、马、兵器、粮草等。

《周礼》:"九夫为井,四井为邑,四邑为丘,丘十六井,出戎马一匹,牛三头。四丘为甸,甸六十四井,出长毂一乘,戎马四匹,牛十三头,甲士三人,步卒七十二人。"(《周礼》)

赤 马融:"赤,弟子公西华。有容仪,可使为行人。"(《集解》)

宾客 从文意来看,这里当指外宾。

李炳南:"三弟子皆有可使之才,子路军事,冉求政治,公西华外交。"(《论语讲要》)

这一章,还是继前各章继续在论人。前各章,一章一人,本章连论三人。三人中,诚如李炳南所说,各有所长,都是专家,都是孔门弟子中的俊杰。但是不是觉悟了呢?是不是契入了仁心呢?孔子说他不知道,这"不知道",正是知道,这里面有很深的意味,值得我们思考。因为孔子深知:所谓觉悟天地人生的真相,只不过是一种境界,是如人饮水,冷暖自知的事，究其实，也没有什么觉悟不觉悟，只不过是一种回归，一种回归到生命的本来而已。而生命的本来又只是赤裸裸、光条条、一丝不挂。既是赤裸裸、光条条、一丝不挂，那你说他仁，或者说他不仁，岂不早就不是赤裸裸、光条条、一丝不挂了吗？不是早就被你那仁或不仁给污染了吗？这又怎么能说呢？从这个层面着眼，我认为孔子说"不知也"正是孔子真知的证据所在。

第九章

5.9　子谓子贡曰："女与回也孰愈？"对曰："赐也何敢望回？回也闻一以知十，赐也闻一以知二。"子曰："弗如也，吾与女弗如也。"

【译】

孔子对子贡说："你与颜回谁更优秀？"子贡回答说："我端木赐哪里敢与颜回比啊。颜回呀，知一就能知一切；我端木赐呢，知其一，最多只能知其正反两面。"孔子说："不如他，我与你都不如他。"

【释】

愈　孔安国："愈，胜也。"（《集解》）

望　孔颖达："望，比也。"（《礼记正义·表记》）

一、十　邢昺："一者数之始，十者数之终，颜回亚圣，故闻始知终。"（《注疏》）

二　朱熹："二者，一之对也。子贡推测而知，因此而识彼。"（《集注》）

梁章钜引辅广："闻一知十，不是闻一件限定知得十件，只是知得周遍，始终无遗。闻一知二，亦不是闻一件知得二件，只是知得通达，无所执泥。"（清·梁章钜《论语旁证》）

何治运："或问于余曰；'如汉儒说，则孔子果不如颜渊乎？'曰：'天之未丧斯文也，匡人其如予何。'此孔子之乐天知命也。'子在，回何敢死。'此颜子之乐天知命也。颜子未五十而知天命，孔子之不如，一也。'吾与回言终日，不违如愚。回也非助我者也，于吾言无所不说。'颜子未六十而耳顺，孔子之不如，二也。颜子之未达一闲者，从心所欲不逾矩耳。使天假以年，则入圣域而优矣。有圣者为之依归，此孔子所以不如颜子也。人固不可无年，此颜子所以不如孔子也。"（引自《集释》）

"间"是"闲"的俗字。《说文》："闲，隙也。"颜回只有一隙距离不及孔子，那就是还没有达到孔子"从心所欲，不逾矩"的境界。

李颙说："岂知回之所以为回，非徒知解也。潜心性命，学敦大原，一彻尽彻，故明无不照。赐则唯事闻见，学昧大原，其闻一知二，乃聪明用事，推测之知，与悟后之知，自不可同日而语。不但闻一知二弗如回，即闻一知百知千，总是门外之见，终不切已，亦岂得如回也耶？是故学唯敦本之为要，敦本则知解尽亡，心如太虚，无知无不知，一以贯之矣。"（转引自《集释》）

本章要在告知学者："求学（觉）当从根本入手，所谓根本者，返身以求，求诸内心者也。"如颜回，孔子说"与回言终日，不违如愚"，且其"一箪食，一瓢饮，居陋巷，人不堪其忧，回也不改其乐"。孟子所说的"学问之道无他，求其放心而矣"当从《论语》中领会得来。

第十章

5.10 宰予昼寝。子曰："朽木不可雕也，粪土之墙不可杇也；于予与何诛？"子曰："始吾于人也，听其言而信其行；今吾于人也，听其言而观其行。于予与改是。"

【译】

宰我大白天睡觉，孔子说："腐朽了的木头不能够雕刻成好器物；用粪土垒的墙，不能够粉刷成华美的墙壁。对于宰我，给予他什么样的指责呢？"孔子又说："我开始对于人，听了他的话，就相信他的行为；现在对于人，听了他的话还要观察他的行为。在宰我白天也睡觉的这件事上，让我获得了启发，改变了处事方法。"

【释】

宰予 古本作宰我，《史记·仲尼弟子列传》载："宰予字子我。"则予为名，我为字。按古礼，名只父母能称，余则只能称字，即尊如祖父母亦只能称字。孔门弟子们断无称名之理，今依古礼，改称宰我。

诛 "诛，犹责也"。（《白虎通》）

这一章，古代解读有两种不同的意见，当然主流的一脉基本上是相同的，那就是宰予大白天睡觉，孔子责怪他，并且很不高兴。非主流的一脉，梁武帝说是"昼寝"是"画寝"之误，即在卧室里乱画，后来经康有为、梁启超他们一鼓吹，几乎在民国期间成为主流。

最有意思的是当代国学大师南怀瑾的解读，他说："据我们的了解，古人对孔子这两句话，似乎都曲解了。据我的研究，这两句话的真正意思是说，这根木头的内部本来就已经腐坏了，你再去在他外面雕刻，即使雕得外表很好看，也是没有用的；'粪土之墙'，经蚂蚁、土狗等爬松了的泥巴墙，它的本身便是不牢固的，会倒的，这种里面不牢的墙，外表粉刷得漂亮也是没有用的。等于房子烂了，你把他整理起来，像用现代的三夹板、甘蔗板、壁纸一敷，走进去看看很漂亮，但架子松散，这是不对的，是靠不住的。

"这两个问题解决了，就懂得他是说宰予的身体不好。只好让他多休息一会，你们对他不要有太过分的要求。这个道理，我是从学生中体会出来的。因为我有几个学生，能力好、智慧高，他的才能见解，老实说我都佩服他。但要命的是，交给他一件事情，一个月都没有消息。骂他吗？不忍心。实际上他三天两头就患感冒，一天到晚都必须与床为伍，没有精神，只好躺下来睡觉。我才发现'朽木不可雕也；粪土之墙不可杇也'不是说他坏，而是他的底子太薄了。但是人很奇怪，身体弱的人头脑都好，试看《孟子·尽心》里：'人之有德慧术知者，恒存乎疢疾。'一个有病的人，因为经常在病苦中，身体没有其他的活动，所以会多思想、会搞学问。体力好的人，运动得锦标的，要他写两篇，他很吃力。这两件事，不可得兼；体能好，智慧又高，文武俱全的人太少了。学问、德业好的人多半体弱多病，这是事实。所以孔子说：'于予与何诛？'对于宰予不必过分诛求了，'诛'者求也，在此不可当杀人的'杀'字用。'诛'也是要求的求，这里'于予'的'予'就是宰予。换句话说，你们对于宰予，何必要求太过呢？就让他睡个觉吧！

"……我们从生活和教学的经验中体会，便可知孔子这样的话，是说他从前看到一个人，有思想，有才具，便相信这个人将来一定有成就——'听其言而信其行'。后来他发现并非如此，一个人即使有才具、有学问，但是没有良好的体能、没有充沛的精力，也免谈事业。一个人做事业，必须要强健的体力，饱满的精神。所以孔子说，我看了宰予，对人生看法有了改变，天下事实在并不简单。有人有思想、有能力、有才具，却一辈子做不好事业，因为他的精力不足、精神不够。报以曾国藩的相法便说：'功名看器宇，事业看精神。'有道理！所以我认为这一节就是这个意思，对与不对，还待大家再研究。不过我个人至少到今天为止，认为是这样的。只是古人把孔子描写得太古板、太迂腐了，其实孔子非常通人情。"

（《论语别裁·上》）

这一章，南先生所讲的都是人生的经验，也都很有道理，但是与本章有什么关联呢？你们能找得出真正的联系吗？比如"昼寝"是因为病，"诛"是求，当然这样解读于情是可通的，但依据呢？如果解读古代经典都这样解读的话，那程树德先生的《论语集释》就不是现在的四册，恐怕是一百册也收不完各式各样的解读了。

一个真正立志修身的人，一个立志求觉的人，"敏于事而慎于言"是其基本的行持。其中，对于行，则当时用心体察，令身心打成一片，于是勇猛用功，假以时日，必然有所得也；对于言，则颜回、子路等多闻于孔子都不敢，深恐闻而不能行，何况多言。宰我昼寝，是行之不切，况宰我于言语一科，诸弟子中最为第一，孔子深恐宰我言过其实，是以深深警诫之。

第十一章

5.11 子曰："吾未见刚者。"或对曰："申枨。"子曰："枨也欲，焉得刚？"

【译】

孔子说："我还没有看到过一个自在自由、独然挺立、无所畏惧的人。"有的人听到孔子这样的说法后回答说："您的学生申枨难道不算一个吗。"孔子说："申枨是一个在欲望中活着、被欲望所羁绊的人，哪里算得上是一个自由自在、独然挺立、无所畏惧的人呢？"

【释】

刚 李中孚："正大光明，坚强不屈之谓刚，乃天德也。全此德者，常伸乎万物之上。凡富贵贫贱，威武患难，一切毁誉利害，举无以动其心。欲则种种世情系恋，不能割绝，生来刚大之气，尽为所挠。心术既不光明，遇事鲜所执持。无论气质懦弱者多屈于物。即素贞血气之强者，亦不能不动于利害之私也。故从来刚者必无欲，欲者必不刚，不可一毫假借。"（李中孚《四书反身录》）

欲 孔安国："欲，多情欲。"（《集解》）

其实，这里的所谓"欲"，当指欲望，是包含情欲、物欲在内的一切欲望。

俗语说"有求皆苦，无欲则刚"。所以刚其实就是那种摆脱了物欲的控制，能够自由自在、坚强勇敢、独然挺立、无所畏惧的品性。人之所以不能够刚，是因为人们有欲，这种欲，表现多种多样，最初级的是情欲、物欲，其中包括对名利的欲望、事业的欲望、能力的欲望。就修行者则有对神通的欲望、对清静的欲望、对成就的欲望……总之，对各式各样的欲望，应有尽有，无穷无尽。

人之所以不能解脱者，无非被自己的欲望所控制，所以，凡是追求解脱者，无不需要寡欲；凡欲寡欲者，必先破除错误的知见。盖欲望根于我们的思想观念，也就是我们的主观成见。我们如果认为拥有很多的金钱就会自由自在、幸福快乐、长命百岁，我们就会生出对金钱的欲望来。而事实上，金钱不能给我们带来自由自在、幸福快乐、长命百岁的妙处。因此，这种知见不是一种不正确的知见，我们称之为边见。所以欲寡欲，先破边见，确立正见。所谓正见，其实就是中见。只有树立了正见，才能破除边见，清心寡欲，回归生命的本来，恢复"刚"的本性。

第十二章

5.12 子贡曰："我不欲人之加诸我也，吾亦欲无加诸人。"子曰："赐也，非尔所及也。"

【译】

子贡说："我不愿意他人强加给我的，我也愿不强加给他人。"孔子说："子贡啊，这还不是你能够达得到的境界。"

【释】

欲 "欲，愿也。"（《玉篇》）

加 马融："加，陵也。"（《集解》）陵，其实是"凌"的假借字，有凌驾、欺凌、欺侮、强加的意思。

"我不欲人之加诸我也，吾亦欲无加诸人。"这是一种境界，是一种只有觉者才能够完全达到的境界，若未达到此种境界而自认已达到，则有可能止步不前，是以为师者需及时发现并制止之。我在前面讲的那两位未证言证的朋友，一个被他的师父及时制止，另一位却被他的师父首肯。结果那位被师父首肯者，后来精神分裂，住进精神病院；那位被师父及时制止者，后来功夫大进，往生时瑞相空前。程瑶田说："仁者，人之德也；恕者，行仁之方也。尧、舜之仁，终身恕焉而已矣……子贡曰：'我不欲人之加诸我也，吾亦欲无加诸人。'此恕之说也。自以为及将止而不进焉。

故夫子以'非尔所及'警之。"（摘自《正义》）"自以为及将止而不进焉"，诚哉，斯言！

第十三章

5.13 子贡曰："夫子之文章，可得而闻也；夫子之言性与天道，不可得而闻也。"

【译】

子贡说："先生关于《诗》《书》《礼》《乐》等文化历史方面的学问，我们能够清楚明白、真正知晓；先生关于指点'心性与天道'方面的言说，我们不能够清楚明白、真正知晓。"

【释】

文章 刘宝楠："据《世家》诸文，则夫子之文章，谓《诗》《书》《礼》《乐》也。"（《正义》）

性 生命本来的样子，指生命的真实。

天道 天地万物本来的样子；自自然然的样子，是天地万物的真实相状。

性与天道，都是道体上的事，我未证道，在此二事面前，我不能置一言。焦竑说："性命之理，孔子罕言之，老子累言之，释氏则极言之。孔子罕言，待其人也。故曰：'不愤不启，不悱不发，中人以下，不可以语上也。'然其微言不为少矣，第学者童习白纷，翻成玩狎，唐疏宋注，锢我聪明，以故鲜通其说者。内典之多，至于充栋，大抵皆了义之谈也。古人谓闇室之一灯，苦海之三老，截疑网之宝剑，抉盲眼之金鎞，故释氏之典一通，孔子之言立悟，无二理也。张商英曰：'吾学佛，然后知儒。'诚为笃论。又曰：'孔孟之学，尽性至命之学也。'顾其言简旨微，未尽阐晰，释氏诸经所发明，皆其理也。苟能发明此理，为吾性命之指南，则释氏诸经即孔孟之义疏也，又何病焉。夫释氏之所疏，孔孟之精也。汉、宋诸儒之所疏，其糟粕也。今疏其糟粕则俎豆之，疏其精则斥之，其亦不通于理矣。"（《集释》）

其实本篇从"公冶长可妻也"至上一章，无一而非言性与天道，如为孔子出力最多莫如子路，对孔子帮助最多莫如子贡，孔子于子路、子贡之直言，若非彻见心源，无欲而刚者，则必循私情。如今日某大德法师，有一弟子，据说倾其所有资产，供养大德，为弘法之资，后来这位大德法师评此捐资弟子说:"来生果不求往生,则必转轮圣王也。"此非挟私之评而何?

第十四章

5.14 子路有闻,未之能行,唯恐有闻。

【译】

子路获得了关于人生的某种真理,在还没有贯彻到自己的人生实践中时,就担心再获得新的关于人生的某些真理。

【释】

有 "有,取也。"(《广雅·释诂》)

"有,得也。"(《玉篇》)

朱骏声:"有,假借为又。"(朱骏声《说文通训定声》)

从这些解释来看,本章第一个"有"字,可作获得、得到来理解;第二个"有"字,则可作"又"字解。

闻 "君子有三患:未之闻,患弗得闻也;既闻之,患弗得学也;既学之,患弗能行也。"(《礼记·杂记》)从这里我们可以看出"闻"字,当作接触解,如听闻、学习、了解。

孔安国:"前所闻未及行,故恐后有闻不得并行也。"(《集解》)

李中孚:"未行而恐有闻,子路急行之心,真是唯日不足,所以得到升堂地位。吾人平日非无所闻,往往徒闻而未曾见诸行,即行而未必如是之急,玩愒因循,孤负时日。读至此,不觉忸怩。"(《四书反身录》)

修身之道,贵在躬行。子路,后世修身之表率焉。

第十五章

5.15 子贡问曰:"孔文子,何以谓之'文'也?"子曰:"敏而好学,不耻下问,是以谓之'文'也。"

【译】

子贡请教孔子,问道:"孔文子,凭什么德行,给他的谥号为'文'?"孔子说:"聪敏而内心又追求'学(觉)而',不以向地位比自己低或学问比自己差的人请教为耻,凭这样的德行,给他的谥号为'文'。"

【释】

孔文子 孔文子,卫大夫,孔圉。文,是他的谥号。谥法,是我国古代对死者一生的评价，是极其严肃的。谥号分公谥与私谥两种，公谥的程序很复杂，最后由国家最高行政部门颁布天下；私谥则简单，即朋友之间通过公议，给一个评价。

文 "勤学好问曰文。"（《逸周书·谥法》）此为古谥法。

下问 孔安国："下问，问凡在己下者。"（《集解》）

如以贵问贱，以长问少，以多问寡，都在下问之列，一般的人以下问为耻。

聪敏的人，一般都自以为是，不会去追求什么觉悟不觉悟的事情，而孔文子却不仅聪敏，而且在他的内心，还希望觉悟人生的真相，这是多么的难得，仅凭这一点，按古谥法，他就可以谥"文"了。何况他还不以向学问比自己差的人、地位比自己低的人请教为耻呢？他这样的行为，可以肯定他是一个虚荣心很淡的人；说明他是一个勇于追求真理的人；说明他是一个谦虚的人；说明他是一个真心希望自己能够觉悟的人。这样的人，为什么不能谥以"文"呢？我们的病，尤其是那些地位尊贵、知识渊博的人的病，是多么的以"下问为耻"啊！

第十六章

5.15 子谓子产："有君子之道四焉：其行己也恭，其事上也敬，其养民也惠，其使民也义。"

【译】

孔子评价子产道："子产具有君子的四种品格：他对自己的行持总是谨慎谦恭；他侍奉君上的态度总是恭敬和顺；他蓄养民众的原则总是利民惠民；他使用民力的时候总是在非用不可时且不伤农。"

【释】

子产 孔安国："子产，郑大夫，公孙侨。"（《集解》）

邢昺："子产，穆公之孙，公子发之子，名侨。公子之子称公孙。"（《注疏》）

据《左传》记载：子产在郑简公郑定公时代执政二十二年，是春秋时郑国的良相。

恭敬惠义 朱熹："恭，谦逊也。敬，谨恪也。惠，爱利也。使民义，如都鄙有章、上下有服、田有封洫、庐井有伍之类。吴氏曰：'数其事而责之者，其所善者多也，臧文仲不仁者三、不知者三是也。数其事而称之

者，犹有所未至也，子产有君子之道四焉是也。今或以一言盖一人、一事盖一时，皆非也。'"（《集注》）

关于子产，我在这里想多说两句。《左传》中有这样的记载：

郑人游于乡校（乡间公共场所，聚以议事之所），以论执政。然明（人名）谓子产曰："毁乡校，何如？"子产曰："何为？夫人朝夕退而游焉，以议执政之善否。其所善者，吾则行之；其所恶者，吾则改之。是吾师也，若之何毁之？我闻忠善以损怨，不闻作威以防怨。岂不遽止？然犹防川，大决所犯，伤人必多，吾不克救也，不如小决使道，不如吾闻而药之也。（《左传·襄公三十一年》）

子皮欲使尹何为邑。子产曰："少，未知可否？"子皮曰："愿。吾爱之，不吾叛也。使夫往而学焉，夫亦愈知治矣。"子产曰："不可。人之爱人，求利之也。今吾子爱人则以政，犹未能操刀而使割也，其伤实多。子之爱人，伤之而已，其谁敢求爱于子？……子有美锦，不使人学制焉。大官、大邑，身之所庇也，而使学者制焉。其为美锦，不亦多乎？侨闻学而后入政，未闻以政学者也。若果行此，必有所害。"（《左传·襄公三十一年》）

范宣子（晋平公时大臣）为政，诸侯之币重，郑人病之，二月，郑伯如晋，子产寓书于子西，以告宣子，曰："子为晋国，四邻诸侯，不闻令德，而闻重币，侨也惑之。侨闻君子长国家者，非无贿之意，而无令名之难。夫令名，德之舆也。德，国家之基也。有基无坏，无亦是务乎？有德则乐，乐则能久……"宣子说，乃轻币。（《左传·襄公二十四年》）

子产使都鄙有章，上下有服，四有封洫（以沟壑为疆界），庐井有伍（五户为一组的户籍制度）。大人之忠俭者，从而与之；泰侈者，因而毙之……从政一年，舆人诵之曰："取我衣冠而褚之，取我田畴而伍之。孰杀子产，吾其与之！"及三年，又诵之曰："我有子弟，子产诲之。我有田畴，子产殖之。子产而死，谁其嗣之？"（《左传·襄公三十年》）

子产是我国第一个将刑法公诸天下的人，他将刑法铸在铁柱子上，刻在竹子上、木头上，竖在十字路口，让众人看，令人人都知国法，真正远离了不教而诛的、随统治者好恶定罪的时代。他是法制改革的第一人，也是普法教育的第一人，称他为"刑法之祖"，实不为过。他将法公布天下，让天下人，人人知法，人人守法；不用杀戮，而天下大治，其功在国，其惠在民。所以他死后，孔子狠狠地哭了一场。左丘明说："子产卒，仲尼

闻之,出涕曰,古之遗爱也。"(《左传·昭公二十年》)

"臧孙行猛政,子贡非之,曰:'独不闻子产之相郑乎?推贤举能,抑恶扬善。有大略者不问其短,有厚德者不非小疵。家给人足,囹圄空虚。子产卒,国人皆叩心流涕,三月不闻竽琴之音。其生也见爱,死也可悲。'"(《群书治要·新序》)

刘宝楠说:"行己恭,则能修身,事上敬,则能尽礼。养民惠,则田畴能植,子弟能诲,故夫子称为'惠人'。惠者,仁也。仁者爱人,故又言古之遗爱也。使民义,则《集注》所云:'如都鄙有章,上下有服,田有封洫,庐井有伍之类',皆是。"(《正义》)

从这里,我们可以看出,子产是一个严以律己、重在修身的人。"自天子以至于庶人,壹是皆以修身为本。"一个修身以求大学的人,况心有仁爱,行能尽礼称义,非"学而"之君子而何?子之哭,良有以也。

第十七章

5.17 子曰:"晏平仲善与人交,久而敬之。"

【译】

孔子说:"晏平仲这个人,善于与人交往,交往越久,人们就越尊敬他。"

【释】

晏平仲 司马贞:"晏平仲'名婴,谥平,字仲'。"(唐·司马贞《史记索隐》)晏婴,在齐灵公、庄公、景公三朝为臣,有《晏子春秋》传世。

"善与人交,久而敬之",此依郑玄注本,若依《正平版何晏论语集解》则作"善与人交,久而人敬之"。(《四部要籍注疏丛刊·论语·上》)

历代注家有依何本者,如皇侃说:"此善交之验也。凡人轻交易绝,而平仲交久而人愈敬之也。"(《义疏》)

有依郑本者,如刘宝楠说:"实则当从郑本无'人'字,解为平仲敬人。"(《正义》)

又,黄鹤溪说:"交际之间,其人实有可敬,而我不知敬,则失人。其人本无可敬,而我误敬之,则失己。失人失己,必贻后悔。故必由浅渐深,由疏渐亲,为时既久,灼见真知,然后用吾之敬,自可免失人失己之患,此其所以为善也。"(黄鹤溪《惠迪迩言》转引自《四书拾遗》)

此以互敬解善与人交也。其实，若依互敬为解，则无论依郑本还是依何本，都无关宏旨。因为久而人敬平仲，若平仲久交则不敬人，人何以敬平仲呢？平仲久而敬人，人亦自敬平仲啊。

我以为夫子讲晏平仲善与人交，当从平仲为人处世的冲淡平和讲，从平仲的表里如一的品性讲，从平仲的谦抑自牧讲。盖冲淡平和、谦抑自牧之人，不自矜夸，不自表现，初交则不知其真学问、真品行，交愈久则愈知其人，是以久而人敬之。平仲之善与人交者，真实平常也，非从刻意处得来，是诚之之道也，是以夫子赞之。果从上之古疏古注，则机心仍在，其所谓善者，伪也，不足以当夫子之赞。

第十八章

5.18　子曰："臧文仲居蔡，山节藻棁，何如其知也？"

【译】

孔子说："臧文仲为占卜的大龟甲盖了一栋精美绝伦的房子给它们居住，在房子的柱头上雕了像斗拱样的山形图案，在房梁的短柱上画了像水草般的花纹。这是一种什么样的感知呢？"

【释】

臧文仲　臧文仲（？—公元前617年），春秋时鲁国正卿。臧孙氏，名辰，谥文仲。历仕鲁庄公、闵公、僖公、文公四君。曾废除关卡，以利经商，于国于民，尽职尽责。其博学广知而不拘常礼，思想较为开明进步，对鲁国的发展起过积极的作用。

"二十四年春，穆叔如晋。范宣子逆之，问焉，曰：'古人有言曰死而不朽，何谓也？'穆叔未对。宣子曰：'昔匄之祖，自虞以上，为陶唐氏，在夏为御龙氏，在商为豕韦氏，在周为唐、杜氏，晋主夏盟为范氏，其是之谓乎？'穆叔曰：'以豹所闻，此之谓世禄，非不朽也。鲁有先大夫曰臧文仲，既没，其言立。其是之谓乎！豹闻之，大上有立德，其次有立功，其次有立言，虽久不废，此之谓不朽。若夫保姓受氏，以守宗祊，世不绝祀，无国无之，禄之大者，不可谓不朽。'"（《左传·襄公二十四年》）

我们再来看几件事。

第一件事讲：一种叫作"爰居"的海鸟聚集在鲁国都城的东门外三天没有散去，臧文仲以为是神鸟凤凰，就下令祭祀为国家祈福。当时有坐怀不乱之美誉的名士柳下惠很不以为然地当面提出批评，臧文仲听取了柳下惠的意见，并将柳下惠的谏言写进典册。这说明臧文仲善于听取不同意见，勇于承认自己的错误。

第二件事是：弱小的邾国进攻鲁国，鲁国依仗本国相对强大，未做充分准备即草率迎战。臧文仲劝告鲁僖公说："国无小，不可易也；无备虽众，不可恃也。"他的意思是说："一个国家无论他多么弱小，也不能轻视；大国兵多将广，但没有准备，也不能依仗强大的力量而取胜。"但鲁僖公没有采纳臧文仲的意见，鲁国果然失败，鲁僖公的头盔都被邾军夺去了。

第三件事是：鲁国大旱，鲁僖公要烧死仰面朝天的畸人祈雨，理由是：之所以久旱不雨，是天神担心雨水会流进仰面朝天者的鼻子里去。鲁大夫臧文仲对此无稽之谈进行了一次充满机智的"二难推理"的精彩劝谏。他说，老天爷要杀仰面朝天者，就不应生出他们；如果老天爷因怜悯他们而不下雨，那么烧死他们，旱情将更严重。

第四件事是：鲁庄公十一年秋天，宋国遭遇了大水灾，鲁庄公遣使去慰问，宋闵公对来使说："都是我不好，对上天不诚敬，上天才降下了灾难。让贵国国君担忧了，真是感激不尽。"鲁国大夫臧文仲听到了宋闵公的这些话，非常感慨，说道："宋其兴乎！禹、汤罪己，其兴也悖焉；桀、纣罪人，其亡也忽焉。"臧文仲的意思是说："宋闵公勇于罪己，宋国大概要兴起了吧！大禹和商汤敢于责罪自己，于是勃然兴起；夏桀和殷纣总是责罪别人，所以很快就灭亡了。"

第五件事是：鲁国发生饥荒，臧文仲对鲁庄公说："与邻国结好，取得诸侯的信任，用婚姻关系来加强它，以盟约誓言来巩固它，乃是为了应付国家的急难。铸造钟鼎宝器，贮藏珠玉财物，乃是为了救助百姓的困苦。现在国家遇到了困难，国君为何不抵押钟鼎宝器向齐国提出购买粮食的要求呢？"庄公说："派谁前去？"臧文仲回答说："国家遇到饥荒而由卿大夫外出求购粮食，是古代的制度。臣充列卿位，请派臣去齐国。"于是庄公派遣臧文仲赴齐。

臧文仲的侍从说："国君没有指派你，你却主动要求，这不是自己挑选差事去干吗？"文仲说："贤明的人应该争当危难而谦让平易的事务；当官者应该敢于任事而不逃避危难；在高位者应该体恤百姓的忧患，这样国家才能安定。现在我如果不去齐国，就不是争当危难了。处于上位而不体恤百姓，当了官而又懒于理事，不是臣子侍奉国君所该做的。"臧文仲来到齐国后，用鬯圭和玉磬向齐国求购粮食，说："天灾流行，殃及敝国，饥荒又降临到人民中间，百姓瘠瘦羸弱，生命受到威胁。对周公、太公的祭祀无法保证，给王室的贡品也难以操办，我们国君很担心因此而获罪。所以不敢再珍惜先君的宝器，请求交换贵国积余的陈粮。这既可减轻贵国管粮人的负担，也可解救敝国的饥荒，使我们能担当向王室朝贡的职守。不但我们的国君和臣子能领受到贵国国君的恩惠，就是周公、太公和天地间的所有神灵也会以此而继续得到祭祀。"齐人于是把粮食借给了鲁国，并退还了宝器。

第六件事是：公元前636年的冬天，周天子派使臣来鲁国通报王室的祸难，周襄王的意思也很谦卑，但臧文仲回答使臣说："天子蒙尘于外，敢不奔问官守。"于是各国诸侯都派人去慰问襄王，只有卫文公没有派人去。臧文仲感慨地预言说：卫侯快要死了吧。列国跟王室的关系，就像树木与根的关系、水与源头的关系一样，一个国君心里没有王室，就像树木失去了根本，流水失掉了源头。果然第二年卫文公就死掉了。

第七件事是：公元前634年，齐国攻打鲁国的时候，臧文仲打算以谈判来对付齐国。他自己觉得口才不够，去请展禽帮忙，也就是有名的柳下惠（后来的孟子尊称他为"圣之和者"）。柳下惠说他没听说用文采辞藻去对付敌国的。"乱在前也，辞其何益？"但臧文仲认为，国家处于危急关头，凡是可以抵御外敌的，没有不可以拿来用的，柳先生的文采大概也是可以起作用的。柳下惠因此受命于危难之际，最终使齐国答应讲和而班师回国，但是臧文仲只让柳下惠做了一个小官。

居蔡 占卜用的大龟甲，占卜之龟有六种，《周礼》谓之六龟，各藏一屋，使龟人掌管之。居蔡，即为蔡居。直言之，就是为这些龟甲建造房子，储藏它们。

山节 节，柱子上的斗拱支撑结构；"山节"，即"节"的形状被雕刻成山一样的形状。

藻棁 "棁"，房梁上的短柱，"藻"，像有纹路的水草一样，"藻棁"，即在"棁"上画有像水草般的花纹。

何如其知也 "知"一般读智慧的智，即为什么他的智慧水平会是这样子呢？我们已经简单介绍过臧文仲了，以他的机智、谋略、谨慎、自谦的品性和重精神、轻物质的价值取向，又怎么会做出如此僭礼的大不合时宜的事呢？

所以我理解为这是一种什么样的感知呢？这是一种疑问的语气，对这种行为不置可否。其实孔子是知道其中的道理的。我们从孔子《易传》中说的"无思也，无为也，寂然不动，感而遂通天下之故"来看，龟卜也是一样，欲得卜占灵验，必须至诚以感通之，"无思也，无为也，寂然不动"，至诚无物者也，诚如此，方能达到"感而遂通天下之故"。臧文仲三代为鲁掌龟之大夫，预言均甚灵验，前叙鲁国之败，卫文公之死，宋国之将兴，柳下惠之使齐等皆是其预期而验的事实。则文仲大夫于龟卜之道，应是达到至诚无物的境界了。这些孔子当然是知道的，若从"性命与天道"上讲，这种行为当然是可以肯定的，但孔子始终不往宗教方向走。古人认为在这一章里，孔子是对文仲大夫对龟甲至诚态度的否定，即所谓的淫祀，也是可以说得通的。

第十九章

5.19 子张问曰："令尹子文三仕为令尹，无喜色；三已之，无愠色。旧令尹之政，必以告新令尹。何如？"子曰："忠矣。"曰："仁矣乎？"曰："未知，焉得仁？"

"崔子弑齐君，陈文子有马十乘，弃而违之。至于他邦，则曰：'犹吾大夫崔子也。'"违之。之一邦，则又曰："'犹吾大夫崔子也。'违之。何如？"子曰："清矣。"曰："仁矣乎？"曰："未知，焉得仁？"

【译】

子张问孔子道："令尹子文，曾三次做令尹这样的官，他没有什么高兴的脸色，三次被免去了令尹的职，他也没有什么不高兴的脸色。被免职时，他一定把自己的施政方案，告知来接任的新令尹。这样的人，怎么样？"孔子说："是一位忠臣啊。"子张又问道："可以算得上是一位行仁的人吗？"孔子说："知觉性都没有确立，哪里可以算得上是一个行仁的人啊？"

子张又问："崔杼杀了齐国的国君，陈文子有马四十匹，都舍弃不要，离开了齐国。到了另一个国家，结果他发现这个国家的执政大夫也跟崔杼是一样的人，又离开了这个国家。再到另一个国家去，结果他又发现这个国家的执政者与崔杼又是同样的人，就又离开了这个国家。这样的人，怎么样？"孔子说："可以算得上是一个洁身自好的清者了。"子张又问道："可以算得上是一位行仁的人吗？"孔子说："知觉性都没有发露出来，哪里可以算得上是一个行仁的人啊？"

【释】

令尹 邢昺："令尹，宰也。《周礼》六卿，太宰为长，遂以宰为上卿之号。楚臣令尹为长，从他国之言，或亦谓之宰。"（《注疏》）

子文 孔安国："令尹子文，楚大夫，姓斗名谷，字於菟。"（《集解》）

"昔斗谷子文三舍令尹，无一日之积。"（《国语·楚语下》）

崔杼 在齐执政二三十年，当国秉政，骄横异常，在朝中大肆杀戮。曾杀庄公，立景公，自己为右相。后其子崔成等互相争权，为左相庆封攻灭，他上吊自杀，尸体为景公戮曝。

陈文子 陈文子，又名田文子，名须无，为齐国田氏家族首领，庄公时为大夫，晋国大夫栾逞作乱，投奔齐国，庄公厚礼相待。晏婴与田文子都劝谏庄公。后崔杼弑庄公，他即逃离了齐国。

文子，"三仕为令尹无喜色；三已之，无愠色。旧令尹之政，必以告新令尹"。"为令尹"，得也，"已之"，失也，"无喜色、无愠色"，不动心也，这是一种定境，"旧令尹之政，必以告新令尹"，则是一种慈悲，也是一种境界。定境，名利心淡者，深信命运者，或可达也，如明代大学者袁了凡先生，只因被孔先生邵子神数算定其一生休咎，从此深信命运，而获此不动心境界，曾与云谷禅师对坐三日，未曾起一个妄念，几害得这位大禅师都看错了人，以为袁先生已证圣境。慈悲是虽未证当下一念之知，未证生命之真实的人，或出自天性或出于修养，也有可能具备。仁，虽然也是一种境界，也是有绝对的定境，也是一种慈悲心的体现。但在未明明德之前，未明人生的当下之前，只不过是那一念知觉之性之前，虽有慈悲心，虽有定境，亦不能算是仁者之境。此话不好说，一落言诠，便为剩语。以此理衡之，则陈文子行虽清，但执着甚深，是以孔子不许其为仁者。

第二十章

5.20 季文子三思而后行。子闻之，曰："再，斯可矣。"

【译】

季文子行事非常谨慎，凡事都要经过反复的思考后才做决定。孔子听说后，说："思考两次就可以了。"

【释】

季文子 郑玄："季文子，鲁大夫季孙行父。文，谥也。文子忠而有贤行。其举事寡过，不必及三思。"

三思而后行 三思而行，即反复多次的思考，凡事经过深思熟虑而后行，自然少过失。所以，三思而行，本是美德，但季文子凡事三思而行，孔子却说思考两次就可以了。说明凡事不能绝对，当因人而异，尤其是教育工作者，对受教对象的了解，十分重要。因为你只有了解了你所教的对象，你才能够根据所教对象的具体情况，制定相应的教授内容与教授方法，因材施教，才能达到预期的目的，收到预期的效果。季文子谨慎过度，故孔子抑其谨慎，若谨慎不及，孔子自会进其谨慎，如对子路，子曰"君子中庸"，良有以也。

第二十一章

5.21 子曰："宁武子邦有道则知，邦无道则愚；其知可及也，其愚不可及也。"

【译】

孔子说："宁武子这个人，在国家清明的时候，他就施展其聪明才智，在国家没有了清明的政治时，他就显现其愚痴。他的智慧，是他人通过努力可以赶得上的，他（显现出来）的愚痴，是他人努力也达不到的。"

【释】

宁武子 马融："卫大夫宁俞。武，谥也。"（《集解》）

李炳南："卫大夫宁武子，邦有道，则施其能，是谓智也，邦无道，则韬其光，是谓愚也。此愚即是智，否则邦有道时，何能变为智者。武子之智，他人学之可及，然其愚也，他人学之不及。人不知，而不愠，是其不可及之故，此古人所难能，唯秦之五羖大夫百里奚，方在虞时，以及逃楚时，似之。"（《论语讲要》）

人生有所为，如修身，是必有所为的。是以"至天子以至于庶人，壹是皆以修身为本"，此人生根本之道也。此外，一切行持操作，皆是随缘。如宁武子在国家清明的时候，他就施展其聪明才智，令其人生有所为；而在国家没有清明政治的时候，他就显现其愚痴，让其人生无所为。有为无为，皆是随缘，则不是人生之必然也，故说"穷则独善其身，达则兼济天下"。说必说兼，皆非必为之事也，以此我们更加确证人生之能事，全在修身，在完善人格，在追求与天地精神相往来。宁武子的所行所为，充分地表现了人生有所必为（如修身与随缘）与有所不为（其实为与不为都是为修身服务）的真实生命。

第二十二章

5.22 子在陈，曰："归与！归与！吾党之小子狂简，斐然成章，不知所以裁之。"

【译】

孔子在陈国，突然说道："回去吧，回去吧！我家乡的学子们有强烈的进取心而且志向远大，修养也有模有样，可是他们不知怎样衡量是否合于中道。"

【释】

党 地域概念。刘宝楠："《周礼》：五党为州，五州为乡。故曰：'吾党之士。'此称吾党之义也。"（《正义》）

狂 志大，言大，欲慕古圣贤行，而行不副焉。

简 孔安国："简，大也。"（《集解》）

斐然成章 孔安国："妄作穿凿以成文章。"（《集解》）

邢昺说："斐然，文章貌。"（《注疏》）

朱熹："斐，文貌。成章，言其文理成就，有可观者。"（《集注》）

我认为此句是一个比喻，是承上句而来，以喻"吾党之小子狂简"的情形，而不是以上诸解。

不知所以裁之 《史记·孔子世家》中"不知所以裁之"前有"吾"字，是以有从《史记》，解为："孔子不知所以裁之。"孔子怎么会不知所以裁之呢？所以，我解为"吾乡之小子不知所以裁之"。

本章史实，首见于《史记·孔子世家》："孔子居陈三岁，会晋楚争强，更伐陈。及吴侵陈，陈常被寇。孔子曰：'归与！归与！吾党之小子狂简，进取不忘其初。'于是孔子去陈。过蒲，适卫。去卫，将西见赵简子。临河乃还。反乎卫，又去卫，复如陈。是岁鲁哀公三年，而孔子年六十矣。季桓子卒，康子代立，使使召冉求。冉求将行，孔子曰：'鲁人召求，非小用之，将大用之也。'是日，孔子曰：'归乎！归乎！吾党之小子狂简，斐然成章，吾不知所以裁之。'子赣知夫子思归，送冉求，因诫曰：'即用，以孔子为招'云。"

而解此章者，则首见于《孟子·尽心》，其文曰："万章问曰：'孔子在陈，曰：盍归乎来！吾党之小子狂简，进取不忘其初。孔子在陈，何思鲁之狂士?'孟子曰:'孔子不得中道而与之,必也狂狷乎!狂者进取,狷者有所不为也。孔子岂不欲中道哉?不可必得,故思其次也。'敢问:'何如斯可谓狂矣?'曰:'如琴张、曾皙、牧皮者,孔子之所谓狂矣。''何以谓之狂也?'曰:'其志嘐嘐然,曰:古之人,古之人,夷考其行而不掩焉者也。狂者又不可得,欲得不屑不洁之士而与之,是狷也,是又其次也。'"

觉悟之道,玄策禅师说:"威音王以前即得(自己证明自己的悟境),威音王以后,无师自悟,尽是天然外道。"(出自《六祖法宝坛经》)夫子"归与归与",正恐弟子堕"天然外道"也。天下车同轨,书同文,儒释相通,良有以也。

第二十三章

5.23 子曰:"伯夷、叔齐不念旧恶,怨是用希。"

【译】

孔子说:"伯夷、叔齐两兄弟,能放下与他人久积而深远的怨恨,别人对他们的怨恨也就因此而很少了。"

【释】

伯夷、叔齐 司马迁:"夫学者载籍极博,犹考信于六艺,《诗》《书》虽缺,然虞、夏之文可知也,尧将逊位,让于虞舜。舜禹之间,岳牧咸荐,乃试之于位,典职数十年,功用既兴,然后授政。示天下重器,王者大统,传天下若斯之难也。而说者曰:'尧让天下于许由,许由不受,耻之逃隐。及夏之时,有卞随、务光者。'此何以称焉?太史公曰:'余登箕山,其上盖有许由冢云。孔子序列古之仁圣贤人,如吴太伯、伯夷之伦详矣。余以所闻由、光义至高,其文辞不少概见,何哉?'

"孔子曰:'伯夷、叔齐,不念旧恶,怨是用希。''求仁得仁,又何怨乎?'余悲伯夷之意,睹轶诗,可异焉。其传曰:伯夷、叔齐,孤竹君之二子也,父欲立叔齐,及父卒,叔齐让伯夷。伯夷曰:'父命也。'遂逃去。叔齐亦不肯立而逃之,国人立其中子,于是伯夷、叔齐闻西伯昌善养老,盍往归焉!及至,西伯卒,武王载木主,号为文王,东伐纣。伯夷、叔齐叩马而谏曰:'父死不葬,爰及干戈,可谓孝乎?以臣弑君,可谓仁乎?'左右欲兵之。太公曰:'此义人也'。扶而去之。武王已平殷乱,天下宗周,而伯夷、叔齐耻之,义不食周粟,隐于首阳山,采薇而食之。及饿且死，作歌，其辞曰：'登彼西山兮，采其薇矣！以暴易暴兮，不知其非矣！神农、虞夏，忽焉没兮，我安适归矣？'于嗟徂兮，命之衰矣！遂饿死于首阳山。由此观之，怨邪？非邪？

"或曰：'天道无亲，常与善人。'若伯夷、叔齐，可谓善人者非邪？积仁絜行，如此而饿死。且七十子之徒，仲尼独荐颜渊为好学，然回也屡空，糟糠不厌，而卒蚤夭。天之报施善人，其何如哉？盗跖日杀不辜，肝人之肉，暴戾恣睢，聚党数千人，横行天下，竟以寿终。是遵何德哉？此其尤大彰明较著者也。若至近世，操行不轨，专犯忌讳，而终身逸乐，富厚累世不绝。或择地而蹈之，时然后出言，行不由径，非公正不发愤，而遇祸灾者，不可胜数也。余甚惑焉。傥所谓天道，是邪？非邪？

"子曰：'道不同，不相为谋。'亦各从其志也。故曰：'富贵如可求，虽执鞭之士，吾亦为之，如不可求，从吾所好。''岁寒，然后知松柏之后凋也。'举世混浊，清士乃见。岂以其重若彼，其轻若此哉？'君子疾没世而名不称焉。'贾子曰：'贪夫殉财，烈士殉名，夸者死权，众庶冯生。''同明相照，同类相求。云从龙，风从虎。圣人作而万物睹。'伯夷、叔齐虽贤，得夫子而名益彰；颜渊虽笃学，附骥尾而行益显。岩穴之士，趣舍有时若此，类名堙灭而不称，悲夫！闾巷之人，欲砥行立名者，非附青云之士，恶能施于后世哉！"（《史记·伯夷列传》）

旧恶 毛奇龄："此恶字，犹《左传》周郑交恶之恶。旧恶，即夙怨也。唯有夙怨而相忘，而不之念，因之恩怨俱泯，故怨是用希。此必有实事而今不传者。"（清·毛奇龄《四书改错》转引自《集释》）

夙怨，久而深远之积怨也，或积自自己，或积自过去世。假如能忘此怨怼，平等视之，则恩怨双泯。若能如是用心，如是忍受，久而久之，当可彻悟人生真谛！伯夷、叔齐，其古之彻悟人生之真谛者耶？是以孔子赞之。

第二十四章

5.24　子曰："孰谓微生高直，或乞醯焉，乞诸其邻而与之。"

【译】

孔子说："谁说微生高这个人耿直，有一个人家里没有醋了，就向微生高乞求一点醋，但微生高家里没有醋了，他就向他自己的邻居家里乞求了一点醋，然后给了这个来向他乞醋的人。"

【释】

微生高　孔安国:"微生姓,名高,鲁人也。"(《集解》)

刘宝楠:"《汉书·古今人表》:'尾生高,尾生亩。'师古曰:'即微生高,微生亩也。'《燕策》苏代曰:'信如尾生高。'又曰:'信如尾生高,则不过不欺人耳。'苏秦曰:'信如尾生,欺而不来,抱梁柱而死。'庄子《盗跖》篇:'尾生与女子期于梁下,女子不来,水至不去,抱梁柱而死。'《淮南·氾论》《说林》并载此事,高诱注云:'鲁人,则微生,盖尝硁硁自守者,故当时或以为直也。''尾'与'微'通,《书·尧典》:'鸟兽孳尾',《史记·五帝纪》作'微'是其证。"(《正义》)

乞　杜预:"不保得之辞。"(晋·杜预《左传杜注》)

醯　醋也。

本章古代学者都认为孔子说微生高对来乞醋者,"乞诸其邻而与之",用意委曲,不得称之为直,是孔子对微生高的指责。更有甚者,如朱熹说:"夫子言此,讥其曲意殉物,掠美市恩,不得为直也。程子曰:'微生高所枉虽小,害直为大。'范氏曰:'是曰是、非曰非、有谓有、无谓无,曰直。圣人观人于其一介之取予,而千驷万钟从可知焉。故以微事断之,所以教人不可不谨也。'"(《集注》)

从文字的表面意思来看,也未尝不可,但总觉得微生高对于乞者所乞自家没有之物,却能亲自去乞来以予乞者,不应视为不直。文中更没有掠美市恩,没有未告知非己之物,所以不敢盲从。

今人杨润根说:"孔子利用了'直'这个字的多义性,他把这个本应理解为正直的'直'字,理解为'直来直去',整个话语的幽默意味也就从这种故意的曲解中产生出来,这种曲解似乎把人们对微生高的赞赏变成了一种指责,而在这种表面上的指责之中所包含的却是一种更高的赞赏。"(《发现论语》) 这种理解似乎更符合情理,我愿意采信。

二十五章

5.25　子曰:"巧言、令色、足恭,左丘明耻之,丘亦耻之。匿怨而友其人,左丘明耻之,丘亦耻之。"

【译】

孔子说:"顺着别人的意思说好听的话,为了讨人喜欢而眉眼堆笑,一副和蔼的样子,为了取悦于人而过分恭敬人,左丘明以这种人的行为为耻，我也以这种人的行为为耻；把内心的怨恨藏起来而表面上却和人家很友善，左丘明以这种人的行为为耻，我也以这种人的行为为耻。"

【释】

足恭 朱熹："足，过也。"（《集注》）

左丘明 严彭祖："孔子将修《春秋》，与左丘明乘，入周，观周与周史。归而修《春秋》之经，丘明为之传，共为表里。"（《严氏春秋》引《孔子家语·观周》）

司马迁："孔子明王道，干七十余君莫能用，故西观周室，论史记旧闻，兴于鲁而次《春秋》，上记隐，下至哀之获麟，约其辞文，去其烦重，以制义法，王道备，人事浃。七十子之徒口授其传指，为有所刺讥褒讳挹损之文辞不可以书见也。鲁君子左丘明惧弟子人人异端，各安其意，失其真，故因孔子史记具论其语，成《左氏春秋》。"（《史记·十二诸侯年表》）

左丘明为鲁国太史，掌握了丰厚的史料。与孔子同研史册。新近发现的孔府档案资料《左传精舍志》称左丘明"世为鲁左史官"，可以佐证。左丘明的思想十分丰富。在《左传》中以"君子曰""君子谓"或"君子以为"的评述形式直接表达了左丘明关于天道、政治、人生、历史等方面的思想。

关于天道，左丘明坚持生命存在的价值。他虽然尊天敬神，但更重人和人事。如他极力反对人祭、人殉，重视人的生命，重视生命的存在和生命的价值，把死后的鬼神放在现实生命的后面。如："祭祀以为人也。民，神之主也。"（《左传·僖公十九年》）；《左传·文公七年》记载，左丘明之所以认定"秦之不复东征"，就是因为秦穆公"死而弃民"，实行人殉。再如《左传》中贤人君子谈到鬼神也都是为了劝诫世人。钱钟书说："盖信事鬼神，而又觉鬼神之不可信、不足恃，微悟鬼神之见强则迁、唯力是附，而又不敢不扬言其聪明正直而壹、凭依在德，此敬奉鬼神者衷肠之冰炭也。玩索左氏所记，可心知斯意矣。"（钱钟书《管锥编·第一册·左传正义》）

关于政治，左丘明坚持以德为原则。如《左传·宣公三年》记楚庄王问鼎之大小轻重，王孙满回答说"在德不在鼎"，表达的正是德政是政治根本之意。左丘明在论述城濮之战时说晋侯在战前训练百姓，让他们"知义""知信""知礼"，而战争中晋军重视德行，将领配合默契，这样就自然而然地让读者接受晋军胜利是情理之中的事情。而这实际上是说德在左右着战争的结果。对于个人更是有德者成就功业,无德者身死国亡。

关于礼,左丘明坚持以礼为规范。如《左传》解经多以"礼也""非礼也"为注脚,"礼"字在《左传》中出现的次数比其他任何同时期的古书都要多。左丘明说:"礼,经国家、定社稷、序民人、利后嗣者也。"(《左传·隐公十一年》)此外,左丘明理解的礼并不仅是揖让进退之礼。如公元前547年,鲁昭公到晋国去,从郊外慰劳一直到赠送财礼,自始至终从没有失礼。由此晋侯对鲁昭公不懂礼之说感到困惑。女叔齐认为鲁昭公仅懂得"仪",不是真正懂礼。真正的礼是用来保国、推行政令而不失去百姓的。鲁昭公的政令出自私家,不能使用贤人,触犯大国的盟约,欺负弱小国家,乘人之危,不能养活百姓,却琐屑地急于学习仪式,这是本末倒置,根本称不上是懂礼。左丘明评价女叔齐说:"君子谓叔侯于是乎知礼。"所以钱钟书说《左传》中的礼是"非揖让节文,乃因事制宜之谓;故射仪则君子必争,戎礼则君子亦杀"。(《管锥编·第一册·左传正义》)

关于民,左丘明坚持以民为根基。《左传·文公十三年》载邾文公迁都的事例深切地说明了国以民为本,具体事例是:邾文公卜迁于绎。史曰:"利于民而不利于君。"邾子曰:"苟利于民,孤之利也。天生民而树之君,以利之也。民既利矣,孤必与焉。"左右曰:"命可长也,君何弗为?"邾子曰:"命在养民。死之短长,时也。民苟利矣,迁也,吉莫如之!"遂迁于绎。五月,邾文公卒。君子曰:"知命。"

关于刑,左丘明坚持以刑为辅助。左丘明强调崇德、崇礼、重民,但不否定刑的辅助作用。如"政以治民,刑以正刑"(《左传·隐公十一年》),就是说用行政来治理百姓,用刑来纠正邪恶。其只是主张"慎罚"而已,他说:"善为国者,赏不僭而刑不滥。赏僭,则惧及淫人;刑滥,则惧及善人。若不幸而过,宁僭无滥。与其失善,宁其利淫。"(《左传·襄公二十六年》)也就是说,宁多赏也不能滥刑,以免伤及无辜,其实仍是重德。

关于人生,左丘明的思想中也有十分丰富的内容。他主张人要具有忠、孝、信、善、谦等品质。在他看来,人只有具有这些优良品质,才具备了理想人格。如郑庄公与其母姜氏在黄泉相见传为佳话。左丘明接着又以"君子曰"的方式称赞道:"颍考叔,纯孝也,爱其母,施及庄公。《诗》曰:'孝子不匮,永锡而类',其是之谓乎!"(《左传·隐公元年》)

桓公十二年，鲁郑以为宋国不讲信用而攻打宋国，左丘明又说："苟信不继，盟无益也。《诗》云：'君子屡盟，乱是用长。'无信也。"他认为如果信用跟不上，结盟也没有什么好处。多次结盟反而动乱滋长，这都是因为没有信用。左丘明崇尚善而反对恶，他曾说过"善不可失，恶不可长"（《左传·隐公六年》），要人们保持善行。《左传·襄公十三年》记晋国将帅彼此谦让，晋国的百姓因此和谐，诸侯也因此亲睦。左丘明在此说明谦让的作用：让，礼之主也。范宣子让，其下皆让。栾黡为汰，弗敢违也。晋国以平，数世赖之。刑善也夫！……世之治也，君子尚能而让其下，小人农力以事其上，是以上下有礼，而谗慝黜远，由不争也，谓之懿德。

左丘明把晋国的兴盛归功于举国谦让，可见"让"的重要性。

关于历史，左丘明坚持社稷无常奉。他虽会认为君主是天之子，由天选定，如"君，天也"（《左传·宣公四年》），但他更重要的思想是"社稷无常奉，君臣无常位，自古以然"（《左传·昭公三十二年》）。也就是说，历史就是不断地改朝换代，国君不能以为权力乃为天授就胡作非为。历史上没有永保天下的社稷之主，人君如果不以民为本，为政不以德礼为本，就有可能被赶下台。如卫文公穿着粗布衣服，戴着粗帛帽子，努力生产，教导农务，重视教化，任用有能力之人，结果仅用一年的时间，战车就由三十辆变成了三百辆（《左传·闵公二年》）就是其例。

匿怨 孔安国："心内相怨而外诈亲。"（《集解》）

这一章，我们已在《学而》篇"巧言令色，鲜矣仁"中讲过了，"匿怨而友其人"与"巧言令色"同一用心虚假也，是以左丘明耻之，夫子亦耻之也。此深戒用心虚假者也，用心虚假，则与道日离而悟无日矣。诚如朱熹引谢氏说："二者之可耻，有甚于穿窬也。左丘明耻之，其所养可知矣。夫子自言'丘亦耻之'，盖窃比老、彭之意。又以深戒学者，使察乎此而立心以直也。"（《集注》）

第二十六章

5.26 颜渊、季路侍。子曰："盍各言尔志?"子路曰："愿车马、衣轻裘，与朋友共。敝之而无憾。"颜渊曰："愿无伐善，无施劳。"子路曰："愿闻子之志。"子曰："老者安之，朋友信之，少者怀之。"

【译】

颜渊、子路侍立在孔子旁边，孔子说："何不各自说说你们的志愿呢？"子路说："我的志愿是：将我的车马和最高档的衣服和朋友们一起享用，（即使）用坏了内心也没有什么遗憾。"颜渊说："我的志愿是：不夸耀自己的长处，不张扬自己的功劳。"子路说："我们希望听听先生您的志愿。"孔子说："孝敬老人，使他们心安；诚敬朋友，使他们能够信任；关爱少年，使他们怀念长辈的恩情而健康成长。"

【释】

盍 "盍，何不也。"（《玉篇》）

衣轻裘 衣轻裘之轻字，流通各本都有此字。然，阮元考证说："唐石经'轻'字旁注：案石经初刻本无'轻'字。'车马衣裘'见《管子·小匡》及外传《齐语》，是子路本用成语，后人因《雍也》篇'衣轻裘'误加'轻'字，误甚。钱大昕《金石文跋尾》云：石经'轻'字宋人误加。考《北齐书·唐邕传》：'显祖尝解服青鼠皮裘赐邕云：'朕意在车马衣裘，与卿共敝'，盖用子路故事，是古本无'轻'字一证也。《释文》于'赤之适齐'音'衣'为于既反，而此衣字无音，是陆本无'轻'字，二证也。邢疏云：'愿以己之车马衣裘共乘服'，是邢本无'轻'字，三证也。皇疏云：'车马衣裘共乘服而无憾恨也'，是皇本亦无'轻'字，四证也。今注疏与皇本正文有'轻'字，则后人依通行增入，非其旧矣。"（清·阮刻《十三经注疏》）

伐善 "伐，自矜曰伐。"（《玉篇》）

杜预："自称其能曰伐。"（《左传注》）

施劳 "施，张也。"（《玉篇》）

张，就是张显、炫耀，施劳，就是炫耀自己的功劳。

"大道之行也，天下为公。选贤与能，讲信修睦。故人不独亲其亲，不独子其子。使老有所终，壮有所用，幼有所长，矜寡孤独废疾者皆有所养，男有分，女有归。"（《礼记·礼运》）子之志，老者安、朋友信、少者怀，大道之行也，非志非不志，乃圆满之大志也，非彻底明了天地人生之真相者，实不足以语此；颜回之志，无伐善，无施劳，仁者之志也，非达无我之境者，不足以语此；子路之志，车马衣裘，与朋友共，敝之而无憾，义者之志也，非轻财重道者，不足以语此也。

第二十七章

5.27 子曰："已矣乎！吾未见能见其过而内自讼者也。"

【译】

孔子说:"没办法了!我没有看见过有谁能发现自己的过错,而在内心责备自己的人。"

【释】

已 "已,毕也。"(《玉篇》)

讼 包咸:"讼,犹责也。言人有过,莫能自责。"(《集解》)

陆陇其说:"天下有一种人,全不知道自己错了,将错处都认作是处。此是不能见其过。有一种人,明知自己错了,却只管因循牵制,甘于自弃,或只在口头说过。此是不能内自讼。这有三件:一是为气质做主而不能变化;一是为物欲牵引而不能割断;一是为习俗陷溺而不能跳脱。所以不能无过者,由此三件。所以有过而不能见、不能自讼过者,亦由此三件。"(清·陆陇其《松阳讲义》)

朱熹说:"问程子曰:'罪己责躬不可无,然亦不当长留在心胸为悔。今有学者幸知自讼矣,心胸之悔,又若何而能不留耶?曰,改之便无悔。'自讼其过,改之则无悔,心归于净。此意甚好。"(《朱子语类》)"能见其过"者,自知之明也,人有自知之明,则入道有阶,正如有首歌的歌词所说"看清自己也是悟",此之谓也;进而言之,能自见其过,而又能"内自讼者","见其过""内自讼"。佛家谓之忏悔,忏者,忏其前罪,"见其过"也,悔者,悔其后过,即所谓之不重犯,"内自讼"者,自能悔其后过,不再重犯,此修身之有心者也,有心于修身,则自有明"明德"的一天。若此等人都不见,则到哪里去找有心于明白天地人生真相的修身之人呢?此圣人所以叹之由,又不可不知者也。

第二十八章

5.28 子曰:"十室之邑,必有忠信如丘者焉,不如丘之好学也。"

【译】

孔子说:"只有十户人家的小村落,一定会有像我孔丘一样忠信的人,只是不像我孔丘一样追求觉悟。"

【释】

十室之邑 郑玄:"邑,犹里也。"(郑玄《周礼注》)

"三十家为邑。"(《国语·齐语》)"十室之邑",是一个极小的村落。

尹会一说:"此章大旨,自是勉人好学,以全其生质。须知忠信方可言生质之美，忠信之质方可以言学。忠信美质乃十室中所必有者，唯不知好学以保守扩充其忠信，是以乡人多而圣人少也。夫子以身示教，并非谦辞，一部《论语》俱勉人主忠信而好学。"（清·尹会一《读书笔记》）

　　超凡入圣，人生之终极目的也。忠信，超凡入圣之基。然则，虽有此基，若不好之，则终不能入圣。俗谓："只要心地正，行好事，说好话，乐善远恶，修不修身，入不入圣，无所谓也。"世间善人，多属此类，是以孔子说："十室之邑，必有忠信如丘者焉，不如丘之好学也"，勉人珍惜忠信之美质，发向上之心，奋好觉之志，启超凡入圣之大愿，则求觉者自多，明明德者自有，而人人求觉终觉之天下归仁可期矣。圣人一片苦心，当默而记之，遵而行之。我们当莫负圣人之心，成就人生之愿。

雍也第六

第一章

6.1　子曰:"雍也可使南面。"

【译】

孔子说:"冉雍啊,他的才德可以做一个独立的行政长官。"

【释】

雍　冉雍,字仲弓。司马迁:"仲弓父,贱人。"(《史记·仲尼弟子列传》)

南面　古代注释两种。孔子自己说:"圣人南面而听天下,向明而治。"(《周易·说卦传》)

朱熹:"南面者,人君听治之位。言仲弓宽洪简重,有人君之度也。"(《集注》)

包咸:"可使南面者,言任诸侯治,可使治国政也。"(《集解》)

邢昺:"称弟子冉雍之德行。南面,谓诸侯也。言冉雍有德行,堪任为诸侯治理一国者也。"(《注疏》)

可使南面,有说是冉雍可使其任君主者,有说是可使其任诸侯治者。说君王者,依南面一词的本义;说诸侯者,依南面一词的引申义,二说均通,可以并存。

然则,使其任君主者也好,还是任诸侯之治也好,都与冉雍出身"贱人"的身份不合。在现代一般人解《论语》者的眼里,孔子是一个维护周礼、维护等级制度的守旧派。但在这里,孔子却明明白白地说:"雍也,可使南面。"一个"贱人"出身的人,孔子却说他"可使南面",难道不值得我们深思吗?

在等级制度森严的古印度,与孔子差不多同时代的一位觉者——释迦牟尼,为了打破那等级森严的种姓制度,向社会庄严地宣布并实行了四性平等的新思想。而孔子在这里说一个出身"贱人"的人,可以使其南面,成为贵人，成为最尊贵的人。这难道不是向世人宣布"贵贱"在"德行"不在"出身"的进步思想吗？孔子的这种不计出身，只重修养，只重德行，任人唯贤的平等用人观，难道不是人性平等的宣言书吗？

第二章

6.2 仲弓问子桑伯子。子曰："可也简。"仲弓曰："居敬而行简，以临其民，不亦可乎？居简而行简，无乃大简乎？"子曰："雍之言然。"

【译】

冉雍向孔子请教如何评价子桑伯子这个人。孔子回答说："这个人可以呀，他简约。"冉雍说："（可不可以这样理解您说的简约，）平居行持严谨慎重，处事简约，这样子来治理他的民众，不是也可以吗？平居怠惰，处事简约，难道不是太简慢了吗？"孔子说："冉雍的评判是对的。"

【释】

子桑伯子 刘向："孔子见子桑伯子，子桑伯子不衣冠而处。弟子曰：'夫子何为而见此人乎？'曰：'其质美而无文，吾欲说而文之。'孔子去，子桑伯子门人不悦，曰：'何为而见孔子乎？'曰：'其质美而文繁，吾欲说而去其文。'故曰：文质修者谓之君子；有质而无文，谓之易野。子桑伯子易野，欲同人道于牛马。故仲弓曰：'太简。'子曰：'雍之言然。'仲弓通于术，孔子明于道，而无以加仲弓之言。"（《说苑》）《说苑》是刘向根据先秦至汉初的史实和传说，加以己意而成的一部书，有一定的史料价值和可信度，此处所说子桑伯子事，有可以采信的地方，故从之。

可 朱熹："可者，仅可而有所未尽之辞。"（《集注》）

简 朱熹："简者，不烦之谓。"（《集注》）

大 古音"太"，义亦同"太"。

关于子桑伯子，孔子说他"质美而无文"。"质美"，就是天真自然，直率坦诚，不矫揉造作，不争功，不求名闻利养，纯任天性，孔子称之为"简"。但这种简约之性容易与怠惰之性相混淆，所以当冉雍向孔子请问孔子对子桑伯子的评价时，孔子说"可也"。"可也"，是一种不完全的肯定。所以朱熹称为"仅可而有所未尽之辞"。正如佛家讲要想获得解脱，就必须学会放下，放下其实类似于孔子在这里所讲的"简"，冉雍所讲的"居敬而行简"。但多少人，不能全心放下，直将放下做放弃，做"居简而行简"理会。比如说，我如何放得下呀，什么子女尚未成人啦，父母尚在需尽孝啦等，不一而足。其实一个真正放得下的人，恰恰是一个担得起责任的人。只是一个纯任天性，随缘应事，穷则独善其身，达则兼济天下的人。明代大儒鹿善继说："居敬者，众寡小大无敢慢，此心日行天下几遍，洞察情形，而挈其纲领，所行处精神在焉，即所不行处，精神亦无不在。如此行简，民安可知。居简之简，一切放下，全无关摄。废事生弊，可胜言哉。"（明·鹿善继《四书说约》）可见居简之简，其实就是一种完全的放弃，其流弊必然是"废事生弊"。这是我们读本章时要特别留意的地方。

第三章

6.3　哀公问："弟子孰为好学？"孔子对曰："有颜回者好学，不迁怒，不贰过。不幸短命死矣，今也则亡，未闻好学者也。"

【译】

鲁哀公问孔子："你的学生中谁喜好并希望获得你的'学而'之道呢？"孔子回答说："有一个名叫颜回的人，喜好并希望获得我的'学而'之道，他该愤怒的时候会愤怒，但不会增长和转移他的愤怒，他也不会犯同样的过失。可是非常的不幸，他短命，只有三十一岁就死了。现在嘛，已经没有他这样的人了，也不知道有没有喜好并希望获得我的'学而'之道的人了啊！"

【释】

好学　一般理解为喜好学习，但孔子说"有颜回者好学，不迁怒，不贰过"。一个喜好学习的人，难道就可以"不迁怒，不贰过"了吗？显然讲不通。因为不管你是如何喜好学习，也不管你是否已经学富五车，你都会受到情绪的影响，严重的时候还会受到情绪的控制。因此就不可能"不迁怒，不贰过"。既然喜好学习做不到"不迁怒，不贰过"，那么，我们将"好学"理解为喜好学习就有问题了。

如果我们将"学"这个字理解为觉悟的话，则上述问题就不成问题了。所谓"觉悟"，就是明白了我们那个本有的明德，一个明了明德的人，就不会被现象所迷惑，就能够直透事物的本质，这其实是一种真知。只有悟入了真知境界，才能真正做到知行合一，才能够自然而然地"不迁怒，不贰过"。

不迁怒　何晏："凡人任情，喜怒违理。颜回任道，怒不过分。迁者，移也。怒当其理，不移易也。不贰过者，有不善，未尝复行。"（《集解》）

李炳南："'不迁怒'，何晏注：'迁，移也。'《说文》：'迁，登也。'移，有移易延长之意；登，有升高之意。怒是一种烦恼，普通人发怒之后，其怒气延续升高，难以制止，是为迁怒。颜子好学，是指学道而言。任何烦恼皆是学道的障碍。烦恼起时，须有忍辱的工夫制止之。孔子称赞颜子庶几，有不善未尝不知。因此，颜子动怒时，即自知其为烦恼，能以忍而止之，不使怒气续发，是为不迁怒。朱子集注：'迁，移也。贰，复也。怒于甲者，不移于乙。'此说浅显，不足以明颜子的修养。'"（李炳南《论语讲要》）

不贰过 孔子"有不善，未尝复行也"。（《周易·系辞·下传》）这是典型的不贰过。过，是无心所犯的过失，也就是说非有意为之的过错，不是故意而又实实在在是犯了错，那就只能是习气使然，那生生世世的习气自然流露了出来。正如释迦牟尼佛所说："理则顿悟，乘悟并销，事非顿除，因次第尽。"（《首楞严经》）颜回能不贰过，除了其道心之坚定，行持之严谨外，其发心猛厉也是重要的因素，正所谓："一念猛厉，能敌百年之恶也。"（《了凡四训》）发心猛厉，则习气才露，即被警觉，所以能不贰过，颜回亚圣，良有以也。

第四章

6.4 子华使于齐，冉子为其母请粟。子曰："与之釜。"请益。曰："与之庾。"冉子与之粟五秉。子曰："赤之适齐也，乘肥马，衣轻裘。吾闻之也：君子周急不继富。"

【译】

公西华出使齐国，冉有为公西华的母亲请求孔子发给她粟。孔子说："发给她一釜粟（古制六斗四升）。"冉有请求增加给公西华母亲的粟。孔子说："发给她一庾（古制二斗四升）。"冉有没有听孔子的话，发给了公西华母亲粟五秉（古制合八十斛，即八百斗）。孔子说："公西华出使齐国，坐的是高大肥壮的马拉的车，穿的是又轻软又暖和的皮袍子。我知道的是：君子周济的是急需要救助的人，而不是给富裕的人增加财富。"

公西华奉命出公差到齐国，冉有在孔子面前为公西华的母亲争取国家应该给予的俸禄，而孔子认为公西华家富，可以不给俸禄，其俸禄可用来周济急需要救助的人，所以当冉有求取时，孔子只同意给一点点，意思是让冉有明白"君子周急不继富"，但冉有不明白，还在要求增加，孔子不忍拂冉有的面子，又增加了一点点。可冉有为情所障，看不到孔子的用心，就又从自己家里拿了八百斗粟给了公西华的母亲，所以孔子批评了冉有。

这一章，我们可以看到孔子灵活处事的方法。如他派公西华出使齐国，按例是要给俸禄的，但这是临时的，不是常俸，且公西华家富有，孔子就不给他俸禄，而是让他为国家做贡献。下一章，原思为之宰，原思不要俸禄，而孔子坚持要给他，并明确告诉他，你自己用不了，可以周济邻里乡党。这些地方都是需要我们用心体味的，这正是一个明了明德的人自在挥洒的人生体现。有时坚守原则，有时一味灵活，有时在灵活中不失原则，有时在原则中体现灵活，真是一言一动，举手投足之间，无不是明了明德的人的灵光闪耀与人的大用现前。

第五章

6.5 原思为之宰，与之粟九百，辞。子曰："毋！以与尔邻里乡党乎！"

【译】

原思担任孔子家的总管，孔子给他俸禄——粟九百斗，原思辞让，不肯受俸禄。孔子说："不可以！你可以拿它来周济你的邻里乡亲。"

【释】

原思 包咸："弟子原宪。思，字也。孔子为鲁司寇，以原宪为家邑宰。"（《集解》）

九百、辞 孔安国："九百，九百斗。辞，辞让不受。"（《集解》）

毋 毋，禁止之辞。孔安国："禄法所得，当受无让。"（《集解》）

邻里乡党 郑玄："五家为邻，五邻为里，万二千五百家为乡，五百家为党。"（《集解》）

孔子选原宪为其家的总管，则原宪必有过人之处。此处说原宪辞让不肯受俸，而孔子止之，一定要原宪受此俸禄。其实原宪本来就很清贫。据记载，他居于陋巷。破烂的茅草屋，几乎淹没在蒿草之中。但原宪安贫乐道，不以为苦。后来子贡去看他，看到他的贫困，看不下去，说："夫子岂病乎？"原宪回答说："吾闻之，无财者谓之贫，学道而不能行者谓之病。若宪，贫也，非病也。"由此可见原宪的志趣与境界。

第6章

6.6 子谓仲弓，曰："犁牛之子骍且角，虽欲勿用，山川其舍诸？"

【译】

孔子评价冉雍，说："耕牛生的小牛，毛色纯赤，而角长得周正，符合祭祀用的牺牲的标准，即使人们不想用它做牺牲，山川之神难道会舍弃它吗？"

【释】

犁牛之子骍且角 何晏："犁，杂文也。骍，赤色也。角者，角周正，中牺牲也。虽欲以其所生犁而不用，山川宁肯舍之乎？言父虽不善，不害于子之美也。"（《集解》）

皇侃引范宁："或音梨，犁谓耕牛也。"（《义疏》）

李炳南："犁牛实不作杂毛牛解，当是耕牛。周时耕牛不作牺牛。"（《论语讲要》）

这一章是比喻。犁牛，不管它是毛色驳杂的牛也好，还是耕牛也好，总之都是比喻冉雍的出身不好。司马迁说仲弓父贱，则多数古代注家以行恶而人格贱目之。我认为还是以地位低贱解释为妥。总之，在那等级森严的古代，冉雍因其父贱而严重影响了他的应世。骍，纯赤色，周代宗尚赤色。这是比喻冉雍的德行人品好。色周正，则是比喻行为方正，是对冉雍德行的赞叹。

这一章与第一章一样，如果我们用今天的话说，那就是孔子的用人思想是：不管出身，唯贤是举。不论出身，在那个年代是多么大胆的突破啊，如果不是明白了天地人生真相的人，不是明了明德的人，又何以有如是大的能量，能有如此卓越的识见呢？孔子的这种不论出身，唯贤是举的用人思想，是留给我们的最重要的精神财富之一。直到今天，仍然需要我们花大力气，用大智慧、大勇气、大无畏的精神去继承、去贯彻、去实施，因此这一思想仍然具有十分重要的现实意义和深远的历史意义，这是我们不容忽视的。

第七章

6.7 子曰："回也，其心三月不违仁，其余则日月至焉而已矣。"

【译】

孔子说:"颜回啊,他的心,我观察了几个月,都没有发现他有违仁行的地方,其他弟子,则不过是短以天计、多以月计能够不违仁行罢了。"

【释】

三月 何晏:"余人暂有至仁时,唯回移时而不变。"(《集解》)

朱熹:"三月,言其久。"(《集注》)

陈天祥:"东坡云:'夫子默而察之,阅三月之久,而造次颠沛无一不出于仁,知其终身弗畔也。'"(《四书辨疑》)

李炳南:"或曰,颜回之仁三月不变,三月以后,则不能不变。若然,颜子仅有三月之仁,有是理乎。此章句读,'其心',指颜回之心,一读;'三月',是孔子自言观察颜回三月之久,又一读。'不违仁',是观察结果,接颜回之心而言,既观察三月,其心皆不违仁,若尔后再观,当亦不违矣。《中庸》云:'道也者,不可须臾离也。'颜子不违仁,即是心不离道,道不离心。《楞严经》云:'净念相继',亦是道不须臾离之义。必须如此,道始能成。颜子之外,其余诸弟子,于道或即或离,故曰日月至焉而已矣。"(《论语讲要》)

这一章,讲的是明了明德之后"时习之"的功夫境界。颜回可以说是"一入明德境,习气即尽除",以发心猛厉故,其余诸弟子,虽入明德境,习气却仍在,其心只能"日月至焉而已",还得勇猛精进,渐除无始以来的习气。

这一章须用心读,我们先看一段禅门公案。民国时期,四川的禅门大德袁焕仙先生带着自己的得意门生南怀瑾一行去广东南华寺迎请禅门泰斗虚云老和尚到成都弘法,因天大寒而虚云老和尚又年高,且五十日禅七刚完,虚老过度劳累,身体尚未复原而未允。临行前夜,虚老与焕师谈禅,南怀瑾侍记。虚老曰:"成都学佛朋友如何用功?"焕师曰:"有三种朋友落在难处不可救药,所以望老师刀斧也。"虚老曰:"云何曰三?",焕师曰:"一云悟后起修报化;一云一悟便休更有何事;一云修即不修,不修即修。"虚老曰:"嘻!天下老鸦一般黑。"又曰:"以此道兴替论,贵省之盛甲全国而犹云云,况余乎?此当机所以不许徇情,而贵眼正者也。"焕师曰:"唯唯。"虚老曰:"比来一般魔子,酷嗜神通,并以之而课道行高下,成都朋友有如是等过患否乎?"焕师曰:"有,有,还是天下老鸦一般黑。"(《虚云老和尚年谱》)公案讲完了,那落在难处的三类朋友,他们落的果真是难处吗？果真错了吗？哎，说对说错，都是幻象，都是剩语，有何意义呢？都对也都错啊，关键看你的心。颜回其心不违仁，这就够了，这就对了。但得有个人来跟你证明哎，切莫乱认，认错了人是要吃苦头的。

第八章

6.8 季康子问："仲由可使从政也与？"子曰："由也果，于从政乎何有？"曰："赐也可使从政也与？"曰："赐也达，于从政乎何有？"曰："求也可使从政也与？"曰："求也艺，于从政乎何有？"

【译】

季康子问孔子："仲由这个人可以让他管理国家大事吗？"孔子回答说："仲由这个人办事果决，对于管理国家大事又有什么为难的呢？"季康子又问："端木赐也可以让他管理国家大事吗？"孔子回答说："端木赐洞明事理，对于管理国家大事又有什么为难的呢？"季康子又问："冉求也可以让他管理国家大事吗？"孔子回答说："冉求多才多艺，对于管理国家大事又有什么为难的呢？"

【释】

果　包咸："果，谓果敢决断。"（《集解》）

达　孔安国："达，谓通于物理。"（《集解》）

艺　孔安国："艺，谓多才艺。"（《集解》）

朱熹转引程子："季康子问三子之才可以从政乎？夫子答以各有所长。非唯三子，人各有所长。能取其长，皆可用也。"（《集注》）

我们从孔子对季康子的答复中，可以看到孔子为政用人的思想。人各有所长，也各有所短。在孔子看来，只要有一门所长而又用得着，就可以重用，不求全，要知道世间偏才多而全才少！

第九章

6.9 季氏使闵子骞为费宰。闵子骞曰："善为我辞焉！如有复我者，则吾必在汶上矣。"

【译】

季氏派人告知闵子骞，委任闵子骞做季氏家邑的总管。闵子骞对使者说："你好好地替我推掉这份差事吧！如果再来招我的话，那我就一定逃向汶水的北边了。"

【释】

费宰 孔安国："费，季氏邑。季氏不臣，而其邑宰数畔。闻子骞贤，故欲用之。"(《集解》)

复 孔安国："复我者，重来召我。"(《集解》)

在汶上 孔安国："去之汶水上，欲北如齐。"(《集解》)

这一章，涉及一些史实，我们先搞清楚。首先是关于闵子骞，闵子骞在孔子十大弟子中，列德行第二，仅次于颜回。他的德行，最显著的莫过于他的孝行。子骞的生母早夭，继母重己子而轻子骞。冬寒，继母用丝绵做大棉衣给己养之二子，而给子骞做的棉衣却用的芦花，芦花的棉衣不能御寒，所以他不敢到北风大的地方去做事。其父愤，责其懒，以鞭狠命笞之，衣破芦花飞，始知继妻心偏，不爱前妻所生之子，坚决要将之逐出家门。那个时代，女子若被夫家逐出，则无颜立于天地间了，爱颜面的父母都不敢收留，子骞跪求其父，以情动之，说："母在一子寒，母去三子单！"其父遂收回成命。

其次是关于季氏，如逐昭公，僭礼乐等不臣之行，劣迹昭昭，详见《八佾》篇。

再其次是关于费宰，闵子骞在孔子在鲁国做大司寇的时候，曾经做过费宰，孔子辞职后，闵子骞也就辞职了。此外，因为"季氏不臣，而其邑宰数畔"，如邢昺所说"昭十二年，南蒯以费畔，又公山弗扰以费畔"(《注疏》)。

闵子骞德行第二，人格清贵。因此不欲与逆臣季氏为家宰，而季氏则因其家邑累畔，而子骞贤，所以再用子骞，则家邑无后顾之忧。

上一章，孔子对季康子评价所问几个弟子的特长，均可以为政，有举荐之意。这一章却记录了孔子爱徒之一的闵子骞不屑与季氏为伍而欲逃到齐国去的史实。从这里我们可以体会到一个明了明德的人，一个发露了仁心的人，他们的行为并不是千篇一律，而是各人心性不同，悟境不同，志向不同，从而有不同的人生选择和生活方式。这也说明，明德是照天照地无所不能的自性，仁心是活泼泼的生机。

第十章

6.10 伯牛有疾，子问之，自牖执其手，曰："亡之，命矣夫！斯人也而有斯疾也！斯人也而有斯疾也！"

【译】

冉伯牛得了麻风病，（把自己关在屋子里，与众人隔离。）孔子去探视他，从窗子伸进手去握着冉伯牛的手，说："没有得这种恶疾的道理，难道真的是命运吗！这样的人竟然得了这样的病！这样的人竟然得了这样的病！"

【释】

伯牛有疾 司马迁："伯牛有恶疾。"（《史记·仲尼弟子列传》）

班固："冉伯牛危言正行，而遭恶疾。"（《白虎通义·寿命》）

包咸："牛有恶疾，不欲见人，故孔子从牖执其手也。"（《集解》）

据此，则伯牛所患之疾为恶疾可知。恶疾，是一种什么病呢？

毛奇龄："《论语》：'伯牛有疾'，包注：'牛有恶疾。'按：古以恶疾为癞。礼，妇人有恶疾去，以真癞也。故《韩诗》解《芣苢》之诗，谓蔡人之妻伤夫恶疾，虽遇癞而不忍绝。而刘孝标作《辨命论》，遂谓：'冉耕歌其《芣苢》，正指此也'。又《淮南子》曰：'伯牛癞'。"（清·毛奇龄《四书賸言》）癞，所谓真癞，即今之麻风病。

自牖执其手 朱熹："牖，南牖也。礼：病者居北牖下。君视之，则迁于南牖下，使君得以南面视己。时伯牛家以此礼尊孔子，孔子不敢当，故不入其室，而自牖执其手，盖与之永诀也。"（《集注》）

陈天祥："以人情推之，伯牛纯正之士，必不如此轻率，妄使家人以人君之礼过尊孔子也。纵使有之，孔子必正其失，使之更改其位，亦不难为。必知其非，隐而不言，但不入其室，师弟之间，岂宜如此！子路使门人为臣，夫子固已明知其诈，切责之矣。况夫子未尝为君，而伯牛轻以人君之礼尊之，其诈又不甚欤？然夫子于子路则谆谆然以正其非，于伯牛则略无一言以正之，何也？伯牛见夫子不敢当而不入，亦竟不改其位，尽从夫子在外，但自牖中出其手与之永诀，又无此理。旧说牛有恶疾，不欲见人，故孔子从牖执其手也。注言'先儒以为癞疾'者，盖谓此也。向亦尝见有此疾者，往往不欲与人相近，于其所当尊敬者尤欲避之。盖惭其丑恶腥秽，恐为其所恶也。由此推之，只旧注'牛有恶疾，不欲见人'之说为是。"（《四书辨疑》）陈说为是。

亡之 段玉裁："亡，亦假借为有无之无。"（《说文解字注》）

以情理推之，即使伯牛真病到快要死了，探视者决无当面说，你将亡之类的话，所以此处当从"无"字解，即没得这种恶疾的理由啊！

当代有很多所谓的圣人，开口便是仁者寿，你假如不幸短命而死，那一定会说你德行有亏，而不会说："亡之，命矣夫！"如果你患了怪病绝症，则也一定会说你有损阴德，而不会说："亡之，命矣夫！"读了这一章，相信我们也会长点智慧，对那些被弟子们称为圣人的人，多一份圣言的考量吧！

第十一章

6.11 子曰："贤哉，回也！一箪食，一瓢饮，在陋巷。人不堪其忧，回也不改其乐。贤哉，回也！"

【译】

孔子说："了不起啊，颜回！用一个箪吃饭，用一只瓢喝水，居住在简陋的巷子里。一般的人都忍受不了这种贫困之苦，但颜回依然不改他的人生之乐。了不起呀，颜回！"

【释】

贤 戴仲达："贤，德行、道艺逾人者，谓之贤。"（元·戴仲达《六书故》）

一箪食，一瓢饮 "箪、笥，盛饭食者，圆曰箪，方曰笥。"（《礼记·曲礼》）

瓢 朱俊声："一瓠剖为二曰瓢。"（清·朱俊声《说文通训定声》）

古棣："该句省两以字，补之即为以一箪食，以一瓢饮，属于因语急而省，即俞樾概括的'语急例'（见《古书疑义举例》卷二）。"（《孔子批判·下·论语译说》）此解甚确，从之。

在 古棣："居住于。"（《孔子批判·下·论语译说》）

堪 毛亨："堪，任也。"（《毛诗传》）即忍受得住。

忧 高诱："忧，扼也。"（《吕氏春秋注》）即困境。

孔安国："颜渊乐道，虽箪食在陋巷，不改其所乐。"（《集解》）

心转境与境转心，是凡圣的分水岭。我们凡夫俗子，心随境转，遇顺境，要风得风，要雨得雨时，就会洋洋得意起来，以为地球都要按自己的意见转动，太阳也要依自己的意思出没。一遇逆境，行拂乱其所为时，地球的引力就突然加大了千百万倍似的，连脚也拖不动了，头也抬不起了，整天唉声叹气，愁眉苦脸，一副借了他的米还的却是糠的样子，甚至走上自弃人生之绝路,悲叹啊!

"学而"之人,达圣贤之境者,则心能转境,得不喜失不忧,得失不动于心,永享生命之乐,宁静自然祥和,自在快乐。在他们那里,无处不净土,佛说:"若能转境,则同如来。"(《首楞严经》)惠能禅师说:"心能转境,即同如来。"(《六祖法宝坛经》)颜子不就是这样的吗?

第十二章

6.12 冉求曰:"非不说子之道,力不足也。"子曰:"力不足者,中道而废。今女画。"

【译】

冉求对孔子说:"不是我不喜欢觉悟您所觉悟的道,是我的力量不够啊。"孔子说:"力量不够的人,是走到半路上却再也走不动了,现在的你是自己限定自己不往觉悟的路上走。"

【释】

力不足 朱熹:"力不足者,欲进而不能。"(《集注》)

画 孔安国:"画,止也。力不足者,当中道而废。今女自止耳,非力极。"(《集解》)

刘宝楠解释孔安国此注说:"《说文》:'画,界也。象田四界,聿所以画之。'引申之,凡有所界限而不能前进者,亦为画,故此注训'止'。"(《正义》)

张栻:"为仁未有力不足者,故仁以为己任者,死而后已焉。今冉求患力不足,非力不足也,乃自画耳。所谓中道而废者,如行半途而足废者也。士之学圣人,不幸而死则已。此则可言力不足也。不然而或止焉,则皆为自画耳。画者,非有以止之,自不肯前耳。"(《论语解》)

朱熹:"画者,能进而不欲。谓之画者,如画地以自限也。胡氏曰:'夫子称颜回不改其乐,冉求闻之,故有是言。然使求说夫子之道,诚如口之说刍豢,则必将尽力以求之,何患力之不足哉?画而不进,则日退而已矣,此冉求之所以局于艺也。"(《集注》)

画,简单地讲,就是自己限定自己。

冉求是不是一个懒惰的学生,不愿意花费精力学习呢?显然不是。李炳南说:"冉求非不好学,观其才艺可知,盖偏重于艺,缺于求道之心,是以孔子勉其上进。"(《论语讲要》)

李炳南说冉求是缺乏求道之心，但我以为冉求不完全是缺乏求道的心。其实冉求真正所缺的是一颗谦逊的心，是他的四根本烦恼——"贪嗔痴慢"的"慢"烦恼作怪。所谓慢，简单地说，就是妄自尊大，轻蔑他人。当然，冉求在这里我们看不出他有妄自尊大，轻蔑他人的心行，但我们如果与佛教所列出"慢"的七种现象：慢、过慢、慢过慢、我慢、增上慢、卑劣慢、邪慢来进行对照的话，我们会发现冉求之"慢"其实就是卑劣慢。这种慢极具欺骗性，欺人欺己，很难识别，甚至还会被认做谦逊呢！比如我们常常听到佛教中人说什么我根机陋劣，我愚痴无慧，我罪障深重等，不一而足。这从表面上看来，确实也算得上是真正的谦逊，但究其实，你怎么知道你根机陋劣，你愚痴无慧，你罪障深重？假如你是真正知道，那你的那一念自知之明，就早已不是什么根机陋劣、愚痴无慧、罪障深重的凡夫了，那是自知之明啊。自知之明，人之所贵有者，那是何等稀有难得的智慧！哪里又是什么"力不足"呢？

究其实，真正如法的心行应该是：莫管我是什么样的底子，只要我们发愿发大愿，并努力地行去，"但行好事，莫问前程"，这样就能够"愿行相扶"，如是则终有实现之一日。《论语》此章，正是要让我们明白此理，所以孔子说："力不足者，中道而废，今女画。"

第十三章

6.13 子谓子夏曰："女为君子儒，无为小人儒。"

【译】

孔子对子夏说："你应该做君子式的儒者，不要做小人式的儒者。"

【释】

儒 现代学者认为本章"儒"字，是儒字的最早出现。那么"儒"究竟当怎么理解呢？众说纷纭，莫衷一是。当代学者从来源说，约有四种之不同解释：一曰史官，即儒出于祝史，如章太炎、郭沫若等；二曰术士，即儒出于术士，如徐中舒、杨向奎等；三曰职业，即儒出于职业，如傅斯年、钱穆、冯友兰、侯外庐等；四曰地官，即儒出于司徒，如何新、刘忆江等。他们各有其据，亦个个不能说服对方，亦不能圆满解决"儒"之起源问题。他们最重要的缺陷是忽视《周礼》的资料。

我认为从儒的来源说儒，首推巫史。由巫史至周文王周公旦而一变为礼，至孔子再变而为儒家，实质上是中国先民数千百年来的文明教化所形成的精神文明及其文教传统。所谓史官、所谓术士、所谓职业、所谓地官，简而言之，皆文明与文教之所需而所设、所形成之职官或职业者也，皆儒者之源头，当属基本事实。

本章孔子对卜子夏说："你要做君子儒，不要做小人儒。"关于"君子"，孔子自己的定义是"不器"，是"周而不比"，此从境界以为言者。以此境界衡之，此所谓"君子"者，实"学而"之人也。"学而"之人，从事教化，则自学（觉）学（觉）他，入贤入圣者也。《周官·太宰》篇载"以道得民"谓之儒，此王者之儒，亦君子之儒也，小人之儒则普通从事文明及文教工作者也，未立"学而"之志，不能以明明德为人生之终极目标。通俗地说，即不能以道为职事，念兹在兹都在明道行道证道上，不能达不器之境界，不能周而不比，所以称为小人之儒。

子夏欲办私学，弘传孔子所"学（觉）"之天地人生之道，孔子恐其为事所缠，退失道心，故有此嘱。

杨润根："'儒'由'亻'和'需'构成。'需'的本意是生命之根或维持生命并作为生命之本的根系（'而'）对于降雨（'雨'）的需要。因此'需'可以理解为生命之根本的需要，而'儒'则可以理解为人的生命之根本的需要。"（《发现论语》）这种解读近是，与古义《说文》"柔也"，即柔逊的德行，可以互相发明。

人，即有肉体生存的基本需要，有如衣食住行与安全等，也有心体（精神）的基本需要如艺术等，还有灵体的根本需要如宗教，即我们通常所说的终极归宿。从这个意义上说，所谓"君子之儒"即满足人类根本需要的教化者，"小人之儒"即满足人类基本需要的教化者。从这一章，我们可以断定孔子的人生追求其实是人生的终极追求，即人人为君子的大同社会的实现，人人都能开启生命中本来具足的真、善、美、慧、乐，人人都能获得大自在、大自由、大快乐。

第十四章

6.14 子游为武城宰。子曰："女得人焉耳乎？"曰："有澹台灭明者，行不由径。非公事，未尝至于偃之室也。"

【译】

子游为做武城的行政长官。孔子说："你在武城得到过贤才吗？"子游回答说："有一个叫澹台灭明的人，办事不走后门（他虽与我有同门之谊），不是办公事，还从来没有到过我的办公室。"

【释】

澹台灭明 包咸："澹台，姓。灭明，名。字子羽。言其公且方。"（《集解》）澹台灭明是鲁国武城人，少孔子三十九岁，额低口窄，鼻梁低矮，不具大器形貌。据说孔子会看相，当初澹台灭明来求学时，孔子据他的相貌，认为他不是才具，难以成就。但澹台灭明从不灰心，反而更加发奋求学，严谨修行。孔子后来听到子游反映情况后说："吾以貌取人，失之子羽。"后来澹台灭明游历楚国各地后，到达现今的南昌，在东湖的东岸边（今南昌市第二中学处），结草为堂，开办学校，聚徒讲学育人，从学弟子三百多人，专门传授春秋大义及修身之学，教导学生读《三坟》《五典》《八索》《九丘》等古籍，兼习"六艺"。其德行之高尚，学识之渊博，为学修身之严谨名闻天下。其以孔子"诲人不倦"的教学精神、"有教无类"的教学理念、"不耻下问"的学习精神、"温故而知新""学而时习之"的学习方法，培养了一批又一批的贤才，为孔子七十二贤弟子之一。

澹台灭明重义轻财。据《括地志》记载：一次，澹台灭明身带一块价值连城的宝玉渡河，舟至河心，忽有二蛟从波涛中跃出，对渡船成夹击之势，欲夺宝玉。澹台灭明说："我可以义求，不可以力劫。"遂挥剑斩二蛟于河内，并将宝玉投入水中。

澹台灭明后来配祀孔庙，主祠山东费县三贤祠，南昌亦立祠祭祀，且设澹台门纪念，进贤县亦因他南游至之而得名。

行不由径 朱熹："径，路之小而捷者。"（《集注》）此句接后面"非公事"，则"行不由径"，是比喻义，比喻办事光明正大，而不暗箱操作，不走后门。澹台灭明与子游虽有同门之谊，但不办公事时，则不到子游那里串门子，行为之方正可知也。

未尝至于偃之室 室，本指私人居住的地方，这里还是比喻，实际上指的是办公的地方，承前"非公事"可知。

孔子对澹台灭明失察，自承认错误，孔子说："吾以貌取人，失之子羽。"这对一个成名已久的宗师是多么的难，从本章更加能看出一个"学而"之人的心襟与胸怀。

第十五章

6.15 子曰："孟之反不伐，奔而殿。将入门，策其马，曰：'非敢后也，马不进也。'"

【译】

孔子说："孟之反这个人不喜欢夸耀自己的功劳，与齐国的军队打仗，打败了逃回鲁国时，他走在最后掩护全军撤退，即将要入鲁国城门时，他用鞭子鞭打他拉战车的马，说：'不是我勇敢，敢于殿后，是我的马跑不快啊。'"

【释】

孟之反不伐 孔安国："鲁大夫孟之侧，与齐战，军大败。不伐者，不自伐其功。"（《集解》）

邢昺："孟之反，鲁大夫孟之侧也。"（《注疏》）

邢昺："夸功曰伐。有军功而不夸伐也。"（《注疏》）

不伐，就是不夸功。

奔而殿 马融："殿，在军后。前曰启，后曰殿，孟之反贤而有勇，军大奔，独在后为殿。人迎，功之。不欲独有其名，曰：'我非敢在后拒敌，马不能前进。'"（《集解》）

古棣："《论语》此章本文及《左传》对此战的记载都没有掩护全军的意思"（《孔子批判·下·论语译说》），但从《左传》："齐国书高无平帅师伐我，师及齐师战于郊。孟孺子泄帅右师，冉求帅左师。师入齐军，右师奔，齐人从之，孟之侧后入以为殿，抽矢策其马，曰：'马不进也'"（《左传·哀公十一年》）的记载及本章来看，确有掩护全军撤退的意思。若不是殿后掩护全军，何来不伐之说？

策其马 多数理解为鞭打自己的马或鞭打战马。其实，春秋战国无骑兵，哪来战马，只是用鞭子打自己那拉战车的马。

这一章，南怀瑾先生说："在战场上打了败仗，哪一个敢走在最后面？就是平常走夜路，胆小的也先跑了，怕后面有鬼。打败仗比这还可怕。孟之反则不同。'奔而殿'，叫前方败下来的人先撤退，他自己一个人挡在后面。'殿'便是最后的意思。'将入门'这句，是说孟之反由前方撤退，快要进到自己的城门时，"策其马曰"，他才赶紧用鞭子，抽在马屁股上，超到队伍的前面去。然后告诉大家说：'非敢后也，马不进也。'他说，不是我胆子大，敢在你们背后挡住敌人，实在这匹马跑不动，真是要命啊！

"孔子认为像孟之反修养到这种程度，真是了不起。这一节，我们有两点要了解。第一点，历史上每一场战争下来，争功争得很厉害，同事往往因此变成仇人、冤家。尤其在清朝时候，有些人夺取了功劳，还把过错推给别人。因此引起内部的不平。太平天国的失败，就是由诸将争功所致。第二点，由此可知鲁国当时国内的人事问题太复杂，但孟之反的修养非常高，怕引起同事之间的摩擦，不但自己不表功，而且还自谦以免除同事之间彼此的嫉妒。

"《论语》所以要把这一段编入，乃是借孟之反的不居功，反映出春秋时代人事纷争之乱的可怕。实际上，人事纷争在任何时代都是一样。很坦白地说，在一个地方做事，成绩表现好一点，就会引起各方面的嫉妒、排挤；成绩不好呢？又太窝囊。人实在不好做。当时鲁国人事上也是这样的情形，孟之反善于立身自处，所以孔子标榜他不矜不伐。同时以另一个观点来看，孟之反更了不起，不但自己不居功，而且免除了同事间无谓的妒忌，以免损及国家。古人说：'能受天磨真铁汉，不遭人忌是庸才。'像李陵与苏武的故事便是如此。当时李陵孤军作战，友军各怀忌心不来相救，因此被逼到投降了。司马迁为这件事向汉武帝力争，他说李陵之投降是被逼的。友军嫉妒他，不支援他，他一人带了五千士兵，孤军深入绝域，最后拼得剩下十余人，还在奋勇拒敌，这怎么能责怪他呢？结果汉武帝发了脾气，司马迁受了宫刑。后来苏武回来，就写信劝李陵回来，李陵回信说，叫我怎么回去呢？回去以后，那些专门根据人事法规办案的人，东挑剔，西挑剔，挑剔得没完没了。我将无法辩白，实在受不了。前方作战受苦，回来碰到那些自以为懂法的专家，鸡蛋里挑骨头，一个字错了就会有罪，这叫人怎么受得了？所谓：'刀笔之吏，弄其文墨。'便是此意。

"讲到这里，同时想起汉高祖大将周勃的故事。他功劳很大，到文帝时，出将入相，万人之上，一人之下。后来因事坐牢，而那个监狱的管理员，叫他坐就得坐，叫他站就得站。周勃不免感叹当年统兵数十万，一呼百诺，那种威风之神气。无奈进入监牢，受尽了窝囊，也只好叹息说：'今日方知狱吏之尊！'

"讲孟之反为什么要说到这些？这便是读书不要读死书，要把书读活了。读《论语》是要懂得如何做人做事，并不是为了应付考试。"（《论语别裁》）

南怀瑾这一篇，紧扣文本，并结合历史、人生的经验，讲得十分精彩，既符合历史情况，也具有现实的意义，颇为难得。故详引之，供大家参考。

第十六章

6.16 子曰:"不有祝鮀之佞,而有宋朝之美,难乎免于今之世矣。"

【译】

孔子说:"卫灵公不爱惜祝鮀这样有才能的人,而宠爱宋朝这种美男子,难免卫国发生今天父子争权的局面啊!"

【释】

不有、而有 朱骏声:"有,假借为'友','友',友爱,《广雅·释诂》三:'友,亲也'。"(清·朱骏声《说文通训定声》)据此,则"不有"就是不友爱,而"有"就是友爱。

祝鮀之佞 佞,皇侃:"祝鮀能作佞也。宋朝,宋国之美人,善能淫欲者也。当于尔时贵佞重淫,此二人并有其事,故曰得宠幸而免患难,故孔子曰:言人若不有祝鮀之佞,反宜有宋朝之美,若二者并无,则难免今世之患难也。"(《义疏》)

解《论语》者,自皇说之后,多以之作为贬词,即巧言媚人,后世遂以祝鮀为佞人的典型。如房玄龄等说:"达幽隐之贤,去祝鮀之佞。"(《晋书·王沉传》)归有光说:"孔子生于周末,褒史鱼之直,恶祝鮀之佞,思史之阙文,而称周公之训,其所感者深矣。"(明·归有光《震川先生制科文·卷之一·士立朝以正直忠厚为本》)

但,佞之一字又作"有才智"、有才能讲(《汉语大字典》),如《左传·成公十三年》中"寡人不佞",《晏子春秋·内篇问上三》中"佞不吐愚",《国语·晋语》中"夷吾不佞",《国语·鲁语》"寡君不佞"。所以孔安国说:"佞,口才也。"(《集解》)

宋朝 孔安国:"宋朝,宋之美人而善淫。"(《集解》)

刘宝楠:"宋朝谓宋公子朝也。朝初仕为大夫,通于襄夫人宣姜,又通于灵公夫人南子,并见左氏传,是其善淫也。"(《正义》)

这一篇要搞清楚其真义,我们有必要弄清孔子讲这一句话的时代背景。古棣等对此一时代背景做了详细的考证:"祝鮀是管宗庙的祭祀之官,据刘宝楠考证'此祝鮀于卫,不得称大夫',而是士。鲁定公四年,即卫灵公二十九年,祝鮀经大夫子行敬子推荐,作为随员,跟着卫灵公赴周天子的代表刘文公召开的有大小十余国参加的盟会(此次盟会议伐楚事),盟誓时要把蔡国安排在卫国的前边。于是祝鮀向苌弘力争,侃侃而谈五百二十二言，终于说服了苌弘，苌弘又与刘文公、范子（晋国的代表）商议，'乃长卫候盟'。从祝鮀的说辞可知，他不仅善于外交辞令，而且熟悉历史典籍，机智灵活，可谓才智之士。虽然祝鮀表现了卓越的才华，为卫国立了功，但卫灵公却并不喜爱和重用他。卫灵公喜爱并重用的是美男子宋朝，宋朝与卫灵公夫人南子通奸欺瞒卫灵公，后来卫灵公中了南子等人的计谋，将太子蒯聩赶出国去。卫灵公在位四十三年，于公元前493年去世。在其夫人南子主持下，立了蒯聩的儿子辄为君。蒯聩虽被赶出国去，但他的太子名义未被废除。他在晋国和国内一部分势力的支持下积极谋取复国，于是出现父子争国、内乱不已的世道，孔子最后一次到卫国去时（此时卫辄声称要重用孔子），正是父亲蒯聩在外、儿子辄在内激烈争国之时。无疑，本章所载语录，就是孔子此时有感时世而发。"（《孔子批判·下·论语译说》）

孔子以貌取人，失之子羽；卫灵公以貌取人，子、孙争国。可见以貌取人，失之远矣。

如何取人，相传清代名臣曾国藩有一部取人的名著叫《冰鉴》。其中既有以貌取人的内容，如"邪正看眼鼻，真假看嘴唇，主意看指爪，风波看脚筋"，更有看心地者如"心存济物是富相"、看仪态者如"端庄厚重是贵相"、看学养者如"谦卑涵容是贵相"、看胸襟气度者如"功名看气概"、有看做事如何者如"事有归着是富相"、看精神者如"富贵看精神"、有看言语者如"若要看条理，全在语言中"等，颇有新意，可资参考。

第十七章

6.17 子曰："谁能出不由户？何莫由斯道也？"

【译】

孔子说："哪个人能够出入不从门户呢？为什么没有人从这个按照事物的本来面目（或者说客观规律）行事呢？"

【释】

出、户 "出"，谓自寝室出来，"户"，许慎："户，护也。半门曰户，象形。"（《说文》）半门，就是只有一扇门页的门，如寝室（卧室）之门。

道 通向终极真理的路，即按事物的本来面目或本当、本来、应该、必然而行的行为方式、方法。

这一章是比喻，从出入内室必由内室的门，而不是由别的什么地方这一现象入手，来说明人本当或者说应该按人的生命的必然走向——人的生命的完全实现，即我们所讲的通向觉证天地人生的真相的人生之路。当然，我们也可以用别的方式、方法出入内室，如从墙壁挖洞、从窗子出入等，但那不是我们本来（本当、必然）或者说应该出入的方式、方法啊。同理，人生也可以走别的路，如追求名、追求利、追求清静、追求神通、追求享受等，但那毕竟不是人生的正途，不是人生的大道啊。所以孔子大问："谁能出不由户？何莫由斯道也？"以提醒人们思考，提起人们的正念，即向着人生的光明大道——觉道证道，让自己的生命完满地实现。

第十八章

6.18 子曰："质胜文则野，文胜质则史。文质彬彬，然后君子。"

【译】

孔子说："天然本质超过了人文修养就粗野无礼，人文修养超过了天然本质就浮华失真。天然本质与人文修养配合得恰到好处，这样子就是君子了。"

【释】

质 "主也，朴也。"（《玉篇》）

"质，体也，质，地也，质，犹性也，质，诚也，质，信也，质，犹本也。"（《康熙字典》）

野 包咸："野如野人，言鄙略也。"（《集解》）野，谓缺乏人文教养，虽质朴却粗野无礼。

史 "辞多则史。"（《仪礼·聘礼》）

韩非子："捷敏辩给，繁于文彩，则见以为史。"（《韩非子·难言》）

包咸："史者，文多而质少。"（《集解》）

史，一句话，就是偏于形式，花样文采之类。

彬彬 包咸："彬彬，文质相半之貌。"（《集解》）

文与质都配合得恰到好处，当文则文，文而不失其质；当质则质，质亦不失其文，是为彬彬。

然后 楚永安："然后，连词性结合构。'然'本是个代词，'然后'

实际上是'如此而后'的意思，一般表示两件事承接关系"，"可译为'然后才'。"（楚永安《文言复式虚词》）

刘宝楠："礼有质有文。质者，本也。礼无本不立，无文不行，能立能行，斯谓之中。失其中则偏，偏则争，争则相胜。君子者，所以用中而达之天下者也。"（《正义》）

本章举例以言中道之象也。世间之人，无非两种，非质即史。孔子取人，果无文质彬彬者，则宁取其质而不取其文，如"宁取狂狷"，"狂狷"，质胜文之野也。质者，无害世道人心是以取之。"乡党德之贼也"，"乡党"，文胜质之史也。史者，有害世道人心，是以不取也。而今世道，质日疏离而史日加增，是后世不知圣人无文质彬彬可取则宁取其质而取其文之深心远虑也。

第十九章

6.19 子曰："人之生也直，罔之生也幸而免。"

【译】

孔子说："人能够很好地活在天地之间是由于诚直；诬罔诚直之道的人也能很好地生存在这天地之间，那是因为侥幸地得到了福禄而免去了灾祸。"

【释】

直 马融："言人所以生于世而自终者，以其正直也。"（《集解》）

刘宝楠："盖直者，诚也。诚者，内不自以欺，外不以欺人。《中庸》云：'天地之道，可一言而尽也。其为物不二，则其生物不测。'不二者，诚也，即直也。天地以至诚生物，故《系辞传》言乾之大生，静专动直。专直，皆诚也，不诚则无物，故诚为生物之本。人能存诚，则行主忠信，而天且助顺，人且助信，故能生也。"（《正义》）

罔 包咸："诬罔正直之道而亦生者，是幸而免。"（《集解》）

刘宝楠："若夫罔者，专务自欺以欺人，所谓'自作孽，不可活'者，非有上罚，必有天殃，其能免此者，幸也。……'罔'本训'无'，诬者皆造为虚无，故曰罔。"（《正义》）

幸 辛，侥幸，由于偶然的原因得到了福禄或免去了灾祸。

"德不纯而福禄并至，谓之辛。"（《国语·晋语》）

刘宝楠："言非分而得，可庆幸也。"（《正义》）

天地万物之生长化收藏，一切生命之生长壮老已，无不因之于道。道之行也，生人生物。道在于人谓之中道，行中道之人则为与道谐行之人，与道谐行，谓人与道合，人与道合，与道为一，故曰："人之生也直。"直者，诚也，诚者，不二也，不二者，中道也，是之谓与道合，与天同。故其人生自然受到天地自然的祝福，而自然地享受着真、善、美、慧的快乐人生；若诬罔诚直之中道，则其行也自不能与道合，不能与天同，故其人生也就自然受不到天地自然的祝福而不能享受真、善、美、慧的快乐人生，而他们也能够很好地生存在世间，那只是他们侥幸地得到了天地自然的祝福而避免了灾祸的原因，与道背离，终归对不起人生，对不起生命，终归要受到生命带给他们的惩罚。佛教将否认佛法、认为无佛道的人，称为谤法，即毁谤正法。毁谤正法之人，又被称为一阐提，一阐提之人始终不能与道合，始终不能觉悟宇宙人生的真相，不能究竟圆满地获得真、善、美、慧的快乐人生，而必将坠入痛苦的深渊（地狱）。天下书同文，车同轨，"一切贤圣皆以无为法而有差别"！（《金刚经》），谁谓不然？

第二十章

6.20 子曰："知之者不如好之者，好之者不如乐之者。"

【译】

孔子说："知道有道可学可修的人，比不上喜好学道修道的人，喜好学道修道的人，比不上以学道修道为乐而快乐地追求得道的人。"

【释】

之　包咸："学问知之者，不如好之者笃；好之者，不如乐之者深。"（《集解》）

邢昺："此章言人之学道用心深浅之异也。言学问，知之者不如好之者笃厚也，好之者又不如悦乐之者深也。"（《注疏》）

二说均通，都是法尔如是的至理名言，无论是学习谋生的技艺、学习知识、探索学问，还是学道修道，都是一样的，都是知之不如好之，好之不如乐之。

朱熹引张敬夫说："譬之五谷，知者知其可食者也，好者食而嗜之者也，乐者嗜之而饱者也。知而不能好，则是知之未至也；好而未及于乐，则是好之未至也。此古之学者，所以自强而不息者欤？"（《集注》）可见为学求道，当以好之为动力，不好之，何能自强不息？以乐之为加速器，不乐之，何以能速成其学、成其道？

为学求知之人，学道修行之人，当将本章置诸左右，盖有乐道之心，方有悟道之日，诚如李炳南说："求学至于欢乐之境，则必乐此不疲，必然放不下。"（《论语讲要》）为学之人，诚能抓住不放，必然自有所成。盖知之是为学求道之远因，好之是为学求道之动力因，乐之是为学求道之成就因也。此为学求道之深浅次第不同，又不可不知。释迦牟尼"开佛知见，示佛知见"，知之也；"悟佛知见，入佛知见"好之也，乐之也。（《妙法莲华经》）朱熹转引尹氏说："知之者，知有此道也。好之者，好而未得也。乐之者，有所得而乐之也。"（《集注》）证诸此说，不亦然乎！

第二十一章

6.21 子曰："中人以上，可以语上也，中人以下，不可以语上也。"

【译】

孔子说："根器上等的人，可以传授其高深玄妙的天道性命之大道；根器下等的人，不可以传授其高深玄妙的天道性命之大道。"

【释】

上　许慎："上，高也。"（《说文》）

王肃："上，谓上知之所知也。两举中人，以其可上可下。"（《集解》）

邢昺说："此章言授学之法，当称其才识也。语，谓告语。上，谓上知之所知也。人之才识凡有九等，谓上上、上中、上下、中上、中中、中下、下上、下中、下下也。上上则圣人也，下下则愚人也，皆不可移也。其上中以下，下中以上，是可教之人也。中人，谓第五中中之人也以上，谓上中、上下、中上之人也，以其才识优长，故可以告语上知之所知也。中人以下，谓中下、下上、下中之人也，以其才识暗劣，故不可以告语上知之所知也。此应云'中人以上可以语上，以下不可以语上'，而繁文两举中人者，以其中人可上、可下故也。言此中人，若才性稍优，则可以语上；才性稍劣，则不可以语上，是其可上、可下也。"（《注疏》）

朱熹转引张敬夫说："圣人之道，精粗虽无二致，但其施教，则必因其材而笃焉。盖中人以下之质，骤而语之太高，非唯不能以入，且将妄意躐等，而有不切于身之弊，亦终于下而已矣。故就其所及而语之，是乃所以使之切问近思，而渐进于高远也。"（《集注》）

刘宝楠说："孔子罕言利命仁，性与天道，弟子不可得闻，则是不可语上。观所答弟子诸时人语，各有不同。正是因人才知，量为语之。可知夫子循循善诱之法。"（《正义》）

此一章，记孔子谈教授法之语。孔子教人，因材施教，诚可谓千古而后不可移易者也。证诸佛教教育，亦复如是。如释迦牟尼佛的《华严经》《般若经》《法华经》等为首的一大类，即是为上等根机的人所说；以《方等经》为首的一大类，是为中等根机的人所说；以《阿含经》为首的一大类，即是为下等根机的人所说。又如惠能大师在其《法宝坛经》中，也是明确地说他所授的无相法，是为上乘人、最上乘人所说。可见天下真理，本无二至，悟到极致，自然相通。

第二十二章

6.22 樊迟问知。子曰："务民之义，敬鬼神而远之，可谓知矣。"问仁。曰："仁者先难而后获，可谓仁矣。"

【译】

樊迟向孔子请教如何用好这一念之知才是真正的智慧。孔子说："（比喻管理一个地方），专心致力于民众的教化，使民众达到'义'的境界，恭敬鬼神而不沉溺于对鬼神的事奉，可以算得上是用好了知的慧行。"樊迟又请教仁，孔子说："追求仁的境界的人：比喻修身，先考虑其难行，从难行处着眼，然后再考虑其对自己的作用。可以算得上是追求仁的境界的人了。"

【释】

务 王肃："务，所以化道民之义。"（《集解》）

"务，趣也。"（《说文》）

徐锴："言趣赴此事也。"（宋·徐锴《说文系传》）

"务，事务也，专力也。"（《广韵》）

据此，"务"，即专心致力于。据王肃则是专心致力于教化。

之 "之，往也。"（《尔雅·释诂》）往与到。

"务民之义"就是专心致力于教化，使民众达到"义"的境界，或者说使民众往"义"的道路上走。

远 包咸："敬鬼神而不渎。"（《集解》）

渎，就是亵渎，亵渎，与远之义无涉。按字面意义理解，当为疏远或远离，但释词不能离句，全句是"敬鬼神而远之"，既然有"敬鬼神"的行为（无论是心理行为还是具体的行为），就不能说是疏远或远离鬼神，无论是从事上讲还是从逻辑上讲，都是讲不通的。所以，我们不能这样理解。如果从疏远引申，理解为不要沉迷于侍奉鬼神的事中，而忽略对民众的教化，则既与前面"务民之义"相合，又与事与理均不相违。

仁者先难而后获　许慎："获，猎所获也。"（《说文》）

"获，得也。"（《小尔雅·广言》）

获，本义是捕到了猎物，引申为得到、获得。

孔安国："先劳苦而后得功，此所以为仁。"（《集解》）

刘宝楠："获，得也，谓得禄也。"（《正义》）

然则，先劳苦而后得功得禄，就是仁者了吗？那仁者，何其多也，可孔子却只许颜回达到了仁者的境界啊。所以这里的仁者，不是指已经证入了仁境的人，而是指正在修身往仁境行持的人，这与佛教修行而欲成佛的人被称为行者没有什么不同。董仲舒谓："孔子谓冉子曰：'治民者先富之，而后加教'，语樊迟曰：'治身者，先难后获。'以此之谓治身之与治民，所先后者不同焉矣。"（《春秋繁露·仁义法》）据董仲舒所引《论语》的话及他自己的阐释，将本章的"仁者"，解读为修身的行者，可谓持之有故。

皇侃转引范宁说："艰难之事则为物先，获功之事，而处物后。"（《义疏》）亦通，今存其说。

李炳南说："世间好事难成，仁者办仁德之事，先忍耐其困难，一直做去，冲破种种难关，而后得其成果。此为难行而能行。《礼记·中庸》篇说：'力行近乎仁。'故云：'可谓仁矣。'"（《论语讲要》）此说亦通，存之，供诸君参考。

朱熹说："专用力于人道之所宜，而不惑于鬼神之不可知，知者之事也。先其事之所难，而后其效之所得，仁者之心也。此必因樊迟之失而告之。"（《集注》）近是。

刘宝楠说："窃以夫子此文论仁知，皆居位临民之事。意樊迟时或出仕故也。"（《正义》）

孔子此章，朱熹谓"因樊迟之失"，刘宝楠谓"皆居位临民之事"，无论樊迟之失还是居位临民之事，无不是孔子随顺因缘、就人就事来指点学人如何用心，明其明德。而学者就事上体悟，则甚为亲切，费力少而功获多，不愤不启，此之谓也。

第二十三章

6.23 子曰："知者乐水，仁者乐山。知者动，仁者静。知者乐，仁者寿。"

【译】

孔子说："成就了智慧的人愿像水一样善利万物，不遗小间，柔和谦下，遍予而无私；发明了仁心的人愿像山一样自然不动而万物以生，天地以成，国家以宁。有智慧的人活泼，有仁德的人安静，智慧的人多喜悦，仁厚的人多长寿。"

【释】

知者乐水 乐，鱼教切，读如邀。"乐，欲也。"（《集韵·效韵》）大欲则为愿望。

老子："水善利万物而不争。"（《道德经》）

韩婴："夫水者，缘理而行，不遗小间，似有智者动而下之，似有礼者蹈深不疑，似有勇者障防而清，似知命者历险致远，卒成不毁。似有德者天地以成，群物以生，国家以宁，万物以平，品物以正，此智者之所以乐于水也。"（《韩诗外传》）

孔子："夫水者，君子比德焉。遍予而无私，似德……"（出自《说苑·杂言》）

仁者乐山 韩婴："夫山者，万民之所瞻仰也。草木生焉，万物植焉，飞鸟极焉，走兽休焉，四方益取予焉。出云道风，从乎天地之间，天地以成，国家以宁，此仁者之所以乐于山也。"（《韩诗外传》）

何晏："仁者乐如山之安固，自然不动，而万物生焉。"（《集解》）

刘宝楠："言仁者愿比德于山，故乐山也。"（《正义》）

知者动 子思："成物，知也。"（《中庸》）则知在物，在物即是在事功方面，在事功则必动，不动不足以为事也。

包咸："日进故动。"（《集解》）

刘宝楠："水运行不已，有进之象。君子自强不息，进德修业，日有孳孳而莫之止，其进也，即其动也。"（《正义》）此就进德而言。然则，仁者即道者，德自在其中。故此动字，当指物、指事功言。

仁者静 子思："成己仁也。"（《中庸》）

孔安国："无欲故静。"（《集解》）成己即成己之德，即发明心性、明明德之事。人之所以不能发明心性、明明德者，在于物欲，格其物欲，己之德自成，明德亦自明也。所以欲成其己德，明其明德，必需无欲。心无欲念干扰，自然安静，此仁者静之所由也。

知者乐 郑玄："知者自役得其志，故乐。"（《集解》）

刘宝楠："知者能为世用，不嫌自役，知有成功得志，故乐。"（《正义》）

刘说与郑说同，此从得失处言乐，理虽可通，但总觉有些挂碍。盖水善利万物而不争，利万物自得助人之乐，不争则无得失之心，无得失则无挂碍，无挂碍则何处不乐何行乐，此知者乐水之真义也。

仁者寿 包咸："性静者多寿考。"（《集解》）

董仲舒："故仁人之所以多寿者，外无贪而内清静，心平和而不失中正，取天地之美以养其身，是其且多且治。"（《春秋繁露·循天之道》）

这与《黄帝内经》中所说的长寿之道也是相同的："处天地之和，从八风之理，适嗜欲于世俗之间。无恚嗔之心，行不欲离于世，被服章，举不欲观于俗，外不劳形于事，内无思想之患，以恬愉为务，以自得为功，形体不敝，精神不散，亦可以百数。"（《黄帝内经》）

仁者寿，深符中医学理。

本章说仁说知，此就其分别言之。究其实，仁者自有知，知者亦得仁，无仁之知，乃世智辨聪，非真智也。无智之仁，乃后得之智不广，后天之智习得之。就仁知动静言之，《中庸》谓："成己仁也，成物知也。"是仁在我，知在物也。孟子说："学而不厌，知也，教而不倦，仁也。"则又是仁在物而知在我也。可见分仁分知，仅就显现之一面而言之，非为定规，执而不放者也。

第二十四章

6.24 子曰："齐一变，至于鲁；鲁一变，至于道。"

【译】

孔子说："齐国一变革，就可以达到鲁国现在的样子；鲁国一变革，就可以达到王道政治了。"

【释】

包咸："言齐、鲁有太公、周公之余化。太公大贤，周公圣人，今其

政教虽衰，若有明君兴之，齐可使如鲁，鲁可使如大道行之时。"（《集解》）

朱熹："孔子之时，齐俗急功利，喜夸诈，乃霸政之余习。鲁则重礼教，崇信义，犹有先王之遗风焉，但人亡政息，不能无废坠尔。道，则先王之道也。言二国之政俗有美恶，故其变而之道有难易。程子曰：'夫子之时，齐强鲁弱，孰不以为齐胜鲁也，然鲁犹存周公之法制。齐由桓公之霸，为从简尚功之治，太公之遗法变易尽矣，故一变乃能至鲁。鲁则修举废坠而已，一变则至于先王之道也。'愚谓，二国之俗，唯夫子为能变之而不得试。然因其言以考之，则其施为缓急之序，亦略可见矣。"（《集注》）

齐国是太公望的封地，尚武功。春秋时，管仲为相，齐国强，齐桓公称霸，假天子以令诸侯，离王道政治越走越远，是以需再变。鲁国是周公的封地，沿文治，鲁君守周公之遗法。至孔子时，三桓窃国，政出大夫，国亦不国，但较之于齐，离王道未远，先王之法仍在，只要夺回被窃持的政权交给鲁君，即可恢复王道政治。此前各章，一直在说东道西，说仁说知，无非为了人人自明其明德，明白天地人生之真相，力行王道，天下进入大同，则人道之能事毕矣。此孔子之理想，于此暗透了出来。

第二十五章

6.25 子曰："觚不觚，觚哉？觚哉？"

【译】

孔子说："觚不像觚的样子了，还是觚吗？还是觚吗？"

【释】

觚 马融："觚，礼器。一升曰爵，二升曰觚。"（《集解》）

何晏："觚哉！觚哉！言非觚也，以喻为政不得其道则不成。"（《集解》）

朱熹："觚，棱也，或曰酒器，或曰木简，皆器之有棱者也。不觚者，盖当时失其制而不为棱也。觚哉觚哉，言不得为觚也。程子曰：'觚而失其形制，则非觚也。举一器，而天下之物莫不皆然。故君而失其君之道，则为不君；臣而失其臣之职，则为虚位。'范氏曰：'人而不仁则非人，国而不治则不国矣。'"（《集注》）

觚是酒器，或曰木简。盖春秋时，未有名觚之木简也，名觚之木简，始于汉。

孔子此章，以"觚不觚"起讽，用以讽刺那些君不君、臣不臣、父不父、子不子的人们，感时伤世，诚血泪之叹。

觚，礼器，皇侃："《礼》云：'觚。酌酒一献之礼，宾主百拜，此则明有觚之用也。'"（《义疏》）

此器，上圆下方，上圆像天，像智，下方像地，像仁。觚不觚者，或通体方，或通体圆，已失去了觚原来的样子，失去了原来的寓意。觚啊！觚！还有觚之用吗？觚啊！觚！还是觚吗？觚啊！觚！哪里还能看到那神器合一的觚呢！觚啊，觚！

第二十六章

6.26 宰我问曰："仁者，虽告之曰：'井有仁焉。'其从之也？"子曰："何为其然也？君子可逝也，不可陷也；可欺也，不可罔也。"

【译】

宰我向孔子请问道："一个刚刚觉悟了仁道的人，假如有人告诉他说：'井有仁道在那里，他会信从吗？'"孔子回答说："为什么会有这样子的问题呢？对于觉悟者来说，是可以事事处处践行仁道的，但不会陷溺在仁道的践行之中，可以被自己的观念或知见欺骗，但不会有邪曲不正的行为了。"

【释】

井有仁焉 仁，朱熹引刘聘君："'有仁之仁当作人'，今从之。"（《集注》）

俞樾："井有仁为井中有仁道。从之者，行仁道也。"（转引自《正义》）

两说都通，我从"有仁道"不从"有人"。

也 也，欤也，叹辞，王引之："也与欤同义。"（《经传释词》）

逝 许慎："往也。"（《说文》）

"行也，去也。"（《增韵》）

这里当作去践行仁道解。

陷 "坠入地也，没也。"（《玉篇》）

这里当作陷溺或沉迷于自己所理解或预设的仁道解。

欺 "自昧其心曰欺。"（《康熙字典》）

这里是指被自己的自我或者说主观成见所欺骗。

罔 许慎："网，或从亡。"（《说文》）

"取兽曰罔，取鱼曰罟。"（《释文》）

"罗也。"（《康熙字典》）

我们在"罔之生也，幸而免"章，考证罔字为邪曲。这里的意思就是说不会邪曲不正。

本章古今解读分歧很大。

朱熹说："刘聘君曰，'有仁之仁当作人'，今从之。从，谓随之于井而救之也。宰我信道不笃，而忧为仁之陷害，故有此问。逝，谓使之往救。陷，谓陷之于井。欺，谓诳之以理之所有。罔，谓昧之以理之所无。盖身在井上，乃可以救井中之人；若从之于井，则不复能救之矣。此理甚明，人所易晓，仁者虽切于救人而不私其身，然不应如此之愚也。"（《集注》）

王船山说："五峰胡氏曰：'爱不足以尽仁，仁者必能爱；觉不可以名仁，仁者必能觉。然则，仁者之爱也，可欺之使之往救；仁者之觉也，不可罔之使陷于井也。'新安陈氏曰：'好仁不好觉，其蔽也愚，然徒有切于救人之心而不察所以救人之理，仁者不当如是乎愚，是故贵乎学也。'"（王船山《读论语大全》）

刘宝楠说："仁者无不爱也，故见人有患难则必济之，而于仁人尤所亲念，故宰我设为此问，见仁道之至难也。……'逝，往。'《尔雅·释诂》文。'往视之'者，思所以出之也。'不肯自投从之'者，徒伤其身，无以救人，故不肯也。俞氏樾《平议》读'逝'为'折'，云：'君子杀身成仁则有之，故可得而摧折，不可以非理陷害之。'此说亦通。……'可使往'者，言使往救之也。孟子亦曰：'君子可欺以其方，难罔以其非道，'方者，义也。以义责君子，君子必信而从之。然非其道，则亦难罔之矣。盖可欺者，仁也，不可罔者，知也。"（《正义》）

古棣等："这是对宰我的严厉谴责，并且比说宰我'朽木不可雕也，粪土之墙不可污也'更严厉，比对待'宰我问三年之丧期已久矣'的态度更缺乏宽容精神，也更违背循循善诱的为师之道。古人蔽于所谓'圣哲'之光，不能理解孔子与其弟子宰我有如此尖锐的矛盾，不能理解孔子本人的修养有如此重大的缺陷，故注释不仅迂曲，而且不当其文。"（《孔子批判·下·论语译说》）

邓球柏："宰我对孔子的仁道学说不感兴趣，白天不学习睡大觉，受到过孔子的批评。在这里他向孔子提出了一个两难的问题：当一个仁者听到有人掉到井里的消息后，他要么就跳到井里去，以成全他的仁道；要么就不理睬落井的人则表现出不仁来了。是跳下去呢，还是不跳下去？跳下去则杀身以成仁，不跳下去则全身以毁仁。孔子没有正面回答，认为这问题问得不科学，他认为应该设法将落井的人救上来，不应该盲目地（让其）跳下去。接着孔子借题发挥提出了一个欺骗与反欺骗的问题。"（邓球柏《论语通说》）

其实"井有仁焉"，是一个命题，与庄子"道在屎尿"属于同一个命题，而且还是一个普遍的命题。如同释迦牟尼佛说的"一花一世界，一叶一菩提"。（《大方广佛华严经》）一样，说的是那个周尘刹包太虚的普遍真理。就人类来说，是那一念知觉的知觉心，用释迦牟尼佛的话说就是那个觉性。在这里，宰我与庄子一样，是就这个命题举个比较极端的例子来向孔子请教，其实又何尝不是为后世的我们请教呢？"井有仁焉"，意思是说即使像水井这样的一种看似没有生命的东西，它一样是仁道，或者说有仁道在那里。这是一个了不起的命题，这是觉者或道者们发现的真理，宰我与庄子都说到了这个命题来看，这应该是先哲那里流传下来的命题，而且有可能在春秋战国时代就已经普遍流行。孔子抓住宰我提出的这个命题，对宰我进行了详尽的指点：宰我不是说井有仁道在那里，会有人信从吗？意思是没有人会相信这会是真的，而且还会到那里面去领悟关于仁道的真谛。对这个问题古今中外，无一例外处处是陷阱，处处有疑惑，处处是问题。用今天的话讲，或者说用哲学的术语来讲，这是最难讲通、最难理解的形而上学的问题。

孔子在这里，针对宰我提出的问题，首先是用商量的口吻说："这话怎么讲呢？"一个觉悟了知觉之心而在践行仁道的人，虽然一定是坚持不懈地践行仁道，但不会执着陷溺在那个之中。因为有一种人，就像柳宗元《蝜蝂传》中的蝜蝂一样，（蝜蝂是一种善背东西的小虫，它的背上有一种极黏极黏的黏液，遇物就粘，因此它爬行的时候只要是遇到了东西，就一定会被它粘在背上，背上的东西越来越多越来越重，它也不会停止粘物，直到被累死为止。）遇事即粘在事上，遇物即粘在物上，说空则滞在空上，说有又滞在有上，但是作为一个已经觉悟了的践行仁道的人来说，是不会被"井有仁焉"这种问题所陷溺的。比如《大方广佛华严经》上告知我们说"淫怒痴即戒定慧"，人们听说后要么不敢信从，要么就疯狂起来，大行"淫怒痴"还以为是在行"戒定慧"或者是与"戒定慧"的不二之行呢，这种行持的人，就是本章所说的"陷也"。

但是，对于一个初觉者来说，定力尚浅，立脚未稳，有可能被自己的我知我见所欺骗，但绝不会再有邪曲不正的行为了。

第二十七章

6.27 子曰："君子博学于文，约之以礼，亦可以弗畔矣夫！"

【译】

孔子说："学而之人，广泛地学习文化典籍，用礼仪来约束自己的行为，也就可以做到不违中道了。"

【释】

畔 朱骏声："畔，假借为叛。"（《说文通训定声》）这里指的是背离道，道在这里可以理解为中道或仁道。

本章朱熹说："君子学欲其博，故于文无不考；守欲其要，故其动必以礼。如此，则可以不背于道矣。程子曰：'博学于文而不约之以礼，必至于汗漫。博学矣，又能守礼而由于规矩，则亦可以不畔道矣。'"（《集注》）近是而未明真谛。

实际上，这一章是紧接上一章。上一章讲初觉者在践仁的时候会不会滞于仁或者说为仁所缚；这一章接着讲初觉者会不会狂妄自大而违仁。拘紧而黏滞习气重者，会为仁所缚，宋以后儒者多有此蔽，明儒王阳明力救此蔽，终究昙花一现，也没能救多长的时间，狂放而多智者，会越中道而背仁，魏晋玄学之蔽即由此而生，宋以后禅宗多蹈此辙。

初觉之人，仅得一根本智，要想济世救民，仍需不断学习。博学之，审问之，慎思之，明辨之，笃行之，广其识见，长其智慧，上可以经邦济世，下可以化民救民，是以当博学于文。然则，博学之习气未尽者，易长傲气，傲气一长，则狂妄自生，若不约之以礼，则必然纵其身心，为所欲为，违中道而违践仁之宗旨了。既能博学而又能约之以礼，则自入中道，自合于仁，"亦可以弗畔矣夫"，即是批此而言。

第二十八章

6.28 子见南子，子路不说。夫子矢之曰："予所否者，天厌之！天厌之！"

【译】

孔子会见灵公夫人南子，子路不高兴。孔子发誓说："我假如做了不合礼数、不合仁道的事的话，天啊，厌弃我吧！天啊，厌弃我吧！"

【释】

南子 司马迁："灵公夫人有南子者，使人谓孔子曰：'四方之君子不辱欲与寡君为兄弟者，必见寡小君。寡小君愿见。'孔子辞谢，不得已而见之。夫人在絺帷中。孔子入门，北面稽首。夫人自帷中再拜，环珮玉声璆然。孔子曰：'吾乡为弗见，见之礼答焉。'子路不说。孔子矢之曰：'予所不者，天厌之！天厌之！'居卫月余，灵公与夫人同车，宦者雍渠参乘，出，使孔子为次乘，招摇市过之。孔子曰：'吾未见好德如好色者也。'于是丑之，去卫，过曹。是岁，鲁定公卒。"（《史记·孔子世家》）这就是司马迁所知道的"子见南子"。孔安国认为子见南子是"欲因以说灵公，使治道行。"（《集解》）古今注家多遵之。但从司马迁"孔子辞谢，不得已而见之"来看，孔安国此说颇牵强。

孔安国："南子，卫灵公夫人，淫乱，而灵公惑之。"（《集解》）

现代也有两种代表性的解读，如李泽厚认为，这是因为南子是一个淫妇，不道德之人，孔子却去见了她，引起了弟子子路的怀疑，以为他和她有什么见不得人的勾当，所以孔子不得不自我表白："我如果做了错事，老天会惩罚我的！老天会惩罚我的！"这表明孔子不是那种假道学，不装腔作势。（李泽厚《论语今读》）

南怀瑾则认为：孔子的意思是说你们对南子的看法和我不一样，我所否定的人是那种不可救药的人，一定是罪大恶极。不但人讨厌他，就是天也讨厌他，那么这种人便不需要与他来往，可是南子不是这样的人。（《论语别裁》）

一般认为南子貌美而性淫，孔子见南子，是想通过南子说服卫灵公推行治道。子路为人刚直，不达孔子之意，认为君子不当见淫性妇人，所以很不高兴。孔子发誓表白说：自己若非为行治道而见南子，愿接受老天的惩罚！

孔安国以为，子路不满孔子见南子，孔子便赌咒发誓表白自己，其事有无颇有可疑。而王充则谓："南子，卫灵公夫人也，聘孔子，子路不说，谓孔子淫乱也。孔子解之曰：我所为鄙陋者，天厌杀我！"（王充《论衡·问孔》）如此叙述就变成了孔子有无淫乱之事了。

刘知己："睹仲由之不悦，则矢天以自明……圣人设教，其理含弘，或援誓以表心，或称非以受屈。岂与夫庸儒末学，文过饰非，使夫问者缄辞杜口，怀疑不展，若斯而已哉！"（唐·刘知几《史通·惑经》）

刘知几称赞孔子，不因子路怀疑非难自己而恼怒，"援誓以表心"，有"大圣之德"；但他批评庸儒"文过饰非"云云，似乎孔子见南子一事，其心迹虽明，其事仍有可议。

朱熹认为这是圣人做的出格事，他说："此是圣人出格事，而今莫要理会它。向有人问尹彦明：今有南子，子亦见之乎？曰：不敢见。曰：圣人何为见之？曰：能磨不磷，涅不缁，则见之不妨。"（《朱子语类·卷三十三》）意思是说，如南子之冶艳，若没有出淤泥而不染的操守，很少有人不为之动心的。

其实，子见南子，对孔子来说是一件极平常的事，但对以案例来启示觉而之人的境界来说，则是一件极重要的事。所以孔子的弟子及再传弟子们将这件事收录在《论语》里。

此事本是一件极平常的事，但子路不悦，就已经不平常了。说平常，是因为孔子是一个具有平等思想的人，如前述冉雍其父贱，而孔子却说他"可使南面"，何况孔子有教无类，专事教化。南子名声固然不好，但她贵为国君宠夫人，且多次屈尊请见，则说明其有向道之心，无论她是真向道还是假向道，孔子于情于理，都不能再拒绝她了，况"古者仕于其国，有见其小君之礼。"（《集注》）所以孔子见了南子。

对凡夫来说，孔子见一个声名很不好而又妖媚美艳的女子，尤其还是一个淫荡之妇，这就是一件不平常的事了，一般人会避之犹恐不及，生怕影响了自己的名声，哪里还管她是否真心求教，真心向道？

对于引人走向觉而来说，这是一件极其重要的事。因为对于心中无尘者，虽声名丑如南子，亦为可见，况慈悲为怀，有教无类乎！举一反三，读于无字处，则反面的意思是：心中有尘，即天天见圣人，求觉悟，亦是不对。如赵州禅师有一次在禅堂上说："你们中间如果没有问题的人都站到左边去，你们参禅二三十年了，连问题都还没有，要打三十大板；有问题的人就都站到右边去，你们参禅二三十年了，还有问题，要打三十大板。"说完后，有一个行者，起身站立在正中间，不左不右，表示他亦有问题亦没问题，你总不能打他。赵州禅师问他道："你哪里人呀？"答曰："我高丽人。"问："来大唐做什么呢？"曰："我来求作佛。"赵州禅师高声道:"给我拖出去,先打三十大板再说。"曰:"师父何事打我?"曰:"你还在高丽动心要到大唐来求作佛时,我就该打你的!"所以说,心中有尘,虽天天与圣人为伍,天天求成圣成贤,亦不对。这个公案,就是明证。二十五章避滞着避执有;二十六章避狂妄避执空;本章示不二之真谛,三章连续,遣空遣有,空有双遣,空有双融,一路下来,随缘点拨,全是妙着,直指仁道,直指人心,直指中庸。朱熹说:"圣人道大德全,无可无不可。"(《集注》)诚哉,斯言!

第二十九章

6.29 子曰:"中庸之为德也,其至矣乎!民鲜久矣。"

【译】

孔子说:"中和平常的符合天性自然的道,它已经是至高无上的道了!民众很少有人符合这种天性自然之道的时间已经很久了!"

【释】

中庸 何晏:"庸,常也。中和可常行之德。世乱,先王之道废,民鲜能行此道久矣,非适今。"(《集解》)

朱熹:"中者,无过无不及之名也。庸,平常也。至,极也。鲜,少也。言民少此德,今已久矣。程子曰:'不偏之谓中,不易之谓庸。中者天下之正道,庸者天下之定理。自世教衰,民不兴于行,少有此德久矣'。"(《集注》)

李炳南:"中庸的'庸'字,依郑康成注,有二义。一作用字讲,一作常字讲。刘氏正义以为'用、常'二义可相辅而成。如《礼记·丧服四制》篇:'此丧所以三年,贤者不得过,不肖者不得不及。此丧之中庸也。王者之所常行也。'可证庸字有此二释。刘氏说(按:指清人刘宝楠):'不得过不及,谓之中。所常行,谓之庸。常行者即常用是也。故赞舜之大智曰:'执其两端,用其中于民。用中,即中庸之义是也。'中庸的中字,无过,无不及。例如办一事,办到九分,是为不及;办到十一分,是为过分,皆是不中。必须办到十分,恰到好处,始称为中,亦称为中道。中道,是古圣相传之道,《尧曰》篇记载:尧命舜:'允执其中。''舜亦以命禹。'古圣所传的中道,就是一个中字,子思作《中庸》,以中和二字辨其要义,更可以使人体会,学习中道,由和而达于中。《中庸》说:'喜怒哀乐之未发谓之中,发而皆中节谓之和。中也者天下之大本也,和也者

天下之达道也。致中和，天地位焉，万物育焉。'中是天下之大本，也就是一切学术的根本，学者自当发愤求之。"（《论语讲要》）

中庸，古圣先贤所传承下来的大道，明中庸、用中庸乃人生之终极追求，是以孔子盛赞之。《论语》开篇明义，指出"学而时习之，不亦说乎"？我们讲"学而"就是觉悟，"学而之人"，就是觉悟了中庸或者说中道的人，这一章是我们最为重要的依据之一。

第三十章

6.30 子贡曰："如有博施于民而能济众，何如？可谓仁乎？"子曰："何事于仁，必也圣乎！尧、舜其犹病诸！夫仁者，己欲立而立人，己欲达而达人。能近取譬，可谓仁之方也已。"

【译】

子贡说："如果有能够广泛地给百姓各种利益而且能够救济苦难的民众的人，怎么样呢？可以说是仁了吗？"孔子说："哪里只是仁啊！一定是圣的境界了！就是尧、舜，他们也同样地难以做到啊！仁行的人，就是从自己愿欲确立的角度去帮人确立，从自己愿欲达成的角度去帮人达成。能够用切近身边的人或事来打比喻，帮人达到行仁的目的，可以说是契入仁行的最好方法了！"

【释】

施　"惠也，与也。"（《集韵》）这里是广泛地给予老百姓恩惠。

事　"事"，是"止"的假借字。据王力《上古韵部及常用字归部表》，"事""止"同入"之"部。朱熹释为："何止于仁。"（《集注》）

犹　王引之："犹，犹均也。"（《经传释词》）可理解为同样地。

病　"病，难也。"（《广雅·释诂》）就是难以做到。

方　许慎："方，并舟也。"（《说文》）舟，济渡者也。

孔安国："方，犹道也。"（《集注》）道，人之必行者也，或曰规律、方法。

本章提出了"仁"与"圣"的区别，及如何行仁或者说什么是仁心。朱熹说："仁以理言，通乎上下。圣以地言，则造其极之名也。"（《集注》）所谓"仁"，朱熹说："以己及人，仁者之心也。"（《集注》）所谓圣，就是从行仁出发（"己立"），使更多的人行仁（"立人"）从而达到自己仁行圆满（己达）、他人仁行圆满（达人）直至天下人人安居乐业，个个享受生命的真善美慧，过着快乐美好的人生。所谓仁，是就自己的心行言；所谓圣，是就行仁的结果——社会功业言。

如何行仁或者说什么是仁心呢？朱熹说："近取诸身，以己所欲譬之他人，知其所欲亦犹是也。然后推其所欲以及于人，则恕之事而仁之术也。于此勉焉，则有以胜其人欲之私，而全其天理之公矣。程子曰：'医书以手足痿痹为不仁，此言最善名状。仁者以天地万物为一体，莫非己也。认得为己，何所不至；若不属己，自与己不相干。如手足之不仁，气已不贯，皆不属己。故博施济众，乃圣人之功用。仁至难言，故止曰：'己欲立而立人，己欲达而达人，能近取譬，可谓仁之方也已。'欲令如是观仁，可以得仁之体。"简单地讲就是推己及人，立人、达人的行为就是仁行，把天地万物只做个自己的心，才是仁心。天下只是一个自己，则自他一体，自他不二，分别心从此消亡，他人之痛即己之伤，他人之难即己之病，暨己之私心成就天地的公心。所谓"明明德"，也只不过是明白了这个道理，明白了完整一个天地自然只是一个与我无分的整体，只不过是一个完整的自己，所以子曰"可谓仁之方也已"。

述而第七

第一章

7.1 子曰:"述而不作,信而好古,窃比于我老彭。"

【译】

孔子说:"撰述我通晓的先圣先贤留存下来的典章文献而不自我创作新的典章,深信先圣先贤的思想观念喜好古代的人文文化,私下里将自己比作老子。"

【释】

述 许慎:"述,循也。"(《说文》)

皇侃:"述者,传于旧章也。"(《义疏》)

邢昺:"作者之谓圣,述者之谓明。"(《注疏》)

作 许慎:"作,起也。"(《说文》)

朱熹:"作,则创始也。"(《集注》)

古 这里指古代先圣先哲留传下来的典章文献与思想。

窃 这里是自谦之词。

老彭 李炳南:"老彭,先儒注说不一,或以为一人,或以为二人,或二说并存,然多数主张为一人。若依包咸、朱子所据《大戴礼》,则老彭为殷之贤大夫。若依杨慎《丹铅总录》所据三教论及庄子所引,老子为尹喜谈容成氏所说五千文,证明述而不作,则老彭当为老子。"(《论语讲要》)

关于本章,皇侃说:"孔子自言:我但传述旧章而不新制礼乐也。夫得制礼乐者,必须德位兼并,德为圣人,尊为天子者也。所以然者,制作礼乐必使天下行之。若有德无位,既非天下之主;而天下不畏,则礼乐不行;若有位无德,虽为天下之主而天下不服,则礼乐不行,故必须并兼者也。孔子是有德无位,故'述而不作'也。"(《义疏》)

朱熹说:"故作非圣人不能,而述则贤者可及。……孔子删《诗》

《书》，定《礼》《乐》，赞《周易》，修《春秋》，皆传先王之旧，而未有所作也，故其自言如此。盖不唯不敢当作者之圣，而亦不敢显然自附于古之贤人，盖其德愈盛而心愈下，不自知其辞之谦也，然当是时，作者略备，夫子盖集群圣之大成而折中之。其事虽述，而功则倍于作矣。此又不可不知也。"（《集注》）

上二条，皇说孔子"述而不作"是专指礼乐，而朱说《诗》《书》《礼》《乐》《易》《春秋》均是，以朱说义长，今从之。但皇说"制礼乐者，必须德位兼并"、朱熹说"其德愈盛而心愈下"者，皆是经验有得之言。皇说验之历朝，必皆如是。但后之民主社会，则礼乐（宪法、法律、法规、乡规民约之类）民制将又有别，此社会真理之必依时代而"损益"者也。苟执前代死教条而不知变通，则必然因其保守而成为社会进步之障碍。居上位者，尤当谨慎。朱说为人文真理，是以必将历万世而不变。

近当代，针对孔子"述而不作，信而好古"说，提出了一些新的观念，读《论语》时，亦可知其梗概。即所谓述古、变古、托古、疑古、释古之类，大概当今世界文明形态中，没有像中国文明之重"古"者，也没有如中国人之于"古"有着如此复杂的态度。对"古"之态度变化，往往呼应着社会的大变化，而成为社会变革的渊薮。孔子而后，信古、述古成为传统社会的思想原则，"古"不断被引述为当代社会各种行事的依据或反对理由。但即使这种"述"和"信"，也包含着变通，在变通中有创制，是为"变古"，历代变法即基于此。更甚者，则是"自我作古"。因为"古"的信念根深蒂固，所以变法更常见的是"托古"。最有名的如王莽新政、王安石变法。清末康有为更明确提出"托古改制"。他著有《孔子改制考》，认为孔子就是一位托古改制者。他借助《春秋》《公羊》学宣传变法运动，可以说是述古、托古思潮最后一次大规模的上演。

自五四运动提出打倒孔家店以来，孔子"信古""述古"的思想自然被抛弃。不数年间，由"五四"初起时简单地从情感上否定"古"，发展到"疑古"，出现以顾颉刚为代表的"古史辨"派，提出"古史层累说"，认为上古史是由后代记载累积而成，隔着种种迷雾，不可轻信，要有怀疑的态度，由此兴起了"疑古"思潮。这种思潮对史学、社会信仰等都造成巨大影响。

随着地下考古材料的不断发现，学界提出"释古"主张，认为五四以来的疑古派过分怀疑古代文献，现在应进行"解释"的工作。特别是一大批战国竹简、帛书的发现，为人们重新认识古代社会和思想提供了新的材料。因此，"古"，仍然是有依据的。如何对待古代思想文化，是摆在我们面前的一件大事，我们要认真思考，既不可人云亦云，亦不可无理无据地乱说乱发挥。

第二章

7.2 子曰："默而识之，学而不厌，诲人不倦，何有于我哉？"

【译】

孔子说："觉悟的境界留在心里，学习古代文化典籍没有满足，教化他人没有疲倦，这些事情我做到了哪些呢？"

【释】

识　朱熹："识，音志，又如字。识，记也。默识，谓不言而存诸心也。"（《集注》）

厌　满足，引申为因满足而弃。

何有　何有，有谓人无我有者，如郑玄；有谓自谦者，如朱熹；有谓这三件事于我有何难者，如钱穆。

清代宦懋庸说："孟子引夫子与子贡言，我学不厌，而教不倦。此篇若圣与仁章，抑为之不厌，诲人不倦。是夫子固以学不厌诲不倦自任者，而何至无因为是谦而又谦之辞乎。然谓人无是行唯我独有，则又近夸大，尤非圣人语气。此盖当时不知圣人，谓必有人之所不能有。故夫子言，我生平不过默而识之、学而不厌、诲人不倦耳，此外亦何有于我哉？似为得之。"（清·宦懋庸《论语稽》）此说甚为有力，今从之。

李炳南说："此章要义，在教人学道。默者寂也，识者明记也。寂然不动，而又明记不忘。此是孔子志于道之境界。心安于道而不移，即默即识。学也，诲也，皆不离道。全心在道而忘其我。故曰：'何有于我哉？'"（《论语讲要》）

我认为本章是说一个"学而"之人的境界。"学而"之人，必然"默而识之，学而不厌，诲人不倦，何有于我哉"。一个追求"学而"、成就圣贤人格的人，在追寻的路上，会有不断的觉，即所谓的小悟数千次，大悟三五回。此修身路上的悟境，当"默而识之"不足为外人道也。果真有悟，若为外人道，是执取此境，自障悟门，向师汇报悟境，求证于师则可，否则绝不可为外人道也。此外那些自言已觉者，皆未觉之人可知也，此其一。其次，若以为"一悟便休"，万事已毕而不修学，亦未悟之人也，盖所谓悟者，悟得一根本智也，后得之智，仍需修学，且既悟之后，更知后得智之重要而修学不止也。此学而不厌之秘义也，不可不知。若一悟之后即不再诲人，此释迦牟尼佛称为"焦牙败种"，落入小乘，非孔子之"学而"之人可知。若搞小团体，秘不外传，甚者入门必先立誓，则又未悟可知，孔子知悟与未悟，凡夫难辨，故立此辨识之法，令后人有所依从，有圣言可量，不至为奸人所欺。

第三章

7.3 子曰："德之不修，学之不讲，闻义不能徙，不善不能改，是吾忧也。"

【译】

孔子说："我们本具的天性自然之德性不知去修养恢复，觉悟之性不知去讲求开启，知有'义'而不知向'义'行进，知道了自己的错误而不知去改正，这是我的忧虑！"

【释】

德之不修　德，天性自然之谓。修，"治也"。（《广雅·释诂》）

这里是指治理我们的天性自然之德，去其染污，复其本来。

学之不讲　学，觉也。讲，杨润根："这个字的繁体为'講'，由'言'和'構'（省）构成。因此讲的本来的意思应是探索性、研究性的思想表达，引申为对事物做深入彻底的探索研究。现在人们通常所说的'讲究'这一词语仍在某种程度上保留了'讲'的本意，而人们通常使用的这个'讲'字则往往只具有表达之意。"（《发现论语》）

简言之，"学之不讲"就是觉这件事情不去讲究。

闻义不能徙　闻，知也；义，宜也。徙，许慎："移也。"（《说文》）

也就是说，知道了义，而不能向义移动靠拢，使自己的行符合义。

不善不能改　从上句"闻"之来，即闻不善不能改。

本章朱熹引尹氏说："德必修而后成，学必讲而后明，见善能徙，改过不吝，此四者日新之要也。苟未能之，圣人犹忧，况学者乎？"（《集注》）

李炳南说："德者，乃人所固有之明德。心初动时，觉之，犹未失其明。不觉，妄动，则昧矣。昧则转为凶德。故须修之，使复其明。此即

《礼记·大学》所云'明明德'。'学'是学术，必须讲究。闻悉奥义，当迁徙之，如义而行。一本徙作从，亦通。不善是过，贵能改之。是吾忧也者，此励学者之辞，设使学者不修不讲不徙不改，乃教不成矣，圣人引以为忧。"（《论语讲要》）

李氏此说近是，但"学"解为学术，"义"释为奥义，均不妥。

孔子在本章告诉我们：人生的使命是通过修身养性以恢复本有之德性，其首要的目的是开启我们的觉性，具体的方法是闻义即徙，有过即改。是以孔子之所忧在"德之不修，学之不讲，闻义不能徙，不善不能改"。此虽孔子之忧，实人之忧也，千百年后，人之所首忧，仍在乎是。所以蕅益大师说："真实可忧，世人都不知忧，所以毫无真乐。唯圣人念念忧，方得时时乐。"（《论语点睛》）

第四章

7.4　子之燕居，申申如也，夭夭如也。

【译】

孔子闲暇无事的时候，神态安详，自然纯真。

【释】

燕居　燕，晏也，古今字。朱熹："燕居，闲暇无事之时。"（《集注》）

申申、夭夭　马融："申申、夭夭，和舒之貌。"（《集解》）

申，许慎："神也。"（《说文》）上下直通，无有阻碍，也即自由自在、舒舒坦坦的样子。

朱熹引杨氏："申申，其容舒也。"（《集注》）

夭，"色愉貌"。（《康熙字典》）

另《诗经·周南》中"桃之夭夭，灼灼其华"即描绘在自由伸展的树梢上盛开的桃花，自有纯自然的舒伸之美。

本章朱熹引程子说："此弟子善形容圣人处也，为申申字说不尽，故更着夭夭字。今人燕居之时，不怠惰放肆，必太严厉。严厉时着此四字不得，怠惰放肆时亦着此四字不得，唯圣人便自有中和之气。"（《集注》）

一人燕居时，最能反映个人的修养与境界。孔子燕居时的这种安详、自然、随意、舒适的状态，正是一个觉者静定之力的体现。

第五章

7.5　子曰："甚矣吾衰也！久矣吾不复梦见周公。"

【译】

孔子说:"我已经衰老得这么厉害了呀!很长的时间了,我都没有再梦见周公了!"

【释】

孔安国:"孔子衰老,不复梦见周公。明盛时梦见周公,欲行其道也。"(《集解》)

朱熹:"孔子盛时,志欲行周公之道,故梦寐之间,如或见之。至其老而不能行也,则无复是心,而亦无复是梦矣,故因此而自叹其衰之甚也。程子曰:'孔子盛时,寤寐常存行周公之道;及其老也,则志虑衰而不可以有为矣。盖存道者心,无老少之异;而行道者身,老则衰也。'"(《集注》)

本章为孔子晚年之叹,"不复梦见周公"。说明孔子不仅身衰,心亦衰矣。心之所以衰,在礼坏乐崩之至,而无可挽回。时局如此,无力回天,故有此叹。此一叹,天崩地裂,血泪交加。千古而后,尤能振奋后人去为天下大同、社会公平、人人觉悟,人人享有真、善、美、慧的快乐人生!

第六章

7.6　子曰:"志于道,据于德,依于仁,游于艺。"

【译】

孔子说:"立志于体道证道,根据的是人生本有的自然天性,凭借的是自然天性中的那一念灵明知觉之性,游行观照于礼、乐、射、御、书、数等生活技艺中。"

【释】

道　"理也,众妙皆道也,合三才万物共由者也。"(《广韵》)

邢昺:"道者,虚通无拥,自然之谓也。王弼曰:'道者,无之称也,无不通也,无不由也。况之曰,道寂然无体,不可为象。'"(《注疏》)

这里"志于道"之"道",当是指此"合三才万物共由"的"理",是"无"、是"自然",相当于现代哲学家所说之道德形上学本体。

《礼记·学记》:"不兴其艺,不能乐学。故君子之于学也,藏焉,修焉,息焉,游焉。夫然,故安其学而亲其师,乐其艺而信其道,是以虽离师辅而不反也。"此"游于艺"之用心所在。佛法修持法门号称八万四千之如禅定、观想、持咒、念佛、诵经、礼忏等。究其实,皆孔子之所谓艺也。释迦牟尼佛之所谓"黄金叶"也。（按《华严经》载："予黄金叶，止小儿啼。"）

"志于道，据于德，依于仁，游于艺"，为儒教之总纲。这是孔子教人"学而"之总原则与总方法。盖"游于艺"则能生起悦乐之心，有悦乐才能持之以恒地"志于道"，悦乐心之生起，又全靠我们心性中那一念灵明之知，若不凭借那一念灵明之知，我们又哪里能生起悦乐之心呢？然则，若其道不是我生命中本有，又到哪里去成去明去证？若是靠人的肉身去修成一个什么道，则人死而道必亡，此修成之"道"是虚，虚而不实之"道"，何以修，何以成，然则"自天子以至于庶人壹是皆以修身为本"，岂非妄语哉？有是理乎？此所以"志于道"必"据于德"也，"德者，得也"，得其天性之谓也，"依于仁"而"游于艺"，使之得其天真本性之自然，得此性者谓之明明德，谓之证道，是以知此四句为儒门之总纲，为"学（觉）"之总原则与总方法。

志于道 李炳南说："志于道者。道即本心，亦即真心，寂照湛然。寂者不动，此是定力。照者光明，此是智慧。寂而照，照而寂，定智湛然，恒在本心。《礼记·中庸》云：'天命之谓性，率性之谓道'，'天命'是天然而有之意；'性'是人人本有，故云：'天命之谓性。'此即人之本性。率性，古注：'无为而安行曰性之。'无为，非由造作而来，即指本性而言。本性不动，故曰安。行是动念。行曰性之，即《孟子·尽心》篇所说：'尧舜性之也。'性之，即是率性之义，动念自然合乎本性。《广韵》：'率，循也。'循性不变，即曰道，是谓性体。就循性不变而言，道即是性，性即是道。志者。《说文》：'心之所之也。'心之所之，即守此道而不离也。守道不离，即是将心定之于道。亦即'默而识之'之意。

"据于德者。不动谓之性，动则谓之心，此心正直，故曰德。真心初动之时，动，起念头。动义为业，亦名业相。仅有几微之动相。不觉初动，接之再动，则有见相。见则昏，谓之昏德。昏即出现妄境。此在《起信论》，名为三细相。妄境出现以后，则有诸种粗相，然后烦扰不安矣。若能初动即觉，如已成圣人之孔子，一动即觉。觉而复明，是谓明德。明则灭昏除妄，即行有所得。《六书精蕴》'直心为''行道而得于心为'，即是德字。《中庸》'修道之谓教'，道体本静，动则省修，故云修道。《说文》：'据，杖持也。'德如杖，必须持之勿失。失持则倾，倾则失正。本性不动，动须省察修持，修不失正，是谓之得。所谓得，非指本性而言。本性无修无得。修是指德而言。即在一念初动时，即时觉之，觉则明而不昏。如此念念省修，则德不昏，故称明德。此即据于德。《礼记·大学》云：'在明明德。''在明'二字即是《中庸》所说的修道。'明德'一纲有四目，即格物、致知、诚意、正心。格物，性之初动也。致知，动则觉之也。诚意，觉而明也，明则诚也。正心，明后又须经常省修，不令失正也。此是本有之真实知能，由明明德而得，须好学以培之。行仁，办治国平天下事业，须有真知灼见，故须先培知能。

"依于仁者。《说文》：'仁亲也，从人二。'《广雅》：'竺、竹也。'《尔雅·释训》：'竺，厚也。'按二为加厚之象，从人二曰亲，从竹二曰厚。《广韵》：'依、倚也'，倚者，因也。有因始有果。老子：'祸兮福之所倚。'由此所起之义。凡是对人亲切加厚，即是依于仁。仁之意义简说如此，究其作用，尚须行之有方。《雍也》篇孔子答复子贡曰：'夫仁者，己欲立而立人，己欲达而达人，能近取譬，可谓仁之方也已。'《孟子·梁惠王》篇：'老吾老，以及人之老。幼吾幼，以及人之幼。'《礼记·大学》曰：'在亲民。'《中庸》曰：'亲亲为大。'立人达人，皆是亲民，亲亲，老老，幼幼，即能近取譬。是皆行仁之方法。《大学》：'亲民'一纲有四目，即修身、齐家、治国、平天下。自天子至庶人，皆以修身为本，由此推展齐家、治国、平天下。此是仁之事业，必须力行。

"游于艺者。《韵会》：'艺，才能也。'，又'术也。'礼乐射御书数六艺，以及百工技能，皆艺术也。孟子曰：'是乃仁术也。'矢人唯恐不伤人，函人唯恐伤人，故术不可不慎也。故一切艺术不离乎仁。《尔雅·释言》：'泳，游也。'《尔雅·释水》：'潜行为泳。'潜行、游水底也。按水底即深入沉潜之义。艺是行仁之工具。一切艺术技能，至为繁多。已成圣人，是智者，是不惑者，无所不知。学者未成圣人，必须博学，以资推行仁之事业。古语：'一事不知，儒者所耻。'以有惑而不知，故以为耻。知耻则必勇于学习一切艺能。"（《论语讲要》）

此说亦可备一格，录之以为参考。

第七章

7.7 子曰："自行束脩以上，吾未尝无诲焉。"

【译】

孔子说："从十五岁以上来求学的，我从来就没有不给予教诲的。"

【释】

束脩 郑玄:"束脩,谓年十五以上也。"(《论语郑注补辑》)

许慎:"脩,脯也。"(《说文》)。

张自烈:"肉条,割而干之也。"(明·张自烈《正字通》)

束脩,有两解,一指年十五岁以上;一说为干肉脯。按古礼,男孩自十五岁起,开始束发。束发,即将长长的头发结成一条辫子盘在后头上,故又名结发。我认为解作十五岁以上义长。

上一章讲孔子教育的总原则与方法,即"志于道,据于德,依于仁,游于艺";本章则讲孔子有教无类的思想,即"自行束脩以上,吾未尝无诲焉"。

第八章

7.8 子曰:"不愤不启,不悱不发,举一隅不以三隅反,则不复也。"

【译】

孔子说:"不冥思苦想到全部心思都被所想的问题占据的时候不去启发,不到已经意会了却不知如何表达时不去帮他理清头绪清晰表达。如果告知他一个方面的答案,他不以从此答案推出多个方面的答案时,就不再告知他新的答案。"

【释】

愤 "愤,盈也。"(《方言》)

许慎:"愤,懑也。"(《说文》)

刘宝楠:"人于学有所不知不明,而仰而思之,则必兴其志气,作其精神,故其心愤愤然也。"(《正义》)

朱熹:"愤者,心求通而未得之意。"(《集注》)

悱 朱熹:"口欲言而不能之貌。"(《集注》)

这里的意思就是已经意会到了,但还不能用语言表达。

发 朱熹:"发,谓达其辞。"(《集注》)

这里的意思是帮助他用语言表达清楚。

举一隅不以三隅反。

隅 许慎:"隅,陬也。"(《说文》)

一隅,一角、一方之意。

反 同"返"。

意思是从一个方面就能合乎逻辑地推知其余三个方面。

复 朱熹："复，再告也。"(《集注》)

郑玄："孔子与人言，必待其人心愤愤，口悱悱，乃后启发为说之。如此则识思之深也。说则举一隅以语之，其人不思其类，则不复重教之也。"(《集解》)

"不愤不启，不悱不发"，显然是大问题，征诸《论语》的全部精神，当是指对天地人生真相的冥思苦索。"愤"，心中被所冥思的问题填塞之象。如狗啃一块又硬又大的骨头，啃之不动，弃之不甘，抱着守着，不断地啃，直啃得牙龈血流，也不肯放弃的时候，就是"愤"。此时稍加点拨，即可契入，从而直入问题的核心，完全明了。若首先就把问题的核心说出，学习者虽然在道理上似乎是理解了，但未契入他的生命，不亲切，不得受用。如禅宗公案，将公案的答案告知了，那参公案的人还能从中得到益处吗？"悱"，是意会到了却讲不出来，我们来共同回忆一下看，我们有没有过这样的情况，心中好像真的懂了，就是说不出来？有，一定有的，这就是"悱"，所谓"只可意会不可言传"者，多属于此。这种所谓的意会，所谓的懂了，其实并不是完完全全地清楚了，还是懂得不透彻，所以讲不出来，你这时再点拨一下，他一下就透彻了。这两种教育方法，其实都是教育手段，从孔子的"不愤不启，不悱不发"，可以看出孔子的确是彻悟了天地人生的真相的人。

"举一隅不以三隅反，则不复也"，则是为了引导学生提高自己的观察能力、思辨能力。总而言之，本章主旨在说孔子的教授法，故邢昺说："此章言诲人之法"，诚哉，斯言。

第九章

7.9 子食于有丧者之侧，未尝饱也。

【译】

孔子在举办丧事的人旁吃饭，从来没有吃饱过。

【释】

有丧者之侧 皇侃："谓孔子助葬时也。为应执事，故必食也；必有哀色，故不饱也。"(《义疏》)

这里当指孔子举行亡者祭祀时。

李炳南："孔子助丧家执事，或邻家有丧事，皆食之不饱，此孔子同

情丧家之哀戚也。"(《论语讲要》)

这里则又是指孔子食时侧有丧者，并非专指孔子举行葬祭仪式时，食时凡遇丧者皆属之，此解义宽，今从之。

孔子"食于有丧者之侧，未尝饱也"，是慈悲心的流露，而且是一种大悲，同体大悲；要不是身心与"有丧者"同感同受，何以会食之"未尝饱"呢？何晏说："丧者哀戚，饱食于其侧，是无恻隐之心也。"（《集解》）可谓入木三分。

第十章

7.10 子于是日哭，则不歌。

【译】

孔子在吊丧或闻亲友丧的那一天哭泣过，就不再唱歌。

【释】

子于是日哭 "吊于人，是日不乐。"（《礼记·檀弓》）

按此，则"是日哭"专指吊人。

邢昺："孔子于是日闻丧或吊人而哭，则终是日不歌也。"（《注疏》）闻丧或吊人，是，今从之。

许慎："哭，哀声也。"（《说文》）

不哥，朱熹："余哀未忘。"（《集注》）

此章亦记孔子情性者也。今人以为圣者无情，一遇修行人用情则谓："哎，修行这么多年了，还情执这么重，怎么得了啊。"这样的人，若看到孔子"食于有丧者之侧，未尝饱""于是日哭，则不歌"，不知当作何说。

一日，我与两个修行的老年朋友，食于一七十老者家。用餐毕，七十老者长孙放学回家，连忙起身亲自做饭（家有保姆）给其长孙吃。我正欲赞叹其亲情，另一老者对我曰："哎，修行几十年了，这一点亲情都割舍不下，如何了道啰。"我哑然。行者是当破情执，修到业尽情空的地步，才可以明明德，证真常，但却绝对不是无情，此是必须要明白的。

朱熹引谢氏说："学者于此二者，可见圣人情性之正也。能识圣人之情性，然后可以学道。"（《集注》）（按："二者"，含上一章"子食于有丧者之侧，未尝饱也"）可谓深入此中三昧者也。

第十一章

7.11 子谓颜渊曰："用之则行，舍之则藏，唯我与尔有是夫！"子路曰："子行三军，则谁与？"子曰："暴虎冯河，死而无悔者，吾不与也。必也临事而惧，好谋而成者也。"

【译】

孔子对颜渊说道："（我们的这颗心）用它的时候就起现行，不用它的时候就不动（藏），只有我与你有这个境界吧！"子路说："先生您如果统帅三军则愿跟谁一起呢？"孔子说："赤手空拳与虎搏斗，光着身子游过黄河，死了也不后悔的人，我不愿跟他一起。（愿意跟他一起去的人），一定是对事有敬慎的心态，喜好谋划而又有决断能力的人。"

【释】

用之则行，舍之则藏　现代人多理解为"用我就实行我的政治主张，没有用我就隐藏起来，等待时机"。古人则更多地理解为"可行就行不可行就停止"。如孔安国："言可行则行，可止则止，唯我与颜渊同"。(《集解》)

总之都以起用为事为说。但我以为以起用为事来理解"行""藏"从情理上讲是讲不通的。果为起用为事，则孔门人物众多，具此种境界者，断然不止孔子与颜回二人！从孔子说颜回"三月不违仁，其余则日月至焉而已矣"来看，"用""舍"之所指全是这灵明知觉之性，或者说能明能觉的仁知之心。以用心的境界论，则达到了"用之则行，舍之则藏"的境界者，亦唯有孔颜而已。

行三军行　从事实际地做之意，在这里当为统帅或率领三军。孔安国："大国三军。子路见孔子独美颜渊，以为己勇，至于夫子为三军将，亦当谁与己同，故发此问。"孔安国的意思是子路认为孔子如果带领三军则一定与其一起。

谁与　即"与谁"。

暴虎　孔安国："暴虎，徒搏。"(《集解》)这里指空拳与虎搏斗。

冯河　孔安国："冯河，徒涉。"(《集解》)这里指不借助舟楫之类，只身游过河。又"河"，古代专指黄河。

惧　朱熹："惧，谓敬其事。"(《集注》)这里指就是说对事有敬慎的心。

成　朱熹："成，谓成其谋。"(《集注》)

焦循："邢疏以成为成功，义殊不了。成，犹定也，定即决也。……好谋而成，即是好谋而能决也。"(《论语补疏》)

焦说义长，今从之。

俞樾："成当读为诚……成与诚古通用也，行军之事固不可无谋，然阴谋诡计又非圣人所与也，故曰'好谋而诚'，惧与诚，行军之要矣。"（清·俞樾《群经平议》）

此说亦通，存之，待有缘人采撷。

蕅益大师："'临事而惧'，从戒慎恐惧心法中来。'好谋而成'，从好问好察，用中于民而来。不但可与行军。即便可与用行舍藏。否则白刃可蹈，中庸不可能矣。"（《论语点睛》）

"白刃可蹈，中庸不可能"，说的正是子路。孔子知子路虽勇可嘉，但未入中庸境，故抑其勇而正其心，令其渐入中道。

第十二章

7.12 子曰："富而可求也，虽执鞭之士，吾亦为之。如不可求，从吾所好。"

【译】

孔子说："富贵不依道就可以求得的话，即使是做守门的人，我也去做。如果不违道就求不到的话，那就按我自己的喜好去做。"

【释】

执鞭之士 钱坫："执鞭之士有二义：《周礼·秋官》：'条狼氏下士八人'，其职云：'掌鞭以趋僻，王出用八人夹道，公六人，侯伯四人，子男二人。'此一义也。《地官·司市》：'人则胥执鞭度守门'此一义也。以求富之言例之，或从《地官》为长。"（清·钱坫《论语后录》）

此说与孔安国"执鞭为贱职"相通，孔统言而钱析言也，今从其言。

圣人能不能求富贵，这是聚讼数千年而不决的难题。有谓圣人决无心求富贵。如朱熹引苏氏说："圣人未尝有意于求富也，岂问其可不可哉？为此语者，特以明其决不可求尔。"（《集注》）有人认为富贵在天，即求之亦不可得。如朱熹引杨氏说："君子非恶富贵而不求，以其在天，无可求之道也。"（《集注》）有人认为可求，且求则得之。如郑玄说："富贵不可求而得之，当修德以得之。若于道可求者，虽执鞭之贱职，我亦为之。"（《集解》）

富贵"当修德以得之"，甚是。然则如何修德以得之呢？

明代袁了凡给我们做了榜样，他七十四岁时，写了几篇教育他儿子的文章，后来收集在一起出版流通，名为《了凡四训》，此书教我们修德以求富贵求子孙的方法。具体言之，袁先生在深信命运的前提下，以谦逊的心为出发点，通过改过迁善，积功累德而求之。其书言简意深，可操作性强，真是难得一见的修德进业之书啊！

第十三章

7.13 子之所慎：齐，战，疾。

【译】

孔子所慎重的是：斋戒、战争、疾病。

【释】

齐 "洁也，庄也，恭也。"（《正韵》）

"斋，敬也。"（《广雅》）

"及时将祭，君子乃齐。齐之为言齐也，齐不齐以致齐者也。"（《礼记·祭统》）

韩康伯："洗心曰斋，防患曰戒。"（唐·孔颖达《周易正义》）

齐同斋，斋戒，古时齐、斋通用。这里当以心斋为主。

郑玄："慎斋，尊祖考，慎战，重民命，慎疾，爱性命。"

朱熹："齐之为言齐也，将祭而齐其思虑之不齐者，以交于神明也。诚之至与不至，神之飨与不飨，皆决于此。战则众之死生、国之存亡系焉，疾又吾身之所以死生存亡者，皆不可以不谨也。尹氏曰：'夫子无所不谨，弟子记其大者耳。'"（《集注》）

慎斋，齐其思虑之不齐者，至诚不二，用心专一之象也。孔子说："无思也，无为也，寂然不动，感而遂通天下之故。"（《易传》）此所以慎斋也；慎战者，所重在民命，仁心之自然流露也；慎疾者，所重在己命，此"发肤受之父母，不敢毁伤"之意也，又释迦牟尼佛在《菩萨戒经》中，亦有有病不治为犯戒，冒险独行为犯戒的戒条，慎疾与此同，皆重身命之意也。此身虽浊此身虽贱，但善加利用，改过迁善，积累德本，可以成圣成贤成仙成佛，故当重之。

第十四章

7.14 子在齐闻《韶》，三月不知肉味，曰："不图为乐之至于斯也。"

【译】

孔子在齐国知道了《韶乐》，专心练习它，三个月都没有感受到肉食的鲜美。他说："没想到学习《韶乐》可以达到如此美妙的境界。"

【释】

韶 邢昺："《韶》，舜乐名。孔子在齐，闻习《韶》乐之盛美，故三月忽忘于肉味而不知也。"（《注疏》）

三月不知肉味 司马迁："孔子适齐，为高昭子家臣，欲以通乎景公。与齐太师语乐，闻《韶》音，学之。三月不知肉味，齐人称之。"（《史记》）

朱熹："不知肉味，盖心一于是而不及乎他也。"（《集注》）

邢昺："案《礼乐志》云：'夫乐本情性，浃肌肤而藏骨髓。虽经乎千载，其遗风余烈尚犹不绝。至春秋时，陈公子完奔齐。陈，舜之后，《韶》乐存焉。'故孔子在齐闻《韶》，三月不知肉味，曰：'不图为乐之至于斯。'美之甚也。"（《注疏》）

为乐 为乐，古人解为作乐，从上引《史记》中"闻《韶》音，学之，三月不知肉味"来看，此处当作练习来理解。

朱熹引范氏："韶尽美又尽善，乐之无以加此也。故学之三月，不知肉味，而叹美之如此。诚之至，感之深也。"（《集注》）

从本章我们可以知道音乐之美的感染力有多大，也可以从中体悟孔子为什么那样重视礼乐教化。其次，我们还应当看到孔子教人也是从定力的培养入手的。从定以发慧，从而达到觉悟生命的目的，即所谓"无思也，无为也，寂然不动，感而遂通天下之故。"（《易传》）而定力的培养也并不十分为难，只要你专心致志，主一无适，自然能达到心无旁骛、"三月不知肉味"的静定境界。

第十五章

7.15 冉有曰："夫子为卫君乎？"子贡曰："诺，吾将问之。"入，曰："伯夷、叔齐何人也？"曰："古之贤人也。"曰："怨乎？"曰："求仁而得仁，又何怨？"出，曰："夫子不为也。"

【译】

冉有问子贡："先生会帮助卫国的国君吗？"子贡说："好吧，我去问问先生。"子贡进去向孔子请教说："伯夷、叔齐是什么人呢？"孔子说：

"他们都是古代的贤人啊。"子贡问:"他们心中有怨恨吗?"孔子说:"他们志求仁道,终于成就了仁道,有什么可怨恨的呢?"子贡出来后对冉有说:"先生不会帮助卫国国君。"

【释】

为 郑玄:"为,犹助也。"(《集解》)

卫君 郑玄:"卫君者,谓辄也。卫灵公逐太子蒯聩,公薨而立孙辄。后,晋赵鞅纳蒯聩于戚,卫石曼姑帅师围之,故问其意助辄不乎。"(《集解》)

怨乎 郑玄:"父子争国,恶行。孔子以伯夷、叔齐为贤且仁,故知不助卫君明矣。"(《集解》)

伯夷、叔齐,我们讲过了,他们是孤竹国国君的两个儿子。父命伯夷继承君位,伯夷以己为弟,当让兄叔齐为君。而兄则又以父命伯夷为君,己任君则违父命是不孝亦不肯为君。兄弟二人都为让君而远去。到了周地,逢周武王车载木主伐纣。二人认为武王以臣伐君为不忠,父死未葬即发动战争为不孝。遂不肯食周粟而饿死于首阳山。现在卫国父子争国,与伯夷、叔齐正好形成鲜明的对照。孔子赞叹伯夷、叔齐为贤,则说明在孔子的心目中,卫国的父子争国为不贤。子贡再问二人是否有怨恨,则是因为发勇猛心容易,发恒常心难。二人最终饿死,其怨与不怨,则恒常心可知。孔子以"求仁而得仁"作答,则二贤之心可知。

卫国父子争夺王位或者说争国。争,则总会有是与不是,有理长与理短之分。而孔子则不在是非里打转,他跳出是非的圈子,直以人生的最高追求——成就仁道为价值参照进行判断。圣之所以为圣,良有以也。

第十六章

7.16 子曰:"饭疏食饮水,曲肱而枕之,乐亦在其中矣。不义而富且贵,于我如浮云。"

【译】

孔子说:"吃着疏菜饭,喝着白开水,弯着胳膊当枕头,生命的快乐也就在这简单的生活中啊。那种用不正当的手段获得的富与贵,对于我来说,就像那天空中飘移的浮云一样。"

【释】

饭 许慎:"饭,食也。"(《说文》)这里名词用作动词。

疏食 孔安国："疏食，菜食。"（《集解》）菜食，就是没有粮的饭，当然粗粮也是没有的，极有可能是指野菜。

饮水 古代"汤"和"水"常对待，"汤"的意义是烧开了的水，"水"自然就是没有烧开的冷水了。

曲肱而枕之 肱是胳膊，曲肱，即弯着胳膊，而枕之，就是当枕头用，将头枕在胳膊上。曲肱而枕之，有的人认为这是孔子的养生法，是吉祥卧，这是曲解。结合"饭疏食饮水"来看，这里指当时穷得没枕头可用。

本章"饭疏食饮水，曲肱而枕之"，孔安国说孔子"以此为乐"（《集解》），非也。孔子非以贫为乐，亦非以富为乐，只是随遇而安，享受生命的内在，享受生命本具的快乐。

一般的人，常将自己的幸福寄托在别人身上或者说外部环境上。外部的环境变化无常，你又怎么能够把握住自己的幸福呢？觉悟则不同，觉者常将自己的幸福寄托在自己的内心，不为境转，不被情牵，恒常不动，恒常快乐，"学而时习之，不亦说乎"，孔子此章，"学而"说之典型也。

第十七章

7.17 子曰："加我数年，五十以学《易》，可以无大过矣。"

【译】

孔子说："借我几年时间，五十岁应该可以领悟《易》那生生不已的生命玄学，那这一生就没什么大的遗憾了。"

【释】

本章解人有于"学《易》"之"学"为学习，因此就为什么是五十岁才学《易》，争论不休。如何晏说："《易》穷理尽性以至于命。年五十而知命，以知命之年读至命之书，故可以无大过矣。"（《集解》）

皇侃说："当孔子尔时，年已四十五六，故云'加我数年，五十而学《易》'也。所以必五十而学《易》者，人年五十，是知命之年也。《易》有大演之数五十，是穷理尽命之书，故五十而学《易》也。"（《义疏》）

此外尚有解"五十"为卒者，如朱熹《集注》；有解"五十"为吾者，如金履祥《论语集注考证》；有解"加我数年"为或五年或十年者，如李炳南。文繁不录，我认为五十就五十，无何深义，只是孔子将他完全领悟《易》之奥义的时间作如实之说而已。

第十八章

7.18 子所雅言，《诗》《书》、执礼，皆雅言也。

【译】

孔子讲的话是官方语言，诵读《诗经》《书经》，以及主持礼仪，用的都是官方语言。

【释】

雅言 孔安国："雅言，正言也。"（《集解》）

刘宝楠："周室西都，当以西都音为正。平王东迁，下同列国，不能以其音正乎天下，故降而称风。而西都之雅音，固未尽废也。夫子凡读《易》及《诗》《书》、执礼，皆用雅言，然后辞义明达，故郑以为义全也。后世人作诗用官韵，又居官临民，必说官话，即雅言矣。"（《正义》）

执礼 郑玄："读先王典法，必正言其音，然后义全，故不可有所违。礼不诵，故言执。"（《集解》）

刘台拱："执，犹掌也。执礼，谓诏相礼事。"（清·刘台拱《论语骈枝》）

第十九章

7.19 叶公问孔子于子路。子路不对。子曰："女奚不曰，其为人也，发愤忘食，乐以忘忧，不知老之将至云尔。"

【译】

叶公向子路咨询孔子是一个什么样子的人，子路没有回答。孔子说："你为什么不说，他那个人呀，发愤起来就忘记了吃饭，享受生命本来的乐趣就忘记了人世间的忧愁，不知不觉就快要衰老了。他就是这样的人。"

【释】

叶公 孔安国："叶公，名诸梁，楚大夫，食菜于叶，僭称公。不对者，未知所以答。"（《集解》）

叶公，叶姓华人始祖，是史上有文字记载以来叶地的第一任行政长官。他励精图治，兴水利，劝农桑，率民众修筑的东、西二陂，灌溉农田数十万亩。可以说这是史上最早的农田水利灌溉工程之一。孔子在叶期间，多次和叶公谈论为政之道。孔子告诉叶公，为政应当注意使"近者悦，远者来"。

公元前479年,叶公已近耄耋之年。当时,身居吴楚边境的重臣白公胜在楚国都城发动叛乱,杀死了令尹子西、司马子期,并劫持惠王欲自立。叶公闻讯后,不顾年迈,毅然出兵平叛,立下定国之功。

叶公因平定白公胜之乱迎惠王复位,官至令尹、司马,集军政大权于一身。但他却在平定边夷,整肃朝政后,还归叶邑,身老于叶。

历史有时也是很奇怪的,这样一位了不起的叶公,却被污蔑为名不副实的伪君子,如成语"叶公好龙"。刘向说:"子张见鲁哀公,七日而哀公不礼。托仆夫而去,说:'臣闻君好士,故不远千里之外,犯霜露,冒尘垢,百舍重研,不敢休息以见君。七日而君不礼,君之好士也,有似叶公子高之好龙也。叶公子高好龙,钩以写龙,凿以写龙,屋室雕文以写龙。于是天龙闻而下之,窥头于牖,施尾于堂。叶公见之,弃而还走,失其魂魄,五色无主。是叶公非好龙也,好夫似龙而非龙者也。今臣闻君好士,故不远千里之外以见君,七日而君不礼,君非好士也,好夫似士而非士者也。诗说:中心藏之,何日忘之!敢托而去。"(《新序·杂事》)

"发愤忘食,乐以忘忧,不知老之将至",这是孔子的自画像,其境界可想而知。姑且不说"发愤忘食"的奋进精神,即其"乐以忘忧,不知老之将至"而言,这是何等的心灵境界!孔子学识渊博,识见高迈,能力超群,但一生抑郁不得志,没有施展抱负的地方,游历了不少国家,还曾困于陈国、蔡国。若今日之人,博学多才而又如此不得志,不苦闷忧愁,愤世嫉俗才怪呢?但孔子却"乐以忘忧,不知老之将至",连自己的年龄都不记得了,这是何等的境界!

第二十章

7.20 子曰:"我非生而知之者,好古敏以求之者也。"

【译】

孔子说:"我不是生来就知道真理的人,是喜好弄清事物的终极原因,勤奋努力地追求获得真理的人。"

【释】

生而知之 生而知之,自古相传,孔子虽不否认有生而知之者,参《季氏》第九章可知,但实际上是强调学而知之,如本章讲自己"非生而知之者,好古敏以求之"即属之。

好古 许慎"古,故也。"(《说文》)

"故"，事物之所以然也，或者说事物的最初原因。

敏 刘宝楠："敏，勉也，言黾勉以求之也。"（《正义》）

"黾"，勉力，努力，敏以求之，即勤奋努力地寻求、探索。郑玄："言此者勉劝人于学也。"（《集解》）甚是。

孔子的意思其实是人生下来就是圣者，必须要有大愿心，"好古，敏以求之"之心、勇猛精进心、恒常不退心，自能成就圣贤品格，即明了明德，发露仁心，成就中庸。孟子谓"人人可以为尧舜"，此之谓也。

第二十一章

7.21　子不语：怪、力、乱、神。

【译】

孔子不讨论回答的问题有：怪异、勇力、逆乱、鬼神。

【释】

语 郑玄："答述曰语。"（郑玄《周礼注》）

"不语"即与人讨论时，当讨论者说至"怪力乱神"之类，则不予作答之谓也。

怪 王肃："怪，怪异也。"（《集解》）

凡客观知识所不能解释的事物或现象均属之。

力 勇力，凭力不凭理皆属之，非专指力大无穷之类。

乱 左丘明："民反德为乱，乱莫大于弑父与君。"（《左传·宣公十五年》）

这里指一切悖理乱伦之事皆属之。

神 王肃："神，谓鬼神之事。"（《集解》）

这里指一切幽深玄远变化莫测之事皆属之。

佛教有十四不正问之说。一是世界及我为常耶？二是世界及我为无常耶？三是世界及我为亦有常亦无常耶？四是世界及我为非有常非无常耶？五是世界及我为有边耶？六是世界及我为无边耶？七是世界及我为亦有边亦无边耶？八是世界及我为非有边非无边耶？九是死后有神去耶？十是死后无神去耶？十一是死后亦有神亦无神去耶？十二是死后亦非有神去亦非无神去耶？十三是后世是身是神耶？十四是后世身异神异耶？释迦牟尼佛答曰："无此事实故不答，诸法有常无此理，诸法断亦无此理……譬如人问，牛角得几汁之乳？是为非问，不可答也。"（释迦牟尼佛《阿含经》、

释龙树《大智度论》、释世亲《俱舍论》）

此四事与十四不正问，事理有深浅，但其注重事实，注重对解脱人生烦恼，帮助人生生存等实际有用的学问则无不基本相同。正所谓佛佛道同，千圣万圣，无非一圣，普天之下书同文、车同轨者也。

不语怪力乱神，则所语皆平常，以平常心语平常事，这才是圣人，才是真实。后世禅宗所谓"平常心是道心"，与此同。

第二十二章

7.22 **子曰："三人行，必有我师焉。择其善者而从之，其不善者而改之。"**

【译】

孔子说："多人同行，一定有值得我学习的人在那里，选择他们好的地方跟着他们学习；那不好的地方，就要小心改正。"

【释】

善　郑玄："善，犹好也。"（郑玄《礼记注》）

子产："其所善者，吾则行之，其所恶者，吾则改之；是吾师也。"（《左传》）

何晏："言我三人行，本无贤愚，择善从之，不善改之，故无常师。"（《集解》）

皇侃："我师彼之长而改彼之短。彼亦师我之长而改我之短。既更相师法，故云无常师也。"（《义疏》）

朱熹引尹氏："见贤思齐，见不贤而内自省，则善恶皆我之师，进善其有穷乎？"（《集注》）

学无常师，有一长可师，师之；无长可师，但有缺陷足以警吾者，所谓反面教员者也，亦吾师也。其不善者改之，此之谓与！

第二十三章

7.23 **子曰："天生德于予，桓魋其如予何？"**

【译】

孔子说："天地社会人生让我明白了人人都有自己本然如是的使命，桓魋他又能把我怎么样呢？"

【释】

桓魋 桓魋，又名向魋。是宋桓公之后，故称桓魋。时任宋国司马，是司马伯牛的兄长。孔子去陈国时经过宋国时，以为孔子会妨碍他谋杀宋景公，故欲杀孔子。当孔子与诸弟子在一棵大树下演习礼仪时，司马向魋就去杀孔子，适逢孔子及其弟子们不在，他就砍掉了那棵大树。诸弟子欲抵抗，孔子不许，乃更衣迅速地离开了宋国。

李炳南说："圣人处变，既知自有其德而无忧，然又微服以过。权变之道，阴阳不测，神而通之。非贤人以下可与知也。"（《论语讲要》）这样的评点，是很到位的，符合本章旨意。

第二十四章

7.24 子曰："二三子以我为隐乎？吾无隐乎尔。吾无行而不与二三子者，是丘也。"

【译】

孔子说："弟子们，你们以为我还有什么隐藏着没教你们啊，我没有什么隐藏着呢！我没有什么事不是与你们一起实行的，这就是我孔丘。"

【释】

二三子 包咸："二三子，谓诸弟子。"（《集解》）

隐 包咸："圣人知广道深，弟子学之不能及，以为有所隐匿。"（《集解》）这里的意思是：有所隐匿而不教。

尔 程树德："任氏《四书约旨》，'尔'是虚字。若作实字指二三子，反侵无不与二三子意。"（《集释》）

此解颇符原意，可从，尔字实为语助词。

是丘也 包咸："我所为无不与尔共之者，是丘之心也。"（《集解》）

孔子教人从真切平实处着手，所以"三人行必有我师"，所以"不语怪、力、乱、神"，但普通的人们不明白真理其实很简单，真理其实就在平常中，总以为有什么高深玄妙的东西，总以为不是这么简单，所以孔子的弟子们也有此疑惑，是以孔子有此说，这不仅是为他的弟子们所说，也是为千古以后的我们、万世以后的人们说啊！

第二十五章

7.25 子以四教：文，行，忠，信。

【译】

孔子从四个方面教育自己的学生：用先王的遗文（文化典籍）教之以真实理体；用真实理体导之以行为实践；用此理行潜移妄念纯净心灵还归本来；以此纯净的心灵而获得我亦可以为圣的信心。

【释】

文 邢昺："文，谓先王之遗文。"（《注疏》）"文中"蕴藏天地人生的大体大用。

行 邢昺："行，谓德行，在心为德，施之为行。"（《注疏》）

这里即以其所解导其所行之"行"。

忠 邢昺："中心无隐谓之忠。"（《注疏》）

"忠，无私也。"（《广韵》）

忠，"不二也"（《康熙字典》）。中心既无所隐，则纯一真实，纯一知性，纯一即是无私，谓之中可，谓之无可，谓之空可，谓之不二，谁谓不可？本来无一物无可方而方之曰"忠"，忠，不二也，诚可谓入木三分。

信 邢昺："人言不欺谓之信。"（《注疏》）

信，本谓信实，但从上"文""行""忠"一路下来，则是孔子教育的不同层次的结果，结合文意，可理解为对人人可为成圣成贤的绝对信心。

古今解人，不知孔子教人从先王（圣）遗文，教之以理体，以理而导行，用行而净心，从心以入信。信建立了，则自知修行，无须人导，教化之能事毕矣，何需多子乎！释迦牟尼佛曰："信为道源功德母。"（《大方广佛华严经》）

是以李充："其典籍辞义谓之文。孝悌恭睦谓之行。为人臣则忠。与朋友交则信。此四者，教之所先也。故以文发其蒙，行以积其德，忠以立其节，信以全其终也。"（《义疏》）陈天祥："行为所行诸善总称，忠与信特行中之两事，存忠信便是修行，修行则存忠信在其中矣。王溥南曰：夫文之与行固为二物，至于忠信特行中之两端耳，又何别为二教乎。"（陈天祥《四书辨疑》）之辨。李炳南："此章或有错简，存疑可耳。先儒或以四教与先进篇四科对照，文谓文学，行谓德行，忠指政事，信是言语。勉从此解亦可。"（《论语讲要》）李炳南之疑，何其憾也。

第二十六章

7.26 子曰："圣人，吾不得而见之矣；得见君子者，斯可矣。"子曰:"善人,吾不得而见之矣;得见有恒者,斯可矣。亡而为有,虚而为盈,约而为泰,难乎有恒矣。"

【译】

孔子说:"觉悟了生命而又圣功卓著如尧舜那样的人,我是不可能看得到了,能够看得到觉悟了生命的人,这就可以了。"孔子说:"纯善而无缺点的人,我是不可能看得到了,能够看得到追求'真常'的人,这就可以了;从本体的'无'创造出一切,从本来的'虚'创造出丰盈,从本具的'约'创造出通达,这就是难以用语言表达的'真常'之用啊!"

【释】

圣人 在孔子的思想体系中,圣人是道德人格十全十美而又功行圆满的人,如尧舜之类的古代圣王可属之,古人认为孔子在这里是讥刺那些居上位如王侯之类而无实德的人,如何晏之"疾世无明君也"(《集解》)即是,以孔子之行而言之,当无是讥。

君子 这里指大彻大悟而又习气已除的人。人虽然觉悟了生命,回归了生命的真实,可以永远地没有烦恼但却不一定能做出不世的功勋。做出不世的功勋不是每一个觉悟了生命的人都可以做得到的,这要有各种各样的因缘,缺一不可,所以人人为圣不是孔子的目的。孔子的目的其实是让人人觉悟,所以他说:"在这个世界上没有圣人没有关系,但是不能没有觉悟了的人啊!"

一个人,不可能完美无缺,从建功立业的立场来看,即使是圣如尧舜,也是有做不到的地方啊,正所谓"尧舜其犹病诸"。所以孔子认为人不完美不要紧,但不可不追求真理、真常、永恒的东西啊,这就是"善人吾不得而见之矣,得见有恒者斯可矣"的真正要义。

蕅益法师说:"'亡',是真谛。'虚',是俗谛。'约'是中谛。依此而修,为三止三观,证此妙理,成三德三身。"(《论语禅解》)"亡"是真谛,"虚"是俗谛,"约"是中谛,三者都是理体。"有""盈""泰"都是事物,都是从虚空生起的妙有,正是真常的大用。所以孔安国解"难乎有恒矣"时说:"难可名之为有常"(《集解》)。难以说清楚的就是有常,"常",离文字相,离言说相,离心行相,怎么能名之呢?真是一语点醒梦中人。

释蕅益说:"'圣人'只是证得本亡本虚本约之理,'有恒'须是信得本亡本虚本约之理。就从此处下手,便可造到圣人地位,所谓以不生不灭为本修因，然后圆成果地修证也。"（《论语禅解》）真明此章本旨者也，特表而出之，以示不敢掠人之美。

第二十七章

7.27 子曰："钓而不纲，弋不射宿。"

【译】

孔子说："钓鱼要用一杆一钩的杆钓，不要用多钩的挂钩，打猎射鸟不要射已经归巢的鸟。"

【释】

子曰 古棣等："现存《论语》各本无'子曰'，皆作'子钓而不纲……《太平御览》引《论语》上题'子曰'。按：应有'子曰'，这是以钓鱼与射鸟比喻人事，含有深刻的哲理（参阅下文），如无'子曰'，就成了孔子本人钓鱼射鸟的事实记载，殊无义理。"（《孔子批判·下·论语译说》）

纲 孔安国："钓者，一竿钓。纲者，为大网以横绝流。"（《集解》）

皇侃："钓者一竿属一钩而取鱼也。纲者作大纲，横遮于广水，而罗列多钩著之，以取鱼也。"（《义疏》）

这里所说的"纲"，我在湖区见过，他们称为挂钩。这种钓有一根较粗的绳子称为纲绳，下挂很多钓钩，一串一串的，不上饵，鱼只要被挂钩勾上了，它就没办法逃。它一挣扎，旁边的鱼钩就一起往它身上勾，越逃则自上钩越多，最后被钓钩捆得牢牢实实，动弹不得。

弋 孔安国："缴，射也。"（《集解》）

这里就是用系有生丝的矢射飞禽。

宿 孔安国："宿鸟也。"（《集解》）

这里指栖于巢中之鸟。

朱熹引洪氏说："孔子少贫贱，为养与祭，或不得已而钓弋，如猎较是也。然尽物取之，出其不意，亦不为也。此可见仁人之本心矣。待物如此，待人可知；小者如此，大者可知。"（《集注》）

蕅益法师说："现同恶业，曲示善机，可与六祖吃肉边菜同参。"（《论语禅解》）因祭祀或养命，虽不能禁，曲示方便，意在少杀或不杀，同一仁心，惠及飞鸟虫鱼，不忍之心，天心可监。

第二十八章

7.28 子曰:"盖有不知而作之者,我无是也。多闻,择其善者而从之;多见而识之,知之次也。"

【译】

孔子说:"有没有真凭实据或真知灼见而凭空造作典籍的人,我没有这种情况;多听,选择其中好的去实行;多看,把看到的都记在心里,这样得来的知识,是属于第二手的知识。"

【释】

有不知而作之者 包咸:"时人有穿凿妄作篇籍者,故云然。"(《集解》)

穿凿妄作,就是没有真凭实据或真知灼见,从这句话可以说明当时就已经有人伪造典籍了。

识之 识,志。识之,记住它。

知之次也 多从"学而知之"解,认为是此生而知之次一级的人,如孔安国:"如此者,次于天生知之。"(《集解》)

朱熹:"如此者虽未能实知其理,亦可以次于知之者也。"(《集注》)

这等于是说,多闻多见之类的知,是次于亲知之知的知,用今天的话讲,就是第二手的知。

从这里,我们可以体悟孔子严谨的学风与严格的科学精神,即使一知,也要分亲证之知与闻见之知。

第二十九章

7.29 互乡难与言,童子见,门人惑。子曰:"与其进也,不与其退也。唯何甚?人洁己以进,与其洁也,不保其往也。"

【译】

互乡这个地方的人难以与他们说话,有一个童子受到了孔子的接见,孔子的弟子们对这件事迷惑不解。孔子说:"与希望进步的人一起进步,不与他们一起退步。不要管人家过去是什么样的人,现在人家洁身自好,要求进步,(接见他们)是赞赏他们当下洁身求进的积极因素,不是保护他们过往的错误。"

【释】

互乡 地名，具体地址不可考。

难与言 郑玄："其乡人言语自专，不达时宜。"（《集解》）

朱熹："其人习于不善，难与言善。"（《集注》）

这里就是说这个地方的人蛮不讲理，难打交道。

保 "保，全之也。"（《字汇》）

这里指保全他们过去的错误。

往 郑玄："往，犹去也。人虚己自洁而来，当与之进，亦何能保其去后之行也。"（《集解》）

本章是孔子不念旧恶、有教无类的教育思想的实践证据。互乡人难与人言，而孔子却接受了互乡人的求教，孔子接见了一个难与人言的人，本不是一件什么了不起的事，但孔子的弟子们因此而疑惑，这就是大事了。这就说明互乡人确实难缠，确实横蛮不讲理，而孔子还是接受了这种蛮横无理的人的求教，难道还不足以说明孔子是真正的不念旧恶、有教无类的创始者与实践者吗？

其次，孔子对人只问目前不管过去，也不计将来。这可以从弟子之惑看出来，弟子之所以惑是因为弟子们虑及将来，结合朱熹的"其人习于不善，难与言善"来看，弟子们之惑就是这种人也有教好的可能性吗？对这种人进行教育岂不是浪费时间？而孔子不管这些，孔子只管其人洁己以进，不管其能不能学好，有没有作用，正是物来则应，过去不留的体现。

再其次，我们也可以看到孔子的胸襟与宽容。那种恢宏的气度、博大的胸襟、宽容的精神不是跃然纸上吗？

李炳南说："孔子有教无类，门人或以教不得其人，不免徒劳，甚或济其为恶，故惑之。孔子则只注重其人当前求进之诚心，故许其洁己以进。至其受教以后，是否故态复萌，则不能保证。否则世间可教之人无乃太少乎。子曰下两段文：'唯何甚'是不论过去；'不保其往'是不论将来。"（《论语讲要》）可谓要言不烦。

第三十章

7.30 子曰："仁远乎哉？我欲仁，斯仁至矣。"

【译】

孔子说："知觉心难道是离我们很远吗？我希望用知觉心，知觉心就到了眼前呀！"

【释】

仁 包咸："仁道不远，行之即是。"（《集解》）

朱熹："仁者，心之德，非在外也。放而不求，故有以为远者；反而求之，则即此而在矣，夫岂远哉？"（《集注》）

焦竑："此孔氏顿门也。欲即是仁，非欲外更有仁。欲即是至，非欲外更有至。当体而空，触事成觉，非顿门而何？"（明·焦竑《焦氏笔乘》）焦氏此语，道尽孔门心法。

我欲仁，仁斯至矣 "我"者，心之谓也，我欲仁之仁者，真知之仁也，王阳明所谓之"良知"也，仁斯至之仁者，"致良知也"。阳明心学，诸家谓发端乎孟子，借禅以成其学，我谓实渊薮于本章，集《易传》《中庸》《孟子》以成其学，不知读者诸君以为然否？

第三十一章

7.31 陈司败问昭公知礼乎？孔子曰："知礼。"孔子退。揖巫马期而进之，曰："吾闻君子不党，君子亦党乎？君取于吴为同姓，谓之吴孟子。君而知礼，孰不知礼？"巫马期以告。子曰："丘也幸，苟有过，人必知之。"

【译】

陈司败问孔子道："鲁昭公懂得礼吗？"孔子说："懂得礼。"孔子退了出来。陈司败向巫马期做了一个揖，然后向前进了一步说："我听说'君子'没有偏袒，'君子'也有偏袒吗？鲁昭公娶了吴国姬姓女子，她与鲁昭公是同姓氏，称她为吴孟子。鲁昭公如果是懂得礼的话，那还有谁是不懂得礼的人呢？"巫马期把这件事告诉了孔子。孔子说："我孔丘真是幸运啊，如果有过失，他人一定会知道。"

【释】

陈司败 孔安国："司败，官名，陈大夫。"（《集解》）

王夫之："《集注》云：'司败，司寇。'然'败'之为言伐也，则主征伐，盖司马之职也。乃陈为虞后……世用虞礼，官仍舜典。……虞制司马、司寇合为一官，而因之。"（明·王夫之《四书稗疏》）

程树德："余考孔子于定公十四年自郑至陈，居三岁，复于哀公二年自卫如陈，皆在陈侯稠时，屡主司城贞子家。司败之问，盖孔子在陈时

也。"(《集释》)

昭公 鲁昭公，名裯，襄公庶子，继襄公而为鲁国国君，在位三十五年。

党 孔安国："相助匿非曰党。"(《集解》)

又 "五百家为党。党，长也。一聚之所尊长也。"(《释名》)这里是偏袒尊长的意思。

取 朱骏声："取，假借为娶。"(《说文通顺定声》)

吴 吴国，吴太伯是周太王古公亶父的儿子，他还有两个弟弟仲雍和季历。季历和他的儿子昌都素有贤名，周太王也有立他们为储君的想法。后来季历继位做了周季王，他的儿子昌就是周文王姬昌。太伯在荆自称"句吴"。到了周武王姬发灭了商后，就叫人找到了仲雍的后人（泰伯无子）周章，正式册封周章为吴侯。

同姓 吴为太伯之后，鲁国为周公之后，两国同为姬姓。《礼记·坊记》："子云：取妻不取同姓，以厚别也。故买妾不知其姓则卜之。"同姓不得为婚姻，此鲁昭公不知礼之铁证。

吴孟子 吴为姬姓，则昭公所娶吴国之女当称吴姬，不言"吴姬"而只云"吴"，正是讳言违礼。孟子，指其为长女。

过 孔安国："讳国恶，礼也。圣人道闳，故受以为过。"(《集解》)

这里的过，是假设之辞。

这一章，是孔子处理难处之事的典范，鲁昭公娶吴国国君长女为妻，吴君为周公旦高伯祖之后，这桩婚事明显违"娶妻不娶同姓"之礼，而孔子为鲁公臣民，不能举尊者过也是礼的规定，孔子说昭公不知礼，是未为尊者讳，是违礼；说昭公知礼，则将亲自开启乱礼之门。而以复礼为一生追求之职事的孔子这是决不愿意，也绝不可能令其发生的事情。

他知道陈司败既已发问，则绝不可能就此罢手，所以孔子先为尊者讳，答以昭公知礼。而当陈司败举出不容反驳的事实后，孔子此时更加陷入两难，假如孔子承认自己错了，则等于说昭公违礼。所以孔子明知是错亦不能直接承认自己错了，所以用一"苟"字，"苟"，犹若也，是如果的意思。如果我错了，别人也会知道我错了。"丘也幸"，正是我虽为尊者讳，但不会因我之讳而给他人造成混乱，这里既维护了礼的尊严，自己处处遵了礼，又没有给他人及后世的人带来思想的混乱，这是何等的圆融啊！这不正是执两用中的具体体现吗？

第三十二章

7.32 子与人歌而善，必使反之，而后和之。

【译】

孔子与人一起唱歌，如果声音纯正，就一定让他们回还往复地多唱几遍，然后自己再跟着唱。

【释】

反 颜师古："反，谓回还也。"（唐·颜师古《汉书注》）

本章古人从两个角度理解，如邢昺："此章明孔子重于正音也。反，犹重也。孔子共人歌，彼人歌善，合于雅颂者，乐其善，故使重歌之，审其歌意，然后自和而答之。"（《注疏》）邢说与"子所雅言"章精神相合。

朱熹："必使复歌者，欲得其详而取其善也。而后和之者，喜得其详而与其善也。此见圣人气象从容，诚意恳至，而其谦逊审密，不掩人善又如此。盖一事之微，而众善之集，有不可胜既者焉，读者宜详味之。"（《集注》）则又是从圣人用心处说。

此二说，一偏于事，一偏于理，其实理事圆融，看似有差别而实则无差别也。再者，我们也可以从这一章看到即使是大彻大悟的圣人也还是需要学习的。那些以为一悟便休的人，读到此章是该清醒清醒。

第三十三章

7.33 子曰："文，莫吾犹人也。躬行君子，则吾未之有得。"

【译】

孔子说："就文章典故方面说，我大概与别人一样；就躬行实践方面说，离那些德行圆满的君子，那我还没有成功。"

【释】

文 李炳南："文是文章典故。"（李炳南《论语讲要》）

莫 邓柏球："莫，大概。"（邓柏球《论语通说》）

犹 王引之："犹，犹均也。"（王引之《经传释词》）

"均，等也。"（《玉篇》）

古人都说孔子自谦，我说孔子讲的只是实情。盖"知之非艰，行之维艰。"（《尚书·说命》）圣人如是直说而已。由此可见，孔子亦真语者、实语者、如语者、不妄语者。

第三十四章

7.34 子曰:"若圣与仁,则吾岂敢?抑为之不厌,诲人不倦,则可谓云尔已矣。"公西华曰:"正唯弟子不能学也。"

【译】

孔子说:"假如说到圣与仁,那我怎么敢承当?我只不过是努力实践不厌烦,教诲弟子不知道疲倦,就这样子罢了。"公西华说:"这正是唯恐弟子不能觉悟之用心啊。"

【释】

圣者我们讲过是那些觉悟了天地人生真相而又建立了不世功勋的人,而仁者则只是觉悟了天地人生真相因而能随时随地运用知觉之心以观照实相,从而不会被自己的主观成见所欺骗的人。如果承认自己为仁者,则说明其人正被仁的观念束缚,因而是一个还没有觉悟的人。"若圣与仁,则吾岂敢",正说明孔子已大彻大悟了。

前章孔子说自己是"学而不厌,诲人不倦",而此处则说"为之不厌,诲人不倦",可见"为"之则已不是单指学了,而应该是包含着"时习之"在内的实践在内了。

正唯弟子不能学也 古今诸注均解为这正是"我们做弟子的学不到的"。

"为之不厌,诲人不倦",怎么能学不到呢?显然公西华在这里不是指弟子们不能学到手,而是对孔子"为之不厌,诲人不倦"行为目的的认识,也就是说孔子之所以"为之不厌,诲人不倦"完全是因为担心我们不能觉悟,所以他老人家时时处处以身教、以言诲,希望弟子们能借此以觉悟。我认为本章要旨,全在于斯。

第三十五章

7.35 子疾病,子路请祷。子曰:"有诸?"子路对曰:"有之;《诔》曰:祷尔于上下神祇。"子曰:"丘之祷久矣。"

【译】

孔子病得很严重,子路为他老人家祈祷请求鬼神庇佑。孔子说:"有这样的事吗?"子路回答说:"有这样的事,《诔》这部典籍上有这样的话:'为你向天神地祇祈祷。'"孔子说:"我自己已经祈祷很久了。"

【释】

诔　李炳南:"诔,《说文》引《论语》此句是'讄曰,祷尔于上下神祇',可知许氏所见的《论语》版本,是讄字。诔讄二字音同而义不同。诔是累举死者生前的事迹,以定其谥号。讄者是为活人累叙功德,求福免灾。此处诔字应当作讄字,今本作诔,刘宝楠以为这两个字可以通用。竹添光鸿以为,因读音相同而误。现在不妨把诔当作讄的同音假借字。"(《论语讲要》)

"丘之祷久矣",孔子之所谓祷,非真祈祷。只是心地无私,正所谓"天道无亲,唯德是辅"。"获罪于天,无所祷也"即是明证。

子路希望孔子长久住世,故请求孔子同意祈祷天神地祇,为孔子求寿。子路之祷,事上之祷也。盖子路未明明德,未发露仁心,只能由事入理,依祈祷天神地祇之礼以祷之。孔子问子路"有诸",用以考察子路祷礼是否熟悉。子曰"丘之祷久矣",理上之祷,心上之祷也。祷求之事,对于一个有分别执着的未觉者而言,是真实不虚的;而对于一个远离分别执着的觉者而言,自然深知祈祷之事,只是以幻治幻而已,自然深知因缘之所在,不造短命之因,自然胜于祈祷。此不祷之祷更胜于真祷之祷也,此又不得不知。

第三十六章

7.36　子曰:"奢则不孙,俭则固。与其不孙也,宁固。"

【译】

孔子说:"奢侈的人就不会恭顺,俭朴的人就会简陋。与其不恭顺,宁可简陋。"

【释】

李炳南:"这是讲礼,奢侈与节俭都不合乎中道。奢侈失之太过,节俭失之不及。但是奢侈不逊,便是傲气凌人,后来必召祸患;节俭固陋遭人讥评而已,两者比较起来,不逊过失大,固陋过失小。所以孔子主张宁愿固陋。"(《论语讲要》)

读本章更可深刻领会孔子一生真正所求全在悟中、明中、用中、证中。

本章之意,前几章有详说,在此不再重复。

第三十七章

7.37　子曰:"君子坦荡荡,小人长戚戚。"

【译】
孔子说:"君子襟怀宽广,坦荡舒和,小人襟怀狭窄,忧愁恐惧。"
【释】
坦荡荡 郑玄:"坦荡荡,宽广貌。"(《集解》)
长戚戚 郑玄:"长戚戚,多忧惧。"(《集解》)

李炳南说:"黄式三《论语后案》引《诗经·小雅·节南山》:'蹙蹙靡所骋',以为'戚戚'就是'蹙蹙'的正字,是迫缩的意思,与'荡荡'相反,依训诂学讲,此解为是。"(《论语讲要》)戚戚,作迫缩解,作忧惧解,于理均通,均可采纳。

朱熹引程子说:"君子循理,故常舒泰;小人役于物,故多忧戚。"(《集注》)程树德引李二曲《四书反身录》:"君子不为名牵,不为利役,便俯仰无愧,便坦荡自得。小人不为名牵,便为利役,未得患得,既得患失,便是长戚戚。"(《集释》)此解可谓要言不烦,深中肯綮。

第三十八章

7.38 子温而厉,威而不猛,恭而安。

【译】
孔子温和而又严肃,威严而不刚烈,庄敬而又安详。

【释】
朱熹:"人之德性本无不备,而气质所赋,鲜有不偏,唯圣人全体浑然,阴阳合德,故其中和之气见于容貌之间者如此。"(《集注》)

王弼:"温者不厉,厉者不温,威者必猛,不猛者不威,恭则不安,安者不恭,此对反之常名也。若夫温而能厉,威而不猛,恭而能安,斯不可名之理全矣。故至和之调,五味不形,大成之乐,五声不分,中和备质,五材无名也。"(黄旭宝《论语汇评》)

证得中道之人,即使体态、气质、容貌、神韵、仪容之间所显所示,无非一团中和之气。是以证道之人,不待言说,只从举手投足之间,即可以得到证明。

泰伯第八

第一章

8.1 子曰："泰伯，其可谓至德也已矣。三以天下让，民无得而称焉。"

【译】

孔子说："泰伯，他那人性本具的德性可以说发挥到极致了。三次把王位让给他的弟弟，民众都找不到能够恰如其分地赞颂他的赞辞来赞美他的德性了。"

【释】

泰伯 司马迁："吴泰伯，泰伯弟仲雍，皆周太王之子，而王季历之兄也。季历贤，而有圣子昌，太王欲立季历以及昌，于是泰伯、仲雍二人乃奔荆蛮，纹身断发，示不可用，以辟季历。季历果立，是为王季，而昌为文王。泰伯之奔荆蛮，自号句吴。荆蛮义之，从而归之千余家，立为吴泰伯。泰伯卒，无子，弟仲雍立，是为吴仲雍。仲雍卒，子季简立。季简卒，子叔达立。叔达卒，子周章立。是时周武王克殷，求泰伯、仲雍之后，得周章。周章已君吴，因而封之。乃封周章弟虞仲于周之北故夏墟，是为虞仲，列为诸侯。"（《史记·吴世家》）

让 许慎："相责让。"（《说文》）

责 许慎："求也。"（《说文》）

求 许慎："索也。"（《说文》）

"觅也，乞也。"（《增韵》）

据此可知，"三以天下让"，就是三次或多次将天下的重担、天下的大任寻求允许相让。

三让事，古人说法较多，如郑玄说："泰伯，周太王之长子，次子仲雍，少弟季历。太王见季历贤，又生文王，有圣人表，故欲立之，而未有命。太王疾，泰伯因适吴越采药，太王殁而不返，季历为丧主，一让也；

季历赴之,不来奔丧,二让也;免丧之后,遂断发文身,三让也。三让之美,皆隐蔽不著,故人无得而称焉。"(转引自《注疏》)

王充说:"昔太伯见王季有圣子文王,知太王意欲立之。入吴采药,断发文身,以随吴俗。太王薨,太伯还,王季辟主,太伯再让。王季不听,三让曰,吾之吴越,吴越之俗,断发文身。吾刑余之人,不可为宗庙社稷之主。王季知不可,权而受之。"(《论衡·四讳》)

因古人看法不一致,所以现代有人就根据《说文》的"相责让"认为这里的"让"是"批评、谴责,强烈要求废除、强烈要求铲除"。(《发现论语》)其实这应该是对"责"字望文生义所发生的误解。

本章"民无得而称焉",古今注家均据郑玄注释,解为"事迹隐匿,民众不知其三让王位"的事迹而加以赞美。但我以为孔子既知此事,则当时定有人知此事,否则孔子从何得而知之。所以我认为孔子不是认为事情隐匿无人知晓而"民无得而称焉",而是以天下相让这样的事,实在是人的天性自然的完美展现,是人格完美到了极致的行为,这高尚的行为实在是语言所不能赞美的,想想被司马迁排在《史记》列传之首的传主,伯夷、叔齐孔子都赞之为"古之贤人也"。再高则是圣,我们讲过圣不仅是人的天性自然完美的展现,而且是建立了不世的功勋的人。泰伯显然没有建立不世的功勋,但仅用贤又不足以赞之,所以对于泰伯,实在是"民无得而称焉"。

第二章

8.2 子曰:"恭而无礼则劳,慎而无礼则葸,勇而无礼则乱,直而无礼则绞。"

【译】

孔子说:"恭敬如果不用礼节制,就有可能变成谄媚小人;谨慎如果不依礼行,就有可能胆小怕事;勇敢如果不依礼行事,就有可能犯上作乱,刚直如果不用礼节制,就有可能走向邪路。"

【释】

劳 许慎:"为剧也。从力,熒省。熒,火烧冖,用力者劳。"(《说文》)

另据高树藩《中文形音义综合大字典》则"劳"有频繁之义。若从金文字形解,则为双手持衣向火,有救火之意,救火极繁剧,因而演变为劳。

当然，救火就会有危险，因此又有危险之义。

恭而无礼　这里就是恭敬得过了头，恭敬得超过了常规。为什么会恭敬得过了头呢？一定是有所图谋，或者说有所求，这样就不是恭了，而是一种谄媚。一个谄媚的人，就人生本具的天然德性而言，必然是一种伤害。对天性的伤害，对人而言，当然是一种危险。这样的理解与《学而》中"恭近于礼，远耻辱也"也是相通的。

葸　何晏："葸，畏惧之貌，言慎而不以礼节之，则常畏惧。"

这里是（《集解》）畏惧，胆小怕事。

绞　马融："绞，绞刺也。"（《集解》）

郑玄："急也。"（《论语郑注》）

邢昺："正曲为直。绞谓绞刺也。言人而为直，不以礼节，则绞刺人之非也。"（《注疏》）

这种所谓的绞，刺人之非，分寸把握不好，就会变得尖酸刻薄，而走向一条人生修养的不归之路。

恭、慎、勇、直，都是美德，然则用之太过，则又失之劳、葸、乱、绞，可见孔子所重全在中和、中正，全在中庸之为用也。

第三章

8.3　君子笃于亲，则民兴于仁；故旧不遗，则民不偷。

【译】

一个觉悟了的人专一用心于慈爱仁恩，民众就会兴起仁爱之行。不遗弃旧交老友，民众的慈爱仁之行就不会苟且。

【释】

吴棫："君子以下自为一章，乃曾子之言也。"（宋·吴棫《论语续解》）

朱熹："吴氏曰：'君子以下，当自为一章，乃曾子之言也。'愚按：此一节与上文不相蒙，而与首篇慎终追远之意相类，吴说近是。"（《集注》）据此，将此条独立分章。

笃　"犹纯也，纯壹之行。"（《礼记·儒行注》）

笃，"厚也。"（《广韵》）

笃，"笃，固也。"（《尔雅·释诂》）

亲　"慈爱之心曰亲。"（《孝经注》）

亲，"亲谓仁恩。"（《荀子注》）

亲，"慈惠保民，亲也。"（《周语》）

"笃于亲"，即专用慈爱仁心。

兴 "兴，起也。"（《尔雅·释言》）

"兴，盛也。"（《广韵》）

偷 "苟且也。"（《说文》）"民不偷"，就是民众已经兴起的慈爱仁行不会苟且应付了。

据《礼记·檀弓》记载：孔子的故人原壤丧母，孔子助他沐椁，原壤因此高兴唱歌。丧母唱歌，是违礼的行为。孔子的弟子劝孔子和原壤绝交。孔子说："丘闻之，亲者毋失其为亲，故者毋失其为故也。"原壤的思想虽与孔子不同，但原壤此举并非大逆不道，仍不失其为亲。既然如此，孔子亦不失其为故，仍与原壤交。

这一章，明身教之重要，身教重于言教。

第四章

8.4 曾子有疾，召门弟子曰："启予足！启予手！诗云：'战战兢兢，如临深渊，如履薄冰。'而今而后，吾知免夫！小子！"

【译】

曾子得了重病，召来他的弟子们，说："看看我的脚有没有毁伤，看看我的手有没有毁损。《诗经》上说：'战战兢兢，如临深渊，如履薄冰。'从今以后，我知道我的身体不会受到损伤了！弟子们！"

【释】

启 王念孙："《释言》篇云：'晵，窥也。'古通启，启者，视也。"（清·王念孙《广雅疏证》）

古棣："把此'启'字当作'晵'的假借字，怡然理顺，'启''晵'古音皆入支部，自可通假。"（《孔子批判·下·论语译注》）

小子 周生烈："小子，弟子也。呼之者，欲使听识其言。"（《集解》）

朱熹："小子，门人也。语毕而又呼之，以致反复叮咛之意，其警之也深矣。"（《集注》）

曾子病得很重，自知来日无多，而弟子们在"修身"上尚缺乏戒慎恐惧之心，曾子忧之。是以将自己保护身体的心得，即只有平时戒慎恐惧，小心谨慎，始能做到为例，以示弟子："修身"如逆水行舟，不进则退，而人之惰性影响，若不能奋冲天之志，精进不惰，则又常是进一退九，不能成功。唯有戒慎恐惧，始能不退初心，修行圆满。

第五章

8.5 曾子有疾，孟敬子问之。曾子言曰："鸟之将死，其鸣也哀；人之将死，其言也善。君子所贵乎道者三：动容貌，斯远暴慢矣；正颜色，斯近信矣；出辞气，斯远鄙倍矣。笾豆之事，则有司存。"

【译】

曾子得了病，孟敬子去探望他。曾子说道："鸟快要死了，它的叫声是悲哀的；人快要死了，他说的话是善良的。君子所重视的礼有三个方面：内心庄严容貌端庄，这样就可以避免粗暴、放肆的行为；内心诚恳容颜端正，这样就和诚信相差不会太远；说话的语气舒缓和悦，这样就可以避免粗野和不讲理的事情发生。至于祭祀和其他礼节仪式，那自有主管这些事务的官吏负责。"

【释】

孟敬子 鲁国大夫孟孙捷。孟敬子，为其谥号。

动容貌 这里是使自己的内心感情表现于面容。

暴慢 粗暴、放肆。

正颜色 庄敬内心以使自己脸面的容色端庄严肃。

出辞气 "出辞"，出言，说话；"气"，语气，态度。这里是注意自己说话的用词和语气的意思。

鄙倍 "鄙"，鄙陋，粗野。

"倍"，许慎："反也"（《说文》），后作背，违背，违背常理。

笾豆 "笾""豆"都是古代祭祀和典礼中用于装果品或干肉的器具。"笾"，竹器，"豆"，木器。

有司 指主管某一方面事务的官吏，这里指主管祭祀、礼仪事务的官吏。

本章郑玄说："此道谓礼也，动容貌，能济济锵锵，则人不敢暴慢轻蔑之；正颜色，能矜庄严肃，则人不敢欺诞之；出辞气，能顺而说之，则无恶戾之言入耳也。"（《论语郑注》）

依郑氏，曾子用心良苦地为孟敬子进言，是为孟敬子"远暴慢轻蔑"

"欺诞""恶戾之言入耳"。但从曾子与孟敬子政见不同,似无心于孟敬子是否受到轻慢、欺诞,是否有恶戾之言入耳。曾子说此言之时,孟敬子已在执政,执政者不重修身,则民自多害。曾子有见于斯,是以利用孟敬子来探望曾子的这一点天良与机会,来奉劝孟敬子注重修身及修身之要,可谓用心良苦。

结合《礼记·曲礼》"毋不敬,俨若思,安定辞"来看,则此处之"动容貌",即《礼记》之"毋不敬","毋不敬",则心与礼合;"正颜色",即《礼记》之"俨若思","俨若思",则身与礼合;"出辞气",即《礼记》之"安定辞","安定辞",则言语与礼合。此非以礼规心、身、口修身而何?朱熹说:"三者正身而不外求。"(《集注》)又引尹氏说:"养于中则见于外,曾子盖以修己为为政之本。若乃器用事物之细,则有司存焉。"(《集注》)此之谓也。释蕅益说:"三个'斯'字,皆是诚于中,形于外,不假勉强。"(《论语禅解》)诚哉,斯言!

第六章

8.6 曾子曰:"以能问于不能,以多问于寡;有若无,实若虚,犯而不校,昔者吾友尝从事于斯矣。"

【译】

曾子说:"才华横溢的人向没有才华的人请教,知识渊博的人向孤陋寡闻的人请教,具大智慧的人却像愚痴,有真才实学的人却虚怀若谷,别人无端侵犯了(自己),也不思报复,那是我昔日的好朋友,他就是这样做的啊。"

【释】

能 皇侃:"才能也。"(《义疏》)

校 包咸:"校,报也。言见侵犯不报。"(《集解》)

友 马融:"友,谓颜渊。"(《集解》)

朱熹:"颜子之心,唯知义理之无穷,不见物我之有间,故能如此。谢氏曰:'不知有余在己,不足在人;不必得为在己,失为在人,非几于无我者,不能也。'"(《集注》)

释蕅益:"在颜子分中,直是无能、无多、本无、本虚,本不见有犯,犯事及受犯者,但就曾子说他,便云'以能问于不能'等耳。若见有能,便更无问于不能之事,乃至若见有犯,纵使不报,亦非不校矣。"(《论语

禅解》)

此二说，可谓确诂。

刘宝楠说："前篇颜子言志，愿无伐善，无施劳，亦此若无若虚之意。犯而不校，是言其学能养气也。《韩诗外传》引颜子曰：'人不善我，我亦善之。'即不校之意。"(《正义》)

"学能养气"，俗语说"学问深时意气平"，学能养气之明证，学者于此等处，最宜究心。

第七章

8.7 曾子曰："可以托六尺之孤，可以寄百里之命，临大节而不可夺也。君子人与？君子人也。"

【译】

曾子说："可以把幼小的王位继承人相托付，可以把国家的政治命运相托付，面临生死的严峻考验，却不改变受托的初衷。这个人是觉者吗？这个人是觉者！"

【释】

六尺之孤 孔安国："六尺之孤，幼少之君。"(《集解》)

郑玄："六尺之孤，年十五以下。"(《注疏》)

"幼少之君"，即幼小的王位继承人。

百里之命 孔安国："君之政令。"(《集解》)

"摄君之政令"，即国家的政治命运，政治前途。

大节 何晏："大节，安国家，定社稷。"(《集解》)

这里其实指的是或者誓死"安国家，定社稷"，或者放弃所托，苟全性命，所以"大节"，实际上是指生死关头。

夺 何晏："夺，不可倾夺。"(《集解》)

"夺，强取也。"(《康熙字典》)

"夺，易也。"(《玉篇》) 这里指不可以强力改变受托的初衷。

托孤寄命，临大节而不改，辅其孤主而不夺其位，寄其政命而不改其政，死生之际而不惜其命，非堪破名利与生死之人，实难以至此。能如此之人，是"君子人与？君子人也"。此真君子，真觉悟者也。朱熹谓"设为问答，所以深着其必然也"，甚确。

自古而今，为王位而激烈争夺者，不知凡几也。为名利而争夺者，不知凡几也。生死关头而不能守节者，不知凡几也。王之大名而不取，国之大利而不取，生之大欲而不取，不正是觉者之所为吗？每读至此，不禁叹之再三！

第八章

8.8 曾子曰："士不可以不弘毅，任重而道远。仁以为己任，不亦重乎？死而后已，不亦远乎？"

【译】

曾子说："士子们胸怀不可以不广大，意志不可以不坚定，担当的使命重大，完成使命的路途遥远。以人人觉悟仁道为自己的使命，不是很重大的使命吗？生命不息，弘道不止，不是很远的路途吗？"

【释】

弘　包咸："弘，大也。"（《集解》）

毅　包咸："毅，强而能断也。"（《集解》）

朱熹说："仁者，人心之全德，而必欲以身体而力行之，可谓重矣。一息尚存，此志不容少懈，可谓远矣。程子曰：'弘而不毅，则无规矩而难立；毅而不弘，则隘陋而无以居之。'"（《集注》）

释蕅益说："'弘毅'二字甚妙。横广竖深，横竖皆不思议。但'死而后已'四字甚陋。孔子云：'朝闻道，夕死可矣。'便是死而不已。又云：'未知生，焉知死？'便是死生一致。故知曾子只是世间学问，不曾传得孔子出世心法。孔子独叹颜回好学，良不诬也。"（《论语禅解》）

蕅益大师此释很明显地指明曾子的悟境不如颜回，离孔子的境界则相差太远。真是一语警醒梦中人，非大彻大悟之人，不足以也不敢出此实语。活泼泼的儒门心法，到曾子这里则已是明显地多了些理性、凝重、谨慎、小心。如曾子临终还在召集弟子"启予足，启予手"。还在说："战战兢兢，如临深渊，如履薄冰。"而后才放心地说："而今而后，吾知免夫。"这与孔子"朝闻道，夕死可矣"的那份潇洒，相去多远啊！孔子的那些智慧、幽默、活泼、灵动，到曾子这里就全不见了。生机日离，僵化日生，此后世儒家遭士子们诟病之所由也。我们传承儒家，一定得传承原始儒家。严格地说，只能传承孔子之"儒"。相对于佛教，孔子之言教，即是经。孔门弟子及后世儒家之言教都是论。我们当依佛陀"依经不依论"之嘱咐，而只依孔子！

第九章

8.9 子曰:"兴于《诗》,立于《礼》,成于《乐》。"

【译】

孔子说:"用《诗》来发起悟证中道的志愿,用《礼》来确立通向中道的行为,用《乐》来净化妨碍成就中道的杂念。"

【释】

兴于诗 包咸:"兴,起也。"(《集解》)这里是发起之谓。

"诗言志。"(《尚书·舜典》)这里是自心真实之志愿也。

郑玄:"兴,起也。起于《诗》者,谓始发意志,志意即发,乃有法度。然后心平性正也。"(《论语郑注》)

李炳南:"由于他事兴起自心之志,经外发而为言,此即言志之诗。志,是志于道,由伦常之道,以至中庸率性之道,皆是诗所言之志。"(《论语讲要》)

我认为:"志",就是孔子"十有五而志于学""之志,我们前面讲过,"十有五而志于学"是志于觉证人生真谛,即觉证中道。所以此处的"兴于《诗》",实际上就是用《诗》的真实志愿来发起我真实的志愿。

立于礼 包咸:"礼者,所以立身。"(《集解》)

礼是中道的外在表现,用礼立身,即是用礼规范行为使之合于中道。

成于乐 包咸:"乐所以成性。"(《集解》)

"成性",就是成就人生本具的自然德性,即天性自然之性,天性自然之性,就是中和之性。乐之所以能成就此性,就在于乐能陶冶性灵,净化身心。其所净化者,杂念邪念不正之念也;其所存留者,正念也。此所以成于乐而人所不知也。孔子"闻《韶》三月不知肉味"可证。诚如皇侃说:"必须学乐,以和成己性也。"(《义疏》)李炳南解释说:"音乐得自天地之和,必与天然之序相合,始得融为一片天和,而能涵养性情,成就自性之德,故训成于乐为和成己性。"(《论语讲要》)

"兴于诗",依真发起悟证中道的志愿;"立于礼",用礼确立自己的行为使之符合中道之行;"成于乐",用乐陶冶自己的性灵,净化自己不符合中道的意念,从而成就自己天然中和之自性,也就是成道。

此依事而言之。为教化之方便而安立之言名,若依理而究竟言之,则一而三,三而一,诚有分而无可分者,明得此理,自明向上一路功夫。

第十章

8.10 子曰:"民可使由之,不可使知之。"

【译】

孔子说:"百姓对礼乐的认知可以了,就放手让他们自己休养生息;百姓对礼乐的认知还不可以,就教化他们,让他们认知之。"

【释】

之 之,代词,承上文,代诗、礼、乐,何以知之?孔子说:"天下有道,则礼乐征伐自天子出。"(《论语·季氏》)孔子又说:"非天子不议礼,不制度,不考文。虽有其位,苟无其德,不敢作礼乐焉。虽有其德,苟无其位,亦不敢作礼乐焉。"(《礼记·中庸》)据此,李炳南有"所指的当是政治与教育,古时明君,皆以礼乐施政,亦以礼乐施教。因此,中国自古称为礼乐之邦"的解释,当是言而有据的。

对本章的理解,古今有两种最主要、也是绝对相反的理解。

其一:

何晏说:"由,用也。可使用而不可使知者,百姓能日用而不能知。"(《集解》)

程树德说:"愚谓《孟子·尽心》:孟子曰:'行之而不着焉,习矣而不察焉,终身由之,而不知其道者,众也。'众,谓庸凡之众,即此所谓民也,可谓此章确诂。纷纷异说,俱可不必。"(《集释》)

其二:

范文澜说:"孔子把民看作愚昧无知的人,可使由(服从)之,不可使知。"(范文澜《中国通史简编》)

冯友兰说:"孔子认为'民'是'下愚的人','他们不可使知,所以只可以让他们听从驱使'。"(《论孔丘》)

这两种解释,一赞一贬,从文法上讲,都讲得通。只是第二种说法,与孔子的一贯思想相冲突。

其实,从另外一种角度理解,换一种句逗方式,我们就可以得到另外的解读,既可与孔子思想一以贯之,又不至于引起理解上的歧义,也符合文法。

如晚清学者宦伯铭的解读就是一例,他说:"对于民,其可者,使其自由之,而所不可者,亦使知之。或曰:舆论所可者,则使共由之,其所

不可者，亦使共知之。"（《论语稽》）

本章所释，依宦氏而结合上章，始与孔子思想相贯通。

第十一章

8.11 子曰："好勇疾贫，乱也。人而不仁，疾之已甚，乱也。"

【译】

孔子说："崇尚勇力，厌弃贫穷的人，容易作乱。不仁的人，你若过分地指责他、厌弃他，他也会作乱。"

【释】

疾 "疾，怨也"，又"疾，恶也"。（《康熙字典》）由此可见"疾"有埋怨、怨恨，厌弃、厌恶的意思。

好勇疾贫 包咸："好勇之人而患疾己贫贱者，必将为乱。"（《集解》）

一个崇尚勇力而又怨自己贫穷的人，我们应该知道他如果凭勇力去改变贫穷而不依道求富贵的话，就容易发生作乱的行为。

人而不仁，疾之已甚 包咸："疾恶太甚，亦使其为乱。"（《集解》）

郑玄："不仁之人，当以风化之。若疾之甚，是益使为乱也。"（《集释》）

因此，对待一个"好勇疾贫"的人，一个"人而不仁"的人，千万要注意方法，不可疾之太甚，最好的办法是修德以化之。

有一天，佛陀和侍者阿难走在路上，忽然看到提婆达多和他的弟子迎面走来，佛陀很快地避开道路。阿难很是不快，问佛陀道："佛陀！你为什么要避开提婆达多呢？他是您的弟子啊，难道您还怕他吗？"

佛陀知道阿难心中不平，就安慰道："阿难！我不是怕他，不过不要和他相逢，何必要同愚人见面呢？我们都不要同他在一起，也不要同他辩论，他现在满怀着邪念，你去与他辩驳，就如同打恶狗，恶狗反而会更加狂暴。所以不要触犯他，一切麻烦就会减少。"（《释迦牟尼传》）

孔子主张对不仁之人不要"疾之太甚"与佛陀不要轻易触犯满怀着邪念的人，其方法何其相似！这又何尝不是中道思想的具体体现呢？

第十二章

8.12 子曰："如有周公之才之美，使骄且吝，其余不足观也已。"

【译】

孔子说:"即使有像周公旦那样优秀的才能,假如他骄傲而又贪吝的话,那其余的也就没有什么值得一看的了。"

【释】

才之美 "美"修饰"才",形容词后置,是指优秀的才能。

吝 许慎:"恨惜也。"(《说文》)

"鄙也。"(《玉篇》)有贪吝、顾惜,舍不得的意思。后世多指顾惜财物,此处主要指接待人物的态度。

司马光说:"德胜才,谓之君子;才胜德,谓之小人。"(《资治通鉴》)有周公之才之美而骄吝者,才胜德也。才美而无德,其害也大,是以虽有其余,不足观也。

若德美无才,虽不能宏化天下、利济人物或建功立业,但其行可以化民,其德可以成己,是有利而无害的品质。才美则分有德无德,有德者,利民利物,甚则利济天下,功垂万世。无德者,则害民乱世,无有可观,是以孔子育人,首重在德,观孔子虽以六艺教人,但其兴其立其成却在诗在礼在乐,显其育人德行为主焉。

第十三章

8.13 子曰:"三年学,不至于谷,不易得也。"

【译】

孔子说:"多年觉悟,不能达到纯熟的境界,(纯熟的境界)不容易获得。"

【释】

不至于谷 谷,郑玄:"禄也。"(《论语郑注》)

"不至于谷",谓不以为官得禄为念。

张栻:"谷者,取其成实之意,故以训善焉。善者,实也,三年学矣,而不至于善,善之难得也若此。然则可不孜孜以自强乎?为仁由己,勉而不舍,自有所至,因不可以预期岁月而逆计所成也。勉人学者之意深矣。"(《论语解》)这里将"谷"解为五谷之"谷",既解为五谷之谷,而取其成实之意以训善,何不取其成熟之意而训纯熟呢?

觉悟之人,需要保任。修习良久,甚者修习一生尚不能保证其成功,此纯熟境界之所以为难也。从"学而时习之"始,至"人不知而不愠"的境界止，确是不易，此"不易得也"之所由也，明乎此，悟与不悟，都要敬慎明矣！

第十四章

8.14 子曰："笃信好学，守死善道。危邦不入，乱邦不居。天下有道则见，无道则隐。邦有道，贫且贱焉，耻也。邦无道，富且贵焉，耻也。"

【译】

孔子说："坚固信仰，冀望觉悟，誓死坚守自己的所信，成就道行。不要到即将发生动乱引发邦国败亡的地方去，要离开动乱的地方。世间政治清明，就要出现于世间（建功立业成就他人以成就自己的道业），世间政治腐败，就要隐藏自己（修养身心以成就自己的道业）。地方政治清明，自己却贫贱，是羞耻的事情；地方政治腐败，自己却富贵，是羞耻的事情。"

【释】

笃信　"笃，固也。"（《尔雅·释诂》）

释蕅益："信得人人可为圣贤，名'笃信'。"（《论语点睛》）

好学　好，"爱而不释也。女子之性柔而滞，有所好，则爱而不释，故于文，女子为好。《诗·唐风》：'中心好之'。"（《康熙字典》）

释蕅益："立地要成圣贤，名'好学'。"（《论语点睛》）

许慎："学，觉悟也。"（《说文》）由此可见"好学"，指的是：追求觉悟，成就圣贤人格，永不放弃。

守死　皇侃："宁为善而死，不为恶而生。"（《义疏》）

说白了，就是对自己所信仰的道，誓死以守之。

善道　孟子："达则兼善天下，穷则独善其身。"（《孟子·尽心》）孟子此善，有济与成就义，此处"善道"之"善"，与孟子此"善"义同。"善道"，就是成就道。

朱熹："不守死，则不能以善其道。"（《集注》）

朱熹解"善道"为"善其道"，可谓"善道"正解。

危邦不入　高树藩："危，败亡。"（《中文形音义综合大字典》）

包咸："危者，将乱之兆。危邦不入，始欲往。"（《集解》）始欲往，就是准备去而还未去。"危邦不入"，就是不要到即将发生动乱或有可能邦国败亡的地方去。

乱邦不居 包咸:"乱谓:臣弑君,子弑父。乱邦不居,今欲去。"(《集解》)

"乱邦",就是政治或军事动乱的地方。

"今欲去",就是现在要准备离开。

"乱邦不居",就是说要离开已经发生了动乱的地方。

这一章,蕅益大师说:"假使铁轮顶上旋,定慧圆明终不失,名'守死善道''危邦不入'四句,正是'守死善道'的注脚,正从'笃信好学'得来。'邦有道'节,正是反显其失。"(《论语点睛》)

人们对于人人都可以觉悟天地人生的真相,人人都可以成圣成贤,如果信得不坚实、不深厚,则不可能坚持对觉悟的追求,坚持对成圣成贤的追求,"爱而不释",不可能去誓死守护自己的所信,不可能去努力实行、坚持不懈,直至成就圣贤的品格与圣贤的功业为止。危邦之所以不入,乱邦之所以不居,并不是因为贪生怕死,而是因为自己所笃信的人生使命尚没有完成,圣贤人格尚没有铸就,圣贤功业尚没有建立。邦有道,当出世为民"大做梦中佛事",建功立业,岂有贫贱之理?若果贫贱,则所信非真,所信非正,或所信不笃也。邦无道,则当独善其身,勤修德业,以成就自己的所信,若果富贵,则亦为所信非真、非正或不笃也。朱熹说:"世治而无可行之道,世乱而无能守之节,碌碌庸人,不足以为士矣,可耻之甚也。"(《集注》)可谓深得此中三昧。

第十五章

8.15 子曰:"不在其位,不谋其政。"

【译】

孔子说:"不在那个职位上,就不要去谋划那个职位上的政治。"

【释】

孔安国:"欲各专一于其职。"(《集解》)

邢昺说:"此章戒人侵官也。言不在此位,则不得谋此位之政。欲使各专一守于其本职也。"(《注疏》)

这一章说明孔子强调为官的人要安分守己,管好自己分内的事,不要有非分之想。这样才能各司其职,才会把事情做得更好、更圆满,才不会发生钩心斗角的危害管理,甚至引起动乱的事情。这一章同时也还有"不当官的人，不要议政。如'天下有道，则庶民不议'之意。"

第十六章

8.16 子曰："师挚之始，《关雎》之乱，洋洋乎盈耳哉！"

【译】

孔子说："当鲁国掌管音乐的太师挚率领乐队演唱升歌的时候，当结尾演奏《关雎》等诗的合乐的时候，美妙悠扬而又盛大的乐音，从始至终都充满耳中啊！"

【释】

师挚之始 师，大师，掌管乐的官职。挚，鲁国掌管乐的太师名。始，乐章的开始。

《关雎》之乱 朱熹："乱，乐之卒章也。《史记》曰：'《关雎》之乱以为《风》始。'"（《集注》）卒章，即结束篇。

洋洋 朱熹："洋洋，美盛意。孔子自卫反鲁而正乐，适师挚在官之初，故乐之美盛如此。"（《集注》）

按古礼，大的乐章分四个部分，始升歌，次笙奏，再次间歌，终末则合乐。朱熹所言"卒章"，即本章之所谓"乱也"。

第十七章

8.17 子曰："狂而不直，侗而不愿，悾悾而不信，吾不知之矣。"

【译】

孔子说："狂妄却不直率，愚蠢却不谨慎，没有一点知识却不诚实，我不知道拿这种人怎么办。"

【释】

侗 孔安国："侗，未成器之人。"（《集解》）

"侗，意蒙也。"（《集韵》）

朱熹："侗，无知貌。"（《集解》）

愿 这里是本字，不是願的简化字。

许慎："谨也。"（《说文》）

朱熹："愿，谨厚也。"（《集注》）

可见愿，就是谨慎，拘谨的意思。

悾悾 "悾，中无所有也。"（《六书故》）

朱熹:"悾悾,无能貌。"(《集注》)

天之生物,有一长必有一短,有一短必有一长。人亦如之。所谓瞽者善听是也。但孔子此篇所讲的三种人,却正好相反,都是一些百无一长之人。如"狂而不直",狂者,急性子人也。急性子人多急躁、冒进,但却直耿。所以孔安国说:"狂者进取,宜直。"(《集解》)"侗而不愿",侗者,愚昧无知之人也。愚昧无知的人,一般来说都是谨慎的。所以孔安国说:"侗,未成器之人,宜谨愿。"(《集解》)"悾悾而不信",悾悾者,无能之人也。一点本事都没有的人,多诚实守信。所以包咸说:"悾悾,悫也,宜可信。"(《集解》)这样的人,都是可以教化,接受教化的人。但如果"狂而不直,侗而不愿,悾悾而不信",那就不可救药了。"吾不知之矣"是婉辞,可见圣人说话,留有余地。孔子总希望有一天他们能接受教化成圣成贤。究其实,孔子认为这种类型的人,是不可以教化的了。

第十八章

8.18 子曰:"学如不及。犹恐失之。"

【译】

孔子说:"觉悟如果没有达到觉悟的究竟地,还必须担心失去已经悟到的境界。"

【释】

如不及 王夫之:"如不及者以进其所未得。"(王夫之《读四书大全说》)

恐失之 王夫之:"犹恐失者,又保其已所得也。"(《读四书大全说》)

本章解读,自古有多种。王夫之引新安陈氏说:"为学之道,当如汤之检身若不及,成王之夙夜不逮,常如有所不及,然此心尚恐其或失之。苟自谓已至,失之也必矣,一说也。又一说:如追逐然,既如不及矣,尚恐果不能及,而竟失之。又一说:如撑上水船之追前船,不可少缓,既如不及而不能前进,又恐失之而反退流也。学贵日新,无中立之理,不日进者,必日退。不及者,如不能日进也。犹恐失之者,恐其反日退也。"(《读四书大全说》)

古人的这些理解,文从字顺,可以并存。

但我以为此章,讲的仍是"学而"之事。盖觉悟之道,固然有一悟而直截心源者，如明儒王阳明之龙场大悟。但更多、更普遍的是小悟无数次，大悟二三回者。且既悟之后，若不如丧考妣然，战兢惕砺，长养圣胎，亦当失去悟境，退回原地。以佛门菩萨阶位衡之，亦当位登八地方可不退。退，即失之也。而八地之前，从十信位之初信位始，历经二三信至十信、十住、十行、十回向，而入十地，历阶位四十有八，方可永不退转。阶位五十方可谓究竟悟。"学而"之道，始可谓之圆满。是以孔子说："学如不及。犹恐失之。"此过来人语也，万金不易。孔子真语者、实语者，谁谓不然。

第十九章

8.19 子曰："巍巍乎，舜禹之有天下也而不与焉！"

【译】

孔子说："崇高啊！圣王舜帝禹帝之得到了天下，却不是靠结党谋取来的。"

【释】

巍巍 何晏："巍巍，高大之称。"（《集解》）

有 "有，得也，取也。"（《玉篇》）

"有天下"，就是得到了天下或者说取得了天下。

与 许慎："与，党与也。"（《说文》）

"不与"，就是不党，就是不结党营谋。

何晏："美舜、禹也。言己不与求天下而得之。"（《集解》）

邢昺："言舜、禹之有天下，自以功德受禅，不与求而得之，所以其德巍巍然高大也。"（《注疏》）此从舜禹之功德赞之。

朱熹："不以位为乐"（《集注》）作解，则又是以赞舜禹之境界赞之。不以位为乐，即不以得为得也。不以得为得者，以无所得故。此即上章之反面"学已及之"之谓也。古人云："读圣贤书，当于有字处着手，于无字处着眼，"此之谓也。

舜、禹"不与"而得天下者，得天下人之心也。舜、禹若以得天下人之心为目的而用心，则最终当失去天下人之心。如王莽虽在谦恭未篡之时大得天下人心，而最终却因其谦恭是有所图谋的伪装，而落得天怒人怨，死于乱军。用心于诚，用心于启仁证道，不得而得，是为真得。后世不知，发明攻心之术，此虽亦可得人。但所得者皆小人，况仅在其同利之时，暂相党而聚之，貌似得人而实非真得人者。

第二十章

8.20 子曰："大哉尧之为君也！巍巍乎！唯天为大，唯尧则之。荡荡乎，民无能名焉。巍巍乎其有成功也，焕乎其有文章。"

【译】

孔子说："伟大啊！尧这位君王。崇高啊，只有天最玄远高大，只有尧这样的君王才能够效法天那自然无为的精神；广大啊，他为天下广大的人民所建立的功业。民众无法找到恰如其分的词句来称颂这位伟大的君王。功德巍巍！光辉灿烂啊，那是他创建的赫赫文明。"

【释】

则 孔安国："则，法也。美尧能法天而行化。"（《集解》）"则、法，效也。"《字汇》"则天"，就是效法天。

荡荡、名 包咸："荡荡，广远之称。言其布德广远，民无能识其名焉。"（《集解》）

"无能名焉"，就是不晓得称赞帝尧。据史书记载，尧帝出游庸衢，有老人击壤而歌："日出而作，日入而息，凿井而饮，耕田而食，帝力于我何有哉？"这就是"民无能称焉"的典型例证。

其有成功 何晏："功成化隆，高大巍巍。"（《集解》）

"功成"，尧的功业完满成就，"化隆"，隆，即隆盛，这里指尧的教化事业达到了顶点。

焕 何晏："焕，明也。其立文垂制又著明。"（《集解》）

"著明"，即彰显或显赫义。

文章 王引之："凡成功之显者，谓之章。"（《经义述闻》）

"章"，就是彰显。

何晏："其立文垂制又著明"，以"著明"释"章"，著明即彰显。"文章"，即章文的倒文，俞樾《古书疑义举例》中所说之"倒文协韵"例。盖与上文"名""功"协韵也。盖"章"为阳部韵，"名"为耕部韵，"功"为东部韵，三字韵同。

王弼："圣人有则天之德，所以称'唯尧则之'者，唯尧于时全则天之道也。荡荡，无形无名之称也。夫名所名者，生于善有所章，而惠有所存，善恶相须，而名分形焉。若夫大爱无私，惠将安在，至美无偏，名将何生。故则天成化，道同自然。不私其子，而君其臣。凶者自罚，善者自功。功成而不立其誉，罚加而不立其刑。百姓日用而不知所以然，夫又何可名也。"（引自《义疏》）

圣人都有则天之德，唯尧能则之。古今异轨，时世不同也。孔子所谓"导之以德"者，则天之道也；"济之以政"者，用人之力也。"政"非天之道，实人之为，孔子何以不则天之道而用人之力耶？盖时易世衰，从权用宜之策也。

此章及下二章皆言"学之及者"，孔子极赞圣王。然则，时世及个人禀赋不同，其成功亦各不相同，示"学而"之人当依其天赋，随其时世因缘而则天之道以行焉，此孔子拳拳之心，又不得不知者也。

第二十一章

8.21 舜有臣五人而天下治。武王曰："予有乱臣十人。"孔子曰："才难，不其然乎？唐虞之际，于斯为盛。有妇人焉，九人而已。三分天下有其二，以服事殷。周之德，其可谓至德也已矣。"

【译】

舜帝时有五个贤能的大才之臣，因而能把天下治理成太平盛世。周武王说："我有十个能治理天下的贤能大臣。"孔子说："人才难得，难道不是这样的吗？唐尧虞舜后，在周武王的时候，贤能的人才最多，大臣中有一个是女性，实际上只有九个罢了。周文王已经有了三分之二的天下了，却仍然忠心耿耿服侍殷纣王，向殷纣王俯首称臣。周朝的功德，那真的可以说是最高的了！"

【释】

舜有臣五人 孔安国："禹、稷、契、皋陶、伯益。"（《集解》）

禹，即后之圣王禹王，夏王朝的始祖。后稷，周朝始祖，相传其母姜原为帝喾元妃。姜原出野，见巨人足迹，践之而孕。生一子，以为不祥，弃之隘巷，马牛从他旁边过都不踩它；徙置之林中，适会山林多人，迁之；而弃渠中冰上，飞鸟以其翼覆荐之。姜原以为神，遂收养长之。儿童时，好种麻、菽，稷。成人后，好农耕，相地之宜，善种谷物稼穑，民皆效法。尧听说，举为农师，天下得其利，有功。舜曰："弃，黎民始饥，尔后稷播时百谷。"封弃于邰，号曰后稷，别姓姬氏。

天下 泛指全中国。古代时，以统一各诸侯国为拥有天下。

乱 "乱，治也。"(《尔雅·释诂》)

朱熹："或曰：乱本作亂，古治字也。"(《集注》)凡古书中当治讲的乱字，都是亂（此字只有左边的偏旁）的误字。亂（只有左边的偏旁）本义为治丝，也就是将丝理顺，故引申为治。

乱臣十人 马融："乱，治也。治官者十人，谓周公旦、召公奭、太公望、毕公、荣公、太颠、闳夭、散宜生、南宫适，其一人谓文母。"(《集解》)

邢昺："案：《史记·世家》云：'周公名旦，武王之弟也，封于鲁，食菜于周，谓之周公。召公名奭，与周同姓，封于燕，食邑于召，谓之召公。太公望，吕尚也，东海上人。其先祖尝为四岳，佐禹平水土甚有功。虞、夏之际，封于吕。本姓姜氏，从其封姓，故曰吕尚。吕尚盖尝穷困，年老矣，以渔钓奸周西伯。西伯将猎，卜之，曰'所获非龙非狮，非虎非熊，所获霸王之辅'。于是周西伯猎，果遇太公于渭之阳，与语大说，曰：'自吾先君太公曰：当有圣人适周，周以兴。子真是邪？吾太公望子久矣。'故号之曰太公望，载与俱归，立为太师。'刘向《别录》曰：'师之，尚之，父之，故曰师尚父。'父亦男子之美号。《孙子兵法》曰：'周之兴也，吕牙在殷。'则牙又是其名字。武王已平商而王天下，封师尚父于齐。毕、荣皆国名，入为天子公卿。毕公，文王庶子。太、闳、散、南宫皆氏。颠、夭、宜生、适皆名也。"(《注疏》)

唐虞之际，于斯为盛 钱穆："此两语有四说：一唐虞之际比周初为尤盛。一唐虞之际不如周初。一唐虞之际与此周初为盛。"(《论语新解》)

于，解作与。际，边际义，即以后以下义，谓自唐虞以下，周初为盛。

今按："唐虞与周初不相际。本章言才难，不在比优劣。唯第三说得之。盖谓唐虞之际，人才尝盛，于斯复盛，以一盛字兼统二代，于字似不须改解作与字。"钱氏此说，甚是，今从之。

有妇人焉 马融："其一人谓文母。"(《集解》)

邢昺："文母，文王之后，太姒也，从夫之谥，武王之母，谓之文母。《周南》《召南》言后妃夫人者，皆是也。"(《注疏》)

朱熹："刘侍读以为子无臣母之义，盖邑姜也。九人治外，邑姜治内。"此说于理亦通。有"妇人焉"之妇人，究竟为武王之母亦或武王之妻，不得而知。

"有妇人焉"，不是男尊女卑的意思。古人重视女性的地位和作用。女子嫁人以后称太太。这是尊称,是尊敬女性的直接体现。如这里所讲的文母,即武王之母,谥太姒,生养了武王及周公旦两位大圣人;文王之母,谥太妊,生养了文王这位圣王;文王之祖母,谥太姜,生养了泰伯、仲雍、季历三位圣人。女子之为人妻而称太太者,始于此,即盛赞女子之德也。释印光说:"女人操持得一半天下",诚哉,斯言。

九人而已 古之时,女人不直接参与政治。

三分天下有其二 包咸:"殷纣淫乱,文王为西伯而有圣德,天下归周者三分有二,而犹以服事殷,故谓之至德。"(《集解》)

邢昺:"郑玄又云:'于时三分天下有其二,以服事殷,故雍、梁、荆、豫、徐、扬之人咸被其德而从之。'郑既引《论语》三分有二,故据《禹贡》州名指而言之,雍、梁、荆、豫、徐、扬归文王,其余冀、青、兖属纣,九州而有其六,是为三分有其二也。"(《注疏》)

至德 邢昺:"《书传》云'文王率诸侯以事纣'是犹服事殷也。纣恶贯盈,文王不忍诛伐,犹服事之,故谓之至德也。"(《注疏》)

本章一般解《论语》据孔子"才难"二字,认为重点是在阐释人才难得。然后说此"才"是德才兼备之才。"德"则是为圣为贤之德,而"才"则是经天纬地之才,经邦济世之才等。而我则以为此章以"才难"发起话题,而真正要盛赞的是德。周"有十人焉",假如殷纣王贤,则周之十人,皆为纣王所用,殷当再兴,又何至于亡哉!

第二十二章

8.22 子曰:"禹,吾无间然矣。菲饮食而致孝乎鬼神,恶衣服而致美乎黻冕,卑宫室而尽力乎沟洫。禹,吾无间然矣。"

【译】

孔子说:"禹真是令我无可挑剔啊。自己饮食很简单,祭祀鬼神却尽心尽力地备得很丰盛很净洁;平时穿的衣服很简单朴素,祭祀时穿的衣服、戴的帽子却是最好最华美的;住的房子低矮潮湿,但开挖沟渠,兴修水利,却尽心竭力。对于禹,我真是无话可说啊。"

【释】

无间然 许慎:"间,隙也。"(《说文》)

朱熹:"间,罅(音夏)隙也,谓指其罅隙而非议之也。"(《集注》)

"无间然",也就是没有缝隙可以拿来挑剔、拿来指责的。简言之,就是无可非议。

菲饮食　马融："菲，薄也。"（《集解》）

"菲饮食"，就是我们平常讲的粗茶淡饭，简单的饮食。

致孝乎鬼神　马融："致孝鬼神，祭祀丰洁。"（《集解》）

这里指祭品丰盛而净洁，表达对天地鬼神的诚敬，对祖先神灵的孝敬。

黻冕　郑玄："黻，祭服之衣，冕，其冠也。"（《论语郑注》）可见"黻"就是祭祀时所穿的衣服，"冕"就是祭祀时所戴的帽子。

卑宫室而尽力乎沟洫　"卑"，"下也"（《玉篇》）。

"沟洫"郑玄："方里为井，井间有沟，沟，广八尺，深四尺。十里为城，城间有洫，洫广八尺，深八尺也。"（《论语郑注》）

卑宫室而尽力乎沟洫，就是即使是自己的住房底矮也要尽力于沟洫的修建。

禹，作为天下至尊至贵的王，吃的是粗茶淡饭，穿的是平常百姓所穿的衣裳，住的是低矮的房子，拼命地干活，尽心竭力开挖沟渠，兴修水利工程。这不是一个平常百姓的生活吗？这不是一个最优秀的劳动者的生活吗？这哪里是王啊！

老子说："圣人处无为之事，行不言之教，万物作而弗始，生而弗有，为而弗恃，功成而弗居。夫唯弗居，是以不去。"（《道德经》）禹作为儒家之圣王，例之道家，非老子所谓之圣人而何？禹，是儒是道？不问而知不言自明者也，儒道同源，谁谓不然？

释迦牟尼佛认为：证道者或者说菩萨必然是无相。禹，岂非无"王相"而何？是知禹亦无相者也。儒佛相通，谁又能有间然焉？

子罕第九

第一章

9.1 子罕言利，与命与仁。

【译】

孔子极少谈到利益，（如果谈到利益）一定是符合天道自然之利益，符合仁道流行之利益。

【释】

罕　"罕，希也。"（《尔雅·释诂》）

与　陈天祥："与，从也。"（《四书辨疑》）

古棣等："'与命与仁'，二'与'训'从'，可通，训'法'似更妥：《越语·国语》下：'持盈者与天''节事者与地'，韦昭注：'与天，法天也''与地，法地也。'"（《孔子批判·下·论语今译》）

对本章的理解，大致可以分为三类：

一是以何晏为代表。他说："罕者，希也。利者，义之和也。命者，天之命也。仁者，行之盛也。寡能及之，故希言也。"（《集解》）

皇侃、邢昺、朱熹等从其说。

二是以陈天祥为代表。他说："若以理微道大则罕言，夫子所常言者岂皆理浅之小道乎？圣人于三者之中所罕言者唯利耳，命与仁乃所常言。命犹言之有数，至于言仁，宁不可数也。圣人舍仁义而不言，则其所以为教为道，化育期民，洪济万物者，是何事也？王溥南曰：'子罕言利一章，说者虽多，皆牵强不通。利者圣人之所言，仁者圣人之所常言，所罕言者，唯命耳。'此亦有识之论。然以命为罕言，却似未当。如云'五十而知天命''匡人其如予何''公伯寮其如命何''不知命无以为君子也'。如此之类，亦岂罕言哉？说者当以'子罕言利'为句。与，从也。盖夫子罕言利，从命、从仁而已。"（《四书辨疑》）

清代史绳祖、康有为从其说。

三是以焦循为代表。他说："古所谓利，皆以及物言。至春秋时，人第知利己，其能及物遂别为之义，故孔子赞易，以义释利，谓古所谓利，今所谓义也。孔子言义，不多言利，故云子罕言利，若言利则必与命并言之、与仁并言之。"（《论语补疏》）

此三释，以何晏影响最大，其余二说，虽言之成理而从者甚稀。

我从陈、焦之说，孔子之所以罕言利，是他一生之理念所致。"与命与仁"，孔子之理念也。"与命"，一切的追求，均要效法自然流行之天命。"与仁"，一切行为，都要合乎仁道流行的准则。"罕言利"只是少言利，不是耻言利。如"富而可求也，虽执鞭之士，吾亦为之。"是其言利求利。"如不可求，从吾所好。"是其"与命与仁"。"不义而富且贵，于我如浮云"亦是其"与命与仁"。若读于无字处，即"义而富且贵，于我当受之"，则又是其言利。此"罕言利"之所由也。圣人，人也，洞明天地人生真相，练达世事人心实情，绝不会说出有违人情之常的话语。佛法，出世间法也，尚言不坏世间法。何况是倡导积极入世的孔子呢！

第二章

9.2 达巷党人曰："大哉孔子！博学而无所成名。"子闻之，谓门弟子曰："吾何执？执御乎？执射乎？吾执御矣。"

【译】

达巷那个地方的人说："伟大的孔子啊！学识渊博得不能把他作为任何一门学问的专家来称誉。"孔子听到了这个称誉，对自己的学生说："我执守在哪一门学问呢？执守驾车吗？执守射箭吗？还是执守驾车吧！"

【释】

达巷党人 达巷，党名。党，今日社区义。郑玄："达巷，党名也，五百家为党。"（《论语郑注》）

无所成名 郑玄："此党人之美孔子博学道艺，不成一名而已，言其无不明达也。"（《论语郑氏注》）

皇侃："孔子广学，道艺周遍，不可一一而称，故云'无所成名'。"（《义疏》）

执 《康熙字典》："守也，持也。"

吾执御 郑玄："闻人美之，承之以谦。吾执御，欲名六艺之卑也。"（《论语郑注》）

本章的解读，吾依郑玄说。若依朱熹说，则达巷党人惜孔子博学而不专，如谓："美其学之博而惜其不成一艺之名也。"（《集注》）

之所以依郑玄而不依朱熹。是因为以今之通言例之，称誉人为学者却可惜他没有成为专家，这可能吗？从情理言之，是不通的，所以依郑不依朱也。

孔子对其门弟子言"吾执御矣"，一者自谦，盖御者，六艺中之卑下者也，子以御者自况，其谦下之情显然可见；二者实情，孔子周游列国，常常自御，其御之技艺自然专精；三者比喻，孔子以承天之命自任驾车，喻将"郁郁乎文哉"的周文明传载下去。

第三章

9.3　子曰："麻冕，礼也；今也纯，俭。吾从众。拜下，礼也；今拜乎上，泰也。虽违众，吾从下。"

【译】

孔子说："用两千四百根经线织成的麻布做的礼帽，是符合礼的规定的。现在大家都用丝布做成的礼帽，用这种礼帽节俭，我顺从大家戴丝布做成的礼帽。臣下见君上，先在堂下磕头，升堂后再磕头，这是符合礼的规定的，现在臣下们只在升堂后磕头，这样会滋生骄慢。即使违背了大家，我还是依从礼的规定在堂下就磕头。"

【释】

麻冕　孔安国："冕，缁布冠也，古者绩麻三十升布以为之。纯，丝也。丝易成，故从俭。"升，数词，郑玄说："布八十缕为升"（汉·郑玄《礼记注·丧服》）麻粗而丝细，冕的经线（缕）数目固定，则粗者需弄细，费工费时，而细者直接织就是了，是以用丝冕则俭。而孔子于礼宁俭勿奢，故从众用丝织的冕而不用麻织的冕。

拜下　王肃："臣之与君行礼者，下拜然后升成礼。时臣骄泰，故于上拜。今从下，礼之恭也。"（《集解》）

邢昺："臣之与君行礼者，下拜然后升成拜，是礼也。今时之臣，皆拜于上长骄泰也。孔子以其骄泰则不孙，故违众而从下拜之礼也。下拜，礼之恭故也。"（《注疏》）

阎若璩："古者臣与君行礼，再拜稽首于堂下，君辞之，然后升堂，复再拜稽首。"（清·阎若璩《四书释地又续》）"拜下"，即先在堂下磕头，再升至堂上磕头。

泰 "宽也，安也。"（《康熙字典》）此处指贪图安逸而失却恭敬，失却谦恭而增长骄慢。

朱熹："泰，骄慢也。"（《集注》）

礼，本中道，无奢无俭，无骄无恭。但因条件限制，不能符合中道，则宁俭无奢，取恭不取泰。所以朱熹引程子说："君子处世，事之无害于义者，从俗可也；害于义，则不可从也。"（《集注》）此处从俗，指不符合礼之俭与恭言，因俭之与恭无害于义，是以从之。

第四章

9.4 子绝四：毋意，毋必，毋固，毋我。

【译】

孔子已经断绝了四种心：臆测心，希冀心，固执心，私我心。

【释】

绝 许慎："绝，断丝也。"（《说文》）

"绝，截也，如割截也。"（《释名·释言语》）引申为戒绝、断绝、禁绝、杜绝、没有之意。

意 朱熹："意，私意也。"（《集注》）

段玉裁："意之训为测度。"（《说文解字注》）"测度"，臆也。可见"意"是"臆"的假借字。

必 何晏："用之则行，舍之则藏，故无专必。"（《集解》）这里就是必然、一定之意。

钱穆："此'必'字有两解。一是固必义。如言必信，行必果，事之已往，必望其常此而不改。二是期必义。事之未来，必望其如此而无误。"（《论语新解》）

固 即固执意，即一定要非如此不可。何晏："无可无不可，故无固行。"（《集解》）

我 何晏："述古而不作，处群萃而不自异，故不有其身。"（《集解》）

朱熹："我，私己也。"（《集注》）

"意""必""固""我"，皆虚妄之心。此总而言之。若分而言之，则有无量之心。圣人纯一真心，故无此四心，亦即无一切虚妄心。

蕅益大师说:"由诚意,故'毋意';毋意,故'毋必';毋必,故'毋固';毋固,故'毋我'。细灭,故粗必随灭也。由达无我,方能诚意,不于妄境生妄惑。'意'是惑,'必''固'是业,'我'是苦。"(《论语点睛》)据此,则绝此四者,明德自明,中道自见,仁道自行,而修身之能事必矣。学者于此等处能不三稽首三祷祝而真用心哉!

第五章

9.5 子畏于匡。曰:"文王既没,文不在兹乎?天之将丧斯文也,后死者不得与于斯文也;天之未丧斯文也,匡人其如予何?"

【译】

孔子在匡地遭难。他说道:"周文王去世以后,道脉不是在我这里吗?上苍如果要毁灭这人世间流行的道脉,有幸还没有死的我就不应该参与这道脉的流传大业;上苍如果不毁灭这人世间流行的道脉的话,匡地的人又能把我怎么样呢?"

【释】

畏于匡 "畏,难也。"(《广雅·释诂》)"畏于匡",即在匡地遭难。匡,地名。

包咸:"匡人误围夫子,以为阳虎。阳虎曾暴于匡,夫子弟子颜克时又与虎俱行。后克为夫子御,至于匡。匡人相与共识克,又夫子容貌与虎相似,故匡人以兵围之。"(《集解》)孔子畏于匡,事见《史记》。

文 释蕅益:"道脉流通!即是'文',非谦词也。"(《论语点睛》)

孔子被围困五天,每一天都面对死亡威胁。弟子们恐惧异常,而孔子却无事一般。他对弟子们说:"文王既没,文不在兹乎?天之将丧斯文也,后死者不得与于斯文也;天之未丧斯文也,匡人其如予何?"这是何等的自信,又是何等的定力!此定力从何而来,是枯坐蒲团得来的吗?纵使你一坐万年,亦绝无从获此定力。何者,清净信心中所爆发出之定力也。此定力,犹若金刚,莫之能坏。盖孔子深信其生命与道脉已然融为一体,道弘人必在,人在道必弘,道脉流行,自然不绝。此孔子清净之信心也。《金刚经》载:"信心清净,则生实相",例之以此,则此定力,何定能比?释蕅益说:"如此自信,何尝有'畏'!"(《论语点睛》)可谓解人。

此外,透过此章,我们亦当明白:人能弘道,非道弘人。所以道虽高妙,必靠人以弘传。因此,志者当发宏誓,尽心竭力,弘传圣贤之道。

第六章

9.6 太宰问于子贡曰:"夫子圣者与?何其多能也?"子贡曰:"固天纵之。将圣又多能也。"子闻之,曰:"太宰知我乎!吾少也贱,故多能鄙事。君子多乎哉?不多也。"

【译】

吴国的太宰向子贡问道:"孔老先生是位圣人吗?为什么有那么多做粗俗小事的能力呢?"子贡回答说:"确实是上天赋予的。既能作圣又有做那么多粗俗小事的能力。"孔子听到这件事后,说:"太宰知道我吗?我年少的时候,贫穷而且地位低贱,所以学会了做各种各样粗俗低贱的事的本领。'学而'之人有一些做粗事的能力多余吗?不多余啊!"

【释】

太宰 皇侃:"然应是吴臣,何以知之?鲁哀公七年,公会吴于鄫,吴人征百牢,使子贡辞于太宰;十二年会吴师于橐皋,吴子使太宰嚭请寻盟,公不欲,使子贡对,恐此时问子贡也。且宋太宰督去孔子世远,或其至后世所不论耳。"(《义疏》)皇侃此说,事出《左传》,可从。

纵 李格非:"赋予。"(《汉语大字典》)

将 裴学海:"将,犹为也。"(裴学海《古书虚字集释》)

吾少也贱 司马迁:"孔子贫且贱。"(《史记·孔子世家》)孔子三岁时其父即逝,赖母颜氏鞠育。其家本贫可知。但圣者安贫乐道,贫不入心,只言"少也贱"。"贱"者,地位低,非关乎贫。春秋时,礼坏乐崩,社会动荡,有富而贱者,贫而贵者。孔子本贵。孔子之六世祖孔父嘉,俊美挺拔,聪慧英勇而不知收敛藏锋。其父即孔子的七世祖正考父为此专门在家庙青铜鼎上刻下铭文,以资警策:铭曰:"一命而偻,二命而伛,三命而俯,循墙而走,亦莫余敢侮。(占)于是,粥于是,以糊余口。"但孔父嘉未能遵行。年轻显贵。且子承父业而为上卿,任大司马,又是被宋穆公托孤的重臣。是以被另一贵族势力的代表华督(宋戴公之子)策划的宫廷政变,砍下了他尊贵的头颅。其家族于是被贬为了庶民。司马迁说:"九年。大司马孔父嘉妻好,出,道遇太宰华督。督说,目而观之。督利孔父妻,乃使人宣言国中曰:'殇公即位十年耳,而十一战,民不堪苦,皆孔父为之。'我且杀孔父以宁民。……十年,华督攻杀孔父,取其妻。殇公怒。遂弑殇公,而迎穆公子冯于郑而立之,是为庄公。"(《史记·宋

微子世家》）

至孔父嘉四世孙终于不堪华督家族的欺凌，始由宋逃来鲁国的边地防，即今之山东费县东北地区的一个小镇。据史籍记载无姓氏名字，后因驻守有功，被提拔为边防武官。由此，其开始进入了士阶层，且因地为名，称为防叔。防叔生伯夏。伯夏生叔梁纥。叔梁纥因以"勇力闻于诸侯"，是一位力大无穷，英勇善战的将军。叔梁纥年老退职，家中九女一子。子残无以承家业，是以忧之。年六十二，仲春二月之际，叔梁纥参加了商族流传下来的野合之会——郊媒。即在城郊桑林之间，不同族姓之男男女女联欢，且各自寻找自己中意的人行媾合，以繁育子息。自古美女爱英雄，出生儒门世家的颜氏女征在，情窦初开，正当年少，一下子看上了老英雄叔梁纥，并与老英雄来到尼丘山祈祷，以求能育得一子。

无奈时不我与，孔子三岁时，其父就逝世了。孔母只身带着孤儿，来到了鲁国的都城阙里居住，所以孔子年少时不知其出身贵族，受人凌辱当是常有的事。而在那个年代，一个孤身女子要养活一个孩子是多么的不易。其家贫，孔子要常常帮助母亲做活或是帮人干些粗活换点粮食、布匹之类，当然是常有的。此即孔子"少也贱"的因由所在。

鄙事 一般解者认为"鄙事"指孔子所任过的管牛羊吏、当过管粮仓的吏。但从"少也贱"来看，应是指普通劳动者所干的粗俗简陋的事，一般地位显贵者所不为之事。

君子多乎哉？不多也 李格非："过多，不必要，如多嘴，多疑，《仪记·聘礼》：'多赁则伤于德。'"（《汉语大字典》）

释溥益说："'固天纵之'为一句，子贡谓夫子直是'天纵之'耳。岂可将圣人只是'多能'者耶！此必已闻'一以贯之'，故能如此答话。然在夫子，的确不敢承当'圣人'二字，故宁受'多能'二字。而'多能'甚鄙甚贱，决非君子之道也。太宰此问，与党人见识，天地悬隔。"（《论语点睛》）可谓深得本章要旨。

第七章

9.7 牢曰："子云：'吾不试，故艺'。"

【译】

琴牢说："夫子讲：'我未被当局任用，所以我以长于技能著称。'"

【释】

牢 邢昺:"《家语·弟子篇》云:'琴牢,卫人也。字子开,一字张。'此云弟子子牢。当是耳。"(《注疏》)

郑玄:"牢,弟子子牢也。"(《集解》)当以邢说为是。

试 郑玄:"用也。"(《集解》)指孔子未被当局任用。

世人怀才不遇则多消沉,孔子反是。读《论语》当于此等处用心。人岂得都能见用于当世。不见用则艺。且古以一艺成名、以一艺贡献人类者,亦比比焉!

第八章

9.8 子曰:"吾有知乎哉?无知也。有鄙夫问于我,空空如也。我叩其两端而竭焉。"

【译】

孔子说:"我有成见吗?没有啊。有一个大老粗向我问问题,我没有现成的答案给他,我探寻着他所问的事物的矛盾着的两个方面,搞清楚了事物的本来面目再告诉他。"

【释】

知 此处当指知见而言。释迦牟尼佛说:"知见立,知即无明本,知见无,见斯即涅槃。"(《首楞严经》)此处之"知"字联系下文"空空如也"来看,当与《首楞严经》所讲之"知见立、知见无"之"知见"二字相当。所以我将"无有知乎"的"知"译为"成见"。

唐代宗密禅师述荷泽神会禅师的教义时说:"诸法如梦,诸圣同说。故妄念本寂,尘境本空。空寂之心,灵知不昧,即此空寂之知是汝真性。任迷任悟,心本自知,不借缘生,不因境起。知之一字,众妙之门,由无始迷之,故妄执身心为我,起贪瞋等念;若得善友开示,顿悟空寂之知。"

我们在前面已经反复讲过:生命的本来面目只不过是一个明德,一个知。"知之一字,众妙之门。"可谓深得个中三昧。

空空如 无所知之谓。这里指孔子于鄙夫所问之事一无所知也。有以"空"同"悾",指鄙夫问孔子的态度——诚恳的样子。

叩 "叩,问也。"(《洪武正韵》)这里是追寻探问的意思。

叩其两端 "两端",用现代哲学的术语讲,就是矛盾着的事物的双方。释惠能禅师嘱咐弟子如何向问道者说法时说:"若有人问汝义。问有将无对。问无将有对。问凡以圣对。问圣以凡对。二道相因生中道义。"（《六祖法宝坛经》）"二道相因生中道义"，"我叩其两端而竭焉"，诚可谓殊途同归。

竭 王念孙："《礼运》释文'竭，本作揭'，是竭、揭古字通。"而揭，据《毛诗传》："揭，见根本貌。""竭"，就是彻见本来面目。

释蕅益："不但无人问时，体本无知。即正当有人问时，仍自'空空'，仍'无知也'。所'叩'者，即'鄙夫'之'两端'；所'竭'者，亦即'鄙夫'之'两端'。究竟吾何知哉。既'叩其两端'而'竭'之，则'鄙夫'亦失其妄知，而归于'无知矣。"（《论语点睛》）

本章假如孔子说他得到了这个知字，则说明孔子仍立有知见，即当体无念之知性这样的一个知见，则孔子仍未真明大道，未真明明德也。圣凡之别，全在这些关键处识知。当今时处末法时代，邪师说法如恒河中砂数之多，行者当留心焉。

第九章

9.9　子曰："凤鸟不至，河不出图，吾已矣夫！"

【译】

孔子说："凤凰不飞来了，黄河也不出现龙马背负八卦图的祥瑞之事了，我这一生就这样子完了啊！"

【释】

孔安国："圣人受命则凤鸟至，河出图。今天无此瑞。'吾已矣夫'者，伤不得见也。河图，八卦是也。"（《集解》）

朱熹："凤，灵鸟，舜时来仪，文王时鸣于岐山。河图，河中龙马负图，伏羲时出，皆圣王之瑞也。"（《集注》）

邢昺："《礼器》云：'升中于天而凤皇降。'《援神契》云：'德至鸟兽则凤皇来。'天老曰：'凤象：麟前鹿后，蛇颈鱼尾，龙文龟背，燕含鸡喙，五色备举。出于东方君子之国，翱翔四海之外，过昆仑，饮砥柱，濯羽弱水，莫宿丹穴。见则天下大安宁。'郑玄以为，河图、洛书，龟龙衔负而出，如《中候》所说'龙马衔甲，赤文绿色，甲似龟背，裹广九尺，上有列宿斗正之度，帝王录纪兴亡之数'是也。孔安国以为河图即八卦，是也。"（《注疏》）

这一章当是孔子五十岁以后的言语。盖孔子"五十而知天命"，此知命之言也。圣人对人生负责，对生命负责，对社会负责，是以知其不可为而为之，谁说知命者就一定消极？

第十章

9.10　子见齐衰者、冕衣裳者与瞽者，见之，虽少，必作；过之，必趋。

【译】

孔子看见穿孝服的人、戴着礼帽穿着礼服的人和盲人，看到的虽然是年少者，坐着一定站起来；从旁经过时一定快步走过去。

【释】

齐衰者　朱熹："齐，音咨。衰，七雷反。……齐衰，丧服。"（《集注》）

"齐衰者"，穿孝服的人。

冕衣裳　包咸："冕者，冠也，大夫之服。"（《集解》）

"冕衣裳"，穿官服的人，即我们所说的地位尊贵的人，就是今日所说之上级领导。

瞽者　包咸："瞽，盲也。"（《集解》）"瞽者"，眼睛盲了看不见东西的人。

虽少　即使年幼。针对上说"齐衰者、冕衣裳者与瞽者"而言。

作　包咸："作，起也。"（《集解》）"起"，站起来。

趋　包咸："趋，疾行也"（《集解》）这里指快一点走开，以免影响到他们。

包咸："此夫子哀有丧，尊在位，恤不成人。"（《集解》）

朱熹引尹氏："此圣人之诚心，内外一者也。"（《集注》）

我们说礼是道的外在表现，是仁心之发于外的具体行为。如本章"子见齐衰者、冕衣裳者与瞽者，见之，虽少，必作；过之，必趋"。这是礼的行为规范。但又何尝不是仁心之外露？尹氏之所谓"诚心"，实仁心也。所谓"内外一"，"内"，仁心也；外，"作"也、"趋"也，即行为。

第十一章

9.11　颜渊喟然叹曰："仰之弥高，钻之弥坚。瞻之在前，忽焉在后。夫子循循然善诱人，博我以文，约我以礼。欲罢不能。既竭吾才，如有所立卓尔。虽欲从之，末由也已！"

【译】

颜回长长地嘘了一口气感叹地说:"向上探寻,觉得越来越高深玄远;深入钻研,觉得越来越无穷无尽;看上去好像就在眼前,却忽然又看不见了!先生循序渐进地用善巧的方便法门来诱导我,用经典来拓宽我的境界,用礼节来约束我的行为,使我在求真的路上想停下来都不可能。已经用尽了我的才识,好像有所确认,很是不一般的样子,虽然行为上想顺从着这个所确认的东西,结果却还是没有办法。"

【释】

叹 朱熹:"此颜渊深知夫子之道,无穷尽、无方体,而叹之也。"(《集注》)

之 钱穆:"之字指孔子之道,亦指孔子其人,此乃颜渊日常心所向往而欲至者。"(《论语新解》)

循循然 许慎:"循,顺行也。"(《说文》)循然,有次序的样子,今日之所谓循序渐进是也。

如有所立 韩愈:"既竭吾才如有所立卓尔,此回首自谓虽卓立未能及夫子高远尔"(唐·韩愈、李翱《论语笔解》)

李翱:"退之深得之矣。吾观下篇云:可与共学,未可与适道;可与立,未可与权。是知所立卓尔,尚未可权。是颜回自谓明矣,孔义失其旨。"(《论语笔解》)

卓尔 许慎:"卓,高也。"(《说文》)卓尔,高绝不可攀的样子。

末由 无由。

朱熹引胡氏:"无上事而喟然叹,此颜子学既有得,故述其先难之故,后得之由,而归功于圣人也。'高''坚''前''后',语道体也。'仰''钻''瞻''忽',未领其要也。唯夫子循循善诱,先博我以文,使我知古今,达事变;然后约我以礼,使我尊所闻,行所知。如行者之赴家,食者之求饱,是以欲罢而不能,尽心尽力,不少休废。然后见夫子所立之卓然,虽欲从之,末由也已。是盖不怠所从,必欲至乎卓立之地也。抑斯叹也,其在请事斯语之后,三月不违之时乎?"(《集注》)

江谦:"一切众生,真如本性,无量无边,不生不灭,竖穷三际,横遍十方。故仰之弥高,钻之弥坚,瞻之在前,忽焉在后。'博我以文',知真如之不变而随缘;'约我以礼',知真如之随缘而不变。未来无尽,我愿无尽故'欲罢不能'。全性起修,故曰'既竭吾才'不可谓无故,'如有所立卓尔',不可谓有故。'虽欲从之,末由也已',夫子之道之妙,即个个本具之真心也。非颜子之善学,乌能知夫子之善诱乎!"(《论语点睛补注》)

本章前四句,现代学者都认为是颜回叹孔子的道德与学问,而我以为是指孔子之道。用今天的哲学术语来说,可以说是颜回对本体的体认心得。此外现代学者对"如有所立卓尔"也认为其主体是讲孔子而非颜回。我以为韩愈与李翱的看法,符合经旨,是以采之。本篇是颜回悟道的心得报告,不是过来人,是不可能说得这样亲切的。

道这个东西,未悟之前,确实是"仰之弥高,钻之弥坚,瞻之在前,忽焉在后",当你在善知识"循循然善诱"下,忽然有个入处,"如有所立卓尔",可是,你要起用,却还有个过程,知行不是一下子就可以打成一片的,真是"虽欲从之,末由也已"。

第十二章

9.12　子疾病,子路使门人为臣。病间,曰:"久矣哉!由之行诈也!无臣而为有臣。吾谁欺?欺天乎?且予与其死于臣之手也,无宁死于二三子之手乎?且予纵不得大葬,予死于道路乎?"

【译】

孔子周游列国在最后一次回鲁国的路上病得很重。子路着手准备丧事,让几个学生充装孔子的家臣。孔子的病好了些,说:"很久的时间了吗?仲由你行使的这种欺骗。没有家臣却装着有家臣,我欺骗谁呢?欺骗天吗?况且我与其死在家臣的手里,还不如死在你们几个的手里啊!况且我即使不能够获得大夫之礼的安葬,我难道会死在路上不能寿终正寝吗?"

【释】

子路使门人为臣　郑玄:"孔子尝为大夫,故子路欲使弟子行其臣之礼。"(《集解》)此处是说子路让自己的师兄弟们充当孔子的家臣。

病间　间,读如间断的间。孔安国:"少差曰间。"(《集解》)这里指病稍微缓和、稍微好了些。

无臣而为有臣　没有小臣,却装着有小臣。刘宝楠:"郑注云:'大夫退死,葬以士礼;致仕,以大夫礼葬。'案:年老归政曰致仕,其爵未失,故从大夫礼葬。若大夫退,是君疏斥己,或己避位弗仕,既去大夫之位,则不得以大夫之礼葬,故宜以士礼葬也。"(《正义》)

无宁 马融："无宁，宁也。"（《集解》）即宁愿的意思。

二三子 马融："二三子，门人也。"这里是孔子自己的弟子。

大葬 孔安国："君臣礼葬。"（《集解》）

刘宝楠："以大夫礼葬。"（《正义》）

上一章颜回讲悟境，本章讲悟道最难之关在情执。贤如子路，亦不能过情关。孔子大概是病得很重。弟子们以为他们敬仰的老师就要离开人世了。子路感叹孔子学贯古今，传承弘扬尧、舜、禹、汤、文、武、周、公之道脉，孜孜不倦，百折不回，艰辛万难一世，却得不到一丝人间富贵！是以"使门人为臣"，想让自己敬仰的老师死的时候荣耀一回！这难道是子路不知礼吗？实在是子路越不出对老师的敬仰之情啊。这一章告诉我们，要想悟道，情障是最大的障碍。当抽慧剑，斩情魔。要知情乃最大的痴。此情痴不除，焉望悟道！贪、嗔、痴、慢无疑无不为悟道之障也。

第十三章

9.13 子贡曰："有美玉于斯，韫椟而藏诸？求善贾而沽诸？"子曰："沽之哉！沽之哉！我待贾者也！"

【译】

子贡说："有一块美玉在这里，是把它收藏在小木椟里藏起来吗？还是寻找一个识货的商人卖出去呢？"孔子说："卖了它啊，卖了它啊！我在等待一个识货的商人呢！"

【释】

韫椟而藏诸 马融："韫，藏也。椟，匮也。谓藏诸匮中沽卖也。"（《集解》）

戴侗："今通以藏器之大者为匮，次为匣，小为椟。"（宋·戴侗《六书故》）

善贾 贾，读为古，商人，"善贾"识货的商人，下文"我待贾者也"与之同。有读为价值的"价"者，即好的价钱。我认为孔子是等识货的商人而不是等好的出高价钱的商人。

本章与前两章参看，较易明其义理。第十一章，颜回报告其最初悟道之状况；第十二章从子路行事明孔子弟子悟道之最大障碍；本章则通过子贡与孔子的问答，以明悟道后是否起用之问题。

"有美玉于斯"，悟证了大道后，"韫椟而藏诸"，是独享其道乐吗？

"求善贾而沽诸"，等到有识才需用的人，就启建水月道场，大做梦中佛事，行仁政以王天下，建立天下归仁的大同社会。"沽之哉！沽之哉！我待贾者也！"这是说悟道后要发大愿心，利济天下啊！诚如孟子所言："穷则独善其身，达则兼善天下！"

第十四章

9.14 子欲居九夷。或曰："陋，如之何？"子曰："君子居之，何陋之有？"

【译】

孔子想搬到九夷的地方去居住。有的人说："九夷那种地方，太鄙陋了，为什么要搬到那种地方去住呢？"孔子说："一个悟了道的人，居住在那里，潜移默化，那地方又怎么还会鄙陋呢？"

【释】

九夷 马融："九夷，东方之夷，有九种。"（《集解》）这里应是泛指居住在东方海边的各民族。

陋 鄙陋。鄙，贾谊："反雅为鄙。"（《新书》）

可见此处所说的"陋"，其实是指粗俗不知礼仪而不雅。

皇侃引孙绰："九夷所以为陋者，以无礼义也。君子所居者化，则陋有泰也。"（《义疏》）

悟道之后，要发起愿心，发挥道用，即使是九夷那种文化落后，民智尚未开发的地方，也可以起用，转落后为先进，转粗俗为高雅。

有的人认为这是孔子遇到极其困穷的时候发生的感叹。除本章外，还有如"乘桴浮于海"等是。孔子为什么会在遇到极其困穷的时候就会萌生到东方海边去居住的念头呢？这得从孔子的先世说起。

孔子本为殷商汤武王的后裔。而殷商又为契的后裔。故后世称契为殷契。而据《史记·殷本纪》记载："殷契，母曰简狄，有娀氏之女，为帝喾次妃，三人行浴，见玄鸟坠其卵，简狄取吞之，因孕，生契。"这种类似神话，看似不经的记载，但近代远古史研究成果却显示：契实际上是上古以鸟为图腾崇拜的部落首领。刘方炜说："殷商的先民属于东夷部落联盟，东夷部落联盟由众多共同信奉鸟图腾崇拜的部落组成。"（刘方炜《孔子纪》）当代学者李泽厚认为，文化积淀为心灵本体。孔子每遇极度困穷即萌生到东方海边少数民族居住地去居住，实有其深层次的心灵本体上的根据。

君子居九夷而不陋。唐刘禹锡的《陋室铭》可谓孔子千古而后的知音。"山不在高,有仙则名;水不在深,有龙则灵。斯是陋室,唯吾德馨。苔痕上阶绿,草色入帘青。谈笑有鸿儒,往来无白丁。可以调素琴,阅金经。无丝竹之乱耳,无案牍之劳形。南阳诸葛庐,西蜀子云亭。孔子曰:'何陋之有?'"

第十五章

9.15 子曰:"吾自卫反鲁,然后乐正,《雅》《颂》各得其所。"

【译】

孔子说:"我从卫国返回鲁国,订正《乐经》《诗经》,然后乐谱才归于正确,《雅诗》《颂诗》才各自与乐谱配合恰当。"

【释】

所 王引之:"所,犹可也。"(《经传释词》)而可又有恰当合适之义,故"《雅》《颂》各得其所",可以理解为《雅诗》和《颂诗》与之所配合的诗乐,都恰到好处,乐与诗之间各自都归到了它们所应在的位置。

哀公十一年冬,孔子六十八岁。是年,应季康子之邀,孔子从卫国返回了鲁国。孔子自五十五岁在鲁国改革失败后离开鲁国起,到此次回鲁国,一共在外周游了十四年,这次是孔子周游时间最长的一次。

孔子五十一岁出仕之前,就已经修了《诗》《书》《礼》《乐》,又经过了十四年在各国的考察,已经有了确切的证据,且此次回鲁,孔子已到从心所欲之年,知立功已成泡影,古圣之道当传,古圣之言当述,是以"乐正,《雅》《颂》各得其所"。觉者随缘寄世,随缘立业,处处可见。

第十六章

9.16 子曰:"出则事公卿,入则事父兄,丧事不敢不勉,不为酒困,何有于我哉?"

【译】

孔子说:"外出到官场侍奉国君、上大夫,回到家里侍奉父母兄长,遇到丧事,不敢不勉力按照《丧礼》来操办,饮酒时不被酒扰乱神志。这对于我来说有什么难以做到的呢?"

【释】

困 马融:"困,乱也。"(《集解》)

"不为酒困",就是饮酒时不被酒醉,扰乱神志。

丧事不敢不勉 刘宝楠:"若有丧事,则不敢不勉力从礼也。"(《正义》)依文本则无礼字义,刘宝楠据文义补之也,此补可从。

何有于我哉 此注古说最乱,程树德干脆说:"此章本不可解。"(《集释》)但我以为刘宝楠:"何有,皆为不难也。"(《正义》)可从。刘说之所以不为多数人接纳,皆囿于孔子圣人也,不应如是不自谦。

江谦:"此四者,皆是孔子之无我。有我相,则骄慢,不能出事公卿,入事父兄;有我相,则有断见,谓人死即消灭,故丧事不能勉;有我相,则累于形骸,不知观心之妙,而以饮酒为乐,故为酒困。我见为万恶之源,其为毒于天下,不可胜数,故孔子一再言之'何有于我哉'。"(《论语点睛补注》)此说最得本章宗旨。

第十七章

9.17 子在川上曰:"逝者如斯夫!不舍昼夜。"

【译】

孔子站在河边上,说:"逝去的时光就像这流水一样啊!日日夜夜不停地流去。"

【释】

董仲舒:"水则源泉混混沄沄,昼夜不竭,既似力者;盈科后行,既似持平者;循微赴下,不遗小间,既似察者;循溪谷不迷,或奏万里而必至,既似知者;障防山而能清净,既似知命者;不清而入,洁清而出,既似善化者;赴千仞之壑,入而不疑,既似勇者;物皆困于火,而水独胜之,既似武者;咸得之而生,失之而死,既似有德者。孔子在川上,曰:'逝者如斯夫,不舍昼夜。'此之谓也。"(《春秋繁露·山川颂》)

朱熹:"天地之变化,往者过,来者续,无一息之停,乃道体之本然也。然其可指而易见者莫如川流,故于此发以示人,欲学者时时省察,而无毫发之间断也。"(《集注》)

释蕅益:"此叹境也,即叹观也。盖天地万物,何一而非逝者。但愚人于此,计断计常。今既谓之逝者,则便非常。又复如斯不舍昼夜,则便非断。非断非常,即缘生正观。引而申之:有逝逝,有逝不逝,有不逝

逝,有不逝不逝。非天下之至圣,孰能知之。"(《论语点睛》)

朱熹时时省察即蕅益之观也,此孔子教人观水以明道,而董仲舒之言,亦可为观之之迹也。

第十八章

9.18 子曰:"吾未见好德如好色者也。"

【译】

孔子说:"我没有见过喜好道德如同喜好女色一样的人。"

【释】

好 好,喜好。好色,天性,出自内心,自然而然,不假造作。好德如之,则与德合一,即是与道合一。

"自然而然,不假造作",非道用而何?好德如好色唯觉者能之,非觉者虽亦有能者,抑之而已,非自然也。释蕅益:"唯颜子好学,亦唯颜子好德耳。"诚哉,斯言!

江谦:"德与色对。犹性与相对。凡夫着相而不悟性。故好恋色身,好吃美食,好着美衣,好居美室,皆是好色。不知义理悦心,禅悦为食,法喜充满,功德庄严之可贵也。颜子在陋巷,一箪食,一瓢饮,不改其乐,方是好德。禹之菲饮食而致孝乎鬼神,恶衣服而致美乎黻冕,卑宫室而尽力乎沟洫,方是好德。"(《论语点睛补注》)此中所举"好德如好色"者之范例,亦皆圣者,与上之言暗合。

第十九章

9.19 子曰:"譬如为山,未成一篑,止,吾止也。譬如平地,虽覆一篑,进,吾往也。"

【译】

孔子说:"比如堆一座山,只差一筐土未能完成(前功尽弃)。停止堆土,是我自己停止的啊!比如还是一块平地(要堆一座山),虽然只堆了一筐土,继续进行,是我自己决定要继续进行的呀。"

【释】

篑 包咸:"篑,土笼也。"(《集解》)这里指装土用的筐子,欲称土筐。

往 "往,行也。"(《玉篇》)这里指是继续进行的意思。

包咸："此劝人进于道德。为山者，其功虽已多，未成一篑而中道止者，我不以其前功多而善之，见其志不遂，故不与也。"（《集解》）

马融："平地者将进加功，虽始覆一篑，我不以其功少而薄之，据其欲进而与之。"（《集解》）

此二人所解，为后世绝大多数人所接受，几无疑义，其中，两个"与"字，都是赞许的意思。孔子在这里，虽是讲修身明道、修德进业当锲而不舍，其实为学为德为事无不皆然，此当深警之也。

第二十章

9.20　子曰："语之而不惰者，其回也与！"

【译】

孔子说："给他们讲解学问而没有懒惰、没有不用心的时候的人，他就是颜回啊！"

【释】

不惰 何晏："颜回解，故语之而不惰，余人不解，故有惰语之时。"（《集解》）此释刘宝楠从之，但有违孔子诲人不倦的精神。

皇侃："余人不能解，故闻孔子语而有疲懈。"（《义疏》）

孔门弟子，"闻孔子语而有疲懈"或有之，当不至除颜回外均有疲懈也。

陈祥道："上士闻道，勤而行之，中士闻道，若存若亡。回语之而不惰，勤而行之者也。余则语之而惰，若存若亡者也。盖于孔子之言无所不悦，故能不惰。彼予之昼寝，求之自画，赐之愿息，其能无所不悦哉！夫子所以独称回也于语则不惰于言则不违，唯不惰，所以能潜心，唯不违，所以能具。《礼记》有曰'得一善则拳拳服膺而勿失之，不惰之说也'，庄子曰'回，坐忘矣'，盖不违之说也。"（宋·陈祥道《论语全解》）此从行以释惰，朱熹与之同，可为正解。

释蕅益："后一念而方领解，即是惰。先一念而预相迎，亦是惰。如空谷受声，干土受润，大海受雨，明镜受像，随语随纳，不将不迎，方是不惰。"（《论语点睛》）此释"不惰"最精当者也。据此，则欲不惰，唯明明德也。

第二十一章

9.21　子谓颜渊，曰："惜乎，吾见其进也，未见其止也！"

【译】

孔子评价颜回,说:"痛心啊!我只看到他不断地进步,没有看到他进入从心所欲的最高境界啊!(他就不幸短命而死了。)"

【释】

惜 许慎:"惜,痛也。"(《说文》)

皇侃:"颜回死,孔子有此叹也。"(《义疏》)

止 梅膺祚:"止,至也。"(明·梅膺祚《字汇》)

"至,极也。"(《玉篇》)

极,许慎:"栋也。"(《说文》)栋者,屋脊上的梁,最高者也。据此,这里的"止",当是指最高的境界。

关于本章,近解多从只看到他不断进步,没看到他停止是不合情理的。孔子难道会对弟子锲而不舍、永不止息的精神痛惜吗?

释蕅益说:"进是下手,止是归宿。正在学地,未登无学,奈何便死,真实可惜。"(《论语点睛》)一语惊醒梦中人,此真可痛惜者也。未登无学,未达最高境界,未能从权达变,未能从心所欲。孔子此痛,真千年万年之痛也。假如颜回不短命而死,传孔子之道者,就非颜回莫属,那将与曾子所传又是另一番境界了。

第二十二章

9.22 子曰:"苗而不秀者有矣夫!秀而不实者有矣夫!"

【译】

孔子说:"禾苗长得好而不吐穗的有啊!吐穗而不结籽的有啊!"

【释】

苗 "苗,禾之未秀者也。"(《仓颉篇》)

禾,谷也,稷、黍、稻、粱、菽之类皆属之。

秀 "秀,禾,吐华也。"(《正字通》)据此,将"秀"译为吐穗。

实 郑玄:"实,种子也。"(《毛诗笺》)

邢昺说:"此章亦以颜回早卒,孔子痛惜之,为之作譬也。"(《注疏》)

朱熹说:"谷之始生曰苗,吐华曰秀,成谷曰实。盖学而不至于成,有如此者,是以君子贵自勉也。"(《集注》)

二说均通,吾人读《论语》者,当以朱说勉之。

第二十三章

9.23 子曰:"后生可畏,焉知来者之不如今也?四十、五十而无闻焉,斯亦不足畏也已!"

【译】

年轻人是值得敬重的。怎么就知道将来的人不如现在的人呢?四十岁、五十岁了还没有什么渊博的学识或修养,(在学识与德养方面)这也就不值得敬重了。

【释】

后生　何晏:"后生谓年少。"(《集解》)年少,年轻人。

可畏　李格非:"堪,值得。"(《汉语大字典》)

"畏,敬也。"(《广雅·释训》)据此,则"可畏"就是足堪敬畏,或者说值得敬重。

闻　许慎:"知闻也。"(《说文》)从"知闻"引申为"知识"(见李格非《汉语大字典》),再从真知即是行的角度引申为"闻道证道"。如林春溥说:"王阳明曰:'无闻是不闻道,非无声闻也。孔子曰:是闻也,非达也。安肯以此望人?'黄氏《后案》:'无闻,不能闻道也。言后生之可畏,诚以来日之富矣。不知日复一日,来日不长为后生也。四十五十而于道卒未有闻,斯复无来日之可俟,复谁畏之?'"(《集释》)王阳明、黄式三之说即是。

足　古棣等:"'足',值得,如《左传·昭公十二年》:'是回国者专足畏也'。又如《三国志·魏书·钟会传》:'钟会所统五六倍于邓艾,但可敕会取艾,不足自往。'二'足'字都是值得的意思。"(《孔子批判·下·论语译注》)

人多有以阅历深而看不起后生的恶习。孔子深明实相者也,知"后生之可畏",当平等以待之,此其一。其次,"焉知来者之不如今也",此其二。《妙法莲华经》中之常不轻菩萨之行也,圣圣道同,谁谓不然?

第二十四章

9.24 子曰:"法语之言,能无从乎?改之为贵。巽与之言,能无说乎?绎之为贵。说而不绎,从而不改,吾末如之何也。已矣。"

【译】

孔子说："用合乎规矩准则的话跟他讲，能够不听从吗？但能依照其言改正错误才可贵。用恭敬谦逊的话跟他讲，能不喜欢吗？但能够依照所言真正实行才可贵。喜欢而不实行，顺从而不改正，对这种人我是没有办法的。这种人难以挽救了。"

【释】

法语 孔安国："人有过，以正道告之，口无不顺从之，能必自改之，乃为贵。"（《集解》）

孔安国认为"法语"即"正道"之言。孔安国此释与李格非认为的法有"准则"义（《汉语大字典》）相通。

巽 马融："巽，恭也。谓恭孙谨敬之言，闻之无不说者，能寻绎行之，乃为贵。"（《集解》）

马融认为"巽与"即"恭孙谨敬"之语。

绎 绎，抽丝。既需要细致的用心。后引申出演绎分析义，也需要行动。所以也可以演绎出实行的义项来。实行与上文"改之"相对应，都是见之于行动的行为。这样理解，更加合乎原著的精神。

吾末如之何也。已矣 武亿："旧读多从一句。考此以'也'字断句，'已矣'为另句。已，止也，言至于斯而不可复挽。"（清·武亿《经读考异》）据此，则"已矣"单独为句，可理解为这种人到此为止，实在是没有办法挽救了。

本章教人因机设教，令人改过之法，能以顺"法语"言者，以"法语"语之，不能从"法语"之言者，以"巽与之言"语之，斯其能顺从接受而改之或欢喜接受而实行之。否则，不可教也。虽则因机设教，令人改过，实则欲门人弟子改过迁善向道之法也，苟能日日从法语之言以改过，从巽与之言以实行之，则入道不远矣。

第二十五章

9.25　子曰："主忠信，毋友不如己者，过则勿惮改。"

本章重出，即《学而第一》第八章之后半部分。

第二十六章

9.26　子曰："三军可夺帅也，匹夫不可夺志也。"

【译】

孔子说:"一个军队可以俘获他的主帅,一个男子汉,却不可能改变他的志向。"

【释】

三军 左中右三军,指较大的军事集团。周代较大的诸侯国拥有三军。这里为军队的通称。

夺 "夺,取也。"(《玉篇》)

"取,获也。"(《集韵》)此第一句"夺"字之义,即俘获。

"夺,易也。"(《玉篇》)"易",变易,改易,改变。此第二句"夺"字之义也。

匹夫 皇侃:"谓为匹夫者,言其贱,但夫妇相配匹而已也。"(《义疏》)其实就是普通的、未受到过良好教育的普通男子汉。

孔安国:"三军虽众,人心不一,则其将帅可夺而取之。匹夫虽微,苟守其志,不可得而夺也。"(《集解》)

康有为:"三军之勇在人。匹夫之志在己,在人则可夺,在己则不可夺。如可夺,则亦不足谓之志矣。立志,为学者第一事。志不立,则天下无可为者。"(清·康有为《论语注》)

本章说立志之重要,志不立,则事不成。成事如此,何况修身成道乎?是以立志为修身之第一要紧事。

第二十七章

9.27 子曰:"衣敝缊袍,与衣狐貉者立,而不耻者,其由也与?'不忮不求,何用不臧?'"子路终身诵之。子曰:"是道也,何足以臧?"

【译】

孔子说:"穿着已经破败了的旧絮做成的袍子与穿着狐皮、貉皮做的裘袍的人站在一起而不以为耻的人,这个人就是仲由吧?'不嫉妒而害人,不贪婪而求人,什么时候什么地方不是好时候好地方呢?'"子路一辈子读诵这句诗。孔子说:"这是行道啊,哪里值得用来求善报?"

【释】

缊 旧絮或乱麻。

狐貉 狐、貉动物,其毛皮温润柔软,用来制皮大衣,称之为裘,非常名贵,貉比狐更名贵难得。

不忮不求，何用不臧　朱熹："忮，害也。求，贪也。臧，善也。言能不忮不求，则何为不善乎？此《卫风·雄雉》之诗，孔子引之，以美子路也。"（《集注》）

"士志于道而耻恶食恶衣者，未足与议也。"子路不以恶衣为耻，是志于道之士也。故孔子赞叹他。

有不嫉妒不贪求的心，则心自平和安详，心平和安详，又何处不是好地方，何时不是好时节呢？然则"不忮不求"之心，是用来修身明道的而不是用来求时时是好时、处处是好地的，子路不明此理，故孔子诫之曰："是道也，何足以臧？"

读本章，未及"不忮不求"之地者，当发勇猛精进心，奋起直追，迎头赶上，已达"不忮不求"之地者，虽"何用不臧"，但当警醒，不能安享在"禅悦"中，而不知百尺竿头，还需更进一步！

第二十八章

9.28　子曰："岁寒，然后知松柏之后凋也。"

【译】

孔子说："岁月到了寒冷的季节，然后才能够知道松树和柏树的树叶是最后凋谢的。"

【释】

凋　许慎："凋，半伤也。"（《说文》）

本章何晏说："喻凡人处治世亦能自修整，与君子同；在浊世，然后知君子之正不苟容。"（《集解》）

朱熹引范氏说："小人之在治世，或与君子无异。唯临利害、遇事变，然后君子之所守可见也。"（《集注》）

李光地说："此章比喻者广，不曰'不凋'而曰'后凋'去者，盖松柏未尝不凋，但其凋也后，旧叶未谢，而新叶已继，《诗》所谓：'无不尔或承'者是也。"（清·李光地《论语札记》）

王安石："周公吐握勤劳日，王莽谦恭下士时，假使当年身便死，一生真伪有谁知。"可为本章注脚。

本章取象于岁寒后凋之松柏，从自然生命的生长不息中感悟人生真谛，并从而反哺自然生命以新的意义，松柏由此获得士人二千余年的吟咏、赞赏，固已不仅后凋于岁寒之时，亦且永远蓬勃繁茂于中国文化血脉之中。本章情感正大而深沉，语言简洁而劲拔，令人一读之后，必然奋发不已。

第二十九章

9.29 子曰："知者不惑，仁者不忧，勇者不惧。"

【译】

孔子说："有智慧的人不会再惑乱，有仁德的人不会忧患，勇敢的人不会畏惧。"

【释】

朱熹："明足以烛理，故不惑；理足以胜私，故不忧；气足以配道义，故不惧。此学之序也。"（《集注》）

荀悦："君子乐天知命，故不忧；审物明辨，故不惑；定心至公，故不惧。若乃所忧惧则有之，忧己不能成天性。忧不能免天命无惑焉。"（东汉·荀悦《申鉴·杂言下》）

荀悦在这里明确地将"智、仁、勇"三德全具的人称为"君子"，按照我们的理解，所谓"君子"，是指明了明德的人。一个明了明德的人，能如实观照，所以不会惑乱；一个明了明德的人，只有一个如实了知的心，因此不会患得患失，所以不会忧患；一个明了明德的人，一切行持，只问是不是义之所当为，只要是义之所当为，则当知其不可为亦为之，即使是付出生命也在所不惜，所以能临事不惧。此本章之要旨也，不可不知。

第三十章

9.30 子曰："可与共学，未可与适道；可与适道，未可与立；可与立，未可与权。""唐棣之华，偏其反而。岂不尔思？室是远而。"子曰："未之思也，夫何远之有？"

【译】

孔子说："可以和他一起学习，不一定能够与他一起达到明道的境界；可以和他一起达到明道的境界，不一定能够与他一起确立对自己的所得深信不疑；可以和他一起确立对自己的所得信而不疑，不一定可以和他一起通权达变。"古诗："唐棣树开的花，开向相反的方向，岂能不想想，离家越来越远！"孔子说："没有用心想过啊！哪里是越来越远了呢？（唐棣树开花，先反而后合啊！)"

【释】

适 何晏："适，之也。虽学，或得异端，未必能之道。虽能之道，未必能有所立。虽能有所立，未必能权量其轻重之极。"(《集解》)

何晏："逸诗也。唐棣，栘也，花反而后合。赋此诗者，以言权道反而后至于大顺。思其人而不得见者，其室远也。以言思权而不得见者，其道远也。夫思者，当思其反，反是不思，所以为远。能思其反，何远之有！言权可知，唯不知思耳。思之有次序，斯可见矣。"

韩愈："孔注犹失其义，夫学而之道者，岂不能立耶？权者，经权之权，岂轻重之权耶？吾谓正文传写错倒，当云：可与共学，未可与立；可与适道，未可与权。如此，则理通矣。"(《论语笔解》)

李翱："权之为用，圣人之至变也。非深于道者，莫能及焉。下文云：'唐棣之华，偏其反而'，此仲尼思权之深也。《公羊》云'反经合道'谓之权，此其义也。"(《论语笔解》)

此一章，"学、道、立、权"，"学"谓始学道也；"道"谓有个入处；始明道也；"立"谓明道无疑；永无改变也；"权"谓不仅已明其道，且能通权达变用其道传其道也，此学之层次井然，学者当有以明之也。后引之诗，从物起兴，欲人明其通权达变之尤为难得也。

乡党第十

第一章

10.1 孔子于乡党,恂恂如也,似不能言者。其在宗庙朝廷,便便言,唯谨尔。

【译】

孔子在乡亲邻里之间,是自信温和恭敬的样子,像一个不善于讲话的人;孔子在宗庙里、朝廷上,辩论明晰通达,只是很谨慎。

【释】

恂恂 许慎:"恂,信心也。"(《说文》)

王肃:"恂恂,温恭貌也。"(《集解》)

能 "能,工也,善也。"(《玉篇》)

"似不能言者",即像不善于言谈的人。

便便 郑玄:"便便,辩也。虽辩而谨敬。"(《集解》)

孔子在邻里之间,表现出的是"恂恂如也,似不能言者"。这种自信、温和恭敬而木讷,来自内心,不假造作。其内心充实,是以自信。不以贤智骄人,是以温和恭敬而木讷。可是在宗庙里、在朝廷上,所涉及的都是大事,一则关乎祭祀,必须以礼,方能起到教化的作用;一则关乎政事,必须辨晰明白,方能便于推行,从而起到利国利民的作用。所以"便便言",所以"谨",亦以此。此真实的生活,非关道德,只是本然如此而已。

第二章

10.2 朝,与下大夫言,侃侃如也;与上大夫言,訚訚如也。君在,踧踖如也,与与如也。

【译】

在朝廷,国君不在的时候,与下大夫说话,心情愉悦态度温和;与上大夫说话，态度和蔼言无不尽；国君在的时候，态度恭敬正直，行动如礼如仪，内心安详平和。

【释】

侃　孔安国："侃侃，和乐貌。"（《集解》）

这里的意思是：与下大夫说话，以愉悦的心情温和的态度，无居高临下的傲态。

訚　许慎："訚，和悦而诤也。"（《说文》）"与上大夫言，訚訚如也。"这应是为鲁大司寇的时期，上大夫应是指三季，"訚訚"，描述的是态度虽然和悦，但维护礼乐教化，为政以德的政治主张则一点也不相让，如堕三都之类，必须据理力争，说服三季，其实就是上一章所说的"便便言"。无奴颜婢膝之态，有和颜悦色之争，此即訚訚如也，后儒避"君子无争"之嫌，而不敢言争，是不符合历史事实的。

君在，踧踖如也，与与如也　马融："君在，视朝也。踧踖，恭敬之貌。与与，威仪中适之貌。"（《集解》）

与与　皇侃："与与，犹徐徐，所以恭而安也。"（《义疏》）

这句中的"踧踖"就是恭敬易理会。"安"，指的是心态安详平和。

马融说："威仪中适"，威仪，指的是行为，中适说的是中规中矩，也就是如礼如仪。

这一章是有关孔子对国君、上级官员、下级官员不同态度的描述。

第三章

10.3　君召使摈，色勃如也，足躩如也。揖所与立，左右手，衣前后，襜如也。趋进，翼如也。宾退，必复命曰："宾不顾矣。"

【译】

鲁君召孔子主持接待外宾，孔子的面色立即庄重了起来，脚步立即快了起来。他走到迎接外宾的队伍时，向两边站立的摈者作揖，向左拱拱手，向右拱拱手，衣袂前后飘摆，不失整齐。快步向前，不失恭敬端庄。外宾离开，走到刚刚看不见时，就一定向鲁君复命，说："外宾已经走远了，不再回头招手了。"

【释】

摈　与"宾"同。导宾也。主国之君所使出接宾者，在主曰摈，在客曰介。"（《康熙字典》）可见"摈"就是主国国君委派的代表国君主持接待外宾的官员。

躐 皇侃引江熙:"不暇闲步。躐,速貌也。"(《义疏》)

这里是即快步行走。

襜 "襜,又整貌。"(《康熙字典》)也就是整整齐齐的样子。

这一章描述孔子受命接待外宾的行为表现。

第四章

10.4 入公门,鞠躬如也,如不容。立不中门,行不履阈。过位,色勃如也,足躩如也,其言似不足者。摄齐升堂,鞠躬如也,屏气似不息者。出,降一等,逞颜色,怡怡如也。没阶,趋进,翼如也。复其位,踧踖如也。

【译】

孔子走进朝廷的大门时,弯着腰低着头,好像不允许他进去的样子。不在门中间站立,走过去时,脚不踩在门槛上。从国君前面经过时,面色立即庄重起来,脚步也变得轻快了,说话声音也很轻,好像中气不足的样子。提起衣服下摆部分向堂上走时,弯着腰低着头,憋住气好像没有呼吸的样子。出来时,走下一级台阶才松一口气,面色才舒展开来,心情很愉悦的样子。下完台阶,快速地向前走,轻快得就像鸟展开了翅膀飞行一样。回到自己的位置上,表现出恭敬而安详的神态。

【释】

公门 皇侃:"公,君也。谓孔子入君门时也。"(《义疏》)这里相当于后世的皇宫大门。

阈 孔安国:"阈,门限。"(《集解》)

"谓门下横木为外内之限。"(《康熙字典》)

履阈,就是踩踏门槛。

摄齐 邢昺:"摄齐者,抠衣也。将升堂时,以两手当裳前,提挈裳使起,恐衣长转足蹑履之。"(《注疏》)

逞颜色 "逞,快也。"(《玉篇》)这里指快意。

皇侃:"初对君时既屏气,故出降一等而申气,气申则颜亦申,故容颜怡悦也。"(《义疏》)

这一章记述了孔子见鲁君时的情境。文章从孔子的心态、神态、情态、形态、色态、气态等多方面、多角度,将孔子对君王的敬畏心理、尊重心态、小心谨慎的行为描述得淋漓尽致。

第五章

10.5 执圭，鞠躬如也，如不胜。上如揖，下如授。勃如战色，足蹜蹜如有循。享礼，有容色。私觌，愉愉如也。

【译】

（孔子受鲁君之命，到邻国访问，举行访问典礼时）他拿着鲁君的信圭，弯着腰，低着头，双手很用力地端举着圭，好像力量不够举不起来。平心端举，上像作揖，下像交给别人贵重物品，面色变得像战时那样的紧张，脚步迈得很小，抬得很低，好像地上有一根引路的小木条，他在挨着这小木条走一样。赠送礼物后，他脸上才现出从容的颜色。私下拜见时，脸色愉悦。

【释】

执圭，鞠躬如也，如不胜 包咸："为君使，聘问邻国，执持君之圭。"（《集解》）

皇侃："谓为君出使聘问邻国时也。圭，瑞玉也。周礼：五等诸侯各受王者之玉以为瑞信。……今云执圭，鲁是侯，侯执信圭，则孔子所执，执君之信圭也。初在国及至他国，执圭皆为敬慎。圭虽轻而己执之恒如圭重，似己不能胜，故曲身如不胜也。"（《义疏》）

这里是说作为君使臣，不辱使命，持重敬慎如此。

上如揖，下如授 朱熹："谓执圭平衡，手与心齐，高不过揖，卑不过授也。"（《集注》）这里的意思是小心谨慎。

足蹜蹜 朱熹："蹜蹜，举足促狭也。"（《集注》）这里指举步小而轻快。

如有循 朱熹："言行不离地，如缘物也。"（《集注》）这里指抬步很低，像顺着地上的东西走一样，脚不离地。

享礼 郑玄："享，献也。"（《集解》）这里是说敬献礼仪。

私觌 郑玄："觌，见也。既享，乃以私礼见。愉愉，颜色和。"（《集解》）"人和卖见，愉愉如也"，谓以个人名义会见别国君主，则内心轻松，所以容色愉悦。

这一章记述孔子为鲁君出使别国之仪容也。

第六章

10.6 君子不以绀緅饰,红紫不以为亵服。当暑,袗絺绤,必表而出之。缁衣羔裘,素衣麑裘,黄衣狐裘。亵裘长,短右袂。必有寝衣,长一身有半。狐貉之厚以居。去丧,无所不佩。非帷裳,必杀之。羔裘玄冠不以吊。吉月,必朝服而朝。

【译】

君子不用深青透红或深红透黑的绸布做领子和袖子的绲边布,不用红色或紫色来做平日居家时穿的便服。暑天,穿着葛布做的单衣,若出门,则葛布衣上面再套一件外衣。黑色的罩衣配黑色的羊皮裘衣,白色的罩衣配几近白色的麑皮裘衣,黄色的罩衣配几近黄色的狐皮裘衣。平时在家里穿的裘衣要长一些,右边的袖子要短一点。睡觉时一定要有被子,被子的长度是身高的一又二分之一,要用毛厚的狐皮或貉皮做坐垫。服丧期满了脱下丧服之后,各式各样的佩饰都可以佩戴。如果不是上朝或祭祀时穿的礼服,一定要裁剪(不用整块布折叠成衣)。不要穿黑色的羊皮裘衣、戴黑色的礼帽去吊丧。每个月的初一,一定要穿着礼服去朝见鲁君。

【释】

不以绀緅饰 段玉裁:"绀,《释名》:'绀,含也。青而含赤色也。'按:此今之天青,亦谓红青。"(《说文解字注》)

郑玄:"其色赤而微黑,如爵头然,谓之緅。"

"饰",孔安国说:"一入曰緅,饰者,不以为领袖缘也。"(《集解》)

"不以绀緅饰",就是不用"绀緅"这两种颜色的布做领和袖的镶边或者叫绲边。

亵服 王肃:"亵服,私居,非公会之服者。"(《集解》)这里指平日居家常穿的衣服。红紫色庄重,不作私服。

袗絺绤 袗,"单也。"(《玉篇》)

许慎:"絺,细葛也。"(《说文》)

绤,许慎:"粗葛也。"(《说文》)

袗,单衣也,夏日所穿,絺绤,都是葛布,葛布凉爽,用来做夏服。

必表而出之 孔安国:"必表而出之,加上衣。"(《集解》)

袗絺绤,较透,外出不雅,故絺绤单衣之外再加罩衣。

缁衣羔裘,素衣麑裘,黄衣狐裘。亵裘长,短右袂 "缁衣",黑色的裼衣。古之裘衣，毛向外，故需外加罩衣以护之，这种罩在外面保护皮毛的罩衣，古人称为裼衣。"羔裘"，羔羊皮做的裘衣，"素衣"，白色的裼衣，"麑裘"，麑皮做的裘衣，"黄衣"，黄色的裼衣，"狐裘"，狐皮做的裘衣，"缁""素""黄"是强调内外衣在服色的搭配上要相称。"缁衣羔裘、素衣麑裘、黄衣狐裘"是君臣大夫之视朝、祭祀所穿的礼服。孔安国说："服皆中外之色相称也。私家裘长，主温。短右袂，便作事。"(《集解》)

这一段文字的记述，反映了孔子的审美思想与实用原则。

寝衣　孔安国："今之被也。"(《集解》) 寝衣是被子的古称。

狐貉之厚以居　郑玄："在家以接宾客。"(《集解》)

朱熹："狐貉，毛深温厚，私居取其适体。"(《集注》)

""居，又坐也。"(《康熙字典》)

"狐貉之厚以居"，是说用狐貉这种毛厚的皮做坐垫。

去丧无所不佩　孔安国："去，除也。非丧则备佩所宜佩也。""除"就是解除丧期。"非丧则备佩所宜佩"就是不是期，则家中所有的佩饰，都可以戴。

非帷裳，必杀之　"帷裳"，即上朝和祭祀所穿的服装。现在印度在参加宗教礼仪或隆重的活动时仍有人穿用整块布料做成的衣服。"非帷裳，必杀之"，就是说不是上朝或祭祀时，穿的衣服就不能用整块布料做，而要将多余的布裁剪掉，而"帷裳"则是将多余的布折叠在里面。

羔裘玄冠不以吊　孔安国："丧主素，吉主玄，吉凶异服。"(《集解》)

"羔裘"，黑色的羔羊皮做成的裘衣；"玄冠"，黑色的礼帽。这两种颜色都是吉色，所以不能参加吊丧。

吉月　孔安国："吉月，月朔也。"(《集解》)

"月朔"，就是农历每个月的初一。

此一章记录孔子在家、外出及参加吊唁活动时的穿着。家居注意冬暖夏凉、方便合度。外出注重人文礼节。

第七章

10.7　齐，必有明衣，布。齐，必变食，居必迁坐。

【译】

斋戒的时候，沐浴后一定穿用布做成的明净干洁的浴衣。斋戒的时候，一定改变平常的饮食习惯，不食荤腥、不饮酒，睡一定从内室迁到外室，夫妇别寝，至诚至敬。

【释】

齐 同斋字。"斋，洁也，庄也，恭也。"（《正韵》）

"斋，敬也。"（《广雅》）

"斋之为言齐也。"（《礼·祭统》）

"洗心曰斋。"（《易·系辞·注》）斋，又称斋戒，是一种至诚至敬的身心行为。从生活行为如沐浴饮食居处的至洁至恭至庄而影响到心理行为，而达到思想纯净齐一的目的。

明衣、布 此处的"明衣"当是浴衣的一种，"布"则是指此明衣是以布为之，取柔软贴身令人舒适之意，"明衣"则是取干净明洁之意。

变食 孔安国："改常馔。"（《集解》）即改变日常的饮食。

朱熹："变食，谓不饮酒、不茹荤。"（《集注》）

酒能乱性，令心神亢奋，荤使人口臭，皆不洁之物，故当变之。

迁坐 斋戒时迁居于外寝。古代宫室之制，有正寝、内寝之别。正寝又叫外寝，为治事之所。又中门外的房屋，亦称外寝，为治丧者所居。

这一章记录了孔子在祭祀时对斋戒的重视，之所以如此，则诚如朱熹引杨氏说："斋所以交神，故致洁变常以尽敬。"诚哉，斯言！

第八章

10.8 食不厌精，脍不厌细。食饐而餲，鱼馁而肉败，不食。色恶，不食。臭恶，不食。失饪，不食。不时，不食。割不正，不食。不得其酱，不食。肉虽多，不使胜食气。唯酒无量，不及乱。沽酒市脯，不食。不撤姜食，不多食。

【译】

吃饭不论米的精粗，吃菜不论烹调的粗细。饭食变了味，鱼肉腐败了，不吃，变了色，不吃；气味难闻，不吃；食物没有烹调熟，不吃；不到吃饭的时间，不吃；肉食切割得不正规，不吃；没有恰当的调味品，不吃。肉虽然多，吃的分量不超过主食。只有酒没有限制，但不喝醉。买来的酒和干肉不吃。吃饭时不去姜，但也不多吃。

【释】

厌 "厌，足也。"（《集韵》）

"食不厌精,脍不厌细",就是食不只满足于精,脍不只满足于细,也就是食不论精粗,脍不论粗细,正是"饭蔬食饮水,曲肱而枕之,乐亦在其中矣"之写照。

饐 许慎:"饐,饭伤湿也。"(《说文》)

"餲,食饐谓之餲。"(《尔雅·释器》)

"餲,饭秽臭。"(《尔雅·释器·注》)

孔安国:"饐餲,臭味变。"(《集解》)

馁 "鱼谓之馁。"(《尔雅·释器》)

"馁,肉烂。"(《尔雅·释器·注》)

"鱼烂从内发,故云内烂。今本内作肉,恐误。"(《尔雅·释器·注疏》)馁,就是鱼腐烂了,因鱼烂从内开始腐烂,所以注家谓"内烂"。

饪 孔安国:"失饪,失生熟之节。"(《集解》)"失生熟之节",就是菜没有烹熟。

不时 郑玄:"不时,非朝、夕、日中时。"(《集解》)

割不正 邢昺:"谓拆解牲体,脊胁臂臑之属,礼有正数,若解割不得其正,则不食也。"(《注疏》)

朱熹:"割肉不方正者不食,造次不离于正也。"(《集注》)

邢从《礼》释何谓"割不正",朱从理说"不食"之义,此中或有深义,而去古太远,未之能解也。

酱 酱,各种调味品之总称。

"不得其酱",指油、盐、酱、醋之类与菜的搭配失当,不仅味不正,且能伤人,如味过咸,易得高血压之类。

胜食气 气,五谷之气。"食气",即饭食之精气。"胜食气",指肉食的精气超过了饭食的精气。

乱 神志错乱,指醉了酒。"唯酒无量,不及乱",各人酒量不同,因此不能规定一个具体的量,圣人处事何其周到,何其人性。

沽酒市脯 沽,市,买也。脯,干肉。

此一节,记录孔子饮食之法度,足见圣人饮食非逞口腹之欲,只在养生健体而已。

有的人只重视形肉身体,任肉欲引导,成了肉身的奴隶;有的人只重视心性身体,以肉身为沉重的包袱。此二者,皆不明生命本来面目的者也,因而不是被肉身绑架因肉欲得不到满足而痛苦不堪,就是被心性桎梏因内驱力得不到伸展而投射甚或成为阴影而倍受煎熬。觉者如孔子自然明白形肉身体与心性身体原本一体无二，因而在加强心性身体的修炼时，不轻视形肉身体。本章讲孔子家居时的饮食，处处皆以有益形肉身体为准则可证。

第九章

10.9 祭于公，不宿肉。祭肉不出三日。出三日，不食之矣。

【译】

参加国君祭祀典礼所得到的祭肉，当天就要分给他人，不要把它留到第二天。家祭时的祭肉保存不要超过三天。过了三天，就不要吃了。

【释】

公 鲁国国君。

不宿肉 大夫、士助国君之祭祀，得君所赐祭肉。祭肉于祭祀当日宰杀，祭之次日又用于祭祀，然后颁赐给助祭者，所以祭肉已有两日，不可再留一宿。

"不宿肉"有二义：一则肉已经两日，再经宿则虑其腐败；二则如周生烈"助祭于君，所得牲体，归则以班赐，不留神惠。"(《集解》)

这里的意思是说在国君那里当助祭所得的祭肉，要尽早分赐，不可延迟分享鬼神之福。

祭肉 此处指除助祭于公之外的祭肉，如家祭。

不出三日 肉经三日将腐败不可食。

此一章，孔子对祭肉的处理方法，圣人祭死如生，良有以也。

第十章

10.10 食不语，寝不言。

【译】

吃饭时不讨论问题，睡觉时不说话。

【释】

言、语 "直言曰言，论难曰语。"(《诗经·公刘·传》)可见古时言语义别，然则，此章，当互文见义之法也。

圣人"食不言，寝不语"，盖食时心在食，寝则心在寝，非在言语在议论也，用心于当下，于此等处最见其力。

第十一章

10.11　虽疏食菜羹，瓜祭，必齐如也。

【译】
即使是吃粗粮菜加一点肉屑煮的汤，都一定要祭祀，一定和斋期祭祀时一样的严敬。

【释】
瓜祭　李惇："必字从八弋，篆文作，与瓜相近而误。"（清·李惇《群经识小》）

刘宝楠："李氏此说用《鲁论》义，得之。"（《正义》）

因此，"瓜祭"当据《鲁论》及李、刘之说，改为"必祭"。

齐如　孔安国："斋，严敬貌，三物虽薄，祭之必敬。"（《集解》）

斋如，像戒期一样严敬。

以上各章，如朱熹引谢氏说："圣人饮食如此，非极口腹之欲，盖养气体，不以伤生，当如此。然圣人之所不食，穷口腹者或反食之，欲心胜而不暇择也。"此言极是。

第十二章

10.12　席不正，不坐。

【译】
坐席铺得不正，不入座。

【释】
不正　释蕅益："谓不依长幼尊卑之叙。"（《论语点睛》）

刘宝楠："《曲礼》云：'主人跪正席，客跪抚席而辞。'可知凡坐时，皆有正席之礼。夫子于席之不正者，必正之而后坐也。"（《正义》）

此依文解义，于理亦通，可以并存

"席不正，不坐。"由此可见圣人凡事不苟且。

第十三章

10.13　乡人饮酒，杖者出，斯出矣。乡人傩，朝服而立于阼阶。

【译】
（孔子）参加本乡的饮酒礼宴后，年长的都离席出来了，孔子才离席出来。乡里人请傩神驱鬼驱疫，孔子穿着朝服站在东边的台阶上。

【释】

杖者 孔安国："杖者，老人也。乡人饮酒之礼，主于老者，老者礼毕，出，孔子从而后出。"(《集解》)孔子遵仪礼，即所以尊老敬贤也。

傩 孔安国："傩，驱逐疫鬼。恐惊先祖，故朝服而立于庙之阼阶。"(《集解》)

皇侃："傩者，逐疫鬼也。为阴阳之气不即时退，厉鬼随而为人作祸。故天子使方相氏黄金四目，蒙熊皮，执戈扬盾，玄衣朱裳，口作傩傩之声，以驱疫鬼也。一年三过为之，三月、八月、十二月也。故《月令·季春》：'命国傩。'郑玄曰：'此傩，傩阴气也。阴气至此不止，害将及人，厉鬼随之而出行。'至《仲秋》又云：'天子乃傩。'郑玄曰：'此傩，傩阳气也。阳暑至此不衰，害亦将及人，厉鬼亦随人而出行。'至《季冬》又云：'命有司大傩。'郑玄曰：'此傩，傩阴气也。至此不止，害将及人，厉鬼将随强阴出害人也。'侃案：三傩，二是阴傩，一是阳傩。阴阳乃异，俱是天子所命。春是一年之始，弥畏灾害，故命国民家家悉傩。八月傩阳，阳是君法。臣民不可傩君，故称天子乃傩也。十二月，傩虽是阴，既非一年之急，故民亦不得同傩也。今云'乡人傩'，是三月也。"(《义疏》)

朝服 邢昺："所以朝服者，大夫朝服以祭，故用祭服以依神也。"(《注疏》)"用祭服以依神"，其心诚敬也。

阼阶 朱熹："阼阶，东阶也。"(《集注》)

东阶，堂下东边的台阶，古人迎接宾客，主人站立在东边。

本章记孔子居乡之事，尊老从俗无不至其诚敬也。

第十四章

10.14 问人于他邦，再拜而送之。康子馈药，拜而受之。曰："丘未达，不敢尝。"

【译】

孔子馈赠礼物给使者，托使者问候其他诸侯国的朋友，送别使者时，向使者拜两拜。季康子向孔子馈赠药物，孔子拜领了季康子的馈赠。说："我孔丘对这种药物的药性不了解，不敢吃。"

【释】

问 邢昺："问犹遗也，谓因问有物遗之也。问者，或自有事问人，或闻彼有事而问之，悉有物表其意，故《曲礼》云：'凡以弓剑苞苴箪笥问人者，操以受命，如使之容。'此孔子凡以物问遗人于他邦者，必再拜而送其使者，所以示敬也。"（《注疏》）

再拜 拜两次。再拜者，如孔安国："拜送使者，敬也。"孔安国释"再拜"为"拜送使者"，则"问人"之人，当指使者而言。

丘未达，不敢尝 朱熹引杨氏："大夫有赐，拜而受之，礼也。未达不敢尝，谨疾也。必告之，直也。"（《集注》）此释是。

本章记录了孔子与人交而有信之事。

第十五章

10.15　厩焚。子退朝，曰："伤人乎？"不问马。

【译】

马棚失火。孔子上朝回来，问道："伤人了吗？"不问伤没有伤马。

【释】

厩　厩，马棚。

马棚失火了，孔子上朝回来后，知道了此事，赶紧问有没有伤人。于此可见，孔子重人，以人为中心。不问马或是先问人后问马，自古有两说，主第二说者，"不"字属上读，读否，于理亦通，可以并存。

第十六章

10.16　君赐食，必正席先尝之；君赐腥，必熟而荐之；君赐生，必畜之。侍食于君，君祭，先饭。疾，君视之，东首，加朝服，拖绅。君命召，不俟驾行矣。

【译】

（孔子对）国君赏赐的熟食，一定摆正坐席先尝；国君赏赐的生肉，一定烹调好先祭祀祖先；国君赏赐的活着的牲口，一定把它养起来。陪国君吃饭时，国君在祭祀他的祖先时，（尝食官不在，孔子）就代尝食官先尝一下饭菜。孔子病得很重，国君来探视他时，他就躺在床上的东头，把上朝的礼服披在身上，拖着长长的腰带。国君召见孔子，孔子不等马车驾好，就徒步先行了。

【释】

食　刘宝楠："食是熟食。"（《正义》）

君赐食，必正席先尝之 孔安国："敬君惠也。既尝之，乃以班赐。"（《集解》）子不独享君之所赐，与民同乐。"独乐乐不如众乐乐也。"

腥 不熟之肉也。为"胜"字之古义，今本皆作"腥"，《说文》："胜，犬膏臭也，从肉，生声，一曰不熟肉也。"即其义。

荐 荐，祭口。孔安国："荐其先祖。"（《集解》）

刘宝楠："凡祭进熟食曰荐。此因君赐而荐，如尝新，先荐寝庙，不为祭礼也。"（《正义》）

生 同"牲"，指活的牲口。

畜 养也。

先饭 饭前祭祀祖先，君臣相同，即孔子所谓"虽疏食菜羹，必祭"也。因有"侍食于君，君祭"之事。依礼，臣侍君食，君命祭则君祭毕而后臣祭，君不命祭则臣不祭，祭然后君命食时，臣即食。此处"先饭"，与此礼显然不合，当有另义，即君之食，必有监食之官先尝，试其可口不可口，有毒或无毒？"侍食于君，君祭，先饭。"此必尝食之臣不在，孔子代尝食之臣为君尝食。

绅 古代礼服的配件，束在腰间的大带子，带子下垂的部分为绅。

郑玄："'君赐食，必正席先尝之'敬君之惠，既尝，乃以班赐。'君赐腥，必熟而荐之'进于宗庙也。人未享，故可进也。'君赐生，必畜之'君赐生，不敢杀，畜养之。'侍食于君，君祭，先饭'于君祭，则先饭矣，若为君尝食然。'疾，君视之，东首，加朝服，拖绅。'不忘敬也。朝服者，玄冠缁衣素裳（裳）缉（缁）带（韦卑）素。绅则带也。疾时寝室中北墉（牖）下也。"（《论语郑注》）

王夫之："敬君者，具其礼，而或不能本之于敬，笃于敬，而或不能祥于其礼。敬之未笃，则礼必有所未尽，礼之未至，则其敬亦由之而衰。圣人为人伦之至，唯敬与礼之交至，无微不谨，在变如常，在迫益严，斯以不可及已。夫子之事君也，君赐之食，必正席于牖下，先逐品而尝之，然后以其所食余以颁惠，依然一食于君前之礼也……夫子之有疾也，而君视之，不能起而拜迎，卧于南牖之下而东首，君入自户，在牖之东，首即近君，而不敢以足向君，加朝服，拖大带之绅于衾上，不敢以亵服见君焉。此其在变而如常者也。君有命而见召，不必其有迫事也。而心则迫也；闻命即行，驾者追及之可也。大夫不可徒行，而恐驾者之濡滞，且行而驾自速，恐君之久需而不宁也。此其在迫而益严者也。敬慎于中，故礼

无不至。非圣人而能必其不失如此哉!"(《四书训义》)

此一章,记孔子侍君之事。孔子事君无特殊,与平时生活无两样,要在用心于当下,诚敬之至也。

第十七章

10.17 入太庙,每事问。

此章重出,与《八佾》第十五章第一句重。

第十八章

10.18 朋友死,无所归。曰:"于我殡。"朋友之馈。虽车马,非祭肉,不拜。

【译】
孔子的朋友死了,没有亲人负责他的丧葬。(孔子)说:"我负责他的丧葬。"朋友赠送的礼物,即使是像车马一样贵重,只要不是祭肉,(孔子)就不行隆重的跪拜以表达谢意。

【释】
归　"归,鬼之为言归也。"(《尔雅·释训》)
孔安国:"重朋友之恩。无所归,言无亲昵。"(《集解》)
综合二说,"无所归",就是没有亲人来为之安排丧葬之事,送其灵体回归他应去的地方。
殡　许慎:"殡,尸在棺,将迁葬柩,宾遇之。"(《说文》)
"柩",发丧时用的灵车,通称灵柩。
朱熹:"朋友以义合,死无所归,不得不殡。朋友有通财之义,故虽车马之重不拜。祭肉则拜者,敬其祖考,同于己亲也。"(《集注》)

此一章,记孔子待友之道。朋友死,无所归,子为之归,生养死葬,人生之第一大事也。朋友死,无人葬,子为之葬,义之大莫过如此。朋友所赠,祭肉,则拜,所以重神而敬祖先之灵也,"送终追远,民德归厚矣。"子如是言,如是行,要之,行其所当行——殡朋友,止其所当止——非祭肉,不拜,此用心于当下之当行与当止,非觉者之行而何?

第十九章

10.19 寝不尸,居不容。见齐衰者,虽狎,必变。见冕者与瞽者,虽亵,必以貌。凶服者式之。式负版者。有盛馔，必变色而作。迅雷风烈，必变。

【译】

孔子睡觉时，不像死尸一样直挺挺地躺着。在家闲居时，容色随和没有那么严肃庄重。见到穿孝服的人，即使是在戏耍玩笑，也一定立即停止戏耍，改变自己的脸色，表示哀悼；见到穿官服的人、盲人，即使是平时的关系很亲近，也一定要有恭敬的容颜；坐在车上遇到了穿丧服的人，便俯身伏在车前的横木上，表示哀悼；用同样的方法，对背了国家地理图版的人，表示尊敬。做客时，遇到丰盛的筵席，一定改变容色，恭敬地站起来表示感谢。遇到迅雷或者暴风，一定改变容色，表示对天的敬畏。

【释】

寝不尸 许慎："尸，陈也。象卧之形。"（《说文》）

包咸："偃卧四体，布展手足似死人。"（《集解》）

郑玄："寝不尸者，恶其死也。"（《论语郑注》）

"寝不尸"，就是不直挺挺地仰卧，不直挺挺地仰卧，则侧卧（佛家谓吉祥卧）可知，右侧侧卧有利气血流通，有利身体健康。

居不容 焦循："武进臧氏玉琳云：'居不客，言居家不以客礼自处。'当是从《释文》作'客'，开城石经亦作'居不客'，臧氏说是也。《后汉书·周燮传》注引谢承《书》云：'燮居家清处，非法不言，兄弟父子室家相待如宾。'此正所谓'客'也。"（《论语补疏》）

据此，"居不容"当为"居不客"。"居不客"，就是说在家闲居时不像做客或见宾客时那样恭谨庄重。所以皇侃说："不客，为室家之敬难久也。"（《义疏》）

狎 孔安国："狎者，素亲狎。"（《集解》）即平素亲密之人。狎，亦指戏弄玩耍。

亵 周生烈："亵，谓数相见，必当以貌礼之。"（《集解》）"亵"，这里就是经常相见之人。

凶服者 孔安国："凶服，送死之衣物。"（《集解》）

"送死之衣物"，即送葬的人所穿的丧服。

式之 "式"是"轼"的假借字。这里为车前横木，此处"式之"指乘车者俯身扶着轼向遇见的人、物表示哀悼或敬意。

式负版者 "负"，背负。"版"，刻在木版上的国家地图。孔安国："负版者，持邦国之图籍。"（《集解》）

作　站起来。孔安国:"作,起也。敬主人之亲馈。"(《集解》)

这一章,记录了孔子生活的一些细节,总之,孔子心在当下,心行如一,诚敬如一。此种生命,方为真实的生命,方是有意义的生命,千古而后,仍能感发后人,让人觉悟生命,令身心统一,从而无烦无恼无忧愁。

第二十章

10.20　升车,必正立执绥。车中,不内顾,不疾言,不亲指。

【译】

孔子上车时,一定先端正地站好,抓好上车挽手用的带子才上车。在车内坐好后,不左顾右盼,不大声说话,不指点驾车人。

【释】

升车,必正立执绥　皇侃:"谓孔子升车礼也。绥,牵以上车之绳也。若升车时,则正立而执绥以上,所以为安也。"(《义疏》)

不内顾　皇侃:"内,犹后也,顾,回头也。升在车上,不回头后顾也。所以然者,后人从己,有不能常正,若转顾见之,则不掩人之私不备,非大德之所为,故不为也。"(《义疏》)

颜师古:"不内顾者,谓俨然端严不回顾也。"(清·陈鳣《论语古训》)《鲁论》本章"无"不字,原文为"车中内顾"。注与此通,注家或本此也。

不亲指　就是不对驾车的人指指点点、说长道短,甚至是教其如何驾车。所以皇侃说:"车上既高,亦不得乎有所亲指点,为惑下人也。"(《义疏》)

本章说的是孔子坐车时的行为。孔子坐车,安全第一,所以上车的时候先站稳当,抓好挽手的带子再上;坐在车内,不左顾右盼,不大声说话,不对驾车的人指指点点,免得干扰了驾车人的驾驶,影响了驾车人的情绪。其实这仍是用心于当下。上车就好好上车,站好、抓好挽手带,都是心在当下的事上;坐车就一心坐车,不胡思乱想,都是用心于当下的典范,心身一如,至诚至敬。

第二十一章

10.21　色斯举矣,翔而后集。曰:"山梁雌雉,时哉时哉!"子路共之,三嗅而作。

【译】

孔子在山谷中行走，看见一群野鸡，神色动了一下，野鸡就飞了起来，野鸡在上空盘旋了一阵，观察没有危险后就又都落在一起。孔子说："这些山上的野鸡，自由自在，得其时啊得其时！"子路过去捕捉它们，野鸡叫了几声，就飞走了。

【释】

色斯举 马融："见颜色不善则去之。"（《集解》）

人的不善之心一动，则色亦为之变，野鸡不是察人色之变，而是感人心之动。朱熹说："言鸟见人之颜色不善，则飞去。"（《集注》）

"举"，举翅起飞而去。

翔而后集 "翔"，周生烈："回翔审观而后下上。"（《集解》）

"集"，许慎："群鸟在木上。"（《说文》）

"翔而后集"，就是野鸡在上空盘旋了一会，没有感受到孔子有杀心，所以又都落了下来。

时哉 得其时。

共 "共"拱的假借字。《尔雅·释诂》"拱，执也。"执，捕捉。"子路共之"，是指子路去捕捉它们。

三嗅而作 "三"不定辞，此处相当于"几"。"嗅"，朱熹引晁氏："《石经》'嗅'作戛，谓雉鸣也。"（《集注》）晁说是，今从之。

关于人心动则鸟能感知之事，今人多不信，如古棣等说："这其实是讲不通的：'少许颜色不善''孔子的脸色一动'怎么就惊动野鸡起飞。无斯理，也必无斯事。"（《孔子批判·下·论语译说》）但古人对此是深信不疑的。我认为这种现象其实是既有其事，亦有其理，正所谓"天人一也""通天下一气耳"。

有一则寓言说：一小孩在海边，每日与海鸟一起玩耍，其母知其与海鸟一起玩耍，要他捉几只回家吃，他次日再去海边时，海鸟都离他远远的，不再与他一起玩耍。

此一章，记孔子睹物感怀之事，然事涉甚深的"天人一体"之论，至古今来，聚讼纷纭，莫衷一是。若参以佛理，人人皆有佛性，"一切众生皆具如来智慧德相"（《妙法莲华经》），则我中华古圣记言之事，所言之理，皆可解也。"天人一体"是中国文化之根基所在，所以当代国学大师钱穆晚年将"天人一体论"誉为"对人类最大的贡献"。

先进第十一

第一章

11.1 子曰:"先进于礼乐,野人也;后进于礼乐,君子也。如用之,则吾从先进。"

【译】

孔子说:"早期修学礼乐的弟子们,注重内在实质,像未开化的朴野之民一样;后期修学礼乐的弟子们,注重外在形式的研习,像文质彬彬的君子。如果有人请我为政,普遍地施行礼乐教化的话,那么我像早期教化弟子们一样,注重内在的实质。"

【释】

先进、后进 孔安国:"先进、后进,谓仕先后辈也。礼乐因世损益,后进与礼乐俱得时之中,斯君子矣。先进有古风,斯野人也。将移风易俗,归之淳素,先进犹近古风,故从之。"(《集解》)此释与孔子主张中庸的核心精神相违,既后进得时之中,何以不从后进?

皇侃:"此孔子将欲还淳反素,重古贱今,故礼乐有君子、野人之异也。先进、后进者,谓先后辈人也。先辈,谓五帝以上也;后辈,谓三王以还也。"(《义疏》)此说缺乏文献或考据上的依据,纯属臆测。

邢昺:"正义曰:此章孔子评其弟子之中仕进先后之辈也。'先进于礼乐,野人也'者,先进,谓先辈仕进之人,准于礼乐,不能因世损益,而有古风,故曰朴野之人也。'后进于礼乐,君子也'者,后进谓后辈仕进之人也。准于礼乐,能因时损益,与礼乐俱得时之中,故曰君子之人也。'如用之,则吾从先进'者,言如其用之以为治,则吾从先进朴野之人。夫子之意,将移风易俗,归之淳素。先进犹近古风,故从之也。"(《注疏》)邢说"此章孔子评弟子之中仕进先后之辈也",甚是,唯说后进能因时损益与礼乐俱得时之中,则与孔子中庸之核心精神相乖。

朱熹:"先进、后进,犹言前辈后辈。野人,谓郊外之民。君子,谓贤士大夫也。程子曰：'先进于礼乐，文质得宜，今反谓之质朴而以为野人。后进之于礼乐，文过其质，今反谓之彬彬，而以为君子。盖周末文胜，故时人之言如此，不自知其过于文也，用之，谓用礼乐。孔子既述时人之言，又自言其如此，盖欲损益以就中也。"（《集注》）

"文质"得宜，何以谓之野人？"文过其质"，何以谓之君子？若以为其说为春秋时人之言，而非孔子之说，征之原文，实难说通！

推究孔子的一生，其早期用世之心甚切，其礼乐教化，重在实质，方便弟子们随其用世；后期用世之心已没，其教化重在文献整理，在注重内在实质的同时，也注重外在的形式，但就修学者而言，则很容易流于空疏。孔子说"归与归与！吾党之小子狂简，斐然成章，不知所以裁之"正是后进弟子们的真实写照。正如后世的禅宗流于空疏，甚至流于狂妄之情况同。圣人有鉴于此，若用世，从事普世教化，则从"先进"也。

第二章

11.2 子曰："从我于陈、蔡者，皆不及门也。"

【译】

孔子说："跟随我在陈国、蔡国受难的学子们，现在没有一个在我的身边。"

【释】

陈、蔡 陈国和蔡国。孔子六十三岁的时候，被困于陈蔡之间。

司马迁："孔子迁于蔡三岁，吴伐陈。楚救陈，军于城父。闻孔子在陈蔡之间，楚使人聘孔子。孔子将往拜礼，陈、蔡大夫谋曰：'孔子贤者，所刺讥皆中诸侯之疾。今者久留陈、蔡之间，诸大夫所设行皆非仲尼之意。今楚，大国也，来聘孔子。孔子用于楚，则陈、蔡用事大夫危矣。'于是乃相与发徒役围孔子于野。不得行，绝粮。从者病，莫能兴。孔子讲诵弦歌不衰。子路愠见曰：'君子亦有穷乎？'孔子曰：'君子固穷，小人穷斯滥矣。'子贡色作。孔子曰：'赐，尔以予为多学而识之者与？'曰：'然。非与？'孔子曰：'非也。予一以贯之。'

"孔子知弟子有愠心，乃召子路而问曰：'《诗》云：匪兕匪虎，率彼旷野。吾道非邪？吾何为于此？'子路曰：'意者吾未仁邪？人之不我信也。意者吾未知邪？人之不我行也。'孔子曰：'有是乎！由，使者而必信，安有伯夷、叔齐？使知者而必行，安有王子比干？'

"子路出，子贡入见。孔子曰：'赐，《诗》云：匪兕匪虎，率彼旷野。吾道非邪？吾何为于此？'子贡曰：'夫子之道至大也，故天下莫能容夫子。夫子盖少贬焉？'孔子曰：'赐，良农能稼而不能为穑，良工能巧而不能为顺。子能修道，纲而纪之，统而理之，而不能为容。今尔不修尔道而求为容。赐，而志不远矣！'

"子贡出，颜回入见。孔子曰：'回，《诗》云：匪兕匪虎，率彼旷野。吾道非邪？吾何为于此？'颜回曰：'夫子之道至大，故天下莫能容。虽然，夫子推而行之不容何病？不容然后见君子！夫道之不修也，是吾丑也；夫道既已大修而不用，是有国者之丑也。不容何病？不容然后见君子！'孔子欣然而笑曰：'有是哉颜氏之子！使尔多财，吾为尔宰。'于是使子贡至楚。楚昭王兴师迎孔子，然后得免。"（《史记·孔子世家》）

讲到孔子困于陈蔡，想起了吕不韦说的一个故事，颇有意义。吕不韦说："孔子穷乎陈、蔡之间，藜羹不斟，七日不尝粒，昼寝。颜回索米，得而爨之，几熟。孔子望见颜回攫取其甑中而食之。选间，食熟，谒孔子而进食。孔子佯为不见之。孔子起曰：'今者梦见先君，食洁而后馈。'颜回对曰：'不可。向者煤室入甑中，弃食不详，回攫而饭之。'孔子曰：'所信者目也，而目犹不可信；所恃者心也，而心犹不足恃。弟子记之，知人固不易矣。'"（《吕氏春秋·审分览·任数》）这个故事告诉我们：是非不可听，不可说，不可传。盖亲目所见，尚非信实，何况其余。

不及门 郑玄："不及仕进之门，而失其所。"（《论语郑注》）刘宝楠与之同。朱熹认为是：相从厄于陈、蔡的弟子，"此时皆不在门。故孔子思之，盖不忘其相从于患难之中也"。（《集注》）我认为朱说更为合乎情理。

第三章

11.3 德行：颜渊，闵子骞，冉伯牛，仲弓。言语：宰我，子贡。政事：冉有，季路。文学：子游，子夏。

【译】

德行修养最好的有：颜渊、闵子骞、冉伯牛、仲弓；说话技巧最好的有：宰我、子贡；政治才能最突出的有：冉有、季路；精通文献典籍的有：子游、子夏。

【释】

文学 皇侃引范宁："文学，谓善先王典文。"（《义疏》）据此，我们可以认为这里所说的"文学"是指《诗》《书》《礼》《乐》《易》《春秋》等典籍文献。

第四章

11.4 子曰:"回也非助我者也,于吾言无所不说。"

【译】

孔子说:"颜回呀,不是对我思想的进益有所帮助的人。他对于我的言论没有不心悦诚服的。"

【释】

助 孔安国:"助,益也。言回闻言即解,无发起增益于己。"(《集解》)我们从"启予者,商也",来看,指的正是颜回对孔子教导,无不"信受奉行",令孔子不能收到教学相长之益,此假抑而实赞之笔法。

说 "说"是"悦"的假借字。"悦,服也。"(《尔雅·释诂》)"无所不说",即"信受奉行"之意也。

此一章,乃孔子因喜颜回"信受奉行"之修学态度而赞誉之。

第五章

11.5 子曰:"孝哉闵子骞!人不间于其父母昆弟言。"

【译】

孔子说:"纯孝之子啊,闵子骞!没有人能够离间他与父母弟弟之间的关系。"

【释】

陈群:"言子骞上事父母,下顺兄弟,动静尽善,故人不得有非间之言。"(《集解》)

刘宝楠引《艺文类聚·孝部》:"闵子骞兄弟二人,母死,其父更娶,复有二子。子骞为其父御车,失辔,父持其手,衣甚单,父则归呼其后母儿,持其手,衣甚厚温,即谓其妇曰:'吾所以娶汝,乃为吾子,今汝欺我,去无留。'子骞前曰:'母在一子单,母去四子寒。'其父默然。故曰:'孝哉闵子骞!'一言其母还,再言三子温。"之文,及舜帝之孝迹后,肯定地说:"陈群此注,义正然也"。(《正义》)

朱熹引胡氏说:"父母兄弟称其孝友,人皆信之无异辞者,盖其孝友之实,有以积于中而着于外,故夫子叹而美之。"(《集注》)我以为陈、刘之义长，今从之。

此诗所言，专一而严肃之志也，是以孔子将其兄之女妻之。专一严肃之人，稳重可靠。

第六章

11.6 南容三复白圭，孔子以其兄之子妻之。

【译】

南宫适经常反复吟唱《诗经·大雅·抑》篇。孔子把自己哥哥的女儿嫁给了他。

【释】

南容 即《公冶长》中的南宫适。此章与"子谓南容"章乃一事而异出。

白圭 《诗·大雅·抑》篇，其诗主旨：修身立德，谨言慎行，谦柔守分，精勤不怠。

南宫适反复诵读教人修身立德、谨言慎行、谦柔守分、精勤不怠的诗篇，诗言志，喜好何类诗，则其志在见。人之志在此"白圭"之诗，则其行亦必遵此"白圭"诗之所教。如此之人，必将平安喜乐，人生必有成就，此智者择女婿之法也。

第七章

11.7 季康子问："弟子孰为好学？"孔子对曰："有颜回者好学，不幸短命死矣！今也则亡。"

此章已见《雍也第六》"哀公问弟子孰为好学"章，此处从略。

第八章

11.8 颜渊死，颜路请子之车以为之椁。子曰："才不才，亦各言其子也。鲤也死，有棺而无椁。吾不徒行以为之椁。以吾从大夫之后，不可徒行也。"

【译】

颜回死了，颜回的父亲颜路请求孔子将他的坐车卖掉，为颜回置办椁。孔子说："不管是有才能还是无才能，也都是自己的子女啊。孔鲤死的时候，只有棺没有椁。我不能够徒步走路而卖掉坐车置办椁。因为我曾经忝列大夫，按礼大夫是不可以徒步走路的。"

【释】

颜路 孔安国："路，渊父也。"（《集解》）颜路，颜渊的父亲，名无繇，字路，也是孔子的学生。

请子之车以为椁 孔安国："家贫欲请孔子之车，卖以作椁。"（《集解》）这里的意思是颜路请求孔子卖掉自己的坐车作为置办椁的经费。椁，古人棺有两重，外棺为椁，作挡土之用，内棺为棺，安放亡者遗体。《白虎通·崩薨》："所以有棺椁者何？所以掩藏形恶也。椁之为言廓，所以开廓辟土，无令迫棺也。"

才不才 无论有才或者无才之意。

鲤 孔安国："鲤，孔子之子，伯鱼也。"（《集解》）孔鲤年五十，先孔子而逝。

从大夫之后 孔安国："孔子时为大夫，言从大夫之后，不可以徒行，谦辞也。"（《集解》）孔子曾为鲁国大司寇，是大夫之位。此时久已去位，不言"曾为大夫"，而云"从大夫之后"，是谦辞。

本章言孔子不同意卖车为颜回置椁。表面的理由孔子已经说"以吾从大夫之后，不可徒行也"。但从孔子"才不才，亦各言其子也。鲤也死，有棺而无椁"的言辞来看，则更深的理由当是：生老死葬，贫则安贫，富则安富，既不因颜回才高有大贤声即厚葬，也不因鲤是自己的儿子就厚葬。这一点我们也可以从孔子知道子路在自己病得很重的时候的行为之批评：让师兄弟们充当自己的家臣，从而准备为孔子办后事。由此可见，孔子随缘寄世，安心于当下，良有以也。

第九章

11.9 颜渊死。子曰："噫！天丧予！天丧予！"

【译】

颜渊死了。孔子哭道："啊！上天要我的命呀，上天要我的命！"

【释】

噫 包咸："噫，痛伤之声。"（《集解》）

天丧予 何晏："天丧子者，若丧己也。再言之者，痛惜之甚。"（《集解》）

**刘宝楠："颜师古注：'言失其辅佐也。'盖天生圣人，必有贤才为之辅佐。今天生德于夫子,复生颜子为圣人之耦,并不见用于世。而颜子不幸知命死矣。此亦天亡夫子之征。故曰'天丧予'。"(《正义》)

王夫之引黄勉斋说:"颜子在,则夫子虽死而不亡,以道存也。颜子死,则夫子虽存,道固无传,统亦必亡而已矣。故以颜子之死为己之丧也。"引新安陈氏说:"夫子之道赖颜子以传者也,颜子在则道有传,孔子他日虽死而不死;颜子死,由道无传,孔子今日虽未亡而已亡,故不曰'天丧回',而曰'天丧予',良可悲也。"引洪氏说:"孔颜一体,'回何敢死',子在故也;'天丧予',回死故也。"引云峰胡氏说:"夫子上接文王之传,则曰'天将丧斯文',下传颜渊之传,则曰'天丧予'。然则,道统之绝续皆天也。"(《读四书大全》)

"天丧予",子之痛,一至于斯。何以哉?痛道脉无人正传者也。

第十章

11.10 颜渊死,子哭之恸。从者曰:"子恸矣。"曰:"有恸乎?非夫人之为恸而谁为!"

【译】

颜渊死了,孔子痛哭不能自已。随孔子一起去吊唁颜回的弟子说:"先生您太悲痛了啊!"孔子说:"太悲痛吗?不为这个人悲痛,还为谁悲痛呢?"

【释】

恸 马融:"恸,哀过也。"(《集解》)

郑玄:"恸,变动容貌。"(《论语郑注》)据此,可知恸是过度哀伤、涕泪交泗、容颜尽失的样子。

邢昺:"'子哭之恸'者,恸,过哀也。言夫子哭颜渊,其悲哀过甚。'从者曰:子恸矣'者,从者,众弟子。见夫子哀过,故告曰:'子恸矣。''曰:有恸乎'者,时夫子不自知己之悲哀过,故答曰:有恸乎邪。'非夫人之为恸而谁为'者,因弟子言己悲哀过甚,遂说己之过哀亦当于理,非失也。夫人,谓颜渊。言不于颜渊哭之为恸,而更于谁人为恸乎?"(《注疏》)

夫子"恸"而不自知,"恸"之至也。然则何以如是之"恸"乎?

释蕅益:"朝闻夕死。夫复何憾。只是借此以显道脉失传。杜后儒之冒认源流耳。若作孔子真如此哭。则呆矣。"(《论语点睛》)子闻此,必不"恸"矣，亦必不孤矣！

子之"恸"，千年之"恸"，万年之"恸"也。儒生会不得，释子竟会得，真是奇闻。然则，此又不奇，何则？灭佛者，非佛子耶？灭儒者，若非儒者谁又能为？

第十一章

11.11 颜渊死，门人欲厚葬之。子曰："不可。"门人厚葬之。子曰："回也视予犹父也，予不得视犹子也。非我也，夫二三子也。"

【译】

颜渊死后，颜渊的学生们要厚葬他。孔子说："不可以厚葬。"颜渊的学生们仍然厚葬了他。孔子说："颜回待我犹如自己的亲生父亲一样，我却没有办法待他像自己的儿子一样（厚葬颜回），不是我的主意，是颜回的学生们（厚葬的）。"

【释】

不可 何晏："礼，贫富有宜。颜渊贫而，门人欲厚葬之，故不听。"（《集解》）颜渊贫，依礼当从俭。

门人 邢昺："门人，颜渊之弟子，以其师有贤行，故欲丰厚其礼以葬之也。"（《注疏》）"门人，颜渊之弟子"，是故孔子不同意厚葬而仍被厚葬了，所以孔子有如下一篇言论。近代解《论语》者，多将此处的"门人"解为孔子的学生，果为孔子学生，则既无不听孔子之言之理，亦必无不听孔子之言之事发生！

不得视犹子 马融："言回自有父，父意欲听门人厚葬，我不得割止，非其厚葬，故云耳。"（《集解》）此说明颜回若果为子之子，则颜回的门人自不敢不听孔子之言也。故孔子有此一说，此深刺颜回门人厚葬之非！

此一章，明孔子与颜回血脉相连之事也。颜回视孔子犹父，孔子视颜回犹子也。颜回贫，葬当从俭。且孔子说丧葬应："称家之有亡。有，毋过礼。苟亡矣，敛手足形，还葬，悬棺而封。"（《礼记·檀弓》）子丧，父当以子入土为安为则，颜回贫而厚葬，令颜回入土不安也。是以引起视颜回犹子之孔子深深的不满，盖弟子之弟子，意欲所为，其为师祖者，于理只能规劝，不可强行阻止，故有此憾。

第十二章

11.12 季路问事鬼神。子曰："未能，事人焉，能事鬼。"曰："敢问死。"曰："未知。生焉，知死？"

【译】

子路请问事奉鬼神的事。孔子答道："不知道。事奉好了活着的人，就能侍奉好鬼神。"子路又问："斗胆请教死的问题。"孔子说："不知道。生的问题明白了，死的问题也就明白了。"

【释】

敢 郑玄："敢，冒昧之词。"（《仪礼·士虞礼·郑注》）

贾公彦："凡言'敢'者，皆是以卑触尊不自明之意。"（《仪礼·士虞礼·郑注·贾疏》）可见"敢"是下对上、卑对尊所用的敬辞。

赵佑说："礼有五经，莫重于祭。古之所为事鬼神者，尝无不至，则子路之问不为不切。夫先王之事鬼神，莫非由人事推之。故生则尽养，死则尽享。唯圣人为能飨帝，唯孝子为能享亲。云事鬼也，莫非教天下之事人也。吾未见孝友不尊于父兄，而爱敬能达乎宗庙者也。则近乎事鬼神之义也。进而问死，欲知处死之道也。人有所当死，有所不当死。死非季路所难，莫难乎其知之明。处之当，然则死非可预期之事，故为返其所自生。君子之穷理尽性以至于命，归于得正而毙，其不敢以父母之身行殆，不敢以匹夫之谅为名者，皆唯其知生。敬吾生，故重吾死也。否则，生无以立命，死适为大愚而已。则近乎知死之义也。予尝言之矣：务民之义，即所以事人，敬鬼神而远之，即所以事鬼也。夫孝者，善继人之志，善述人之事。事死如事生，事亡如事存，孝之至也。所谓能事人能事鬼也。人之生也直，罔之生也幸而免，所以教知生也。志士仁人，无求生以害仁，有杀身以成仁，所以教知死也。孟子曰：'知命者不立乎岩墙之下'，尽其道而死者，正命也。桎梏死者，非正命也。所谓知生知死也。"（清·赵佑《四书温故录》）

能事人即能事鬼，事人以诚敬，事鬼神亦以诚敬也。能知生即能知死，知生当下一刹那才是真生命，则死亦是当下一刹那为真生命，生不知此当下一刹那为真，则死亦迷茫不知真生命之所归，以幻识随幻业入幻轮回，漂流生死业海，苦不能尽，是不知生即所以不知死也，学者读斯文，宜三复斯旨焉。

第十三章

11.13　闵子侍侧，訚訚如也；子路，行行如也；冉有、子贡，侃侃如也。子乐。"若由也，不得其死然。"

【译】

闵子骞在孔子的身边侍奉孔子，与人辩论时，总是一副平平和和、恭恭敬敬的样子；子路在孔子的身边侍奉孔子，与人辩论时，总是刚强坚毅、威武不屈的样子；冉有、子贡在孔子的身边侍奉孔子，与人辩论时，总是平和悦乐、刚直不阿的样子。孔子很高兴，学生们用的都是真性情，没有一点做作。孔子又不禁叹息道："像子路这样子过于刚强，只怕会不能死得其所啊。"

【释】

訚訚 许慎："和悦而诤也。"(《说文》)

訚訚，"和敬面貌。"(《玉篇》)

訚訚，"中正也。"(《玉篇》)平和是中正，恭敬亦是中正也。

行行 行，读如杭。当是刚的假借字。古棣等认为："'行''刚'古音皆入阳部，故可通假。"(《孔子批判·下·论语译注》)

郑玄："行行，刚强之貌。"(《论语郑注》)

"行行，刚健貌。"(《韵会》)义本于与刚字之通假也。

侃侃 "刚直也。"(《集韵》)

皇侃："和乐也。"(《义疏》)

可见这里的"侃侃"，当是指争论时，既刚直不阿又平和悦乐。

子乐 郑玄："乐各尽其性。"(《论语郑注》)

朱熹："乐得英才而教育之。"(《集注》)得天下英才而教育之，本是人生之一大乐事，此说本于孟子。但用于此处，我以为不切。盖孔子未谈才情，而是看到各以其真性情真面目侍孔子也。所以我以为孔子之乐，是弟子纯任自然天真之性。纯任天真自然，不假矫揉造作，此见道之行也，是以乐之。

不得其死然 孔安国："不得以寿终。"(《集解》)不得以寿终，故死不得其所，但杀身以成仁，能谓之不得其"死然"吗？显然不是。子曰："乱邦不居"，卫国明明是乱邦，而子路以亲情故，未听孔子训诫，战死于卫国，正是"不得其死然"也，子之叹诫，竟成谶语。

此章，弟子纯任真性情、真面目，天真自然，孔子乐之。因此，孔子"学而时习之"之所"学"、所"习"及其"学"之目的也不言自明了。

第十四章

11.14 鲁人为长府。闵子骞曰:"仍旧贯,如之何?何必改作?"子曰:"夫人不言,言必有中。"

【译】

鲁国大臣要改建国家仓库。闵子骞说:"仍然维持旧有的规模,怎么样,何必要改建呢?"孔子说:"闵子骞这个人,不轻易说话,一说就必定是深中肯綮。"

【释】

为 "作,造,为也。"(《尔雅·释言》)

邢昺:"为,作也。言鲁人新改作之也。"(《注疏》)

长府 许慎:"府,文书藏也。"(《说文》)

"府,舍也。"(《广雅·释宫》)

郑玄:"长府,藏名也,藏财货曰府。"(《论语郑注》)

据此,"长府"可以视为鲁国国家仓库,"为长府",就是改建国家仓库。

仍旧贯 郑玄:"仍,因也。贯,事也。因旧事则可也,何乃复更改作。"(《论语郑注》)"仍旧贯",就是维持其旧有之规模。

言必有中 "中",读仲。"言必有中",就是所说的话,一定说到关键处,入木三分,恰如其分之类。

鲁国改建国家仓库,劳民伤财,闵子骞悯之,所以说不必改建,维持旧有规模就好了。闵子骞的这种思想,深符孔子从《尚书》那里继承来的国以民为本的政治理念,是以孔子深赞之:"夫人不言,言必有中。"王肃说:"言必有中者,善其不欲劳民改作。"(《集解》)此之谓也。

第十五章

11.15 子曰:"由之瑟,奚为于丘之门?"门人不敬子路。子曰:"由也升堂矣,未入于室也。"

【译】

孔子说:"仲由弹瑟,怎么弹成这个样子,是怎么在我门下学习的啊?"于是孔子的学生中有些人开始不尊重子路。孔子说:"子路的学问已经'登堂'了,只是还没有'入室'。"

【释】

瑟 古乐器，属最早的丝弦乐器，先秦极为盛行。南北朝失传。从出土的古瑟来看，瑟的形状像琴。据说最早的瑟有五十弦。班固说："太帝命素女鼓五十弦瑟，悲，帝禁不能止，故破其瑟为二十五弦。"（《汉书·郊祀记》）从此瑟就只有二十五根弦了（极少二十三或二十四根弦）。瑟由三个尾岳分成三组，计内九、中七、外九。内外九弦的柱位排列较为规则，定弦的音高相同；中七弦的柱位较为紊乱，但也隐约显示出，它与内九弦做音阶级进的连接。古瑟是按五声音阶调弦的，但弦的粗细不同，每弦有一柱，用按弦升高半音的方法可以得到七声音阶。刘向说："瑟者，啬也，闲也，所以惩忿窒欲，正人之德也。"（《白虎通义·礼乐》）

升堂 升，登。"升堂"与下文"入于室"比喻学问之进阶。宫室之制，前为堂，堂后为室，入室必经堂。"登堂入室"作为成语即出于此，常用来比喻学艺深得师传，或指学问由浅入深、循序渐进，从而达到更高的水平。

这一章，说明孔子对事对人，不夹带感情因素。子路是孔子最喜欢的弟子之一，但其瑟弹得不好，孔子就批评他而且批评得很厉害："奚为于丘之门。"可是，当弟子们因子路瑟弹得不好，就不敬重他，孔子对弟子们的这种以其一点而全盘否定的做法，也要加以扼制。所以孔子说："由也升堂矣，未入于室也。"孔子就事论事，无过无不及，其行事原则，完全符合中道，这是我们要细心领会的。

第十六章

11.16 子贡问："师与商也孰贤？"子曰："师也过，商也不及。"曰："然则师愈与？"子曰："过犹不及。"

【译】

子贡向孔子请问："子张与子夏哪一个更加贤明？"孔子说："子张过度了，子夏不及度。"子贡说："这么说，那就是子张贤于子夏了？"孔子说："过度等于不及度。"

【释】

愈 "胜也。"（《玉篇》）

愈，"贤也。"（《广韵》）"师愈"就是说子张比子夏更贤，或者说在贤德方面子张胜过子夏。

犹 裴学海："《诗·小星》首章云：'实命不犹'，次章云：'实命不同'，'犹'亦'同'也，故训'犹'为'同'。"（裴学海《古书虚字集释》）可见这里子张的过贤与子夏的不及贤都是相同的，都不是中道。

关于这一章，孔安国认为："言俱不得中。"（《集解》）

朱熹引尹氏说："中庸之为德也，其至矣乎！夫过与不及，均也。差之毫厘，谬以千里。故圣人之教，抑其过，引其不及，归于中道而已。"可谓要言不烦，深中肯綮。

第十七章

11.17 季氏富于周公，而求也为之聚敛而附益之。子曰："非吾徒也，小子鸣鼓而攻之可也！"

【译】

季康子比周公还要富有，可是冉求还在为季康子孙聚敛财富，从而使季康子的财富更加增多。孔子说："冉求不能算是我的学生了，同学们，你们可以击着鼓去声讨他的罪行，把他赶出我的门墙了。"

【释】

季氏 这里的季氏指的是季康子。

周公 皇侃："周公，天子臣，食采邑于周，爵为公，故谓为周公也，盖周公旦之后也。"（《义疏》）此解"周公"为鲁公也。

朱熹："周公以王室至亲，有大功，位冢宰，其富宜矣。"（《集注》）此说"周公"为周公旦，征之史实，朱说为是。

吾徒 犹言我之同道，非谓门徒。

鸣鼓而攻之 鸣鼓、击鼓，古者攻伐必击鼓以助声威、节进退。"攻之"就是攻击他、声讨他。

这一章，讲的是季康子为了增加财富，于鲁哀公十二年实行的"用田赋"。据《左传》记载，所谓"用田赋"，就是按田地的实际占有量向田地的所有者征收赋税。据孟子说，此一新税制度，使赋税增加了两倍，使用田者更加陷入贫困，这使得抱有要使民众既有丰富的物质基础，又有丰富的精神食粮的（富之教之）为政目的的孔子，不得不发出这么强烈的反对之声，甚至以与自己学生冉求的坚决决裂来表达他对季氏这一不顾民众死活、增加自己财富的政策的坚决反对。

第十八章

11.18 柴也愚，参也鲁，师也辟，由也喭。

【译】

高柴愚直，曾参鲁钝，子张偏激，子路刚猛。

【释】

柴 何晏："弟子高柴，字子羔。"(《集解》)子羔，孔子弟子，少孔子三十岁。

愚 何晏："愚，愚直之愚。"(《集解》)

许慎："戆也。"(《说文》)

张自烈："戆，急直也。"(明·张自烈《正字通》)这里是不知灵活变通。

鲁 许慎："鲁，钝词也。"(《说文》)

孔安国："鲁，钝也。曾子性迟钝。"(《集解》)这里是呆板，不灵活。

辟 马融："子张才过人，失在邪辟之过。"(《集解》)"辟"是"僻"的假借字。僻，有邪僻、偏激义。"师也过"，邪僻是过，偏激亦过也，过于灵活也就陷于诡辩、邪僻。

喭 同"谚"，郑玄："子路之行，失于畔喭。"(《集解》)

刘宝楠引诸书，解"畔喭"即"叛谚""畔援""畔换"。(《正义》)

焦循："跋扈。"(《论语补疏》)

王弼："刚猛。"(《义疏》)

朱熹："喭，粗俗也。"(《集注》)这里是过于刚猛粗鲁的意思。

本章古注家多谓脱"子曰"二字，据文义来看，此条实为孔子之言，脱"子曰"是。刘宝楠说："此节亦夫子所论而不署'子曰'，与前'四科'同。"(《正义》)

本章孔子指出四弟子之性格弱点，即性格之远离中庸。他指出来是为了让他们加强修养，以就中道。

宋儒认为虽同是偏性，但其偏却有高下之分。如朱熹引程子说："'参也竟以鲁得之。'又曰：'曾子之学，诚笃而已。圣门学者，聪明才辩，不为不多，而卒传其道，乃质鲁之人尔。故学以诚实为贵也。'"又引尹氏说："曾子之才鲁，故其学也确，所以能深造乎道也。"(《集注》)

宋儒此说，有欠思考。盖四子之性，均离中道，均是不正。曾参虽传孔子之学，但不可以成败论英雄，是以不可取法。

第十九章

11.19 子曰："回也其庶乎，屡空。赐不受命，而货殖焉，亿则屡中。"

【译】

孔子说："颜回的圣道的境界差不多了吧，却贫穷得几乎一无所有。子贡拒绝接受当官主持商贸，却私下里经营货物贸易，猜测市场行情却往往猜得很准确。"

【释】

庶 庶几，差不多。

孔子说颜回差不多了，颜回什么东西差不多了呢？

何晏："言回庶几圣道，虽数空匮而乐在其中。赐不受教命，唯财货是殖，亿度是非。盖美回所以励赐也。"（《集解》）何晏此释，说颜回离中道的境界差不多了，圣道就是中道，即中庸之道。

屡空 屡，许慎："屡，数也。"（《说文》）

数，王肃："数，近也。"（魏·王肃《孔子家语·贤君·注》）

据此，则"屡空"是说颜回的物质钱财近乎空，差不多是一无所有了。诚如朱熹引范氏所说："屡空者，箪食瓢饮屡绝而不改其乐也。"（《集注》）

不受命而货殖 俞樾："'不受命而货殖'自是一事。古者商贾皆官主之……下至春秋之世，……盖犹皆受命于官也。若夫不受命于官，而自以其财市贱鬻贵，逐什一之利，是谓不受命而货殖。"（《群经平议》）俞说有理有据，当符原义，今采之。

亿则屡中 邢昺："言虽不穷理尽性，但亿度之，幸中其言也。《左传》：'定十五年春，邾隐公来朝。子贡观焉。邾子执玉高，其容仰；公受玉卑，其容俯。子贡曰：'以礼观之，二君者皆有死亡焉。'夏五月壬申，公薨。仲尼曰：'赐不幸言而中。'哀七年，'以邾子益来'，是其屡中也。"（《注疏》）

生存的智慧，后得之智也，习而得之，不习不得。颜回修养虽高，境界亦近圣道，而其生存却十分困难，后得之智慧不足故也。子贡修养"何敢望回"，后得之智却十分丰富，"不受命而货殖，亿则屡中。"孔子言此，示人当注重后得智的培养。

第二十章

11.20 子张问善人之道。子曰:"不践迹,亦不入于室。"

【译】

子张请问好的教人觉悟(学)的方法。孔子说:"不要用现成的方法,也不要直接引入觉悟(学)的最高境界。"

【释】

这一章,古有异解。

一种观点认为是讨论如何作善人的原则或方法。

孔安国:"践,循也。言善人不但循追旧迹而已,亦少能创业,然亦不入于圣人之奥室。"(《集解》)

朱熹:"善人,质美而未学者也。程子曰:'践迹,如言循途守辙。善人虽不必践旧迹而自不为恶,然亦不能入圣人之室也。'张子曰:'善人欲仁而未志于学者也。欲仁,故虽不践成法,亦不蹈于恶,有诸己也。由不学,故无自而入圣人之室也。'"(《集注》)

另一种观点认为是善人当以何道自处。

孔广森:"言问善人之道,则非问何如而可以为善人,乃问善人当何道以自处也。故子告以善人所行之道,当效前言往行,以成其德。譬诸入室,必践陈除堂户之迹,而后循循然至也。盖有不践迹而自入于室者,唯圣人能之。尧舜禅而禹继,唐虞让而殷周诛是也。亦有践迹而终不入于室者,七十子之学孔子是也。若善人上不及圣,而又非中贤以下所及,故苟践迹,斯必入于室;若其不践迹,则亦不能入室耳。"(清·孔广森《经学卮言》)

我认为之所以出现异解,是因为对"善人"的理解错误所致。结合全句,此处的"善人",不是作为名词的好人,作为道德品质优秀的人来理解,而是好的教导人的原则或方法。盖孔子教人之道,首先是无一定之陈规,皆是按弟子的实际情况,因人因时因事,即时指点,此所谓"不践旧迹"者。《论语》上篇大多条文均是如此。后世禅宗教授之法,似得孔子心法。当然,禅师们并不是学自孔子,两者如此相近的原因是天下车同轨,书同文,殊途同归,大道至一的缘故。其次,孔子教人之道是不直接将究竟圆满的境界讲出来,而是令弟子们自己切磋琢磨,自己觉悟(学),

不到一定的时候，是不会和盘托出的。盖非自己觉悟（学），则不亲切，不能得到受用，说食不饱故也。

第二十一章

11.21 子曰："论笃是与，君子者乎？色庄者乎？"

【译】

孔子说："只要言论诚信纯真就支持，他是君子呢？还是伪君子？"

【释】

与　李格非："与，助词，支持。"（《汉语大字典》）"论笃是与"，"论"，言论，言语。"笃"，诚恳，笃实。"论笃是与"，就是只要言语诚恳，笃实，就给予支持。

色庄　"色"，外表，表面上。"庄"，庄严，肃敬。"色庄"，表面肃敬诚肯，内心虚假。所以可视为"伪君子"。

本章何晏、皇侃等将之合为上一章，其义遂混。邢昺说："当是异时之语，故别言'子曰'也。"（《注疏》）朱熹干脆将此章分开，单立一章，解析明白。朱熹说："言但以其言论笃实而与之，则未知其为君子者乎，为色庄者乎，言不可以言貌取人也。"（《集注》）大致上言论笃实之人，行多笃实，但人是最难识别的，孔子以言取人、以貌取人都有过失败的教训，正所谓"以貌取人，失之子羽；以言取人，失之宰羽"也。所以本章重点在教授识人的方法。释智旭说："不但教人勘他。亦是要人自勘。"这是我们学习时所要留心的，自勘自勘，重点在自勘，自勘久之，自会勘人，己都不勘，何以进步，何以勘人。

第二十二章

11.22 子路问："闻斯行诸？"子曰："有父兄在，如之何其闻斯行之？"冉有问："闻斯行诸？"子曰："闻斯行之！"公西华曰："由也问'闻斯行诸'，子曰：'有父兄在。'求也问'闻斯行诸'，子曰：'闻斯行之。'赤也惑，敢问。"子曰："求也退，故进之；由也兼人，故退之。"

【译】

子路问孔子道："接受了正确的观念，就去付诸实践吗？"孔子回答说："有父亲和兄长在，为什么接受了就要付诸实践呢？"冉有问孔子："接受了正确的观念，就去付诸实践吗？"孔子回答说："接受了正确的观念就要去付诸实践。"公西华听到了孔子对两个弟子同一问题的不同回答,非常疑惑,问孔子道:"仲由也是问:'接受了正确的观念,就去付诸实践吗?'您回答说:'有父亲和兄长在。'冉求也是问:'接受了正确的观念,就去付诸实践吗?'您却回答说:'接受了正确的观念就要去付诸实践。'我迷惑了,请问这是什么道理啊,为什么同一个问题会有两个完全不同甚至是相反的回答呢?"孔子说:"冉求性子迟疑,所以要促使他勇决;仲由的性子急躁,所以要抑止一下他,促使他迟缓一点。"

【释】

闻斯行诸 古棣等:"'闻',接受,《战国策·秦策》二:'义渠君曰:谨闻令',高诱注:'闻犹受也';《史记·绛侯周勃世家》:'军中闻将军令,不闻天子之诏',二'闻'字也是'接受'的意思。'斯',副词,相当于'则''就',王引之《经传释词》卷八:'斯,犹则也,乃也'。'行',实行,'诸',疑问助词。"(《孔子批判·下·论语译说》)据此,则直译就是"接受了就付诸实践吗?"

退 "退,迟缓。"(《广雅·释诂》)

韦昭:"退,谦退也。"(三国·韦昭《国语·楚语注》)

可见"退",有不同的义理,当随文以释之。本章前一"退"字,是迟缓,后一"退"字,则是谦退义。

进 鼓励,促进。

兼人 杨伯峻:"孔安国和朱熹都把'兼人'解为'胜人',但子路虽勇,未必'务在胜人';反不如张敬夫把'兼人'解为'勇为'为适当。"(《论语译注》)我以为杨说是。

朱熹引张敬夫说:"闻义固当勇为,然有父兄在,则有不可得而专者。若不禀命而行,则反伤于义矣。子路有闻,未之能行,唯恐有闻。则于所当为,不患其不能为矣;特患为之之意或过,而于所当禀命者有阙耳。若冉求之资禀失之弱,不患其不禀命也;患其于所当为者逡巡畏缩,而为之不勇耳。圣人一进之,一退之,所以约之于义理之中,而使之无过不及之患也。"(《集注》)

本章是孔子中道观在教育中之具体体现也。"求也退,故进之;由也兼人,故退之","退"之与"兼人",皆离中道,故"退"则"进之","兼人"则"退之",令归于中道也已。

第二十三章

11.23 子畏于匡，颜渊后。子曰："吾以女为死矣。"曰："子在，回何敢死？"

【译】

孔子在匡地遭难时，颜回最后才回到孔子的身边。孔子说："我还以为你死了呢？"颜回回答说："先生您还在世，我哪里敢抛下您就死去呢？"

【释】

畏　"畏，难也。"（《广雅·释诂》）

"子畏于匡"，就是孔子在匡地遭难。

后　孔安国："言与孔子相失，故在后。"（《集解》）

子在，回何敢死　邢昺："言夫子若陷于危难，则回必致死。今夫子在，己则无所敢死。言不敢致死也。"（《注疏》）准之逻辑，则子不在，回将赴死以报恩师矣。李卓吾说："'吾以汝为死'，惊喜之辞。'子在，回何敢死'，谁人说得出。方外史曰：'悟此，方知圣人不必恸哭，又知圣人必须恸哭。'"（《论语点睛补注》）

"子在，回何敢死"，道浓于血，道情重于亲情，又不得不知！

第二十四章

11.24 季子然问："仲由、冉求可谓大臣与？"子曰："吾以子为异之问，曾由与求之问。所谓大臣者，以道事君，不可则止。今由与求也，可谓具臣矣。"曰："然则从之者与？"子曰："弑父与君，亦不从也。"

【译】

季子然问孔子道："仲由、冉求可以称得上是大臣吗？"孔子说："我以为您问得太奇怪了，您竟然问仲由与冉求可不可以称为大臣。所谓的大臣，是指用中道来侍奉君主，如果不能用中道侍奉，就停止为臣辞去其职位。现在的仲由与冉求，可以称得上是会办事的臣子罢了。"季子然又问："既然如此，那么他们可以算得上是服从上级的吧？"孔子道："杀父亲、杀君主的事情，他们也不会顺从的。"

【释】

季子然　孔安国："子然，季氏子弟。"（《集解》）

异之问　"异，怪也。"（《玉篇》）

"异,奇也。"(《广韵》)

"异之问",就是问得太奇怪了。

曾 李格非:"竟也。"(《汉语大字典》)

具臣 许慎:"具,共置也。"(《说文》)

"具,备也。"(《广雅·释诂》)

"具,办也。"(《广韵》)

据此,则所谓"具臣",就是会办事的臣,用后世的话讲,叫作干练之臣。

亦 "亦,从也。"(《广韵》)

"从,皆也。"(《集韵》)"亦不能从也",就是弑父与君都不能从也。

本章季子然,戴望认为是季襄(清·戴望《论语注》)。季襄是季康子之子弟,其问孔子其实所代表的就是季康子。子路曾为季氏家臣,冉有现为季氏家臣,"仲由、冉求可谓大臣与",此问为试探孔子,孔子的回答不软不硬,既表达了自己一以贯之的为政理念,也表达了对季氏不臣之不满。"所谓大臣者,以道事君,不可则止",掷地作金声,一以道为准则,可见孔子一生的价值标准完全建立在中道上。从这里我们也可以看出后儒所宣扬的忠君思想其实是与孔子的忠君思想背道而驰的。在孔子这里没有绝对,只有中道。

第二十五章

11.25 子路使子羔为费宰。子曰:"贼夫人之子。"子路曰:"有民人焉,有社稷焉。何必读书,然后为学?"子曰:"是故恶夫佞者。"

【译】

子路派子羔去做费地的行政长官。孔子说:"这简直是害人子弟。"子路说:"那个地方有老百姓,有政府,有土地和五谷,可以在治理百姓和祭祀神灵的过程中明白事理,为什么一定要读书才明白事理呢?"孔子说:"这就是我讨厌花言巧语的原因。"

【释】

贼夫人之子 "贼,伤害人也。"(《玉篇》)

包咸:"子羔学未熟习,而使为政,所以为贼害。"(《集解》)

"贼夫人之子",就是伤害他人的儿子。

本章记录的虽只是子路就子羔为费邑的行政长官与孔子的争辩,但实际上是两种为政用人思想的尖锐对立。孔子的为政用人，一定是用学识修养都达到了一定的程度的人。"学而优则仕"，虽是子夏说的，但却是真正地代表了孔子为政用人的原则。也就是说为政一定要任贤与能。子路在这里表达的是一种在实践中不断学习、不断完善的用人思想，不一定要先有准备。孔子的行政用人原则，是孔子行事原则（《中庸》"豫则立"）在行政用人方面的具体反映。

子路的这种思想后来被毛泽东用来培养军事指挥员，即所谓的"在战争中学习战争"，为中国共产党红色武装的发展与壮大培养了大量的军事指挥员。当然，子路的这种用人思想，只有在不得已的情况下才能使用，因为这种思想需要付出惨重的代价，有时甚至是生命的代价。

第二十六章

11.26 子路、曾晳、冉有、公西华侍坐。子曰："以吾一日长乎尔，毋吾以也。居则曰：'不吾知也！'如或知尔，则何以哉？"

子路率尔而对曰："千乘之国，摄乎大国之间，加之以师旅，因之以饥馑，由也为之，比及三年，可使有勇，且知方也。"夫子哂之。

"求，尔何如？"对曰："方六七十，如五六十，求也为之，比及三年，可使足民；如其礼乐，以俟君子。"

"赤，尔何如？"对曰："非曰能之，愿学焉。宗庙之事，如会同，端章甫，愿为小相焉。"

"点，尔何如？"鼓瑟希，铿尔，舍瑟而作。对曰："异乎三子者之撰。"子曰："何伤乎？亦各言其志也。"曰："莫春者，春服既成。冠者五六人，童子六七人，浴乎沂，风乎舞雩，咏而归。"夫子喟然叹曰；"吾与点也！"

曾晳曰："夫三子者之言何如？"子曰："亦各言其志也已矣。"曰："夫子何哂由也？"曰："为国以礼，其言不让，是故哂之。""唯求则非邦也与？""安见方六七十，如五六十，而非邦也者？""唯赤则非邦也与？""宗庙会同，非诸侯而何？赤也为之小，孰能为之大？"

【译】

子路、曾晳、冉有、公西华侍奉孔子，坐在孔子的旁边。孔子说："我年龄比你们大一些，你们不要因为我年长而不敢坦率地回答我的问题。你们平时常说：'没人了解我呀！'假如有人了解你们，那你们要怎样去做呢?"

子路仓促地抢先回答:"一个有一千辆兵车的国家,夹在大国的中间,常常受到外国的军队的威胁,加上国内闹饥荒,让我去治理这个国家的话,只要三年,就可以使人们勇敢善战,而且懂得礼仪。"孔子听了,微微一笑。

孔子又问:"冉求,你想怎么做呢?"冉求答道:"国土方圆有六七十里或五六十里大小的国家,我来治理,等到三年,就可以使百姓富有。至于这个国家的礼乐教化,就要等君子来施行了。"

孔子又问:"公西赤,你准备怎么样做呢?"公西赤答道:"不是说我有什么才能够做得怎么好,只是我愿意学习罢了。在宗庙祭祀的活动中,或者在同别国的盟会中,我愿意穿着礼服,戴着礼帽,愿意做国君的一个小小的助手。"

孔子又问:"曾晳,你计划怎么样做呢?"这时曾晳正在弹瑟,听到先生问他,"铿"的一声响,瑟戛然停止,他把瑟放下站起来回答道:"我想要做的和他们三位想要做的完全不一样。"孔子说:"那有什么关系呢?各人讲讲自己的志向嘛?"曾晳说:"我希望的是在暮春的三月里,已经穿单薄的春天的衣服了,和五六位青年,六七个少年,到沂河边去踏踏青;在沂河里去游游泳,到舞雩台上吹吹风,一路上高高兴兴地唱着诗歌回来。"孔子长叹一声说:"我赞同曾点。"

子路、冉有、公西华三个人都出去了,曾晳后走。他问孔子说:"他们三人的话怎么样?"孔子说:"也就是各自谈谈自己的志向罢了。"曾点说:"夫子为什么要笑仲由呢?"孔子说:"治理国家要依礼,可是他说话却一点也不谦让,所以我笑他。"曾点又问:"那么冉求讲的就不是治理国家吗?"孔子说:"哪里看见方圆六七十里或五六十里的地方,就以为那不是一个国家呢?"曾点又问:"公西赤讲的就不是治理国家吗?"孔子说:"宗庙祭祀和诸侯会盟,难道这不是诸侯治理国家当做的事吗?公西赤这样的人如果只能做国君的小助手,那谁又能做国君的大帮手呢?"

【释】

这一章历来被选入语文课本,人人熟习,字词句我就不解释了。本章表面上是孔子的四位弟子自由自在地畅谈人生理想。而实际上孔子自己也参入其中,因此我们可以看到孔子师徒们的人生理想或人生志向。我们从"吾与点也"一句来看,孔子与其学生曾晳等对生命的理解是多么的透彻。

"莫春者，春服既成。冠者五六人，童子六七人，浴乎沂，风乎舞雩，咏而归。"从中彰显的是鲜活、快乐的生命，可谓生机盎然，活活脱脱。其中："春""冠者""童子"，这是生，是活活泼泼的生机，"生生之谓易""天地之大德曰生"啊。"浴乎沂，风乎舞雩"，这是享受，是对生机茂盛的生命的享受。"咏而归"，这是愉悦，是快乐，这不是为了快乐而去寻找的感官刺激的所谓快乐，而是和生命本具的快乐，或者说与生俱来的生命之乐的自然呈现，是生命自己的本质要求。只有这样的生命，才是真正的生命；只有这样的生命，才是生命的价值所在；只有这样的生命，才不是糟蹋人生，浪费生命。我们多少人，将生命放在了对名利的追求上，在他们的眼中，心中除了名利还是名利，哪里还有生命存在的意义，哪里还看得到生命的价值，哪里还能够体味一下真生命的味道，哪里还能够找得到一点生机盎然、活泼快乐的人生境界的影子？每当读到此处，想起这些时，我总是禁不住一声长叹！

江谦说："先言鼓瑟，次言希，次言铿尔，次言舍瑟，而后言作，写出曾点从容不迫气象。希是瑟声渐淡；铿尔是弦外余音；舍瑟是安置得所；作是答问之礼；春是生机盎然；冠者童子，是作圣之基；浴乎沂，风乎舞雩，咏而归，内外清净，是养正之道。政化及于一时，教泽流于万世，政教不可偏废。故孔子叹曰，吾与点，而亦兼赞由、求、赤、之能为邦也。"（《论语点睛补注》）此说亦甚准乎理，可备一说。

颜渊第十二

第一章

12.1 颜渊问仁。子曰："克己复礼为仁。一日克己复礼，天下归仁焉。为仁由己，而由人乎哉？"颜渊曰："请问其目。"子曰："非礼勿视，非礼勿听，非礼勿言，非礼勿动。"颜渊曰："回虽不敏，请事斯语矣！"

【译】

颜渊向孔子请教"仁"。孔子说："战胜自己的私欲，行为符合于'礼'，是'仁'。一旦战胜了自己的私欲，则满天下都称得上是'仁'的境界了。提升到'仁'的境界，完全得靠自己，能够靠他人吗？"颜渊说："请问战胜自己私欲最简要的方法是什么？"孔子说："不符合'礼'的事不要去看，不符合'礼'的话不要去听，不符合'礼'的话不要去讲，不符合'礼'的事不要去做。"颜渊说："我颜回虽然不敏达，但愿意去践行您的这些话。"

【释】

克己复礼为仁 左丘明："仲尼曰：'古也有志：克己复礼，仁也。'信善哉！"（《左传·昭公十二年》）由此可见"克己复礼为仁"，当是自古留传下来的格言。

克己 "克，胜也。"（《尔雅·释诂》）

马融："克己约身。"（《集解》）

皇侃："克，犹约也。"（《义疏》）

可见"克己"就是战胜自己、约束自己。战胜、约束自己的什么呢，当然是行为。人的行为分为身口意，身口的行为可以用约束，心意的行为用约束就显得勉强了，所以心意的行为当用战胜，古语用一"克"字，何其精妙。朱熹从身口意三种行为，意为主导的角度说："克，胜也，己谓身之私欲也。"（《集注》）本无可厚非，但阮元受西方文化影响，思维发生问题，不能理解朱说，所以他反驳说："颜子克己，'己'字即是自己之

'己'，与下文'为仁由己'相同，若以克己'己'字解为私欲，则下文'为仁由己'之'己'断不能再解为私，与上文辞气不相属矣。且克己不是胜己私也，克己复礼本是成语，夫子既引此语以论楚子，今又引以告颜子，虽其间无解，而在《左传》明明有'不能自克'，作'克己'对解。克者，约也，己者，自也，何尝有己身私欲重烦战胜之说？"（清末·阮元《仁说》）其实朱熹并没有错，就"克己"而言，朱熹认为是胜己身之私欲，虽不全面，但他已抓住了事物的本质，是可以解说得通的，且扬雄有"胜己之私之谓克"（《法言》）的定义，朱熹的说法于古也是有征的。

复礼 孔安国："复，反也。身能反礼，则为仁矣。"（《集解》）"反"是"返"的假借字，"身能反礼"就是身心行为返于礼。"反礼"，则说明礼是身心本具的，只是失去了，现在回来了，所以用"反"。

归 刘宝楠："《汉书·王莽传》赞：'宗族称孝，师友归仁。'《后汉书·郎𫖮传》：'昔颜子十八，天下归仁。'并以'归仁'为称仁。"（《正义》）据此，则"天下归仁"就是天下都可以称之为仁。

目 刘宝楠："凡行事撮举总要谓之目。"（《正义》）

不敏 "敏，聪也，达也。"（《广韵》）自谦之词。

请事斯语

请 古棣等："'请'，愿意。《韩非子·外储说下》：'不当，请伏斧（金质）之下'，'请'即愿意的意思。"（《孔子批判·下·论语译说》）

事 从事，照着做。

斯 "斯，此也。"（《尔雅·释诂》）这里也就是现代汉语中的"这"。

本章乃儒门契入仁者境界之要妙、诀窍、秘钥。盖仁乃本心之妙用，只因私欲遮蔽，不能显露，是以战胜自己之私欲，即所以恢复本心本具之妙用耳。本心本具之妙用一复，即是仁心之显露无遗，以仁心之眼而观天下，则天下无不可以称之为仁，天下无不是仁矣，诚所谓"淫怒痴即戒定慧"（《大方广佛华严经》）也。此盖为上根利智之人所说，然则颜子知下智钝根不能领悟，所以为我等愚顽之人，请问契入仁者境界的下手方法，而且是简明扼要的总持法门。"非礼勿视，非礼勿听，非礼勿言，非礼勿动。"从视听言动入手，虽总持之要妙，亦下根之末技也。我等学人，无论其根之利钝，都当学颜渊，"请事斯语"，以渐入仁境也。

难怪蕅益大师将本条解为："颜渊问仁。（僧问和尚如何是佛。）子曰：

'克己复礼，为仁。一日克己复礼，天下归仁焉。为仁由己，而由人乎哉！'（和尚答曰。只你便是。）颜渊曰：'请问其目。'（僧又问曰。如何保任。）子曰：'非礼勿视。非礼勿听。非礼勿言。非礼勿动。'（和尚答曰。一翳在目。空华乱坠。）颜渊曰：'回，虽不敏，请事斯语矣。'（僧礼拜。）"

　　蕅益大师说："克，能也，能自己复礼，即名为仁。一见仁体，则天下当下消归仁体，别无仁外之天下可得。犹云十方虚空，悉皆消殒，尽大地是个自己也，故曰由己。由己，正即克己。'己'字，不作两解。夫子此语，分明将仁体和盘托出，单被上根，所以颜子顿开妙悟，只求一个入华屋之方便，故云请问其目。目者，眼目，譬如画龙须点睛耳，所以夫子直示下手工夫，正所谓'流转生死，安乐涅槃，唯汝六根，更非他物'。视听言动，即六根之用，即是自己之事，非教汝不视不听不言不动，只要拣去非礼，便即是礼。礼复，则仁体全矣。古云：但有去翳法别无与明法。经云：'知见立知，即无明本，知见无见，斯即涅槃。'立知，即是非礼。今勿视勿听勿言勿动，即是知见无见也。此事人人本具，的确不由别人，只贵直下承当，有何利钝可论。故曰：'回虽不敏，请事斯语矣。'从此三月不违，进而未止。方名好学，岂曾子子思，所能及哉？"（《论语点睛》）蕅益法师真是一语道破天机。孔子呀孔子，您怎么搞到千年以后，才在僧家队伍里得了个知音？"颜渊死，子恸矣""天丧予天丧予！"得蕅益，子当不恸矣。

第二章

12.2　仲弓问仁。子曰："出门如见大宾，使民如承大祭。己所不欲，勿施于人。在邦无怨，在家无怨。"仲弓曰："雍虽不敏，请事斯语矣。"

【译】

　　仲弓向孔子请教仁。孔子说："出门做事要像接待尊贵的宾客那样恭敬严肃；役使民众要像承当重大的祭祀那样严敬恭慎；自己不愿意接受的，不要强加给他人；在国家做事没有什么怨恨，在家里做事没有什么怨恨。"仲弓说："我冉雍虽然不敏达，但愿意去践行这些话。"

【释】

在邦　包咸："在邦为诸侯。"（《集解》）

刘宝楠："在邦谓仕于诸侯之邦。"（《正义》）

"在邦"，本义是在诸侯家里任职，于今天可以看成是在单位做事。

在家 包咸："在家为卿大夫。"(《集解》)

刘宝楠："在家谓仕于卿大夫之家也。"(《正义》)

前人之释如此不同，但我认为"在家"不必理解为"卿大夫可仕于卿大夫之家"，即理解为"平日居家或者说在家里可也"。

这一章以"己所不欲，勿施于人"为核心。"己所不欲，勿施于人"，以"出门如见大宾，使民如承大祭。在邦无怨，在家无怨"为内容。"己所不欲，勿施于人"，恻隐之心也。"恻隐之心，仁之端也"(《孟子》)，所以孔子告诫弟子为仁之道，先存一"己所不欲，勿施于人"之心，如是存心，仁心才有可能发露，仁芽才有可能生长，仁道才有可能证成。

"出门如见大宾，使民如承大祭"，讲的是诚敬。孔安国说："为仁之道，莫尚乎敬。"(《集解》)诚哉，斯言。印光大师说："有一分诚敬，即有一分收获。"(释印光《增广文钞》)

"在邦无怨，在家无怨"，平等心之证也，亦契入仁道之境也。蕅益大师说："邦家无怨。即是天下归仁之意。"(《论语点睛》)"天下归仁"，正是仁心发露之境界。

此一章为中根人指出成就仁道的次第，即从诚敬入手，渐渐存养出不忍之心，渐修渐养，直至发露仁心，契入仁境。

当自己的仁心发露时，天下之仁心即已尽露。佛教天台宗祖师智者大师请其师慧日禅师出山度众生时，禅师即问智者大师，哪里有众生可度？是以在贤圣人眼中，天下人皆是贤圣，菩萨眼中天下众生皆是菩萨，佛眼中皆是佛也。此"一日克己复礼，天下归仁焉"之要义所在。

第三章

12.3 司马牛问仁。子曰："仁者，其言也讱。"曰："其言也讱，斯谓之仁已乎？"子曰："为之难，言之得无讱乎？"

【译】

司马牛向孔子请教仁。孔子说："一个契入了仁的境界的人，让他讲清仁的境界是很困难的。"司马牛说："讲不清仁的境界，这就算是仁了吗？"孔子说："做到仁很困难，讲清楚仁岂能不困难？"

【释】

司马牛 孔子弟子，宋国人。据《史记·仲尼弟子列传》中"司马耕，字子牛"，即桓魋的弟弟。

讱 "讱，顿也。"（《说文》）

孔安国："讱，难也。"（《集解》）

"顿"，即"钝"的假借字。谓"顿"与"钝"同，引申为难。"仁者，其言也讱"，就是仁者讲清楚仁比较困难。

得 能，岂能。言讱者，知也，为之者，行也。

这一章，言知行之事，知之艰，行之尤艰。

刘宝楠："谓仁者不轻言仁也。"（《正义》）

其一，仁者言行一如，是以不轻易言之。其二，孔子说："刚毅木讷近仁"，这里的"其言也讱"，"讱"，不就是木讷吗？而"司马牛多言而躁"（《史记》），所以孔子对症下药，以"仁者，其言也讱"戒之。

朱熹："讱，音刃。讱，忍也，难也。仁者心存而不放，故其言若有所忍而不易发，盖其德之一端也。夫子以牛多言而躁，故告之以此。使其于此而谨之，则所以为仁之方，不外矣。牛意仁道至大，不但如夫子之所言，故夫子又告之以此。盖心常存，故事不苟，事不苟，故其言自有不得而易者，非强闭之而不出也。杨氏曰：'观此及下章再问之语，牛之易其言可知。'程子曰：'虽为司马牛多言故及此，然圣人之言，亦止此为是。'愚谓牛之为人如此，若不告之以其病之所切，而泛以为仁之大概语之，则以彼之躁，必不能深思以去其病，而终无自以入德矣。故其告之如此。盖圣人之言，虽有高下大小之不同，然其切于学者之身，而皆为入德之要，则又初不异也。读者其致思焉。"（《集注》）

第四章

12.4 司马牛问君子。子曰："君子不忧不惧。"曰："不忧不惧，斯谓之君子已乎？"子曰："内省不疚，夫何忧何惧？"

【译】

司马牛向孔子请教君子的境界。孔子说："君子没有忧愁，没有恐惧。"司马牛说："没有忧愁，没有恐惧，这就是君子了吗？"孔子说："自己问心无愧，还有什么可以忧愁可以恐惧的呢？"

【释】

内省不疚 包咸："疚，病也。自省无罪恶，无可忧惧。"（《集解》）

孔安国："牛兄桓魋将为乱，牛自宋来学，常忧惧，故孔子解之。"（《集解》）也就是说，司马牛因其兄桓魋将为乱而常怀忧惧，故孔子以

"君子不忧不惧"解之,告知司马牛,各人吃饭各人饱,各人因果各人了,只要自己问心无愧就行。

我们常人,常怀忧惧,所谓"人生不满百,常怀千岁忧"者是也。"君子不忧不惧",君子者,觉悟之人也,仁人也。其"不忧不惧"者,首在乐天知命,诚如印光大师说:"天下事,皆有因缘,其事之成与否,皆其因缘所使,虽有令成令坏之人,其实际之权力,乃在我之前因,而不在彼之现缘也。明乎此,则乐天知命,不怨不尤,素位而行,无人而不自得矣!"(《印光法师文钞》)

君子者,能够做到只要自己所做的事对得起自己的良心与责任心即可,对于别人的赞叹与批评可以不管。就个人的生活而言,只要自己活得心安,对得起自己的良心,对别人的说法、看法就可以不管。对待事业,一般是只问耕耘,不问收获,"尽人力而听天命",得失都可以不管。他们也不会不管别人的是非、对错、善恶。因为他们明白:各有各的遭遇,各有各的因缘,各负各的因果。他们没有太强的优越感,没有太强的自尊心、好胜心、逞强心,因为他们知道这一切也都只是因缘不同而已。他们一定是谦虚的,所以既可以不断地进步,也不会树立敌人。因此,他们自能活得心安理得,不忧不惧。

第五章

12.5 司马牛忧曰:"人皆有兄弟,我独亡。"子夏曰:"商闻之矣:死生有命,富贵在天。君子敬而无失,与人恭而有礼;四海之内,皆兄弟也。君子何患乎无兄弟也?"

【译】

司马牛忧心忡忡地说:"人人都有兄弟,只有我没有。"子夏说:"我知道的道理是:人何时死何时生是命运决定的,富足与尊贵是生下来就决定了的。君子处事慎重而没有过失,对人恭敬而有礼貌,则四海之内都是兄弟,君子何必担忧没有兄弟呢?"

【释】

人皆有兄弟,我独亡 杨伯俊:"自来的注释家都说这个司马牛就是宋国桓魋的兄弟。桓魋为人很坏,结果是谋反失败,他的几个兄弟也都跟着失败了。其中只有司马牛不赞同他这些兄弟的行为。但结果也是逃亡在外,死于道路(事见《左传·哀公十四年》)。译文姑且依据这种说法。但我却认为，孔子的学生司马牛和宋国桓魋的弟弟司马牛可能是两个不同的人，难以混为一谈。第一，《史记·仲尼弟子列传》既不说这一个司马牛是宋人，更没有把《左传》上司马牛的事情记载进去，太史公如果看到了这类的资料而不采取，可见他是把两个司马牛作不同的人看待的。第二，说《论语》的司马牛就是《左传》的司马牛者，始于孔安国。孔安国又说司马牛名犁，又和《史记·仲尼弟子列传》说司马牛名耕的不同。如果孔安国之言有所本，那么，原本就有两个司马牛，一个名耕，孔子弟子；一个名犁，桓魋之弟。但自孔安国后的若干人，却误把名犁的也当作孔子学生了。姑识于此，以供参考。"（《论语译注》）此考证持之有据，可取。

失 俞樾："失，当读为佚。……言君子敬而无敢佚乐也。'敬而无失'与'恭而有礼'对文，无佚申言敬，有礼申言恭也。"（《群经平议》）"君子敬而无敢佚乐"，这是理学兴起以后的儒者，但"莫春者，春服既成；冠者五六人，童子六七人，浴乎沂，风乎舞雩，咏而归。"佚乐乎，生命之真乐也。

本章的"死生有命，富贵在天"是中国传统文化中很重要的一个方面。子夏此言，不管是从孔子处闻知还是其他行径闻知，都说明这在当时一种很流行的观念。一般人认为这是一种消极的命定论思想，但我不这样认为。一者"富贵在天"的"天"，不能作"天帝"讲，而应该作"本来如此、自然而然"讲，如天性之类。再者，结合孔子"五十而知天命""七十而从心所欲"来看也不是命定论（如果将"天命"理解为天帝规定的命运，那么又怎么可以"从心所欲"呢？）。三者，既然一切都是命定，那朋友的多少也就预先定下来了，又怎么可以通过自己的"敬而无失，与人恭而有礼"的修养而达到"四海之内，皆兄弟也"的结果呢？

本章"四海之内皆兄弟"，是儒家文化很独特的一个方面，已成为中华民族优秀的文化传统。不是只有血缘关系的兄弟是亲人，只要我们将对兄弟的友爱扩大，对人"敬而无失，恭而有礼"，我们就可以达到"四海之内皆兄弟"。

这一章还说明，血缘关系的兄弟是自然现象，没有我们选择的余地，但只要我们加强修养，我们就可以与普天下之人都成为朋友。

第六章

12.6 子张问明。子曰："浸润之谮，肤受之愬，不行焉，可谓明也已矣。浸润之谮，肤受之愬，不行焉，可谓远也已矣。"

【译】

子张向孔子请教怎样才是慧见明达。孔子说："如果像水一样渐渐浸润、慢慢渗透的谗言，像切肤之痛一样的利害相关的谤语，在一个人面前都行不通，这个人就可以称之为聪明洞达；像水一样渐渐浸润、慢慢渗透的谗言，像切肤之痛一样的利害相关的谤语，在一个人面前都行不通，这个人可以称之为有远见了啊。"

【释】

明 刘宝楠引《荀子·解蔽》篇"传曰：知贤之谓明"。及《春秋繁露》《汉书·五行志》等文献后说："明者，言任用贤人，能不疑也。"（《正义》）

由此可见，此处之所谓明，当是指明理达事、洞察秋毫而又有定力，也就是我们在第一篇中所讲的"能明之德"。

浸润之谮 郑玄："谮人之言，如水之浸润，渐以成之。"（《论语郑注》）"浸润"，就是像水一样，慢慢地日积月累地逐渐影响。

肤受之愬 愬，"愬，谗也。"（《玉篇》）与前"谮"，互文见义。邢昺说："夫水之浸润，渐以坏物，皮肤受尘，渐成垢秽。谮人之言，如水之浸润，皮肤受尘，亦渐以成之，使人不觉知也。若能辨其情伪，使谮愬之言不行，可谓明德也。"（《注疏》）

这里主要讲的是渐以成之，所以难辨。而马融"肤受之愬，皮肤外语，非其内实"之说，则不是"渐"而是"急切"之意，虽外真而内假之言，亦不能聚辨。但我以为，愬是指谗者，从我们的切身利益进谗，利用我们的利害关系进谗，则我们被私欲遮目，不能辨别。

远 朱熹："二者难察而能察之，则可见其心之明，而不蔽于近矣。"（《集注》）吾从朱说，此处之"远"是指远见。

本章举例说明能明之德的德能作用，即使是"浸润之谮，肤受之愬"，亦能明察秋毫，不为所动。

第七章

12.7 子贡问政。子曰："足食，足兵，民信之矣。"子贡曰："必不得已而去，于斯三者何先？"曰："去兵。"子贡曰："必不得已而去，于斯二者何先？"曰："去食。自古皆有死，民无信不立。"

【译】

子贡向孔子请教行政要达到的目的。孔子说:"有足够的维护身命生存的粮食,有足够的维护身命生存的军事力量,民众有信仰的对象。"子贡说:"实在没有办法达到这三个目的,要去掉一个,那么在这三个中间,哪一个可以最先去掉呢?"孔子说:"去掉足够的维护身命生存的军事力量。"子贡又说:"实在没有办法达到这两个目的,要去掉一个,那么在这二者中间,哪一个可以先去掉呢?"孔子说:"去掉维护身命生存的粮食。自古以来,人都是要死的,但人如果在内心里没有了所信仰的对象,那么人们就不能以'人'的名义确然存立于天地之间了。"

【释】

足食 足够的粮食,就是维护生命生存的基本需要。

足兵 许慎:"兵,械也。从廾持斤,并力之貌。"(《说文》)这是的"兵"为兵器。

刘宝楠:"兵本战器,因而执兵之人亦曰兵。"(《正义》)这是释"兵"为兵士。综合二家,此处的"兵"可理解为足够的军事实力,其实就是维护身命安全的基本需要。

民信之 一般理解为民众对统治者的信仰或者说信心,但"民信之"这句话是紧挨着"足食、足兵"而言的,显然"足食、足兵、民信之"三者是并列的关系。"足食"是人之身命生存的基本需要,"足兵"是人之身命安全的基本需要,怎么"民信之"一下子就变成了民众对政府的信仰或信心了呢?这显然是讲不通的。因此,我认为这里的"民信之"当是指人之心命的安立需要。"足食、足兵"是维护身命的基本需要,"民信"是维护心命的基本需要。这样三者的并列关系就文从字顺了。所以我认为"民信之"其实是指民众所信仰的。

一般人认为本章是讲为政的原则,但我认为是讲为政的目的。"足食、足兵、民信",这都不能算原则,只能算目的。那种把本章理解为行政的原则,把"民信"理解为对行政者的信任,我认为是有很大的问题的。一个治理国家的统治集团,连老百姓维护身命生存的、基本需要的粮食都没有了,人都要饿死了,还谈什么对统治集团的信任,相信孔子也不会不现实到如此的地步。因此,我不同意这样的解读。

本章提出的"民信"是一个关于人的存在的非常本质性的问题,因为人即使是饿死也不能没有"信",可见孔子在这里是将此"信",作为人之所以为人的根据，这就很有点宗教的味道了。当代学人余治平解释本章说："子贡试图把与人的生存相关的东西逐层剥落下来，找出能够使人生获得意义的最后的终极存在。孔子给他的答案是'信'。这段对话最能体现出孔门儒学的本体归宿，可谓高妙之绝，程子对这段对话的评价甚高：'非子贡不能问，非圣人不能答。'在孔子看来，对于寻常百姓的普通人生来说，'兵'与'食'当然是生存在世所不可或缺的物资条件，没有它们无疑就没有存在的基础。但是作为人，仅仅有这么一点还不够，还远远不能成其为人，因为一般的动物也离不开这些物资条件。人之所以为人，不在于其与其他种属同有的动物性，而毋宁在于其所独有的超越性。而'信'正是人的这种超越性的一个重要方面。……

在人生的过程中，衣食住行固然必不可少，但还有比这些东西更为重要、更有意义的事情，并且这些东西才是我们的规定，才是我们生存的最高依据和最后屏障之所在。有信才谈得上真正的人的生存，而没有信则虽生犹死。朱熹说：'民无食必死，然死者人之必不免。无信则虽生而无以自立，不若死之为安。故宁死而不失信于民，使民亦宁死而不失信于我也。'信是人在生存世界里建功立业、确定自我的源泉，是我们立足的根基，没有信我们就无法找到我们的'所是'。在这一意义上，我们就可以获得对孔子的'朝闻道，夕死可矣'以及孟子的'舍生取义'的进一步的理解：为什么我们愿意用生命的死亡去换取我们存在的本根？因为我们一旦掌握了这个本根，哪怕马上就死也是值得的。一朝顿悟，豁然开朗，整个人生的道理便全部明白了。……

理性和善性都靠不住，都有可能欺骗我们，或者被我们所欺骗，只有我们心里最相信的东西才是最踏实的。人生在世，不同的生存经历，可以衍生出不同的'信'，可以'你信你的，我信我的'，但无论如何，人总得要信点什么。人不可能是纯粹的真空，人心总得有个安顿处，总得有个落实的地方，这就是人的'根'。……信直接就是处在人心中的，与人的最本真的心体是统一无分的。而宗教则是后起的，是派生性的，是信流出心体之后、进入现象世界的结果。……宗教的根基在于信，但是信并不等于就是宗教。……信比任何后出的宗教更接近人，它简直就是我们全部的心之所是。……孔子说：'人而无信，不知其可也，大车无輗，小车无軏，其何以行之哉！'（《为政》）……人何以是人？当在于信。信是人活在世间的理由，是我们之所以能够站立起来的主心骨。没有信，没有信本体的支撑，人也不再是其'所是'。"（余治平《唯天唯大——建基于信念本体的董仲舒哲学研究》）余氏此释，可谓是本章的最佳解读。

第八章

12.8 棘子成曰："君子质而已矣，何以文为？"子贡曰："惜乎！夫子之说君子也！驷不及舌。文犹质也，质犹文也。虎豹之鞟犹犬羊之鞟。"

【译】

卫国大夫棘子成说："君子只要有尊礼行礼的思想意识就行了，为什么还要去遵守那些表面上的形式呢？"子贡说："可惜啊，您这样论君子！用四匹马驾的快车去追赶，也追不回您的过失。现象可以说是本质的外在表现，本质要以一定的现象表现出来。去掉毛的老虎皮、豹子皮好像去掉毛的狗皮、羊皮一样，就难以区别开来了。"

【释】

棘子成 郑玄："旧说云：棘子成，卫大夫。"（《集解》）

驷不及舌 许慎："驷，一乘也。"（《说文》）这里指四匹马所驾之车，比喻错误之言一出于舌，虽以四匹马所驾之车追之，也是追不回来了的。此"一言既出，驷马难追"成语之所出也。

鞟 孔安国："皮去毛曰鞟。虎豹与犬羊别者，正以毛文异耳。今使文质同者，何以别，虎豹与羊犬邪？"（《集解》）这说明老虎、豹子、狗、羊的皮的区别正是它们外表皮毛的样子不同，如果把它们的毛去掉，那又凭什么来区别它们呢？

文犹质也，质犹文也 这是一个现象与本质，或者说内容与形式统一性的一般性哲学命题。子贡在这里用动物的皮比喻"质"，用动物的毛比喻"文"，借以说明有什么样的"质"就会有什么样的"文"，有什么样的"文"，就有可能有什么样的"质"，"文"与"质"是统一的。有些人常说："我只要心中有佛，酒我照喝，肉我照吃，我杀我的生……"这哪里是心中有佛的样子！其杀盗淫妄之"文"又哪里是清静慈悲之"质"？清静慈悲之"质"，又怎么会出现杀盗淫妄之"文"呢？当然特殊情况（如已真正证道）例外，如济公和尚之喝烧酒、吃狗肉。

第九章

12.9 哀公问于有若曰："年饥，用不足，如之何？"有若对曰："盍彻乎？"曰："二，吾犹不足，如之何其彻也？"对曰："百姓足，君孰与不足？百姓不足，君孰与足？"

【译】

鲁哀公问有若说："年成歉收，民众饥荒，财政经费不够用，有什么办法呀？"有若回答说："为什么不实行十之一的税率呢？"哀公说："实行十之二的税率，我还不够用，哪里能够实行十之一的税率呢？"有若回答说："百姓的费用充足了，您怎么会不充足呢？百姓的费用不足，您又怎么会充足呢？"

【释】

彻 郑玄："盍，何不也。周法什一而税谓之彻，彻，通也，为天下之通法。"（《集解》）这里的意思是收取十分之一的税率制度。

二 孔安国："二谓什二而税。"（《集解》）这里的意思收取十分之二的税。

这一章有若提出了一个国家财政收入与个人收入的关系问题。有若主张国家财政收入要同个人的收入相联系，要充分考虑民众的个人收入。只有民富了，国家的富强才是真正的富强；否则国家的财政积累再多，民众贫穷了，国家也不会永久富足，更不可能强大。由此可见，以民为基、以民为主的执政理念是我国自古以来的优良传统，从《尚书》、从"什一而税"的"周法"来看，这是十分明确而无须证明的。在这里，有若传达的是孔子的一贯主张，即站在对方的立场考虑问题。己方，执政者；对方，百姓，百姓"足"即己"足"，这正是自他不二的中道思想在为政中的具体体现。

第十章

12.10 子张问崇德、辨惑。子曰："主忠信，徙义，崇德也。爱之欲其生，恶之欲其死。既欲其生，又欲其死，是惑也。'诚不以富，亦祇以异。'"

【译】

子张向孔子请教修身与辨别人格分裂的方法。孔子说："以忠信为根本，见到合乎'义'的事，就去实行它。这是修身的方法。喜爱这个人的时候，就希望这个人好好地活着；厌恶这个人的时候，就希望这个人死去。同是一个人，既希望他好好地活着，又希望他死去，这是人格分裂的现象。《诗经·小雅·我行其野》上讲的'诚不以富，亦祇以异'指的那个丈夫就是这种人格分裂的人。"

【释】

崇德 一般解为崇尚道德。但从孔子回答的内容"主忠信、徙义"来看，则不能说只是崇尚道德，因此我理解为通过修身而达到德的方法。

辨惑 许慎："惑，乱也。"（《说文》）从孔子的回答"爱之欲其生，恶之欲其死；既欲其生，又欲其死，是惑也"来看，此惑当是人格分裂或者说双重人格所至，究其实是心乱无主，所以包咸说："爱恶当有常。一欲生之，一欲死之，是心惑也。"（《集解》）

主 古棣等："'主'有根本义。如《管子·国蓄》：'凡五谷者，万物之主也'，《周易·系辞上》：'言行君子枢机，枢机之发，荣辱之主也'。把'主忠信'之'主'译为'根本'，符合前后之义。"（《孔子批判·下·论语译说》）

徙义 包咸："徙义，见义则徙意而从之。"（《集解》）也就是说，见到了符合"义"的事，就要改变自己的想法去实行它。

诚不以富，亦祇以异 邓球柏："语出《诗·小雅·我行其野》。意思是：即使不是嫌贫爱富，也是喜新厌旧。祇，同'只'。"（邓球柏《论语通说》）译文从之。

本章讲"崇德辨惑"，所谓"崇德"，指的是以忠信为根本，见义则改己意而从义，这当然是修身养德的方法。因此，这里的所谓崇德，实际上是指通过修身以提升自己的道德力量，或者说人格魅力。所谓"辨惑"，从孔子举的例证来看，当是辨析自己心无定见的观念或情感取向。"惑"是指没有定见或决定的情感取向，所谓定见其实就是无自己的主观成见，有的只是符合客观实际的如是之见，因是如是之见，所以不会改变，因而就成了定见。一个有定见的人，其人格是不会分裂的。而没有定见的人想不人格分裂都难，只是程度不同罢了。

第十一章

12.11 齐景公问政于孔子。孔子对曰："君君，臣臣，父父，子子。"公曰："善哉！信如君不君，臣不臣，父不父，子不子，虽有粟，吾得而食诸？"

【译】

齐景公向孔子请教治国的纲要。孔子回答说:"君上要像君上的样子,臣子要像臣子的样子,父亲要像父亲的样子,儿子要像儿子的样子。"齐景公说:"讲得好啊,的确君上不像君上的样子,臣子不像臣子的样子,父亲不像父亲的样子,儿子不像儿子的样子,即使粮食很多,我能够吃得着吗?"

【释】

关于本章,孔安国说:"当此之时,陈桓制齐,君不君,臣不臣,父不父,子不子,故以对。"(《集解》)据此,则孔子之答景公,乃对治之法也。然则,就齐景公而言,是为对治之法,而就其对治之法"君君,臣臣,父父,子子"而言,则又实实在在具有普遍的意义。

朱熹说:"此人道之大经,政事之根本也。是时景公失政,而大夫陈氏厚施于国。景公又多内嬖,而不立太子。其君臣父子之间,皆失其道,故夫子告之以此。景公善孔子之言而不能用,其后果以继嗣不定,启陈氏弑君篡国之祸。杨氏曰:'君之所以君,臣之所以臣,父之所以父,子之所以子,是必有道矣。景公知善夫子之言,而不知反求其所以然,盖悦而不绎者。齐之所以卒于乱也。'"(《集注》)

"君君,臣臣,父父,子子",简单地讲,就是各安本分、各安其分。这对家国而言,则可以家安国治;对自己而言,则可以心安理得。

第十二章

12.12 子曰:"片言可以折狱者,其由也与?"子路无宿诺。

【译】

孔子说:"只根据一方面的讼词就可以断案的,大概只有仲由吧?"子路没有许下诺言而久不兑现的。

【释】

片 孔安国:"片,犹偏也。"(《集解》)

"片言"指的是争讼双方的一方之辞。

折 许慎:"折,断也。"(《说文》)

据此,则"折狱"就是断案。

孔安国:"听讼必须两辞以定是非,偏信一言以折狱者,唯子路可也。"(《集解》)据此,这里的意思是孔子并不是赞成"片言折狱",而是说子路有特殊的人格魅力与断狱方法。

宿诺 刘宝楠："《说文》：'宿，止也'。引申之有久义。《汉书·韩安国传》：'孝文寤于兵之不可宿。'注：'宿，久留也。'诺者，应也。子路有闻即行，故无留诺。其于折狱亦然，盖折狱一定，即予开释，不使讼者受羁累之苦。此子路忠信之事，故记者类记于此。"（《正义》）据此，则"宿诺"是指许了很久的诺言。许了很久的诺言，则说明此诺言是还没有兑现的虚假诺言。

一个人要想明察秋毫，必须忠信无私；要想"片言折狱"，除忠信的本质外，还必须勇决果断。而子路正是具备这样的品质。

第十三章

12.13 子曰："听讼，吾犹人也。必也使无讼乎！"

【译】

孔子说："审理诉讼案，我和别人一样。但最理想的为政准则是：（加强礼乐教化，使人们安分守己）没有诉讼！"

【释】

必 许慎："必，极也。"（《说文》）

段玉裁："极犹准也。凡高处谓之极，立表为分判之准，故云：'分极。'"（《说文解字注》）

据此，则"必"当为标准、准则之意。

忠信无私，勇敢果决，迅速折狱，固然是治理家国的必备手段。但加强自身的建设，提升道德品质，用人格的魅力感化民众，做到"其身正，不令而行"；同时加强礼乐教化，使人人都能明白天地人生的真相，建立一个以孝悌忠信礼义廉耻为德目的、祥和的大同社会，令普天之下没有诉讼的事件发生，这是儒门治理家国的最高理想啊！

第十四章

12.14 子张问政。子曰："居之无倦，行之以忠。"

【译】

子张向孔子请教如何为政。孔子说："在位无事做时，常将政事存心，始终如一，无有懈怠；施行政事时，要尽职尽责，实事求是，无党无私。"

【释】

居之无倦　"居",古作"凥"。

许慎:"凥,处也。从尸,得几而止也。"(《说文》)

"《孝经》'仲尼凥',凥谓闲居,如此会意。今文作居。"(《康熙字典》)

居,"安也。"(《广韵》)

朱熹:"居,谓存诸心。无倦,则始终如一。"(《集注》)

郑注:"身居正位,不可懈倦。"(唐·虞世南《北堂书钞》)是"居",谓居之于位。

据此,则"居"是指在岗位上无事的时候。"无倦"自是常将政事挂之于心,始终如一,无有倦容。

忠　"直也。"(《玉篇》)

"内尽其心,而不欺也。"(《增韵》)由此可见,"行之以忠"其实就是行政事时,不仅要尽心尽责,而且还要怎么行就怎么行,无党无私,用今天的话就是实事求是。

"居之无倦"说的是行政人员的心理素质要求;"行之以忠"是行政人员的行政原则。

第十五章

12.15　子曰:"博学于文,约之以礼,亦可以弗畔矣夫!"

本章重出,见《雍也第六》第二十七章。

第十六章

12.16　子曰:"君子成人之美,不成人之恶;小人反是。"

【译】

孔子说:"君子成全别人的好事,不会成全别人的恶事;小人则与此正相反。"

【释】

成　朱熹:"成者,诱掖奖劝以成其事也。"(《集注》)

邢昺:"此章言君子之于人,嘉善而矜不能,又复仁恕,故成人之美,不成人之恶也。小人则嫉贤乐祸,而成人之恶,不成人之美,故曰反是。"(《注疏》)可谓要言不烦。

刘开:"彼有过矣,方畏人非议,我从而为之辞说,则使无意于改,是成人之恶矣。故君子不为矣。"(清·刘开《论语补注》)这是另一种成人之恶。一般而言,人之犯错,若非万恶之徒,多有愧心,多能改正,若人人背后为之辞说,扬人之恶,反有使人破罐破摔,一意为恶的可能。这种背后言人之过,我们凡夫,几乎人人都犯,读刘开此注,修身君子,当自警焉。

第十七章

12.17 季康子问政于孔子。孔子对曰:"政者,正也。子帅以正,孰敢不正?"

【译】

季康子向孔子请教为政的准则。孔子回答说:"所谓政,其实就是行使中正。您带头以中正为为政准则,谁敢不以中正为为政准则呢?"

【释】

正　许慎:"是也。"(《说文》)

贾谊:"方直不曲谓之正。"(《新书·道术》)

"刚健中正。"(《易·乾卦》)

"直,其正也。"(《易·坤卦》)

正,"常也'定也直也平质也'厘辨也。"(《康熙字典》)据此,则此处之"正",其实就是"用中于民"之"中",实事求是之"是",使政合于实际之"实际"等。

本章讲为政之道,全在用中。然则要用其中,必先明中之体、中之德、中之用,而欲明此中之体、德、用,必正己修身,《中庸》:"自天子以至于庶人,壹是皆以修身为本。"释蕅益:"正是君子求诸己,乃端本澄源之论。"(《论语点睛》)此可谓本章千古不朽之注。

第十八章

12.18 季康子患盗,问于孔子。孔子对曰:"苟子之不欲,虽赏之不窃。"

【译】

季康子为鲁国盗窃案多而担忧,向孔子请教对策。孔子回答说:"假如您没有贪欲,即使是政府奖励偷盗的人,也不会有人去偷盗。"

【释】

这一章讲多盗窃的根源在于多欲。盖盗心之生起，实根于欲心，假如人无利欲之心，又怎么会生得起盗窃抢夺之心，行盗窃抢夺之事呢？同时令我们明白：正己方能正人的德化功能。苟己之不正，而欲人正之，无异于天方夜谭。孟子曰"行有不得，反求诸己"，可为本章注脚。

第十九章

12.19　季康子问政于孔子曰："如杀无道，以就有道，何如？"孔子对曰："子为政，焉用杀？子欲善而民善矣。君子之德风，小人之德草。草上之风，必偃。"

【译】

季康子向孔子请教为政治国之道时说："如果用杀掉那些无道的人来成就那些有道的人的政策，怎么样呢？"孔子回答说："您治理鲁国，哪里用得着杀人呢？您希望善政而行善政，那么民众也就都纯善了。君子的德行像风一样，民众的德行像草一样，在草的上面加上风，草没有不随着风向倒的。"

【释】

上　据《四部要籍注疏丛刊》所刊之《覆宋本论语集解》《正平版论语集解》《论语义疏》等古本，均作"尚"，以作尚义长。《说文》："尚，曾也。"徐灏说："曾犹重也，亦加也。"（清·徐灏《说文注笺》）"尚，加也。"（《尔雅·释诂》）

"草上之风"，就是在草的上面加之以风。

就　"就，成也。"（《尔雅·释诂》）

"就有道"，就是成全有道，或者说使有道能够成就。

江谦说："自正其身，而人正矣。自杀其恶，而民善矣。以杀人为政者，杀其躯壳，而恶心不死也。若以无道杀，则冤冤相报，无有穷期，而天灾人祸频来矣。若得善人为政，遍天下狱囚，而晓以三归五戒之善，生死轮回之苦，吃素念佛中求生净土之乐，俟其痛悔修善，然后减轻其罚，则死刑可废也。故佛法杀人，不断一命，不损一毛，而恶心自灭，《易》所谓神武而不杀者也。盖一切众生皆有佛性，但随恶缘，而习于为恶，虽沉沦畜生、饿鬼、地狱之三恶道，而佛性不变，况人道乎！愿为政者，认识佛法，为救国救世无上正道。以至诚之心，躬自倡导，先正其身，而齐其家，然后施之国政，则风行草偃之效无难也。"（《论语点睛补注》）此虽从佛教角度解读本章，但其见解却十分精确，直至今天，仍有其重要的现实意义。

这一章及上两章，都是季康子向孔子请教如何为政。孔子总的精神是倡导仁政，反对暴政，如本章即是委婉而又坚决地反对暴政——杀。此外，这三章有一个共同的主题，也可以说是儒门管理学的奥秘所在。那就是以人格的魅力作为凝聚力，以德化作为化民的核心精神。也就是说，重点还是在修身，正所谓："正己以正人""其身正，不令而行，其身不正，虽令不行"也。蕅益大师说："三节，都提出一个'正'字。正是君子求诸己。乃端本澄源之论。"（《论语点睛》）

刘清之说："勉人为善、谏人为恶固是美事，先须自省。若我之平昔自不能为人，岂唯人不见听，亦反为人所薄。且如己之立朝可称，乃可诲人以立朝之方；己之临政有效，乃可诲人以临政之术；己之才学为人所尊，乃可诲人以进修之要；己之性行为人所重，乃可诲人以操履之详；己能身致富厚，乃可诲人以治家之法；己能处父母之侧而谐和无间，乃可诲人以至孝之行。苟唯不然，岂不反为所笑。（宋·刘清之《戒子通录》）此可谓对此三章基本精神之例说。

第二十章

12.20 子张问："士何如斯可谓之达矣？"子曰："何哉，尔所谓达者？"子张对曰："在邦必闻，在家必闻。"子曰："是闻也，非达也。夫达也者，质直而好义，察言而观色，虑以下人。在邦必达，在家必达。夫闻也者，色取仁而行违，居之不疑。在邦必闻，在家必闻。"

【译】

子张问孔子道："一个立志成就功业的人，怎样才算'达'呢？"孔子说："你所讲的'达'是什么意思啊？"子张回答说："在邦国为官有好名声，在卿大夫家为官有好名声。"孔子说："那是名声，不是'达'。'达'呀，品行正直，好行义事，善于察言观色，时常想着谦卑待人。这种人在邦国为官一定能'达'，在卿大夫家为官，一定能'达'。求名闻的人啊，表面上好仁而实际上却违背它，以仁人自居而不疑。这种人，在邦国为官有好名声，在卿大夫家为官名有好名声。"

【释】

士 现代解《论语》的人，多以读书人或知识分子释之。然则春秋时，士阶层中还有武士，如孔子之老父即是武士出身。所以我以为此处的"士"，当解为志士。邢昺："士，有德之称。"(《注疏》)近是。

达 朱熹："达者，德孚于人而行无不得之谓。"(《集注》)

陈天祥："达者，志在不穷，闻者，为名而已。达则不必闻，闻则不必达。质者，直德也，好义，义也，察观智也。虑下，礼也。德义所以处己，故志不穷于内，礼所以处人，故行不穷于外。此所以在家必达，在邦必达也。取仁、行违、居之不疑，此取伪为以尚人，而己与质直好义察言观色虑以下人者，反矣。"(宋·陈天祥《论语全解》)

刘宝楠："'达'者，通也。通于处人、处己之道，故行之无所违阻，所谓'忠信笃敬，蛮貊可行'，即达义也。"(《正义》)孔子之所谓"达"者，内外并美之仁人志士也。

闻 邢昺："闻谓有名誉，使人闻之也。言士有德行，在邦臣于诸侯，必有名闻；在家臣于卿大夫，亦必有名闻。言士之所在，皆有名誉，意谓此为达也。"(《注疏》)可见此"闻"字，当是名闻利养之闻。

质直 皇侃："质性正直。"(《义疏》)

刘宝楠："朴质正直。"(《正义》)"质直"，就是本质上正直。

下人 下于人，直言之，就是谦卑谦下。

色取仁而行违 马融："此言佞人假仁者之色，行之则违。"(《集解》)

居之不疑 马融："安居其伪而不自疑。"(《集解》)此为自我所欺而不自疑者也。凡夫往往如此，自以为得，自以为正，自以为行中道，自以为行仁行义，而实则私欲所蔽，害己害人之自我梦幻泡影也。如此之人，实在多多，所以释迦牟尼佛："不可信汝意，汝意不可信。"(《佛说四十二章经》)此之谓也。

本章朱熹："闻与达相似而不同，乃诚伪之所以分，学者不可不审也……内主忠信。而所行合宜，审于接物而卑以自牧，皆自修于内，不求人知之事。然德修于己而人信之，则所行自无窒碍矣。善其颜色以取于仁，而行实背之，又自以为是而无所忌惮。此不务实而专务求名者，故虚誉虽隆而实德则病矣。程子曰：'学者须是务实，不要近名。有意近名，大本已失。更学何事？为名而学，则是伪也。今之学者，大抵为名。为名与为利虽清浊不同，然其利心则一也。'尹氏曰：'子张之学，病在乎不务实。故孔子告之，皆笃实之事，充乎内而发乎外者也。当时门人亲受圣人之教，而差失有如此者，况后世乎？'"（《集注》）可谓深得本章要义。

第二十一章

12.21 樊迟从游于舞雩之下，曰："敢问崇德，修慝，辨惑。"子曰："善哉问！先事后得，非崇德与？攻其恶，无攻人之恶，非修慝与？一朝之忿，忘其身，以及其亲，非惑与？"

【译】

樊迟跟随孔子在舞雩台的下面游览，说道："我冒昧地请教一个问题，怎样做才算是崇尚仁德、改恶为善、辨别迷惑呢？"孔子说："问得好！先努力做事，然后才享有自己得到的不就是崇尚仁德吗？严惩自己的恶行，不攻击别人的恶行，不就是治恶为善？因一时的忿怒，忘记了自己的生命安危和父母不就是迷惑吗？"

【释】

修慝 "修"，修理、修治。

"慝"，"《广韵》：'慝，恶也。'《书·毕命》：'旌别淑慝。'又秽也。《礼·乐记》：'世乱，则礼慝而乐淫。'又邪也。"（《康熙字典》）

据此，则"修慝"就是治理修正自己邪恶、污秽的身心行为，使之恢复清静、仁善的本性。

先事后得 孔安国："先劳于事，然后得报。"（《集解》）

朱熹："犹言先难后获也。"（《集注》）这里的意思就是后世所讲的"只问耕耘，莫问收获"的意思。

攻其恶 "攻"，"治也。"（《类篇》）结合句意，这里是治理改正。"攻其恶"与"攻人之恶"对举，知"其"指自身而言。下文"忘其身"一句之"其"亦指自身而言。

本章朱熹说："为所当为而不计其功，则德日积而不自知矣。专于治己而不责人，则己之恶无所匿矣。知一朝之忿为甚微，而祸及其亲为甚大，则有以辨惑而惩其忿矣。樊迟粗鄙近利，故告之以此，三者皆所以救其失也。范氏曰：'先事后得，上义而下利也。人唯有利欲之心，故德不崇。唯不自省己过而知人之过，故慝不修。感物而易动者莫如忿，忘其身以及其亲，惑之甚者也。惑之甚者必起于细微，能辨之于早，则不至于大惑矣。故惩忿所以辨惑也。'"（《集注》）朱氏此说，可谓深得本章之旨。

第二十二章

12.22 樊迟问仁。子曰:"爱人。"问知。子曰:"知人。"樊迟未达。子曰:"举直错诸枉,能使枉者直。"樊迟退,见子夏,曰:"乡也吾见于夫子而问知,子曰'举直错诸枉,能使枉者直',何谓也?"子夏曰:"富哉言乎!舜有天下,选于众,举皋陶,不仁者远矣。汤有天下,选于众,举伊尹,不仁者远矣。"

【译】

樊迟向孔子请教:"什么样的特征可以称之为仁?"孔子说:"爱人。"又问:"什么样的特征可以称之为智?"孔子说:"善于识别人。"樊迟没有洞达其中的奥义。孔子说:"举荐正直的人把他放在邪曲之人的上面,能使邪曲之人变得正直。"樊迟退了出来,见到子夏说:"刚才我去见了先生,请问如何是智,先生说:'举荐正直的人把他放在邪曲之人的上面,能使邪曲之人变得正直。'这是什么意思呢?"子夏说:"这意思就多啦!舜有了天下,在众人中选举人才,把一个叫皋陶的大贤人推举出来为臣,那些不仁的人就都远去了。汤有了天下,在众人中选举人才,把一个叫伊尹的大贤人推举出来为臣,那些不仁的人就都远去了。"

【释】

达 皇侃:"已晓'爱人'之言,而未晓'知人'之旨也。"(《义疏》)可见此"达"字乃知晓明白之意。

乡 "向"之假借字,通"向"。许慎:"向,不久也。"(《说文》)

皋陶 皋陶是尧舜禹时期的著名政治家,在尧、舜、禹三代均任要职。司马迁说:"皋陶生于曲阜,曲阜偃地,故帝因之而以赐姓曰偃"。(《史记·夏本纪》)偃姓亦是嬴姓,为少昊尚鸟族属,司马迁在《史记·秦本纪》中开篇即说:"秦之先,帝颛顼之苗裔孙曰女修,女修织,玄鸟陨卵,女修吞之,生子大业(即皋陶),大业娶少典之子,曰女华,女华生大费。……大费拜受,佐舜调顺鸟兽,鸟兽多驯服,是为伯益(即柏翳),舜赐姓嬴氏。"(《史记·秦本纪》)

相传皋陶在尧舜时任掌管刑法的"理"官,以正直著称,被奉为中国司法鼻祖。他曾协助大禹治水,被禹选为继承人,因早死,未继位。司马迁说:"帝禹立而举皋陶荐之,且授政焉,而皋陶卒。"(《史记·夏本纪正义》)刘宝楠引《帝王纪》说:"尧禅舜,命之作士;舜禅禹,禹即帝位以咎陶最贤,荐之于天,将有禅之意,未及禅,会皋陶卒。"(《正义》)由此看来,皋陶如果不先禹而卒的话,便将继禹而兴。

有关皋陶执掌刑罚,其事见于《尚书·虞书·大禹谟》:"帝曰:'皋陶,唯兹臣庶,罔或干予正。汝作士,明于五刑,以弼五教。期于予治,刑期于无刑,民协于中,时乃功,懋哉。'皋陶曰:'帝德罔愆,临下以简,御众以宽;罚弗及嗣,赏延于世。宥过无大,刑故无小;罪疑唯轻,功疑唯重;与其杀不辜,宁失不经;好生之德,洽于民心,兹用不犯于有司。'"

《尚书·虞书·皋陶谟》载:"曰若稽古,皋陶曰:'允迪厥德,谟明弼谐。'禹曰:'俞,如何?'皋陶曰:'都!慎厥身,修思永。敦叙九族,庶明励翼,迩可远在兹。'禹拜昌言曰:'俞'!皋陶曰:'都!在知人,在安民。'禹曰:'吁!咸若时,唯帝其难之。知人则哲,能官人。安民则惠,黎民怀之。能哲而惠,何忧乎驩兜?何迁乎有苗?何畏乎巧言令色孔壬?'"。

皋陶指出:要真正履行先王的德政,必须决策英明,大臣们团结一致。对自己的言行要谨慎,自己的修养要持之以恒。要使亲属宽厚顺从,使众多贤明的人努力辅佐,由近及远,凡事要从这里做起。知人善任是明智的表现,能够用人得当。能安定民心便是给他们的恩惠,臣民都会记在心里。能做到明智和给臣民恩惠,就不会有如驩兜、三苗那样的乱源隐患,也不会有那些花言巧语、察言观色的奸佞之人了。皋陶曰:"宽而栗,柔而立,愿而恭,乱而敬,扰而毅,直而温,简而廉,刚而塞,强而义。彰厥有常吉哉!日宣三德,夙夜浚明有家;日严祗敬六德,亮采有邦。翕受敷施,九德咸事,俊乂在官。百僚师师,百工唯时,抚于五辰,庶绩其凝。无教逸欲,有邦兢兢业业,一日二日万几。无旷庶官,天工,人其代之。天叙有典,敕我五典五惇哉!天秩有礼,自我五礼有庸哉!同寅协恭和衷哉!天命有德,五服五章哉!天讨有罪,五刑五用哉!政事懋哉懋哉!"(《尚书·虞书·皋陶谟》) 皋陶的主要功绩就是制定刑法和教育,帮助尧舜禹推行"五刑""五教"。其用独角兽治狱,坚持公正;刑教兼施,要求父义、母慈、兄友、弟恭、子孝,使社会和谐,天下大治。

《论衡》记载了有关皋陶用獬豸治狱的传说。獬豸,"一角之羊也,性知有罪。皋陶治狱,其罪疑者,令羊触之,有罪则触,无罪则不触。故皋陶敬羊"。皋陶决狱明白,执法公正。遇到曲直难断的情况,便放出独角神羊,依据獬豸是否顶触来判定是否有罪。

传说皋陶制定了我国一部《狱典》，皋陶把《狱典》刻在树皮上，呈给大禹，禹看后觉得可行，就命皋陶实施。《狱典》归纳了偷窃、抢劫、奸淫、杀人等多项犯罪的轻重，给予不同的量刑，因此皋陶被奉为中国司法鼻祖。据东汉《论衡·是应》记载，汉代衙门里供奉皋陶像、饰獬豸图。掌管刑法的官员的衙门中画皋陶、獬豸，表示明辨是非、执法公正，还含有威慑邪恶的意思。

皋陶因为协助大禹治水和管理刑法功绩突出而曾被大禹选定为继承人，（民间传说皋陶活了106岁）先禹而逝。

伊尹　夏末商初人，生卒年月不详。《墨子·尚贤》称："伊尹为有莘氏女师仆。"师仆就是家庭教师。在甲骨文中有大乙（即商汤）和伊尹并祀的记载。伊尹生于伊洛流域古有莘国的空桑涧（今洛阳市栾川县墁子头）。因后伊尹被商汤封官为尹（相当于宰相），故以伊尹之名传世。传说，他的父亲是个既能屠宰又善烹调而为人打工的厨师，他的母亲是居于伊水之上采桑养蚕的蚕民。他母亲生他之前梦感神人告知："臼出水而东走，毋顾。"第二天，她果然发现臼内水如泉涌。这个善良的采桑女赶紧通知四邻向东逃奔二十里，回头看时，那里的村落成为一片汪洋。因为她违背了神人的告诫，所以身子化为空桑。巧遇有莘氏采桑女发现空桑中有一婴儿，便带回献给有莘王，有莘王便命家庭厨师抚养他。这一神话传说曲折地反映了伊尹是依水而生的，故命名为伊，而他的母亲就是那个采桑女。

伊尹自幼聪明颖慧，勤学上进，虽耕于有莘国之野，但却乐尧舜之道；既掌握了烹调技术，又深懂治国之道；既作有莘王的厨师，又作有莘王子弟的"师仆"。由于他深通三皇五帝和大禹王等圣王的治国之道而远近闻名，以至于求贤若渴的商汤王三番五次以玉、帛、马、兽皮为礼前往有莘国去聘请他。现今嵩县空桑涧西南，有个平兀如几的小山，就是世传商汤聘请伊尹的三聘台，而在城南沙沟龙头村的"元圣祠"右厢房则专修有三聘台以供后人凭吊。由于有莘王并不答应商汤聘任伊尹，商汤只好娶有莘王的女儿为妃。于是，伊尹便以陪嫁师仆的身份来到汤王身边。

《孟子》载："汤之于伊尹，学焉而后臣之，故不劳而王。"可见伊尹又是我国第一个帝王之师。《孟子·万章》篇说伊尹"以尧舜之道要汤"，"而说之以伐夏救民"。

伊尹首先返回伊洛流域和夏桀王遗弃于洛河流域的元妃妹喜相交，通过妹喜了解到夏桀王内部的许多重要情报。为了测试九夷之师对夏桀王的态度，伊尹劝说商汤，决定停止对夏桀王的贡纳。结果夏桀大怒，"起九夷之师"攻汤。伊尹看到九夷之师还听夏桀的指挥，就献计商汤暂时恢复对夏王朝的贡纳，同时积极准备攻夏。

大约在公元前1601年，伊尹决定再次停止对夏王的贡纳，夏桀王虽再次起兵，但"九夷之师不起"，在政治和军事上完全陷入孤立无援的困境。伊尹看到灭夏的时机已经成熟，便协助商汤立即下令伐夏。夏桀战败南逃，汤在灭掉夏王朝的三个属国后，挥师西进，很快攻占了夏王朝的重要地区——伊洛流域的斟鄩，并进而定都西亳，夏朝灭亡。此战是伊尹教给商汤伐夏战略的胜利，也是伊尹助汤建立商王朝所建立的首功。商朝建立后，商汤便封伊挚为尹。《史记·殷本纪》皇甫谧注云："尹，正也，谓汤使之正天下"。"正天下"就是要以身作则，作天下楷模，师范天下。《尚书·君奭》引周公语说"伊尹格于皇天"，是代天言事的。他的话就等于天意，可以说伊尹是太上教师。他曾说：天之生此民也，使先知觉后知，使先觉觉后觉也。"并自称："予天民之先觉者也，予将以斯道觉斯民也，非予觉之而谁也？"（《孟子·万章》）

商汤死后，伊尹历经外丙、仲壬，又做了汤王长孙太甲的师保。传说，太甲不遵守商汤的大政方针，为了教育太甲，伊尹将太甲安置在特定的教育环境中——成汤墓葬之地桐宫，并著有《伊训》《肆命》《徂后》等训词来讲述如何为政，什么事可以做，什么事不可以做，以及如何继承成汤的法度等问题。在伊尹创设的特定教育环境中，太甲守桐宫三年，追思成汤的功业自怨自艾，深刻反省，"处仁迁义"，他学习伊尹的训词，逐渐认识了自己的过错，悔过反善。当太甲有了改恶从善的表现后，伊尹便适时亲自到桐宫迎接他，并将王权交给他，自己仍继续当太甲的辅佐。在伊尹的耐心教育下，太甲复位后"勤政修德"，继承成汤之政，果然有了良好的表现。商朝的政治又出现了清明的局面。《史记》称："诸侯咸归殷，百姓以宁。"于是伊尹又作《太甲》三篇，《咸有一德》一篇褒扬太甲。太甲终成有为之君，被其后代尊称为"大宗"。

《竹书纪年》说伊尹放太甲是自立为天子，以后太甲潜出桐宫，杀了伊尹。这个说法是不可信的。因为在商代的卜辞中屡见致祭伊尹的记载，其地位之尊介于殷先王与先公之间，而且还有大乙（成汤）、伊尹并祀的卜辞。直到春秋时叔夷还说"伊少（小）臣佳辅，咸有九州，处（土禹）

（禹）之堵（土）"（《叔夷钟》铭），赞扬伊小臣（即伊尹）辅佐商汤取得天下。这同《尚书》《诗经》称颂伊尹"左右商王"的功业是一致的。可见，伊尹不仅授成汤以帝王之术，辅佐成汤建立商朝，取得天下，而且对"颠复汤之刑"（《孟子·万章》）、不守成汤法度、胡作非为的太甲的教育，也是卓见成效的。在帝王教育方面，伊尹堪称典范。

据说伊尹活了一百多岁，到了太甲之子沃丁在位时，他才死去。死后葬在西亳。伊尹当了商朝几个国王的相，为商王朝延续600多年的统治奠定了坚实的政治基础，成为我国历史上第一个有名的贤相。

由于商代有关伊尹的文献极缺，所以伊尹在做"师仆"时如何施教，在被封为尹后，又是怎样在宫廷施教，很难勾画出一个像样的轮廓。但他的哲学思想、教育思想，还是可以从《尚书》《孟子》《吕氏春秋》《史记》等书中找出一些零星的记载。

"殷人尊神"既是商代思想的主要特点也是商代教育的主要特点。伊尹就是被称为"格于皇天"的天的代言人。"格"，也称"格人"，是人和天之间的媒介。商代"率民以事神"在教育上的体现就是巫教。说伊尹是太上老师，就是因为他是"格于皇天"的"格人"，亦即巫师。他可以刺探天意。他可以代传天意，在《伊训》中，伊尹告诫太甲说："唯上帝不常，作善，降之百祥；作不善，降之百殃。"这就是代天传意，说明老天爷要用降百祥奖励作善者，降百殃惩罚作不善者。

伊尹一方面用"君主若不从天意，天必警以祸殃"的思想教育太甲；另一方面他更重人，特别是帝王的道德修养。在《太甲》篇中，伊尹通过太甲反省的认识说："天作孽犹可违，自作孽不可逭（逃）。"这句话强调的是自我修养的重要作用。伊尹还对太甲说："唯天无亲，克敬唯亲。"这句话的意思是说，只有自己克敬、克明、克诚，才能取得臣民的忠和亲。他还说："天难堪，命靡常；常厥德，保厥位。厥德匪常，九有以亡。……漫神虐民，皇天弗保。"意思是说老天爷是难以相信的，命运也是靠不住的。只有常于有德，才能保住王位，否则统治九州的权利就要失去。如果轻慢祖先和神灵，虐杀老百姓，皇天也保不了你的王位，唯一有效的办法就是"眷求一德"。"一德"就是纯一之德。

在政治上，伊尹主张"居上克明，为下克忠"。做国王的要"唯亲厥德，终始维一，时乃日新"。就是说要始终如一地注意自身道德修养，不断更新自己的道德意识，使自己"时乃日新"，从而让自己处于时时追求新的状态中。他还强调"任官唯贤才,左右唯其人",主张尊贤、用贤,用人适当。他强调"臣为上为德,为下为民",就是做大臣的要上对天子负责,下保庶民安定,并视此为大臣之职。

在教育上,伊尹认为"习于性成"。就是说人的性格、品质是在日常生活行为的习惯培养中形成的。从他放太甲于桐宫,并著训词以促太甲觉醒的教育实践看,他已经懂得并自觉地创设特殊环境来教育太甲。这说明,他已看到了环境在教育中的作用。太甲改恶从善,伊尹立即亲自到桐宫迎太甲还朝当政,并著书加以褒扬。这一教育实践,至少说明伊尹对太甲的激励是适时的。这叫惩恶于前,奖善于后。

伊尹对于道德教育尤为重视。这从太甲改恶从善后向伊尹作反省检讨的话中可以看到。太甲向伊尹拜手稽首检讨说:"我小子不明于德,自己的根底很不像我爷爷成汤。结果是欲败度,纵败礼,败坏了爷爷的法典,很快使灾难降于我身。老天爷作孽还可以补救,自己作孽可就没有了逃路。我过去违背师保您的教训……只是由于你的教育、挽救,才使我知道做人、称王要善始善终。"伊尹向太甲回拜时继续教育太甲要"修厥身,允德协天下"。他告诉太甲,商朝所以称王天下,不是苍天偏爱商王,而是老天爷保佑有德的人;不是商王哀求于老百姓,而是老百姓愿意归顺有德之王。在伊尹看来,失德则失天下,求于一德,则能得到天的佑助而得天下。他把帝王的道德教育即修德、修身看成是关乎国家存亡兴衰的大事,所以处处强调"唯新厥德,终始如一"。在道德教育中,他强调"居上克明,居下克忠,与人不求备,检身若不及",就是说要求居上的商王要克诚克明,明断是非;居下的臣民对君上要克诚尽忠,修身的原则是不求全责备他人,对自己则要经常检点不及他人处,做到自我完善。"与人不求备,检身若不及",这种道德修养的方法在今天仍不失其教育意义。

在道德上,伊尹主张"德无常师,主善为师",就是说谁能积众善之德,谁就可以为师。对于德和政的关系,伊尹说:"七世之庙可以观德,万夫之长可以观政",意思是说德、政是否修到以德兼众善,以一贯之的程度,这要从万民是否悦服今王和后世是否尊祀七庙上得到验证。

有资料记载中药汤剂创始人就是伊尹。

相传伊尹很有学问,天文地理无所不通,最拿手的是用草药为人治病,药到病除,人称活神仙。《史记·殷本纪》有"伊尹以滋味说汤"的记载。《资治通鉴》称他"闵生民的疾苦,作汤液本草,明寒热温凉之性,酸苦辛甘咸淡之味，轻清浊重阴阳升降走十二经络表里之宜"。《甲乙经·序》亦谓"伊尹以亚圣之才，撰用神农本草，以为汤液"。从《史记》的记载中可以看到伊尹对中药汤剂的研究有多么深奥。

伊尹因高超的烹饪技巧，并在宰相位置上业绩显著被后人称为圣人，而他在医药方面的贡献，创制汤液却鲜为人知。关于伊尹创汤液的说法，最早在汉代或汉代以前就已流传，栾川民间都知道煎中药源于伊尹。在为百姓治病过程中，他尝遍百草，中毒无数次，终于发现生食草药不如煮熟为好。他从做饭的道理摸索出：生米生菜做成美味佳肴，营养丰富，口感上乘，何不将草药混合煎成药水用之？

《吕氏春秋·本味》提到伊尹在与汤王的对话中曾以医为喻，"有其新，弃其陈，腠理遂通，精气日新，邪气尽去，及其天年"。伊尹还从医食同源的角度进一步阐明，食物与药物之间的密不可分的关系，以生姜、肉桂为例，伊尹论证"杨朴之姜，招摇之桂"，大概意思是说常用的调味品也是常用的药物，在烹调中了解到姜、桂的辛温发散作用，转而用来治病是很自然的事情。看来伊尹对使用草药的辩证称其为祖师和药圣都不过分。

本章是樊迟向孔子请教"仁"与"智"，据孔子的回答是仁者"爱人"、智者"知人"。可是樊迟对知人谓智仍然有疑惑。所以孔子就说："举直错诸枉，能使枉者直。"但樊迟似乎仍不太明白，见到子夏又问。子夏则以舜举皋陶、汤举伊尹为例来说明爱人为仁、知人为智。

第二十三章

12.23 子贡问友。子曰："忠告而善道之，不可则止，毋自辱焉。"

【译】

子贡向孔子请教交友之道。孔子说："诚心诚意地劝告他，用恰当的方式引导他。他不听从就不再劝告了，不要自取其辱。"

【释】

邢昺说："此章论友也。言尽其忠以是非告之，又以善道导之，若不从己，则止而不告不导也。毋得强告导之，以自取困辱焉。以其必言之，或时见辱。"（《注疏》）"不可则止"，圣人不传之金针也，我们凡夫，常常好为人师，对朋友的过失或不义，常是抓住不放，友不可则不止，是以常自取困辱焉。因此，"不可则止"当藏之金匮，纳入心底。

第二十四章

12.24 曾子曰:"君子以文会友,以友辅仁。"

【译】

曾子说:"君子用道德文章来聚集朋友,用朋友来辅助自己开启仁心。"

【释】

以文会友 孔安国:"友以文德合。友,相切磋之道,所以辅成己之仁。"(《集解》)

刘源渌:"文者,礼乐法度刑政纲纪之文。当时文武之道未坠于地,识大识小,莫不有文武之道。夫子宪章文武,教门弟子,以此讲学,以此修德。如所谓两君相会,揖让而入门,入门而悬兴,揖让而升堂,升堂而乐阕,君子于是知仁焉。故曰:'人而不仁如礼何?人而不仁如乐何?'张子曰:'礼仪三百,威仪三千,无一事之非仁也。'若如近世之文,浮靡放漫,可为辅仁之具哉?"(清·刘源渌《冷语》)此释"文"之义最确者。

邢昺:"此章以论友,言君子之人以文德会合朋友,朋友有相切磋琢磨之道,所以辅成己之仁德也。"(《注疏》)

此章言交友之益也,学者不可无友。

子路第十三

第一章

13.1 子路问政。子曰："先之,劳之。"请益。曰："无倦。"

【译】

子路向孔子请教为政的方法。孔子说:"凡是要求民众做到的必自己先行做到,然后役用民众。"子路请求再多讲一点。孔子说:"不懈怠。"

【释】

先之 孔安国:"先导之以德,使民信之,然后劳之。《易》曰:'说以先民,民忘其劳。'"(《集解》)

这里"先导之以德"从"为政以德"引出,后世遵之。但这里"先之劳之",讲的是方法,"为政以德"讲的是原则。前提不同,不可以从此导出结论。

朱熹引苏氏:"凡民之行,以身先之,则不令而行。凡民之事,以身劳之,则虽勤不怨。"(《集注》)朱熹释"先之"为"以身先之",余以为是。

无倦 孔安国:"子路嫌其少,故请益。曰无倦者,行此上事,无倦则可。"(《集解》)据此则所谓"无倦",实即"先之劳之"无倦也。

朱熹引吴氏:"勇者喜于有为而不能持久,故以此告之。"(《集注》)行之无倦,善始善终也。

所以蕅益大师说:"'先之',创其始也;'劳之',考其终也。'无倦',精神贯彻于终始也。"(《论语点睛》)

"先之,劳之"是孔子为政的重要方法。他说的"其身正,不令而行;其身不正,虽令不从",是孔子对以身作则在为政中的地位和作用的高度概括。因此,"先之,劳之"是重要的为政方法,从事管理者,当三思焉。

第二章

13.2 仲弓为季氏宰,问政。子曰:"先有司,赦小过,举贤才。"

曰："焉知贤才而举之？"曰："举尔所知。尔所不知，人其舍诸？"

【译】

冉雍为季氏家臣的总管，向孔子请教为政纲要。孔子说："引导下面的行政人员'先之劳之'，赦免下面的行政人员的小过失，向上推举有贤德的人才。"冉雍问："怎么能全面地发现贤德的人才而推举上来呢？"孔子说："推举你所知道的贤才；那些你所不知道的，难道别人会舍弃他们吗？"

【释】

先　一般理解为先后的先。郑玄："先，犹道也。"（《周礼·夏官·大司马·注》）道，是导的假借字，如"道之以政"（《为政》）之"道"字，即作引导解。

邢昺说本章："有司，属吏也。言为政当先委任属吏，各有所司，而后责其成事。赦放小过，宽则得众也。举用贤才，使官得其人，野无遗逸，是政之善也。'曰：焉知贤才而举之'者，仲弓闻使举贤，意言贤才难可偏知……舍，置也。诸，之也。夫子教之曰：'但举汝之所知。汝所不知，人将自举之，其肯置之而不举乎？'既各举其所知，则贤才无遗。"（《注疏》）

朱熹说："有司，众职也。宰兼众职，然事必先之于彼，而后考其成功，则已不劳而事毕举矣。过，失误也。大者于事或有所害，不得不惩；小者赦之，则刑不滥而人心悦矣。贤，有德者。才，有能者。举而用之，则有司皆得其人而政益修矣。仲弓虑无以尽知一时之贤才，故孔子告之以此。程子曰：'人各亲其亲，然后不独亲其亲。仲弓曰：焉知贤才而举之，子曰：举尔所知，尔所不知，人其舍诸！便见仲弓与圣人用心之大小。推此义，则一心可以兴邦，一心可以丧邦，只在公私之间尔。'范氏曰：'不先有司，则君行臣职矣；不赦小过，则下无全人矣；不举贤才，则百职废矣。失此三者，不可以为季氏宰，况天下乎？'"（《集注》）

本章讲为政三要"先有司，赦小过，举贤才"，然则三要之中，又以贤才为最需最急，是以"举贤才"为为政之必需而又最急也。所以蕅益大师说："仲弓独问举贤才，可谓知急先务。"（《论语点睛》）唯亲是举，符合人情；唯贤是举，非常人所能行，唯明德者、忠信者，能行之也。仲弓忠信者也，是以担心贤才不能尽举之。孔子告以"举尔所知"，仍是强调为政者"先之"的表率作用。"举尔所知"，上行下效，则贤才尽举矣。

第三章

13.3 子路曰:"卫君待子而为政,子将奚先?"子曰:"必也正名乎!"子路曰:"有是哉,子之迂也!奚其正?"子曰:"野哉,由也!君子于其所不知,盖阙如也。名不正,则言不顺;言不顺,则事不成;事不成,则礼乐不兴;礼乐不兴,则刑罚不中;刑罚不中,则民无所措手足。故君子名之必可言也,言之必可行也。君子于其言,无所苟而已矣。"

【译】

子路说:"卫君等待老师您去治国理政,您首先要做的事是什么呢?"孔子说:"一定是纠正名分上的错误!"子路说:"有这样的想法呀!您真是太迂腐了!怎么可能去纠正名分呢?"孔子说:"真是不通达事理呀!子路啊!君子对于他不懂得的事情,就应该存疑。名分不纠正,说话就没有理;说话没有理,事情就办不成;事情办不成,礼乐制度就不能振兴;礼乐制度不能振兴,施行刑罚就不会得当;刑罚不得当,民众就不知道怎么样做才好。所以,君子对于名分就一定要有与名分相称的合乎理的言论。合理的言论就一定能够行得通。君子对于自己说出的话,是一点也不能够随便马虎的!"

【释】

顺 许慎:"理也。"(《说文》)"言不顺"就是言论没有道理。

野 孔安国:"野犹不达。"(《集解》)"不达",就是不通达事理。

正名思想是孔子一以贯之的为政治思想,而本章的正名则正是这种正名思想的具体运用。

这一章,是孔子最后一次到卫国,此时卫国的国君是卫灵公的孙子卫公辄。卫公辄是灵公死后由南子等人扶持登上卫君之位的。但卫公辄的父亲蒯聩是卫灵公所立的太子,蒯聩虽然晚年因得罪南子而被卫灵公赶出了卫国,但并没有削去他太子的身份。灵公死后,辄虽被南子等人扶上了王位,但蒯聩则在晋国的支持下力求复国,于是卫国就出现了父子争王的混乱局面。

蕅益大师说:"人问王阳明曰:'孔子正名,先儒说上告天子,下告方伯,废辄立郢,此意如何?'阳明答曰:'恐难如此。岂有此人致敬尽礼,待我为政,我就先去废他,岂人情天理耶!孔既肯与辄为政,必辄已能倾心委国而听。圣人盛德至诚,必已感化卫辄,使知无父之不可以为人,必将痛哭奔走，往迎其父。父子之爱，本于天性，辄能痛悔，真切如此，蒯聩岂不感动？蒯聩既还，辄乃致国请戮。聩已见化于子，又有孔子至诚调和其间，当亦决不肯受，仍以命辄，群臣百姓又必欲得辄为君。辄乃自暴其罪恶请于天子，告于方伯诸侯，而必欲致国于父。聩与群臣百姓，亦皆表辄悔悟仁孝之美，请于天子，告于方伯诸侯，必欲得辄为君。于是集命于辄，使之复君卫国，辄不得已，乃如后世上皇故事，尊聩为太公，备物致养而始自复其位。则君君，臣臣，父父，子子，名正言顺，一举而可为政于天下矣。孔子正名或是如此。'"（《论语点睛》）

孔子必也正名之心，阳明、蕅益可谓善体者也，圣心唯圣者能体，是以千古而下，阳明、蕅益仍可体也。

第四章

13.4 樊迟请学稼，子曰："吾不如老农。"请学为圃。曰："吾不如老圃。"樊迟出。子曰："小人哉，樊须也！上好礼，则民莫敢不敬；上好义，则民莫敢不服；上好信，则民莫敢不用情。夫如是，则四方之民襁负其子而至矣，焉用稼？"

【译】

樊迟向孔子请求学习种庄稼的技术。孔子说："我不如老农民。"他又请求学习种蔬菜的技术。孔子说："我不如老菜农。"

樊迟出去以后，孔子说："樊须真是没有出息啊！居上位的人愿欲达成行合礼，人们就没有敢不恭敬的；居上位的人愿欲达成行符义，人们就没有敢不服从的；居上位的人愿欲达成言信实，民众就没有敢不言实情的。如果能够达成这样，那么四方的人们都会背负着自己的儿女到你这里来投奔，哪里还用得着你自己亲自种庄稼呢？"

【释】

小人哉 现世多以为孔子是骂人，其实是先生对学生没有出息的一种叹息。如现在的父母骂自己的子女"你这家伙真没出息！"一样。因此，这种责备与道德无关。

这一章，最为今世诟病。蕅益大师："宁为提婆达多，不为声闻缘觉，非大人，何以知此？"（《论语点睛》）此真知孔子者也，圣圣道同，圣圣心通，蕅益此说，最为明证。又此处之所谓"大人"，实指地方菩萨而言。为学之道，当发大心，当发希圣希贤之心，发证悟天地人生之真相的心，切莫浅尝辄止,更莫学樊迟,仅学生存之技。生存之技,一切动物皆学之,皆能之。人为万物之灵,自当追求生命的完满实现;追求成圣成贤、立功立德;追求超出轮回,了悟生命,了生脱死,成就大道。

第五章

13.5 子曰:"诵《诗》三百,授之以政,不达;使于四方,不能专对;虽多,亦奚以为?"

【译】

孔子说:"熟读《诗经》三百篇,给他一个行政岗位,却处理不好政事;派他出使诸侯国,他又不能独立应对宴会赋诗场面;这种人《诗》虽然读得多,又有什么用处呢?"

【释】

专对 何晏:"专,犹独也。"(《集解》)这里指独立应对。

春秋时期,《诗》是配有乐谱的,既能诵,又能唱,还能演奏。既有用于祭祀神灵先祖的诗篇,也有赞颂圣王明君的诗篇,还有关于为政与民生的诗篇。因此《诗》就具有了多方面的功能。孔子说:"诗可以兴,可以观,可以群,可以怨,迩之事父,远之事君,多识于鸟兽草木之名。"(《阳货》)朱熹说:"《诗》本人情,该物理,可以验风俗之盛衰,见政治之得失。其言温厚和平,长于风谕。故诵之者,必达于政而能言也。程子曰:'穷经将以致用也。世之诵诗者,果能从政而专对乎?然则其所学者,章句之末耳,此学者之大患也。'"(《集注》)

孔子要求弟子读典籍是要让弟子们明理达用。否则你知识再多也没有用。读经之目的,灿然于心矣。实言之,就是要明天地人生之理,入止、定、静、安之境,达修、齐、治、平、立功立德之用。这才是孔子要求弟子们读经典之用心所在。今日之教经典、读经典的人,于此当三致意焉!

第六章

13.6 子曰:"其身正,不令而行;其不正,虽令不从。"

【译】

孔子说:"为政的人,自己的行为中正,就是不发命令,下面的人也会照着他的中正之行而行;自己的行为不中正,即使三令五申,人们也不会服从。"

【释】

正 许慎:"是也。从止,一以止。"《(说文)》"是",此也,决定无非曰是。

"刚健中正。"(《易·乾卦》)

据此,则"正"有决定无非,如实、中正之义。

这一章,讲得仍是"先之",即为政者的表率作用。

邢昺说:"此章言为政者当以身先也。言上之人,其身若正,不在教令,民自观化而行之。其身若不正,虽教令滋章,民亦不从也。"(《注疏》)

王夫之说:"夫子示君道之本曰:为君者必欲道之行于天下也,则有教令。而教令末也,君身,本也。其身正矣,言必正言,行必正行,利欲不能干,邪说不能惑,则不待施教于下,而臣尽其官常,民守其恒法,自然化行而俗美矣。如其身之不正也,虽秉正以施令,而习尚且成,法徒劳而刑亦不畏,其孰从之。故为政不在多言,唯力行而已。"(《四书训义》)

邢、王此释,可谓深得夫子之心!

第七章

13.7 子曰:"鲁卫之政,兄弟也。"

【译】孔子说:"鲁国的政治与卫国的政治十分相似,像兄弟一样相似。"

【释】

鲁卫 包咸:"鲁,周公之封。卫,康叔之封。周公、康叔既为兄弟,康叔睦于周公,其国之政亦如兄弟。"(《集解》)

卫国父不父,子不子,鲁国君不君,臣不臣,是以相似也。

第八章

13.8 子谓卫公子荆,"善居室。始有,曰:'苟合矣。'少有,曰:'苟完矣。'富有,曰:'苟美矣。'"

【译】

孔子评论卫公子荆说:"卫公子荆善于治家。刚刚开始有点财富,他就说:'足够了。'又少少地增加了一点财富,他就说:'很充足了。'多了一点财富,他就说:'很完美了。'"

【释】

卫公子荆　卫公子荆，卫国大夫，名荆，字南楚，是卫献公的儿子。鲁哀公时，鲁国也有个公子荆，所以，卫国的这个公子荆就被称为卫公子荆。

有　刘宝楠："'有'者，有财也。《列子·说符》篇：'羡施氏之有。'张湛注：'有，犹富也。'"（《正义》）"始有"由此，就是开始有点财富。

苟　王夫之："苟，乃也。"（《楚辞通释》）乃，本章当为发语辞，无实义。

合　俞樾："合，即给也。"（《群经平议》）

"给，足也。"（《玉篇》）综合而观，则"合"为足义。

完　李格非："充足。"（《汉语大字典》）

知足常乐，卫公子荆之谓欤？若依邢昺"苟"作"苟且"解，则不仅知足且谦逊。发了点财，说只是苟且发了点财；财富增加了，说只是苟且增加了；很富美了，说只是苟且富美。非我之力，碰巧罢了，何其谦逊！对照今日的我们：顺利之时，不可一世，以为自己力可撑天，地球的万有引力对我们都失去了作用，飘然不知所以。读卫公子荆的故事，当为顶门一针。

第九章

13.9　子适卫，冉有仆。子曰："庶矣哉！"冉有曰："既庶矣。又何加焉？"曰："富之。"曰："既富矣，又何加焉？"曰："教之。"

【译】

孔子前往卫国，冉有给他驾车。孔子说："好多的人口啊！"冉有问："已经人口众多了，要增加什么呢？"孔子说："富裕他们。"冉有又问："已经富裕了再增加什么呢？"孔子说："训练他们的作战能力，令他们能耕能战。"

【释】

适　"适，往也。"（《尔雅·释诂》）

仆　"仆，驭车也。"（《玉篇》）

庶　孔安国："庶，众也。言卫人众多。"（《集解》）

教　古棣等："军事训练，《吕氏春秋·简选》：'统率士民，欲其教也'。本书本篇第二十九章'教民三年，亦可以即戎矣'，'教'字亦军事训练之义。《论语》凡教育义，一般的用'诲'表示，不用'教'字，殷人的传统则用'敩'字，不用'教'字，'教'有强制的含义。"（《孔子批判·下·论语译说》）

富之 足食之谓。

教之 足兵之谓。冉有，孔子大弟子之一，"民信之"，当不待言之事，亦最切之事，治国力不足，最先去者兵，力足则先富而后兵。富民即所以富国，是以本章可视为孔门治国之要策——富国强兵。所以李卓吾说："一车问答，万古经纶。"（《论语点睛补注》）

第十章

13.10　子曰："苟有用我者，期月而已可也，三年有成。"

【译】

孔子说："假如有君王用我治理国家的话，一周年的时间就可以看得到显著的成绩，三年的时间就可以取得国富兵强的成就。"

【释】

期月 期，许慎："会也。"（《说文》）

刘宝楠："会者，合也。复其时，仍合于此月也。积月成年，故周年谓之期年，又谓之期月，言十二月至此一合也。"（《正义》）

三年有成　"三"屡见于《论语》，一般均指"多次"，不是确指"三"。但此章"三年有成"，却是确指。《汉书·食货志》："民三年耕，则余一年之畜，衣食足而知荣辱，廉让生而争讼息，故三载考绩。孔子曰：'苟有用我者，期月而已可也，三年有成。'成此功也。"（转引自《正义》）

灵公老，怠于政事，卫鲁之政又是"兄弟"般的关系。孔子欲待灵公用之，以成其礼乐教化之功，故有此说。

第十一章

13.11　子曰："善人为邦百年，亦可以胜残去杀矣，诚哉是言也！"

【译】

孔子说："贤善的人治理邦国百年，也就可以教化好残暴的人而远离刑杀等酷刑了。这句话真的说得很对呀！"

【释】

胜残去杀 王肃:"胜残,残暴之人使不为恶也。'去杀'的意思是不用刑杀也。"

朱熹:"为邦百年,言相继而久也。胜残,化残暴之人,使不为恶也。去杀,谓民化于善,可以不用刑杀也。盖古有是言,而夫子称之。程子曰:'汉自高、惠至于文、景,黎民醇厚,几致刑措,庶乎其近之矣。'尹氏曰:'胜残去杀,不为恶而已,善人之功如是。若夫圣人,则不待百年,其化亦不止此。'"(《集注》)

据此,则"胜残"之"胜"字,不能作战胜残暴之人解,只能作通过教化使残暴之人自己胜过自己的残暴之性解。

孔安国:"古有此言,孔子信之。"(《集解》)可见"善人为邦百年,亦可以胜残去杀矣",是古之成语。"为邦百年",非定数百年,实言其久也。所以朱熹说:"为邦百年,言相继而久也。"(《集注》)

释蕅益说此章为孔子"深痛杀业,深思善人"(《论语点睛》)。虽说是圣人"深痛杀业,深思善人",但何尝又不是说"礼乐教化,需要假以时日"呢!谚语"十年树木,百年树人",此之谓也。

本章仍是说为政之道,首在自正其身心。

第十二章

13.12 子曰:"如有王者,必世而后仁。"

【译】

孔子说:"假如有圣人为君王,一定要经过三十年才能实现仁政。"

【释】

王者 皇侃:"王者,谓圣人为天子也。"(《义疏》)

善人为政百年,始可以"胜残去杀"。圣人为政,经世即可以实现"仁政",身化之功,于此可以概见。

世 孔安国:"三十年曰世。如有受命王者,必三十年仁政乃成。"(《集解》)

关于本章朱熹说:"王者,谓圣人受命而兴也。三十年为一世。仁,谓教化浃也。程子曰:'周自文武至于成王,而后礼乐兴,即其效也。'或问:'三年、必世,迟速不同,何也?'程子曰:'三年有成,谓法度纪纲有成而化行也。渐民以仁,摩民以义,使之浃于肌肤,沦于骨髓,而礼乐可兴，所谓仁也。此非积久，何以能致？'"（《集注》）此"三年有成"与"世而后仁"之所以也，读者诸君又何疑焉！

第十三章

13.13 子曰："苟正其身矣，于从政乎何有？不能正其身，如正人何？"

【译】

孔子说："忠诚地修正自己的身心行为，对于从政又有什么难呢？不能修正自己的身心行为，又怎么能去改正别人的身心行为呢？"

【释】

邢昺说："此章言政者正也，欲正他人，在先正其身也。苟，诚也。诚能自正其身，则于从政乎何有？言不难也。若自不能正其身，则虽令不从。'如正人何'，言必不能正人也。"（《注疏》）可见本章讲的仍是为政者"先正其身"之重要作用。

蕅益大师说："不正身之人，难道不要正人耶？故以此提醒之。"（《论语点睛》）此即圣人化度"先以欲钩牵"之义。

第十四章

13.14 冉子退朝。子曰："何晏也？"对曰："有政。"子曰："其事也。如有政，虽不吾以，吾其与闻之。"

【译】

冉求随从季康子退朝回来。孔子问道："为什么今天这么晚才回来？"冉求回答道："有政务。"孔子说："那只不过是事务啊！如果是政务，我虽然不在朝任职，我还是会知道的。"

【释】

退朝 周生烈："谓罢朝于鲁君。"（《集解》）"冉子退朝"，就是冉求随从季康子从鲁君处退朝回来。

晏 "宴，晚也。"（《尔雅·广言》）

据《左传·哀公十一年》：此时的冉求，已在季康子家作家臣总管，深得季康子信任，即所谓"季孙使冉子从于朝"。此时的季氏，准备"伐颛臾"，得到了冉有的支持，孔子非常反对（参见《季氏》篇）。在孔子看来，要想国富兵强，当以为政者自正其身心为上，所谓"自天子以至于庶人，壹是皆以修身为本"，通过"正己修身"，从而达到"不令而行""近怀远归""胜残去杀""天下归仁"的大同盛世。而冉求不仅不谋与雇主一起"正己修身"，反而助纣为虐，谋伐谋攻，做老师的当然要"现金刚身而行菩萨道"了，但是孔子总是那么温文尔雅，总是不到万不得已，则不肯"现金刚身"，如本章，冉有故意敷衍自己的老师，而孔子虽明明知道自己的学生在敷衍自己，仍然装作不知，和言细语说什么"政"与"事"的差别，一片苦心，冉子不悟，始终为季康子帮凶，以因果衡之，必堕三有也。孔子虽不言性命与天道，但并非不知，看着自己的弟子堕落，其心之痛，无人能知，此《季氏》篇、《先进》篇，孔子所以现"金刚身"而斥冉求之所由也。

第十五章

13.15 定公问："一言而可以兴邦，有诸？"孔子对曰："言不可以若是其几也。人之言曰：'为君难，为臣不易。'如知为君之难也，不几乎一言而兴邦乎？"

曰："一言而丧邦，有诸？"孔子对曰："言不可以若是其几也。人之言曰：'予无乐乎为君，唯其言而莫予违也。'如其善而莫之违也，不亦善乎？如不善而莫之违也，不几乎一言而丧邦乎？"

【译】

鲁定公向孔子问道："一句话就可以使邦国兴盛，有这样的话吗？"孔子回答说："语言不可以认为它有那样微妙的作用。有人的话这样说：'做君主艰难，为臣子的不容易。'如果知道作为一个君主要领导好一个邦国很艰难，（就一定会正己修身，战兢惕励，如临深渊、如履薄冰，先有司，赦小过，任贤才，）这不是差不多属于一句话就可以使邦国兴盛吗？"

定公又问："一句话就可以使邦国丧失，有这样的话吗？"孔子回答说："语言不可以认为它有那样微妙的作用。有人的话这样说：'我并不是乐意做君主，只不过是我说了话没有人敢违背。'如果他的话说得正确，而没有人违背，不也是很好吗？如果说的话不对而又没有人违背，不是差不多算得上是一句话就可以丧失邦国吗？"

【释】

几 许慎："几，微也。"（《说文》）

"几者，动之微吉之先见者也。"（《易·系辞》）据此，我们可以认为这里的"几"字，是指那种表面上看来很细微，微小得几乎看不到，但却是引起极大的变化的根本原因。善察者，察其几也。所以这里的"几"字，当是指虽然小到几乎看不见，但却有兴邦、丧邦这样大的作用，所以我译为"微妙的作用"。

为君难　朱熹："因此言而知为君之难，则必战战兢兢，临深履薄，而无一事之敢忽。然则此言也，岂不可以必期于兴邦乎？"（《集注》）

无乐乎为君　孔安国："言无乐于为君。所乐者，唯乐其言而不见违。"（《集解》）译文遵之。

如不善而莫之违　朱熹引范氏："言不善而莫之违，则忠言不至于耳。君日骄而臣日谄，未有不丧邦者也。"又引谢氏说："知为君之难，则必敬谨以持之。唯其言而莫予违，则谗谄面谀之人至矣。邦未必遽兴丧也，而兴丧之源分于此。然此非识微之君子，何足以知之？"（《集注》）

本章仍是说为政者自正其身心的重要意义。以上诸章，皆圣人随事随缘，教人"达用"之学问也。

第十六章

13.16　叶公问政。子曰："近者说，远者来。"

【译】

叶公向孔子请教最理想的从政方法。孔子答道："要有使境内的人心悦诚服，使境外的人愿来投奔的效果。"

【释】

这一章孔子讲的是为政要达到的效果。孔子诲人，启发为宗。叶公问政，显然是问要如何为政才是最理想的为政方略。按一般的方法，孔子应答以最好的为政方法。但对于一个实际上的为政者，告诉他方法他不一定会听，还不如告诉他要达到什么样的效果，让问者自己思考，自己判断。

第十七章

13.17　子夏为莒父宰，问政。子曰："无欲速，无见小利。欲速，则不达；见小利，则大事不成。"

【译】

子夏做莒父的行政长官时，向孔子请教从政的方法。孔子说："不要有速效的愿望，不要盯在眼前的利益上。想速效就会达不到预期的效果，盯着眼前的利益，就办不成大事。"

【释】

莒父 刘宝楠："《山东通志》云：'莒始封在莱州府高密县东南，乃莒子之都，而子夏所宰之莒父也。'……《通志》较可据。"（《正义》）

"欲速则不达""见小利则大事不成"，万古不变之理事也。"欲速"则心为速成之杂念所扰，心被杂念所扰则不能沉静而反浮躁，心浮则思不深，心躁则虑不远，是以不仅不能达成其目的，反而有可能坏事。"见小利"则心眼为小利所障，心眼被障则只能看到眼前的利益而看不到未来的利益，是以不能成其大事。大事者，历世而不衰者也。急功近利，永当戒之。

第十八章

13.18 叶公语孔子曰："吾党有直躬者，其父攘羊，而子證之。"孔子曰："吾党之直者异于是：父为子隐，子为父隐，直在其中矣。"

【译】

叶公告诉孔子说："我们家乡有个直人，他的父亲偷了羊，做儿子的却出来告发他的父亲。"孔子说："我们家乡的直人与你们家乡的直人不相同，父亲替儿子隐瞒，儿子为父亲隐瞒，直就在那互相隐瞒的行为里面。"

【释】

直（直躬） 许慎："正见也，从乚从十从目。"（《说文》）

徐锴："乚，隐也。今十目所见是直也。"（南唐·徐锴《说文解字系传》）

躬 许慎："身也。"（《说文》）据此，"直躬"就是我们今天所谓之直性子人、直肠子人。

攘 周生烈："有因而盗曰攘。"（《集解》）

高诱："凡六畜自来而取之，曰攘也。"（《淮南子·注》）据此，攘就是偷的意思。

證 这个證字，不是证字的繁写，而是本字。许慎："證，告也"。（《说文》）也就是直躬者去告发他的父亲偷羊。

本章我们如果从直为正见的角度来看，则叶公之所谓"直躬"者，是见事而不见理，有因事害理之失。孔子的身份为客，不便直言，所以答以"子为父隐，父为子隐"，让叶公自悟。

如果从教授法来看，则后世禅宗的教授法，如《六祖法宝坛经》之所谓：有与无对，清与浊对之类，与本章相类。你父偷子證，子偷父證，我则以子为父隐，父为子隐对之。此对治之法也，意在打掉执着，执着离身则真理自现。其实不管你父偷子證，子偷父證，还是子为父隐，父为子隐，于中道言之，都是执着，都是边见，都不符中道。叶公执于事，子以情理对之。正如惠能大师所言："出语尽双，皆取对法，来去相因，究竟二法尽除，更无去处。"（《六祖法宝坛经》）此之谓也。

第十九章

13.19 樊迟问仁。子曰："居处恭，执事敬，与人忠。虽之夷狄，不可弃也。"

【译】

樊迟问契入仁道的方法。孔子说："平居无事时，要谦虚谨慎，做事时，严肃认真，与人交往诚实不欺。即使是到了文化落后的少数民族地区，这种行持也是不可以放弃的。"

【释】

"恭""敬""忠"，既可以说是身体的行为，也可以说是心的行为。三者即心态，是礼之要素。礼，符合仁之行的规范与精神，或者说礼是仁之外化，仁是礼积淀内化之心灵本体。所以本章讲契入仁的方法，说明樊迟通过孔子的批评与教诲，终于向上走了一步，回小向大，从学习生存技能迈向了求道明道证道的真正的人生之旅。所以蕅益大师说："也只是'克己复礼'，而变文说之。"（《论语点睛》）

第二十章

13.20 子贡问曰："何如斯可谓之士矣？"子曰："行己有耻，使于四方，不辱君命，可谓士矣。"曰："敢问其次。"曰："宗族称孝焉，乡党称弟焉。"曰："敢问其次。"曰："言必信，行必果，硁硁然小人哉！抑亦可以为次矣。"曰："今之从政者何如？"子曰："噫！斗筲之人，何足算也。"

【译】

子贡问孔子道："什么样的素质就可以称之为士呢？"孔子说："做人做事常怀惭愧心、羞耻心，出使诸侯国不会辜负君主的任命，这就可以称之为士了。"子贡又问："冒昧地请教次一等的标准是什么呢？"孔子说：

"宗族亲人都称赞他孝顺，乡党邻里都称赞他敬顺尊长。"子贡又问："冒昧地再请教再次一等的标准是什么？"孔子说："说话一定诚恳讲信用，做事一定有始有终做出成果。或许可以说是最次一等的士了。（那些不明是非，坚持他自己的那一套，那是像石头一样坚硬难化的固执小人啊！）"子贡又问："现在那些执政的怎么样呢？"孔子说："哎！器量狭小得像只能装一丁点儿米的小竹筒那样的人，算得了什么呢？"

【释】

筲 何晏："筲，竹器，容斗二升。"（《集解》）

本章说明，在孔子的心中，在朝为官的人，必须是德才兼备。"行己有耻"讲的是修德，"使于四方，不辱君命"讲的是才能。次一等则可以无才，但必须有德有仁德，即所谓的"宗族称孝焉，乡党称弟焉"，"孝弟也者，其为仁之本与？"（《学而》）是其明证。再次一等必须有诚信勇为的品德，亦即"言必信，行必果"。

蕅益大师说："若人知有自己，便做不得无耻之行，此句便是士之根本。三节只是前必具后，后不具前耳。子贡从来不识自己，所以但好做个瑚琏。虽与'斗筲'贵贱不同，同一器皿而已。"（《论语点睛》）

李卓吾说："孝弟，都从有耻得来；'必信'，'必果'也，只为不肯'无耻'。今之从政者只是一个'无耻'。"（《论语点睛补注》）

"知耻近乎勇"，知耻才能成为士，印光大师知惭愧，常惭愧，是以成就其不世的功业，其身后被时人推为三百年来第一人，良有以也。

第二十一章

13.21 子曰："不得中行而与之，必也狂狷乎！狂者进取，狷者有所不为也。"

【译】

孔子说："不能得到符合中道的人做朋友，一定也要和狂放不羁或洁身自好的人做朋友啊！狂放不羁的人进取心强，洁身自好的人有所不愿为（为保持节操而不问世事）。"

【释】

中行 包咸："中行，行能得其中者。"（《集解》）可见"中行"指的就是无太过无不及、不偏不倚之中道行。

狂狷 包咸："狂者进取于善道，狷者守节无为，欲得此二人者，以

时多进退，取其恒一。"（《集解》）

朱熹："狂者，志极高而行不掩。狷者，知未及而守有余。"（《集注》）可见狂狷是两种不同的人生态度和行为模式。

孟子："孔子'不得中道而与之，必也狂狷乎！狂者进取，狷者有所不为也'。孔子岂不欲中道哉？不可必得，故思其次也。"狂者"其志嘐嘐然，曰'古之人，古之人'。夷考其行，而不掩焉者也。狂者又不可得，欲得不屑不洁之士而与之，是狷也。又其次也。"（《孟子·尽心》）

蕅益大师："'狂狷'，就是狂简。狂则必简，简即'有所不为'，有所不为，只是'行己有耻'耳。孟子分作两人解释，孔子不分作两人也。若狂而不狷，狷而不狂，有何可取？"（《论语点睛》）蕅益大师不同意孟子狂狷之释，然则亦高迈可取，只是世间如此狂狷之人亦稀矣。

孔子时，去古未远，即不可得中行之人，时当今日，我们又如何能契入中道而得解脱呢？亦唯有念佛往生西方而已矣。

第二十二章

13.22 子曰："南人有言曰：'人而无恒，不可以作巫医。'善夫！""不恒其德，或承之羞。"子曰："不占而已矣。"

【译】

孔子说："南方有人说：'人如果没有恒心，是做不好巫师和医师的。'这句话说得多好啊！《周易·恒卦》上的爻辞说：'没有恒常不变的修德的心而坚持修养，就有可能蒙受羞辱。'"孔子说："这句话就是说：没有恒心的人，不能作占卜的'卜人'，这是一定的啊！"

【释】

而 王引之："而，犹若也。"（《经传释辞》）

"人而无恒"，就是人如果没有恒心。

巫医 自古有二说。一说巫医专指医。俞樾："巫、医古得通称，此云'不可以作巫医'，巫亦医也。"（《群经平议》）

一说指巫和医两种职业。朱熹："恒，常久也。巫，所以交鬼神。医，所以寄死生。故虽贱役，而犹不可以无常，孔子称其言而善之。"（《集注》）

据《礼记》载："子曰：南人有言曰：'人而无恒，不可以为卜筮'，古之遗言与？"则"人而无恒，不可以为巫医"，当以巫和医两种职业为是。

不恒其德，或承之羞 "不恒其德，或承之羞，贞吝。象曰：'不恒其德，无所容也。'"（《易经·恒卦》）

占 占人，如在《周礼·春官》有"占人"的官职记载。不占，即不能作占人。

而（不占而已矣） 吴昌莹："而，犹此也。"（清·吴昌莹《经词衍释》）

已 颜师古："已，必也。"（《汉书·灌夫传注》）据此本句可译为："这句话就是说：没有恒心的人，不能作占卜的'卜人'，这是一定的啊！"

马振彪："为机变之巧者，无所用耻，不恒未有不可羞者。无恒之人为人所不齿，或作或辍，鲁莽灭裂。世运之迁变，皆机巧善变者酿成之，为天下所不容，人神所共愤，何羞如之！故圣人欲得见有恒者。"（民国·马振彪《周易学说》）

无恒，即巫、医、卜，（星、相、命）亦不可为，而况于道乎，圣人善"无恒不可以作巫医"，良有以也。

第二十三章

13.23 子曰："君子和而不同，小人同而不和。"

【译】

孔子说："君子与君子之间，和敬圆融，对事物的看法却可以有不同的观点；小人与小人之间，行为相同，但却各自为己心不相同。"

【释】

和 何晏："君子心和，然其所见各异，故曰不同。小人所嗜好者同，然各争利，故曰不和。"（《集解》）

皇侃："和，谓心不争也。不同谓立志各异也。君子之人千万，千万其心和如一，而所习立之志业不同也。小人为恶如一，故云'同'也，好斗争，故云'不和'也。"（《义疏》）

释蕅益："无争，故和。知差别法门，故不同。情执是同，举一废百，故不和。"（《论语点睛》）

此三释，大同小异，均是从各自的立场对本章加以发明，然则有深浅高低之不同，观者自明。

第二十四章

13.24 子贡问曰:"乡人皆好之,何如?"子曰:"未可也。""乡人皆恶之,何如?"子曰:"未可也。不如乡人之善者好之,其不善者恶之。"

【译】

子贡问孔子说:"整个乡镇的人都喜欢他,这个人怎么样?"孔子说:"不能肯定这个人一定是个好人。"子贡又问道:"整个乡镇的人都讨厌他,这个人怎么样?"孔子说:"不能肯定这个人一定是个不好的人。(这两种情况)不如家乡贤善的人都喜欢他,家乡不贤善的人都讨厌他。"

【释】

乡人　朱熹:"一乡之人。"(《集注》)据此,"乡人"实指全乡的人、整个乡镇的人。

可　许慎:"肯也。"(《说文》)

"未可也"就是不能肯定。

既然"乡人皆好之",为什么孔子不能肯定他是个好人呢?如果我们参考一下《阳货》篇之"乡愿",就清楚明白了。整个乡镇的人都喜欢他,他可能只是个"乡愿",只是个不论是非、到处讨好的老好人,可能是个心怀鬼胎的奸佞小人。"乡人皆恶之",则有可能是个超越时代、具有远见卓识的英才,也可能是个特立独行的怪才。他们有一个共同的特点,那就是其思其行,不为常人所接受,是以"乡人皆恶之"。这是学习本章所应该明白的。

第二十五章

13.25 子曰:"君子易事而难说也:说之不以道,不说也;及其使人也,器之。小人难事而易说也:说之虽不以道,说也;及其使人也,求备焉。"

【译】

孔子说:"君子容易事奉却难以取悦。以不正当的手段取悦君子,君子是不会高兴的。等到君子用人做事的时候,他就会根据人的才能分配事情。小人难以事奉却容易取悦,即使用不正当的手段取悦他,他也会很高兴。等到他用人做事的时候,他不知道根据人的才能分配事情,对人总是求全责备。"

【释】

君子、小人 刘宝楠："君子、小人，皆居位者。"(《正义》)这无疑是正确的，但仅以位论君子小人，似不全，因此，此处之君子小人，当有德的内容在里面。否则，君子"易事难悦"、小人"难事易悦"就会讲不通。

易事 孔安国："不责备于一人，故易事。"(《集解》)

器之 孔安国："度才而官之。"(《集解》)

朱熹说："谓随其材器而使之也。"(《集注》)度，量也，量其才能而使用之，用其所长也，故"易事"。

及其使人也，求备焉 皇侃："此解'难事'也，不测度他人器量而过分责人，故难'事'也。"(《义疏》)

"君子易事而难悦""小人难事而易悦"，诚千古不易之经验也，学者当牢记之。

第二十六章

13.26 子曰："君子泰而不骄，小人骄而不泰。"

【译】

孔子说："君子通达而不骄矜，小人骄矜却不通达。"

【释】

泰 "泰，通也。"(《广雅·释诂》)

何晏："君子自纵泰，似骄而不骄。小人拘忌，而实自骄矜。"(《集解》)

焦循："案泰者通也。君子所知所能放而达之于世，故云'纵泰似骄'，然实非骄也。小人所知所能，匿而不露，似乎不骄，不知其拘忌正其骄矜也。君子不自矜，而通之于世。小人自以为是，而不据通之于人，此骄泰之分也。"(《论语补疏》)

刘宝楠："'泰'训'通'，见《易·序卦传》。《汉书·刘向传》注：'泰者，通而治也。'《尧曰》篇云：'君子无众寡，无小大，无敢慢。斯不亦泰而不骄乎？'众寡、小大，则君子达之于世也，皆无敢慢，则无骄可知。"(《正义》)据此，此"泰"字，当译为通达。

本章"泰"字，古今译者释为安舒、舒泰者多，然则"泰而不骄，骄而不泰"之泰字，以安舒或舒泰释之，终觉不安，何以安舒不骄矜、骄矜不安舒即是君子小人之分水岭呢？说不通啊！如果将此"泰"字释为通达、洞明就文从字顺了，虽然通达却无骄矜之气，不通达却又有骄矜之气，可作为君子与小人的分判标准。

李塨说："君子无众寡，无小大，无敢慢，而安得骄？小人矜己傲物，唯恐失尊，何其骄侈，而安得泰？"（清·李塨《论语传注》）

君子通达人情事理，洞达天地人生真相，是以自然而然地能够"无众寡，无小大，无敢慢"，小人或许能通达人情，但不一定能通达事理，更不可能洞达天地人生真相，是以"矜己傲物，唯恐失尊"。

第二十七章

13.27 子曰："刚、毅、木、讷，近仁。"

【译】

孔子说："刚直、果敢、朴素、语言不轻易出口，这样的人，与仁人差不多了。"

【释】

刚、毅、木、讷 王肃："刚无欲，毅果敢，木质朴，讷迟钝。有斯四者，近于仁。"（《集解》）

刚 "坚也，劲也。"（《增韵》），"大哉乾乎，刚健中正。"（《易·乾卦》）

毅 许慎："一曰有决也。"（《说文》）

木 "质朴。《论语》：'刚毅木讷近仁'，又木彊，不和柔貌。"（《康熙字典》）

讷 许慎："言难也。"（《说文》）

"迟钝也。"（《玉篇》）

"謇讷也。"（《广韵》）

关尹子说："穷天下之辩者，不在辩而在讷。"（《关尹子·九药》）从上引证可知此处的"刚"，是指刚直而言；"毅"是指有决断的能力而言；"木"是指其人行为表现上像木僵直呆滞的样子；"讷"则是指言语在表现上像迟滞不善说话的样子。

皇侃说："言此四事与仁相似，故云'近仁'。刚者性无求欲，仁者静，故刚者近仁也。毅者性果敢，仁者必有勇，周穷济急，杀身成仁，故毅者近仁也。木者质朴，仁者不尚华饰，故木者近仁也。讷者言语迟钝，

仁者慎言，故讷者近仁也。"（《义疏》）

朱熹引程子说："木者，质朴。讷者，迟钝。四者，质之近乎仁者也。"（《集注》）

朱熹引杨氏说："刚毅则不屈于物欲，木讷则不至于外驰，故近仁。"（《集注》）

"刚、毅、木、讷，近仁"，近仁，接近于仁。当我们在修养身心进入定境时，就常会出现这种现象。如当代的正果禅师，人们回忆他在五十年代的行为，就符合"刚、毅、木、讷"。我有一个姓吴的忘年之友，禅修近四十年未曾间断。他跟我说他在四十年代见过几个修行精进的人，几乎就像木偶一样，那种木讷，几乎没办法形容。由此可见"刚、毅、木、讷，近仁"，是修行路上的境界，是快接近仁道开启的一个过程。随各人的因缘，或者很快就能开启仁心或者需要很久的时间才能开启仁心。有的人也可能就一直停留在那种境界里面，一辈子也开启不了仁心。所以，末法时期靠自己的力量修行，成就仁道、了脱生死是很难的。也就是说这不若佛教净土宗，凭借弥陀的宏誓愿力，念佛名号往生净土来得容易。

第二十八章

13.28 子路问曰："何如斯可谓之士矣？"子曰："切切、偲偲、怡怡如也，可谓士矣。朋友切切、偲偲，兄弟怡怡。"

【译】

子路向孔子请教道："怎样才可以称之为'士'呢？"孔子说："既相互敬重切磋勉励，又和悦顺从的样子，可以称作'士'了。朋友之间相互敬重切磋勉励，兄弟之间和悦顺从。"

【释】

切切、偲偲 《汉语大词典》作切切思思，引此条为证，并解释说："相互敬重切磋勉励貌。"此释准确可取。

怡怡 许慎："怡，和也。"（《说文》）

"怡，悦也。"（《玉篇》）

《汉语大字典》："特指兄弟和睦的样子。"

朱熹引胡氏："切切，恳到也。偲偲，详勉也。怡怡，和悦也。皆子路所不足，故告之。又恐其混于所施，则兄弟有贼恩之祸，朋友有善柔之损，故又别而言之。"（《集注》）

士　刘向："通古今，辨然否为士。"（《白虎通义》）孔子时之所谓士，当即"通古今，辨然否"之士了。而孔子告子贡说："切切、偲偲、怡怡如"，当为子贡有此不足，是以告之，此其一也。其次则从道德行为上说士，诚如邢昺所说："切切偲偲，相切责之貌。朋友以道义切磋琢磨，故施于朋友也。怡怡，和顺之貌。兄弟天伦，当相友恭，故怡怡施于兄弟也。"（《注疏》）

第二十九章

13.29　子曰："善人教民七年，亦可以即戎矣。"

【译】

孔子说："贤善的人为政，会适时对民众进行军事训练，经过七年的时间，民众也就可以从军作战了。"

【释】

教民七年　教民什么？邢昺说是"使民知礼义与信"，言下之意，就是教民"礼义与信"。朱熹说是教"孝悌忠信之行，务农讲武之法"。教民"礼义与信"与"孝悌忠信之行"，均是。然则，结合下条"以不教民战，是谓弃之"来看，重点是"教民战"，这是不可否认的事实。

为什么是七年呢？邢昺说："言七年者，夫子以意言之耳。"（《注疏》）朱熹引程子说："七年云者，圣人度其时可矣。如云期月、三年、百年、一世、大国五年、小国七年之类，皆当思其作为如何乃有益。"（《集注》）由此可见，他们都认为这是孔子的主观意见，即孔子自认为要经过那么长的时间，是孔子的以意度之。

我以为七字，当有其不可思议的神秘意义。如人死后，以七日为期，计算其能不能撞上夏历月之七日，如初七、十七、二十七，算其死后是第几个七期撞上上面所举的三个七日，如能撞上，则子孙有福，如不能撞上，则认为子孙贫穷无饭可吃。所以在没有撞上七日的亡者家，其子孙是一定要外出讨饭，必须讨满一百家的米才能回家。而且道家学法修法，均以七日为期，或修一个七日，或练七个七日，总之，是七为期。还有佛家的禅宗打禅七、净土宗打佛七，均是以七日为期。甚至中医运气学说，运气七日一来复。此外，西方敬上帝亦以七为期，从一日、二日、三日至七日，则为礼拜日，过七日则转化为新的一周。因此，我以为七乃转化之数、圆满之数、成就之数。这里孔子所讲的七年，当作如是观。

第三十章

13.30 子曰:"以不教民战,是谓弃之。"

【译】

孔子说:"用没有经过训练的民众去参加战斗,这就是抛弃民众。"

【释】

马融:"言用不习之民,使之攻战,必破败,是谓弃之。"(《集解》)"习",许慎:"数飞也。"(《说文》)"数飞"即练习使熟之义,"不习之民"就是没有经过军事训练的民众。因此"以不教民战",就是用没有经过军事训练的民众去参加战斗,这不是让民众去送死吗?所以孔子说这种行为是抛弃民众的行为。孔子珍惜生命、以民为本的思想跃然纸上。

宪问第十四

第一章

14.1 宪问耻。子曰:"邦有道,谷;邦无道,谷,耻也。""克、伐、怨、欲不行焉,可以为仁矣?"子曰:"可以为难矣,仁则吾不知也。"

【译】

原宪问什么是耻辱。孔子说:"国家政治清明,应该出来做官拿国家的俸禄;国家政治黑暗,仍然出来当官领俸禄,就是可耻的事了。"原宪又问:"好胜、矜夸、怨恨、贪婪的心都伏住不起现行,算得上是仁吗?"孔子说:"可以说是难能可贵的了,至于说是否合乎仁,我就不知道了。"

【释】

宪 宪,原宪,孔子学生。司马迁:"孔子卒,原宪遂亡在草泽中。子贡相卫,而结驷连骑,排藜藿入穷阎,过谢原宪。宪摄敝衣冠见子贡。子贡耻之,曰:'夫子岂病乎?'原宪曰:'吾闻之,无财者谓之贫,学道而不能行者谓之病。若宪,贫也,非病也。'子贡惭,不怿而去,终身耻其言之过也。"(《史记·仲尼弟子列传》)

谷 孔安国:"谷,禄也。邦有道,当食禄。"(《集解》)

耻也 孔安国:"君无道而在其朝,食其禄,是耻辱。"(《集解》)

朱熹:"邦有道不能有为,邦无道不能独善,而但知食禄,皆可耻也。宪之狷介,其于邦无道谷之可耻,固知之矣;至于邦有道谷之可耻,则未必知也。故夫子因其问而并言之,以广其志,使知所以自勉,而进于有为也。"(《集注》)

克、伐、怨、欲 马融:"克,好胜人。伐,自伐其功。怨,忌小怨。欲,贪欲也。"(《集解》)

李卓吾:"原思辞禄,欲脱其身于穀之外。孔子耻穀,欲效其身于穀之中。方外史曰:'若知素位而行,便不肯脱身穀外。'"(引自《论语点睛补注》)

"克、伐、怨、欲"之心虽已调伏，已不起现行，但是那还只是伏住了，根还在。只要遇到因缘，还是会起现行的。因此，一个修行的人，不能错认了门，不可认贼作父。所以当原宪问："克、伐、怨、欲不行焉，可以为仁矣？"孔子就斩钉截铁地说："可以为难矣，仁则吾不知也。"从这里，我们也可以反证孔子所讲的仁，确实是一种心地无非的境界，是一种确确实实的、圆圆满满的断惑境界！

第二章

14.2 子曰："士而怀居，不足以为士矣！"

【译】

孔子说："士如果贪图安逸，作为士的资格就没有了！"

【释】

怀居 "怀"，怀恋，此处作贪图解；"居"，居处，此处作安逸解。

本章与《里仁》篇"士志于道而耻恶食恶衣者，未足与议也"义同，可互参也。

第三章

14.3 子曰："邦有道，危言危行；邦无道，危行言孙。"

【译】

孔子说："国家政治清明，言语正直，行为正直；国家政治黑暗，行为正直，不随流俗，言语谦逊，远离祸害。"

【释】

危 许慎："危，在高而惧也。"（《说文》）

包咸："危，厉也。邦有道，可以厉言行。"（《集解》）

刘宝楠引《广雅·释诂》："厉，高也，上也。"又引钱坫《论语后录》："孙星衍曰：'《广雅》：危，正也。'释此为长。"（《正义》）

孙 通"逊"，何晏："孙顺也，厉行不随俗，顺言以远害。"（《集解》）

朱熹："孙，卑顺也。"（《集注》）据此，孙可译为谦卑恭顺。

蕅益大师："言逊，不是避祸，正是挽回世运之妙用耳。"（《论语点睛》）可见人人谦恭，世命必转。

孔子告诉我们，志存高远不等于盲目蛮干。一个人不仅要有理想、有抱负，还要有智慧才行。碰到政治黑暗的时候，就应该韬光养晦，不要强出头，要学会保全自己的生命，只有保全了自己的生命，才能更好地展开自己的抱负，实现自己的理想。一个有智慧的人，在保全自己的同时，能够尽其所能，做一些有益于社会、有益于人生的事情，"危行"就是这样的事情。也就是说行为依然保持正直，为国为民的事情照样去做。"言孙"，是不要逞匹夫之勇，要谦卑、恭顺、谨慎，以免祸从口出，所以何晏说"顺言以远害"。此外，倘若人人言逊，还可以挽回世运，又不可不知。

第四章

14.4 子曰："有德者必有言，有言者不必有德。仁者必有勇，勇者不必有仁。"

【译】

孔子说："一个德高的人，一定有言论留传于世，有言论留传于世的人，不一定要有高尚的品德；开启了仁心的人，一定勇敢，勇敢的人不一定要开启仁心。"

【释】

殷仲堪说："修理蹈道，德之义也。由德有言，言则末矣，末可矫而本无假，故有德者必有言，有言者不必有德也。诚爱无私，仁之理也。见危授命，若身手之相救焉，存道忘生，斯为仁矣。若夫强以肆武，勇以胜物，凌超在于要利，轻死元非以为仁，故云仁者必有勇，勇者不必有仁。"（清·马国翰《论语殷氏解》）

李充说："甘辞利口，似是而非者，佞巧之言也。敷陈成败，合连纵横者，说客之言也。凌夸之谈，多方论者，辩士之言也。德音高合，发为明训，声满天下，若出全，有德之言也。故有德必有言，有言不必有德也。""陆行不避虎兕者，猎夫之勇也；水行不避蛟龙者，渔父之勇也；锋刃交于前，视死若生者，烈士之勇也；知穷之有命，知通之有时，临大难而不惧者，仁者之勇也。故'仁者必有勇，勇者不必有仁'也。"（引自《义疏》）

朱熹说："有德者，和顺积中，英华发外，能言者，或便佞口给而已。仁者，心无私累，见义必为，勇者，或血气之强而已。"（《集注》）

德者，得也。得其天性之谓也。得其天性者，言论皆从实相中出，都是如语者、实语者、不妄语者，当然能有益于人，能留传于世。有言者，慧根发露而行不及焉，是以亦能有益于人，留传于世，最显著者莫若西人培根。仁者无我，当然无私，是以仁者之行，只问义之所当为否？而无私杂之念干扰，所以见义必为。勇者，猎夫渔父死节之士皆能之，是勇者不必仁也。此章层层紧扣，一气呵成，读来韵味无穷。

第五章

14.5　南宫适问于孔子曰："羿善射，奡荡舟，俱不得其死然；禹、稷躬稼，而有天下。"夫子不答。

南宫适出。子曰："君子哉若人！尚德哉若人！"

【译】

南宫适向孔子请教道："后羿擅长射箭，奡擅长作战，这两个人都没有寿终正寝。大禹和后稷亲自种田却得到了天下。"孔子没有作声。

南宫适出退去后，孔子说："君子啊，南宫适这个人，一心向德啊，南宫适这个人！"

【释】

南宫适　适，不是適的简化字，音括。南宫是其姓氏，适是其名，字子容。《史记·仲尼弟子列传》作"南宫括"，区别于西周名臣南宫适。

羿善射，奡荡舟　孔安国："羿，有穷国之君，篡夏后相之位。其臣寒浞杀之，因其室而生奡。奡多力，能陆地行舟，为夏后少康所杀。"（《集解》）

顾炎武："《竹书纪年》：'帝相二十七年，浇伐斟鄩，大战于潍，覆舟，灭之。'《楚辞·天问》：'覆舟斟鄩，何道取之'，正此谓也。汉时《竹书》未出，故孔安国以为陆地行舟，而后因之。古人以左右冲杀为溠阵，其锐卒谓之跳溠，别帅谓之溠主。溠舟盖兼此义。"（顾炎武《日知录》）

不得其死　孔安国："此二子者，皆不得以寿终。""不得以寿终"就是不能尽享其天年，就是不能自然老死，而是非正常死亡。

邢昺："帝喾时有羿，尧时亦有羿，则羿是善射之号，非复人之名字。"（《注疏》）

这种现象很奇特，民间老人们常说，"会剑的死于剑下，会刀的死于刀下，会水的死于水中"等，则羿死于射，奡死于力可知。可见勇武好胜，结果都不太好。

夫子不答　马融："适意欲以禹、稷比孔子，孔子谦故不答也。"（《集解》）

从文章看，此意甚晦。我以为孔子不答，当是子容说话中本无疑问，是以不答。而子容话语中反映出他不仅崇尚德，而且见地超俗，孔子欲赞之，但恐赞杀了他，是以等他走后再赞叹。

第六章

14.6　子曰："君子而不仁者有矣夫，未有小人而仁者也。"

【译】

孔子说："开启了仁心的人做出了不合乎仁的事情来，这是有的吗？（没有啊。）没有开启仁心的人而能做出合乎仁道的事情来，（却是有的呢）。"

【释】

朱熹引谢氏："君子志于仁矣，然毫忽之间，心不在焉，则未免为不仁也。"（《集注》）按此说，此处之所谓君子，只是志于仁的行者而已。

一个开启了仁心的人悟境未熟，习气未除，习气会随缘遇境趁机会跑出来为非作歹的，是以有"君子而不仁者"。但作为一个尚未开启仁心的人来说，无论他如何如礼如仪地行持，都是不合仁道的行持，都有一个有为之心在，是以"未有小人而仁者也"。

蕅益大师说："警策君子，激发小人。小人若仁，便是君子，那有定名。"（《论语点睛》）诚哉，斯言！

君子小人无有定名，盖明德人人本有，个个不无，在圣不增，在凡不减故也。

第七章

14.7　子曰："爱之，能勿劳乎？忠焉，能勿诲乎？"

【译】

孔子说："爱护他，能不勉励他吗？对他尽心竭力，能不教育他吗？"

【释】

劳　王引之："《吕氏春秋》高注：'劳，勉也。''勉'与'诲'义相近，故劳、诲并称。"（《经义述闻》）此释"劳"为勉。

刘宝楠："窃疑'劳'当训'忧'。《淮南·精神训》：'竭力而劳万民。'《氾论训》：'以劳天下之民。'高诱注并云：'劳，忧也。'又《里仁》篇'劳而不怨'，即'忧而不怨'，忧者，勤思之也，正此处确诂。"（《正义》）此释"劳"为忧，为勤思。

孔安国："言人有所爱，必欲劳来之；有所忠，必欲教诲之。"（《集解》）

朱熹引苏氏："爱而勿劳，禽犊之爱也；忠而勿诲，妇寺之忠也；爱而知劳之，则其为爱也深矣，忠而知诲之，则其为忠也大矣。"（《集注》）

"爱之"，上对下言，"劳之"，有的人认为是让他们接受劳动教育，所谓"先之劳之"也；也有人认为是勉励，鼓励教育也。二说均有至理。在教育方法上，均有可能用到。还有人认为是忧思。这最符合人情，尤其父母对子女，更是如此，正所谓"唯其疾之忧"也。"忠焉"，下对上言，与"事父母几谏"合参，其义自明。

第八章

14.8 子曰："为命：裨谌草创之，世叔讨论之，行人子羽修饰之，东里子产润色之。"

【译】

孔子说："郑国制定外交文书，由裨谌起草初稿，世叔审定内容，外交官子羽予以修改，东里子产再进行润色。"

【释】

为命 为命之命，指公文。刘勰："昔轩辕唐虞，同称为命……其在三代，事兼诰、誓……降及七国，并称曰令。"（南朝·刘勰《文心雕龙·诏策》）由此可见，"为命"就是撰写公文。

裨谌 孔安国："裨谌，郑大夫氏名也。谋于野则获，于国则否。郑国将有诸侯之事，则使乘车以适野，而谋作盟会之辞。"（《集解》）

草创 刘宝楠："《说文》：'刱，造法刱业也，从丼，刅声，读若创。是'创''刱'音同。故《论语》假'创'为'刱'也。'草'者，言始制之，若草芜杂也。"（《正义》）

世叔、讨 马融："世叔，郑大夫游吉也。讨，治也。裨谌既造谋，世叔复治而论之，详而审之。"（《集解》）

行人子羽 马融："行人，掌使之官。子羽，公孙挥。"（《集解》）

东里子产 马融:"子产居东里,因以为号。更此四贤而成,故鲜有败事。"(《集解》)

此郑国慎文之例也,孔子赞之。邦国之公文,必须名正,是以慎之又慎也。

第九章

14.9 或问子产。子曰:"惠人也。"问子西。曰:"彼哉!彼哉!"问管仲,曰:"人也。夺伯氏骈邑三百,饭疏食,没齿无怨言。"

【译】

有人向孔子请问子产是个什么样的人,孔子说:"是个恩惠于人的人。"又问子西,孔子说:"他呀!他呀!"又问管仲,孔子说:"他是个仁人。他把伯氏骈邑的三百户税民夺走了,使伯氏终生只能吃粗茶淡饭,伯氏直到老死对管仲都没有怨言。"

【释】

惠人 孔安国:"惠,爱也。子产,古之遗爱。"(《集解》)这里指是有恩惠于人。

子西 马咸:"子西,郑大夫,'彼哉彼哉',言无足称。或曰:'楚令尹子西'。"(《集解》)

毛奇龄在《论语稽求篇》中做了精湛的考证,文长不录,结果是此处子西,当指郑大夫子西,与子产为兄弟。而往往以同事而并见优劣,且相继听政。其两人行事,齐、鲁间人熟闻之。如郑简公三年(公元前563年)冬,郑国发生政变。大司马的子国和正卿子驷被杀,郑简公被劫持到北宫。正卿之子子西闻听父亲遇害,惊慌失措,急忙赶去吊尸、追缉凶犯,而暴徒早已跑入北宫。无奈,再回家调兵,家中却已"臣妾多逃,器用多丧"。而子产与子西同闻噩耗,子产则镇定自若。他没有急着去吊尸和追拿凶犯,而是果断地先派人把守重要部门,"厖群司,闭府库,慎闭藏,完守备",再聚集家臣属吏,"成列而后出"。而后子产亲率"兵车十七乘,尸而攻盗于北宫",即尽杀乱臣贼子,一举平息了暴乱。所以当有人问到子西时,孔子说:"彼哉彼哉",意思是:"他呀他呀,没有什么值得称道的。"

人 李炳南:"《论语》里的人仁二字往往通用。'人也'就是'仁也'。后面有一章,孔子答子路问,即说管仲'如其仁,如其仁'。所以此

章'仁也'，应当无问题。"（《论语讲要》）

伯氏骈邑 孔安国："伯氏，齐大夫。骈邑，地名。齿，年也。伯氏食邑三百家，管仲夺之，使至疏食，而没齿无怨言，以其当理也。"（《集解》）

皇侃："时伯氏有罪，管仲相齐，削夺伯氏之地三百家也。"（《义疏》）

本章除子西外，子产与管仲何优何劣？朱熹说："管仲之德，不胜其才。子产之才，不胜其德。然于圣人之学，则概乎其未有闻也。"（《集注》）

我以为朱子此处有高推圣境之嫌。子产与管仲，皆古之仁者也。子产自不待言，最遭人诟病者，莫若管仲。事起齐襄公之残暴，鲍叔牙护送公子小白躲到莒地。管仲、召忽护送公子纠躲到鲁国。襄公终惨死后，公子小白与公子纠同时回国谋取君位。为阻挡公子小白，管仲领兵先行堵截。半途一箭射中公子小白，谁知射中的却是带钩。小白急中生智，倒在车中装死，才躲过了一劫。结果还是小白继承了王位，是为齐桓公。桓公即位后，迫使鲁君杀了公子纠，召忽殉主自杀，管仲却没有殉主，后来还做了桓公的相。桓公在管仲的辅佐下最终成为春秋五霸之首，出现了孔子所说的"霸诸侯，一匡天下，民到于今受其赐"的局面。其建立大功，立了大业，大大地造福于苍生。非仁者而何？

第十章

14.10 子曰："贫而无怨难，富而无骄易。"

【译】

孔子说："人处于贫困的生活之中，要想做到心平气和而没有一点怨言地继续安住于这种贫困的生活是很难的；处于富贵的生活状态时，要做到平易近人而不骄慢地继续安住于这种富贵的生活是容易一些的。"

【释】

王肃："贫者善怨富者善骄，二者之中，贫者人难使不怨也。"（《集释》）

要真正做到"贫而无怨，富而无骄"，唯有明体（明德）达用（中庸），否则深信因果亦能为之。诚如印光大师所说："天下事皆有因缘。其事之成与否，皆其因缘所使。虽有令成令坏之人，其实际之权力，乃在我

之前因，而不在彼之现缘也。明乎此，则乐天知命，不怨不尤。素位而行，无入而不自得矣。"（《印光法师文钞》）

第十一章

14.11 子曰："孟公绰为赵魏老则优，不可以为滕、薛大夫。"

【译】

孔子说："孟公绰做晋国的上卿赵氏或魏氏家族的家臣总管，才能就绰绰有余，却不能够做滕国或薛国这种小国的大夫。"

【释】

孔安国："公绰，鲁大夫。赵、魏，皆晋卿。家臣称老。公绰性寡欲，赵、魏贪贤，家老无职，故优。滕、薛小国，大夫职烦，故不可为。"（《集解》）

朱熹："老，家臣之长。大家势重，而无诸侯之事；家老望尊，而无官守之责。"（《集注》）

本章朱熹引胡氏："知之弗豫，枉其才而用之，则为弃人矣。此君子所以患不知人也。言此，则孔子之用人可知矣。"（《集注》）

才不足的人不可以任大事；力不足的人不能够担重任；德不足的人，不可以居在很高的地位上；识见不足的人，不能够营谋久远的事情。公绰德高而才不足，可以居高位而不能够担大事重任，是以可为赵魏老而不可以为滕薛大夫。

此外，杨润根说："孟公绰，鲁国的大官僚，可能是鲁国的三大贵族之一的孟氏家族成员。据说他性寡欲，这也许是他想以此来表达自己对于包括孟氏家族在内的所有鲁国贵族的贪污腐化、穷奢极欲的生活的强烈不满和敌视。但是他反对贪欲是就事论事的，他看不到官僚阶层的贪污腐化是一种不健全的、不公正的和不正义的政治制度的必然结果。因此，他反对贪欲的观点和主张又是肤浅和庸俗的。"（《发现论语》）

第十二章

14.12 子路问成人。子曰："若臧武仲之知，公绰之不欲，卞庄子之勇，冉求之艺，文之以礼乐，亦可以为成人矣。"曰："今之成人者何必然？见利思义，见危授命，久要不忘平生之言，亦可以为成人矣。"

【译】

子路向孔子请教具备哪些素质才能算得上是一个完美的人。孔子说："如果具有臧武仲那样的智慧，孟公绰那样的没有贪欲，冉求那样的多才多艺，再加上用礼乐熏修出来的德行与情操，也就可以成为一个完美的人了。"孔子过了一会又说："现在要成为一个完美的人何必要达到那样的标准呢？当他看到可以到手的个人利益时，首先想到的是获取这样的利是否合乎义，遇到自己的国家有危难时能不能不怕牺牲甚至贡献出自己的生命来保卫国家，少年时候或者说很久以前的诺言不忘记，也可以说是一个完美的人了。"

【释】

成人　人成，即人格完美。

臧武仲　马融："鲁大夫臧孙纥。"（《集解》）鲁大夫臧孙纥是臧文仲的孙子。他在齐国的时候，预知齐庄公的政权不会长久，因此，设法拒绝了齐庄公给他的封地。齐庄公被杀害后，他因此而没有受到牵连。时人认为他很有智慧。

公绰　马融："孟公绰。"（《集解》）

卞庄子　周生烈："卞邑大夫。"（《集解》）据《荀子·大略》《韩诗外传》等记载，卞庄子非常勇武而有力，相传他能单独与虎斗。

文之以礼乐　孔安国："加之以礼乐文成。"（《集解》）这里的意思是以礼乐熏修，成就美德。

见利思义　马融："义然后取，不苟得。"（《集解》）这里的意思是符合义的利才取。

授命　朱熹："言不爱其生，持以与人也。"（《集注》）这里的意思是为了忠、为了义的缘故，献出自己的生命。

久要　孔安国："久要，旧约也。平生，犹少时。"（《集解》）

成人，就是人成。释太虚曰："仰止唯佛陀，完就在人格，人圆佛即成，是名真现实。"（民国·释太虚《即人成佛的真现实论》）即是对人成之义最精要、最准确的阐释。

第十三章

14.13　子问公叔文子于公明贾曰："信乎夫子不言、不笑、不取乎？"公明贾对曰："以告者过也。夫子时然后言，人不厌其言；乐然后笑，人不厌其笑；义然后取，人不厌其取。"子曰："其然，岂其然乎？"

【译】

孔子向公明贾问公叔文子说："真的吗？这位老先生真的不苟言笑，也不取私利吗？"公明贾回答说："这个告诉您的人说过了头。这位老先生只是在恰当的时候、恰当的地点才开口说恰当的话，所以人们不讨厌他说的话；心里真的高兴了，才开怀笑，所以人们不讨厌他的笑；符合义的私利，他才获取，所以人们不讨厌他获取私利。"孔子说："是这样的，真是这样的吗？"

【释】

公叔文子 孔安国："公叔文子，卫大夫公孙拔。文，谥。"（《集解》）

公明贾 刘宝楠："疑亦卫人，公明氏，贾名也。"（《正义》）

以告者 杨树达："以，此也。"（《疏证》）

时 刘宝楠："时，谓时当言也。"（《正义》）

其然岂其然乎 马融："美其得道，嫌其不能悉然。"（《集解》）

皇侃引袁氏："其然，然之也。此则善之者，恐其不能，故设疑辞。"（《义疏》）

朱熹："事适其可，则人不厌，而不觉其有是矣。是以称之或过，而以为不言、不笑、不取也。然此言也，非礼义充溢于中，得时措之宜者不能。文子虽贤，疑未及此，但君子与人为善，不欲正言其非也。故曰'其然岂其然乎'，盖疑之也。"（《集注》）

马、袁、朱三氏疑公叔文子不一定做得这样好，从孔子的语气来看，三氏之说甚是。

"时然后言""乐然后笑""义然后取"，皆中道之行也，字字珠玑，掷地金声。

第十四章

14.14 子曰："臧武仲以防求为后于鲁，虽曰不要君，吾不信也。"

【译】

孔子说："臧武仲拿交出他的封邑防城作条件，请求鲁君封臧氏的子孙继承他为鲁国大夫，即使有人说他这不是要挟鲁君，我也不信。"

【释】

孔安国："防，武仲故邑。为后，立后也。鲁襄公二十三年，武仲为孟氏所潛，出奔邾。自邾如防，使为以大蔡纳请曰：'纥非敢害也，知不足也。非敢私请。苟守先祀，无废二勋，敢不辟邑！'乃立臧为。纥致防而奔齐。此所谓要君。"（《集解》）孔安国这里说的是《左传》中襄公二十三年之事：臧武仲帮季武子废除了季武子的长子季孙弥的继承权，立季武子宠爱的季孙悼为家族继承人。此事同时得罪了季孙弥及季孙弥交好的孟孙氏，孟孙氏向季武子诬告臧武仲叛乱。季武子首先不信，臧武仲听到这个消息后却在暗中戒备，在出席孟孙氏葬礼时带了武士，孟孙氏再次向季武子告状，季武子信以为真，下令攻打臧武仲，臧氏遂逃亡邾国。防邑是臧家的封邑。臧氏从邾国派遣使者带大龟给他的异母弟臧贾，臧贾向鲁君进献大龟请求为臧氏家族"立后"。作为交换条件，臧武仲愿意舍弃防邑，亡命天涯。《左传》中襄公二十三年载："臧孙如防，使来告曰：'纥非能害也，知不足也。苟守先祀，无废二勋，敢不辟邑！'"意思是："我臧纥并不能伤害别人，而是由于智谋不足的缘故。臧纥并不敢为个人请求。如果能保存先祖的祭祀，不废掉两位先祖的勋劳，我哪里敢不离开防邑？"因防城在鲁国边境，与齐国接壤，鲁国不能失去这块战略要地，所以鲁襄公只能同意臧武仲的要求，册立了臧武仲的另一个异母弟臧为作为臧家族权继承人，继承臧家的宗祧。于是"臧纥致防而奔齐"。季孙氏终于明白臧氏的无辜，也与臧氏部属们盟誓表示赞同臧氏"立后"的事实。

听其言，观其行，方得其情。"不要君"，其言也；"以防求为后于鲁"，其行也。行实"要君"，而言曰"不要"，是以"不信"。

第十五章

14.15 子曰："晋文公谲而不正，齐桓公正而不谲。"

【译】

孔子说："作为中原霸主之一的晋文公善用奇而不用正；同样是中原霸主之一的齐桓公却善用正而不用奇。"

【释】

晋文公 名重耳，晋国国君，春秋五霸之一。其生于公元前697，卒于公元前628年，享年七十。

晋文公谲而不正 郑玄："谲者，诈也，谓召天子而使诸侯朝之。仲尼曰：'以臣召君，不可以训。'故书曰：'天王狩于河阳。'是谲而不正也。"（《集解》）他以辅佐周天子为名，召开诸侯各国大会，共立中原盟约，为中原各国提供安全保障，以达到为诸侯领袖之目的，谲而不正者以此是也。

齐桓公正而不谲　马融："伐楚以公义，责包茅之贡不入，问昭王南征不还，是正而不谲也。"（《集解》）

"晋文公谲而不正，齐桓公正而不谲"，此孔子对二位国君为政处事的客观评价，未作褒贬。但结合"子曰：'桓公九合诸侯，不以兵车，管仲之力也。如其仁！如其仁！'"来看，则褒贬之义自见。

第十六章

14.16　子路曰："桓公杀公子纠，召忽死之，管仲不死。"曰："未仁乎？"子曰："桓公九合诸侯，不以兵车，管仲之力也。如其仁！如其仁！"

【译】

子路说："齐桓公杀死了公子纠，公子纠的侍臣召忽因而尽其臣节以自杀殉主，而同为侍臣的管仲却没有自杀殉主。"稍后他接着说："管仲的这种行为不符合仁道吧？"孔子说："齐桓公九次召集诸侯国订立盟约，止息干戈，没有凭借武力，全部都是管仲的智慧和能力，差不多是仁了啊，差不多是仁了啊！"

【释】

桓公杀公子纠　孔安国："齐襄公立，无常，鲍叔牙曰：'君使民慢，乱将作矣。'奉公子小白出奔莒。襄公从弟公孙无知杀襄公，管夷吾、召忽奉公子纠出奔鲁。齐人杀无知。鲁伐齐，纳子纠。小白自莒先入，是为桓公，乃杀子纠。召忽死之。"（《集解》）

未仁乎　管仲与召忽共奉公子纠奔鲁，桓公拒公子纠，召忽死于难，管仲以箭射桓公不中。管仲未能死难，而终为桓公相，一臣事二主，是以子路以为不仁，故有此问。

九合诸侯　桓公纠合诸侯盟会，共十一次，言九，概言其多。

不以兵车　以，因，凭借。"不以兵车"就是说不凭借武力争夺。

本章结合下章来看，孔子认为管仲给天下百姓带来了利益，所以这就是仁。

管仲侍二主，一般人认为德行是有污点的，故子路有此一问。孔子却认为管仲给天下人民带来了利益，所以夫子给了他如其仁的评价。这种以公德为重，以天下人的福祉为重的价值判断，非大智大用现前，是很难做得到的。

第十七章

14.17 子贡曰："管仲非仁者与？桓公杀公子纠，不能死，又相之。"子曰："管仲相桓公，霸诸侯，一匡天下，民到于今受其赐。微管仲，吾其被发左衽矣！岂若匹夫匹妇之为谅也，自经于沟渎而莫之知也？"

【译】

子贡说："管仲不是仁人吧？齐桓公杀死了公子纠，管仲不仅没有自杀以尽臣节，反而还去辅助公子纠的仇敌齐桓公。"孔子说："管仲辅佐齐桓公，使齐国成为诸侯国的领袖，率领诸侯尊周天子，匡正天下，不起硝烟，民众直到今天还享受着他给予的恩惠。要是没有管仲，我们恐怕还要披散着头发，穿着左大襟的衣袍。他哪里能像那些普通男子、普通妇女那样固守信用，吊死在沟渠里而没有人知道呢？"

【释】

霸 郑玄："天子衰，诸侯兴，故曰霸。霸者，把也，言把持王者之政教，故其字作伯，或作霸也。"（《论语郑注》）

刘宝楠："《说文》：'伯，长也。'诸侯受命为一州诸侯之长，谓之州伯，又谓之方伯。伯转读为霸，故其字亦作'霸'。"（《正义》）

班固："霸者，伯也，行方伯之职，会诸侯，朝天子，不失人臣之义，故圣人与之，非明王之法不张。霸犹迫也，把也，迫胁诸侯，把持其政。"（《白虎通义》）

由此可见，"霸诸侯"的"霸"，不是称霸的霸，而是"方伯"之"伯"，是诸侯国中的领袖的意思。当然，在齐国，周天子未赐方伯之职，只是在管仲的领导下，凭借强大的实力与管仲的个人才智，成就了方伯的地位。

一匡天下 马融："匡，正也。天子微弱，桓公帅诸侯以尊周室，一正天下。"（《集解》）这里结合上文就是使天下统一在尊周室而攘夷狄的基础上的盟邦。

微 毛亨："非我列酒可以遨游忘忧也。"（《诗经毛传》）

高诱："微，亦非也。"（《吕氏春秋》注）据此则微在这里当作非、不解。

被发 "被发"的"被"是"披"的假借字。

皇侃："被发，不结也。"(《义疏》)被发，即披散着头发。

"东方四夷，被发文身，有不粒食者矣。"(《礼记·王制》)

左衽 邢昺："衽谓衣衿。衣衿向左，谓之左衽。"(《注疏》)

《尚书·毕命》："四夷左衽。""左衽"指夷族。

刘宝楠说："注言此者，见夷狄入中国，必用夷变夏，中国之人，既习于被发左衽之俗，亦必灭弃礼义，驯至不君不臣也。……仲志在利齐国，而其后功遂济天下，使先王衣冠礼乐之盛，未沦于夷狄。故圣人以仁许之，且以其功为贤于召忽之死矣。然有管仲之功，则可不死，若无管仲之功，而背君事仇，贪生失义，又远不若召忽之为谅也。"(《正义》)

谅 许慎："谅，信也。"(《说文》)这里指信守小节。

自经 梅膺祚："经，缢也。"(明·梅膺祚《字汇》)"自经"，就是自缢也，就是自己吊死自己。

本章王肃说："经，经死于沟渎中也。管仲、召忽之于公子纠，君臣之义未正成，故死之未足深嘉，不死未足多非。死事既难，亦在于过厚，故仲尼但美管仲之功，亦不言召忽不当死。"(《集解》)

本章与上一章都是夫子回答其大弟子对管仲是仁者的疑惑，这只有两种可能：一种可能是当时流行的观点是管仲是仁者，另一种可能是孔子认为管仲是仁者，而弟子们不认同孔子的观点。从孔子的回答来看，无论是当时对管仲流行的评价还是孔子自己对管仲的评价，孔子与其弟子之间是有矛盾冲突的。弟子纠缠于小节，孔子从大处着眼，从是否对天下带来了善的结果、对民众带来了好处着眼，正所谓"君子不拘小节"者也，此其一。

其次，子路与子贡所抓的就儒家而言，其实还是大节，即所谓的"一死报君王"。但就天下大利、就后世利益来权衡，从天地人生的大处着眼，则仍是小节，抓住不放就是执着。要真正做到不执着，其实就是要扩大心量，真能心包太虚，方能真放下，方能真不执着。

第十八章

14.18 公叔文子之臣大夫僎与文子同升诸公。子闻之，曰："可以为'文'矣。"

【译】

公叔文子原来的家臣大夫僎，经公叔文子的推荐，和公叔文子一同辅佐卫君，同朝为臣。孔子知道了这件事，说："他死后可以给他'文'的谥号了。"

【释】

公叔文子 卫国大夫公孙拔，谥贞惠文子。

臣大夫僎 孔安国："大夫僎，本文子家臣，荐之使与己并为大夫。"（《集解》）

同升诸公 "同升诸公"不是一同上升为国家大臣，而是升堂入室之升。"同升诸公"，就是一同升朝为卫公办事。大夫僎，本为公叔文子的家臣，经公叔文子推荐，上升为卫公之臣，才与公叔文子同朝，公叔文子本为卫公之臣，所以无一同升为国家大臣之理。

可以为文矣 孔安国："言行如是，可谥为文。"按《谥法》："锡民爵位曰文"，所以及孔子知之，孔子不是有神通，知未来之事，而是熟悉典章也。

本章说明谥法的严肃性、严格性和公开性可见当时是不搞暗箱操作的，根据其一生的言行，只要是熟悉《谥法》的人，人人得而知当谥为何号了。因此，谥法重在言行。

第十九章

14.19 子言卫灵公之无道也，康子曰："夫如是，奚而不丧？"孔子曰："仲叔圉治宾客，祝鲍治宗庙，王孙贾治军旅。夫如是，奚其丧？"

【译】

孔子说卫灵公治国无方。季康子说："既然如此，为什么没有亡国呢？"孔子说："卫国有仲叔圉主管外交，祝鲍专司祭祀，王孙贾统帅军队。这样，他又怎么会亡国呢？"

【释】

本章朱熹说："仲叔圉，即孔文子也。三人皆卫臣，虽未必贤，而其才可用。灵公用之，又各当其才。尹氏曰：'卫灵公之无道宜丧也，而能用此三人，犹足以保其国，而况有道之君，能用天下之贤才者乎？诗曰：'无竞维人，四方其训之。'"（《集注》）尹氏此说，足为本章注解。

第二十章

14.20 子曰："其言之不怍，则为之也难。"

【译】

孔子说:"那些说起大话来,一点羞惭心都没有的人,要他践行就很难做到了。"

【释】

怍 许慎:"怍,惭也。"(《说文》)不怍就是没有惭愧心,所谓"大言不惭",即此之类。

陆陇其:"凡人志于为者,必顾自己之造诣、力量、时势、事机,决不敢妄发言,如言之不怍,非轻言苟且,即大言欺世。"(清·陆陇其《四书困勉录》)

躬于践行者,其言必谨慎,绝不会轻言妄语。诚如陆陇其所言,"言之不怍,非轻言苟且,即大言欺世",此经验之言,识人言语真伪,甚是有益。

第二十一章

14.21 陈成子弑简公。孔子沐浴而朝,告于哀公曰:"陈恒弑其君,请讨之。"公曰:"告夫三子!"孔子曰:"以吾从大夫之后,不敢不告也。君曰'告夫三子'者。"之三子告,不可。孔子曰:"以吾从大夫之后,不敢不告也。"

【译】

陈恒杀了齐简公。孔子听闻到这消息后,马上沐浴更衣,上朝向鲁哀公报告说:"陈恒杀死了他的君主,请君上出兵讨伐他。"哀公说:"你去向三位大夫(季孙、孟孙、叔孙)报告吧!"孔子退了出来,自言自语道:"因为我曾经当过大夫,不敢不报告,而君上却说:'要向三位大夫报告的'。"到了三位大夫子那里,向他们报告,请他们出兵讨伐。他们不允许出兵讨伐。孔子说:"因为我曾经当过大夫,不敢不报告。"

【释】

陈成子 马融:"成子,齐大夫陈恒也。"(《集解》)

简公 朱熹:"简公齐君名壬。"(《集注》)

邢昺:"《春秋》哀十四年'齐人弑其君壬'是也。"(《注疏》)

沐浴而朝 马融:"将告君,故先斋,斋必沐浴。"(《集解》)

朱熹:"是时孔子致仕居鲁,沐浴斋戒以告君,重其事而不敢忽也。臣弑其君,人伦之大变,天理所不容,人人得而诛之,况邻国乎?故夫子

虽已告老，而犹请哀公讨之。"（《集注》）

告夫三子 邢昺："哀公使孔子告夫季孙、孟孙、叔孙三卿也。"（《注疏》）

朱熹："时政在三家，哀公不得自专，故使孔子告之。"（《集注》）

不可 不应允，指三家大夫不应允孔子讨伐陈恒之请。

朱熹说："弑君之贼，法所必讨。大夫谋国，义所当告。君乃不能自命三子，而使我告之邪？以君命往告，而三子鲁之强臣，素有无君之心，实与陈氏声势相倚，故沮其谋。而夫子复以此应之，其所以警之者深矣。程子曰：'左氏记孔子之言曰：陈恒弑其君，民之不予者半。以鲁之众，加齐之半，可克也。'此非孔子之言。诚若此言，是以力不以义也。若孔子之志，必将正名其罪，上告天子，下告方伯，而率与国以讨之。至于所以胜齐者，孔子之余事也，岂计鲁人之众寡哉？当是时，天下之乱极矣，因是足以正之，周室其复兴乎？鲁之君臣，终不从之，可胜惜哉！'胡氏曰：'春秋之法，弑君之贼，人得而讨之。仲尼此举，先发后闻可也。'"（《集注》）

臣弑其君，子弑其父，违礼之甚者也，谓之逆罪，不赦者也，故孔子请讨之，伸天下之正义。奉君讨逆，事之大者，当慎之，故孔子所以沐浴而朝。"以吾从大夫之后"，则说明孔子已退仕，不在其位而仍欲奉君讨逆，则志在天下苍生，志在千秋万代之秩序可知，学（觉）者之使命可知也。

第二十二章

14.22 子路问事君。子曰："勿欺也，而犯之。"

【译】

子路向孔子请教如何侍奉君上。孔子说："不要欺凌君上，但要能够犯颜直谏。"

【释】

孔安国："事君之道，义不可欺，当能犯颜谏争。"（《集解》）

朱熹引范氏："犯非子路之所难也，而以不欺为难。故夫子教以先勿欺而后犯也。"（《集注》）

勿欺 现代多有以欺骗为释者，我认为当作欺凌解。以子路之直，不至欺骗君上，但以子路之勇则在犯颜谏争时，有可能据理力争而有欺凌之过。"犯之",则孔安国"犯颜谏争"之释最为准确。"无欺而犯之",仍是中道之用,不欺凌而一味顺从,能"犯颜谏之"而又欺凌,皆有所偏,皆非中道,是以孔子不取。

第二十三章

14.23 子曰:"君子上达,小人下达。"

【译】

孔子说:"君子向上追求,以求通达于中庸之道;小人向下追求,以求通达于财利之道。"

【释】

皇侃:"上达者,达于仁义也;下达,谓达于财利,所以与君子反也。"(《义疏》)此说甚是。朱熹说:"君子循天理,故日进乎高明;小人殉人欲,故日究乎污下。"(《集注》)君子"日进乎高明",小人"日究乎污下"是。但不明确,不及皇侃所说明白晓畅。

此外,这里的君子与小人,是指发心而言,与德行无绝对的关系。如黄式三说:"达,通晓之谓。下达,如《汉书》'九流'之类。扬子《法言·君子》篇曰:'通天地人曰儒,通天地而不通人曰伎。'凡伎曰下达,此小人即可小知之人。"(清·黄式三《论语后案》)

第二十四章

14.24 子曰:"古之学者为己,今之学者为人。"

【译】

孔子说:"古时候的人求学(觉)是为了完善自己,成就自己;现在的人求学(觉)是为了自己的名誉地位,为了自己的利益。"

【释】

范晔:"孔子曰:'古之学者为己,今之学者为人。'为人者凭誉以显扬,为己者因心以会道。"(三国·范晔《后汉书·桓荣传论》)

皇侃:"明古今有异也。古人所学,己未善,故学先王之道,欲以自己行之,成己而已。今之世,学非以复为补己之行阙,正是图能胜人,欲为人言己之美,非为己行不足也。"(《义疏》)

朱熹引程子:"为己,欲得之于己也。为人,欲见知于人也。"(《集注》)

钱穆:"本章有两解。荀子曰:'入乎耳,著乎心,为己也。入乎耳,出乎口,为人也。为己,履道而行。为人,徒能言之。'如此解之,为人之学,亦犹孟子所谓'人之患在好为人师'也。又一说:为己,欲得之于己;为人,欲见之于人。此犹荀子谓'君子之学以美其身,小人之学以为禽犊'也。"(《论语新解》)

上引各家,明白晓畅,易于理解。然则,我以为此章承上章而来,"为己"上达之学也,"为人"下达之学也。明乎此,自能一目了然。

第二十五章

14.25 蘧伯玉使人于孔子。孔子与之坐而问焉,曰:"夫子何为?"对曰:"夫子欲寡其过而未能也。"使者出。子曰:"使乎!使乎!"

【译】

蘧伯玉派使者问候孔子。孔子让使者坐下后问他道:"蘧伯玉老先生在做些什么呢?"使者回答说:"老先生愿欲减少自己的过错,但没有达到完善的境界。"使者走了后,孔子说:"这位使者真好啊,这位使者真好啊!"

【释】

蘧伯玉 卫国大夫,名瑗。其品行高尚,名闻诸侯,深得孔子赞赏,是春秋著名的贤者之一。

未能 "能,工也,善也。"(《玉篇》)

杨倞:"能,善也"。(唐·杨倞《荀子注》)据此则"未能"是指"寡过"未能达到起心动念无一而非善的完美境界;不是说想寡过而没有做到。果如是,则与我等凡夫俗子何别,何以留下千古贤名。

使乎 陈群:"再言'使乎'者,善之也。言使得其人。"(《集解》)

皇侃:"孔子美使者之为美,故再言'使乎'者,言伯玉所使得为其人也。颜子尚未能无过,况伯玉乎!而使者云'未能',是得伯玉之心而不见欺也。"(《义疏》)

朱熹:"言其但欲寡过而犹未能,则其省身克己,常若不及之意可见矣。使者之言愈自卑约,而其主之贤益彰,亦可谓深知君子之心,而善于辞令者矣。故夫子再言使乎以重美之。按庄周称'伯玉行年五十而知四十九年之非'。又曰:'伯玉行年六十而六十化。'盖其进德之功,老而不倦。是以践履笃实,光辉宣著。不唯使者知之,而夫子亦信之也。"(《集注》)

真发大心，正己修身者，方真知寡过之不易，唯战兢惕砺，时时用心，惭耻之心渐生，则过错之念、过错之行渐少；过错之念渐少，则过错之行自少。

第二十六章

14.26 子曰："不在其位，不谋其政。"曾子曰："君子思不出其位。"

【译】

孔子说："不在那个职位上，就不要去谋划那个职位上的政治。"曾子说："君子不思考超出他职责范围的事情。"

【释】

不在其位，不谋其政 重出，见于《泰伯》篇。

现代人多不明此章要义。如康有为说："位者，职守之名，各有权限，不能出权限之外……如兵官专司兵事，农官专司农事，不得及它，乃能致精也。若士人无位，则天地之大，万物之伙，皆宜穷极其理……盖学人与有位正相反也，学者慎勿误会。"（清·康有为《论语注》）

李泽厚说："孔子的话，可以有多种原因和解释。曾参的话就太保守……康《注》有意思，颇符合现代民主精神。难怪他要改孔子'天下有道则庶民不议'为'天下有道则庶民议'，即人均有议政之权利。这当然完全不同于曾子。因此'不谋其政'，不过是不应干预专家的专业知识领域而已。"（李泽厚《论语今读》）

其实"思不出其位"；则无非分之想，无非分之想，则妄念渐少而烦恼渐稀；烦恼渐稀则心绪渐宁而不以物喜，不以己悲，不随境转，不为欲迁，随缘寄世，不怨不尤，无往而不自在矣。诚能如是，则自能止于至善。自然达到"知止而后有定，定而后能静，静而后能安，安而后能虑，虑而后能得"（《大学》）的境界。否则，徒费心机，空劳岁月。所以皇侃说："君子思虑当己分内，不得出己之外，而思他人事。思于分外，徒劳不得。"（《义疏》）"徒劳不可得"，伤心伤神，不仅无益于事，且困入心之牢笼，不得自在，不得解脱。

第二十七章

14.27 子曰："君子耻其言而过其行。"

【译】

孔子说:"君子对自己所言超过自己所行感到耻辱。"

【释】

耻其言而过其行　"而",皇侃《义疏》本作"之",《潜夫论·交际》篇引本章亦作"之",则所耻者即言过其行。朱熹说:"耻者,不敢尽之意。过者,欲有余之辞。"(《集注》)可见其视"耻其言"与"过其行"为并列二事。余以为似不确,当从皇侃《义疏》本及《潜夫论·交际》所引。

"言过其行",除刻意欺骗之辈外,不是记问之学,即是解悟之辈。记问之学若不践行而得之心应之手,则终究流于空疏,不切于用;解悟之辈,从理而入,知行尚未打成一片,若不于"时习之"上狠下功夫,终不能久长,习气日染而悟境日失,是以君子"耻其言之过其行"也。

第二十八章

14.28　子曰:"君子道者三,我无能焉:仁者不忧,知者不惑,勇者不惧。"子贡曰:"夫子自道也。"

【译】

孔子说:"完善君子之道的,有三个方面。我在这三个方面都不是尽善尽美:仁者是不忧愁的;智者是不迷惑的;勇者是不畏惧的。"子贡说:"这话是先生说自己的。"

【释】

道　王夫之:"'道者三',非君子之道三也,仁、智、勇是德不是道。此'道'字解作'由'也,由之以成德也。"(《四书训义》)

无能　能字之解与本篇第二十五章同。

本章"仁者不忧,知者不惑,勇者不惧",见《子罕》篇第二十九章,唯语序有别。

"无能",正是能,正是君子之道完满、悟境成熟的标志。

第二十九章

14.29　子贡方人。子曰:"赐也贤乎哉!夫我则不暇。"

【译】

子贡喜好议论人物,比较其短长。孔子说:"子贡,这是你的特长吗?

我却没有闲工夫去议论人之短长。"

【释】

方人 孔安国:"比方人也。"(《集解》)这里指议论之意。

朱熹:"方,比也。乎哉,疑辞。比方人物而较其短长,虽亦穷理之事。然专务为此,则心驰于外,而所以自治者疏矣。故褒之而疑其辞,复自贬以深抑之。谢氏曰:'圣人责人,辞不迫切而意已独至如此。'"(《集注》)

"方人",是我们每个人都有的毛病,真修身者,当力戒之。盖长于"方人"者,心常外驰,会忽略对内心的反观照察,荒废"三省吾身"之实践,终难契入中道,因小而失大也,且真修行人,迫切于"无常迅速",哪里有闲工夫去"方人"呢?"夫我则不暇",此之谓也。

第三十章

14.30 子曰:"不患人之不己知,患其不能也。"

【译】

孔子说:"不担心别人不知道自己的能力,担心自己没有能力。"

【释】

患其不能也 何晏本、皇侃本等均作"患己无能也"。据此则"其"字当是"己"字之误。其实,作为反身代词的"其",指的就是自己。

"患人之不己知",为人之学也;"患其不能",为己之学也。此夫子从另一侧面,告诫弟子们,为学当为己。此意夫子反复叮咛,婆心一片,天地可鉴!

朱熹:"凡章指同而文不异者,一言而重出也。文小异者,屡言而各出也。此章凡四见,而文皆有异。则圣人于此一事,盖屡言之,其丁宁之意亦可见矣。"(《集注》)

其余三处如:

"不患人之不己知,患不知人也。"(《学而》)

"不患莫己知,求为可知也。"(《里仁》)

"君子病无能焉,不病人之不己知也。"(《卫灵公》)

第三十一章

14.31 子曰:"不逆诈,不亿不信,抑亦先觉者,是贤乎!"

【译】

孔子说:"不预先怀疑别人欺诈,不随便猜测别人不诚实,然而却能及早发现别人的欺诈与不诚实,这样的人就是贤人吧?"

【释】

逆诈 颜师古:"逆诈者,谓以诈意逆猜人也。"(《汉书·翟方进传》)

不亿不信 "亿",臆的假借字。"不亿不信",不猜测他人不诚实。

抑亦 连词。李格非:"表示转折,相当于'可是''然而'"。(《汉语大字典》)

亦"亦,又也。"(《集韵》)"抑亦",译为现代汉语就是"然而却又"。

朱熹:"言虽不逆不亿,而于人之情伪,自然先觉,乃为贤也。杨氏曰:'君子一于诚而已,然未有诚而不明者。故虽不逆诈、不亿不信,而常先觉也。若夫不逆不亿而卒为小人所罔焉,斯亦不足观也已。'"(《集注》)

这说明孔子待人,是以善良的心,而不是以怀疑、猜测的心。此仁人之行,忠恕之心也,唯真明明德者,真契仁道者,真明因果者,始能及之,孔子之所证、孔子之境界于此益明。

第三十二章

14.32 微生亩谓孔子曰:"丘何为是栖栖者与?无乃为佞乎?"孔子曰:"非敢为佞也,疾固也。"

【译】

微生亩对孔子说:"孔丘啊,你为了什么忙忙碌碌到处跑呢?莫不是为了逞口舌之利吗?"孔子说:"我不敢逞口舌之利,是担忧那些顽固不化、不求上达的人啊!"

【释】

微生亩 包咸:"微生,姓。亩,名。"(《集解》)

栖栖 许慎:"西,鸟在巢上。象形。日在西方而鸟栖,故因以为东西之西。"(《说文》)

邢昺:"犹皇皇也。"(《注疏》)这里指忙碌不遑休息貌。

疾 朱熹:"疾,恶也。"(《集注》)恶,厌恶,讨厌。

李格非:"担忧。"(《现代汉语大字典》)

固 朱熹:"固,执一而不通也。"(《集注》)

包咸:"疾世固陋,欲行道以化之。"(《集解》) 春秋末时,人们的心中普遍只有形而下之器的利益层面而无形而上之道的价值层面的价值判断,所以天降圣哲,孔子出世,"行道以化之"。

微生亩,春秋时著名隐士。其因不明孔子抱负,故有此说。微生亩虽不明孔子抱负,但其形容孔子为"栖栖者",却成为孔子在后世人们的心中的经典形象,且引发文人不断的形容、感叹。其中最有情韵、且最能深探夫子一生行事者,当属唐玄宗李隆基之诗。其诗谓:"夫子何为者,栖栖一代中。地犹邹氏邑,宅即鲁王宫。叹凤嗟身否,伤麟怨道穷。今看两楹奠,当与梦时同。"(唐·李隆基《经邹鲁祭孔子而叹之》)

第三十三章

14.33 子曰:"骥不称其力,称其德也。"

【译】

孔子说:"人们称赞好马为'骥',不是称赞它的足力气大而持久,而是称赞它纯良柔和的品性。"

【释】

骥 许慎:"骥,千里马也。"(《说文》)

郑玄:"骥,古之善马。"(《集解》)

称其力 以力见称,以力得名。力,谓有足力能持久远行。

德 郑玄:"德者,调良之谓。"(《集解》)

邢昺:"此章疾时尚力取胜,而不重德。骥是古之善马名。人不称其任重致远之力,但称其调良之德也。马尚如是,人亦宜然。"(《注疏》)可谓本章之解。

第三十四章

14.34 或曰:"以德报怨,何如?"子曰:"何以报德?以直报怨,以德报德。"

【译】

有人说:"用恩德报答仇怨,怎么样?"孔子说:"用恩德报答仇怨,那拿什么来报答恩惠呢?我的主张是用'直'来报答仇怨,用恩德来报答恩惠。"

【释】

报 "报，复也。"（《广雅·释言》）

"报，酬也，答也。"（《玉篇》）这里是报答的意思。

德 邢昺："德，恩惠之德。"（《注疏》）

直 许慎："正见也。"（《说文》）

"正也。"（《博雅》）

"不曲也。"（《玉篇》）

"准当也。《礼·投壶》：'马各直其算。'《史记·平准书》：'以白鹿皮为皮币，值四十万。'《增韵》：'当也。'"（《康熙字典》）

从上诸引文来看，此处的直，当是说在与有仇怨的人打交道时，本着该如何就如何的中正原则，既不要因仇怨而心存芥蒂，处事不公，也不要特别照顾予以恩惠。

朱熹说："或人所称，今见《老子》书。德，谓恩惠也。言于其所怨，既以德报之矣；则人之有德于我者，又将何以报之乎？于其所怨者，爱憎取舍，一以至公而无私，所谓直也。于其所德者，则必以德报之，不可忘也。或人之言，可谓厚矣。然以圣人之言观之，则见其出于有意之私，而怨德之报皆不得其平也。必如夫子之言，然后二者之报各得其所。然怨有不仇，而德无不报，则又未尝不厚也。此章之言，明白简约，而其指意曲折反复。如造化之简易易知，而微妙无穷，学者所宜详玩也。"（《集注》）诚哉，斯言！

蕅益大师说："达得怨亲平等，方是直。若见有怨，而强欲以德报之，正是人我是非未化处。怨宜忘。故报之以直，谓不见有怨也；德不可忘，故报之以德，谓知恩报恩也。"（《论语点睛》）怨宜亡，德不可亡，常须记取，勿令忘也。

第三十五章

14.35 子曰："莫我知也夫！"子贡曰："何为其莫知子也？"子曰："不怨天，不尤人。下学而上达。知我者其天乎！"

【译】

孔子说："没有人了解我呀！"子贡说："老师，为什么说没有人了解您呢？"孔子说："不怨恨上天对我不公，不责怪人们对我不了解。从形而下的事物着手而向上求，以通达于形而上的道。了解我的只有上天了！"

【释】

尤 即"訧"，省作尤。郑玄："尤，非也。"（《集解》）这里是责怪的意思。

马融："孔子不用于世而不怨天，人不知己，亦不尤人。"（《集解》）

下学而上达 孔安国："下学人事，上知天命。"皇侃："下学，学人事，上达，达天命。"（《义疏》）

知我者其天乎 何晏："圣人与天地合其德，故曰唯天知己。"（《集解》）

皇侃："我既学人事，人事有否有泰，故我不尤人。上达天命，天命有穷有通，故我不怨天也。"（《义疏》）

释蕅益："心外无天，故不怨天；心外无人，故不尤人。向上事，须从向下会取，故下学而上达。唯其下学上达，所以不怨不尤。今人离下学而高谈上达，譬如无翅，妄拟腾空。"（《论语点睛》）

"不怨天，不尤人"，心体清静，不求定而定成，"下学而上达"，以清静之心发求道之愿，其愿易成，此修身之大关节也，学者宜三至意焉。

第三十六章

14.36 公伯寮愬子路于季孙。子服景伯以告，曰："夫子固有惑志于公伯寮，吾力犹能肆诸市朝。"子曰："道之将行也与？命也。道之将废也与？命也。公伯寮其如命何！"

【译】

公伯寮向季孙氏诬告子路。子服景伯把这件事告诉了孔子，说道："老先生（季孙）已经被公伯寮迷惑得差不多了，我的力量还能够把公伯寮的尸首陈列在街头示众。"孔子说："大道将要实现了吗？那是命运！大道将要废弃吗？那也是命！公伯寮他能够把命运怎么样呢？"

【释】

公伯寮 孔子弟子，公伯姓，寮名，《史记·仲尼弟子列传》云字子周。或以为公伯寮非孔子弟子。

愬 谮毁。

夫子 这里指季孙。

肆诸市朝 郑玄："吾势力犹能辩子路之无罪于季孙，使之诛伯寮而

肆之。有罪既刑，陈其尸曰肆。"（《集解》）

许慎："肆，极陈也。"（《说文》）杀而陈其尸曰肆。

释蕅益："子服眼中有伯寮。孔子了知伯寮不在子路命外。伯寮自谓愬得子路。孔子了知子路之命差遣伯寮。可见圣贤眼界胸襟。"（《论语点睛》）

崔东壁："孔子为鲁司寇，子路为季氏宰，实相表里，观堕都之事可见。子路见疑，即孔子不用之由，故孔子以道之行废言之，似不仅为子路发也。"（清·崔东壁《洙泗考信录》）

此说甚有见地，据此益见圣人处事，不惊不怖，"不怨天、不尤人"，只以天命任之。"命也"，既是深信命运，也是深信因果，更是以天命任之的明证。

第三十七章

14.37 子曰："贤者辟世，其次辟地，其次辟色，其次辟言。"子曰："作者七人矣。"

【译】

孔子说："贤人逃避污浊的社会而隐居起来，其次的人逃避到政治清明的国度去，再其次的是看到君王的脸色对自己不利才逃避，又再其次的听到当权者的言论不利于自己才逃避。"孔子还说："这样做的人已经有七个人了。"

【释】

辟世 "辟"，避的假借字。此处作逃避讲。"辟世"即不肯见用于世，不肯为君王所用。孔安国："世主莫得而臣"，（《集解》）良有以也。

辟地 马融："去乱国，适治邦。"（《集解》）

辟色 皇侃："临时观君之颜色，颜色恶则去。"（《义疏》）

辟言 孔安国："有恶言乃去。"（《集解》）

皇侃："听君言之是非，阐恶言则去。"（《义疏》）

作者七人 作者，为之者。包咸："作，为也。为之者凡七人，谓长沮、桀溺、丈人、石门、荷蒉、仪封人、楚狂接舆。"（《集解》）

王弼："七人：伯夷，叔齐，虞仲，夷逸，朱张，柳下惠，少连也。"（《义疏》）

郑玄："伯夷、叔齐、虞仲，避世者，荷蓧、长沮、桀溺，避地者，

柳下惠、少连,避色者,荷蓧、楚狂接舆,避言者也。七当为十之误也。"(《义疏》)

本章为孟子"穷则独善其身"之张本。

第三十八章

14.38 子路宿于石门。晨门曰:"奚自?"子路曰:"自孔氏。"曰:"是知其不可而为之者与?"

【译】

子路睡在鲁城外门。守门的人说:"你从哪里来?"子路说:"从孔家来。"守城门的人说:"就是那个明知做不成却坚持要去做的人吗?"

【释】

石门 鲁城外门。

晨门 皇侃:"晨门,守石门,晨昏开闭之吏也。"(《义疏》)

孔氏 刘宝楠:"犹言孔家,以居相近,人所习知,故不举名字也。"(《正义》)

释蕅益:"只此一语,描出孔子之神。盖知可而为者,伊尹、周公之类是也。知不可而不为者,伯夷、柳下惠等是也。知可而不为者,巢许之类是也。知不可而为之者,孔子是也。若不知可与不可者,不足论矣。"(《论语点睛》)

第三十九章

14.39 子击磬于卫。有荷蒉而过孔氏之门者,曰:"有心哉!击磬乎!"既而曰:"鄙哉!硁硁乎!莫己知也,斯己而已矣。深则厉,浅则揭。"子曰:"果哉!末之难矣。"

【译】

孔子在卫国,有一天正在击磬,有一个挑草筐子的人从孔子的家门前走过,说:"击磬的人呀,是个心事重重的人啊!"接着又说:"真差劲呀!怎么这样想不开呢?硁硁的磬声,诉说着没有人了解我!那就只为自己好了。(像涉水一样)水深就不提起衣裳趟过去,水浅就提起衣裳趟过去。"孔子说:"事情果真是这样的吗?若果真是这样,那就没有什么可难为的了。"

【释】

荷蒉 "荷",负;"蒉",草器。

鄙哉 "鄙哉"一语，唯近人萧民元的解读最近人意，他说："这个'鄙哉'是那荷蒉者看到孔子如此这般的情形而说的叹息语，那意思就是：'你真差劲呀！怎么这样想不开呀！'有点可怜痛惜孔子的味道在内。"（萧民元《论语辨惑》）

深则厉，浅则揭 《诗·邶风·匏有苦叶》句。水深则厉，厉，以衣涉水；揭，揭衣，提起衣裳。"深则厉，浅则揭"，水深就不揭衣过，因为水深，你揭不揭衣结果都一样，衣裳都会打湿；水浅就揭衣而过，可以不打湿衣裳。意思是：现在天下混乱，做得好做得不好结果都一样，都不可能改变现实，算了吧，何必做那些无谓的努力呢？

果哉！末之难矣 何晏："未知己而便讥己，所以为果。末，无也。无难者，以其不能解己之道。"（《集解》）

本章皇侃说："言彼未解我意而便讥我，此则为果敢之甚也，故云'果哉'。但我道之深远，彼是中人，岂能知我？若就彼中人求无讥者，则为难矣。玄风之攸在，圣贤相与，必有以也。夫相与于无相与，乃相与之至；相为于无相为，乃相为之远，苟各修本，奚其泥也？同自然之异也。虽然，未有如荷蒉之谈讥甚也。"（《义疏》）

朱熹说："果哉，难其果于忘世也。末，无也。圣人心同天地，视天下犹一家，中国犹一人，不能一日忘也，故闻荷蒉之言而叹其果于忘世，且言人之出处若但如此，则亦无所难矣。"（《集注》）

俞樾说："《淮南子·道应篇》：'令不果往'，高诱注：'果，诚也。''果哉，末之难矣'，犹曰：'诚哉无难矣'。盖如荷蒉者之言，随世以行己，视孔子所为，难易相去何啻天壤。故孔子闻其言而叹之，一若深喜其易者，而甘为其难之意自在言外。圣人辞意微婉，初非与之反唇也，《何解》失之。"（《群经平议》）

戴望说："果，信也。之，往也。信如其言，无所复往，行道难矣。"（清·戴望《论语注》）

本章与上章"知其不可而为之者"互为表里，说明孔子并不是不知道独善其身的道理，而是要将世人的烦恼与痛苦一力承担，而恰恰这点，不为一般人所了解。孔子毅然决然地坚决实现自己的人生理想，以期完满实现。因此，他不能像荷蒉者那样简单而坚决地选择避世。所以孔子的一生，也就自然而然地像司马迁所记载的一样："孔子适郑，与弟子相失，孔子独立郭东门。郑人或谓子贡曰：'东门有人，其颡似尧，其项类皋陶，其肩类子产，然自要（腰）以下不及禹三寸。累累若丧家之狗。'子贡以实告孔子。孔子欣然笑曰：'形状，末也。而谓似"丧家之狗"，然哉！然哉！'"（《史记·孔子世家》）司马氏此记，尤其那句"欣然而笑""谓似丧家之狗，然哉！然哉"，活脱脱将一个天真烂漫、潇洒自在、解脱无碍的孔老夫子的音容笑貌送到了我们的眼前心里。

第四十章

14.40 子张曰："《书》云：'高宗谅阴，三年不言。'何谓也？"子曰："何必高宗？古之人皆然。君薨，百官总己以听于冢宰三年。"

【译】

子张向孔子请教说："《尚书》上讲：'高宗谅阴，三年不言。'是什么意思？"孔子说："哪里只有高宗这样的人，古时候的人都是这样做的。国君死了，继位的君主，三年不问政事，百官各自管理好自己的政务，以听命于宰相。"

【释】

高宗 孔安国："高宗，殷之中兴王武丁也。"（《集解》）

谅阴 据郑玄本，作"梁闇"，假作"谅阴"或"亮阴""谅闇"等。此孝子居丧时之凶庐。孔安国："谅，信也；阴，犹默然也。"（《集解》）这里是据下文"三年不言"作解。

薨 "天子死曰崩，诸侯死曰薨。"（《曲礼》）

总己 许慎："总，聚束也。"（《说文》）己，百官自己。

冢宰 孔安国："冢宰，天官卿，佐王治者，三年丧毕，然后王自听政。"冢宰，后世称为宰相，辅佐天子统领百官以治理国家。

关于"高宗谅阴，三年不言"，郭沫若说："健康的人要'三年不言'，那实在是办不到的事，但在某种病态上是有这个现象的。这种病态，在近代医学上称之为'不言症'，病例并不稀罕。据我看来，殷商实在是患了这种毛病的。所谓'谅阴'或'谅闇'大约就是这种病症的古名。阴同闇，假借为瘖，口不能言谓之瘖，……""亮和谅，虽然不好强解，那是说高宗的哑，并不是假装的。'……拿《尚书》本文来说吧：'其在高宗，时劳于外，爰暨小人；作其即位，乃或亮阴，三年不言。'是说高宗经历了很多的艰苦，在未即位之前，曾在朝外与下民共同甘苦……即位之后，又患了真正的瘖哑症，不能够说话，苦了三年。"（郭沫若《郭沫若全

集·历史编》)

如果郭沫若的考证可以成立的话，则说明对于一个悟得了天地人生真理的人来说，他的所悟所证无非佛家所谓之根本智也，对于知识而言，则属于后得之智。后得之智，是需要学习始可以获得的，绝对不是一些修行人所认为的那样：一旦开悟，则无所不知无所不晓。所以，孔子强调"多闻缺疑"。

第四十一章

14.41 子曰："上好礼，则民易使也。"

【译】

孔子说："居上位的人喜好'礼'，那么民众容易役使。"

【释】

使 管仲："天以时使，地以材使，人以德使，鬼神以祥使，禽兽以力使。"（《管子·枢言》）

鬼谷子："圣人者，天地之使也。"（《鬼谷子·抵巇》）

刘安："四时者，天之吏也。日月者，天之使也。"（《淮南子·天文训》）据此，则民以礼为使可知。此"上好礼，则民易使"之所由也。

第四十二章

14.42 子路问君子。子曰："修己以敬。"曰："如斯而已乎？"曰："修己以安人。"曰："如斯而已乎？"曰："修己以安百姓。修己以安百姓，尧、舜其犹病诸！"

【译】

子路向孔子请教"觉悟天地人生真理并走向觉行圆满的境界"的目的。孔子说："修正自己的身心行为，达到敬重一切人、一切事、一切物的目的。"子路说："这样子就可以了吗？"孔子说："修正自己的身心行为，使亲朋好友们都能各安其位。"子路又说："这样子就可以了吗？"孔子说："修正自己的身心行为，使天下的老百姓都能各安其位。修正自己的身心行为，使天下的老百姓都能各安其位，即使是圣如尧帝、舜帝，他们也难以做到啊！"

【释】

修己以敬 孔安国："修己以敬，敬其身也。"（《集解》）这里的

"敬",当是通过自己的身心修养,达到能敬一切人、一切事、一切物的境界。

人 孔安国:"人谓朋友九族。"(《集解》)

刘宝楠:"《易·家人·象传》云:'家人,女正位乎内,男正位乎外。'此安人之义也。"(《正义》)

从孔说,"人"指亲朋好友,从刘说"安人"就是使人各安其位。所谓"女正位乎内,男正位乎外"是也。

自利利他,菩萨行持。本章可明确地证明孔子所谓之"君子",与佛家讲的菩萨是完全相通的。

第四十三章

14.43 原壤夷俟。子曰:"幼而不孙弟,长而无述焉,老而不死,是为贼!"以杖叩其胫。

【译】

原壤肆无忌惮地伸开两腿坐着。孔子说:"你年幼时不能谦恭地对待兄长,年长了没有做出让人值得称道的成绩,年纪已经老了,却还不死,这就是害!"说完,用拐杖敲打着原壤的足胫。

【释】

原壤 马融:"原壤,鲁人,孔子故旧。"(《集解》)

夷俟 焦循:"夷俟,犹踞肆。"

"踦,踞也。"(《广雅·释诂》)踞即蹲踞,就是伸开双腿坐着。

肆,"放也,恣也。"(《玉篇》)即肆无忌惮。"夷俟"即俟夷的倒句,就是肆无忌惮地伸开双腿坐着。

述 朱熹:"述,犹称也。"(《集注》)

贼 何晏:"贼谓贼害。"(《集解》)

爱之深则责之切。原壤因为是孔子故旧的原因,所以孔子责怪他就格外痛切。读此章,当明朋友的责难实为良药,应恭受而深思之,引以为戒。

第四十四章

14.44 阙党童子将命。或问之曰:"益者与?"子曰:"吾见其居于位也,见其与先生并行也。非求益者也,欲速成者也。"

【译】

阙党的一个童子，喜欢在邻里之间传话。有人问孔子："这个孩子是在求上进吗？"孔子说："我看见他坐在成年人的位子上，又看见他和长辈并肩而行，他不是个求上进的人，是希望迅速成就的人。"

【释】

阙党　荀子："仲尼居于阙党。"（《荀子·儒效》）

阙党又名阙里。郦道元："孔庙东南五百步有双石阙，故名阙里。"（北魏·郦道元《水经注》）

将命　马融："将命者，传宾主之语出入。"（《集解》）

居于位　何晏："童子隅坐无位，成人乃有位。"（《集解》）坐本无位而居于位，则违礼可知。

与先生并行　包咸："先生，成人也。并行，不差在后，违礼。欲速成人者，则非求益者也。"（《集解》）

自古英雄看少年。阙里的这个少年，言行违礼。如"将命""居于位""与先生并行"，都是违礼的行为，所以孔子断言他将来不会有什么成就。所谓"非求益者也，欲速成者也"，欲速成，当然就难成。因为速成不是中道，所以孔子认为"欲速则不达"。

卫灵公第十五

第一章

15.1 卫灵公问陈于孔子。孔子对曰:"俎豆之事,则尝闻之矣;军旅之事,未之学也。"明日遂行。

【译】

卫灵公向孔子请教行军布阵的作战方法。孔子回答说:"对于祭祀的事情,我曾经听闻过;对于布阵行军作战的事情,我没有学习过。"第二天,孔子便离开了卫国。

【释】

陈 孔安国:"军陈行列之法。"(《集解》)陈,即"阵"。

颜之推认为"阵"这个字始于王羲之《小学章》,据此则"陈"为本字,"阵"为晋时俗字。

俎豆之事 孔安国:"俎豆,礼器。"(《集解》)祭祀时专门用来盛肉的器皿,所以叫作礼器。

军旅 郑玄:"万二千五百人为军,五百人为旅。军旅末事,本未立,不可教以末事。"(《论语郑注》)此以军旅指代军事行动——布阵行军打仗。

孔子为了施行其政治抱负,委曲求全,如即使是德行有亏的地方首领想聘用他,要不是弟子们坚决反对,也都几乎要去了,但孔子也不是没有原则的一味委曲求全。如本章卫灵公不重礼乐教化,只重军旅,乃无可救药之君,故孔子"明日遂行"。

第二章

15.2 在陈绝粮,从者病,莫能兴。子路愠见曰:"君子亦有穷乎?"子曰:"君子固穷,小人穷斯滥矣。"

【译】

孔子一行人滞留陈国,断绝了粮食。跟随的学生饿病了,不能起立行走。子路带着内心的不高兴,跑去见孔子,对孔子说:"君子也有穷困到粮食都没有吃的地步吗?"孔子说:"君子什么都没有了,却信念坚固,小人什么都没有了,就没有敬畏,什么事都干得出来。"

【释】

在陈绝粮 孔安国:"从者,弟子。兴,起也。孔子去卫如曹,曹不容,又之宋。宋遭匡人之难,又之陈。会吴伐陈,陈乱,故乏食。"(《集解》)

"绝粮",当然是"无有之者"了,尽管粮食无有,但信念坚固,此"固穷"之义也。

固穷 倒装句,即"穷固"。"穷",荀子:"多有之者富,少有之者贫,无有者穷。"(《荀子·大略》)

"固","坚固。"(《玉篇》)

滥 何晏:"滥,溢也。君子固亦有穷时,但不如小人穷则滥溢为非。"(《集解》)滥,泛滥,河堤崩溃,洪水无所阻遏,泛滥成灾。"滥"与"固"相对,一则信念坚固,一则信念尽失,无有敬畏,什么坏事都干得出来。

"君子固穷,小人穷斯滥",此君子小人之辨也,不可不知。

第三章

15.3 子曰:"赐也,女以予为多学而识之者与?"对曰:"然,非与?"曰:"非也,予一以贯之。"

【译】

孔子对子贡说:"子贡呀,你以为我是学得很多、记得很牢的人吗?"子贡回答说:"是这样的,不是这样的吗?"孔子说:"不是的。我用一个核心思想——'中'来贯穿它们。"

【释】

本章重点在"予一以贯之"。"一以贯之",是"以一贯之"的倒装。即用"一"来贯穿它们。那么这个"一"是什么呢,焦竑说:"李嘉谋曰:'多学之为病者,由不知一也。苟知其一,则仁义不相反,忠孝不相违,刚柔不相悖,曲直不相害,动静不相乱,语默不相反,如是则多即一也,一即多也,物不异道,道不异物,精亦粗,粗亦精,故曰通于一。"(明·焦竑《焦氏笔乘》)由此可见,此"一"即"用中于民"之"中",即"中庸""中和""中道"也。

第四章

15.4 子曰:"由!知德者鲜矣。"

【译】

孔子说:"仲由啊,知道德本来意义的人已经很少了呀!"

【释】

知德者鲜 "知德者鲜",德者何?道德之谓也,此为通释。

刘宝楠:"中庸之德,民所鲜能,故知德者鲜。"(《正义》)这里的德指中庸。盖"德者,得也。得也者,其谓所得以然也,"(《管子·心术上》)"德者无为""得其天性谓之德。"这里的"所得以然"也好,"无为"也好,还是"天性"也好,指的都是"本来"。这说明"德"是指生命中本来的东西。用佛家的话说,指的就是本来面目。上一章,"一以贯之"的"一",也可以说成就是本章的"德"。

因为父慈子孝、兄友弟恭、仁义诚信这些被称之为德行的东西,其实是生命中本具的性德。因此,就慢慢地将这些性德表现在外的行为称之为德了。这是典型的舍本逐末,久而久之,遂以末为本而鲜知本了。是以孔子有此一叹。此千万年之叹也,读者诸君能识之乎?

第五章

15.5 子曰:"无为而治者,其舜也与!夫何为哉?恭己正南面而已矣。"

【译】

孔子说:"不干涉下面的具体事务而使天下大治的人,他就是舜啊!他做了些什么呢?只是自己庄严恭敬,处在自己当处的位置罢了。"

【释】

无为而治 何晏:"言任官得其人,故无为而治。"(《集解》)

朱熹:"圣人德盛而民化,不待其有所作为也。"(《集注》)

何晏之释,启迪于汉文帝刘桓所创之宰相制。所谓宰相制,就是行政权在宰相而不在帝王。也就是说在行政时帝王是无为的。但帝王可以罢免宰相，为了约束宰相滥用相权，而设御史监察之。御史可以闻风而奏，不必要有宰相行政错误的证据。所以说，只要有点影子，就可以弹劾宰相。因此，帝王不可能不选贤任能，宰相不可能不尽心尽力。文帝大兴汉室之奥妙究其实只在帝王行无为，虚君位而已。

朱熹之释，则重在体会孔子"恭己正南面"的德化作用。

第六章

15.6 子张问行。子曰："言忠信，行笃敬，虽蛮貊之邦行矣；言不忠信，行不笃敬，虽州里行乎哉？立，则见其参于前也；在舆，则见其倚于衡也。夫然后行。"子张书诸绅。

【译】

子张向孔子请教行持的要领。孔子说："说话发自内心基于事实，行事纯厚敬慎，即使到了蛮貊地区都行得通。说话不能发自内心基于事实，行事不能做到纯厚敬慎，就算在本乡本土，能够行得通吗？站着时如同看到说话发自内心基于事实，行事纯厚敬慎的行持要领立在自己的面前，坐车时如同看到说话发自内心基于事实，行事纯厚敬慎的行事要领依托在车辕前的横木上。有这样的用心，才是真正的行持。"子张就把这句话写在束腰的大带子上。

【释】

笃："厚也。"（《广韵》）

"笃，固也。又纯也。"（《尔雅·释诂》）可见"笃"在这里当作纯正、纯厚解。

蛮貊 "蛮"，中国南方的少数民族，"貊"，中国北方的少数民族。

见其参于前 包咸："言思念忠信，立则常想见参然在目前。"（《集解》）

皇侃："参，犹森也，言若敬德之道行，己立在世间，则自想见忠信笃敬之事，森森然满亘于己前也。"（《义疏》）

刘宝楠："王氏引之《经义述闻》：'家大人曰：参字可训为直。故《墨子·经篇》曰：'参，直也。'《论语》'参于前'，谓相直于前也。"又引《韩诗》曰："直，相当值也。"（《正义》）

此处，"参"字，以王、刘之说见长。后世佛家参禅之参，意当取孔子"见参于前"之"参"也。其参禅之参至一定境界者，则见所参之对象如话头公案之类，时时如在目前，如参话头者，吃饭时话头在碗里，打坐正视前方时话头在墙壁上。此种境界虽非孔子所讲，又有何区别呢？

本章行持的要领是什么？是"言忠信，行笃敬"呢？还是从忠信笃敬入手，然后咬定青山不放松呢？相信大家都已经有了自己的答案。

第七章

15.7 子曰："直哉史鱼！邦有道，如矢；邦无道，如矢。君子哉蘧伯玉！邦有道，则仕；邦无道，则可卷而怀之。"

【译】

孔子说："刚直不阿啊，史鱼！国家政治清明时，他的言行像箭一样直；国家政治黑暗时，他的言行也像箭一样直。君子啊，蘧伯玉！国家政治清明就出来做官；国家政治黑暗就把自己的聪明才智收藏在自己的内心里不显露出来。"

【释】

关于史鱼之直，蘧伯玉之称君子。李炳南说："史鱼临死遗言，生前在朝，不能谏君进用贤人蘧伯玉，退弃不肖之臣弥子瑕，死后不应当在正堂治丧，只能殡在室牖之下。其子从之。灵公往吊，问知其故，立即进蘧伯玉，退弥子瑕，移殡史鱼于正堂，成礼而后去。《韩诗外传》《新序》《孔子家语》，皆载其事，说他'生以身谏，死以尸谏，可谓直矣'。蘧伯玉事迹，古注太繁，此处只举一条。《列女传》记载，卫灵公夫人称赞蘧伯玉是贤大夫。他曾在夜间乘车经过灵公门前，虽在暗无人处，仍然下车致敬，而不失礼。"（《论语讲要》）

张栻说："史鱼可以谓之直而已。然能伸而不能屈，未尽君子之道。若蘧伯玉之'卷而怀之'，则能因时而屈伸者也，故谓之君子。然，此于用则行、舍则藏者，则犹有卷而怀之之意，未及乎潜龙之隐见也。"（《论语解》）此境界高下之说，亦有可观，存此，以备一说。

第八章

15.8 子曰："可与言而不与之言，失人；不可与言而与之言，失言。知者不失人，亦不失言。"

【译】

孔子说："能够点拨的人，你却没有点拨他，你失去了可以造就的人。

没有达到能够点拨的地步的人，你却点拨了他，你语言运用失当。一个全知的人是既不会失去可以造就的人才，也不会运用言语失当。"

【释】

张栻："可与不可，非知者，孰能审之？'失人'，则非所以成物；'失言'，则非所以成己。然，非所以成物，亦有害于成己也。"（《论语解》）成己自利，成物利他，能自利利他，无有过失，唯已达全知未达全能境界的菩萨能之，我等凡夫，何能不失？然则，虽不能及，当向往之。

江谦："不失人亦不失言，则四悉檀具矣。悉，遍也。檀，施也。四悉檀者：一世界悉檀，是兴趣义，所以起信；二为人悉檀，是训导义，所以开解导行；三对治悉檀，是警策义，所以止恶生善；四第一义悉檀，是解脱义，所以显性证真。佛说一切法，不离四悉檀。"（《论语点睛补注》）此说甚是，非深得孔子之心又深通佛理者，实不能悟到此等境界！

第九章

15.9　子曰："志士仁人，无求生以害仁，有杀身以成仁。"

【译】

孔子说："志士仁人，没有因为保全自己的生命而损害仁的，而有以牺牲自己的生命来实现仁的。"

【释】

志士　志士即誓愿为发明仁心、实现仁道而至死不渝的人。俞樾认为"志士"即"知士"。他认为："犹云知士仁人也，仁者安仁，知者利仁，故有杀身以成仁，无求生以害仁。"（《群经平议》）此说亦通，可以并存。

朱熹："志士，有志之士。仁人，则成德之人也。理当死而求生，则于其心有不安矣，是害其心之德也。当死而死，则心安而德全矣。程子曰：'实理得之于心自别。实理者，实见得是，实见得非也。古人有捐躯殒命者，若不实见得，恶能如此？须是实见得生不重于义，生不安于死也。故有杀身以成仁者，只是成就一个是而已。'"（《集注》）

第十章

15.10　子贡问为仁。子曰："工欲善其事，必先利其器。居是邦也，事其大夫之贤者，友其士之仁者。"

【译】

子贡向孔子请教如何才能发露仁心。孔子说:"工匠要做好他的工作,就必须先磨快他要使用的工具。要想发露仁心,生活在一个国家里,就要去侍奉那些发露了仁心的贤大夫,结交那些发露了仁心的有志之士,才能成就仁。"

【释】

贤、仁 皇侃:"大夫言'贤',士云'仁',互言之也。"(《义疏》)这里的意思是为了词句的华美,选用不同的词来表达相同的意思,就本句而言,"仁"与"贤"是没有分别的。

本章是说"修身"之人,择友为重,以友辅仁,互相切磋、砥砺磨炼,共同进步。孔安国:"工以利器为用,人以贤友为助。"(《集解》)诚如此也。

第十一章

15.11 颜渊问为邦。子曰:"行夏之时,乘殷之辂,服周之冕,乐则《韶》舞。放郑声,远佞人。郑声淫,佞人殆。"

【译】

颜渊向孔子请教如何治理邦国。孔子说:"实行夏朝的历法,乘坐殷朝的车子,佩戴周朝的礼帽,欣赏舜帝时伴有舞蹈的高雅音乐。禁止郑国的音乐,远离奸佞的小人。郑国的音乐淫糜,奸佞的小人危险。"

【释】

行夏之时 实行夏代历法的时候。夏历建寅,以气候温暖万物复苏之寅月为正月岁首,即今之农历。何晏说:"据见万物之生,以为四时之始,取其易知。"(《集解》)夏历,是阴阳合历,符合中国农业耕种,大有益于农作物的种植。周历建子,以气候寒冷万物覆藏之子月为正月岁首,不利于指导农耕,所以孔子强调"行夏月之时"。康有为说:"欧美以冬至后十日改岁,则建子矣。俄及回历则建丑矣。今大地文明之国仍无不从孔子之三正者,若印度则与中国行夏时矣。其余秦以十月则久不行,波斯以八月则亦微弱,马达加斯加以九月,缅甸以四月,皆亡矣,益见大圣之大智无外也。"(清·康有为《论语注》)"大圣之大智无外",甚是。

辂 邢昺:"殷车曰大辂,谓木辂也。取其俭素,故使乘之。"(《注疏》)俭素则不废,俭素则民税轻,故取之,此孔子以民为本之具体方略也。

冕 包咸："冕，礼冠。周之礼，文而备，取其黈（音候）纩塞耳，不任视听。"（《集解》）周之冕，即前后有垂旒阻挡视线，又有黈纩用以塞耳。戴此冕能令人正视前方而又不外听，面君时有助于制心一处，此孔子注重用心之事证也。

放郑声 放，"废也。"（《正韵》）郑声，流行于郑国一带的音乐。

郑声淫 "郑音好滥淫志，宋音燕女溺志，卫音趋数烦志，齐音敖辟乔志，此四者，皆淫于色而害于德，是以祭祀勿用也。"（《礼记·乐记》）

郑玄："《鲁论》说，郑国之俗，有溱洧之水，男女聚会，讴歌相感，故云郑声淫。"（清·陈寿祺《五经异义疏证》）

殆 许慎："危也。"（《说文》）

本章足明孔子对继承先进文化的用心。以时损益，利于生产则取，利于民命则存，害于教化则去，利于心安则留。如夏历利于生产，则用夏历；殷车质于周车可轻民赋，则用殷车；周冕利于制心一处，则用周冕；郑音淫靡，使人心乱，志意沉溺，害于教化，故弃之；佞人危及仁心之发露，不利于心安，故远之。此虽孔子之心，实天地之心、万民之心也。

王阳明说："颜子具体圣人，其于为邦的大本大原，都已完备，夫子平日知之已深，到此都不必言，只就制度文为上说。此等处，亦不可忽略。非要是如此，方尽善。又不可因自己本领是当了，便于防范上疏阔。须是要放郑声，远佞人。盖颜子是克己，向里德上用心的人。孔子恐其外面末节，或有疏略，故就他不足处，帮补说。若在他人，须告以为政在人，取人以身，修身以道，修道以仁，达道九经及诚身许多工夫，方始做得。此方是万世常行之道。不然，只去行了夏时，乘了殷辂，服了周冕，作了《韶》舞，天下岂便治得。"（《阳明先生集要》）此从人之本心上立说，亦是见得深切。

江谦说："绮语即郑声，妄言即佞人。千数百年来，靡丽之骈体，淫荡之诗赋，谤佛非圣之文辞，皆郑声佞人，教淫教殆之尤者也。国以为教，家以为学，而不知其非，天下大乱之所由来也。放之远之，删之毁之，而后天下可为也。"（《论语点睛补注》）此从天下大乱之本立说，亦是见得十分真切。

存此二人注，以为学人参究之资。

第十二章

15.12 子曰:"人无远虑,必有近忧。"

【译】

孔子说:"一个人如果没有深远的考虑,就必定会有眼前的忧愁。"

【释】

远 许慎:"辽也。"(《说文》)

"遥远也。"(《广韵》)可见此"远"有与久远两个层面的意思在。

孔子认为,一个人不仅要有历史意识,吸取历史的经验,如上一章;也要有现实意思,即注重当下的事项,当下的用心,如曾参所说的"日常三省吾身";还要有远见卓识、未来意识、忧患意识,如本章;更要有开放的意识、兼容的意识,如向老子请教历史与道家文化。儒家文化博大精深,能成为中国文化的主流,这与孔子的这种精神分不开。我们学习本章,所要效法的重点在此。

蕅益大师说:"未超三界外,总在五行中,断尽二障,虑斯远矣。"(《论语点睛》)二障,即烦恼障和所知障。烦恼障又名惑障,如贪嗔痴等烦恼,使众生流转于三界之生死苦海,障碍菩提之业;所知障又名智障,即无明邪见,无明邪见能覆盖慧解,令不聪利,障碍菩提之业。人无烦恼与邪见,虑自远矣。

第十三章

15.13 子曰:"已矣乎!吾未见好德如好色者也。"

本章重出,见《子罕第九》。

第十四章

15.14 子曰:"臧文仲其窃位者与?知柳下惠之贤而不与立也。"

【译】

孔子说:"臧文仲恐怕是个窃居官位的人吧?他明知道柳下惠有贤能,却不任用他给他一定的官职。"

【释】

臧文仲 鲁国大夫,历仕鲁庄公、闵公、僖公、文公。

窃位 窃居其位,这里主要是指臧文仲知贤不举不用。

朱熹:"窃位,言不称其位而有愧于心,如盗得而阴据之也……范氏曰:'臧文仲为政于鲁,若不知贤,是不明也;知而不举,是蔽贤也。不明之罪小,蔽贤之罪大。故孔子以为不仁,又以为窃位。'"(《集注》)此说甚是。

不与立 邢昺:"不称举与立于朝廷也。"(《注疏》)

俞樾:"立当读为位。不与立,即不与位,言知柳下惠之贤而不与禄位也。"(《群经平议》)

本章,可窥孔子选贤任能的用人思想。臧文仲知贤不举,所以孔子骂他是窃取官位、尸位素餐之徒。

第十五章

15.15 子曰:"躬自厚而薄责于人,则远怨矣!"

【译】

孔子说:"多反省自己,而轻责备他人的人,就能够远离他人的怨恨了。"

【释】

躬自厚 "躬",郑玄:"躬,犹己也。"(郑玄《礼记·乐记·注》)"躬自厚",承后省"责"。此为通释。

孔安国:"责己厚,责人薄,所以远怨咎。"(《集解》)

本章皇侃说:"君子责己厚,小人责人厚。责人厚则为怨之府。责己厚,人不见怨,故云'远怨'。蔡谟云:'儒者之说,虽于义无违,而于名未安也。何者?以自厚者为责己,文不辞矣。厚者,谓厚其德也,而人又若己所未能而责物以能,故人心不服。若自厚其德而不求多于人,则怨路塞。责己之美虽存乎中,然自厚之义不施于责也。'侃按:蔡虽欲异孔,而终不离孔辞,孔辞亦得为蔡之释也。"(《义疏》)

朱熹说:"责己厚,故身益修;责人薄,故人易从。所以人不得而怨之。"(《集注》)

王夫之引新安陈氏说:"此即成汤检身若不及,与人不求备之意,修己待人,当然之理也。非为求远怨而后为之,远怨乃自然之效也。"(《读论语大全》)

可见"躬自厚而薄责于人",乃是修身金鉴、用心之良模。盖修身者,修心也。若不反躬自省,于内心中求之,仁心何以发露,中和之气质何以养成，大道何以证得？

第十六章

15.16 子曰："不曰'如之何、如之何'者，吾末如之何也已矣。"

【译】

孔子说："从不说'怎么办、怎么办'的人，我对他们也就不知道该怎么办了。"

【释】

如之何 孔安国："不曰'如之何'者，犹言不曰奈是何。'如之何'者，言祸难已成，吾亦无如之何。"（《集解》）

朱熹："'如之何如之何'者，熟思而审处之辞也。不如是而妄行，虽圣人亦无如之何矣。"（《集注》）

张栻："侯氏曰：天下之事，当防微杜渐于未然之前，故'不曰如之何。'若至于已然，横流极炽，无可奈何之后，虽圣人，亦无如之何矣。故曰'如之何者，吾末如之何也已矣。'"（《论语解》）

本章"远虑"之事证也，"凡事豫则立，不豫则废"。（《中庸》）是以人无远虑，必有近忧。然则，何谓远虑？则智仁互见，不一而足。就终极层言之，则当以生命之自在，人格之完满，仁心之开启，仁道之成就，生死之超越为远；否则，虽虑几十年后之利益，一生之事功，一生之荣辱，皆近也。

就终极层之远虑言之，其始则在识因果、信轮回。

江谦说："知因果、信轮回，善有所劝，恶有所惩，小人有所忌惮，然后可以教之为善。周安士先生曰：'人人信因果，大治之道也；人人不信因果，大乱之道也。虽圣人并起，无如之何矣！"（《论语点睛补注》）

江氏此说，可为当世顶门一针。

第十七章

15.17 子曰："群居终日，言不及义，好行小慧，难矣哉！"

【译】

孔子说："同学们聚会整天地发表议论，却没有谈及道义，好卖弄小聪明，这种人是难以有什么成就的。"

【释】

群居 皇侃："三人以上为群居。"(《义疏》)

刘宝楠："此章是夫子家塾之戒。《说文》云：'群，辈也。''群居'谓同来学共居者也。"(《正义》)据此，"群居"，当指今日之所谓同学聚会。

小慧 郑玄："小慧，谓小小之才知。"(《集解》)

皇侃："小慧，若安陵调谑属也。"(《义疏》)

刘宝楠："戴氏望注云：'小慧，为小辨慧也。哀公欲小辨，以观于政，孔子曰：不可，社稷之主爱日。'按：戴说即郑义。"(《正义》)据此，则此处的"小慧"，是指小聪明，佛家谓之世智辨聪。

难矣哉 郑玄："言终无成功也。"(《集解》)

皇侃："难为成人也。"(《义疏》)

朱熹："言其无以入德，而将有患害也。"(《集注》)据此，再结合上文"言不及义"看，此处的"难矣哉"，当是指难以成就仁道。

是否真发大心追求仁道之成就、生命之完满实现，平时的言谈举止，即可表露无遗。

第十八章

15.18 子曰："君子义以为质，礼以行之，孙以出之，信以成之。君子哉！"

【译】

孔子说："君子以义为实践的内容，用遵礼的行为来实行义，用谦逊的心来表达义，用真诚的心来成就义。这才是真正的君子啊！"

【释】

质 "体也……实也……正也……地也……犹性也……诚也……信也……主也，朴也……犹本也。"(《康熙字典》)

郑玄："义以为质，谓操行。"(《集解》)据此，则"义以为质"可理解为以义为实践的内容。

张栻："义以方外，是义为用也。而此章则以义为体，盖物则森然具于秉彝之内，此义之所以为体也。必有是体，而后品节生焉，故礼所以行此者也。其行之也以逊顺，则和而不失，故逊所以出此者也。而信者，又所以成此者也。盖义为体，而礼与逊所以为用，而信者又所以成终者也。

信则义行乎事事物物之中，而体无不具矣。"（《论语解》）诚哉，斯言！

第十九章

15.19 子曰："君子病无能焉，不病人之不己知也。"

【译】

孔子说："君子忧愁自己没有能力，不担心别人不了解自己。"

【释】

病 "病，忧也。"（《广韵》）

郑玄："病，犹忧也。"（《礼记·乐礼·注》）

包咸："君子之人但病无圣人之道，不病人之不知己。"诚哉，斯言！

本章与《学而第一》第十六章、《里仁第四》第十四章及《宪问第十四》第三十章等意近，故不再释。

第二十章

15.20 子曰："君子疾没世而名不称焉。"

【译】

孔子说："君子担忧的是自己死后的名誉与生前的名誉不相符合。"

【释】

疾 司马迁："子曰：'弗乎弗乎！君子病没世而名不称焉。吾道不行矣，吾何以自见于后世哉？'乃因史记作《春秋》，上至隐公，下讫哀公十四年，十二公，据鲁，亲周，故殷，运之三代。约其文辞而旨博。"（《史记·孔子世家》）据此，"疾没世而名不称"之"疾"与"病"属同义互辞。疾，病也。因此，此疾字当作担忧、忧虑、忧愁理解。

称 朱熹引范氏："君子学以为己，不求人知。然没世而名不称焉，则无为善之实可知矣。"（《集注》）君子担忧的是死后没有人称述自己的德行。此释虽通，但仍有求名之迹，非圣人之心也。

因此，我认为此处孔子所担忧的是自己身后的名誉与生前的名誉不相称。盖生前之名，因诸多因素之影响，有与实德不相称者。唯身后之名，也不例外。即所谓的盖棺论定者，才是实名。果身后之名无生前之名好、无生前之名大，则名与实德不相符。此方是孔子之忧也。如是释，方与孔子之所悟所证、孔子之所修、孔子之境界相应。

第二十一章

15.21 子曰:"君子求诸己,小人求诸人。"

【译】

孔子说:"君子在自己的内心寻求仁心的发露、大道的成就,以及人生、事业失败的原因,小人在别人的身上寻求幸福来源与人生、事业失败的原因。"

【释】

何晏:"君子责己,小人责人。"(《集解》)

张栻:"君子无适而非求诸己,小人无适而非求诸人。求诸己,则德日进;求诸人,则欲日肆。君子、小人之分,盖如此也。杨氏曰:'君子虽不病人之不己知,然亦疾没世而名不称也。虽疾没世而名不称,然所求者,亦反诸己而已。'三者文不相蒙,而义实相足,此亦记言者之意。"(《论语解》)

从本章我们可以得出这样的结论:人生之一切,出世之成德成仁成就圣道,入世之事功利益及心境之静躁,无不出自内心。故明白的人求之于自己;不明白的人反求诸他人。求诸己,则自足宁静而快乐;求诸人,则难满足而躁烦痛苦。此万世不移之法也,学者当知。

第二十二章

15.22 子曰:"君子矜而不争,群而不党。"

【译】

孔子说:"君子自庄自重而不与人争斗,得众而不结党营私。"

【释】

矜 许慎:"矜,矛柄也。"(《说文》)

包咸:"矜,矜庄也。"(《集解》)

朱熹:"庄以持己曰矜,然无乖戾之心,故不争。"(《集注》)"矜"的原义是"矛柄",即长矛的柄。在这里引申为"矜庄",也就是庄肃自重的意思。

党 孔安国:"党,助也。君子虽众,不相私助,义之与比。"(《集解》)

"朋也,辈也……又助也。相助匿非曰党。"(《康熙字典》)

皇侃引江熙:"君子以道知相聚,聚则为群,群则似党,群居所以切

磋成德，非于私也。"（《义疏》）

朱熹："和以处众曰群，然无阿比之意，故不党。"（《集注》）余以为二说均对。

"群而不党"，群，有朋辈义，朋辈是党义。君子不高高在上，平易近人，宽厚得众，故有乐群之德。但相助匿非亦是党之义，而君子"义之与比""不相私助"，故不党。

君子"矜"是不变，"群"是随缘，合之则随缘而己之操守不变，不变而又能乐众以顺众生之缘，是之谓并美；离之则不变而不知变通甚则刚愎自用，随缘则不能矜庄自持而失其操守甚则伤己仁德，是之曰两伤。此"矜而不争，群而不党"之要义也，又不得不知。

第二十三章

15.23 子曰："君子不以言举人，不以人废言。"

【译】

孔子说："君子不会根据某人在某一时讲的话正确就举荐他，也不会因某人品行差就不采纳他在某一时所讲的是正确的并又有益于民众的话。"

【释】

不以言举人 包咸："有言者不必有德，故不可以言举人。"（《集解》）

不以人废言 王肃："不可以无德而废善言。"（《集解》）

人是很奇特的，充满着各种各样的可能性。有一些人，没有真实的智慧，能说不能行。这样的人，我们不能因为他说得好，说得到位，说的都是真理之言、经验之言、道德之言、人性之言、仁慈之言……就举荐他任要职。

庄子："吾生也有涯，而知也无涯。"（《庄子·养生主》）庄子的这句名言，虽然讲的是生命有限与真理无穷的关系。但从这句名言里，也可以演绎出这样的结论：在我们这个人的世界里，充斥着不圆满，所以佛教称我们这个人生世界为娑婆世界，意即残缺不全的、勉强可以忍受的世界。如有些人，虽有一些智慧，能看到一些事物的本质，能总结一些有用的人生经验，但他的操守不行，在他的身上有可能存在着这样那样的缺陷或者污点，甚至有可能还是所谓的正人君子们所不齿的罪恶。正所谓"金无足赤，人无完人"，对于这种人，我们不可能因他的所谓过失或污点，就对他全盘否定，将他那洞穿事物的本质之言，人生得失的经验之谈，劝人惩恶扬善的话全部废弃，一概不予采纳。

第二十四章

15.24 子贡问曰："有一言而可以终身行之者乎？"子曰："其恕乎！己所不欲，勿施于人。"

【译】

子贡向孔子请教道："有一个字就能奉行终身的吗？"孔子说："那就是'恕'吧！自己所不愿意接受的东西，不要强加给别人。"

【释】

一言 刘宝楠："'一言'谓一字。……又古人称所著书若数万言、数十万言，及诗体四言、五言、七言，并以一字为一言也。"（《正义》）可见一言就是一个字。

张栻："人之患，莫大于自私。恕者，所以克其私而扩公理也。'己所不欲，勿施于人'，恕之方也，是所当终身行之者。极其至，则仁也。忠恕，体用也。独言行恕者，盖于其用力处言之。行恕，则忠可得而存矣。"（《论语解》）可见孔子言忠，则恕随之；言恕，则忠随之。所以，曾子说："夫子之道，忠恕而已矣。"

所谓忠，指的是对人尽心尽力、对事尽职尽责；所谓恕，就形而上层面讲，是"致广大而尽精微，极高明而道中庸"，就形而下层面讲，是"己所不欲，勿施于人"。"己所不欲，勿施于人"，可谓全人类的最高伦理规范。这是因为，孔子的推己及人的这个阐述要先于耶稣五百年；其次，这是一个否定判断，只规定人们不要做什么，这样就避免了"道德暴力"，强迫他人做自己认为好的而他人却不愿意做的事情。所以蕅益大师说："可行于天下，可行于万世，真是一以贯之。"（《论语点睛》）

第二十五章

15.25 子曰："吾之于人也，谁毁谁誉？如有所誉者，其有所试矣。斯民也，三代之所以直道而行也。"

【译】

孔子说："我对于人，诋毁了谁？赞誉过谁呢？如果我有赞誉的人，那就一定是他经过考验了。这样无爱憎之心地平等待人，就是夏、商、周三代形成的直道而行之民风的原因。"

【释】

其有所试 包咸:"所誉者辄试以事,不虚誉而已。"(《集解》)

江谦:"试犹省也,如日省、月试之试。视其所以,观其所由,察其所安也。"(《论语点睛补注》)

直道而行 马融:"用民如此,无所阿私,所以云直道而行。"(《集解》)

皇侃:"孔子曰:我之于世,平等如一,无有憎爱毁誉之心,故云'谁毁谁誉'之也,即平等一心,不有毁誉。然而君子掩恶扬善,善则宜扬,而我从来有所称誉者,皆不虚妄,必先试验其德,而后乃誉之耳。"(《义疏》)

释蕅益:"人自谓在三代后,孔子视之,皆同于三代时。所以,如来成正觉时,悉见一切众生成正觉。"(《论语点睛》)

恣意毁誉者,私心欲念之怪也。志于修身者,毁人之事,当切戒之,即扬善之誉,亦当慎重,当誉方誉,实事求是,以义为准,如是方能远害,慎之慎之。要真正做到"吾之于人也,谁毁谁誉?如有所誉者,其有所试矣",当视"斯民也,三代之所以直道而行"之人也。真能做到视一切人皆是圣是贤,毁之与誉,又从何来?志于修身者,于此等用心处,又不可不注意。

第二十六章

15.26 子曰:"吾犹及史之阙文也。有马者借人乘之,今亡矣夫!"

【译】

孔子说:"我还看到过史书上对于那些事实不清楚或有疑义时,阙(缺)而不书,过去有人有马自己难以驾驭就依靠别人驯服,现在这种人没有了啊。"

【释】

史之阙文 包咸:"古之良史于书字有疑,则阙之,以待知者。"(《集解》)

皇侃:"史者,掌书之官也。古史为书,若于字有不识者,则悬而阙之以俟知者,不敢擅造为者也。"(《义疏》)"于字有疑""于字有不识者",凭空之论,未足凭也。此本言史官之谨慎者也,当是于事件不清楚或于事件有疑义。

有马者借人乘之 包咸:"有马不能调良,则借人乘习之。"(《集解》)此释甚是。盖"借"者,借也,即凭借、依凭、依靠是也;又假也,假借他人之力也。

今亡 亡，同"无"。包咸："孔子自谓及见其人如此，至今无有言此者，以俗多穿凿。"（《集解》）

皇侃："当孔子末年时，史不识字，辄擅而不阙，有马不调，则耻云其不能，必自乘之，以致倾覆，故云'今亡也矣夫'。"（《义疏》）

本章古称难解，其难解处只在弄不清"史之阙文"与"有马者借人乘之"的内在关系。其实，本章是"直道而行"的事证，即史官对事件的事实不清或对事件的本身有疑义时，就阙文而书。留待知其事件真相者、对事件无疑义者再予补充，这就是"直道而行"。恐弟子不能理解，故又比喻说："犹如有人有未驯之马，自己不善驯，则假善驯者之手以驯之。"能则能之，不能则不能，正是"直道"之行。所以，阙疑其实就是"直道""史之阙文"，就是"直道而行"的事例。观孔子一生，十分赞赏阙疑精神。如《子路》篇："君子于其所不知，盖阙如也"，《为政》篇："多闻阙疑，慎言其余，则寡尤""知之为知之，不知为不知，是知也"。即可知"阙疑"即"直道"之不虚。

第二十七章

15.27 子曰："巧言乱德，小不忍则乱大谋。"

【译】

孔子说："巧语花言，败乱本然天真之性。小的事情不能坚忍使心不乱，就会败乱大事的谋成。"

【释】

朱熹："巧言，变乱是非，听之使人丧其所守。小不忍，如妇人之仁、匹夫之勇皆是。"（《集注》）从朱熹此释，可以看出，本篇之所谓"大谋"，即前之"远虑"。小而言之，是指人之一生养成性德，光宗耀祖，继往开来；中而言之，则谋划大事情，创造惊天动地的伟业；大则言之，则修身齐家治国平天下，希圣希贤，成就人格，达成人之完满实现。

第二十八章

15.28 子曰："众恶之，必察焉；众好之，必察焉。"

【译】

孔子说："大家都讨厌的人，一定要认真审察其原因；大家都喜欢的人，一定要认真审察其原因。"

【释】

刘宝楠："或众阿党比周，所以众好；或其人特立不群，所以众恶。"（《正义》）此说甚是。

"众恶之"，当然有可能是极坏之人，但完全有可能是有极高明见解的人，即超越了人们的理解范畴的人、特立独行的人。"众好之"，当然有可能是极好之人，但也有可能是善于隐藏恶行，弄虚作假之人，如汉之王莽即是其例。他在未得到天下之前，孝母尊嫂，礼贤下士，清廉俭朴，常把自己的俸禄分给门客和穷人，还卖掉马车接济穷人。甚至在他的儿子杀死家奴时，他又令其子自杀以偿奴命，因此，得到世人好评。他还大力宣扬礼乐教化，因而又得到儒生们的拥戴。但当地位稳固后，却又毒死年仅九岁的汉平帝，立年仅两岁的孺子婴为皇太子。当其夺得皇权称帝后，真面孔立即显露了出来。如看不起边疆少数民族，对边疆藩属削王为侯，不断挑起对匈奴和东北、西南各少数民族的战争，并且赋役繁重，刑政苛暴。

白居易有诗一首："周公恐惧流言日，王莽谦恭未篡时。向使当初身便死，一生真伪复谁知。"可谓深得本章三昧。

第二十九章

15.29 子曰："人能弘道，非道弘人。"

【译】

孔子说："人能够使道在人类社会中的形象高大，不是用道的名义来为自己获取高大的形象。"

【释】

弘 于省吾："甲骨文在弓背隆起处加以斜画（丿）以为标志，于六书为指事，弓背隆起处是弓之强有力的部分，故弘之本义为高、为大，高与大义相因。"（《甲骨文字释林》）

王肃："才大者道随大，才小者道随小，故不能弘人。"（《集解》）

本章皇侃说："道者，通物之妙也。通物之法，本通于可通，不通于不可通。若人才大则道随之而大，是人能弘道也。若人才小则道小，不能使大，是非道弘人也。故蔡谟云：'道者，寂然不动，行之由人，人可适道，故曰"人能弘道"。道不适人，故云"非道弘人"也。'"（《义疏》）

朱熹说："弘，廓而大之也。人外无道，道外无人。然人心有觉，而

道体无为；故人能大其道，道不能大其人也。张子曰：'心能尽性，人能弘道也；性不知检其心，非道弘人也。'"（《集注》）

上引诸释，玄远高深，亦可以启人体道，存之可也。然则细究其义，核之本文，似不相及，皆高推圣境之谈，不究可也。若能平视其文，文义本不难晓。盖人果能一心于道之弘传，则道能彰显，此所谓"人能弘道"也。但学道未深，体道未明，则人心之私未克，私心膨胀，假道之名以为谋取名望之彰显者有之矣，故夫子深戒之曰："非道能弘人"，即不可借道以谋一己之私。此读本章不可不知，不可不引以为戒者也。

第三十章

15.30 子曰："过而不改，是谓过矣。"

【译】

孔子说："知道自己有过错，却不肯用心改正，这才叫作过错。"

【释】

是 "是，此也。"（《广雅·释言》）"是"作为近指代词，译为这。

朱熹："过而能改，则复于无过。唯不改则其过遂成，而将不及改矣。"（《集注》）

至其改过之法，唯明代袁了凡先生所言，最为明白晓畅，易于用功。兹引于此："第一要发耻心。思古之圣贤，与我同为丈夫，彼何以百世可师，我何以一身瓦裂，耽染尘情，私行不义，谓人不知，傲然无愧，将日沦于禽兽而不自知矣。世之可羞可耻者，莫大乎此。孟子曰：'耻之于人大矣。'以其得之则圣贤，失之则禽兽耳，此改过之要机也。

"第二要发畏心。天地在上，鬼神难欺。吾虽过在隐微，而天地鬼神，实鉴临之。重则降之百殃，轻则损其现福，吾何可以不惧。不唯是也，闲居之地，指视昭然，吾虽掩之甚密，文之甚巧，而肺肝早露，终难自欺，被人觑破，不值一文矣，乌得不懔懔。不唯是也，一息尚存，弥天之恶，犹可悔改。古人有一生作恶，临死悔悟，发一善念，遂得善终者。谓一念猛厉，足以涤百年之恶也。譬如千年幽谷，一灯才照，则千年之暗俱除。故过不论久近，唯以改为贵。但尘世无常，肉身易殒，一息不属，欲改无由矣。明则千百年担负恶名，虽孝子慈孙，不能洗涤；幽则千百劫沉沦狱报，虽圣贤佛菩萨，不能援引，乌得不畏。

"第三须发勇心。人不改过，多是因循退缩。吾须奋然振作，不用迟疑，不烦等待，小者如芒刺在肉，速与抉剔；大者如毒蛇啮指，速与斩除，无丝毫凝滞。此风雷之所以为益也。

"具是三心，则有过斯改。如春冰遇日，何患不消乎。"

"然人之过，有从事上改者，有从理上改者，有从心上改者。工夫不同，效验亦异。"

"如前日杀生，今戒不杀。前日怒詈，今戒不怒。此就其事而改之者也。强制于外，其难百倍。且病根终在，东灭西生，非究竟廓然之道也。"

"善改过者，未禁其事，先明其理。如过在杀生，即思曰：上帝好生，物皆恋命，杀彼养己，岂能自安。且彼之杀也，既受屠割，复入鼎镬，种种痛苦，彻入骨髓。己之养也，珍膏罗列，食过即空，疏食菜羹，尽可充腹，何必戕彼之生，损己之福哉。又思血气之属，皆含灵知，既有灵知，皆我一体。纵不能躬修至德，使之尊我亲我，岂可日戕物命，使之仇我憾我于无穷也。一思及此，将有对食伤心，不能下咽者矣。如前日好怒，必思曰：人有不及，情所宜矜。悖理相干，于我何与，本无可怒者。又思天下无自是之豪杰，亦无尤人之学问，行有不得，皆己之德未修，感未至也。吾悉以自反，则谤毁之来，皆磨炼玉成之地，我将欢然受赐，何怒之有。又闻谤而不怒，虽谗焰熏天，如举火焚空，终将自息。闻谤而怒，虽巧心力辩，如春蚕作茧，自取缠绵。怒不唯无益，且有害也。其余种种过恶，皆当据理思之。此理既明，过将自止。"

"何谓从心而改。过有千端，唯心所造。吾心不动，过安从生。学者于好色、好名、好货、好怒，种种诸过，不必逐类寻求，但当一心为善。正念现前，邪念自然污染不上。如太阳当空，魍魉潜消。此精一之真传也。过由心造，亦由心改。如斩毒树，直断其根。奚必枝枝而伐，叶叶而摘哉。大抵最上治心，当下清净。才动即觉，觉之即无。苟未能然，须明理以遣之。又未能然，须随事以禁之。以上事而兼行下功，未为失策。执下而昧上，则拙矣。顾发愿改过，明须良朋提醒；幽须鬼神证明。一心忏悔，昼夜不懈。经一七、二七，以至一月、二月、三月，必有效验。或觉心神恬旷；或觉智慧顿开；或处冗沓而触念皆通；或遇怨仇而回瞋作喜；或梦吐黑物；或梦往圣先贤，提携接引；或梦飞步太虚；或梦幢幡宝盖，种种胜事，皆过消罪灭之象也。"

"然不得执此自高，画而不进。昔蘧伯玉当二十岁时，已觉前日之非而尽改之矣；至二十一岁，乃知前之所改未尽也，及二十二岁，回视二十一岁，犹在梦中。岁复一岁，递递改之，行年五十，而犹知四十九年之非，古人改过之学如此。"

"吾辈身为凡流，过恶猬集，而回思往事，常若不见其有过者，心粗而眼翳也。然人之过恶深重者，亦有效验。或心神昏塞，转头即忘，或无事而常烦恼，或见君子而赧然消沮，或闻正论而不乐，或施惠而人反怨，或夜梦颠倒，甚则妄言失志，皆作孽之相也。苟一类此，即须奋发，舍旧图新，幸勿自误。"（《了凡四训》）"

忏悔之法，则江谦所言最简。如："千年暗室，一炬能消。忏悔犹炬也，无炬则永暗矣。忏法三种：一作法忏，向佛前披陈身口意罪，誓不复作；二取相忏，于定心中，运忏悔想，如佛来摩顶，以感瑞相，期消烦恼；三无生忏，正心端坐，而观无生之理，如《法华经》云：'若欲忏悔者，端坐念实相，众罪如霜露，慧日能消除。'（著者按：本文实出《观普贤菩萨行法经》，非《法华经》也。）"（《论语点睛补注》）

第三十一章

15.31 子曰："吾尝终日不食，终夜不寝，以思，无益，不如学也。"

【译】

孔子说："我曾经整天不吃饭、整夜不睡觉，用来思考问题，没有作用，不如效法先贤。"

【释】

关于"思"与"学"，荀子说："吾尝终日而思矣，不如须臾之所学也。……君子之学也，入乎耳，著乎心，布乎四体，形乎动静。"（《荀子·劝学》）

刘向说："学之为言觉也，以觉悟所不知也。"（《白虎通义·辟雍》）由此可知此"学"之一字，当是指读先贤之书以明理，践先贤之理以会归于心，充养乎身，导引乎行。此"思"不及"学"之奥义所在也，是以"终日不食，终夜不寝，以思，无益，不如学也。"

第三十二章

15.32 子曰："君子谋道不谋食。耕也，馁在其中矣；学也，禄在其中矣。君子忧道不忧贫。"

【译】

孔子说:"君子谋求明道、证道,不谋求丰衣足食。为耕,灾荒时饥饿就伴随而来。为学,明理行道充德润身福报就伴随来。君子只愁道不能悟、身不能修、德不能成,不担心衣食不丰。"

【释】

馁 郑玄:"馁,饿也。言人虽念耕而不学,故饥饿。学则得禄,虽不耕而不馁。此劝人学。"(转引自《注疏》)

朱熹:"耕所以谋食,而未必得食。学所以谋道,而禄在其中。然其学也,忧不得乎道而已;非为忧贫之故,而欲为是以得禄也。尹氏曰:'君子治其本而不恤其末,岂以在外者为忧乐哉?'"(《集注》)

张栻:"谋道与食之心,不两存也。谋者,思虑营为之也。耕本为求饱而已,岂望馁哉?而丰荒之不齐,则馁存焉。譬之学者,本为求道而已,岂望禄哉?而上之人知而举之,则禄存焉。学者之不求禄之心,如耕者之不望馁,可也。重之曰:'君子忧道不忧贫。'唯忧道,故谋道,唯不忧贫,故不谋食。"(《论语解》)

古来注家,多本郑朱之释。而郑朱之释,又最遭近现代人诟病,认为孔子不重视体力劳动,看不起劳动人民。其实此等注释,并非孔子原意。唯张栻之释,最近原意。

盖耕者未有求馁者也,而年有丰歉,则馁自随之。学者亦当如耕者之不求馁而不求禄,而道明身修德广,则福自随之。果学者求禄则其学在功利实为人之学,非为己之道明、身修、德润之学也。是以夫子言:"君子谋道不谋食""忧道不忧贫",劝人以谋道为人生之职事,忧道为人生之用心。所以夫子陈蔡绝粮而琴弹自若,此不求食不求禄之事证也。"朝闻道,夕死可矣","君子谋道不谋食""忧道不忧贫"非人生之全部追求而何?

第三十三章

15.33 子曰:"知及之,仁不能守之,虽得之,必失之。知及之,仁能守之,不庄以莅之,则民不敬。知及之,仁能守之,庄以莅之,动之不以礼,未善也。"

【译】

孔子说:"靠智慧得到的,不能用仁心护持,即使得到了,也一定会失去。靠智慧得到的,能用仁心护持,但不能端肃庄敬地对待它,人们也不会敬重你。靠智慧得到的，能用仁心护持，能端肃庄敬地对待它，言行举止不能如礼如仪，那也是不够完美的。"

【释】

庄以莅之 据《为政》："临之以庄则敬。"当是指临人临事端肃敬慎。

之 此章十一个"之"字，除最后一个"之"字外，其余都是代词。但代指者何，则众各一辞。兹举二例：

包咸："知能及治其官，而仁不能守，虽得之，必失之，不严以临之，则民不敬从其上。"（《集解》）

朱熹："知足以知此理，而私欲间之，则无以有之于身矣……知此理而无私欲以间之，则所知在我而不失矣。"（《集注》）

我未直接译出此"之"字，而"之"之意在其中矣。见仁见智，各自领会。

本章邢昺说："此章论居官临民之法也'子曰……'者，得位由知，守位在仁。若人知能及治其官，而仁不能守，虽得禄位，必将失之。'知及之……民不敬'者，庄，严也。莅，临也。言虽知及其官，仁能守位，不严以临之，则民不敬从其上。'知及之……未善也'者，言动必以礼然后善。李充云：'夫知及以得，其失也荡；仁守以静，其失也宽；庄莅以威，其失也猛，故必须礼然后和之。以礼制知，则精而不荡；以礼辅仁，则温而不宽；以礼御庄，则威而不猛，故安上治民，莫善于礼。'颜特进云：'知以通其变，仁以安其性，庄以安其慢，礼以安其情，化民之善，必备此四者。'"（《注疏》）

张栻说："知及乎此，而仁不能守此，则未能保持于己也。仁能守之，则在己者实矣。又须庄以莅之，而后内外相成而弊。而又欲动之以礼，然后为尽善。动之以礼者，以教民风动之也。此虽统言为政之道，至此而后善。然所以成己，亦一而已。"（《论语解》）

释蕅益说："知及、仁守，是明明德。庄以莅之，是亲民。动之以礼，是止至善。不能庄莅动礼，便是仁守不全。不能仁守，便是知之未及，思之思之。如来得三不护（如来之身、口、意三业，本来清净无过失，不须特加防护），方可名动之以礼，故曰修己以敬，尧舜其犹病诸。"（《论语点睛》）

张、释二氏之说，最为心哲。为政即所以成己，成己即所以启仁心、行仁道、成仁德而已矣。"智及"者，初悟天地人生之真相也；"仁守"

者，悲及万物，战兢惕励、临深履薄，即所以保任，亦即明明德之谓也。"庄莅"者，根于悲心而现金刚怒目之威猛相以教化众生，即所以起用（起用之慈悲相人人皆知，举起威猛相之用以括慈悲相之用），亦即亲民之谓也。"动之以礼"者，"从心所欲而不逾矩"，即所谓无规矩不成方圆，即止于至善之谓也。此悟道保任起用成就之次第相，然则根机大者，一成俱成，一即四四即一，此禅宗之所谓顿悟也；根机小者，次第持守，步步为营，一步一个脚印地行持，此所谓渐修也，又不得不知。

第三十四章

15.34 子曰："君子不可小知，而可大受也；小人不可大受，而可小知也。"

【译】

孔子说："君子不可以在小事上识别他，却可以授予重任；小人不能授予重任，却可以在小事上很是精明能干。"

【释】

知 高诱："知，别也。"（《吕氏春秋·注》）据此，此"知"字，当为识别、鉴别。

受 古棣等："'受'字当授讲，是'授'的假借字。这里作'授予重大任务'解，与上下文通达无碍。"（《孔子批判·下·论语译说》）

皇侃引张凭："谓之君子必有大成之量，不必能为小善也，故宜推诚阐信，虚以将受之，不可求备，责以细行之也。"（《义疏》）

邢昺："此章言君子小人道德深浅不同之事也。言君子之道深远，仰之弥高，钻之弥坚，故不可小了知也，使人餍饫而已，是可大受也。小人之道浅近易为穷竭，故不可大受，而可小了知也。"（《注疏》）

朱熹："此言观人之法，知，我知之也；受，彼所受也。盖君子于细事未必可观，而材德足以任重；小人虽器量浅狭，而未必无一长可取。"（《集注》）

人之材量器具不同，其表现形式亦不尽同，此龚自珍所谓"不拘一格降人才"也。近人大倡细节成就之说，如"细节成就卓越""细节成就未来"等，不一而足，虽然言之凿凿，亦不无道理，但尽以细节识人才，则不免失之偏颇，尽从小处着眼修身，若方向不明，道路错误，则失之大矣。本章之要，义尽于此，修身当从大处着眼，识人当从大节审观。

第三十五章

15.35 子曰:"民之于仁也,甚于水火。水火,吾见蹈而死者矣,未见蹈仁而死者也。"

【译】

孔子说:"百姓对于仁的需要,比需要水火更重要。水火,我看见过在为得到它的行进中而死亡的人,却没有见过在获取仁的行进中而死亡的人。"

【释】

蹈 杨润根:"双脚('足')像用勺子舀水('舀')一样,一次接一次地抬起又放下,因此,'蹈'很像一种快速而有节奏的舞蹈动作。在这里,'蹈'的意思是双关的和比喻性的,我们可以把它理解为一般意义上的'行进'。"(《发现论语》)

本章的解读,向来有两种不同的意见。

马融:"水火与仁皆民所仰而生者,仁最为甚。蹈水火或时杀人,仁未尝杀人。"(《集解》)

朱熹:"民之于水火,所赖以生,不可一日无,其于仁也亦然。但水火外物,而仁在己,无水火不过害人之身,而不仁则失其心,是仁有甚于水火,而尤不可以一日无者也。况水火有时而杀人,仁则未尝杀人,亦何惮而不为哉。李氏曰:'此夫子勉人为仁之语。'"(《集注》)

王弼:"民之远于仁,甚于水火,见有蹈水火者,未尝见蹈仁者也。"(转引自《注疏》)

此三释中,马、朱二氏之释水火,为民生之必需者也。王之释水火则洪水烈火之伤人性命者也。解虽不同,而意实相近。

依王氏,人之远于仁,超乎远于洪水烈火。因有在洪水烈火中求生存者,却未见以求仁为生命之职事者也。此就社会现实境况而言之,而意亦在劝人求仁,与马、朱二氏未有不同。

"民之于仁也",何以"甚于水火"?盖水火乃人维生之必需,诚不可一日所无者,而仁作为人之所以为人的内在规定,亦是不可一日所无者。借用孔子的说话方式,"人而无仁,于人何?"即作为以大写的这个人字的人而存在于世间的理由都没有了。人而无水火最坏不过一死,然则身虽死,但仍不失为以大写的人字的人的存在,而无仁,则作为大写的人字的人的存在都不可能了。此"民之于仁也，甚于水火"之所以然之故也。

第三十六章

15.36　子曰："当仁，不让于师。"

【译】

孔子说："值遇仁行，对老师的诘责也不要谦退。"

【释】

当　值遇。值遇仁时，不必屈从于师长。西方名言"吾爱吾师，吾更爱真理"即此意。

让　"诘责以辞谓之让。"（《小尔雅》）

"谦也。"（《玉篇》）

"退也。"（《类篇》）

梅膺祚："先人后己谓之让。"（明·梅膺祚《字汇》）

孔安国："当行之事，不复让于师，行仁急也。"（《集解》）

本章朱熹说："当仁，以仁为己任也。虽师亦无所逊，言当勇往而必为也。盖仁者人所自有而自为之，非有争也，何逊之有？"（《集注》）

刘宝楠说："此章是夫子示门人语。盖事师之礼，必请命而后行，独当仁则宜急行，故告以不让于师之道，恐以展转误人生死也。"（《正义》）

康有为说："礼尚辞让，独至于为仁之事，则宜以为己任，勇往当之，无所辞让。即至于师，亦不必让。师不为，则己为之，不必避长者也……虽过于师，可也。"（清·康有为《论语注》）

"让"之一行，于一己之私言，公义仁行则不让。夫子千古名言，定当铭记。

江谦说："此当与'如有周公之才之美，使骄且吝，其余不足观也已'章合看，便知不当贡高，亦不当退屈。《华严经》云：'心佛及众生，是三无差别'，故贡高与退屈二者皆非也。"（《论语点睛补注》）

孔子全部之学问，一以贯之者，中道也，谁谓不然。

又钱穆说："师之与我，虽并世而有先后，当我学成德立之时，而师或不在。疑此师字当训众。盖仁行善举，众皆当任，人各相让，则谁欤任此？故遇众所当行之事，在己尤当率先不复让。当仁不让，即是见义勇为也。"（《论语新解》）这里释"师"为众，其义亦通，并存可也。

第三十七章

15.37 子曰："君子贞而不谅。"

【译】

孔子说："君子正就不必信守诺言。"

【释】

贞、谅 许慎："信也。"(《说文》)"不谅"，就是不信。人言为信，不信就是不信守诺言。君子怎么能不信守诺言呢？所以古人就将"谅"释为"小信"。

孔安国："贞，正。谅，信也。君子之人，正其道耳，言不必小信。"(《集解》)是其例。然则"谅"无小信义，是以不能令人信服。甚则改字以通其义，如韩愈说："谅当为让字误也，上文云：'当仁不让于师'，仲尼虑弟子未晓，故复云：'正而不让'，谓仁人正直不让于师耳。孔说加一小字为小信妄就其义，失之矣。"(《论语笔解》)

其实，"言必信"与"言不必信"，是孔子思想一以贯之的，对于"学（觉）而"之人而言，信与不信，皆是义行，皆是中道之行。"言必信"，人人皆知，不再举证。"言不必信"，则如"言必信，行必果，硁硁然小人哉！"(《论语·为政》)"大人者，言不必信，行不必果，唯义所在。"(《孟子·离娄》)

君子何以能"不谅"，欲明此理，先识君子"不谅"之前提"贞"，"贞"义既明，则"不谅"之由自知。盖贞者，正也，《周易·乾》："元亨利贞"，是其例。正者，"是也"。是者，决定无非之谓也。既曰"决定无非"，必"契实相之心"可如，故知此处之"贞"即正，即"决定无非"，即"契实相契理体之真如心"。据此，孔子此理，唯千古而后之唐代禅宗六祖慧能大师，方契此理，并活用于其《法宝坛经》中。慧能大师说："人正行邪法，其法亦正，人邪行正法，其法亦邪。""欲得见真道，行正即是道。""菩提本自性，起心即是妄，净心在妄中，但正无三障。"此"贞而不谅"之所以然也，学者须用心焉。

第三十八章

15.38 子曰："事君，敬其事而后其食。"

【译】

孔子说:"侍奉君主,先恭慎地做好自己分内的职事,然后再考虑自己的俸禄。"

【释】

孔安国:"先尽力而后食禄。"(《集解》)

邢昺:"此章言其为臣事君之法也,言当先尽力敬其职事,必有勋绩而后食禄也。"(《注疏》)

李炳南:"事君,应当尽力办事,不以食禄为先。"(《论语讲要》)

当今做事之人,主流者,先利而后事,清高者,耻以言利。而孔子则既有精神之追求——"敬其事",亦有物质的要求——"后其食",此即"中道"之行,既不唯利是图,亦非不食人间烟火者,此虽为臣用心之道,然今日打工之人,亦当如是用心焉。

第三十九章

15.39 子曰:"有教无类。"

【译】

孔子说:"所有的人都应该接受教化,没有贫富、贵贱的区别。"

【释】

类 马融:"言人所在见教,无有种类。"(《集解》)

邢昺:"此章言教人之法也。类谓种类,言人所在见教,无有贵贱种类也。"(《注疏》)

朱熹:"人性皆善,而其类有善恶之殊者,气习之染也。故君子有教,则人皆可以复于善,而不当复论其类之恶矣。"(《集注》)

类,马融说是"种类",未明何种种类,近人有释为族类者。邢昺释"类"为贵贱,朱熹释"类"为善恶,皆是。

本章释蕅益大师说:"有教无类"是"佛菩萨之心也。若使有类,便无教矣。"(《论语点睛》)可谓确估。

江谦说:"列子《冲虚经》言:'太古神圣之人备知万物情态,悉解异类音声,会而聚之,训而受之,同于人民。故先会鬼神魑魅,次达八方人民,末聚禽兽虫蛾。言血气之类,心智不殊远也,神圣知其如此。故其所教训者,无所遗逸焉。'列子所谓太古神圣者,非三界大师四生慈父之大觉世尊乎。"(《论语点睛补注》)

第四十章

15.40 子曰:"道不同,不相为谋。"

【译】

孔子说:"价值观不相同,没有必要互相商议。"

【释】

道 "道"字,似指治道,回应首章。

不同 张栻:"君子以义,小人以利。义利之所趋不同,乌能相为谋乎?"(《论语解》)

朱熹:"不同,如善恶邪正之异。"(《集注》)

义利善恶皆不同也,然则,亦可谓与首章回应。首章卫灵公向孔子"问陈",孔子答曰:"俎豆之事,则尝闻之矣;军旅之事,未之学也。"明日遂行。能言非"道不同,不相为谋"之典型乎?

第四十一章

15.41 子曰:"辞达而已矣。"

【译】

孔子说:"言辞只要能够顺畅表达自己内心中的意思就行了。"

【释】

孔安国:"凡事莫过于实,辞达则足矣,不烦文艳之辞。"(《集解》)

朱熹:"辞取达意而止,不以富丽为工。"(《集注》)

本章乃孔子教人用辞之法,其反对"巧言令色",反对矫言伪行真可谓尽在其中矣。

第四十二章

15.42 师冕见,及阶,子曰:"阶也。"及席,子曰:"席也。"皆坐,子告之曰:"某在斯,某在斯。"师冕出。子张问曰:"与师言之道与?"子曰:"然。固相师之道也。"

【译】

师冕来见孔子,走到门前台阶边,孔子便对师冕说:"这是台阶。"走到坐席旁,孔子便对师冕说:"这是坐席。"等大家都坐好了,孔子便向师冕介绍说:"某某坐在这儿,某某坐在那儿。"送师冕出了大门后,子张向孔子问道:"这是接待盲人乐师的礼节吗?"孔子说:"是的。本来就是导引盲人乐师的礼节。"

【释】

师冕 孔安国:"师,乐人,盲者,名冕。"(《集解》)

某在斯 孔安国:"历告以坐中人姓字所在处。"(《集解》)

相 马融:"相,导也。"(《集解》)

郑玄:"相,扶也。"(《论语郑注》)

本章朱熹说:"圣门学者,于夫子之一言一动,无不存心省察如此。相,助也。古者瞽必有相,其道如此。盖圣人于此,非作意而为之,但尽其道而已。尹氏曰:'圣人处己为人,其心一致,无不尽其诚故也。有志于学者,求圣人之心,于斯亦可见矣。'范氏曰:'圣人不侮鳏寡,不虐无告,可见于此。推之天下,无一物不得其所矣。'"(《集注》)

夫子之用心,于斯可见。师冕盲,夫子相之。盖盲者,不见阶、不见席、不知坐者何等人,故夫子告之,令师冕知晓。此虽本平常,但夫子谦敬自牧、礼贤下士、仁爱慈悲之心于斯可以概见。

季氏第十六

第一章

16.1 季氏将伐颛臾。冉有、季路见于孔子曰:"季氏将有事于颛臾。"

孔子曰:"求,无乃尔是过与?夫颛臾,昔者先王以为东蒙主,且在邦域之中矣,是社稷之臣也。何以伐为?"

冉有曰:"夫子欲之,吾二臣者皆不欲也。"

孔子曰:"求,周任有言曰:'陈力就列,不能者止。'危而不持,颠而不扶,则将焉用彼相矣?且尔言过矣,虎兕出于柙,龟玉毁于椟中,是谁之过与?"

冉有曰:"今夫颛臾,固而近于费。今不取,后世必为子孙忧。"

孔子曰:"求,君子疾夫舍曰欲之而必为之辞。丘也闻,有国有家者,不患寡而患不均,不患贫而患不安。盖均无贫,和无寡,安无倾。夫如是,故远人不服,则修文德以来之。既来之,则安之。今由与求也,相夫子,远人不服,而不能来也;邦分崩离析,而不能守也;而谋动干戈于邦内。吾恐季氏之忧,不在颛臾,而在萧墙之内也。"

【译】

季康子将要攻打颛臾。冉有、子路去拜见孔子,说道:"季氏将要对颛臾动武力。"

孔子说:"冉求,这难道不是你的过错吗?先王封颛群臾主持东蒙山的祭祀,而且颛臾又在鲁国的疆界之内,早已是鲁国的社稷之臣,为什么要攻打它呢?"

冉有说:"季康子要攻打它,我们两个做臣子的都不愿意啊。"

孔子说:"冉求,周任有一句名言:'衡量自己的能力就任职位,若是不能胜任,就应当辞职。'遇到恐惧而不安慰,将要摔倒而不扶持,那何必要你们做帮手呢?而且你说的话也是错误的。老虎、犀牛跑出槛来,宝龟、美玉毁坏在匣子里，这是谁的过错呢？"

冉有说："颛臾的城墙坚固、后备充足，而且靠近季氏的封地费邑。现在不去占领它，必定为后世子孙留下忧患。"

孔子说："冉求，君子憎恶这种态度：不说贪图颛臾的土地，而换种似乎合理的辞令。我孔丘听说过：'一个国家的君主、一个家族的大夫，忧愁的不是贫困而是土地分配不均匀，忧愁的不是人少而是国与家族不安定。因为土地平均便无所谓贫困，和睦团结便无所谓人少，境内安定，家、国便不会灭亡。'正因为这样，所以边远地区的人不肯归服，就修仁德感召他们。既然把他们招来了，就把他们安顿好。现在仲由与冉求辅助季康子，边远地区的人不肯归服而不能招来他们，邦国的人们因畏惧而不愿聚集在一起，欲离邦国，就不去守护他们不逃离，反而谋划在疆域内使用武力。（人们岂有不更加畏惧而欲逃离邦国的吗？）我恐怕季氏的忧患不是来自颛臾，而是来自他的家门之内啊！"

【释】

不患寡而患不均，不患贫而患不安 据《春秋繁露》引本章条文"孔子曰：'不患贫而患不均'。"（《春秋繁露·度制第二十七》）改本条文为"不患贫而患不均，不患寡而患不安"。

季氏 朱熹："按《左传》《史记》，二子（按：子路与冉有）仕季氏不同时。此云尔者，疑子路尝从孔子自卫反鲁，再仕季氏（按：此季氏，指季康子），不久而复之卫也。"（《集注》）子路仕季康子史无明文，冉有仕季康子则在鲁哀公二年，时季桓子卒，季康子代立。又十一年，子率众弟子回鲁。子路当在此时随子回鲁，先仕季康子后方返卫。

有事 左丘明："国之大事，唯祀与戎。"（《左传·成公三年》）从后文，此处"有事"实指"戎"。不曰划不曰攻，而曰"有事"，则冉有支持季康子可知。此夫子引古人之良言批评冉有之由也。

颛臾 孔安国："颛臾，伏羲之后，风姓之国，本鲁之附庸，当时臣属鲁。季氏贪其土地，欲灭而取之。冉有与季路为季氏臣，来告孔子。"（《集解》）颛臾是小国国名，今山东省费县西北有颛臾村，当即此地。

尔是过与 孔安国："冉求为季氏宰，相其室，为之聚敛，故孔子独疑求教之。"（《集解》）

东蒙主 孔安国："使主祭蒙山。"（《集解》）

邦域之中 孔安国："鲁七百里之封，颛臾为附庸，在其域中。"

(《集解》)

是社稷之臣也 孔安国:"已属鲁,为社稷之臣,何用灭之为?"(《集解》)

周任 马融:"周任,古之良史。言当陈其才力,度己所任,以就其位,不能则当止。"(《集解》)

虎兕出于柙,龟玉毁于椟中 马融:"柙,槛也。椟,匮也。失虎毁玉,岂非典守之过邪?"(《集解》)

固而近于费 马融:"固,谓城郭完坚,兵甲利也。费,季氏邑。"(《集解》)

舍曰欲之,而必为之辞 孔融:"舍其贪利之说,而更作他辞,是所疾也。"(《集解》)

不患寡而患不均 孔安国:"国,诸侯。家,卿大夫。不患土地人民之寡少,患政理之不均平。"(《集解》)

不患贫而患不安 孔安国:"忧不能安民耳。民安则国富。"(《集解》)

均无贫,和无寡,安无倾 包咸:"政教均平,则不贫矣。上下和同,不患寡矣。大小安宁,不倾危矣。"(《集解》)

刘宝楠:"言既均平,则上下和协,民皆思归也。民思归来,则不寡。"(《正义》)

分崩离析 孔安国:"民有畏心曰分,欲去曰崩,不可会聚曰离析。"(《集解》)

萧墙之内 郑玄:"萧之言肃也。墙,谓屏也。君臣相见之礼,至屏而加肃敬焉,是以谓之萧墙。后季氏家臣阳虎果囚季桓子。"(《集解》)萧墙,即大门内、大庭前之影壁。"萧墙之内"即家门之内。"祸起萧墙"即源出于此。

本章季氏将伐域内小国时,冉有、子路为季氏家臣,故夫子据理直言,不可伐颛臾。冉有假言非己意,实季氏之意,夫子察之。是以借古良史之名言,据理力陈不可伐之所以然,逼出冉有真实意图。而后夫子批评冉有,并预言季氏如此不义,将祸起萧墙,多行不义必自败,此之谓也。

第二章

16.2 孔子曰:"天下有道,则礼乐征伐自天子出;天下无道,则礼乐征伐自诸侯出。自诸侯出，盖十世希不失矣；自大夫出，五世希不失矣；陪臣执国命，三世希不失矣。天下有道，则政不在大夫。则天下有道，则庶人不议。"

【译】

孔子说："天下有道，制作礼乐，用兵征伐都出自天子；天下无道，制作礼乐，用兵征伐都出自诸侯。出自诸侯，大概传到十代，没有不消失的了；出自大夫，传到五代，没有不消失的了；大夫的家臣把持国家政权，传到三代，没有不消失的了。天下有道，国家政权不会掌握在大夫的手里。天下有道，老百姓不会议论政治。"

【释】

自诸侯出，盖十世希不失矣 孔安国："希，少也。周幽王为犬戎所杀，平王东迁，周始微弱。诸侯自作礼乐，专行征伐，始于隐公。至昭公十世失政，死于乾侯矣。"（《集解》）

自大夫出，五世希不失矣 孔安国："季文子初得政，至桓子五世，为家臣阳虎所囚。"（《集解》）

陪臣执国命，三世希不失矣 马融："陪，重也，谓家臣。阳虎为季氏家臣，至虎三世而出奔齐。"（《集解》）

上一章即"礼乐征伐自诸侯出"，是以恐其"祸起萧墙之内"也；本章则据春秋史实，言"礼乐征伐自诸侯出""自大夫出""陪臣执国命"之愈演愈下之运势，以警世人：安分守己，以杜"祸起萧墙"。

第三章

16.3 孔子曰："禄之去公室五世矣，政逮于大夫四世矣，故夫三桓之子孙微矣。"

【译】

孔子说："鲁公实际上失掉政权已经五代了，政权实际上到了大夫手里已经四代了，所以桓公的三房子孙也就要衰败了。"

【释】

本章朱熹说："鲁自文公薨，公子遂杀子赤，立宣公，而君失其政。历成、襄、昭、定，凡五公。逮，及也。自季武子始专国政，历悼、平、桓子，凡四世，而为家臣阳虎所执。三桓，三家，皆桓公之后。此以前章之说推之，而知其当然也。此章专论鲁事，疑与前章皆定公时语。苏氏曰：'礼乐征伐自诸侯出，宜诸侯之强也，而鲁以失政。政逮于大夫，宜大夫之强也，而三桓以微。何也？强生于安，安生于上下之分定。今诸侯大夫皆陵其上，则无以令其下矣。故皆不久而失之也。'"（《集注》）

自凌上，欲下人不凌而敬之，有是理乎？敬人者，人恒敬之；欺人者，人恒欺之；此理之必然者也。

第四章

16.4 孔子曰："益者三友，损者三友。友直，友谅，友多闻，益矣。友便辟，友善柔，有便佞，损矣。"

【译】

孔子说："有益的朋友有三种，有害的朋友也有三种。正直的朋友、诚信的朋友、见闻广博的朋友，是有益的朋友；善于伪装而不正直的朋友、善于奉承而不诚信的朋友、善于狡辩而见闻又不广的朋友，是有害的朋友。"

【释】

便辟 马融："便辟，巧辟人之所忌，以求容媚。"（《集解》）

朱熹："便辟，谓习于威仪而不直。"（《集注》）

善柔 马融："面柔也。"（《集解》）

朱熹："善柔，谓工于媚悦而不谅。"（《集注》）

便佞 郑玄："便，辩也，谓佞而辨。"（《集解》）

朱熹："便佞，谓习于口语，而无闻见之实。"（《集注》）

本章江谦说："多闻难；谅，更难；直，尤难中之难。如此益友，幸勿交臂失之。便辟，非直也；善柔，非谅也；便佞，非多闻也。便辟，似直而非中道；善柔，似谅而非至诚；便佞，似多闻而非正知正见。如此损友，切勿误认。"（《论语点睛补注》）

张栻说："友者，所以辅成己德也。直者，有过必闻；谅者，忠信相与；多闻者，知识可广。是三者友之，则使人常怀进德而不敢自足，得不日益乎？'便辟''便佞'，谓便于辟与佞者；'善柔'，谓善于柔者。辟则容止足恭，柔则每事卑屈，佞则巧言为悦。是三者友之，则使人日趋于骄惰焉，得不日损乎？自天子至于庶人，皆当谨乎此也。"（《论语解》）

益友辅成己德，损友长己骄奢。友之为义大矣哉，能无谨乎？

第五章

16.5 孔子曰："益者三乐，损者三乐。乐节礼乐，乐道人之善，乐多贤友，益矣。乐骄乐，乐佚游，乐宴乐，损矣。"

【译】

孔子说："有益的喜好有三种，有害的喜好也有三种。好用礼节制自己，好赞叹别人的优点，好品行贤良的朋友，是有益的喜好。喜好骄矜，喜好游逛，喜好安闲，这是有害的喜好。"

【释】

益者三乐，损者三乐 乐节、乐道，乐多贤友，益矣。乐骄，乐佚游，乐宴，损也。"乐"字，读邀，有喜好爱好愿欲之意；礼乐之"乐"，读岳，如音乐；骄乐、宴乐之"乐"，读"洛"，如快乐。

朱熹："乐，五教反。礼乐之乐，音岳。骄乐宴乐之乐，音洛。"（《集注》）

节礼乐 何晏："动得于礼乐之节。"（《集解》）

骄乐 孔安国："恃尊贵以自恣。"（《集解》）

佚游 王肃："出入不节。佚，放也，本亦作逸。"（《集解》）

宴乐 孔安国："沉荒淫渎。"（《集解》）

刘宝楠："《说文》云：'宴，安也。'饮食以安体，故亦曰宴。"（《正义》）

本章张栻说："'乐节礼乐'，则足以养中和之德；'乐道人之善'，则足以扩公恕之心；'乐多贤友'，则足赖辅成之功。是乌得不益乎？'乐骄乐'，则长傲，'乐佚游'，则志荒，'乐宴乐'，则志溺。乌得不损乎？损益之原，存乎敬肆而已。'骄乐'，以骄矜为乐也；'宴乐'，以宴安为乐也。"（《论语解》）

我们的喜好，是我们养成的习气。不同的喜好，将对我们的身心产生不同的影响，有好的影响，也有不好的影响。孔子将好的影响和不好的影响进行了总结，希望我们养成有益于身心修养的好习惯，革除有害于身心修养的不良习气。今日之所谓"习惯成就人生"之说，即从本章而来。

第六章

16.6 孔子曰："侍于君子有三愆：言未及之而言谓之躁，言及之而不言谓之隐，未见颜色而言谓之瞽。"

【译】

孔子说:"侍奉在君子旁边说话时,有三种过失应注意避免:话没到你该说的时候就说话是急躁,已经到你该说话的时候你却不说叫隐瞒,不注意对方的反应而贸然说话是盲目。"

【释】

本章张栻说:"言而当其可,非养之有素者,不能然也。不然,鲜不蹈此三愆者矣。言未及而言,欲言之意先之也,故谓之躁。言及之而不言,当言之理不发也,故谓之隐。未见颜色之相接也,而遽发言,是又甚于躁者,冥行而已,故谓之瞽。察颜而观色,所以为达也与?"(《论语解》)

"躁"为太过,"隐"为不及,"瞽"为无知。皆不是中道。此虽言侍奉君子,而实乃说话之艺术也,通于一切人。"躁"者,多为逞能之辈,傲慢之徒;"隐"者,非别有所图之辈,即卑怯之流;"瞽"者,多是盲目自是之徒,不通人情世故之辈。欲克此蔽,当读书明理,修身养性,理既明而觉又敏,则三蔽自无也。

第七章

16.7 孔子曰:"君子有三戒:少之时,血气未定,戒之在色;及其壮也,血气方刚,戒之在斗;及其老也,血气既衰,戒之在得。"

【译】

孔子说:"君子的一生要防止三种过错:青少年的时候,血气还没有完全成熟,要防止迷恋女色;到了壮年的时候,血气旺盛,要防止争强斗胜;到了老年的时候,血气已经衰弱,要防止产生享受成就的惰性心理。"

【释】

少　邢昺:"少,谓人年二十九以下,血气犹弱,筋骨未定,贪色则自损,故戒之。"(《注疏》)

壮　邢昺:"壮,谓气力方当刚强,喜于争斗,故戒之。"(《注疏》)

老　邢昺:"老,谓五十以上。得,谓贪得。血气既衰,多好聚敛,故戒之。"(《注疏》)

本章朱熹说:"血气,形之所待以生者,血阴而气阳也。得,贪得也。随时知戒,以理胜之,则不为血气所使也。范氏曰:'圣人同于人者,血气也;异于人者,志气也。血气有时而衰,志气则无时而衰也。少未定、壮而刚、老而衰者,血气也。戒于色、戒于斗、戒于得者,志气也。君子

养其志气，故不为血气所动，是以年弥高而德弥邵也。'"(《集注》)

少之时，壮之时，老之时，人生之不同生理阶段，孔子以其丰富的人生经验，发现生理影响心理之力甚大，若不着意警觉，不加防范，任其气性之牵引，则气质之性日隆而性理之天日暗矣。儒门之教人，据此不同之生理阶段，而施以不同之教育，转气性为理性，此儒门之教育之特性者也，不得不知。今日之教育，据西方生理学立基，与儒门据气性立基，转气性为理性，相去不知几千万倍。今日之研究教育学者，当以儒门之教育生理学为基，而创建具中国文化特色、符合人生不同阶段之教育生理学，并据此而构建教育新体系，则国家之幸，子孙之幸，亦人类之幸也，此余所引颈而盼望焉。

第八章

16.8 孔子曰："君子有三畏：畏天命，畏大人，畏圣人之言。小人不知天命而不畏也，狎大人，侮圣人之言。"

【译】

孔子说："君子有三种敬畏：敬畏天命，敬畏圣人，敬畏圣人之言。小人因不识天命而不知敬畏，轻慢德行高洁的人，轻侮圣人的言教。"

【释】

畏 刑昺："心服曰畏。"(《注疏》)

天命 刑昺："'畏天命'者，谓作善，降之百祥；作不善，降之百殃。顺吉逆凶，天之命也。……《虞书·大禹谟》云：'惠迪吉，从逆凶，唯影响。'孔安国云：'顺道吉，从逆凶，吉凶之报，若影之随形，响之应声，言不虚。'道即天命也，天命无不报，故可畏之。"(《注疏》)

大人 孔子："夫大人者：与天地合其德；与日月合其明；与四时合其序；与鬼神合其吉凶。先天而天弗违；后天而奉天时。天且弗违？而况于人乎？况于鬼神乎？"(《易传·文言传》)

何晏："大人，即圣人，与天地合其德。"(《集解》)

圣人之言 何晏："深远不可易知测，圣人之言也。"(《集解》)

狎大人 何晏："直而不肆，故狎之。"(《集解》)

朱熹引尹氏说："三畏者，修己之诚当然也。小人不务修身诚己，则何畏之有？"(《集注》)

人当有所敬畏，本章三畏，乃敬畏之目也。究其实，则敬畏来自信仰，儒家之信仰在天道或曰天命。大人，明天道者也，圣人之言，言天道者也，故当畏之。若人无所畏，则作奸犯科，杀父杀母，无恶不敢为之也。君子敬畏，小人轻慢，此君子小人之分际，亦修身诚己之要目也。

第九章

16.9 孔子曰："生而知之者上也；学而知之者次也；困而学之，又其次也；困而不学，民斯为下矣。"

【译】

孔子说："生来就知要修身明道的人，是上等的资质；经过修学才觉知要修身明道的人，是次一等的资质；遇到困难才觉悟要修身明道的人，是又次一等的资质；遇到困难还不能觉悟要修身明道的人，人数众多，是属于下等资质的人了啊。"

【释】

知之者 "知"，指觉知，非指知识。"之"，代词，代指觉知当如何如何。"者"，特指代词，代觉知要如何如何的人。

民 "民谓众庶。"（《康熙字典》）民，即人数众多之谓。

刘宝楠说："上、次、又次，皆言人资质之殊。"（《正义》）据此，则本章之上、次、又次、下，实就资质而言。人之禀赋不同，资质有异，故有上、次、又次、下等资质之别，此大而言之。若细分，则人之资质，千差万别，实可分而无可分者也。有人禀赋奇佳，自幼即知要修身明道；有人必通过学习圣贤经典，而始知要修身明道者；而更多的人则是人生路上，遇到挫折，反思人生现象而始明白要修身明道为本者；而更众者，则虽遇挫折，而亦不知人生以修身明道为本者。此乃实相，事实本来如此。

以现代学理衡之，亦为定然不移之事实。盖人生之需要，首在温饱，其次则安全，再次则艺术，又再次则宗教。宗教即子思所谓"至天子以至于庶人，壹是皆以修身为本"（《中庸》）者也。

孔子少也贱，温饱是求，是以以孔子之圣，亦无非"学而知之"者，"我非生而知之，好古，敏以求之者也。"（《述而》）即是明证。

本章讲根机，说因缘，言孔子鄙视劳苦大众者，实千古之奇冤，厚污孔子者也，非居心不良，即真无知。

第十章

16.10 孔子曰："君子有九思：视思明，听思聪，色思温，貌思恭，言思忠，事思敬，疑思问，忿思难，见得思义。"

【译】

孔子说："君子有九种注意用心的地方：观察事物要用心于事物背后的真相；闻听言语时要用心于背后的深义；与人交往要用心于态度的温和；与长者、德者接触要用心于恭敬；说话要用心于诚实；做事要用心于严谨；遇到疑难问题要用心于不耻下问；遇到令人愤怒的事要用心于愤怒的后果；遇到有利可得要先用心于是否符合义。"

【释】

视思明 邢昺："目睹为视，见微为明，言君子睹视当思见微。"（《注疏》）

"微"，许慎："隐行也"。（《说文》）隐，即事物背后的真相。

听思聪 "聪"，许慎："察也。"（《说文》）

"闻也，明也，通也。"（《广韵》）

司马迁："反听之谓聪，内视之谓明。"（《史记·商君列传》）

管仲："闻审谓之聪。"（《管子·宙合篇》）据此，"听思聪"，可理解为听言语时当用心审察通达语言背后的深意。

疑思问 邢昺："已有疑事，不使在躬，当思问以辨之也。"（《注疏》）这里的意思也就是不耻下问，弄明白为止，不得含混。

忿思难 邢昺："谓人以非理忤己，己必忿怒。心虽忿怒，不可轻易，当思其后得无患难乎？若一朝之忿，忘其身以及其亲，是不思难者也。"（《注疏》）一念嗔心起，百万障门开，能无慎乎！

见得思义 邢昺："言若有所得，当思义然后取，不可苟也。"（《注疏》）

本章朱熹引程子说："'九思各专其一。'谢氏曰：'未至于从容中道，无时而不自省察也。虽有不存焉者寡矣，此之谓思诚。'"（《集注》）

张栻说："'九思'，当乎此则思乎，天理之所由扩，而人欲之所以遏也。然而是九者，要当养之于未发之前，而持之于既发之后。不然，但欲察之于流而收之于暂，则多见其纷扰而无力矣。杨氏曰：'德以思成，以忿欲而败，故九思始于视、听、貌、言，而终于忿与见得。'"（《论语解》）

刘宝楠说："《孟子》云：'心之官则思，思则得之，不思则不得也。'君子严于所思，而约之有此九端。盖凡言行，莫能外是矣。"（《正义》）

用心于"修身"者，多不知如何下手，子之"九思"，实修行人成始成终之妙行，不可不知也。盖浅之可以纯洁身心，深之可以悟证中道，成就圣贤人格，完成人生使命，迈向生命圆满。

第十一章

16.11 孔子曰："见善如不及，见不善如探汤，吾见其人矣，吾闻其语矣；隐居以求其志，行义以达其道，吾闻其语矣，未见其人也。"

【译】

孔子说："看到善人唯恐自己赶不上，看到不善的事，就像手碰到沸水要赶快离开沸水一样地远离不善的事，我见到过这样的人，我也听说过这样的话；避世隐居以求成全自己的志向，行义以求达到自己所追求的仁道，我听到过这样的话，却没有见到过这样的人。"

【释】

探汤 邢昺："人之探试热汤，其去之必速，以喻见恶事去之疾也。"（《注疏》）

行义以达其道 邢昺："谓好行义事，以达其仁道也。"（《注疏》）

闻其语矣，未见其人也 邢昺："言但闻其语，说古有此行之人也，今则无有，故未见其人也。"（《注疏》）

积极为善而远离不善，此儒生之操守，人人得而行之，是以孔子既能看得到这样行的人，也能听得到说这种话的人。但只求全己志向成就圣道的人，则古时有之，是以能得听闻；而世风日下，此等高人未之见也。可见"隐居以求其志，行义以达其道"者，何其可贵也，取法乎上，仅得其中，志于修身者，不得不如是发心。

第十二章

16.12 （子曰）："齐景公有马千驷，死之日，民无德而称焉。伯夷、叔齐饿于首阳之下，民到于今称之。（'诚不以富，亦只以异'），其斯之谓与？"

【译】

（孔子说）："齐景公有马四千匹，死的时候，民众觉得他没有什么仁德值得称颂；伯夷、叔齐不肯食父死不葬而以臣伐君的周成王王朝的粮食而饿死在首阳山之下，到现在虽已过去几百年了，民众却仍在称颂他。《诗经》上说：'人确实不是凭借他的富贵，而只在于他是否有高尚的品德。'那大概说的是伯夷、叔齐这样的人吧！"

【释】

朱熹:"胡氏曰:'程子以为第十二篇错简'诚不以富,亦只以异',当在此章之首。今详文势,似当在此句之上。言人之所称,不在于富,而在于异也。'愚谓此说近是,而章首当有孔子曰字,盖阙文耳。"(《集注》)吾依朱熹,此章首加"子曰"二字,"其斯之谓与"前加"诚不以富,亦只以异"。

千驷 孔安国:"千驷,四千匹。"(《集解》)

首阳 马融:"首阳山在河东蒲坂县华山之北,河曲之中。"(《集解》)

民到于今称之 王肃:"此所谓以德为称。"(《集解》)

本章当是孔子晚年的感叹,但亦非无谓之叹,实富贵不能长久,唯德能长久之叹。诚如古人所谓:积钱财留给子孙,子孙未必能守;积善书留给子孙,子孙未必能读;唯有积阴德以保子孙长久,香烟不替,此之谓也。

第十三章

16.13 陈亢问于伯鱼曰:"子亦有异闻乎?"对曰:"未也。尝独立,鲤趋而过庭。曰:'学诗乎?'对曰:'未也。''不学诗,无以言。'鲤退而学诗。他日,又独立,鲤趋而过庭。曰:'学礼乎?'对曰:'不学礼,无以立。'鲤退而学礼。闻斯二者。"

陈亢退而喜曰:"问一得三,闻诗、闻礼,又闻君子之远其子也。"

【译】

陈亢向伯鱼问道:"您在先生那里得到过先生的特殊教导吗?"伯鱼恭敬地回答说:"没有受到过特别的教诲。有一次父亲一个人站在院子里,我快步从他面前走过。父亲说:'你学过《诗》吗?'我恭敬地回答说:'没有。'父亲说:'没有学《诗》,不能把话讲得好听。'我听到父亲的教诲,就退回自己的房子,学习《诗》。又有一天,也是父亲一个人站在院子里,我快步从他面前走过。父亲说:'你学《礼》了吗?'我恭敬地回答说:'没有。'父亲说:'不学《礼》,不能在社会上立足。'我听到父亲的教诲,就退回自己的房子,学习《礼》。我听到父亲单独对我的教诲就只有这两次。"

陈亢退回到自己的家里非常高兴,说:"我问一件事,知道了三件事的道理:知道了必须学《诗》的道理;知道了必须学《礼》的道理;知道了圣人勉励自己的儿子的方法。"

【释】

子亦有异闻 朱熹："亢以私意窥圣人，疑必阴厚其子。"(《集注》)此诚所谓以小人之心度君子之腹者也。

远其子 古棣等："皇侃、邢昺'疏远'说出来后，历代注家相沿转述，只有北宋司马光持不同的说法。他在《家范》一书中引述了本章文字后说：'远者，非疏远之谓也，谓其进见有时，接遇有礼，不朝夕嘻嘻相亵狎也。'司马光虽指出了'远''非疏远之谓'，但'远'字究竟是什么意思呢？仍未说清楚。'进见有时''接遇有礼'，不早晚在一起嬉嬉玩耍，为什么用'远'字来表示呢？为什么这一表示又不是疏远之意呢？还是得不到合理的解释。经反复考虑，我们认为这个'远其子也'的'远'字实是'勉'的假借（上古'远''勉'皆入元部，自可通假），'又闻远其子也'即'又知道了夫子是怎样勉励他的儿子的'。这样于似可通，但未知确否？是否'远'字有更确当的解释？姑待智者。"(《孔子批判·下·论语译说》)

本章夫子之平等待人、平等待一切众生，跃然纸上。

第十四章

16.14 邦君之妻，君称之曰夫人，夫人自称曰小童；邦人称之曰君夫人，称诸异邦曰寡小君；异邦人称之亦曰君夫人。

【译】

（孔子说）："国君的妻子，国君称她为夫人；夫人自称为小童；本国的人称她为君夫人；同别的诸侯国君谈话时则自称为寡小君；别的诸侯国也称她为君夫人。"

【释】

孔安国："小君，君夫人之称。对异邦谦，故曰寡小君。当此之时，诸侯嫡妾不正，称号不审，故孔子正言其礼也。"(《集解》)

本章张栻说："此正名之意也。其名虽是，而可乱其实乎？春秋之时，以妾母为夫人者，多矣。其甚则以妾为夫人，如鲁惠、晋平之为者。又其甚，则有若鲁昭之娶同姓者。其实之乖，一至于此！然则，君之称夫人，夫人之自称，与夫邦人及异邦之人称之，其得安乎哉？正其名，所以责其也欤？"(《论语解》)为政，必正名，君夫人之名，亦当正之，若君夫人之名不正，则何以正天下之名乎？

阳货第十七

第一章

17.1 阳货欲见孔子,孔子不见,归孔子豚。孔子时其亡也,而往拜之,遇诸涂。谓孔子曰:"来,予与尔言。"曰:"怀其宝而迷其邦,可谓仁乎?"曰:"不可。好从事而亟失时,可谓知乎?"曰:"不可。日月逝矣,岁不我与。"孔子曰:"诺,吾将仕矣。"

【译】

阳货想会见孔子,孔子不与他相见。他便送给孔子一头蒸熟了的乳猪。孔子前往拜谢,适值阳货不在家。恰巧在道路上遇见了阳货。阳货对孔子说:"过来,我跟你说说话。"阳货紧接着说:"自己胸中怀抱着能使国泰民安的像珍宝一样珍贵的真本事却忍心让国家迷失方向而陷入混乱,能称为仁人吗?"(孔子)说:"不能。"(阳货)问:"一心希望建功立业却屡屡失去机遇,能称为智者吗?"(孔子)说:"不能。"(阳货)说:"时光一天天过去了,岁月过去了就不会再给我们啊。"孔子说:"嗯,我准备出去为官。"

【释】

阳货 孔安国:"阳货,阳虎也。季氏家臣,而专鲁国之政,欲见孔子,使仕。"(《集解》)

刘宝楠:"'货''虎'一声之转,疑货是名,虎是字也。顾氏栋高《春秋大事表》:'阳虎欲以己更孟氏。'疑与孟孙同族。"(《正义》)据此,则阳货就是阳虎,因与孟孙氏同族,又长期担任鲁桓公的嫡次子季孙氏的第六代孙季平子的家臣。孟孙氏是桓公的庶长子,年岁最长,但为庶出,因此长期屈居于嫡出的季氏之下,此为阳虎欲取代季氏之内在因素。

阳虎此人,在战国时,能以陪臣而执国命,其能力可知。从他的"为富不仁矣,为仁不富矣"(《孟子·滕文公》)来看,他的这种思想与孔子的仁道思想是完全不同的。

归孔子豚 《孟子·滕文公》记述阳货欲见孔子是说阳货"馈孔子蒸豚"。"馈孔子蒸豚",合情合理,今采以校之。

孔安国:"欲使往谢,故遗孔子豚。"(《集解》)"归",通馈,赠送。"豚",乳猪,这里指烤熟的乳猪。"归孔子豚",是阳虎的阴谋,因为孔子最注意礼节,我馈你豚,依礼,你当来我家拜谢。

孔子时其亡也 "时",古今注家,无不据《孟子·滕文公》"阳货瞰孔子之亡也,而馈孔子蒸豚,孔子亦瞰其亡也,而往拜之。"而解此时字为"伺"。果依孟子,则孔子与阳虎无异,亦好用机心之阴谋家行径也。

释蕅益:"'时其亡',只是偶值其亡耳。孟子作'瞰其亡',便令孔子作略仅与阳货一般,岂可乎哉!"(《论语点睛》)我深然之。是以将此句译为"孔子适值阳货不在家"。

遇诸涂 "遇","不期而会曰遇"。(《穀梁传》)

"涂"通"途",即道路。所以孔安国说:"涂,道也。于道路与相逢。"(《集解》)这句话意谓不期在去阳虎家的路上碰上了他。

来,予与尔言 李炳南:"从这个'来'字,可以看出阳货的傲慢态度。称呼'予、尔',也可以见其无礼。"(《论语讲要》)

怀宝、迷邦 皇侃:"宝。犹道也。"(《义疏》)这里是说胸怀治国之道。

马融:言孔子不仕,是怀宝也。知国不治而不为政,是迷邦也。"(《集解》)

朱熹:"谓怀藏道德,不救国之迷乱。"(《集注》)

好从事而亟失时 孔安国:"言孔子栖栖好从事,而数不遇,失时,不得为有知。"(《集解》)

日月逝矣,岁不我与 马融:"年老,岁月已往,当急仕。"(《集解》)

李炳南:"依毛奇龄《论语稽求篇》引明儒郝敬说,皆是阳货自为问答,以断为必然之理,并非阳货问孔子答。至'孔子曰'以下,才是孔子语。郝敬举例说:'此如史记留侯世家,张良阻立六国后,八不可语,有云,今陛下能制项籍之死命乎,曰未能也;能得项籍头乎,曰未能也;能封圣人墓、表贤者闾,式智者门乎,曰未能也。皆张良自为问答,并非良问而汉高答者。至汉王辍食吐哺以下,才是高祖语。此章至孔子曰以下,才是孔子语。孔子答语只此,故记者特加孔子曰三字以别之。'"(《论语讲要》)

吾将仕矣　孔安国："以顺辞免。"(《集解》)

朱熹："将者，且然而未必之辞。"(《集注》)

阳虎，陪臣执国命者也，夫子恶之。然其"归孔子豚"，夫子不得不往拜之，是以有本章之故事。

本章张栻说："夫子诚未尝不欲仕者，特非其道，则不可耳。是则，言虽逊而理亦未尝枉也。此待恶人之道，若他人逊言，则可害于理；理直，则或伤于辞危。圣人从容酬酢，其含蓄中节如此。"(《论语解》)可见夫子随时随事，方便应对，无一而非中道之体现。

第二章

17.2　子曰："性相近也，习相远也。"

【译】

孔子说："作为自然如此的生命本质的东西，人与人之间是相接近的，作为通过后天习染而形成的意识层面的个性特征则是相差很远的。"

【释】

性　杨润根："作为心（忄）身（生）相统一的存在及其本质属性，或作为生命相统一的心灵及精神理性的本质。《周易》说：'成之者性也'，意思是使之成为如此这般的存在物的是存在物自身的天生本性，这本性也就是存在物，即生命的天性。《中庸》说'天命之谓性，以生而限于天，故曰天命'，意思是人的生命之所以称之为一种心身相统一的存在，那是因为人以自己的心灵意识到自己是从宇宙那里获得了生而有限的生命，所以也把自己生命的存在称之为宇宙的生命存在。《大戴礼记》：'分于道之谓命，形于一之谓性'，其意思是说，生命在于对宇宙之道的分享，而一切心身相统一的生命的本性就是形成它们、产生它们的宇宙的心身相统一的本性。这种本性也就是道德的本性。孔子在这里所说的'性'，显然是就人类的天赋本性而言的，也就是对人类的道德本性或良知良心而言的。"(《发现论语》)

朱熹："此所谓性，兼气质而言者也。气质之性，固有美恶之不同矣。然以其初而言，则皆不甚相远也。但习于善则善，习于恶则恶，于是始相远耳。程子曰：'此言气质之性。非言性之本也。若言其本，则性即是理，理无不善，孟子之言性善是也。何相近之有哉？'"(《集注》)

习　杨润根："第一个人在其特殊的生存环境中的特殊活动中逐渐地、

日积月累地培养起来的一种特殊的感觉、情感、意识、意志、兴趣、爱好、理想、信念以及由此所决定的言谈举止和生活方式等系统性的心理定势或惯性。这种心理的定势或惯性决定了人们的思想与行动的特定内容与特定方式，这种思想与行动的特定内容与特定方式也就构成了人们特有的思想与行动模式，这种模式也就是人的固定的个性。如果说这种个性起初是外在环境作用于一个年幼的生命的结果，那么当一个人的生命一旦成熟，其随着生命成熟而一起形成的个性就会以一种成熟的生命力反作用于物外在环境，并在这个外在的环境里构筑其独具个性的生活。因此，如果这种决定人的个性的模式是完美的、广博的、与人的自然本性（天性）相统一的，那么这种模式就会成为人的精神与生命的自由欢乐的家园，而且他将把整个人类都接纳到他的家园之中并与他们共享自由与欢乐。否则，这种模式将成为奴役人的精神与生命的监牢。它把人囚禁其中，使人无法自由自在地进入人性的广大领域，因此人们也不再能够和他人进行自由而有效的沟通与了解，从而使自己永远与处在那个监牢所能覆盖的生活空间之外的人们的隔膜和对立之中。

更可悲的是，生活在这个监牢里的人们往往并不能自觉地意识到这就是一个监禁自己人生的监牢，相反他还会习惯性地把它视为自己安全的保护伞，那些想帮助他们从监牢里获得自由的人将被视为与他们不共戴天的敌人。因此，对于社会中的每一个成员来说，如果社会不自幼对人们施行教育，特别是在人们成熟之时不对人们施行艺术与哲学的教育，以把整个世界、整个宇宙、整个人类社会都变成他们的感觉、情感、思想、意识和意志活动的对象，以使他们所形成的思想与行动模式足以容纳整个世界、整个宇宙、整个人类社会，否则，每一个人的有限的思想与行动的模式就会瓜分人类生存的整个空间，并会把人类的整个空间变成一个个监牢，从而使每一个人都不能享有自己监牢之外的广大自由。这样，人人画地为牢，人人相互封锁，也相互囚禁。因此，对于任何理想之国来说，除非国家通过对人民施行哲学的教育和为人民提供政治、经济活动的自由空间，才可能战胜人民偏狭的习惯。否则，这个国家就别想指望它的人民普遍地具有完全合于道德与正义的思想与行动，人民也就不再可能是真正意义上的人民，而是一个个画地为牢的个人；国家也不再是真正意义上的国家，而是一个个分割开来的监牢。"（《发现论语》）

李炳南："孔子说性，孔门弟子能了解其义的不多。颜子听孔子之言，无所不悦，曾子能知孔子'一以贯之'的道，这两位贤人当然能了解。子贡曾说：'夫子之言性与天道，不可得而闻也。'既知性不可得而闻，唯须觉悟，则可证明他能了解一部分。后来儒家研究性的意义者，一是孟子，他在《孟子·告子》篇里发表性善说。一是荀子，他在《荀子·性恶》篇里发表性恶说。一是扬雄，他在《法言·修身》篇里发表性混善恶之说。孔子只说'性相近也，习相远也'，未说性有善恶，而此章历代诸注，不出孟、荀、扬三家之说，只有皇侃未用善恶解释。

"孔子说性，与佛说性，无二无别。

"释迦牟尼佛说性，分为体相用三方面解说，依据经注，体是本体，相是现相，用是业用。本体真空，但随因缘现相，相是假有，有相则有业用。体相皆无善恶，业有善业恶业，所以业用始有善恶。

"孔子说性相近的'近'字，是说其前；习相远的'远'字，是说其后。体相用三者，先有体，次有相，后始有用。前指体相而言，后指业用而言。所以两位圣人所说的性，并无不同的意义，此非器量狭小持有门户之见的人所能了解。

"俗儒一看到体相用，便认为是佛家学说。实则不然，儒经未尝不讲体相用。《周易·系辞传》纯为孔子之言，现在引用以下几条，以资证明：

"'故神无方，而易无体。'古注以'阴阳不测'解释神。阴阳不测，非常微妙，所以无方。易是唯变所适，所以无一定之体。无方无体，即是本体真空之义。

"'一阴一阳之谓道。继之者善也。'依韩康伯之注说，道是'寂然无体，不可为象。'但阴阳皆是由道而生。虞翻说：'继，统也，谓乾能统天生物，坤合乾性，养化成之，故继之者善。'孔颖达《正义》说：'道是生物开通，善是顺理养物，故继道之功者唯善行也。'就各注所说，'继之者善'就是由体起用的意思，用始讲善。

"'显诸仁，藏诸用。'显藏皆是作用。

"'鼓万物而不与圣人同忧，盛德大业至矣。'鼓就是动，性动即出现万物。本性之德盛大，业用亦大。大到究竟处，即是至矣尽矣。此皆讲用。

"'在天成象，在地成形，变化见矣。'成象成形，就是讲相。至于六十四卦的"象曰""象曰"，以及"吉凶无咎"，皆是相。

"以体相用解释'性相近也，习相远也'，便知性是体空，寂然不动，动则出现假相。体虽空，而性实有，这可用比喻来说明。如姜有热性，但看不见热，以手执姜，亦无热感；然而把姜吃下以后，身体便发热。由此可喻吾人实有此性，人生以及宇宙万有皆以此性为根源，此性亦遍及宇宙人生，而吾人以及万物此性原来相差不多，所以说'性相近'。性虽相近，但各人习惯不同，依照各人习惯发展，愈到后来则互相差异愈远，所以说'习相远'。性体真空，固然没有善恶，由性所现的假相，亦无善恶可言。例如人身，即是假相，在其既不为善时，也不为恶时，则此人身，便不能说是善身，也不能说是恶身，必须由此人身表现一些行为，或是利人，或是害人，始能说是善是恶。这些行为不是相，而是业用，习相远的'习'就是业用，善恶只是就业用而言。既是性无善恶，则欲明性者，便不能从善恶中求。诸注或说性善，或说性恶，或说性善恶混，皆是误解。"（《论语讲要》）

"性相近"，则"人人皆可以为尧舜"，"习相远"，则"自天子以至于庶人，壹是皆以修身为本"。所以，生而为人，无不皆当奋进，努力修持，克其气质之偏，以复其天性之全。

第三章

17.3 子曰："唯上知与下愚不移。"

【译】

孔子说："只有上根利智与愚滞憨钝的人，是不改变的。"

【释】

本章孔安国说："上知不可使为恶，下愚不可使强贤。"（《集解》）我以为此释误，且与上章"性近习远"相冲突。

朱熹说："此承上章而言。人之气质相近之中，又有美恶一定，而非习之所能移者。程子曰：人性本善，有不可移者何也？语其性则皆善也，语其才则有下愚之不移。所谓下愚有二焉：自暴自弃也。人苟以善自治，则无不可移，虽昏愚之至，皆可渐磨而进也。唯自暴者拒之以不信，自弃者绝之以不为，虽圣人与居，不能化而入也，仲尼之所谓下愚也。然其质非必昏且愚也，往往强戾而才力有过人者，商辛是也。圣人以其自绝于善，谓之下愚，然考其归则诚愚也。"（《集注》）此释"下愚"虽合情理，但亦与上章"性近习远"相冲突。

我以为本章非就善恶上说，而从信德上说。孔子言"民无信不立"，释迦牟尼佛说"信为道源功德母"（《华严经》）"信心清净则生实相"（《金刚经》），都可看出信德之重要是不言自明的。上章讲"性近习远"，"性近习远"不可能人人皆信。真正信而不改变的人，只有那些具有上等智慧与那些愚滞憨钝的人。老子说："上士闻道，勤而行之。"（《道德经》）以本章言，即是说听到了"相近习远"的道，就努力实践，在行上很下功夫，努力克服气质之偏而复归于性体之全。"上知"于道，信而不疑，自不待言，"下愚"于道，信而不疑者，亦比比皆是，如近代谛闲法师儿时的一个玩伴，属于愚鲁那类人，也就是此处讲的"下愚"。他中年以后，找到谛老要出家，谛老想，以你的资质，五堂功课如何搞得熟，所以就跟他说："你不要出家，也不要受戒，我到乡下帮你找个小庙，你就专念南无阿弥陀佛，念累了就休息，休息好了就念，照这样修行，一定能往生西方极乐世界，得到最大的自在与快乐，获得永恒的生命，永远的解脱。"他就信了，每日念佛名号不移，三年后，站着往生。

所以李炳南说："此说'不移'，就是不转变的意思。无论修道办事，不移方能成功。"（《论语讲要》）

第四章

17.4 子之武城，闻弦歌之声。夫子莞尔而笑，曰："割鸡焉用牛刀？"子游对曰："昔者偃也闻诸夫子曰：'君子学道则爱人，小人学道则易使也。'"子曰："二三子！偃之言是也。前言戏之耳。"

【译】

孔子到了武城，听到弹着琴弦而歌唱诗的声音。孔子微微一笑，说："杀鸡哪里用得着杀牛的刀啊？"子游回答说："以前，我曾在您那里听到您说：'在上位的人，学习礼乐觉证仁道就能用心去爱他治下的人民，居下层的百姓学习礼乐觉证仁道，就容易管理。'"孔子说："同学们，言偃的话是对的，我刚才说的话是和他开玩笑的。"

【释】

武城 武城今山东境内，当时是鲁国一个小邑。孔安国："子游为武城宰。"（《集解》）

闻弦歌之声 刘宝楠引《周礼·小师》弦歌注："弦谓琴瑟也。歌依咏诗也……《毛诗·子衿·传》古人教以诗乐，诵之歌之，弦之舞之。'夫子于武城得闻之者，《乐记》云：古之教者，家有塾，党有庠。'春秋时，庠塾之教废，故礼乐崩坏，《雅·颂》之音不作。子游为武城宰，乃始复庠塾之教，于时受学者众，故夫子得闻弦歌之声也。"（《正义》）

君子、小人 刘宝楠："君子者，谓王、公、士、大夫之子孙也。小人者，谓凡庶民之子孙也。"（《正义》）

朱熹："时子游为武城宰，以礼乐为教，故邑人皆弦歌也。莞尔，小笑貌，盖喜之也。因言其治小邑，何必用此大道也。君子小人，以位言之。子游所称，盖夫子之常言。言君子小人，皆不可以不学。故武城虽小，亦必教以礼乐。嘉子游之笃信，又以解门人之惑也。治有大小，而其治之必用礼乐，则其为道一也。但众人多不能用，而子游独行之。故夫子骤闻而深喜之，因反其言以戏之。而子游以正对，故复是其言，而自实其戏也。"（《集注》）

本章，孔子之轻松活泼、幽默诙谐，跃然纸上，那种整日板着一副威严的面孔的后儒，相去不知其几千里也，可爱的夫子，小子顶礼了。

第五章

17.5 公山弗扰以费畔，召，子欲往。子路不说，曰："末之也已，何必公山氏之之也。"子曰："夫召我者，而岂徒哉？如有用我者，吾其为东周乎。"

【译】

公山弗扰凭借着费邑进行叛乱，召请孔子到他那里去，孔子准备去。子路不高兴，说："没有地方去就算了，为什么一定要到公山弗扰那里去呢？"孔子说："召请我的人，难道招我去只是做样子吗？如果有人用我，我要使周文王、周武王之道在东方兴起！"

【释】

公山弗扰 孔安国："弗扰为季氏宰，与阳虎共执季桓子，而召孔子。"（《集解》）

畔 许慎："田界也。"（《说文》）

"畔，离也。"（《博雅》）据此，可以认为公山弗扰以费地作为他与季氏分庭对抗的地界，或者说将费地从季氏家分离出来作为他自己的根据地。

杨润根："畔：割据，占领，并宣布独立。把一块田地分做两半，引申为把一个国家一分为二。《说文》：'半，物中分也。'因此，'畔'可理

解为对国地的分割，而它的引申意也就不言自明了。"（《发现论语》）

为东周 何晏："兴周道于东方，故曰东周。"（《集解》）

本章是讲盘踞在费城的公山拂扰与季氏的家臣阳虎叛乱后，公山拂扰召请孔子去辅佐。孔子有些犹豫，"欲往"就是犹豫的证明。为什么会犹豫呢？为什么既想去又不想去呢？为什么有人同意，又有人反对呢？当代学者李零说得颇有些道理，他说："孔子的犹豫，对我很有启发。坏蛋有大、中、小，策略有支、联、反，排列组合，有六种可能。大坏蛋当然可以联合或反对中坏蛋或小坏蛋，中坏蛋和小坏蛋也可以联合或反对其他两种。你不能因为反对其中的一种坏蛋，就说其他坏蛋肯定是好人。特别是政治家，他们的敌友成天变。昨天的坏蛋，没准今天就是好蛋。反过来也一样。萨达姆和拉登都曾经受美国支持，敌友变得太快。在一个没有好人的世界里，我们总想挑一个坏蛋当好人，就像一个无路可走的人，会拿任何一条路当出路。"（李零《丧家狗——我读论语》）

孔子在这种事上都会犹豫，说明孔子是多么地希望实践他的政治理想啊！但是孔子只是一个思想家，一个智者，一个仁者，而不是政治家。如果是政治家，他一定不会犹豫，甚至会在阳虎请他出马的时候，就出仕了。孔子的这种思想家、智者、仁者的品质，虽然令他在当世没有建立事功，没能实现他的政治抱负，但却使他的智慧与德行成为中华民族的万世师表，使他的思想成为中华民族的精神家园。

第六章

17.6 子张问仁于孔子。孔子曰："能行五者于天下，为仁矣。"请问之，曰："恭、宽、信、敏、惠。恭则不侮，宽则得众，信则人任焉，敏则有功，惠则足以使人。"

【译】

子张向孔子请教仁。孔子说："在普天之下都能实行五个方面的，就是仁人。"子张又向孔子请问是哪五个方面。孔子说："谦恭、宽厚、诚实、敏捷、仁惠。谦恭就不会受到别人的侮辱，宽厚就能得到大众的拥戴，诚实人们就敢倚靠你，敏锐行事就容易成功，仁惠人们就愿意为你奔走效劳。"

【释】

惠 许慎："仁也。"（《说文》）惠即仁惠。

朱熹："行是五者，则心存而理得矣。于天下，言无适而不然，犹所谓虽之夷狄不可弃者。五者之目，盖因子张所不足而言耳。任，倚仗也，又言其效如此。张敬夫曰：'能行此五者于天下，则其心公平而周遍可知矣，然恭其本与？'李氏曰：'此章与六言、六蔽、五美、四恶之类，皆与前后文体大不相似。'"（《集注》）

仁，人之根本，恭、宽、信、敏、惠，仁之子目，子目为本之外现，根本之相用，由相用以达根本，修身之要图，行者当用心焉。

第七章

17.7 佛肸召，子欲往。子路曰："昔者，由也闻诸夫子曰：'亲于其身为不善者，君子不入也。'佛肸以中牟畔，子之往也，如之何？"子曰："然，有是言也。不曰坚乎，磨而不磷；不曰白乎，涅而不缁。吾岂匏瓜也哉？焉能系而不食？"

【译】

佛肸召请孔子，孔子准备前往。子路说："从前，我听老师说过：'亲自做坏事的人那里，君子是不去与他们为伍的。'现在佛肸据中牟反叛，先生您却要前去，这是什么道理呢？"孔子说："是的，我是说过这样的话。不是说坚硬的东西（如金刚）磨不坏，洁白的东西（如玉）染不黑吗？我难道是个苦味的葫芦？哪里能够只是挂在那里而不能吃呢？"

【释】

佛肸 孔安国："晋大夫赵简子之邑宰。"（《集解》）佛肸为赵简子家臣。

司马迁："佛肸为中牟宰，赵简子攻范、中行，伐中牟。佛肸畔，使人召孔子。"（《史记·孔子世家》）

刘宝楠："中牟为范、中行邑。佛肸为是范、中行之臣，于时为中牟宰。"（《正义》）据此，则佛肸为范氏宰明矣。

郭沫若："佛肸是晋国范氏的家臣，他以中牟判，大约是在鲁哀公五年。《左传》在此年夏言：'赵鞅伐卫，范氏之故也，遂围中牟。'赵氏与范氏敌对，因卫助范氏故伐卫，因中牟判晋故围中牟也。（郭沫若《十批判书》）佛肸为范氏的家臣，据中牟畔晋实是畔赵简子，而不是畔晋，这一点，我们必须首先明白。

春秋末年，晋国大权落在赵、魏、韩、范、智、中行氏六家手中，史称"六卿"。此时的晋国，公室卑弱，六卿强大，政在私门。后来智氏与赵、韩、魏灭范氏、中行氏，最后赵、韩、魏又灭智氏，逼周威烈王封他们为诸侯，则是后来的事。

佛肸据中牟畔，是对范氏尽忠。孔子欲往当是欲借中牟之力，强公室而弱六卿，进而兴礼乐，以实现其天下归仁之大同社会的理念。

不入 朱熹："不入，不入其党也。"（《集注》）这里是不与他们为伍，不与他们结党的意思。

磷、涅 孔安国："磷，薄也。涅，可以染皂。言至坚者磨之而不薄，至白者染之而不黑。喻君子虽在浊乱，浊乱不能污。"（《集解》）

高诱："涅，矾石也。"（《淮南子·俶真训·注》）矾石有多种，如青矾、白矾、黄矾、黑矾等，此处之涅，指的是黑矾，即我们现在所说的皂矾。

匏 许慎："匏，瓠也，从夸，包声。取其可包藏物也。"（《说文》）

本章蕅益大师说："磨得磷的，便非真坚；涅得缁的，便非真白。匏瓜，用为浮囊，而不用作食器，只是一偏之用。圣人无用，无所不用，故云吾岂匏瓜，乃显无可无不可。犹如太虚空然，不可唤作一物耳，非是要与人作食器也。若作食器。纵使瑚琏，亦可磷可缁矣。"（《论语点睛》）

张栻说："'亲于其身为不善者，君子不入。'此君子守身之常法也。磨不磷，涅不缁，至圣人然后可以言此。盖坚之至，则磨而不磷矣；白之至，则涅而不缁矣。故杨氏曰：'坚白不足，而欲自试于磨涅，其不磷缁者，几希矣。'然而公山弗扰与佛肸之召，夫子皆尝欲往，而卒不往，何也？其欲往者，以天下无不可变之人，无不可为之事也；其卒不往者，则知其人之终不可变，而事之终不可为耳。一则生物之仁，一则知人之智也。子路盖不悦乎弗扰之召矣，及佛肸之召，而复有言焉。则以夫中心所疑，虽闻圣人之言，而自反终未安，故问辨之不敢释，抑可谓善学矣。然而，子路之不悦，在子路之分则当然。盖子路以己观圣人，而未能以圣人观圣人耳。"（《论语解》）

第八章

17.8 子曰："由也，女闻六言六蔽矣乎？"对曰："未也。""居，吾语女。好仁不好学，其蔽也愚；好知不好学，其蔽也荡；好信不好学，其蔽也贼；好直不好学，其蔽也绞；好勇不好学，其蔽也乱；好刚不好学，其蔽也狂。"

【译】

孔子说:"仲由呀,你听到过人有六种美德,也可能有六种弊病吗?"子路回答说:"没有。"孔子说:"坐下,我告诉你。喜好仁德而不爱好学习以求觉悟,它造成的弊病是愚笨;喜好智慧而不爱好学习以求觉悟,它造成的弊病是放荡;喜好诚信而不爱好学习以求觉悟,它造成的弊病是伤害自己;喜好直率而不爱好学习以求觉悟,它造成的弊病是言语尖刻;喜好勇敢而不爱好学习以求觉悟,它造成的弊病是犯上作乱;喜好刚强而不爱好学习以求觉悟,它造成的弊病是胡作非为。"

【释】

六言六蔽 刘宝楠:"六言皆心知之善,而不好学皆有所蔽。故《荀子·劝学》云:'君子博学而参省乎己,则知明而行无过矣。'即谓学能祛蔽也。"(《正义》)

居 孔安国:"子路起对,故使还坐。"(《集解》)

刘宝楠:"凡尊长问己,己将答之,皆起离席以申敬也。对毕就坐,若未毕,尊长命之坐,则坐。"(《正义》)

仁、愚、知、荡 孔安国:"仁者爱物,不知所以裁之,则愚。荡,无所适守。"(《集解》)

刘宝楠:"仁者不好学,则不知裁度,或至爱无差等也。知者不好学,多妄自用,不能据德依仁,故无所适守。"(《正义》)

信、贼 孔安国:"父子不知,相为隐之辈。"(《集解》)

皇侃:"信者不欺为用。若学而为信,信则合宜。不学而信,信不合宜。不合宜则蔽塞在于贼害其身也。江熙云:'尾生与女子期,死于梁下;宋襄与楚人欺,伤泓不度,信之害也。'不度信之害也。"(《义疏》)

刘宝楠:"管氏同《纪闻》:大人之所以言不必信者,唯其为学而知义所在也。敬好信不好学,则唯知重然诺而不明事理之是非,谨厚者则硁硁为小人。"(《正义》)

直、绞、勇、乱 皇侃:"绞,犹刺也。好讥刺人之非,成己之直也。"(《义疏》)

邢昺:"勇,谓勇敢,当学以知义。若好勇而不好学,则是有勇而无义,则为贼乱。"(《注疏》)

"义,宜也,裁制事物使各宜也。"(《尔雅·释名》)

刘宝楠:"挟以刚勇之气,必如周、汉刺客游侠,轻身殉人,捍文网而犯公义，自圣贤观之，非贼而何哉？案：前篇云'直而无礼则绞'，下章云'君子有勇无义为乱'，与此言好直、好勇之蔽同。盖礼义皆须学以成也。"（《正义》）

刚、狂 刘宝楠："刚者性犷直，其言行多抵触人也。"（《正义》）

本章李炳南说："仁、智、信、直、勇、刚六者，各有表现的事实与所依据的道理，事实则非常繁杂，道理则非常精微，如果只好六言中的任何一言，而不好学其中的事与理，便不能中道而行，因而各有其弊。所以好仁等，不能不好学。"（《论语讲要》）

不能觉悟中道，何能中道而行？而中道之觉悟，必须通过学习，明理、践行。此所以"自天子以至于庶人，壹是皆以修身为本"之因由所在也。

第九章

17.9 子曰：小子何莫学夫诗？诗，可以兴，可以观，可以群，可以怨。迩之事父，远之事君。多识于鸟兽草木之名。

【译】

孔子说："同学们，为什么不去学习《诗》呢？学习《诗》可以使人振奋，可以提高洞察力，可以增强合群的思想，可以提高借古讽今、针砭时政得失的能力。就切近的利益而言，可以用其中之理事奉父母；从长远看也可以用其中之理事奉君主。还可以增长见识，多知道一些鸟兽草木的名称。"

【释】

可以观 郑玄："观，风俗之盛衰。"（《集解》）诗是表达心志的文辞，配合乐谱唱出来的就是音乐。例如吴公子季札在鲁国观乐，而知列国的治乱兴衰。可见，学诗可以观察社会风俗盛衰，了解政治得失。

可以群 孔安国："群居相切磋。"（《集解》）

焦循："诗之教温柔敦厚，学之则轻薄嫉忌之习消，故可群居相切磋。"（《论语补疏》）

可以怨 孔安国："怨刺上政。"（《集解》）

邢昺："《诗》有'君政不善则讽刺之'，'言之者无罪，闻之者足以戒'，故可以怨刺上政。"（《注疏》）

孔颖达："王道始衰，政教初失，而有变风变雅之作。"（《毛诗·序注》）

怨即指此变风变雅之诗而言，虽怨而不违礼，故可以怨。

迩之事父，远之事君 李炳南："事父应当尽孝，无论尽孝尽忠，都须谏止其过。谏过必须懂得谏过的道理，始有效果，例如闵子骞谏父，请勿逐出他的后母，便说：'母在一子寒，母去三子单。'终能感动其父打消原意，又能感动后母，待他如待亲生之子。谏父不容易，谏君更难，学诗，可以兴观群怨，便懂得事父事君之道。所以皇疏引江熙说：'言事父事君以有其道也。'"（《论语讲要》）

焦循："夫诗，温柔敦厚者也，不质直言之，而比兴言之，不言理，而言情，不务胜人，而务感人。"（《毛诗补疏·序》）诗就是以真情感人，不但比兴如此，赋亦如此。所以，学诗，可以使人立志励品，使人奋发向上，可以提高洞察力、感知力，可以增强合群的意识，可以提高语言的运用能力，可以借古讽今、针砭为政得失，迩之可以事父，远之可以事君。因而，有修身养性、提升境界、成己成人之妙用，此从正面鼓励学诗也。

第十章

17.10 子谓伯鱼曰："女为《周南》《召南》矣乎。人而不为《周南》《召南》，其犹正墙面而立也与。"

【译】

孔子对伯鱼说："你学习《周南》《召南》了吗？一个人如果不学习《周南》《召南》，就会像面对墙壁而站着那样看不见墙壁里面的东西罢了。"

【释】

本章马融说："《周南》《召南》，《国风》之始，乐得淑女，以配君子。三纲之首，王教之端，故人而不为，如向墙而立。"（《集解》）三纲之说，首见于《白虎通义》。说的是君臣、父子、夫妇为人伦之纲常。三纲之中夫妇为首。《易·序卦传》载："有夫妇然后有父子，有父子然后有君臣。"盖夫妇正，则家庭、社会安定。

李炳南说："先王教化以夫妇为开端。据《毛诗·序》说，国风里的诗有正风与变风的不同，《周南》《召南》讲夫妇之道的诗篇最多，可以风天下，正夫妇，称为正风，实道人伦教化之本，普通人不学，不能齐家，为人君者不学，不能治国平天下，所以孔子告诉伯鱼，不能不学。"（《论语讲要》）

本章补充说明学《诗》之重要，从反面鼓励学诗。说如果不学《诗》，则如面墙而立，不仅一物无所见，一事无所知，且一步不可行也。蕅益大师："'为'字，妙。直须为文王，为周公，始非面墙。"（《论语点睛》）直将孔子教子弟学诗之目的，彻底圆彰，和盘托出。

第十一章

17.11 子曰："礼云礼云，玉帛云乎哉？乐云乐云，钟鼓云乎哉？"

【译】

孔子说："礼呀礼呀，难道是指玉帛之类的礼器吗？乐呀乐呀，难道就是敲钟击鼓之类的乐声吗？"

【释】

玉帛云乎哉 郑玄："玉，圭璋之属。帛，束帛之属。言礼非但崇此玉帛而已，所贵者，乃贵其安上治民。"（《集解》）

钟鼓云乎哉 马融："乐之所贵者，移风易俗，非谓钟鼓而已。"（《集解》）

礼以敬入和，乐以和令悦，皆礼敬生命，珍重生命，令生命复其喜悦之常，直至迈向生命之至善圆满的境界。"人而不仁，于礼何？人而不仁，于乐何？"此之谓也。

第十二章

17.12 子曰："色厉而内荏，譬诸小人，其犹穿窬之盗也与？"

【译】

孔子说："外表严厉而内心懦弱。若用小人做比喻，就像是挖墙洞而入室行窃的小偷吧？"

【释】

色厉而内荏 许慎："严也。"（《说文》）

"烈也，猛也。"（《广韵》）厉，即威猛严厉。"荏"，芳香草本植物白苏，其质柔。

孔安国："荏，柔也。谓外自矜厉，而内柔佞。"（《集解》）色厉是外貌严厉威猛，内荏是内心柔弱怯懦。

穿窬之盗 窬：许慎："穿木户也，一曰空中也，又凿板以为户也。"（《说文》）

"窬，门边小窦。"(《广韵》)

窦："凿垣为孔曰窦。"(《康熙字典》)据此，窬为门边墙洞。"穿窬"，挖墙洞进屋行窃，小偷凿穿墙洞，入室行窃时，身虽往前，心则怯退，心行不一之意。

本章痛刺表里不一之伪君子。张栻说："言君子而色厉内荏，则其为欺。与小人之穿窬者，无以异也。尹氏曰：'色刚厉而内柔荏，其欲人之不知也，推其心，何异穿窬之盗哉？'"(《论语解》)此章的解释可谓入木三分。

第十三章

17.13 子曰："乡原，德之贼也。"

【译】

孔子说："外现贤善，内实奸佞之人，是败坏道德的蟊贼。"

【释】

乡原　孟子："非之无举也，刺之无痌也，同乎流俗，合乎污世，居之似忠信，行之似廉洁，众皆悦之，自以为是，而不与入尧舜之道，故曰：'德之贼也'。"(《孟子·尽心》)

周生烈："所至之乡，辄原其人情，而为意以待之，是贼乱德也。一曰：'乡，向也，古字同。谓人不能刚毅，而见人辄原其趣向，容媚而合之，言此所以贼德。'"(《集解》)

据孟子，"乡原"之"原"字，当读为愿，即今日之所谓好好先生。据周生烈，"乡原"之"原"字，则读如本字，指的是奸佞之徒，即今日之所谓伪君子。从孔子语气之激愤来看，当以周生烈之释义长。

总之，本章这句话，语气之激愤，在孔子言论中实属罕见。所以朱熹说："其似德非德，而反乱乎德。"(《集注》)似德，假相，非德，本质，以假乱真，向为孔子所不齿。如憎恶莠草，因其混淆禾苗；憎恶巧言令色，因其淆乱信实；憎恶郑声，因其淆乱雅乐；憎恶紫色，因其乱朱。所以似德非德之"乡愿"，最能蒙人。

如"向使当初身便死，一生真伪复谁知"的汉相王莽，"口蜜腹剑"的唐相李林甫，"笑里藏刀"的唐相李义府等，都是最能蒙骗他人的奸佞之徒，孔子似乎长了后世眼，能看到这些奸佞之徒的欺世、祸国、害民，是以孔子很是愤怒地骂道："乡原，德之贼也。"

第十四章

17.14 子曰:"道听而涂说,德之弃也。"

【译】

孔子说:"在道路上听到传言,却又不加甄别地在路上遇到什么人都随意传说,这是有德的人所不取的行为。"

【释】

马融:"闻之于道路,则传而说之。"(《集解》)

皇侃:"记问之学,不足以为人师。人师必当温故而知新,研精久习,然后乃可为人传说耳。若听之于道路,道路仍即为人传说,必多谬妄,所以为有德者所弃也,亦自弃其德也。"(《义疏》)

邢昺:"此章疾时人不习而传之也。涂亦道也。言闻之于道路,则于道路传而说之,必多谬妄,为有德者所弃也。"(《注疏》)

严谨之风日下,"道听而涂说"之辈日增,良可叹也。又学修未曾亲切体证,只会跟风,拾人牙慧,人云亦云,亦可谓之"道听而涂说",今之学国学者,多失于此。

第十五章

17.15 子曰:"鄙夫可与事君也与哉?其未得之也,患得之;既得之,患失之。苟患失之,无所不至矣。"

【译】

孔子说:"卑鄙无耻的人,可以侍奉君主吗?他没有得到他想要的官位时,老是担心得不到;已经得到了,又老是担心失去。如果老是担心失去官位,担心想要得到的官位得不到,(他为了达到其目的,)那就什么坏事都干得出来了!"

【释】

鄙夫 李炳南:"鄙夫,是一个没有品行的人,他贪图名利,行为卑鄙。"(《论语讲要》)

可与 王引之:"与犹以也"。(《经传释词》)

患得之 何晏:"患得之者,患不能得之,楚俗言。"(《集解》)

刘宝楠:"之者,是也,谓禄位也。"(《正义》)

无所不至 郑玄:"无所不至者,言其邪媚,无所不为。"(《集解》)

刘宝楠："先伯父五河君《经义说略》曰：'自色厉而内荏至鄙夫，凡四章，语意大略相同，皆言中不足而外有余，盖貌为有德则色厉，而阴实小人故内荏，貌为好学则道听，而中无所守故涂说。是故居则为乡愿，出则为鄙夫，欺世盗名之徒，其害可胜言哉！'"（《正义》）

一个无品的鄙夫，贪图禄位，为求禄位，为保禄位，为了自己的利益，将不择手段，不仅邪媚，而且有可能无所不用其极。"其未得之也，患得之，既得之，患失之。苟患失之，无所不至矣。"真是入木三分。蕅益大师定本章为"照妖镜""斩妖剑"。（《论语点睛》）诚哉，斯言，信不我欺也。

第十六章

17.16 子曰："古者民有三疾，今也或是之亡也。古之狂也肆，今之狂也荡；古之矜也廉，今之矜也忿戾；古之愚也直，今之愚也诈而已矣。"

【译】

孔子说："古时候，有三种气质之性偏颇的人，现在啊，这气性偏颇之人的正直层面的东西已经没有了。古代狂妄的人，志气高远，敢说敢干，现在狂妄的人，放荡不羁没有操守；古代骄傲自负的人，自我检束，现在骄傲自负的人，蛮横无理；古代愚鲁的人率直，现在愚鲁的人只是欺诈罢了。"

【释】

肆 包咸："肆，极意敢言。"（《集解》）

刘宝楠："《孟子·尽心下》言狂者云：'其志嘐嘐然，曰：古之人！古之人！夷考其行，而不掩焉者也。'赵岐《注》：嘐嘐，志大言大者也，重言古之人，欲慕之也。志大言大，即此《注》所云'极意敢言'也。"（《正义》）

荡 孔安国："荡，无所据。"（《集解》）

刘宝楠："'据'，即'据于德'之据。'无所据'，则自放礼法之外，若原壤者也。"（《正义》）

廉 刘宝楠："郑《注》云：'鲁读廉为贬，今从古。'陈氏鳣《古训》曰：'贬，自贬损也。'《释名》云：'廉，自检敛也。'贬、廉义同。案：陈说固是，然'廉'字义胜，故郑从古。"（《正义》）

矜 "矜，骄矜自负貌。"（《正字通》）

忿戾 孔安国:"恶理多怒。"(《集解》)

刘宝楠:"注以'恶理'训'戾','多怒'训'忿',《说文》:'戾,曲也。'《字林》:'戾,乖戾也。'乖戾则多违理,故注云'恶理'。"(《正义》)

本章宋翔凤说:"狂也,矜也,愚也,皆气质之偏,古所谓疾也。有肆以救狂,有廉以救矜,有直以救愚,是不失为古之疾也。荡则失其所谓狂,忿戾则失其所谓矜,诈则失其所谓愚,此古但为人疾,而今遂至于死亡。人情日变,风俗日漓,圣人所为明礼乐以救之欤?"(清·宋翔凤《论语发微》)

第十七章

17.17 子曰:"巧言令色,鲜矣仁。"

本章重出,详见《学而》篇。

第十八章

17.18 子曰:"恶紫之夺朱也,恶郑声之乱雅乐也,恶利口之覆邦家者。"

【译】

孔子说:"我厌恶北方好看的闲色——紫,侵夺了南方的正色——赤;厌恶淫靡之音——郑音,破坏了尊贵的雅乐;厌恶花言巧语——利口,颠覆国家。"

【释】

紫夺朱 孔安国:"朱,正色。紫,闲色之好者。恶其邪好而夺正色。"(《集解》)

李炳南:"朱色是五种正色中的赤色。以黑加赤而为紫,名为闲色。紫色中有赤色的成分,所以能乱朱色,又能予人以美好之感,令人喜好,此即夺朱。以紫夺朱,即是以邪夺正。"(《论语讲要》)

郑声乱雅乐 包咸:"郑声,淫声之哀者。"(《集解》)

李炳南:"雅乐是先王的雅正之乐,中正和平,能调和性情。郑声淫哀,不得性情之正,与雅乐相违。当时有很多人喜好郑声,不知雅乐,即是以淫乱雅。"(《论语讲要》)

利口 孔安国:"利口之人,多言少实,苟能悦媚时君,倾覆国家。"

（《集解》）

李炳南："利口就是口才锐利，无理能辩为有理，且能取悦于人。"（《论语讲要》）

朱熹引范氏："天下之理，正而胜者常少，不正而胜者常多，圣人所以恶之也。利口之人，以是为非，以非为是，以贤为不肖，以不肖为贤。人君苟悦而信之，则国家之覆也不难矣。"（《集注》）

可见正色，色之中正者也，闲色，色之偏杂者也。"恶紫之夺朱"，即所以恶偏杂之乱中正也，偏杂即是"异端"，下文"恶郑声之乱雅乐""恶利口之覆邦家"，皆是以例说明"异端"之必恶，而"中正"之当悦也。

第十九章

17.19 子曰："予欲无言。"子贡曰："子如不言，则小子何述焉。"子曰："天何言哉？四时行焉，百物生焉，天何言哉？"

【译】

孔子说："我不想说话了。"子贡说："您如果不说话，那我们这些做学生的如何传述您的学问呢？"孔子说："天说过什么话吗？四时照常运行，万物照样生长，天说过什么话呢？"

【释】

何晏："言之为益少，故欲无言。"（《集解》）

王弼："子欲无言，盖欲明本。举本统末，而示物于极者也。夫立言垂教，将以通性，而弊至于湮；寄旨传辞，将以正邪，而势至于繁。既求道中，不可胜御。是以修本废言，则天而行化。以淳而观，则天地之心见于不言；寒暑代序，则不言之令行乎四时。天岂谆谆者乎？"（《义疏》）

本章朱熹说："学者多以言语观圣人，而不察其天理流行之实，有不待言而著者。是以徒得其言，而不得其所以言，故夫子发此以警之。子贡正以言语观圣人者，故疑而问之。四时行，百物生，莫非天理发见流行之实，不待言而可见。圣人一动一静，莫非妙道精义之发，亦天而已，岂待言而显哉？此亦开示子贡之切，惜乎其终不喻也。程子曰：'孔子之道，譬如日星之明，犹患门人未能尽晓，故曰予欲无言。若颜子则便默识，其他则未免疑问，故曰小子何述。'又曰'天何言哉，四时行焉，百物生焉'，则可谓至明白矣。"（《集注》）

言能诠道而非道，道在平常日用间，道在言动语默中，不在言传而在体悟，故夫子恐弟子执言为道，而堕葛藤泥潭中，是以"欲无言"。子贡不识夫子用意，夫子不得已，用"天何言哉？四时行焉，百物生焉，天何言哉？"以启发之。令弟子明白，欲契中道，当则天法地。老子："人法地，地法天，天法道，道法自然"（《道德经》），此之谓也。

第二十章

17.20　孺悲欲见孔子，孔子辞以疾。将命者出户，取瑟而歌，使之闻之。

【译】

孺悲想拜见孔子，孔子推托有病不见。传达孺悲想拜见孔子的人刚一出门，孔子就把瑟取来一边弹一边唱，有意让传话的人听到。

【释】

何晏："孺悲，鲁人也。孔子不欲见，故辞之以疾。为其将命者不已，故歌令将命者悟，所以令孺悲思之。"（《集解》）邢昺进一步解释说："'将命者出户，取瑟而歌，使之闻之'者，将犹奉也。奉命者，主人传辞出入人也。初，将命者来，入户言孺悲求见，夫子辞之以疾。又为将命者不已，故取瑟而歌，令将命者闻之而悟，己无疾，但不欲见之，所以令孺悲思之。"（《注疏》）

据《礼·杂记》："恤由之丧，哀公使孺悲之孔子，学士丧礼。《士丧礼》于是乎书。"可见孺悲亲学于夫子，确是夫子的学生。

然则夫子缘何不见孺悲，真可谓众说纷纭，莫衷一是。《韩诗外传》载："子路曰：'闻之于夫子，士不中间而见，女无媒而嫁者，非君子之行也。'""中间"谓介绍也。据此可知孺悲欲见孔子是为学礼，而未经"中间"即欲拜见夫子，本身即是失礼，欲学礼而失其基本礼节，当是不尊礼而非不知礼也。是以夫子以不见教之，令其警醒。本章可与上章互相发明。

第二十一章

17.21　宰我问："三年之丧，期已久矣。君子三年不为礼，礼必坏；三年不为乐，乐必崩。旧谷既没，新谷既升。钻燧改火，期可已矣。"子曰："食夫稻，衣夫锦，于女安乎？"曰："安。""女安，则为之。夫君子之居丧，食旨不甘，闻乐不乐，居处不安，故不为也。今女安则为之。"宰我出。子曰："予之不仁也。子生三年，然后免于父母之怀。夫三年之丧，天下之通丧也。予也，有三年之爱于其父母乎？"

【译】

宰我向孔子请教道："为父母服丧三年，时间太长了。君子三年不行礼，礼必然毁坏；三年不演乐，乐就会崩坏。旧谷吃完，新谷登场，钻燧取火的木头一年轮换一次，服丧一年也就可以了。"孔子说："服丧不满三年就吃大米饭，穿锦缎袍，你心安吗？"宰我说："我心安。"孔子说："你心安，就那样做吧！君子在服丧期间，吃美味不觉得甘美，听音乐不觉得快乐，住在家里不觉得舒服，所以不那样做。现在你既然心安，你就那样去做吧！"宰我出去后，孔子说："宰予真是不仁啊！儿子生下来长到三岁，然后才能离开父母的怀抱。服丧三年，这是天下通行的丧礼。宰予啊，难道没有三年的爱心回报自己的父母吗？"

【释】

钻燧改火 马融："《周书·月令》有更火之文，春取榆柳之火，夏取枣杏之火，季夏取桑柘之火，秋取柞楢之火，冬取槐檀之火。一年之中，钻火各异木，故曰改火也。"（《集解》）

皇侃引缪播说："尔时礼坏乐崩，而三年不行，宰我大惧其往，以为圣人无微旨以戒将来，故假时人之谓，启愤于夫子，义在屈己以明道也。"（《义疏》）

又引李充说："余谓孔子目四科，则宰我冠言语之先，安有知言之人而发违情犯礼之问乎？将以丧礼渐衰，孝道弥薄，故起斯问，以发其责，则所益者弘多也。"（《义疏》）

蕅益大师说："难道三年之丧，便报得三年之爱？且就人情真切处，点醒之耳。陈旻昭曰：'宰我答安，真有调达入地狱的手段。得他此答，方引出孔子一番痛骂，方使天下后世之为子者，皆不得安，方杜绝千古世后，欲短丧之邪说。'"（《论语点睛》）

江谦说："调达，即提婆达多。于无量劫前，佛为国王，调达为阿私仙人，为王说《妙法莲华经》。自是世世示现逆行，专意害佛，生斛饭王家，为佛从弟，常以毒藏十指甲，礼佛接足，足不伤，而指自坏。又与阿阇世王，谋欲杀佛，而自为新佛。王纵五百醉象踏佛，佛以手指，指现狮子，象皆摄伏。又推大石压佛，地神遮之，石碎，迸其小者，中佛足流血,因是陷入地狱,佛遣使问其安否?报曰:'我处此,如四禅天乐。'又问几时出地狱,答曰:'待世尊来入地狱,我方出之。'其五逆类如此。实则大权示现,成就佛功德,故《法华会》中,得授记成佛。"(《论语点睛补注》)

宰我为夫子十大弟子之一,岂有如是不孝乎?吾向疑之,今读蕅益大师、陈旻昭、江谦等古德之教,方才释然。宰我昼寝,为夫子所骂,亦大权示现之迹也,南怀瑾先生解为夫子痛惜宰我身体不好,并引出一番议论来,于情理甚是通达,吾向佩之,但与古德之论,又觉逊之矣。

本章行有言之教,上章行不言之教。要之,以礼乐教化,令人渐趋中道也。

第二十二章

17.22 子曰:"饱食终日,无所用心,难矣哉。不有博弈者乎,为之犹贤乎已。"

【译】

孔子说:"一个人整天吃饱了饭,什么要用心思的事都不做,真是太不好了!不是还有下棋这样的游戏吗?下下棋也比什么事都不做好啊。"

【释】

难 李格非:"不可;不好。如难听;难吃;难看。《战国策·中山策》:'且张登之为人也,善以微计荐中山之君久矣,难信以为利。'高诱注:'不可信其言已为己利也。'"(《汉语大字典》)

博弈 博:许慎:"局戏也,六箸十二棋也。"(《说文》)

焦循:"盖弈但行棋,博以掷采(采即骰子),而后行棋,……后人不行棋而专掷采,遂称掷采为博。"(《孟子正义》)

弈 许慎:"围棋也。"(《说文》)据此,则此处之所谓"博弈",当即今日之下围棋。

孟子:"饱食、暖衣,逸居而无教,则近于禽兽。"(《孟子·滕文公》)

马融:"为其无所据乐,善生淫欲也。"(《集解》)

张栻:"本章大无所用心则长恶,为可畏耳!"(《论语解》)可谓深得本章之旨。

第二十三章

17.23 子路曰:"君子尚勇乎?"子曰:"君子义以为上。君子有勇而无义为乱，小人有勇而无义为盗。"

【译】

子路向孔子敬问道："君子崇尚勇敢吗？"孔子说："君子以为义为最重要。君子只有勇而无义就会为乱，小人只有勇而没有义就会做强盗。"

【释】

朱熹："尚，上之也。君子为乱，小人为盗，皆以位而言者也。尹氏曰：'义以为尚，则其勇也大矣。子路好勇，故夫子以此救其失也。'胡氏曰：'疑此子路初见孔子时问答也。'"（《集注》）

"义者宜也"，"君子义以为上"，即是说君子当求正当，求恰当，求公正，求合理，求把握"度"。此"正当""恰当""公正""合理""度"，即是"义"。"礼"为保证秩序而制定，而"义"则为"礼"的内质，所以如果只尚"勇"而不尚"义"，则社会秩序将得不到保证，是以君子有勇无义则为乱，小人有勇无义则为盗。又小人乱不了社会秩序，而君子为不了鸡鸣狗盗之事。所以小人无义则为盗，而君子无义则为乱也，此又不得不知。

第二十四章

17.24 子贡曰："君子亦有恶乎？"子曰："有恶。恶称人之恶者，恶居下流而讪上者，恶勇而无礼者，恶果敢而窒者。"曰："赐也，亦有恶乎？""恶徼以为知者，恶不孙以为勇者，恶讦以为直者。"

【译】

子贡问孔子道："君子您也会有憎恶的人吗？"孔子说："有憎恶的人。憎恶传播别人坏话的人，憎恶身居下位而毁谤身居上位的人，憎恶好勇而不懂礼的人，憎恶果敢而固执不通的人。"孔子又说："赐啊，你也有所憎恶的人吗？"子贡说："我憎恶以剽窃别人的成果而自认为智慧的人，憎恶以不谦逊而自认为勇敢的人，憎恶以揭露别人隐私而自认为直率的人。"

【释】

君子 邢昺："君子谓夫子也。"（《注疏》）这里的君子指的就是孔子本人。

讪 孔安国："讪，谤毁。"（《集解》）

李炳南："居在下位，看见上级有过失，应该谏其改正，三谏不从，可以离去；如果不谏，只在背后毁谤，殊失忠厚，所以君子恶之。"（《论

语讲要》）

窒 马融："窒，窒塞也。"（《集解》）这里是冥顽不灵、顽固不化、固执不通之谓。果敢而不通事理，往往败事，而又损人。

徼 孔安国："徼，抄也。抄人之意，以为己有。"（《集解》）

抄袭之风，原来有自，夫子虽早已洞察，以问子贡而说出其行之实可憎恶，欲断后世可恶之行。

讦 "攻人之阴私也。"（《玉篇》）

包咸："讦，谓攻发人之阴私。"（《集解》）

邢昺："人之为直，当自直。己若攻发他人阴私之事，以成己之直者，亦可恶也。"（《注疏》）

本章朱熹说："讪，谤毁也。窒，不通也。称人恶，则无仁厚之意。下讪上，则无忠敬之心。勇无礼，则为乱。果而窒，则妄作。故夫子恶之。恶徼以下，子贡之言也。徼，伺察也。讦，谓攻发人之阴私。杨氏曰：'仁者无不爱，则君子疑若无恶矣。子贡之有是心也，故问焉以质其是非。'侯氏曰：'圣贤之所恶如此，所谓唯仁者能恶人也。'"（《集注》）

第二十五章

17.25 子曰："唯女子与小人为难养也。近之则不孙，远之则怨。"

【译】

孔子说："只有女子和小人难以对待，太亲近她（他）们了，她（他）们就不谦恭，疏远她（他）们了，她（他）们就怨恨。"

【释】

小人 刘宝楠："小人即此篇上章所指乡愿、鄙夫之属。"（《正义》）

养 刘宝楠："养犹待也。"（《正义》）

邢昺："此章言女子与小人皆无正性，难畜养。所以难养者，以其亲近之则多不孙顺，疏远之则好生怨恨。此言女子，举其大率耳。若其禀性贤明，若文母之类，则非所论也。"（《注疏》）

南怀瑾："孔子说女子与小人最难办了，对她太爱护了、太好了，她就恃宠而骄，搞得你啼笑皆非，动辄得咎。对她不好，她又恨死你，至死方休。这的确是事实，是无可否认的天下难事。"（《论语别裁》）

女儿重情，易为情所困，走不出情感的牢狱，是其自苦之处，最为可怜，也最难对待。此即今日之所谓小女人也。小人则唯利是图，以自我为中心，自私、小气、狭隘，所以也是动辄得咎，难以对待。但女儿贤淑者、通达者，亦比比皆是，自不可与小人并列。此处所谓"女子"，当作女子上述之通病或小女人看，绝不能当作全体女性看，观孔子盛赞周室三母——太王妻太姜、王季妻太任、文王妻太姒可知。

第二十六章

17.26 子曰："年四十而见恶焉，其终也已。"

【译】

孔子说："人的年纪已经到了四十岁，还被别人憎恶，那他到老死也就这样子了。（很难有善德的成就。）"

【释】

郑玄："年在不惑，而为人所恶，终无善行也。"（《集解》）

邢昺："此章言人年四十犹为恶行，而见憎恶于人者，则是其终无善行也已。以其年在不惑，而犹为人所恶，必不能追改故也。"（《注疏》）

四十而不惑，人如果到了四十岁仍然被人憎恶，那么这个人就很难改过迁善以成其德了。此勉人修身当及时也。

微子第十八

第一章

18.1 微子去之,箕子为之奴,比干谏而死。孔子曰:"殷有三仁焉。"

【译】

(殷纣王残暴无道,)微子放弃了殷王朝的官职与封地,离开了殷王朝,箕子被纣王贬为奴隶并装疯才得以保全性命,比干因进谏而被纣王剖心至死。孔子说:"殷纣王朝有三位仁人志士。"

【释】

马融:"微、箕,二国名。子,爵也。微子,纣之庶兄。箕子、比干,纣之诸父。微子见纣无道,早去之。箕子佯狂为奴,比干以谏见杀。"(《集解》)"诸父",同姓诸侯或叔、伯父。微子发现纣王无道,很早就离开了纣王,箕子被纣王贬为奴隶,后来他自己又装疯才保住了自己的性命,比干因为向纣王进谏而被纣王杀害。

朱熹引杨氏:"此三人者,各得其本心,故同谓之仁。"(《集注》)此三子,孔子何以许其为仁人,我们或可从《史记·宋微子世家》中睹得端倪。

司马迁说:"微子开者,殷帝乙之首子而帝纣之庶兄也。纣既立,不明,淫乱于政,微子数谏,纣不听。及祖伊以周西伯昌之修德,灭阢国,惧祸至,以告纣。纣曰:'我生不有命在天乎?是何能为!'于是微子度纣终不可谏,欲死之,及去,未能自决,乃问于太师、少师曰:'殷不有治政,不治四方。我祖遂陈于上,纣沉湎于酒,妇人是用,乱败汤德于下。殷既小大好草窃奸宄,卿士师师非度,皆有罪辜,乃无维获,小民乃并兴,相为敌雠。今殷其典丧!若涉水无津涯。殷遂丧,越至于今。'曰:'太师,少师,我其发出往?吾家保于丧?今女无故告予,颠跻,如之何其?'太师若曰:'王子,天笃下菑亡殷国,乃毋畏畏,不用老长。今殷民乃陋淫神祇之祀。今诚得治国,国治身死不恨。为死,终不得治,不如去。'遂亡。

"箕子者，纣亲戚也。纣始为象箸，箕子叹曰：'彼为象箸，必为玉杯；为杯，则必思远方珍怪之物而御之矣。舆马宫室之渐自此始，不可振也。'

"纣为淫泆，箕子谏，不听。人或曰：'可以去矣。'箕子曰：'为人臣谏不听而去，是彰君之恶而自说于民，吾不忍为也。'乃被发佯狂而为奴。遂隐而鼓琴以自悲，故传之曰《箕子操》。

"王子比干者，亦纣之亲戚也。见箕子谏不听而为奴，则曰：'君有过而不以死争，则百姓何辜！'乃直言谏纣。纣怒曰：'吾闻圣人之心有七窍，信有诸乎？'乃遂杀王子比干，刳视其心。

"微子曰：'父子有骨肉，而臣主以义属。故父有过，子三谏不听，则随而号之；人臣三谏不听，则其义可以去矣。'于是太师、少师乃劝微子去，遂行。"（《史记·宋微子世家》）

三子均大公无私，均大智大勇，微子从大局着眼，弃富贵隐居以全其性命，只为保殷后，周武王得天下，又接受周成王敕命，以"代殷后"，一臣而事二主，后儒所不屑，而夫子许为仁者也。箕子屡谏不果而又虑"为人臣谏不听而去，是彰君之恶而自说于民"是以不忍去而披发佯狂为奴，周武王得天下，请其为官而不去，则忠之属也，请教治国之方则献治国方略之《洪范·九畴》，可见其只为天下百姓计而不为一姓之天下计，非大仁大义而何？是以孔子许之。比干屡谏不果，因思"君有过而不以死争，则百姓何辜！"为百姓不惜牺牲自己生命，此后儒所大肯特肯之行也，夫子许为仁人。由此可见，微子大智、箕子大忠、比干大勇。

人若不能发明本心，何以能大公无私若此，大忠大智大勇若此哉？此夫子许三子为仁人之所由与？

第二章

18.2 柳下惠为士师，三黜。人曰："子未可以去乎？"曰："直道而事人，焉往而不三黜？枉道而事人，何必去父母之邦？"

【译】

柳下惠做法官，多次被降职。有人说："您难道不可以离开鲁国到其他国家去为官吗？"柳下惠说："用正直之道以侍奉上司，您到哪里都会被多次降职？用邪曲之道侍奉上司，（当然不会被降职），那又何必离开自己的祖国呢？"

【释】

柳下惠 春秋鲁僖公时鲁国大夫，姓展，名禽，字季，死后谥惠，食邑柳下，故称柳下惠。相传一女子坐其怀一夜而不曾乱，其操守若此。

士师 孔安国："士师，典狱之官。"（《集解》）

邢昺："士师，即《周礼》司寇之属，有士师、乡士，皆以士为官名。郑玄云：'士，察也，主察狱讼之事。'是士师为典狱之官也。"（《注疏》）

据此，则"士师"即今日之审理刑事与民事案件的主审法官。

三黜 许慎："贬下也。"（《说文》）

"退也，贬也，下也。"（《玉篇》）可见"黜"有降职与罢免二义，结合下文，此处以降职义胜。又"三"，为多次。"三黜"即多次被降职。

"直道而事人，焉往而不三黜？枉道而事人，何必去父母之邦？"有见有守，只有见得真，方能守得稳。

本章朱熹说："柳下惠三黜不去，而其辞气雍容如此，可谓和矣。然其不能枉道之意，则有确乎其不可拔者。是则所谓必以其道，而不自失焉者也。"（《集注》）

第三章

18.3 齐景公待孔子曰："若季氏，则吾不能；以季、孟之间待之。"曰："吾老矣，不能用也。"孔子行。

【译】

齐景公打算任用孔子，在谈到如何用孔子时说："像鲁君任用季氏一样，我做不到；大约会是在季氏之下孟氏之上。"（过了不久），齐景公又对孔子说："我老了，不能任用你了。"孔子就离开了齐国。

【释】

季、孟之间 孔安国："鲁三卿，季氏为上卿，最贵；孟氏为下卿，不用事。言待之以二者之间。"（《集解》）

本章所言史实，司马迁言之甚详。司马迁说："孔子年三十五，而季平子与郈昭伯以斗鸡故得罪鲁昭公，昭公率师击平子，平子与孟氏、叔孙氏三家共攻昭公，昭公师败奔于齐，齐处昭公乾侯。其后顷之，鲁乱。孔子适齐为高昭子家臣，欲以通乎景公。与齐大师语乐，闻《韶》音，学之，三月不知肉味，齐人称之。

"景公问政孔子,孔子曰:'君君,臣臣,父父,子子。'景公曰:'善哉!信如君不君,臣不臣,父不父,子不子,虽有粟,吾岂得而食诸!'他日又复问政于孔子,孔子曰:'政在节财。'景公说。将欲以尼溪田封孔子。晏婴进曰:'夫儒者滑稽而不可执法;倨傲自顺,不可以为下;崇丧遂哀,破产厚葬,不可以为俗;游说乞贷,不可以为国。自大贤之息,周室既衰礼乐缺有间。今孔子盛容饰,繁登降之礼,趋详之节,累世不能殚其学,当年不能究其礼。君欲用之以移齐俗,非所以先细民也。'后景公敬见孔子,不问其礼。异日,景公止孔子曰:'奉子以季氏,吾不能。以季孟之间待之。'齐大夫欲害孔子,孔子闻之,景公曰:'吾老矣,弗能用也。'孔子遂行,反乎鲁。"(《史记·孔子世家》)

齐国政亦在大夫,不在侯王,齐景公欲用孔子而不能。政不在王、在侯,真可谓"滔滔者天之下皆是也",孔子时,礼坏乐崩若此。

第四章

18.4 齐人归女乐,季桓子受之,三日不朝,孔子行。

【译】

齐国人赠送给鲁国一批歌伎舞女,季桓子接受了,好些天都不上朝处理政务。因此,孔子辞去了大司寇的职位,离开了鲁国。

【释】

司马迁:"定公十四年,孔子年五十六,由大司寇行摄相事,有喜色。门人曰:'闻君子祸至不惧,福至不喜。'孔子曰:'有是言也。不曰:乐其以贵下人乎?'于是诛鲁大夫乱政者少正卯。与闻国政三月,粥羔豚者弗饰贾;男女行者别于途;途不拾遗;四方之客至乎邑者,不求有司,皆予之以归。

"齐人闻而惧,曰:'孔子为政必霸,霸则吾地近焉,我之为先并矣。盍致地焉?'黎鉏曰:'请先尝沮之;沮之而不可则致地,庸迟乎!'于是选齐国中女子好者八十人,皆衣文衣而舞《康乐》,文马三十驷,遗鲁君。陈女乐文马于鲁城南高门外。季桓子微服往观再三,将受,乃语鲁君为周道游,往观终日,怠于政事。子路曰:'夫子可以行矣。'孔子曰:'鲁今且郊,如致膰乎大夫,则吾犹可以止。'桓子卒受齐女乐,三日不听政;郊,又不致膰俎于大夫。孔子遂行,宿乎屯。而师已送,曰:'夫人则非罪。'孔子曰:'吾歌可夫?'歌曰:'彼妇之口,可以出走;彼妇之谒,可以死败。盖优哉游哉,维以卒岁!'师已反,桓子曰:'孔子亦何言?'师已以实告。桓子喟然叹曰:'夫子罪我以群婢故也夫!'"(《史记·孔子世家》)

本章朱熹引尹氏说:"受女乐而怠于政事如此,其简贤弃礼,不足与有为可知矣。夫子所以行也,所谓见几而作,不俟终日者与?"又引范氏:"此篇记仁贤之出处,而折中以圣人之行,所以明中庸之道也。"(《集注》)

第五章

18.5 楚狂接舆歌而过孔子曰:"凤兮!凤兮!何德之衰?往者不可谏,来者犹可追。已而,已而!今之从政者殆而!"孔子下,欲与之言,趋而辟之,不得与之言。

【译】

楚国一个狂人迎着孔子的车子唱着歌走过去,歌词是:"凤凰啊,凤凰啊!为什么你的德行衰败了呢?过去的已经无法挽回,未来的还来得及补救。算了吧,算了吧!今天的从政者危险啊!"孔子下车,想同这个狂人谈谈,他却赶紧几步躲开了,孔子没能和他谈成。

【释】

接舆 邢昺:"接舆,楚人,姓陆名通,字接舆也。昭王时,政令无常,乃披发佯狂,不仕,时人谓之楚狂也。"(《注疏》)此说"接舆"为人名,姓氏、名、字都具足,似乎确为人名,但不知所本。

曹之升:"《论语》的记隐士皆以其事名之,门者谓之'晨门';杖者谓之'丈人';津者谓之'沮''溺';接孔子之舆者,谓之'接舆',非名亦非字也。"(清·曹之升《四书摭余说》)此说,言之成理,持之有故,可取。

接舆 "舆",《玉篇》:"舆,车乘也。""接",楚方言作迎,《汉书·韦贤传》"故动作接神,必因古圣之经"是其例。"接神"即"迎神"也。湖南方言至今仍保留了此种用法,如过年湖南乡间互相迎请亲朋好友及邻里之德高者来家做客谓之"接春客",到车站迎接嘉宾谓之"接人"等。

已而,已而 孔安国:"已而已而者,言世乱已甚,不可复治也。再言之者,伤之深也。"(《集解》)

下 包咸:"下,下车。"(《集解》)

朱熹:"凤有道则见,无道则隐,接舆以比孔子,而讥其不能隐为德

衰也。"(《集注》)

第六章

18.6 长沮、桀溺耦而耕，孔子过之，使子路问津焉。长沮曰："夫执舆者为谁？"

子路曰："为孔丘。"曰："是鲁孔丘与？"曰："是也。"曰："是知津矣。"

问于桀溺。桀溺曰："子为谁？"曰："为仲由。"曰："是鲁孔丘之徒与？"

对曰："然。"曰："滔滔者天下皆是也，而谁以易之？且而与其从辟人之士也，岂若从辟世之士哉！"耰而不辍。子路行以告。

夫子怃然曰："鸟兽不可与同群，吾非斯人之徒与而谁与？天下有道，丘不与易也。"

【译】

长沮、桀溺用耒耜耕种，孔子从他们那里路过，让子路去询问渡口的地方。

长沮说："那个拉着缰绳守在车旁的人是谁？"子路说："是孔丘。"长沮说："是鲁国的孔丘吗？"子路说："是啊。"长沮说："他是知道渡口在哪里的啊。"

子路又去问桀溺。桀溺说："你是谁？"子路恭敬地回答说："我是仲由啊。"桀溺说："你是孔丘的学生吗？"子路说："是的。"桀溺说："像这滔滔的洪水直往下流的人，普天之下到处都是的，谁又能改变这个世界呢？你与其跟着逃避坏人的志士，还不如跟着逃避社会的志士呢。"一边说话一边覆盖已播下的种子不停止。

子路回到车前向孔子做了汇报。孔子惆怅了一会儿说："鸟在天上飞翔，兽在林间行走，它们是不可能在一起的。我不做这种改变世界的人，谁又会做这种人呢？如果天下有道，我就用不着带领你们到处奔波参与这世界的改变了。"

【释】

长沮、桀溺 郑玄："长沮、桀溺，隐者也。"(《集解》)

金履祥："古之隐者，不以姓名自见，人亦不行而知之。《论语》所载，若荷蒉、晨门、荷蓧丈人皆以其物与其事名之，不得姓名之真也。独长沮、桀溺若得其名氏者，然长与桀古无此姓，大则名又皆从水，夫子使子路问津而不告，则一时何自而识其姓名？计亦以物色名之。盖二人偶耕于田，其一长而沮洳，其一人桀然高大而涂足，故因以其物色名之，犹荷蓧丈人云云尔。"（南宋·金履祥《论语集注考证》）

此说甚是，可从。

耦而耕 郑玄："耜广五寸，二耜为耦。"（《集解》）二人共享一件农具——耒耜协同用力，进行耕作。

梁永勉："耒和耜结合起来，成为'耒耜'。耒耜的横木下有刃，一农人以足踏在耒耜的横木上，利用身体的重量把耜刃压入土中，这个动作叫作'推'。耜既入土后，另一人斜抑它的柄子使土壤翻起，叫作'发'。一推一发所起之土叫作'坡'，反复推发的动作是由两个人做的，所以叫'耦耕'。"（梁永勉《中国农业史稿》）

滔滔 孔安国："滔滔，周流之貌。言当今天下治乱同，空舍此适彼，故曰谁以易之。"（《集解》）即普天之下都是一个样子，礼坏乐崩，秩序混乱，私心膨胀，不可为也。

辟人、辟世 何晏："士有辟人之法，有辟世之法。长沮、桀溺谓孔子为士，从辟人之法；己之为士，则从辟世之法。"（《集解》）

耰而不辍 郑玄："耰，覆种也。辍，止也。覆种不止，不以津告。"（《集解》）

鸟兽不可与同群 鸟飞天上，兽走地上，是之谓不同群。意谓人各有志，不可强求一律。朱熹引程子说："圣人不敢有忘天下之心，故其言如此也。"（《集注》）

长沮、桀溺不了解孔子，以为孔子为避人之士，即避不道而侍有道，他们自己为避世之士，即隐名山林，只求个人清白，不问世间治乱。而在孔子则避人避世皆非，盖人生世间，世何以避，生而为人，人何以避？只是天下无道，人生世间，当奋起有为，移风易俗，改之变之，果天下有道，何用变易，所以孔子说："天下有道，丘不与易也。"

第七章

18.7　子路从而后，遇丈人，以杖荷蓧。子路问曰："子见夫子乎？"

丈人曰："四体不勤，五谷不分，孰为夫子？"植其杖而芸。子路拱而立。

止子路宿，杀鸡为黍而食之，见其二子焉。明日，子路行，以告。

子曰："隐者也。"使子路反见之。至，则行矣。

子路曰："不仕无义。长幼之节，不可废也；君臣之义，如之何其废之？欲洁其身，而乱大伦。君子之仕也，行其义也。道之不行，已知之矣。"

【译】

子路跟随孔子出行，有一次落在了后面，遇到一个用木杖挑着除草工具的老人。子路问他说："（我和我的老师走丢了，）您看到了我的老师吗？"老人说："四体不勤，五谷不分，谁是老师？"说完，放下木杖，去田里除草。子路拱着手恭敬地站在旁边。老人留子路到他家里住宿，杀鸡，做小米饭给他吃，又叫两个儿子出来见了子路。第二天，子路赶上了孔子，并把这件事告诉了孔子。孔子说："这是个隐士啊。"而且让子路返回去再看看那位老人家，表示谢谢。子路到了那里，老人家却走开了。子路说："不侍奉那些不义的侯王，长幼之间的秩序不能废弃，那君臣之间的大义，又怎么能将它废除呢？本想洁身自好，可是隐居不仕，却搞乱了君臣之间的大义——伦理关系。君子的出来做官，是践履义，至于大道不能推行，已经知道了。"

【释】

芸 阮元："汉石经芸作耘。按：耘为本字，芸乃假借字。"（清·阮元《十三经校勘记·论语校勘记》）

丈人 包咸："丈人，老人也。"（《集解》）

蓧 包咸："蓧，竹器名。"（《集解》）这是古代的一种竹编的耘田工具。

植、芸 孔安国："植，倚也。除草曰芸。"（《集解》）

伦 包咸："伦，道理也。"（《集解》）

朱熹："伦，序也。人之大伦有五：父子有亲，君臣有义，夫妇有别，长幼有序，朋友有信是也。"（《集注》）

人伦之序，亦理也，二说相通。

君子之仕 包咸："言君子之仕，所以行君臣之义，不必自己道得行。孔子道不见用，自己知之。"（《集解》）

蕅益大师："此数句，绝不似子路之言，想是夫子教他的。幸得丈人不在，不然却被丈人勘破。"（《论语点睛》）此说甚是。

朱熹说："仕所以行君臣之义，故虽知道之不行而不可废。然谓之义，则事之可否，身之去就，亦自有不可苟者。是以虽不洁身以乱伦，亦非忘义以殉禄也……范氏曰：'隐者为高，故往而不反。仕者为通，故溺而不止。不与鸟兽同群，则决性命之情以饕富贵。此二者皆惑也，是以依乎中庸者为难。唯圣人不废君臣之义，而必以其正，所以或出或处而终不离于道也。'"（《集注》）本章之义，清楚明白。

第八章

18.8 逸民：伯夷、叔齐、虞仲、夷逸、朱张、柳下惠、少连。子曰："不降其志，不辱其身，伯夷、叔齐与！"谓："柳下惠、少连，降志辱身矣。言中伦，行中虑，其斯而已矣。"谓："虞仲、夷逸，隐居放言，身中清，废中权。我则异于是，无可无不可。"

【译】

古今避世隐居的隐士有：伯夷、叔齐、虞仲、夷逸、朱张、柳下惠、少连。孔子说："不降低自己的志向，不屈辱自己的身份，这是伯夷、叔齐吧！"又说："柳下惠、少连被迫降低自己的志向，屈辱自己的身份，但说话合乎法度，行为合乎谋虑，他们也不过就这样子罢了。"又说："虞仲、夷逸过着隐居的生活，不谈世事，毕生行为符合清廉的原则，放弃显贵身份符合权变的处世态度。我与这些人的人生态度不同，对于出处进退，没有什么绝对的行与不行，只是随顺因缘，当行则行，当止则止。"

【释】

逸民 节行超逸、避世隐居之人。何晏："逸民者，节行超逸也。"（《集解》）

朱熹："逸，遗逸。民者，无位之称。"（《集注》）

伦 朱熹："伦，义理之次第也。"（《集注》）这里译为"法度"。

放言 包咸："放，置也。不复言世务。"（《集解》）这里指不谈世事，不问世事。

无可无不可 马融："亦不必进，亦不必退，唯义所在。"（《集解》）进退出入均不执着，宜进则进，宜退则退，当出则出，当止则止，随缘不变，不变随缘，此之谓也。

朱熹："孟子曰：'孔子可以仕则仕，可以止则止，可以久则久，可以速则速。'所谓'无可无不可'也。谢氏曰：'七人隐遁不污则同，其立心造行则异。伯夷、叔齐，天子不得臣，诸侯不得友，盖已遁世离群矣，下圣人一等，此其最高与！柳下惠、少连，虽降志而不枉己，虽辱身而不求合，其心有不屑也。故言能中伦，行能中虑。虞仲、夷逸隐居放言，则言不合先王之法者多矣。然清而不污也，权而适宜也，与方外之士害义伤教而乱大伦者殊科。是以均谓之逸民。'尹氏曰：'七人各守其一节，而孔子则无可无不可，此所以常适其可，而异于逸民之徒也。'扬雄曰：'观乎圣人则见贤人。是以孟子语夷、惠，亦必以孔子断之。'"（《集注》）这里除了说虞仲"言不合先王之法者多"与《史记·周本纪》之言虞仲事迹不符外，余皆中肯。

第九章

18.9 大师挚适齐，亚饭干适楚，三饭缭适蔡，四饭缺适秦，鼓方叔入于河，播鼗武入于汉，少师阳、击磬襄入于海。

【译】

太师挚到齐国去了，亚饭乐师干到楚国去了，三饭乐师缭到蔡国去了，四饭乐师缺到秦国去了，打鼓的方叔到黄河边去了，摇小鼓的武到汉水边去了，少师阳和击磬的襄到海滨去了。

【释】

邢昺说："此章记鲁哀公时，礼坏乐崩，乐人皆去也。'大师挚适齐'者，太师，乐官之长，名挚，去鲁而适齐也。'亚饭干适楚'者，亚，次也。天子诸侯每食奏乐，乐章各异，各有乐师。次饭乐师名干往楚，三饭乐师名缭往蔡，四饭乐师名缺往秦。'鼓方叔入于河'者，击鼓者名方叔入于河内也。'播鼗武入于汉'者，播，摇也。鼗如鼓而小，有两耳，持其柄摇之，旁耳还自击。摇鼗鼓者名武入居于汉中也。'少师阳、击磬襄入于海'者，阳、襄皆名，二人入居于海内也。"（《注疏》）

朱熹引张子说："周衰乐废，夫子自卫反鲁，一尝治之。其后伶人贱工识乐之正。及鲁益衰，三桓僭妄，自大师以下，皆知散之四方，踰河蹈海以去乱。圣人俄顷之助，功化如此。如有用我，期月而可。岂虚语哉？"（《集注》）

蕅益大师说："凄怆之景，万古堕泪，亦可助发苦空无常观门。"（《论语点睛》）此话非蕅益大师说不出。

第十章

18.10 周公谓鲁公曰:"君子不施其亲,不使大臣怨乎不以。故旧无大故,则不弃也。无求备于一人。"

【译】
周公旦对即将出任鲁公的儿子伯禽说:"君子不以别人的亲属代替自己的亲属,不要让大臣们埋怨不任用他们。旧友老臣没有大的过失,就不要遗弃他们,不要要求单个的人具备全智全能。"

【释】
鲁公 孔安国:"鲁公,周公之子伯禽,封于鲁。"(《集解》)

施 孔安国:"施,易也。不以他人之亲易己之亲。"(《集解》)

以 孔安国:"以,用也。怨不见听用。"(《集解》)

大故 孔安国:"大故,谓恶逆之事。"(《集解》)

求 邢昺:"求,责也。任人当随其才,无得责备于一人也。"(《注疏》)

朱熹引胡氏说:"此伯禽受封之国,周公训戒之辞。鲁人传诵,久而不忘也。其或夫子尝与门弟子言之欤?"(《集注》)

江谦说:"此言居上要宽,宽则得众,无求备于一人。是教凡有国者,造就人才之准则。求备于一人,可使天下无一人;不求备于一人,而人才不可胜用矣。后世科举学校,皆以求备一人之法,使天下英才,不能成材,不能成德,而国家之根本伤矣,可叹也夫。"(《论语点睛补注》)

疏间亲,大臣怨,小过即弃,求全责备,此人之最易犯者也,不可不谨;而不以疏间亲,不令大臣怨,无大过不弃,不求全责备,则又看似易而实最难做到之事也,当努力及之。

第十一章

18.11 周有八士:伯达、伯适、仲突、仲忽、叔夜、叔夏、季随、季骗。

【译】
周代有八位著名的武士:伯达、伯适、仲突、仲忽、叔夜、叔夏、季随、季骗。

【释】

士 古棣等："周初没有文士，所指只能是武士，而且是有名气载于史册的，当然是著名的武士。清·翟灏《四书考异》说：'八士，周文、武时人，出南宫氏。《晋语》文王之即位也，询于八虞。贾唐注：八虞，即周八士，皆为虞官。（按：虞官掌管山林禽兽之事，包括天子、大臣打猎之事。）《逸周书》之《和寤》《寤寤》二篇，序武王将赴牧野之文，一云厉翼于尹氏八士，一云尹氏八士咸作有绩。至《克殷》篇则命尹氏作策告神，命南宫忽振财发粟，命南宫达迁九鼎（于）之巫，命八士即南宫氏兄弟，而随武王伐纣者也。''八士'即尹氏的八子。程树德解释说：'尹氏在周初本为大族。八士名见《周书》者有伯达、伯适、南宫忽三人，其为尹氏子无疑。曰南宫者，古人命士以上父子异宫，又可以居为氏，故称南宫也。南宫伯适，即《书》之南宫适，《汉书人表》列之周初，自是不诬。'"（《孔子批判·下·论语译说》）

朱熹："此篇孔子于三仁、逸民、师挚、八士，既皆称赞而品列之；于接舆、沮、溺、丈人，又每有惓惓接引之意。皆衰世之志也，其所感者深矣。在陈之叹，盖亦如此。三仁则无间然矣，其余数君子者，亦皆一世之高士。若使得闻圣人之道，以裁其所过而勉其所不及，则其所立，岂止于此而已哉？"（《集注》）

本条向称难解，不知何以将此篇内容收入其中。

子张第十九

第一章

19.1 子张曰:"士见危致命,见得思义,祭思敬,丧思哀,其可已矣。"

【译】

子张说:"士碰到国家危难时能不惜牺牲自己的生命,见到利时能先想到义,祭祀时先想到的是对先灵的恭敬,居丧时先想到的是哀伤,这样也就可以了。"

【释】

致命 孔安国:"致命,不爱其身。"(《集解》)

邢昺:"此章言士行也。士者,有德之称,自卿大夫以下皆是。致命,谓不爱其身。子张言,为士者,见君有危难,不爱其身,致命以救之;见得利禄,思义然后取;有祭事,思尽其敬;有丧事,当尽其哀,有此行者,其可以为士已矣。"(《注疏》)

朱熹:"四者立身之大节,一有不至,则余无足观。故言士能如此,则庶乎其可矣。"(《集注》)

后世学人皆称士子,士岂易称乎!

第二章

19.2 子张曰:"执德不弘,信道不笃,焉能为有?焉能为亡?"

【译】

子张说:"执守仁德不广大圆满,信仰圣道不笃厚坚实,(这种人)怎么能成就有为的事功,怎么能成就无为的圣道?"

【释】

执 "守也,持也。"(《正韵》)

邢昺:"此章言人行之不备者。弘,大也。笃,厚也。亡,无也。言人执守其德，不能弘大，虽信善道，不能笃厚，人之若此，虽存于世，何能为有而重？虽没于世，何能为无而轻？言于世无所轻重也。"（《注疏》）

第三章

19.3 子夏之门人问交于子张。子张曰："子夏云何？"对曰："子夏曰：'可者与之，其不可者拒之。'"子张曰："异乎吾所闻：君子尊贤而容众，嘉善而矜不能。我之大贤与，于人何所不容？我之不贤与，人将拒我，如之何其拒人也？"

【译】

子夏的学生向子张请问交友之道。子张说："子夏是怎么说的？"子夏的学生回答说："子夏说：'可以相交的就和他相交，不可以相交的就拒绝他。'"子张说："（这）与我从夫子那里所听到的交友之道大不相同：君子尊重贤人，又能容纳众人；既能够赞美善人，又能同情无能力的人。我是十分贤良的人，对什么人又不能宽容呢？我不是贤良的人，人家就会拒绝我，我怎么能拒绝别人呢？"

【释】

矜 "《书·旅獒》：'不矜细行，终累大德。'《注》：'矜，怜惜之意。'"（《康熙字典》）

尊贤而容众，嘉善而矜不能 邢昺："言君子之人，见彼贤则尊重之，虽众多亦容纳之。人有善行者则嘉美之，不能者则哀矜之。"（《注疏》）

朱熹："子夏之言迫狭，子张讥之是也。但其所言亦有过高之病。盖大贤虽无所不容，然大故亦所当绝；不贤固不可以拒人，然损友亦所当远，学者不可不察。"（《集注》）

朱熹认为子夏之言迫狭，子张之言过高。其实，子夏所言交友之"友"，当指同志为友而言，就结为志同道合之人而言，当然是"可者与之，其不可者拒之"。而子张所言交友之"友"，则是泛指待人友善而言，也即后世孟子所说"出入相友"之友，自然无所谓高下之分。因此，子夏之所谓"不可者拒之"，就更加不存在"不容众""不矜不能"了。此又不可不知者也。

第四章

19.4 子夏曰："虽小道，必有可观者焉；致远恐泥，是以君子不为也！"

【译】

子夏说："即使是异端小道，也必定有可观览的地方。但想借此以通达大道，恐怕会陷入泥潭不能达到目的，所以君子不行异端。"

【释】

小道 何晏："小道，谓异端。"（《集解》）异端非中道，是以君子不为也。

泥 包咸："泥难不通。"（《集解》）这里指陷入泥潭不能通达大道。

邢昺："此章勉人学为大道正典也。小道谓异端之说，百家语也。虽曰小道，亦必有小理可观览者焉，然致远经久，则恐泥难不通，是以君子不学也。"（《注疏》）

此章张栻说："尧舜之道，天下之达道也，非尧舜之道，皆'小道'而已。小道亦各有所长，非无可观也。然以致远，则必有弊，而不可以行。'致远'，谓推之天下与来世也。君子之学岂但为目前计哉？亦期以远而已。则夫小道者，宜君子之不为也。然为其有可观，故可以惑人。人惑之，谓见其近利云耳。若以致远存心，则乌能惑也？"（《论语解》）

小道虽有可观，但为之则碍大道。然则，为大道，难见速效，为小道功效立见，是以人皆喜为小道。释迦牟尼佛所谓"可怜悯者也"以此。君子当发大心，天下归仁为己任，娑婆化净土为己任，人人皆成圣、成贤、成佛、成菩萨为己任也。

第五章

19.5 子夏曰："日知其所亡，月无忘其所能，可谓好学也已矣。"

【译】

子夏说："每天都能学到一些自己所没有的东西，每月都能不忘记自己所学到的东西，可以称为好学了啊！"

【释】

蕅益大师说："此便是子夏之学，不是孔子之学，所谓小人儒也。"（《论语点睛》）

张栻："致其知而不舍，故其知日新，保其有而不违，故其有常存。"（《论语解》）

子夏之所谓"好学"与夫子之所谓"好学"，相去不知几千里也。

《学而》篇中子曰："君子食无求饱，居无求安，敏于事而慎于言，就有道而正焉，可谓好学也已。"此"好学"之"学"字，当作觉悟解，而本章子夏之所谓"好学"之"学"字，则只能作学习解。子夏少孔子四十岁，"学"之"学习"义或为后起，亦有可能。

第六章

19.6　子夏曰："博学而笃志，切问而近思，仁在其中矣。"

【译】

子夏说："使自己的学问渊博，使自己的志向坚定；就自身的修养寻找问题，就存在的问题深入思考，仁道也就在这过程中成就。"

【释】

博学而笃志　孔安国："广学而厚识之。"（《集解》）这里释"博学"为"广学"则是，释"笃志"为"厚识"则非。"笃志"就是使自己的志向坚定，永不改变。

切问而近思　邢昺："切问者，切问于己所学未悟之事。近思者，思己所未能及之事。"（《注疏》）"己所学未悟之事"，即修身过程中所不明白的事项；"己所未能及之事"，即修身过程中自己所不能解决的问题。

本章朱熹说："四者皆学问思辨之事耳，未及乎力行而为仁也。然从事于此，则心不外驰，而所存自熟，故曰仁在其中矣。程子曰：'博学而笃志，切问而近思，何以言仁在其中矣？学者要思得之。了此，便是彻上彻下之道。'又曰：'学不博则不能守约，志不笃则不能力行。切问近思在己者，则仁在其中矣。'又曰：'近思者以类而推。'苏氏曰：'博学而志不笃，则大而无成；泛问远思，则劳而无功。'"（《集注》）

第七章

19.7　子夏曰："百工居肆以成其事，君子学以致其道。"

【译】

子夏说："各种类型的工匠都是住在自己的作坊中生产和出售自己的产品，君子通过觉悟以达到道的境界。"

【释】

百工居肆　包咸："百工处其肆则事成，犹君子学以致其道。"（《集解》）

邢昺："此章亦勉人学，举百工以为喻也。审曲面势以饬五材，以辨民器，谓之百工。五材各有工，言百，众言之也。肆，谓官府造作之处也。致，至也。言百工处其肆，则能成其事，犹君子勤于学，则能至于道也。"（《注疏》）

本章以例补充说明上章所言之理也。道不远人，道不离器，"学而"之人，当明此理。是以子夏以百工处其肆而成其事为例，说明"学而"之人，当"博学""笃志""切问""近思"而致其道。

第八章

19.8 子夏曰："小人之过也，必文。"

【译】

子夏说："小人对自己的过错，必然加以掩饰。"

【释】

文 "文，饰也。"（《集韵》）

皇侃："君子有过，是已误行，非故为也，故知之则改；而小人有过，是知而故为，故愈文饰之，不肯言己非也。"（《义疏》）

邢昺："此章言小人不能改过也。言小人之有过也，必文饰其过，强为辞理，不言情实也。"（《注疏》）

文过饰非，乃小人之行为，知过即改为君子之操守，君子、小人于其对待自己之过错处判之，就十分容易。

第九章

19.9 子夏曰："君子有三变：望之俨然，即之也温，听其言也厉。"

【译】

子夏说："君子的态度有三种变化：远远望去，态度庄重严肃；亲密接触，温和可亲；听他说话，义正词严。"

【释】

厉 郑玄："厉，严正也。"（《集解》）

皇侃引李充："君子敬以直内，义以方外，辞正体直，而德容自然发。人谓之变耳，君子无变也。"（《义疏》）

"望之俨然"，是君子的气质，如释迦牟尼佛当年初悟出行，有路人经过，即被其"望之俨然"的气质慑服，若不是印度那种传统理念的束缚，这些路人几乎就成了释迦牟尼佛的第一批弟子。"即之也温"，是君子待人的态度，君子内心平静，平等视人，无欲无求，与之交接，自然感其温润柔和之气。"其言也厉"，厉者，严正，君子之言，不仅顾其现在，还要虑及将来，无非是深入实相之言，自然严肃中正，无党无偏。所以此之所谓君子，实"学而"圆满之君子也。

第十章

19.10 子夏曰："君子信而后劳其民；未信，则以为厉己也。信而后谏；未信，则以为谤己也。"

【译】

子夏说："君子有信，然后再去劳动民众。无信，就去劳动民众，民众就会认为是在虐待他们；有信，然后才能去规劝上司，无信，就去规劝上司，上司就会认为是在诽谤他。"

【释】

信、厉 朱熹："信，谓诚意恻怛而人信之也。厉，犹病也。事上使下，皆必诚意交孚，而后可以有为。"（《集注》）

本章邢昺说："此章论君子使下事上之法也。厉，犹病也。言君子若在上位，当先示信于民，然后劳役其民，则民忘其苦也。若未尝施信而便劳役之，则民以为从欲崇侈、妄加困病于己也。若为人臣，当先尽忠于君，待君信己，而后可谏君之失。若君未信己，而便称君过失以谏诤之，则君以为谤诽于己也。"（《注疏》）

一个有信的人，人愿为之服其劳，而无信之人劳其人，则无论事之当为不当为，人皆以为害之也。一个有信的政府，民众莫说为之服其劳，即令之赴汤蹈火，亦在所不惜。规劝人亦如此，一个有信之人规劝人，人以其诚而愿接受其规劝；若一个无信之人，即使所规所劝皆切中要害，皆有利于，而人必以其平素之不诚而避之尚嫌不及，岂有接受之理哉！是以夫子说人无信不立。

第十一章

19.11 子夏曰："大德不逾闲，小德出入可也。"

【译】

子夏说："德行圆满的人，不会超越规矩法度；德行欠火候的人，有时其行为会偏离规矩法度但会立即察觉而入于规矩法度之中，（这种境界）

是允许的。"

【释】

闲 许慎："阑也。从门，中有木。"（《说文》）

"防也，御也，法也。"（《广韵》）

孔安国："闲，犹法也。"（《集解》）

小德出入可 孔安国："小德不能不逾法，故曰出入可。"（《集解》）

据孔安国："小德不能不逾法"，则小德显然指小德之人而言，小德是指小德之人，大德当然亦是指大德之人。"不逾闲"，即"从心所欲而不逾距"，既"从心所欲而不逾距"为此处之"大德"，则大德为圣人可知。据此以推，则小德当指贤人。

韩愈："吾谓大德，圣人也……小德，贤人也。"（《论语笔解》）此说，可以为证。

所以邢昺说："此章论人之德有小大，而行亦不同也。闲，犹法也。大德之人，谓上贤也，所行皆不越法则也。小有德者，谓次贤之人，不能不逾法。有时逾法而出，旋能入守其法，不责其备，故曰可也。"（《注疏》）

张栻说："大德，大体也，小德，节目也。君子所存大体固有定，而至其酬酢之际，用权以取中，初无一定之执，故未尝不同归焉。如可以取，可以无取，可以与，可以无与之类，是也。然而斯言以'大德不逾闲'为本，必大德不逾闲，而后小德可以出入。盖其出入未尝不在其闲之中，故曰'可也'。不然，本之不立，而谓出入为可，是小人之无忌惮而已。"（《论语解》）此以大德为大体，为根本，小德为节目，为枝末，亦为有理。

韩愈说："吾谓大德圣人也，言学者之于圣人不可踰过其门阈尔。小德贤人也，尚可出入窥见其奥也。"（《论语笔解》）韩愈指说圣人之境界高深莫测，难以入其堂奥。贤人之境界稍底，用心精微，有时或可入其境界少分耳。

第十二章

19.12 子游曰："子夏之门人小子，当洒扫应对进退，则可矣，抑末也。本之则无，如之何？"

子夏闻之，曰："噫！言游过矣！君子之道，孰先传焉？孰后倦焉？譬诸草木，区以别矣。君子之道，焉可诬也？有始有卒者，其唯圣人乎！"

【译】

子游说:"子夏的学生,做些扫尘除垢和恰当地迎送回答客人的事情是可以的,但这些不过是末节小事,根本的大道却没有学到,这怎么行呢?"

子夏听了,说:"唉,子游错了。君子之道先传授哪些,后传授哪些,要随教授对象的个体差异决定。这就像草和木,是有区别的。对于这种成就了君子之道的人的传授方法,怎么可以毁谤呢?有始有终地贯彻因材施教方法的,这恐怕只有圣人吧!"

【释】

应 邢昺:"应,当也。"(《注疏》)

本之则无 包咸:"言子夏弟子,但当对宾客修威仪礼节之事则可。然此但是人之末事耳,不可无其本,故云本之则无,如之何?"(《集解》)

先传、后倦 包咸:"言先传业者必先厌倦,故我门人先教以小事,后将教以大道。"(《集解》)

譬诸草木 马融:"言大道与小道殊异。譬如草木,异类区别,言学当以次。"(《集解》)

焉可诬 马融:"君子之道,焉可使诬言我门人但能洒扫而已。"(《集解》)

本章朱熹说:"子游讥子夏弟子,于威仪容节之间则可矣。然此小学之末耳,推其本,如大学正心诚意之事,则无有……言君子之道,非以其末为先而传之,非以其本为后而倦教。但学者所至,自有浅深,如草木之有大小,其类固有别矣。若不量其浅深,不问其生熟,而概以高且远者强而语之,则是诬之而已。君子之道,岂可如此?若夫始终本末一以贯之,则唯圣人为然,岂可责之门人小子乎?程子曰:'君子教人有序,先传以小者近者,而后教以大者远者。非先传以近小,而后不教以远大也。'又曰:'洒扫应对,便是形而上者,理无大小故也。故君子只在慎独。'又曰:'圣人之道,更无精粗。从洒扫应对,与精义入神贯通只一理。虽洒扫应对,只看所以然如何。'又曰:'凡物有本末,不可分本末为两段事。洒扫应对是其然,必有所以然。'又曰:'自洒扫应对上,便可到圣人事。'愚按:'程子第一条,说此章文意,最为详尽。其后四条,皆以明精粗本末。其分虽殊,而理则一。学者当循序而渐进,不可厌末而求本。盖与第一条之意,实相表里。非谓末即是本,但学其末而本便在此也。'"(《集注》)

释溢益说:"子游之讥,是要门人知本;子夏之辩,是要门人即末悟

本。只此洒扫应对进退，若以为末，到底是末。若知其本，头头皆本。二贤各出手眼接引门人，莫作是非会也。"（《论语点睛》）

江谦说："佛以一音演说法，众生随类各得解。天以一味降时雨，草木随类各滋荣。君子之道，本末不二。见本见末，见先见后，皆学者机感之不同也。若即末知本，即始知卒，则非至圆至顿之圣人不能。故一乘佛法，分别而说三说五，乃至无量。为菩萨、缘觉、声闻、天、人，及恶道众生，曲垂方便，十方三世佛，等一大慈也。"（《论语点睛补注》）

子游以本摄末，子夏以末达本，皆教授之道也，皆是随机传道，皆无可无不可。

第十三章

19.13 子夏曰："仕而优则学，学而优则仕。"

【译】

子夏说："为官尽职尽责了，而精力有剩，就当追求觉悟先王之道（真理）；已经觉悟了真理而又精力有剩的人，就当从政（感化一方）。"

【释】

仕而优则学 马融："行有余力，则以学文。"（《集解》）

邢昺："此章劝学也。言人之仕官行己职而优闲有余力，则以学先王之遗文也。若学而德业优长者则当仕进，以行君臣之义也。"（《注疏》）

李卓吾："今人学未优，则已仕矣，仕而优，如何肯学。方外史曰：'唯其学未优便仕，所以仕后永无优时。'"（引自《论语点睛》）

尽职尽责之人，必当尽心尽力；尽心尽力之人，当能用心于当下；能用心于当下之人，若求大道，定是上等根机，所以当其行有余力之时，当发心追求觉悟先王之大道。此劝人不可满足于"仕而优"，当求向上一步，与天地合其德，与圣人同其心，此所谓"超凡入圣"者也。

觉悟了先王之道的人，洞达天地人生真相，了悟民心即天心之大旨，自当追求仕进，与民同其忧乐，教化一方，感悟一方，建功立业，万世不朽，此所谓超圣入凡者也。

第十四章

19.14 子游曰："丧致乎哀而止。"

【译】

子游说:"亲丧,悲哀到极致就可以了。不要过度,毁伤性命。"

【释】

致 "极也。《书·盘庚》:'凡尔众,其唯致告。'《传》:'致我诚,告汝众。'《礼·礼器》:'有放而不致也。'《疏》:'致,极也。'"(《康熙字典》)

孔安国:"毁不灭性。"(《集解》)也就是不过哀之意。

皇侃:"虽丧礼主哀,然孝子不得过哀以灭性,故使各至极哀而止也。"(《义疏》)

过哀,即是异端。孔门以中道立学,是以不许,此子游"丧致乎哀而止"之由也。

第十五章

19.15 子游曰:"吾友张也,为难能也,然而未仁。"

【译】

子游说:"我的朋友子张,有高明之见卓绝之行,但还没有达到仁的境界。"

【释】

张栻:"有高明之见,卓绝之行,谓之难能则可,而不害其为未仁也。"(《论语解》)

俞樾:"孔子论仁多以其易者言之,故曰:'有能一日用其力于仁矣乎?我未见力不足者。'又曰:'可以为难矣,仁则吾不知也。'然则仁之不在乎难明矣。子贡问:'博施于民而能济众,何其难也?孔子告之以'己欲立而立人,己欲达而达人',何其易也。孔子尝谓'师也过',唯过故为难能,唯难能故未仁。子游此论极合孔子论仁之旨,非先以容仪难及美之,而后以未仁讥之也。"(《群经平议》)据此,则子张诚今日之所谓高推圣境者也,高推圣境所以难入圣境。

王闿运:"友张,与子张友也。难能,才能难及。此篇多记子张之言,非贬子张未仁,言己徒希其难,未及于仁。"(清·王闿运《论语训》)

仁之为仁,非亲自实证者,未能言也。即如子张,高明卓绝,而子游认为未至于仁。可见仁之为仁,不在见之高明,盖高明之见,可学习而至也,终是解悟之徒、偏狂之慧。亦不在行之卓绝,盖卓绝之行,可力行而至也，终是盲修之辈、做作之行。此二者，均缺中和之气象，平实之行持，故子游未许为仁。再者，子张"过"，过犹不及，均是偏离中道，是以未入于仁。

第十六章

19.16 曾子曰："堂堂乎张也，难与并为仁矣。"

【译】

曾子说："仪表堂堂的子张啊，他堂堂的仪容难以与仁行并立。"

【释】

包咸："言子张容仪之难及。"（《集解》）

郑玄："言子张容仪盛，而于仁道薄也。"（《集解》）

张栻："堂堂气象，所以为难与并为仁也与？盖是道也，必深潜缜密，亲切笃至，而后可以进。故如愚之颜子，圣人许其不违仁，而堂堂之张，曾子以为难与并为仁也。"（《论语解》）

朱熹："堂堂，容貌之盛。言其务外自高，不可辅而为仁，亦不能有以辅人之仁也。范氏曰：'子张外有余而内不足，故门人皆不与其为仁。子曰：刚、毅、木、讷近仁。宁外不足而内有余，庶可以为仁矣。'"（《集注》）

威仪三千，礼仪八百，皆仁行也。子张注重威仪，如《荀子·非十二子》说子张"禹行而舜趋"即其例。子张仪表堂堂，人以为子张入于仁道也，然子游、曾子均具识力，一眼觑破。亲证乎仁者，仁即是心，心即是仁，心既是仁，行自是仁也，高明卓行是仁，仪表堂堂亦是仁也，威猛刚毅是仁，平和温润亦是仁也。此中有真意，问谁领会得来。

第十七章

19.17 曾子曰："吾闻诸夫子：人未有自致者也，必也亲丧乎！"

【译】

曾子说："我从先生那里听到：平常的时候，人没有自动地竭尽全力，充分发挥感情地办事的，（如果有），那一定是父母逝世时所办理的丧事啊！"

【释】

自致 古棣等："副词，自动，没有外在原因的自动行为，如《老子》五十七章：'我无为而民自化。''致'，竭尽全力。朱熹《集注》：'致，尽其极也'。马融注：'人虽未能自致尽于他事，至于亲丧，必自致尽。'刘宝楠注：'孟子云：亲丧，固所自尽也，'意同。"（《孔子批判·下·论语译说》）

本章朱熹说："盖人之真情所不能自已者。尹氏曰：'亲丧固所自尽也，于此不用其诚，恶乎用其诚。'"（《集注》）

人之真情所不能自已者，在亲之丧，亲丧若不能尽心尽力办理丧事，则禽畜不如，何为人哉？此夫子之所以释也。

第十八章

19.18 曾子曰："吾闻诸夫子：孟庄子之孝也，其他可能也；其不改父之臣与父之政，是难能也。"

【译】

曾子说："我从夫子那里听说：孟庄子的孝，别的方面他人可以做得到，但他不更换他父亲所用的臣子，不改变他父亲的为政措施，这是别人难以做到的。"

【释】

马融："孟庄子，鲁大夫仲孙连也。谓在谅阴之中，父臣及父政虽有不善者，不忍改也。"（《集解》）

朱熹："孟庄子，鲁大夫，名速。其父献子，名蔑。献子有贤德，而庄子能用其臣，守其政。故其他孝行虽有可称，而皆不若此事之为难。"（《集注》）

一朝天子一朝臣，古今通例，今日之所谓民主社会亦然。而孟庄子能用其父旧时之臣，虽其父有贤德，其臣亦当贤，但父之臣或有居功自傲之谦，不若用己之人顺心应手。而孟庄子不顾，是真难能也。

孔子说："三年无改于父之道，可谓孝矣。"孟庄子继父执政四年，即去世。四年中，未更换其父之臣，未改变其父之政，此孔子表彰其孝之所本也。然则，从此例我们亦可窥知春秋时代孝道之没落已经到了何等程度，应知若"三年无改于父之道"是一种普遍现象，则夫子也不会对孟庄子之行为大加表彰。

第十九章

19.19 孟氏使阳肤为士师，问于曾子。曾子曰："上失其道，民散久矣。如得其情，则哀矜而勿喜。"

【译】

孟氏要阳肤做法官，阳肤向曾子请教为法官之道。曾子说："高高在上的执政者们，失去了以礼乐教化民众的为政之道，民众离心离德，散失先王之道已经很久了。你若能够主持典狱，审出罪犯的真情，便应该怜悯他们不明礼、法，作奸犯科的原因是在上的行政者们失其教化的这一真实情形。不要只从犯罪的事实而喜施其刑罚。"

【释】

阳肤 包咸："阳肤，曾子弟子。"（《集解》）

士师 包咸："士师，典狱之官。"（《集解》）

问于曾子 邢昺："问其师求典狱之法也。"（《注疏》）

马融："民之离散为轻漂犯法，乃上之所为，非民之过，当哀矜之，勿自喜能得其情。"（《集解》）

韩愈："哀矜其民散之情，勿喜施其刑罚，是其旨矣。"（《论语笔解》）

李翱："《家语》云：鲁人有父子讼者，孔子为司寇，同牢狱絷之，父子皆泣。子曰：'上失其教，民散久矣。'皆释之。此有以见哀矜其情不喜施刑罚之验也。马谓勿喜得其情，失之矣。"（《论语笔解》）韩李之说较之马说，似更符原意，故采之。

朱熹引谢氏说："民之散也，以使之无道，教之无素。故其犯法也，非迫于不得已，则陷于不知也。故得其情，则哀矜而勿喜。"（《集注》）

孟子继承子思，为学界通论，但其"民为重，君为轻"却不能不说与曾子的思想密切相关。

第二十章

19.20 子贡曰："纣之不善，不如是之甚也。是以君子恶居下流，天下之恶皆归焉。"

【译】

子贡说："殷纣王的恶，没有像传说中所肯定的那样厉害。因为君子讨厌处在下流地位，（如果处在下流地位），则全天下罪恶的名声都会归到他的头上。"

【释】

不如是之甚 "是",肯定。荀卿:"不法先王,不是礼义。"(《荀子·非十二子》)

班固:"天子是其议,未及施行而禹卒。"(《汉书·韦贤传》)是其例。"甚",过分,厉害。

下流 邢昺:"下流者,谓为恶行而处人下,若地形卑下,则众流所归。"(《注疏》)

邢昺:"此章戒人为恶也。纣名辛,字受德,商末世之王也。为恶不道,周武王所杀。《谥法》:'残义损善曰纣。'言商纣虽为不善,以丧天下,亦不如此之甚也,乃后人憎甚之耳……人之为恶处下,众恶所归,是以君子常为善,不为恶,恶居下流故也。纣为恶行,居下流,则人皆以天下之恶归之于纣也。"(《注疏》)

此章子贡戒人为恶是也。古德云"莫以恶小而为之",盖人有恶名,则世人见恶皆以为此有恶名之人为之也。如人一次为窃,因而有了窃名,则从此地方有人失窃,人们首先即想当然认定其失物为此有窃名之人所偷也。此人之常情,子贡深明此情此理,是以戒人莫为恶也。

但通过此章,我们更可以从此看到孔门的求实精神或者说孔门的史观:即对于历史及历史人物的评价,实事求是,合情合理,力求全面、客观、公正。即使对人人得而诛之的殷纣王,也不人云亦云,而是以事实为根据,客观公正地对待。孔门遵周,因周文化先进于殷,但遵周而不盲从于周,如周谥殷王帝乙为"纣",按《谥法》"残义损善曰纣"来看,殷纣王之恶,可谓恶贯满盈。而子贡却说"纣之不善,不如是之甚也",即是最明显的例证。子贡对殷纣王的评价,在先秦典籍中,亦可找到证据,如《吕氏春秋·用众》即有"虽桀纣犹有可畏可取者"。

觉者议论人物,全以事实为根据,绝不人云亦云。如众皆谓殷纣残义损善,罪恶累累;而子贡通过自己所掌握的材料,再做出自己的判断,这是非常难能可贵的品质,不是有大智大仁,实在是难以达此境界的。

第二十一章

19.21 子贡曰:"君子之过也,如日月之食焉:过也,人皆见之;更也,人皆仰之。"

【译】

子贡说:"君子的过错,像日食、月食那样明显地摆在那里:他犯了错,人们都看得见;他改正了错误,人们都敬仰他。"

【释】

更 孔安国:"更,改也。"(《集解》)

邢昺:"言君子苟有过也,则为众所知,如日月正当食时,则万物皆观也。及其改过之时,则人皆复仰其德,如日月明生之后,则万物亦皆仰其明。"(《注疏》)

本章与上章皆戒人为恶之事也,"莫以恶小而为之,莫以善小而不为",修身君子,当如是用心焉。

第二十二章

19.22 卫公孙朝问于子贡曰:"仲尼焉学?"子贡曰:"文武之道,未坠于地,在人。贤者识其大者,不贤者识其小者,莫不有文武之道焉。夫子焉不学?而亦何常师之有?"

【译】

卫国的公孙朝向子贡问道:"仲尼的学问是跟谁学来的?"子贡说:"周文王、周武王所传承发扬的先王之道,并没有断灭,它还在民间流传。才具器识大的人记住了它的形而上的中庸大道,一般的人也记得它的形而下的名物制度。无论是什么样的人,无不保存着周文王、周武王所传承发扬的先王之道。我们的老师跟谁不能学习,又何必需要有一个固定的老师专门传授呢?"

【释】

卫公孙朝 马融:"公孙朝,卫大夫。"(《集解》)

刘宝楠:"春秋时,鲁有成大夫公孙朝,见昭廿六年《传》;楚武城尹公孙朝,见哀公十七年《传》;郑子产兄公孙朝,见《列子·朱》篇。及此凡四人,故《论语》称卫以别之。"(《正义》)

文武之道 皇侃:"文武之道,谓先王之道也。"(《义疏》)

识 音义与志同,这里是记住的意思。刘宝楠:"《汉石经》:'识作志'"(《正义》)

孔安国:"文武之道,未坠落于地,贤与不贤各有所识。夫子无所不从学。无所不从学,故无常师。"(《集解》)

刘宝楠："大道之传，由尧舜递至我周，制礼作乐，于是大备。故言文王既殁，其文在兹。及此子贡言'道'，亦称文武也。……贤与不贤，谓孔子同时人，此与大受小知章'君子''小人'皆以才器言也。贤者，识其承天治人之大，不贤者识其名物制度之细。文武之道，所以常存，而夫子删定赞修，皆为有征之文献可知。书传言夫子问礼老聃，访乐苌弘，问官郯子，学琴师襄。其人苟有善言善行足取，皆为我师。"（《正义》）夫子求贤于野，即此之谓与？

学无常师，古今皆然。夫子如是，释迦本师亦复如是。即使小艺如医，清人叶天士，亦先后更师十七人，良有以也。唯近世有倡师道者，谓终其身只师一人，不准拜他师，不准看他师之著作，不知是无知抑或有意为之。果若无知，尚可宽宥；果若知而刻意为之，则坏乱师道，不可赦也。

第二十三章

19.23 叔孙武叔语大夫于朝曰："子贡贤于仲尼。"子服景伯以告子贡。子贡曰："譬之宫墙，赐之墙也及肩，窥见室家之好。夫子之墙数仞，不得其门而入，不见宗庙之美，百官之富。得其门者或寡矣。夫子之云，不亦宜乎！"

【译】

叔孙武叔在朝廷上对大夫们说："子贡比仲尼更有才德。"子服景伯把这话告诉了子贡。子贡说："拿房屋的围墙来做个比喻：我家的围墙才到人的肩膀那么高，人们站在墙外都可以看见围墙里边房屋的美好。我老师家的垣墙却有好几仞高，如果找不到门进到里面去，你就看不见像宗庙那样绚丽多彩的里面，像文武百官那样富丽堂皇的房屋。能找到门进去的人真是太少了。叔孙先生那样说，不也是很恰当的吗？"

【释】

叔孙武叔 马融："鲁大夫叔孙州仇。武，谥。"（《集解》）

数仞 钱坫："仞有三说：包咸注此云：'七尺曰仞'，赵岐注《孟子》云：'八尺曰仞'，应劭注《汉书》云：'五尺六寸曰仞'。三说以赵说为当。《周官》之法，'度广曰寻，度长曰仞。'寻八尺，则仞亦八尺矣。《说文解字》：'一仞，伸臂一寻，八尺。''度，人之两臂为寻，八尺也。'是仞与寻同，包、应三氏俱失之。"（清·钱坫《论语后录》）

夫子之云 包咸："夫子，谓武叔。"（《集解》）

宜 古棣等："这个'宜'字（释为'恰当'）极富含蓄的辛辣讽刺之意：叔孙'低矮'，识见短浅，当然对于孔子才德的博深高大'不得其门而入'。"（《孔子批判·下·论语译说》）古棣氏之说，甚是。

李炳南："孔子的道，是中国文化的宫墙。凡是未得其门而入的人，不可像叔孙武叔那样妄出言语。"（《论语讲要》）诚哉，斯言！

那些学了三天佛就看不起孔子所传之道的人，读李公此言，当汗颜焉。

第二十四章

19.24 叔孙武叔毁仲尼。子贡曰："无以为也！仲尼不可毁也。他人之贤者，丘陵也，犹可逾也；仲尼，日月也，无得而逾焉。人虽欲自绝，其何伤于日月乎？多见其不知量也。"

【译】

叔孙武叔诽谤仲尼。子贡说："这是没有什么用的拙劣行为！仲尼是不可以毁谤的。别人的才德好比丘陵，还可以超越。仲尼的道，好比太阳和月亮，是不能超越的。有人要自绝于太阳和月亮，这对于太阳和月亮又有什么损伤呢？恰恰表明了他自己不知道自己的分量而已。"

【释】

毁 皇侃："訾毁孔子也。"（《义疏》）

多 邢昺："多，犹适也。言非但不能毁仲尼，又适足自见其不知量也。"（《注疏》）适，恰巧，恰好。

不知量 朱熹："不知量，谓不自知其分量。"（《集注》）

喜欢毁訾他人者，多类于此。被毁訾者，大可不辩。所谓真金不怕烈火炼，是黑辩不白，是白毁不黑。是非以不辩为解脱。

第二十五章

19.25 陈子禽谓子贡曰："子为恭也，仲尼岂贤于子乎？"子贡曰："君子一言以为知，一言以为不知，言不可不慎也！夫子之不可及也，犹天之不可阶而升也。夫子之得邦家者，所谓立之斯立，道之斯行，绥之斯来，动之斯和。其生也荣，其死也哀，如之何其可及也？"

【译】

陈子禽告诉子贡说:"您是谦逊恭敬您的老师吧,仲尼的才德怎么能比您的才德更优异呢?"子贡说:"君子一句话说好了可以表现他的智慧,一句话没有说得好,可表现出他的不明智,所以说话不可不慎重啊!夫子的才德不可能追赶得上,就如同青天没有阶梯是不可能登上去一样。夫子如果治理国家或城邑,正所谓:以礼立人,则民众立于礼;以德引导民众,则民众自然行德;以仁政安民,则远方的民众自然前来归附;以乐教感人,则民众自然和睦。他生时人们以他为光荣,死时民众如同亲生父母去世一样地哀痛。这样的先生,我怎么能赶得上他呢?"

【释】

为恭 朱熹:"为恭,谓为恭敬推逊其师也。"(《集注》)

孔安国:"言孔子为政,其立教则无不立,道之则莫不兴行,安之则远者来至,动之则莫不和睦,故能生则荣显,死则哀痛。"(《集解》)

本章朱熹说:"立之,谓植其生也。道,引也,谓教之也。行,从也。绥,安也。来,归附也。动,谓鼓舞之也。和,谓于变时雍,言其感应之妙,神速如此。荣,谓莫不尊亲。哀,则如丧考妣。程子曰:'此圣人之神化,上下与天地同流者也。'谢氏曰:'观子贡称圣人语,乃知晚年进德,盖极于高远也。夫子之得邦家者,其鼓舞群动,捷于桴鼓影响。人虽见其变化,而莫窥其所以变化也。盖不离于圣,而有不可知者存焉,此殆难以思勉及也。'"(《集注》)

"其生也荣,其死也哀",儒者之榜样也。榜样之力量,不可思议,千古而后,仍能激励我们修德进业,直至迈向生命的圆满。

尧曰第二十

第一章

20.1 尧曰:"咨!尔舜!天之历数在尔躬,允执其中。四海困穷,天禄永终。"舜亦以命禹。

曰:"予小子履敢用玄牡,敢昭告于皇皇后帝:有罪不敢赦。帝臣不蔽,简在帝心。朕躬有罪,无以万方;万方有罪,罪在朕躬。"

周有大赉,善人是富。"虽有周亲,不如仁人。百姓有过,在予一人。"

谨权量,审法度,修废官,四方之政行焉。兴灭国,继绝世,举逸民,天下之民归心焉。所重:民、食、丧、祭。

宽则得众,信则民任焉,敏则有功,公则说。

【译】

尧帝说:"啧啧!舜啊!依照天的帝位继承次序,帝位已经轮到你了。你要真诚地实行不偏不倚的中和之道,如果你不能实施中和之道,使四海之内的百姓生活艰难,甚至达到民不聊生的地步了,上天赐给你的禄位也就永远地终结了。"舜帝传帝位给禹的时候,也是这样教导禹的。

商汤说:"我小子履,冒昧地用黑色的牺牲做祭品,冒昧地明明白白地报告给您这伟大的厚爱民众的天帝:有罪的人,我不敢擅自赦免。您的臣仆的罪过,我也不敢隐瞒,检查判别在您的心里。我本人有罪,不要连累天下万方;天下万方有罪,罪责则是我一个人(不能施行中和之道)造成的。"

周朝大封诸侯,使善人都富贵起来。"但是也有本族亲人,不及有仁德的人。民众有过错,罪责在我一个人的身上。"

检验并审定度、量、衡,制定礼法典章,修复废弃的各级各类官职,四方政令就可以畅行了。重兴已被灭亡的诸侯之国,继起已断绝的贤大夫之后,起用已沦落在百姓中间的前朝才德之人。如此,天下的百姓就心悦诚服了。

国家所重视的是：人民，粮食，丧葬，祭祀。

宽宏大量，就会得到众人的爱戴；信守对人民的承诺，就会受到人民的信任而放心接受统治；聪敏勤劳，事业就会成功；公平公正，民众就会高兴。

【释】

尧 尧，我国古代帝王，五帝之一。名放勋，尧为谥号，"翼善传圣曰尧。"（《谥法》）

咨 刘宝楠："尧有所重诫于舜，故叹而后言也。"（《正义》）

李格非："叹词，表示赞赏，相当于'嘖'。"（《汉语大辞典》）

舜 舜，历来与尧并称，为传说中的圣王。《史记》说舜名重华，晋代皇甫谧又说他字都君。舜又称虞舜，据说是国号有虞，按先秦时代以国为氏的习惯，故称有虞氏。还传说舜出生于姚墟，故姓姚氏，名曰"重华"，字都君。

历数 徐干："昔者圣王之造历数也，察纪律之行，观运机之动，原星辰之迭中，寤暑景之长短。"（汉·徐干《中论·历数》）

何晏："历数，谓列次也。"（《集解》）

朱熹："历数，帝王相继之次第，犹岁时气节之先后也。"（《集注》）

允执其中。四海困穷，天禄永终 包咸："允，信也。困，极也。永，长也。言为政信执其中则能穷极四海，天禄所以长终。"（《集解》）

朱熹："允，信也。中者，无过不及之名。四海之人困穷，则君禄亦永绝矣，戒之也。"（《集注》）此二注，包注合情，哪有主动禅位于新主之帝无祝福之情？而朱注等则合理，帝果穷奢极欲，民不聊生，岂有禄不永终之理？

予小子履，敢用玄牡，敢昭告于皇皇后帝 孔安国："履，殷汤名。此伐桀告天之文。殷家尚白，未变夏礼，故用玄牡。皇，大。后，君也。大，大君。帝，谓天帝也。《墨子》引《汤誓》，其辞若此。"（《集解》）玄，黑也。玄牡，即黑色的牺牲。

帝臣不蔽，简在帝心 何晏："言桀居帝臣之位，罪过不可隐蔽。以其简在天心故。"（《集解》）

韩愈："帝臣，汤自谓也。言我不可蔽隐桀之罪也，包以桀为帝臣非也。"（《论语笔解》）

李翱："吾观汤诰云：尔有善，朕弗敢蔽，罪当朕躬，弗敢自赦，唯

简在上帝之心,此是汤称帝臣明矣。疑《古文尚书》与《古文论语》传之有异同焉,考其至当,即无二义。"(《论语笔解》)

朕躬有罪,无以万方;万方有罪,罪在朕躬 朱熹:"言君有罪非民所致,民有罪实君所为,见其厚于责己薄于责人之意。"(《集注》)

周有大赉,善人是富 何晏:"周,周家。赉,赐也。言周家受天大赐,富于善人,有乱臣十人是也。"(《集解》)

虽有周亲,不如仁人 孔安国:"亲而不贤不忠则诛之,管、蔡是也。仁人,谓箕子、微子,来则用之。"(《集解》)

谨权量,审法度 朱熹:"权,称锤也。量,斗斛也。法度,礼乐制度皆是也。"(《集注》)

修废官 皇侃:"治故曰修,若旧官有废者,则更修立之也。"(《义疏》)

所重:民、食、丧、祭 孔安国:"重民,国之本也。重食,民之命也。重丧,所以尽哀。重祭,所以致敬。"(《集解》)

兴灭国,继绝世,举逸民 朱熹:"兴灭继绝,谓封黄帝、尧、舜、夏、商之后。举逸民,谓释箕子之囚,复商容之位。三者皆人心之所欲也。"(《集注》)

信则民任焉 关于本句,因《论语》古本之古逸众书何晏《集解》本、皇侃《义疏》本、《汉石经》本中,均无此句,所以有人认为此句是从《阳货》篇'宽则得众'下有此句而误增入的。但孔子在《阳货》篇可说,为什么在本篇就不可以说呢?本章此处虽未标"子曰",但从文意看还是可以看作是孔子对二帝三王之道的简述。

公则说 孔安国:"言政教公平则民说矣。凡此,二帝三王所以治也,故传以示后世。"(《集解》)

邢昺:"咨,咨嗟也。尔,女也。历数,谓列次也。尧姓伊祁,名放勋。舜姓姚,名重华。《谥法》云:'翼善传圣曰尧。仁义盛明曰舜。'尧子丹朱不肖,不堪嗣位。虞舜侧微,尧闻之聪明,将使嗣位,故先咨嗟叹而命之,欲使重其事。言天位之列次当在汝身,故我今命授于汝也。……允,信也。困,极也。永,长也。言为政信执其中,则能穷极四海,天之禄籍所以长终汝身。舜有子商均,亦不肖。禹有治水大功,故舜禅位与禹,故亦以尧命己之辞命禹也。……禹受舜禅,传位子孙,至桀无道。汤有圣德,应天顺人,举干戈而伐之,遂放桀于南巢,自立为天子,而以此辞告天也。履,殷汤名。称小子,谦也。玄牡,黑牲也。殷尚白而用黑牲者，未变夏礼故也。昭，明也。皇，大也。后，君也。大，大君。帝，谓天帝也。谓杀牲明告天帝以伐桀之意。……帝，天也。帝臣，谓桀也。桀是天子，天子事天，犹臣事君，故谓桀为帝臣也。言桀居帝臣之位，罪过不可隐蔽，以其检阅在天心故也。……我身有罪，无用汝万方，万方不与也；万方有罪，过在我身，自责化不至也……周，周家也。文王、武王居岐周而王天下，故曰周家。赉，赐也。周家受天大赐，富于善人，有乱臣十人是也。……言虽有周亲，不贤不忠，则诛之，若管、蔡是也。不如有仁德之人，贤而且忠，若箕子、微子，来则用之也。百姓，谓天下众民也。言若不教百姓，使有罪过，当在我一人之化不至也。……权，秤也。量，斗斛也。谨饬之使均平。法度，谓车服旌旗之礼仪也。审察之，使贵贱有别，无僭逼也。官有废阙，复修治之，使无旷也。如此，则四方之政化兴行焉。……诸侯之国，为人非理灭之者，复兴立之；贤者当世祀，为人非理绝之者，则求其子孙，使复继之。节行超逸之民，隐居未仕者，则举用之。政化若此，则天下之民归心焉，而不离析也。……帝王所重有此四事：重民，国之本也。重食，民之命也。重丧，所以尽哀。重祭，所以致敬。……帝王之德，务在宽简、示信、敏速、公平也。宽则人所归附，故得众。信则民听不惑，皆为己任用焉。敏则事无不成，故有功。政教公平，则民悦。凡此上事，二帝三王所以治也，故传之以示后世。"（《注疏》）

朱熹引杨氏说："《论语》之书，皆圣人微言，而其徒传守之，以明斯道者也。故于终篇，具载尧、舜咨命之言，汤、武誓师之意，与夫施诸政事者。以明圣学之所传者，一于是而已。所以著明二十篇之大旨也。《孟子》于终篇，亦历叙尧、舜、汤、文、孔子相承之次，皆此意也。"（《集注》）

邢昺："此章明二帝三王之道，凡有五节，初自'尧曰'至'天禄永终'，记尧命舜之辞也；二自'舜以命禹'一句，舜亦以尧命己之辞命禹也；三自'曰：予小子'至'罪在朕躬'，记汤伐桀，告天之辞；四自'周有大赉'至'在予一人'，言周家受天命及伐纣告天之辞也；五自'谨权量'至'公则说'，此明二帝三王政化之法也。"事事清楚，并无淆乱。

说本章淆乱者，以陈祥之说最著，他说："通看一章经文，至'尧曰'至'公则说'，语皆零杂而无伦叙，又无主名，不知果谁所言。古今解者，终不见有皎然明白可通之说，亦不见有公心肯言不可通解者；唯东坡谓'此章杂取《禹谟》《汤诰》《泰誓》《武成》之文颠倒失次，不可复考。'此说为近人情。"（《四书辨疑》）

本章不仅儒家之秘密尽泄，即《论语》之宗旨亦和盘托出也。所谓"允执其中"，即"人心惟危，道心惟微，惟精唯一，允执厥中"之省略。儒家学者，全部功夫亦即人生之全部目的，在克服人心，发明道心，明中执中用中，以圆满宝贵的人生。若有条件者，则当建功立业，为天下苍生谋，为万世子孙谋也。所谓"朕躬有罪，无以万方；万方有罪，罪在朕躬"，所谓"百姓有过，在予一人"者，功德道业来自内心也，莫向心外求富贵，功德圆具内心中。

所谓"谨权量，审法度，修废官""兴灭国，继绝世，举遗民"者，所谓"所重：民、食、丧、祭"者，所谓"宽则得众，信则民任焉，敏则有功，公则说"者，建不世之功业，谋万世之子孙也。内圣外王之妙，全在此章。

第二章

20.2 子张问于孔子曰："何如斯可以从政矣？"子曰："尊五美，屏四恶，斯可以从政矣。"

子张曰："何谓五美？"子曰："君子惠而不费，劳而不怨，欲而不贪，泰而不骄，威而不猛。"

子张曰："何谓惠而不费？"子曰："因民之所利而利之，斯不亦惠而不费乎？择可劳而劳之，又谁怨？欲仁而得仁，又焉贪？君子无众寡，无小大，无敢慢，斯不亦泰而不骄乎？君子正其衣冠，尊其瞻视，俨然人望而畏之，斯不亦威而不猛乎？"

子张曰："何谓四恶？"子曰："不教而杀谓之虐；不戒视成谓之暴；慢令致期谓之贼；犹之与人也，出纳之吝谓之有司。"

【译】

子张向夫子问道："具备什么样的条件才可以从事政治呢？"孔子说："尊崇五种美德，屏除四种恶政，这样就可以从事政治了。"

子张问："五种美德是什么？"夫子说："君子让百姓得到真实的利益却不耗费国家的财物；让百姓劳作，却不使他们怨恨；自己有追求仁德的欲求却不贪求名利；通达却不傲慢；威严却不凶猛。"

子张问："怎样叫让百姓得到真实的利益却不耗费国家的财物呢？"孔子说："依据民众的利益，制定引导民众获取最大利益的政治，这不就是让百姓得到真实的利益却不耗费国家的财物吗？选择恰当的时间，为国家民众的利益而动用民力，民众又有谁会怨恨呢？自己想求取仁德就得到了仁德，又贪婪什么呢？君子对人无论其势力大小、财富多少，都不怠慢，这不也就是通达而不傲慢吗？君子端正自己的衣冠，正容貌，慎威仪，使人见了就让人生敬畏之心，这不就是威严而不凶猛吗？"

子张问："哪四种政事叫作四种恶政呢？"孔子说："事先不以礼义教化就以罪恶而加杀戮，叫作虐；事先不晓喻告诫，等着犯罪形成，叫作暴；开始松懈不加监督，突然限期完成以至人于罪，叫作陷害；奖励民众财物时，出手却吝啬，叫作小家子气，那是不能治理国家大事的。"

【释】

屏 孔安国："屏，除也。"（《集解》）

惠而不费 王肃："利民在政，无费于财。"（《集解》）

无众寡，无小大，无敢慢 孔安国："言君子不以寡小而慢也。"（《集解》）

皇侃："言不以我富财之众，而陵彼之寡少也。又不得以我贵势之大而加彼之小也。"（《义疏》）

李炳南："君子待人接物，虚心平等。所待之人，无论多数少数，也不论是大人物小人物，都不敢怠慢。"（《论语讲要》）

不戒视成 马融："不宿戒而责目前成，为视成。"（《集解》）

慢令致期 皇侃引袁氏："令之不明而急期之也。"（《义疏》）

朱熹："致期，刻期也。贼者，切害之意。缓于前而急于后，以误其民，而必刑之，是贼害之也。"（《集注》）

李炳南："政令发布很慢，限期完成却是紧急而刻不容缓。"（《论语讲要》）

犹之与人也，出纳之吝谓之有司 孔安国："谓财物俱当与人，而吝啬于出纳惜难之，此有司之任耳，非人君之道。"（《集解》）

皇侃："有司，谓主典物者也，犹库吏之属也。库吏虽有官物而不得自由，故物应出入者，必有所咨同，不敢擅易。人君若物与人而吝，即与库吏无异，故云'谓之有司'也。"（《义疏》）

朱熹："犹之，犹言均之也。均之以物与人，而于其出纳之际，乃或吝而不果。则是有司之事，而非为政之体。所与虽多，人亦不怀其惠矣。项羽使人，有功当封，刻印刓，忍弗能予，卒以取败，亦其验也。尹氏曰：'告问政者多矣，未有如此之备者也。故记之以继帝王之治，则夫子之为政可知也。'"（《集注》）

李翱："仲尼先言虐、暴、贼三者之弊，然后言君上之职当博施济众为己任也。"（《论语笔解》）

本章张栻说："孔子论为政之方，莫详于此，故门人复以附前章之后。姑息以予民，则惠而费矣。若因其所利而利之，如制田之产，教之树畜，通工易事之类，皆是也。是则其为惠均平，而何费之有？使之不以其道，则劳而怨矣。以逸道使民，则何怨之有？君子之所以自处者安裕，故常泰然而无所不敬也，故不骄。若夫以势位智力自恃则骄，骄则不泰矣。正衣冠，尊瞻视，临之以庄也。持身如是之严，故人望而畏之，而非以威加人也，故威而不猛。若乎有使人畏己之心，则猛而反害于威矣。惠而不费，劳而不怨，施于人者也；欲而不贪，泰而不骄，威而不猛，存乎己者也。为政内外始终之道，亦云备矣。然而，欲仁又其本与？不教而杀，谓未尝有教育以先之，及陷于罪，然后从而刑之，是虐之而已。三者皆不仁者之为也。犹之予人，当予则予之耳。若为政但知守出纳之吝，而不知施舍之宜，是有司之事耳。居其政而但为有司之事，岂不失为人上之道乎？此不知者之为也，失人心而招祸乱，未必不由此，故亦居四恶之一焉。尊五美而屏四恶，则政日新而无矣。五美之后，必继之以四恶之防，圣人之戒深矣。"（《论语解》）

尊五美，屏四恶，此夫子之政也，殿之于二帝三王政道之后，以具体的政治方法，体现先王为政之道也。

第三章

20.3 孔子曰："不知命，无以为君子也；不知礼，无以立也；不知言，无以知人也。"

【译】

孔子说："不懂得天命，就不能成为君子；不懂得礼，就不能立足于社会；不懂得解读别人话语的实质，就不能真正了解人。"

【释】

命 皇侃："命，谓穷通夭寿也。人生而有命，受之由天，故不可不

知也。若不知而强求，则不成为君子之德。"（《义疏》）

韩愈："命，谓穷理尽性以至于命也，非止穷达。"（《论语笔解》）

李炳南："命就是天命。各人的命虽然同受于天，但有穷通夭寿之异。何谓其然，必须了解前因。各人前因不同，所以受天之命不同。了解前因，便能知命。如此知命，始肯修德以立命。不但立一己之命，更为生民立命。这才能成君子之德。"（《论语讲要》）

礼 孔子："夫礼，先王以承天之道，以治人之情，故失之者死，得之者生。"（《礼记·礼运》）

皇侃："礼主恭俭庄敬，为立身之本。人若不知礼者，无以得立身于世也。"（《义疏》）

知言 马融："听言，则别其是非也。"（《集解》）

刘恭冕："言者心声，言有是非，故听而别之，则人之是非亦知也。"（清·刘恭冕《论语正义补》）

孔子："将叛者其辞惭，中心疑者其辞枝，吉人之辞寡，躁人之辞多，诬善之人其辞游，失其守者其辞屈。"（《周易·系辞》）

孟子："何谓知言，曰，诐辞知其所蔽，淫辞知其所陷，邪辞知其所离，遁辞知其所穷。"（《孟子·公孙丑》）

本章张栻说："此所论命，谓穷通得丧之有定也。不知命，则将侥幸而苟求，何以为君子乎？知命则志定，然后其所当为者，可得而为矣。礼者，所以检身也。不知礼，则视听言动无所持守，其将何以立乎？知礼，则有履践之实矣。知言，如吉人之辞寡，躁人之辞多之类。不知言，则无以知其情实之所存，其将何以知人乎？故知言，则取友不差矣。此三者，学者之所宜先，切要之务，必以是为本，而后学可进。不然，虽务于穷高极远，而终无所益。门人以此终《论语》之书，岂无旨哉！"（《论语解》）

朱熹引尹氏说："知斯三者，则君子之事备矣。"（《集注》）

释蕅益说："知命，只是深信因果耳。知礼，则善于观心，所谓约之以礼。知言，则善于闻法，所谓了达四悉因缘。"（《论语点睛》）

悉檀，佛教专用语，梵汉兼称。悉，"普遍"，檀，"布施"，合译为"成就"。四悉即四悉檀，是佛教用以"成就"教化众生的四种法门（方法）。四悉檀指第一义悉檀、世界悉檀、各各为人悉檀、对治悉檀。

第一义悉檀，又名入理悉檀，以各种善巧方便度人，依最直接的、根本的方法令众生破疑开悟，皆证菩提。

世界悉檀，又称乐欲悉檀，顺世间法而明因缘。

各各为人悉檀，又称生善悉檀，观察众生禀赋与根器，随机说法，建立信心，循序渐进，善根滋长。

对治悉檀，又称断恶悉檀，对贪、瞋、痴等烦恼，对症下药，灭除烦恼并摆脱恶业。

知命而知因果，知礼以检束身心，知言以闻善法，以法修身，圆满人生。是以一部《论语》以此结篇也。